종교개혁의 시대

1250-1550

이 도서의 국립중앙도서관 출판예정도서목록(CIP)은 서지정보유통지원시스템
홈페이지(http://seoji.nl.go.kr)와 국가자료공동목록시스템(http://www.nl.go.kr/kolisnet)에서
이용하실 수 있습니다. CIP제어번호: CIP2019052391(양장) CIP2019052394(무선)

S. 오즈맹 지음
이희만 옮김

중세 후기로부터
종교개혁기에 이르는
유럽 지성사와
종교사

The Age of Reform

종교개혁의 시대 1250-1550

한울
아카데미

차 례

일러스트 차례

일러두기

1. 인명은 가능한 그 나라의 발음대로 표기한다.
   국립국어원의 외래어 표기법을 준용한다.
   예) 피에르 아벨라르 (o)
   페르난도 (o)
   이사벨 (o)
   그러나 관례화된 것은 그대로 표기한다.
   예) 토마스 아퀴나스
   피터 롬바르드

2. 인명에서 출신지를 나타나는 전치사(of, de, di 등)는 생략한다.
   예) 베렝가 투르 (o), 투르의 베렝가 (x)
   존 솔즈베리 (o), 솔즈베리의 존 (x)

3. 교황의 이름은 라틴어로 표기한다.
   예) 보니파키우스 8세 (o), 보니파시오 8세 (x)
   다만 관례화된 표현은 그대로 사용한다.
   예) 요한 22세

4. 이슬람 학자의 이름은 영어식으로 표기한다. 이름이 처음 등장할 경우 ( ) 안에 이슬람 이름을 표기한다.
   예) 아비센나(이븐세나), 아베로에스(이븐루시드)

하이코 오버만Heiko Oberman과 토에티 오버만Toetie Oberman에게 이 책을 바칩니다.

서문

유럽의 종교개혁에 관한 연구는 실험적 방법론은 물론 실험적 주제 모두에서 새로운 시대에 진입하게 되었으며, 수십 년 이후 우리는 이 분야에서의 놀라운 변화를 목격하게 될 것이다. 근년에 도시사회사, 마법과 마녀사냥, 인물 연구 그리고 대중문화는 고유의 새로운 연구 영역이 되었다. 종교개혁에 관한 역사서술이 매우 다양해짐에 따라, 미래의 종교개혁 연구자들과 종교개혁을 공부하게 될 학생들은 단지 매우 전문화된 분야를 통해서만 종교개혁 전반을 이해할 수 있게 될 것이다.

이 책은 종교개혁기의 지성사 및 종교사를 다루고 있다. 또한 이 책은 종교개혁 전반에 대한 부분적인 이해이기도 하다. 하지만 만약 역사적으로 고유한 종교개혁을 태동시켰고, 제도적 변화를 촉발시켰으며, 이후의 세대들에게 가장 강력한 영향을 주었던 쟁점들을 통해 종교개혁기를 추적한다면, 이것이 가장 설득력이 있는 방법이라고 필자는 생각하고 있다.

많은 부분을 중세에 할애하면서 시작되는 이 책이 전통적인 집필 방식을 따르고 있기는 하지만, 이 같은 인식이 설득력이 있다는 사실을 독자들이 발견하기를 필자는 기대하고 있다. 중세의 시각으로부터 종교개혁을 파악하려는 이 같은 시도는 종교개혁이 중세 유럽의 지성사 및 종교사의 절정이자 이것들을 뛰어넘는 역사적 운동이라는 필자의 확신을 반영하고 있다.

이 책은 필자가 1968년부터 1978년까지 예일대학에서 행한 강의 내용을 진전시킨 것이다. 필자가 예일대학을 떠나 다른 대학으로 옮기고, 필자의 역사적 관심사가 새로운 주제로 이동한 이 시점이 이 책을 간행할 적기라고 생각했다. 학창시절 이래 필자는 이념들의 상호작용 및 그것들이 지닌 예외적인 사회적 힘에 매료되었으며, 특히 종교개혁기에 매료되었다. 필자는 이 책에서 사유의 복합적인 유형들을 인식 가능하도록 하고, 외견상 추상적인 이념과 신념이 사실상 역사적 실체와 얼마나 매우 긴밀하게 결부되어 있는지를 보여주고자 했다. 특히 16세기 사회의 법률 및 제도의 형성에 있어서 개인들이 수행한 중요한 역할을 제시하고자 했다. 또한 필자는 16세기 사람들과 종교개혁 운동들이 독자들에게 기억되기를 기대한다. 오늘날 서구 세계는, 좋은 것이든 나쁜 것이든, 직간접적으로 16세기의 사람들 및 16세기의 운동의 많은 영향력 아래 놓여 있다.

조직화된 인간 사회의 모든 사건과 마찬가지로 종교개혁은 대중의 일상생활이라는 사회적 실체에 뿌리를 내렸다. 16세기의 종교적 변화 및 다른 이데올로기적 변화에 민감했던 사회적 구조와 갈등을 설명하고 있는 오늘날의 학자들은 계급, 부, 직업 및 종교적 선택 간의 관계에 대한 이해에 많은 자료를 제공하지 않을 수 없다. 하지만 기본적으로 종교적 선택은 집단적 사유나 행동 방식의 단순한 산물이 아니었다. 프로테스탄트로 전향하거나, 가톨릭으로 남아 있거나, 타협을 거부한 공동체들이나, 프로테스탄트와 가톨릭 모두를 무시하기로 한 공동체들은 기본적으로 대안을 제시하지는 못했다. 16세기의 도시와 영토 국가를 재편한 종교적 신념과 관행은 수세대에 걸친 지식인, 개혁가, 훈련받은 신학자 및 교육받은 평신도의 산물이었다. 이들은 유서 깊은 전통에 근거했으며, 종교적 이슈들의 사회적 결과에 매우 민감했던 평신도의 충성을 얻기 위해 경쟁을 벌였다. 필자는 이들 선택의 진전 및 이 선택에 결정적으로 기여한 개인과 운동에 각별한 관심을 기울였다.

이 책의 일부는 이전에 이미 출간되었던 것들을 다시 출간한 것이다. 제6장의 "루터와 스콜라주의"는 *Transition and Revolution: Problems and Issues of European Renaissance and Reformation History*, ed. by Robert M. Kingdon (Minneapolis, 1974), pp. 109~129의 "Luther and the Later Middle Ages: The

Formation of Reformation Thought"의 축약본이다. 제8장의 "프로테스탄트 개혁가들: 성서적 인문주의자들 내지 새로운 스콜라주의자들" 및 "프로테스탄티즘과 인문의자의 교육 개혁"은 *Continuity and Discontinuity in Church History: Essays Presented to Geroge Hunston Williams on the Occasion of His 65th Birthday*, ed B. Forrester Church and Timothy George(Leiden, 1979), pp. 133~149의 "Humanism, Scholasticism, and the Intellectual Origins of the Reformation"의 내용을 줄인 것이다. 그리고 제12장 프로테스탄트 교회에서의 결혼과 사목은 *Concilium* 8(1972), pp. 39~56의 동일한 제목의 논문을 수정한 것이다. 필자는 이 글들의 재출간을 허락해 준 편집자와 해당 출판사에 감사를 표하고자 한다.

이 책의 간행과 관련하여 필자는 1987년 존 사이먼 구겐하임 재단(John Simon Guggenheim Foundation)으로부터 연구비와 집필비를 지원받았다. 그리고 필자는 예일대학의 휘트니 그리스올드 기금(A. Whitney Griswold Fund)으로부터 원고 입력비도 지원받았다.

필자는 A. 프리드만, 프랭크 M. 터너, M. 스토프, W. 칸 그리고 특히 안드레아 오즈맹에게 고마움을 전하고자 한다. 아내 안드레아 오즈맹은 필자가 이 책을 집필하는 동안 많은 것을 참아 주었다. 필자는 또한 E. 트립에게 각별히 감사를 표하고자 한다. 트립의 제안이 없었더라면 이 책은 거의 시작되지도 못했을 것이다.

1979. 6. 예일 대학교 티머시 드와이트 칼리지

S. 오즈맹

옮긴이의 글

이 책은 종교개혁에 관한 세계적 석학이자 하버드대학교 사학과의 명예교수인 S. 오즈맹의 대표적인 저술인 *The Age of Reform 1250-1550: An Intellectual and Religious History of Late Medieval and Reformation Europe* (New Haven: Yale University Press, 1980)을 우리말로 옮긴 것이다. 저자는 이 저술로 1981년 미국의 저명한 필립 샤프(Phillip Shaff) 학술상을 수상했다. 오즈맹은 이 책을 스승 오버만(H. Oberman)과 그의 부인(T. Oberman)에게 헌정하였다. 오즈맹은 헨드릭스대학교를 졸업했고, 드류대학교 대학원에서 수학했으며, 하버드대학교 대학원에서 신학 박사학위를 취득했다. 그 이후 독일의 튀빙겐대학교의 중세 및 종교개혁 연구소에서 연구 활동을 하다가, 1967년 예일대학교 사학과의 교수로 부임했다. 1979년 이래 하버드대학교 사학과에서 연구와 강의에 전념했으며, 지금은 하버드대학교 사학과 명예교수로 있다.

오즈맹은 사회사적 접근과 분석을 통해 종교개혁은 물론 종교개혁기의 사회와 문화에 대한 탁월한 학문적 성과를 이룩했으며, 종교개혁의 가족사와 도시사라는 새로운 장도 열었다. 저술로는 *Mysticism and Dissent: Religious Ideology and Social Protest in the Sixteenth Century*(New Haven, 1973), *Reformation in the Cities: the Appeal of Protestantism to Sixteenth-century: Germany and Switzerland*(New Haven, 1975), *The Western Heritage*(New York, 1979), *When Fathers Rules: Family Life in Reformation Europe* (Cambridge, Mass., 1983),

Protestantism: the Birth of a Revolution(New York, 1992; 『프로테스탄티즘: 혁명의 태동』), *A Mighty Fortress: A New History of German People*(New York, 2004) 등의 다수가 있다.

S. 오즈맹은 이 책에서 종교개혁을 종교가 일상생활의 거의 모든 부분에 영향을 미친 시대에 전례가 없던 종교 혁명이라고 규정했다. 또한 저자는 종교개혁이 유럽인들의 종교적 의식과 관행을 바꾸었을 뿐만 아니라 결혼을 비롯한 유럽인들의 일상생활에도 지대한 영향을 미쳤다는 점을 규명함으로써, 종교개혁에 관한 인식의 지평을 새롭게 확대했다. 종교개혁에 관한 다양한 유형의 사유와 이념들이 어떻게 역사적 실체로 자리 잡게 되었던가에 대한 문제의식에서 출발한 오즈맹은 중세 후기로부터 종교개혁기의 지성사와 종교사를 치밀하게 분석하고 이를 체계적으로 종합했다.

모두 15장으로 구성된 이 책은 크게 전반부와 후반부로 나누어 살펴볼 수 있다. 제1장에서 제5장까지의 전반부에서는 중세 후기로부터 종교개혁 이전까지, 특히 13세 후반 이래의 주요 지적 흐름들인 스콜라적 전통, 영성적 전통 및 교회정치론적 전통을 고찰하고 있다. 종교개혁의 지적 연원을 13세기로까지 거슬러 올라가는 저자는 중세 후기로부터 종교개혁기까지의 신학 내지 철학이 스콜라주의의 폐단으로 황폐화된 일종의 지적 쇠퇴기로 간주한 종래의 인식을 비판하고, 오히려 종교개혁이 지적으로는 스콜라적 지적 전통을 계승했다고 지적하고 있다. 또한 저자에 의하면, 가톨릭교회의 잘못된 종교적 관행과 교리를 비판했던 신비주의자들, 평신도 이단들, 공의회주의자들, 인문주의자들 등이 바로 종교개혁의 중요한 교회적 역사적 모델을 제공했다는 것이다.

제6장부터 제15장에 이르는 후반부에서는 루터, 츠빙글리, 칼뱅, 녹스를 비롯한 주요 개혁가들의 종교개혁과 그것의 사회정치적 함의 및 역사적 유산 등을 논하고 있다. 무엇보다 저자는 전례가 없던 교회의 권한 남용과 오랫동안 충족되지 못한 대중의 종교적인 열망이 종교개혁의 중요한 배경이었다고 지적했다. 또한 고해성사에서 더 이상의 위로를 얻지 못했던 루터와 신실한 평신도들 간에 형성된 강력한 종교적 정신적 유대감이 종교개혁의 요인이었다는 것이다.

저자는 루터와 스콜라주의, 종교와 사회 등의 중요한 화두에도 적지 않은 지면을 할애했다. 루터의 사회 철학을 분석하면서 저자는 루터가 1525년 일어난 농민 반란에 비판적이었던 것은 폭력적이었던 이들 농민을 변론했을 경우 종교개혁 자체가 무산될 수도 있다는 위기감이 중요하게 작용했다고 지적했다. 한편 이는 종교개혁의 사회 철학을 크게 후퇴시키는 요인이 되기도 했다는 것이다. 저자는 이신칭의(以信稱義)로 대변되는 루터의 신학이 인간에게 이미 현세적 삶에서 구원의 확신을 제공함으로써 중세 그리스도 교도의 순례자의 상태를 해결하기 위한 혁명적인 시도였다고 평가했다. 종교개혁의 또 다른 지도자였던 칼뱅과 관련하여, 루터의 이신칭의 교리를 새롭게 신학적으로 적용한 칼뱅의 행위주의는 선업과 도덕적 행위를 또 다시 종교 생활의 중심으로 삼았다는 것이다. 종교개혁이 일상생활에 끼친 영향에도 주목한 오즈맹은 프로테스탄 교회에서 성직자가 혼인함으로써 야기된 장기적인 결과의 하나로 종교가 순화되고, 가정 및 가족이 우선시되게 되었다고 이해했다. 말하자면 천상의 그리스도교가 지상으로 내려오게 되었다고 성직자의 결혼의 의미를 강조했다.

종교개혁이 지적으로나 종교적으로 중세와 단절된 역사적 사건이 아니라 오히려 유럽의 지성사와 종교사의 정점이었다는 것이 저자의 중요한 논지이다. 무엇보다 종교개혁이 일부 학자들이 주장했던 지배 세력의 교체를 가져다 준 정치 혁명도 사회 계층의 변동을 가져다 준 사회혁명도 아닌 종교적 교리와 관행에서의 종교 혁명이라는 것이다. 종교적 폭정에 대한 저항으로부터 시작된 종교개혁이 남긴 중요한 유산 중의 하나가 '양심의 가책에 대한 저항'이라는 것이다. 한편 저자는 대중의 지적 도덕적 능력이 자신들의 그것처럼 고상할 것이라는 종교개혁가들의 순박한 인식과는 달리 역사적으로 그렇게 되지 못했다는 점에서 종교개혁의 한계를 지적하기도 했다.

역사학은 물론 신학에 대한 해박한 지식을 바탕으로 저자는 중세 후기로부터 종교개혁기의 유럽의 지성사와 종교사를 유기적으로 결합하고 있으며, 루터, 칼뱅, 츠빙글리 등의 주요 종교개혁가들의 신조와 이념이 어떻게 유럽인들의 일상생활에 뿌리를 내려 프로테스탄티즘이라는 역사적 실체가 되었는지를 실증적이고 매우 설득력 있게 보여주고 있다. 구원론과 인식론을 비롯한 교리 내지 이론으로부터 루터의 사회 철학과 저항권 이론, 종교개혁과 인문주의, 성직자의 결혼, 가톨릭의 종교개혁 등에 이르기까지의 종교개혁의 핵심 이념과 주제를 당대의 역사적 맥락에서 예리하게 분석하고 있는 것 또한 이 책의 커다란 장점이다. 이 책은 종교개혁에 관한 고전이자 근대 유럽의 종교와 사회 및 문명에 관심을 가진 역사학도와 신학도는 물론 일반 교양인이 읽어야 할 양서로 평가받고 있다.

오즈맹의 이 저서는 20년 전에 우리말로 부분적으로 번역되어 소개된 바가 있었으나, 오래 전에 절판되었다. 종교개혁에 관한 신뢰할 만한 안내서인 이 책을 국내의 독자들에게 소개하는 것이 이 분야의 연구 진작과 지적 담론의 형성에도 의미가 있으리라 생각하여 이 책을 우리말로 옮기게 되었다. 역자가 이 책을 번역하기까지 여러분들로부터 많은 도움을 받았다. 역자가 이 책을 우리말로 번역을 할 수 있었던 지적 영감과 원동력은 사실상 숭실대 사학과의 박은구 명예교수님으로부터 비롯되었다. 역자는 1980년대 후반 박은구 교수님의 대학원 수업에서 이 책을 처음 소개받았을 뿐만 아니라, 그 이후에도 박은구 교수님과 함께 종교개혁에 관한 오즈맹의 다른 저술을 강독하면서 이 분야에 관한 지식을 쌓을 수 있었다. 박은구 교수님께 마음으로부터 깊은 감사를 드린다. 한편 역자는 1990년대 중반 하버드 대학교 대학원에서 수학하면서 오즈맹 교수의 수업에 참여하는 소중한 기회를 가지게 되었으며, 이를 통해 종교개혁은 물론 종교개혁기의 사회와 문화에 관한 인식도 크게 확대할 수 있었다. 저자와의 학문적 인연 또한 이 책을 우리말로 옮기게 된 배경이 되었다. 종교개혁 분야와 특히 신학에 관한 전문적인 훈련을 받지 못한 역자로서는 이 책을 옮기는 과정에서 여러 어려움에 봉착하기도 했다. 신학에 관한 역자의 질문에 친절하게 답을 제공해 주신 나사렛대학교 김경수 총장님에게도 감사를 표하고자 한다.

저자의 해박한 지식과 명쾌한 논지를 얼마나 충실히 우리말로 옮겼는지에 대해서는 두려움이 앞선다. 이 책에는 여러 가지 오류가 있을 수 있으며, 이는 전적으로 역자의 잘못이다. 독자 여러분들의 예리한 지적을 통해 시정할 수 있는 기회가 있기를 바란다. 오즈맹의 이 책이 종교개혁의 이념과 내용 및 그 함의에 대한 이해는 물론 종교개혁에 관한 학문적 담론, 그리고 한국 교회가 나아가야 할 방향에 대한 지적 종교적 통찰을 제공할 수 있기를 기대해 본다. 이 고전적 저서의 가치를 인식하고 간행을 흔쾌히 허락해 주신 한울엠플러스의 김종수 사장님, 간행 기획을 담당한 윤순현 차장 그리고 원고를 꼼꼼하게 검토하고 좋은 책으로 만들어준 조수임 팀장께 감사를 드린다.

2019년 가을

이희만

제1장

중세 유럽의 지성사 이해

많은 학자들은 중세 유럽의 지성사가 중세 유럽의 정치사 및 사회사의 부침을 반영하고 있다고 생각하고 있다. 이 같은 견해에 각별히 인위적인 것은 없다. 사유 및 문화의 성장과 쇠락은 종종 보다 거대한 역사적 흐름과 직접 결부되어 있다. 이를테면 경제적 번성, 후원, 교육 및 예술 간의 긴밀한 관계는 르네상스기의 매우 현저한 특징이었다. 하지만 종종 특정 시기의 지성사와 이보다 거대한 정치사 내지 사회사의 관계는 보다 미묘하며, 정치사 내지 사회사의 시각에서 지성사를 이해하는 것은 오해를 야기할 수도 있다.

중세 초기(476~약 1000)에 지성사와 정치사 내지 사회사의 관계는 매우 직접적이었던 것처럼 보인다. 중세 유럽의 역사는 한 문명의 정치적 와해와 더불어 시작되었다. 한 세기에 걸친 군인황제시대 이후의 로마제국의 몰락, 재연된 질병과 기근 및 급격한 빈곤 등으로 서유럽은 야만족의 침입에 무기력할 수밖에 없었다. 로마제국이 와해된 시기로 전통적으로 인식되는 476년 서로마제국의 마지막 황제 로물루스 아우구스툴루스는 폐위되었고, 게르만족의 족장이 황제 지위를 대신했다. 그 이후 서유럽 문명은 문화적으로 급격한 침체기를 맞이하게 되었던 바, 르네상스 사상가들은 고전 고대 및 문화가 "다시 태어난" 14, 15세기 사이의 기간을 "중세 암흑기"라고 다소 과장해서 묘사했다.

중세 초기에는 고트족, 반달족, 부르군트족 및 프랑크족이 서유럽을 지배했던 반면에, 아랍은 지중해를 장악했다. 비록 지중해가 '무슬림의 호수'가 아니었다고 하더라도, 앙리 피렌느가 이전에 지적했듯이, 서유럽과 레반트의 교역 및 상업이 현저하게 감소했으며, 이는 서유럽의 물질과 문화를 크게 위축시켰다. 사람들이 내륙 지역으로 이주함에 따라, 구 로마제국의 대도시들은 지식과 과학의 유서 깊은 원천 및 당대적 원천 모두로부터 철저하게 단절되었으며, 천연 자원에 의존할 수밖에 없었다. 새로운 정치적·사회적 질서와 더불어 실험이 시작되었다.

중세 초기에 대다수 사람들의 주요 관심사는 순전히 물리적 생존이었다. 많은 사람들이 농촌에 거주함에 따라, 농촌에서는 게르만적 요소, 로마적 요소 및 그리스도교적 관행이 독특하게 융합되었으며, 우리는 이를 '봉건 사회'라고 부른다. 중세 초기에는 예외적일 정도로 많은 사람들이 농민과 전사였다. 사회의 기본 질서 유지가 매우 중요한 과제가 되었으며, 문화라는 고상한 목표에 시간과 재원이 거의 투입될 수 없었다. 기본적인 물리적 필요의 제공만으로는 교육과 문화의 중요한 발전을 위한 여지가 거의 제공되지 않았다. 이미 샤를마뉴의 손자들 간의 영토 분할 경쟁에 의해 약화된 샤를마뉴 제국이 875년과 950년 사이에 바이킹족, 마자르족 및 이슬람 세력의 침략을 받게 되자, 서유럽 사회는 총체적인 와해 직전 상태에 있었던 것처럼 보였다. 만약 '암흑기'라는 용어가 중세의 어느 한 시기에 적용될 수 있다면, 9세기 말과 10세기 사이의 이 75년이 여기에 해당될 것이다.

이 기간의 지성사는 어떠했던가? 보다 광범위한 정치사 및 사회사와 마찬가지로 지성사 역시 새로운 모색과 보존을 특징으로 했다. 서로마제국이 몰락한 5세기에 서유럽의 지적 전통에서 가장 영향력이 있던 유일한 사상가는 성 아우구스티누스(354~430)였다. 중세 지성사에서의 아우구스티누스의 위상은 고전 문명에서 정치사와 문화사가 차지하는 위상과 같은 것이었다. 아우구스티누스는 창조적인 지적 원천으로서, 그의 저술의 복원 및 연구는 16세기 종교개혁에 이르기까지 사유와 논쟁의 새로운 지침을 제공했다. 아우구스티누스 이후 11세기의 성 안셀무스 캔터베리에 이르기까지 유럽 지성사에서는 '거장들'이 존재하지 않았다. 이 기간의 지적 '암흑기' 동안 단지 소수의 중요한 사상가들만이 역할을 수행했으며, 이들의 중요성은 번역가 및 주석가로서의 그것이었다. 즉 이들은 고대의 위대한 학자들의 저술과 가르침을 보존하고 전달하는 역할을 했던 것이다.

고전 고대의 지식을 보전한 가장 중요한 학자들 중 하나가 보에티우스(약 480~525)였다. 귀족 출신의 보에티우스는 로마의 저명한 원로원이자 동고트 왕국의 테오도리쿠스 왕의 핵심 관리였다. 그는 반역죄로 사형 집행을 기다리던 중 감옥에서 집필한 『철학의 위안』의 작가이자 스토아 철학자로 널리 알려져 있기는 하지만, 13세기 이전까지 서유럽에서 아리스토텔레스에 관한 지식의 가장 중요한 원천으로서 누구보다도 중요한 학자였다. 보에티우스는 아리스토텔레스의 주요 논리학 저서들인 『범주론』과 『해석론』을 라틴어로 번역했으며, 이 저술에 대한 주석도 달았다. 그뿐만 아니라 보에티우스는 아리스토텔레스의 『범주론』 입문서인 포르피리오스의 『이사고게』 및 아리스토텔레스에 관한 포르피리오스의 주석도 번역했다. 이 작품들은 12, 13세기 아리스토텔레스의 논리학, 물리학 및 형이상학 저술들이 완전히 재발견될 때까지 서유럽에서 아리스토텔레스에 관한 유일한 저술이었다. 매우 평범한 선집들인 보에티우스의 번역물과 주석집은 12세기 스콜라적 방법론을 태동시키기에 여전히 충분했다. 또한 보에티우스는 산수 및 음악에 관한 다른 고전적 저술들과 더불어 유클리드와 프톨레마이오스의 저술들을 라틴어로 번역했다. 이것들은 유럽 최초의 공식적인 교육기관이었던 수도원 학교와 도시의 주교좌 성당학교의 핵심 교재가 되었다.

보에티우스가 아리스토텔레스의 지적 전통과 관련이 있었듯이, 위(僞) 디오니시우스, 에리우게나 및 아우구스티누스는 플라톤 및 신플라톤적 지적 전통과 연관되어 있었다. 위 디오니시우스는 자신의 저술의 가치를 제고하기 위하여 신에 대한 신비로운 지식을 보유한 성 바울의 제자가 되었다고 성서에 기록된 디오니시우스인 척했다. 그런데 위 디오니시우스는 실제로는 6세기 초에 활동했다. 신비주의 신학자로 널리 알려진 디오니시우스의 신학은 신에 대한 긍정적 인식과 부정적 인식을 대비하고 있으며, 중세 성기(盛氣) 및 말기의 학자들로부터 많은 공감을 얻었다. 에리우게나(약 810~877)는 9세기 중엽 쇠락하던 카롤링거 왕조의 궁정 학교를 감독했다. 그리스 교부들에 관한 권위자였던 에리우게나는 그리스어로 된 위 디오니시우스의 저술들을 라틴어로 번역했다. 그리하여 철학자와 신학자들은 이 저술들을 이용할 수 있게 되었다. 또한 에리우게나는 나름의 독창적인 사상가이기도 했다.

8세기 말과 9세기 초에 대두했던 카롤링거 왕조 르네상스는 상대적으로 문화 암흑기였던 중세 초기의 진정한 한 줄기의 빛이었다. 샤를마뉴는 정복 민들로부터 부를 축적했고, 부의 상당 부분을 유럽의 성직자 출신의 매우 우수한 학자들을 아헨 궁정으로 초빙하는 데 사용했다. 샤를마뉴는 지식을 좋아했을 뿐만 아니라 보잘 것 없는 황실의 관리였던 성직자와 귀족들의 행정적 자질을 강화하기 위해 궁정 학교도 설립했다. 앵글로-색슨의 학자 앨퀸 요크(약 735~804)는 이 궁정 학교를 감독하게 되었다. 앨퀸은 샤를마뉴로부터 토지와 권력을 약속받고 그의 궁정으로 초청된 학자였다. 아헨의 궁정 학교는 7 자유학에 대한 기본적인 지식을 가르쳤으며, 특히 문법, 논리학 및 수학, 즉 읽기, 쓰기, 말하기 및 논리적인 추론, 말하자면 통치에 관한 기본 지식을 가르쳤다. 왕국의 종교적 직책과 세속적 직책을 수행할 수 있도록 귀족의 자제들을 훈련시킨 궁정 학교는 카롤링거 왕국의 건설에 직접 기여했다.[1] 여기서 우리는 서유럽의 지성사와 종교사가 서유럽의 정치적 팽창과 더불어 어떻게 발전하게 되었던가를 이해하게 된다.

새로운 모색과 보존이 중세 초기의 특징이었다면, 자아 발견과 정의는 중세 성기(1000~1300)의 특징이었다. 중세 성기에 서유럽인들은 스스로 인식하게 된 정체성을 주장하기 시작했고, 이를 비유럽인들에게 강제하기 시작했다. 두 가지 커다란 발전을 통해 이것이 가능하게 되었다. 첫째, 11세기의 교역 및 도시의 부활이었다. 이는 고도의 문명을 위한 새로운 재원을 제공했다. 둘째, 955년 레히펠트 전투에서 신성로마제국의 황제 오토 1세가 헝가리족을 격퇴한 것이었다. 이 전투의 승리로 동부 이민족의 침입으로부터 서유럽의 국경지대의 안전이 담보되었으며, 서유럽은 오랫동안 시달렸던 불안정에서 벗어나 내부적으로는 안정을 찾게 되었다.

중세 성기에 교회와 '국가'는 새로운 자의식을 가지게 되었다. 10세기에는 수도원 개혁 운동이 교회를 휩쓸었으며, 성직자들은 정신적 영역의 지배자가 되었다. 프랑스 남중부에 소재한 클뤼니에서 시작된 이 수도원 개혁 운동은 교황 그레고리우스 7세 재임기(1073~1085)에 절정에 달했다. 교황 그레고리우스 7세는 눈이 쌓인 카노사에서 신성로마제국의 황제 하인리히 4세의 무릎을 꿇게 했던 것이다. 11세기 말엽부터 12세기까지 지속된 서임권 투쟁 동안 교황들과 군주들은 상대에게 굴욕을 안겨주었다. 1122년 하인리히 4세가 보름스 협약에 서명을 하게 되자, 서유럽에서의 서임권투쟁은 교회와 국가의 명확한 분리를 가져다주

1 H. Pirenne, *A History of Europe*, tr. B. Miall(Gardern City, N. Y., 1956), I, pp. 70~71.

었다. 보름스 협약에 의해 황제는 정신적 권위의 상징이었던 반지 및 지팡이와 더불어 주교들에 대한 서임권을 박탈당했다. 황제들이 교황이 되고자 그리고 교황들이 황제가 되고자 열망하기는 했지만, 교회의 사법권과 세속의 사법권이 명확하게 구분되었다. 클뤼니의 수도원 개혁과 그레고리우스 시대의 교황청은 새로운 종교적 규율과 서유럽 교회의 교황청, 주교 및 교구의 지평에 새로운 목표를 설정했다. 1215년 제4차 라테란 공의회에서는 교리에 대한 영속적인 정의와 교황으로부터 교구사제에 이르는 교회 조직 모두가 정비되었다. 이 공의회에서는 화체설이 선포되었고, 수도원의 수를 제한했으며, 모든 평신도에게 연례적인 고해성사와 성체성사를 종교적 의무로 부과했다.

세속의 정치와 사회에서도 이에 견줄 만한 발전이 있었다. 중세 성기에 프랑스와 영국에서는 왕조가 성립되고 고유한 대의제 기구들이 형성되었다. 이 기간에 지역적 충성심과 속인의 행정적 능력에 대한 새로운 인식이 대두했으며, 세속적 가치가 종교적 가치를 대체하기 시작했다. 이는 몇 세기가 지난 이후 최고의 충성심이 요구되는 공동체가 교황과 교회라기보다는 군주와 국민국가라는 인식을 초래했다. 새로운 정치적 안정, 도시화 및 종교적 개혁에 힘입어 진정한 문화적 르네상스가 12세기와 13세기에 일어나게 되었다. 이 문화적 르네상스는 대학과 스콜라주의의 대두 및 아리스토텔레스 저술 체계의 완전한 부활을 특징으로 했다. 의사, 법률가 및 신학자라는 전문직 엘리트가 최초로 등장했으며, 상인 및 숙련된 수공업자의 이해관계를 보호하기 위한 교역 단체 및 길드 또한 형성되었다. 대중은 각 분야에서 새로운 경계, 동맹, 교리, 법률 및 조직을 만듦으로써 자신의 존재를 발견하거나 규정했다.

서유럽인들의 새로운 힘은 또한 이들의 성격에도 영향을 미쳤다. 이전에는 외부의 침략자들에게 두려움에 떨었고 희생양이 되었던 유럽인들은 1095년 당시 성지 예루살렘 수복을 위한 장기간에 걸친 일련의 십자군을 감행함으로써 세계의 침략자이자 선교사로 알려지게 되었다. 원래 종교적 모험심에서 시작되었던 이 운동들은 서유럽의 새로운 문화와 종교적 통합을 극적으로 도모했으며, 1204년 제4차 십자군이 콘스탄티노플을 정복한 이후 각별히 서유럽의 새로운 교역로를 열게 되었다.

이 같은 이유로 12세기와 13세기는 "중세 문명의 모든 잠재력이 가장 충실히 구현된 시기로 간주되곤 한다".[2] 심지어 많은 중세 사가들은 이탈리아 르네상스나 프로테스탄트 종교개혁보다 유럽의 사상과 제도의 형성에 12세기와 13세기가 더 중요한 역할을 수행했다고 주장하고 있다.

보다 거대한 정치사와 사회사와 마찬가지로, 중세 성기의 지성사는 자아 발견과 정의를 또한 그 특징으로 하고 있다. 가장 중요한 중세 사상가들 가운데 다수의 사상가들이 12세기에 활약했다. "초기 스콜라주의를 대변하는 탁월한 학자이자 수도원 학교의 대표적 인물"이었던[3] 안셀무스 캔터베리(1033~1109)는 신의 존재 및 성육신의 불가피성을 논리적으로 입증한 학자로 유명했다. 베르나르 클레르보(1091~1153)는 성모 마리아에게 바치는 송시의 작가, 십자군을 독려한 설교가, 시토 수도회 및 성당 기사단의 조직가이자 중세 신학에 대한 최초의 방대한 요약집인 『그리스도교 신앙의 성사』(『성사론』)의 저자이기도 했다. 제1세대 스콜라 신학자들 가운데 피에르 아벨라르(1079~1142)는 논쟁을 매우 즐겨했다. 전통적인 전거들에 의해 동일한 주제에 대한 표면상의 모순적인 언명들을 나란히 제시한 아벨라르의 『예 그리고 아니오』는 스콜라적 방법론을 발전시키고 크게 진전시켰다. 피터 롬바르드(약 1100~1160)가 저술한 『명제집』은 중세 성기 및 말기의 심도 있는 신학 연구를 위한 핵심 교재였다. 볼로냐 출신의 법학자였던 이르네리우스(약 1050~1130)는 로마법 부활의 주도적 역할을 했다. 로마법의 부활은 중세 정치사에 있어서 매우 중요한 사건이었다. 통치자의 주권을 적극 변론한 로마법은 군주나 황제가 단일한 최고의 권위 아래 있는 자신의 왕국이나 제국을 공고히 하는 데 일조했고, 종족법과 관습법을 타파했으며, 교황으로부터의 독립을 유지시켜 주었기 때문이다. 로마법 분야에서 이르네리우스가 수행한 역할에 상응하여 교회법 분야에서는 그라티아누스(?~1159년 사망)가 『교회법령집』(1140)을 저술했다. 이 책은 교회법에 관한 권위 있는 텍스트로서, 이 저술이 없

---

2 Joseph Strayer, *Western Europe in Middle Ages: A Short History*(New York, 1955), pp. 9, 127.

3 David Knowles, *The Evolution of Medieval Thought* (New York, 1962), p. 98.

었더라면 교황들은 군주와 교회 공의회의 인질이 되었을 것이다. 마지막으로 토머스 베켓의 비서였던 존 솔즈베리 역시 12세기에 활약한 학자였다. 존 솔즈베리는 통치술과 관련하여 영향력이 있는 저술인 『정치가론』과 12세기 스콜라 논쟁을 이해하는 데 중요한 역사적 자료인 『논리학변론』을 집필했다.

새로운 지적 분야는 '변증론'으로 알려지게 되었다. 이는 특정 주제에 관한 논제(*questio*)로부터 전통적인 전거들에서의 찬성(*videtur quod*)과 반대(*sed contra*) 및 저자의 결론(*responsio*)이라는 양식으로 발전하게 되었다. 이 방법론이 신조(信條)를 엄격한 논리적 분석의 대상으로 삼았기 때문에, 새로운 합리적 연구 방법론의 주창자들은 교회 당국자들의 의심을 사게 되었다. 이 주창자는 이 시기에 등장하여 전통을 뒤엎은 부유한 상인이라는 새로운 사회 계층에 비교될 수 있다. 상인은 토지를 소유하지 않은 부유한 자로서 성직자, 귀족 및 농민이라는 전통적인 사회 계서제에 부합하지 않았다. 변증론으로 무장한 스콜라주의자들은 새로운 사업술로 무장한 상인들이 사회사나 정치사에서 차지했던 것과 같은 역할을 중세의 지성사에서 수행하게 되었다. 전통적인 중세 사회 내에서 외견상 이질적인 집단이자 침략자들이었던 스콜라주의자들은 보수적인 비판자들을 매료시켰을 뿐만 아니라 기존의 인식과 행동 방식에도 도전을 했던 것이다.

11세기 중엽 교회의 강력한 지도자였던 피터 다미안(1007~1072)은 신학이 철학의 하녀로 전락할 지경에 이르렀다고 경고를 했다. 철학과 신학, 이성과 신앙의 고유한 관계는 중세 성기 및 말기의 사상가들에게 중요한 화두가 되었다. 이미 11세기에는 베렝가 투르(약 1010~1088)가 성장하고 있던 교회를 변론하면서 제기된 신학적 쟁점들에 의문을 제기했다. 교회는 성직자가 성사적 요소를 축성함으로써 성채의 빵과 포도주가 그리스도의 몸과 피로 전환된다는 교리를 가르쳤던바, 이것이 바로 화체설이다. 피터 다미안을 빼닮은 랑프랑 벡(1010~1089)은 신학에서의 새로운 합리주의에 대해 두려움을 가지고 있었으며, 화체설에 대해 의구심을 가진 베렝가에게 자신의 견해를 철회할 것을 굴욕적으로 강요했다. 아벨라르는 새로운 변증론자들 가운데 가장 대담하면서도 탁월한 학자였다. 아벨라르가 자신의 재능에 자부심을 가지고 있었듯이, 아벨라르 생전에 그에게 대적할 만한 학자가 없었다는 것은 아마도 사실일 것이다. 아벨라르는 또한 논리적 논쟁의 새로운 기술을 공공연히 잘못 사용했다고 많은 비판을 받았다. 그는 삼위일체설에 대한 잘못된 이론으로 비난을 받았다. 즉 그리스도의 속죄가 신자에 대한 주관적 영향을 뛰어넘는 객관적 함의를 지니고 있다는 사실을 아벨라르가 부정했다는 것이다. 전통적인 교리에서 주장되었듯이, 아벨라르는 타락한 인간에 대한 악마의 권리를 충족시키는 대신, 그리스도의 강림 및 십자가에서의 고난을 인간으로 하여금 신을 사랑하도록 하려는 도덕적 행위로 간주했다. 아벨라르가 원죄의 도덕적 결과를 최소화했다는 것이다. 아벨라르는 교회의 가르침보다 타락한 인간의 자유의지와 본성적 선함을 많이 인정했다. 그리고 아벨라르가 선과 악을 판단함에 있어서 어떤 행위의 성격 내지 결과보다도 그것의 주관적 의도를 과도하게 강조했다는 것이다. 아벨라르에게 있어서 단지 의식적인 동의가 있어야만 악한 행동은 사악한 것이었다. 그리고 강압이나 무지한 상태에서 이루어진 행위는 그것이 아무리 악한 것이라고 할지라도, 사악한 것이 아니었다.[4] 후대의 스콜라주의자들 역시 성사로서의 고해와 관련하여 아벨라르가 주관적 요소를 강조했다고 비판했다. 참회자였던 아벨라르는 참회자의 주관적 태도가 죄를 사해주는 성직자의 말보다 신의 은총을 받는 데 더 중요하다고 가르쳤다. 한편 토마스 아퀴나스와 던스 스코터스는 그와 같은 견해가 교회의 사법권과 성사권을 훼손한다고 비판했다.

아벨라르의 사례가 보여주고 있듯이, 엄격한 논리의 추구가 반드시 정통 교리가 되는 것은 아니었다. 한편 의문의 여지가 없는 정통 교리가 누군가의 논지에 논리적 힘을 반드시 더해주지는 않았다. 만약 아벨라르와 같은 변증론자들이 과도한 지적 호기심과 비판적 태도를 견지하고 있었던 것처럼 보였다면, 그것을 활용하면서 정통 교리를 신봉했던 사상가들 역시 이 새로운 변증법적 방법론에 열광했다. 이에 대한 대표적인 사례가 안셀무스 캔터베리였다. 안셀무스는 순수한 논리적 논증에 의해 신의 존재를 입증하고 "필수불가결한 이성에" 의해 그리

4 아벨라르에 관한 탁월한 저술로는 Lief Grane, *Peter Abelard: Philosophy and Christianity in the Middle Ages*(New York, 1970)가 있다.

스도의 탄생을 증명했다고 생각했다. 하지만 아벨라르의 이단 이론과 마찬가지로 이 전제는 12세기의 지적 활력에 대한 징후로 간주되어야 된다. 중세 최초로 진정한 비판적 사유의 고통과 즐거움을 발견한 것은 바로 12세기의 사상가들이었다.

유럽 지성사의 모든 길은 마침내 13세기 아리스토텔레스 저술의 완전한 부활로 귀결되었다. 서유럽의 학자들이 무슬림이 지배하던 스페인 방문을 통해 그 다수를 얻게 된 아리스토텔레스의 체계는 논쟁과 더불어 서유럽에 도입되었다. 아리스토텔레스의 체계에는 아랍 철학자들, 특히 아비센나(이븐시나)와 아베로에스(이븐루시드)의 주석도 다수 포함되었기 때문이다. 아리스토텔레스의 지식 체계는 중세 사유의 모든 잠재력의 구현에 박차를 가했으며, 당시 스콜라주의는 그 절정에 달했다. 아리스토텔레스 및 이슬람 학자들의 주석에 대한 해석은 경쟁 관계에 있었던 프란체스코회 및 도미니크회 학교의 설립을 고무했다. 프란체스코회의 대표적인 학자로는 알렉산더 할레스, 보나벤투라 및 던스 스코터스였다. 알베르투스 마그누스와 토마스 아퀴나스는 도미니크회의 대표적인 학자였다. 특히 13세기는 위대한 종합의 시대였다. 그 이전이나 그 이후에 결코 그러하지 못했듯이, 당시에는 인정(人情)적 지식과 신성한 진리 모두를 하나로 통합하려는 시도가 있었다.

중세 초기가 보존의 시대였고, 중세 성기가 자아 발견과 정의의 시대였다면, 중세 말기(1300~1500)는 전례가 없는 도전의 시기로 간주되어야 한다. 사회의 핵심 구조와 가치가 엄청난 시험대에 놓이게 되었다. 이전에 결코 그런 적이 없었듯이, 심지어 로마제국이 와해되었던 시기에도 그러하지 않았던 서유럽인들은 죽음의 그림자라는 골짜기를 통과해 갔다. 1320년대에는 중세의 가장 혹독한 기근이 유럽을 강타했으며, 교역로를 따라 선페스트 내지 흑사병이 14세기 중엽에 발발하자 유럽 인구의 대략 2/5가 사망했다. 영국과 프랑스 간에 벌어진 백년전쟁은 14세기와 15세기에 걸쳐 지속되었을 뿐만 아니라 전쟁의 후반부에 화포와 중포병이라는 근대적인 무기도 도입되었다. 도시와 농촌에서의 빈민들에 의한 대규모 폭동은 도시와 농촌 모두에서 사회 조직을 분열시켰다. 교회의 대분열에 의해 종교적 도덕적 토대가 뒤흔들리게 되었으며, 교회의 대분열로 인해 1409년에는 무려 세 명의 대립 교황과 추기경단이 난립하기도 했다. 중세 말기에 관한 매우 인기 있는 책들 중 하나의 제목이 『중세의 가을』이라는 것은 놀라운 일이 아니다. 이 도전에 대한 응전은 창조적이었고 성공적이었다. 14세기 중엽의 인구 위기, 즉 14세기에 대규모로 감소한 인구는 충분히 회복되었다. 15세기에는 고대에로의 문이 활짝 열리게 됨에 따라 이탈리아 및 북유럽 도시들에서는 문화와 학문의 진정한 르네상스가 있었다. 프랑스에서는 루이 9세 통치기에, 스페인에서는 페르난도와 이사벨 지배하에서, 그리고 영국에서는 헨리 튜더 치세기에 새롭게 형성된 왕국들에서는 새로운 정치적 질서가 등장했다. 유럽의 독립적인 민족 국가는 연대해야 할 지고의 공동체로서의 보편적 교회를 점진적으로 대체했으며, 중세에 매우 많은 사람들의 관심사이자 많은 재원을 소비했던 교황청과 속권 간의 심각한 갈등은 과거의 일이 되었다. 중세 말엽 유럽의 여러 국가들은 로마 교황청에 대표자를 파견하기보다는 유럽이라는 경계를 넘어 극동과 아메리카로의 항해 경쟁을 하게 되었다.

보다 광범위한 정치사와 사회사와 마찬가지로 유럽의 위대한 사유는 전성기로부터 14세기에 급격하게 쇠락한 것으로 일반적으로 이해되었다. 14세기가 위대한 신비주의 시대이자 분파적인 신학 학파들이 형성된 시기였다고 인식한 학자들은 이 시기를 주관적 경험과 교조주의로 후퇴한 시기로 간주했다. 오늘날의 권위 있는 한 학자는 이 시기의 지적 선택을 '실용적 회의주의' 내지 '맹목적인 신앙'이라고 지적했다.[5] 중세 말기의 지배적인 철학 내지 신학 학파였던 오컴주의는 유럽 사유를 '와해'시켰다는 엄청난 비판을 받고 있다. 많은 학자들에게 오컴과 그의 추종자들이 지성사에서 차지하는 위상은 흑사병이 사회사에서, 백년전쟁이 정치사에서 그리고 교회의 대분열이 교회사에서 차지하는 위상과 같은 것이었다. 하지만 이 점에서 정치사 내지 사회사라는 거울을 통해 지성사를 이해

5 D. Knowles, "A Characteristic of the Metal Climate of the Fourteenth Century," in *Mélanges offerts à Etienne Gilson*(Toronto, 1959), p. 323; 또한 Gordon Leff, "The Fourteenth Century and the Decline of Scholasticism," *Past and Present* 9 (1956), pp. 30~39.

하는 것은, 오늘날의 오컴 연구자들이 지적하고 있듯이, 심각한 오해를 불러일으킬 위험이 있다. 심지어 오늘날 레프와 같은 오컴주의에 대한 매우 강력한 비판자는 근년에 "초기의 학자들이 오컴을 잘못 이해했다"고 고백했다.[6]

중세 말기의 지성사가 전성기로부터 쇠락했다는 인식을 가장 크게 확산시킨 학자는 중세 스콜라주의의 권위자였던 질송이었다. 질송의 결론은 그의 주저 『중세 그리스도교 철학사』(1955)에서 제시되었으며, 그의 주요 이론들은 『중세의 이성과 계시』(1938)라는 소책자에서 널리 확산되었다. 질송은 중세의 사유 전체를 토마스 아퀴나스의 업적에 의해 평가했다. 질송이 아퀴나스에게 부여한 것만큼의 열정적이고 강력한 인정을 역사가로부터 받은 유럽의 사상가는 거의 없다. 이성과 계시를 고유하게 종합하고, 철학과 신학 및 아리스토텔레스 이론과 아우구스티누스 이론을 결합한 토마스 아퀴나스의 역사적 업적은 이 같은 찬사를 받기에 당연할 정도였다. 13세기 지식인이었던 아퀴나스는 최고의 인정적 지식과 신성한 진리를 고려했다. 아퀴나스는 인정적 지식과 신성한 진리를 훌륭하게 결부시켰던 것으로 알려져 있으며, 그리하여 "이것들은 서로 모순되지 않고, 서로 무시하지 않았으며, 서로 혼동되지도 않게 되었다"는[7] 것이다. 1951년 질송은 마켓(Marquette) 대학에서 행한 토마스 아퀴나스에 관한 강연에서 다음과 같이 지적했다.

> 아우구스티누스의 일부 제자들은 아퀴나스가 과도하게 철학자가 되었다고 비난했던 반면에, 동시에 아리스토텔레스의 몇몇 제자들은 아퀴나스가 과도하게 신학자가 되었다고 비난했다. 하지만 아퀴나스는 아우구스티누스주의자들 못지않게 아우구스티누스에 대한 이해를 가지고 있었고, 대다수 아리스토텔레스주의자들보다 아리스토텔레스를 잘 이해했다. 토마스는 아우구스티누스의 주장이 옳은 경우에, 아우구스티누스가 옳다고 말했을 것이다. 그리고 토마스는 아리스토텔레스의 주장이 옳은 경우에, 아리스토텔레스의 견해에 동의했을 것이다. 그러나 아우구스티누스도

6 G. Leff, *William of Ockham: The Metamorphosis of Scholastic Discourse*(Manchester, 1975), p. xiii.

7 *The Christian Philosophy of St. Thomas Aquinas*(New York, 1956), p. 23.

왕관을 쓰고 가르치며 이단을 극복하고 있는 성 토마스 아퀴나스에 관한 비유적 이미지(5세기). 메시나 학교에서 그린 것으로 보인다. 알베르투스 마그누스의 지도를 받았던 아퀴나스가 쾰른의 도미니크 수도회(1248-1252)에 체류하는 동안 동료 수사들은 그에게 '벙어리 황소'라고 별명을 붙였다. 이는 아퀴나스의 매우 거대한 체구와 신중함을 묘사한 것으로서, 이 신중함은 그의 심오한 명상을 드러내고 있다. 아퀴나스의 주요 저술인 『이방인 대전』은 그리스도교도가 스페인의 유대인과 무슬림에 대항하여 이용하도록 1259년과 1265년 사이에 집필되었으며, 1266년과 1273년 사이에 집필된 『신학 대전』은 신학 초보자를 위한 교재였다. 1879년 교황은 토마스의 가르침이, 이 책에서 지적되었듯이, 가톨릭 신앙의 시금석이라고 선언했던 바, 이는 수세기 동안 지속된 관행을 공식화했던 것이다.

아리스토텔레스도 결코 옳지 않았던 경우에는 토마스가 단지 이들로 하여금 무엇이 참인지, 말하자면 이들 스스로가 완벽하게 올바르기 위해 말할 수밖에 없었던 것을 말하도록 했을 것이다. …… 우리 가운데 진리에 대해 이와 같이 순수한 애정을 가지고 있다고 생각할 수 있는 사람은 거의 없다. 즉 아리스토텔레스와 아우구스티누스보다 뛰어난 천재를 거의 상상할 수 없으며, 이들 각자의 발견이 이들의 공적이라고 주장하는 것은 충분히 공정한 것이다.[8]

다른 모든 중세 신학자와 마찬가지로 토마스 아퀴나스 역시 신학과 철학의 근본적인 차이를 인식했다.[9] 신학의 제일 원리는 특히 성서적 계시를 통해 신으로부터 유래하며, 현세적 존재에 관한 이성적 성찰의 산물이 아니었다. 신학은 자연적 자료가 아니라 계시적 자료에 기초한 학문이었다. 신성한 삼위일체로서의 신의 존재, 때가 되어 창조된 세계, 모든 인류를 타락시킨 원죄, 예수 그리스도를 통한 신의 강림, 은총을 전달하는 교회의 성사권, 인간 몸의 부활 및 인류의 최후의 심판 등과 같은 신조에 대한 경험적 증거는 없다. 중세의 모든 사상가는 이것들이 신조이며, 그리스도교 교회의 권위에 입각하여 사람들이 이것을 믿게 되었다고 알려져 있다.

질송에 따르면 이 문제가 기본적인 차이에 관한 전통적인 진술을 뛰어넘게 된 것은 토마스 아퀴나스의 각별한 재능 덕분이었다. 아퀴나스는 이성에 의해 접근이 가능한 자료와 계시에 의해 제공되는 자료, 설령 근원에 있어서 이들 간에 차이가 있다고 하더라도, 실제로는 중첩되고 서로를 지지하는 영역, 즉 자연적 합리적 지식과 신에 의해 계시된 지식이라는 동전의 양면과 같은 이 지식을 동시에 포함하는 영역에 관심을 기울였다. 이를테면 지혜롭고, 전능하고, 전지한 신이 존재하며 인간의 영혼은 영원하다는 논지는 계시의 자료일 뿐만 아니라 일반적이고 합리적인 행위가 도달할 수 있는 결론이기도 했다. 인간은 신이라는 실

---

8 *Wisdom and Love in St. Thomas Aquinas*(Milwaukee, 1951), pp. 27~28.

9 *St. Thomas Aquinas: Theological Texts*, ed. Thomas Gilby(London), pp. 1~33에 있는 이 주제에 관한 텍스트 선집들과 그리고 *The Pocket Aquinas*, ed Vernon J. Bourke(New York, 1973), pp. 283~315를 참조하기 바란다.

체에 관해 묻지 않고서 꽃을 탐구할 수 있을까? 인간은 자신의 기원과 영원한 운명을 발견하지 않고서 자신의 영혼을 이해할 수 있을까? 아퀴나스는 유한한 결과가 그것의 조물주를 자연스럽게 입증하고 있으며, 이성이 사물의 제일원리를 추구한다고 생각했다.

이성과 계시가 제한된 영역 내에서 동일한 진리를 증명하고 있다는 논지는 아퀴나스에게 있어서 이성과 계시의 핵심적 통합을 시사했다. 궁극적으로 이성과 계시, 철학과 신학, 자연과 은총, 국가와 교회, 세속적인 삶과 종교적인 삶은 이질적이지도 적대적이지도 않으며, 긴밀한 관계를 가지고 있다는 것이다. 진리는 하나다. 이보다 중세적인 신념은 없었다. 이는 은총이 자연을 파괴하는 것이 아니라 그것을 완성한다는 토마스주의 이론 배후에 있는 믿음이었다. 이는 세속사회의 가치를 고양했을 뿐만 아니라 교회의 가부장주의와 권위신장을 정당화한 정교한 논리이기도 했다.

질송에 의하면 아퀴나스는 중세의 여하한 사상가보다도 실체의 단일성을 매우 명확하게 인식했다는 것이다. 다른 철학자들과 신학자들이 계시의 자족성을 전제하고 있는 '신학주의(theologism)' 내지 이성의 자족성에 대한 선언, 즉 '합리주의'라는 의미에서 어느 한 가지 오류를 범했다는 것이다.[10] 질송은 불합리하기 때문에 믿는다고 주장한 테르툴리아누스의 극단적 신앙주의를 지적했으며, 베르나르 클레르보, 피터 다미안, 프란체스코회 영성파를 테르툴리아누스와 유사한 인식을 가진 부류로 간주했다. 질송은 이른바 온건한 신앙주의자들이라는 보다 거대한 집단을 발견했다. 이 사상가들은 신앙과 초월적 경험을 중시했으나, 이성으로부터 반드시 거리를 두거나 이에 적대적이지도 않았다. 아우구스티누스, 안셀무스 및 보나벤투라 등이 이와 같은 부류에 속하며, 다수의 프란체스코회 추종자들이 여기에 속했다. 이 프란체스코회 추종자들은 모든 종교적 문제에서 의지와 사랑을 중시한 성 프란체스코의 가르침을 따랐다. 또 다른 한 극단에는 이슬람 철학자 아베로에스(1126~1198)가 주도한 순수한 아리스토텔레스주의

---

10 질송은 *Reason and Revelation in the Middle Ages*에서 이 범주를 자세하게 설명했다.

자들이 있었다. 아베로에스는 합리적 지식이 신앙으로부터 유래하는 여하한 모든 정보보다 훨씬 우월하다고 생각했다. 아베로에스는 아리스토텔레스에 관해 다음과 같이 기술했다. "아리스토텔레스의 이해가 인간 이해의 종결이기 때문에 그의 가르침은 최상의 진리이다. …… 아리스토텔레스는 신의 섭리에 의해 창조되었고 우리에게 선물로 주어졌으며, 그리하여 우리는 인식할 수 있는 모든 것을 알 수 있게 되었다."[11]

질송의 이러한 견해는 중세 말기의 사상에 대한 평가에 매우 강력한 영향력을 행사했다. 질송은 아퀴나스 및 이른바 스콜라주의의 황금기 이후의 14, 15세기의 지성사에서 점진적인 쇠락과 혼란을 목격했다. 13세기 말에 이루어진 아리스토텔레스주의에 대한 파리 주교의 정죄가 결정적인 지적 쇠퇴를 촉발시켰다고 질송은 지적했다. 1270년 파리의 주교였던 에티엔 탕피에르는 그것들의 정확한 출전을 확인하지 않고서 13개 조항의 철학적 논지를 비난했다. 그로부터 7년 후에 탕피에르는 교황 요한 21세의 격려에 힘입어 219개 조항을 비난했다. 당시 탕피에르는 아리스토텔레스로 무장한 철학자들과 이슬람의 아리스토텔레스 주석가들을 비판했다. 아리스토텔레스 철학자이자 파리대학의 인문학부 교수였던 시제르 브라방(약 1240~1284), 시제르 브라방의 동료 교수였던 보에티우스 스웨덴 및 다른 명시되지 않은 '학자들'이 그들이었다. 비난을 받은 소수의 논지들은 토마스 아퀴나스의 가르침을 받았으며, 이 같은 비난이 이른바 라틴 아베로이즘에 대해서 만큼이나 토마스주의에 대한 커다란 승리였다는 주장이 있었다. 말하자면 이는 아베로에스적 극단론에 대한 비판만큼이나 아리스토텔레스 이론의 온건한 신학적 활용에 대한 비판이기도 했다는 것이다.[12]

---

11 *Friedrich Ueberwegs Grundriss der Geschichte der Philosophie*, ed. Bernhard Geyer(Basel, 1967), 2, p. 316.

12 Gordon Leff, *Paris and Oxford Universities in the Thirteenth and Fourteenth Centuries*(New York, 1968), p. 229. 필자는 1270년과 1277년에 정죄를 받은 아리스토텔레주의가 순수한 아리스토텔레스라기보다는 덜 직접적으로 아베로이스트적이었다는 스틴베르겐의 견해에 동의하고 있다. 시제르와 보에티우스의 주요 지적 원천은 아리스토텔레스였으며, 이슬람의 아리스토텔레스 주석가들이 아니었다. 이 주석가들은 아베로이스주의자라기보다는 급진적 아리스토텔레스주의자들이었다. *Aristotle and the West*, trans. L. Johnston(Louvain, 1955), pp. 219~229. 하지만 아베로에스 역시 급진적 아리스토텔레주의자였다는 점 또한 평가되어야 한다.

이들의 가르침이 왜 위험했던가? 1270년 정죄당한 조항들은 "모든 인간을 위한 하나의 동일한 지성이 존재한다"는 범신론, "지상에서 일어나는 모든 것은 천체의 필연적 운동에 의해 결정된다"는 점성술, "세계는 영원하다"는 세계의 비창조성 및 "신은 유한하고 부패한 존재에게 불멸과 정결을 제공할 수 없다"는 피조물의 철저한 멸망 같은 것들을 가르치고 있다는 것이다.[13] 1277년 정죄당한 조항들 가운데 신학의 자료와 방법론에 대한 공격도 명백히 있었다.

중세의 성직자들은 사유의 중립성을 믿지 않았다. 중세 대학은 사상의 자유로운 교환을 위한 시장이 아니었다. 중세 전 시기는 물론 근대 초기에, 사변적인 것은 또한 '이데올로기적'이었다. 교회 당국자들은 그것의 함의와 실천적 결과라는 관점에서 이념을 바라보았다. 중세 말기는 마이스터 에크하르트와 존 위클리프 등의 위대한 '지적' 이단자들의 시대였다. 이 지적 이단자는 저항 운동과 동일시되거나 이를 주도하지는 않았지만, 이 이념이 이들의 운동을 고무하고 정당화한 것처럼 보였다.[14] 중세 교회는 모든 형태의 진정한 세속적 자율성을 완강히 거부했다. 신학과 동떨어진 철학에 대한 독립적인 연구이든 교회의 감독권 내지 개입할 수 있는 자유와 무관한 속권의 독립적인 운용이든 불문하고서 말이다. 토마스 아퀴나스의 신학은 그와 같은 독립에 대한 중세 그리스도교 사상가의 반

---

13 정죄를 받은 13개 조항들은 다음과 같다.
(1) 모든 인간을 위해 하나의 숫자가 존재하며 동일한 지성이 존재한다.
(2) 인간이 이해하는 것은 오류이거나 부적절하다.
(3) 인간의 의지는 필연에 복속한다.
(4) 천체는 그 보다 낮은 지역인 이 땅에서의 모든 것을 필연적이게 한다.
(5) 세계는 영원하다.
(6) 최초의 인간은 결코 존재하지 않았다.
(7) 인간의 형상인 영혼은 육체가 부패할 때 부패한다.
(8) 죽음에 의해 [육체로부터] 분리된 영혼은 육체적 불로부터 고통을 겪을 수 없다.
(9) 자유의지는 능동적이지 않고, 수동적이다.
(10) 신은 단일자를 알지 못한다.
(11) 신은 자신을 제외한 사물을 알지 못한다.
(12) 인간의 행위는 신의 섭리에 의해 지배되지 않는다.
(13) 신은 유한하고 부패한 것에 영원성과 정결함을 제공할 수 없다.

14 Herbert Grundmann, "Hérésies savantes et hérésies populaires au Moyen Age" in Jacques Le Goff, ed., *Hérésies et sociétés dans l'Europe pré-industrielle 11e-18e siècles*(Paris, 1968), pp. 209~218.

감에 관한 주석이었다.

아리스토텔레스주의에 대한 파리 주교의 정죄는 교회의 공격성만큼이나 교회의 방어 기재를 보여주었다. 에티엔 탕피에르에 의해 정죄당한 조항들 중 다수는 중세 그리스도교의 가르침에 대한 대대적인 공세였다. 이 조항이 "신앙의 토대에 대한 공격이라기보다는 독자적으로 형성된 철학적 견해"라고[15] 지적하는 것은 사유의 중립성 및 철학적 견해 중 다수의 그리스도교 교리의 논리적 귀결에 대한 중세의 불신을 간과하고 있다. 모든 창조된 심성들이 영원한 심성 내지 지성의 일시적 현상이라는 그와 같은 하나의 영원한 심성 내지 지성만이 존재한다면, 인간의 덕목이나 영원성이 어떻게 존재할 수 있는가? 개인이 성직자와 상의할 필요가 있는가?

현세의 모든 사건이 필연적으로 일어나게 된다면, 그렇다면 신도 인간도 자유롭지 못하며, 섭리가 아니라 운명이 모든 것을 지배하게 된다. 세계가 영원하다고 가르치는 것은 창세기의 내용을 부정하는 것이다. 만약 신이 유한한 영혼에 불멸성을 부여할 수 없다면, 그렇다면 교회가 성사와 치유의 은총을 부여하는 목적이 무엇인가, 그리고 마지막 날에 어떻게 육체가 부활할 것인가? 중세의 성직자들은 파리의 아리스토텔레스주의자들의 사유를 무해한 철학적 견해라고 생각할 수가 없었다.

우리는 이 같은 가르침에 대한 정죄가 질송과 같은 가톨릭 학자들의 심성에 부합했다고 생각할 수도 있다. 하지만 질송은 이 같은 정죄가 유럽사에서 매우 부정적인 의미에서의 전환점이 되었다고 이해했다. 질송에 의하면, 이 정죄는 교회의 순전히 방어적인 조치로서 유럽 지성사와 종교사의 향방에 대한 예견이었다는 것이다. 이전에 알베르투스 마그누스와 토마스 아퀴나스에 의해 시도되었던 것과 같이 오류를 세심하고 합리적으로 반박하는 대신에, 주교 에티엔 탕피에르와 교황 요한 21세는 정죄를 포괄적으로 선포했던 것이다. 교회는 좋은

---

15 Leff, *Paris and Oxford Universities*, p. 237; *The Dissolution of the Medieval Outlook: An Essay on Intellectual and Spiritual Change in the Fourteenth Century*(New York, 1976), p. 24. 레프는 이 같은 비난을 "철학에 대한 제약의 시작"이라고 이해했다(같은 책, p. 25).

논리로 나쁜 논리를 논박하지 않았고 건전한 추론으로 나쁜 추론에 대처하지 않았다. 교회는 단지 그리스도교 사회로부터의 분리와 금지라는 벌(*Anathema sit*)을 선포했던 것이다. 신학적 사유 및 그것과 더불어 중세 교회는 계시와 신앙이라는 이론의 여지가 없는 영역에 점점 더 국한했다. 그 이후 세기들에서 신학에서의 합리적 입증과 논증이 성직자들에게 점점 덜 중요하게 된 반면에, 신앙과 계시는 속인들에 대한 실체적 통찰력을 점점 잃어가게 되었다고 질송은 인식했다. 교회의 '신학주의'와 교회 비판자들의 '합리주의'가 일상이 되었다. 질송에 따르면, 이성과 계시, 자연과 은총, 철학과 신학, 속인과 성직자, 국가와 교회 등의 이 모든 것은 점차 공동의 근거를 상실했으며, 1227년 이후에는 각자의 길을 가게 되었다는 것이다. 파리 신학자들의 정죄는 새로운 국면의 시발점이었다. 이는 이성을 '악마의 간계'라고 묘사한 신학자들과 더불어 그리고 어두움과 빛의 관계와 마찬가지로 아리스토텔레스와 신학의 관계도 그러했다는 루터의 선언과 더불어 막을 내리게 되었다.

한 걸음 더 나아가 질송은 파리 신학자들의 정죄 이후 프란체스코회의 던스 스코터스(약 1265~1308)와 윌리엄 오컴(약 1285~1347)의 저술들이 토마스주의의 종합을 더욱 잠식했다고 주장했다. 질송에 의하면, 던스 스코터스가 아퀴나스와 13세기의 다른 신학자들이 발견했던 것보다 철학적으로 논쟁의 여지가 있던 신학적 진리를 훨씬 더 발견하지 못함으로써 스콜라적 사유의 영역을 축소시켰다는 것이다.[16] 던스 스코터스 신학의 절정은 신과의 거리감 및 타자성의 인식이었다. 신과 인간의 엄청난 괴리는 던스 스코터스로 하여금 이성과 계시가 중첩되고 인정적인 것들과 신성한 것들의 통합을 제시하는 것처럼 보인 영역보다 훨씬 더 나아가게 했다. 던스 스코터스 신학에서는 지성이 아니라 의지가 핵심적인 범주가 되었다. 신과 인간의 행위는 이들의 존재보다 훨씬 더 중요했다. 신앙의 핵심 대상은 더 이상 순수한 존재(*actus purus*)로서의 신이 아니라, 성서에서처럼 인간에게 자신을 보여준 신이었다. 그리고 자신을 보여준 이 신은 합리적 이해

---

16 *History of Christian Philosophy*, pp. 454~465.

가 아니라 인간으로부터 신뢰할 만한 수용을 요구했다.

질송은 오컴에게서 던스 스코터스주의적 주의주의의 극단적 결론과 계약 신학을 발견했다. 즉 질송은 신앙과 계시의 영역으로의 신학의 한정 및 신에 대한 여하한 합리적이고 설득력이 있는 지식의 부정을 발견했던 것이다.

"오컴은 자신이 믿고 있는 바를 완전히 확신하고 있었다. 단지 그는 믿고 있는 바를 **알지** 못하거나 그것을 알 필요가 없었을 뿐이었다."[17] 이 점에서 질송에게 이성과 계시의 분리는 최종적이었으며, 스콜라주의의 황금시대는 효율적으로 종식되었다. 단지 믿는 것에 만족한 신앙은 완전한 이해를 추구한 신앙을 대체했던 것이다.

질송의 인식에 공감한 다른 학자들은 신에 관한 직접적 지식을 부정한 오컴주의 철학과 14, 15세기에 대중적이었고, 이성을 초월하거나 심지어 반합리적 경험에서 신을 추구했던 신플라톤적 신비주의 간에는 자연스러운 친밀감이 있었다고 이해하고 있다.[18] 또한 이 학자들은 프로테스탄트 종교개혁의 지도자 루터가 오컴 및 독일 신비주의자의 사려 깊은 학생이었다는 사실이 결코 우연이 아니라고 생각했다.

질송에게 14세기는 '사색의 피로'라는[19] 슬픈 시대였다. 던스 스코터스가 '명민한 박사'로, 오컴이 '명민한 박사 그 이상의 박사'로 알려졌다는 사실을 먼저 알았다면 질송은 그와 같은 평가를 내리기에 앞서 잠시 평가를 중단했을 것이다.

그러나 모든 사실을 알지 못했던 질송은 토마스 아퀴나스에 매료되었다. 질송 비판자들은 그가 유럽 지성사를 이성과 계시의 관계라는 좁은 문제와 혼동했다고 지적했다. 이 같은 비판은 토마스주의 종합의 해체가 가져다주는 위험성에

---

17 같은 책, p. 498.

18 특히 Water Dress, *Die Thelogie Gersons: Eine Untersuchung zur Werbindung von Mominalismus und Mystik im Spätmittelater*(Gütersloh, 1931); Gilson, *History of Christian Philosophy*, pp. 528~534를 참조할 것. S. Ozment, "Mysticism, Nominalism and Dissent," in *the Pursuit of Holiness in Late Medieval and Renaissance Religion*, ed. Charles Trinkauss and Heiko A. Oberman (Leiden, 1974), p. 92를 비교할 것.

19 *History of Christian Philosophy*, pp. 470~471. 이 용어는 생애 말년에 교황 알렉산더 5세(1409~1410)가 되었던 피사 출신의 칸디아와 관련하여 사용된 것이다.

대한 질송의 인식을 과소 과소평가했다. 질송은 서유럽 사회를 세속적 영역과 종교적 영역으로 뚜렷이 구분하는 오늘날의 태도를 비판했다. 이성과 계시의 조화에 대한 중세적 믿음은 서유럽 사회를 고유하게 통합할 수 있는 개연성을 가져다주었으며, 이 같은 믿음의 상실은 또한 이 같은 개연성의 상실이기도 했다. 이러한 시각에서 볼 때, 단지 소수의 신학적 쟁점들보다 스콜라주의의 황금기가 훨씬 더 중요했던 것이다.

하지만 모든 학자들이, 심지어 대다수 학자들이 14, 15세기가 유럽 사상의 황혼기였다는 점에 결코 동의하지 않는다. 사실상 근년의 많은 연구는 이 같은 견해를 비판하는 데 집중적으로 할애되었다. 이 연구의 다수가 프란체스코회, 아우구스티누스회 및 프로테스탄트 학자들에 의해 이루어졌다는 것은 이해될 법하다. 이 학자들은 도미니크회 수사였던 토마스 아퀴나스를 철학과 신학의 최종 권위로 직접 결부시키지는 않았다. 토마스와 같은 예외적인 천재가 13세기 이후에도 존재했었다는 논지는 이제 충분히 인식되고 있으며, '중세 신학의 집대성자'라는 찬사를 받을 만한 새로운 후보군은 14세기, 15세기 및 심지어 16세기에도 있었다. 이를테면 던스 스코터스는 아퀴나스보다 지적으로 우월했다는 찬사를 받았으며, 심지어 후대의 프란체스코회 사상가들에게 장애가 되기도 했다.[20] 오컴은 혁신적인 토마스주의자들과 던스 스코터스주의자들을 비판하는 구태의연한 방식의 수호자로 묘사되었으며, 오컴이 회의주의자, 에라스투스주의자 및 펠라기우스주의자였다는 전통적인 비판은 철저하게 도전을 받게 되었다.[21] 중세

---

20 Werner Dettloff, O.F.M, *Die Lehre von der Acceptatio Divina bei Johannes Duns Scotus mit besonderer Berücksichtigung der Rechtfertigungslehre*(Werl/Westf., 1954); *Die Entwicklung der Akzeptations-und Verdienstlehre von Duns Skotus bis Luther*(Münster i.W., 1963)을 참조할 것.

21 오컴에 대한 오늘날의 변론가들 가운데에는 E. Am Moody, *The Logic of William of Ockham*(New York, 1935); Gerhard Ritter, *Marsilius von Inghen und die okkamistische Schule in Deutschland* (Heidelberg, 1921); *Via antiqua und Via moderna auf den deutschen Universitäten des xv. Jahrhunderts*(Heidelberg, 1922/Darmstadt, 1963); Paul Vignaux, *Justification et prédestination au XIVe siècle*(Montreal, 1948); Philotheus Boehner, *Collected Articles on Ockham*(St. Bonaventure, New York, 1958); Arthur S. McGrade, *The Political Thought of William of Ockham: Personal and Institutional Principles*(Cambridge, 1974); Leff, *William of Ockham*, pp. 398, 495; 오컴에 관한 수정주의자 저술에 대한 요약 및 해석에 관해서는 William J. Courtenay, "Nominalism and Late Medieval Religion," in *the Pursuit of Holiness*, pp. 26~58 및 "Nominalism and Late Medieval

의 사상은 마이스트 에크하르트,[22] 장 제르송,[23] 니콜라스 쿠사[24] 및 가브리엘 비엘[25]에서 풍요로운 결실을 맺게 되었다.

종교적 사회적 운동들 역시 그 옹호자가 있었다. 한 연구에 의하면 인문주의자, 가톨릭교도 및 프로테스탄트 등의 16세기의 모든 개혁 운동의 기원이 15세기의 대중적 운동이었던 새로운 종교적 헌신(*Devotio Moderna*)에 있었다는 사실이 밝혀지게 되었다.[26] 심오한 종교적 흐름과 스콜라적 전통이 이탈리아 르네상스기에도 지속되었음을 보여주었다. 이는 르네상스 문화의 특징이 세속적이었다는 부르크하르트류의 일방적인 서술을 수정했으며, 이탈리아 인문주의자들을 중세 종교사의 분수령으로 묘사했다.[27] 제2차 바티칸 공의회의 영향으로 가톨릭과 프로테스탄트의 통합주의자들은 마르틴 루터와 토마스 아퀴나스가 사실상 동일한 내용을 다수 가르쳤으며, 이들의 차이는 단지 철학적인 인식의 차이에 불과했다고까지 주장하기에 이르렀다. 이 같은 논쟁은 만약 그것이 사실이라면, 중세의 사상에서 마르틴 루터의 위상이 정상을 차지할 뿐만 아니라, 질송의 논지를 한 바퀴 돌아 수용하는 것이기도 하다.[28]

Thought: A Bibliographical Essay," *Theological Studies* 33(1972): 716~734; Helmar Junghans, *Ockham im Lichte der neueren Forshung*(Berlin, 1968)을 참고할 것.

22 이 책의 184쪽 이하를 볼 것.

23 André Combes, *Essai sur la critique de Ruysbroeck par Gerson*, vols. 1-3 (Paris, 1945-1959), and *La théologie mystique de Gerson*, vols. 1-2 (Rome, 1963).

24 F. Edward Cranz, "Cusanus, Luther, and the Mystical Thought," in The Pursuit of Holiness, pp. 93~102; Gilson, *History of Christian Philosophy*, pp. 534~40. 쿠사를 근대적 사상가로서의 평가에 대해서는 Ernst Cassirer, *The Individual and the Cosmos in Renaissance Philosophy*(Cambridge, Mass., 1963).

25 Heiko A. Oberman, *The Harvest of Medieval Theology: Gabriel Biel and Late Medieval Nominalism*(Cambridge, Mass., 1963).

26 Albert Hyma, *The Christian Renaissance: A History of the Devotio Moderna*(New York, 1925; Hamden, Conn., 1965); *The Brethren of the Common Life*(Grand Rapids, 1950). 또한 그 이하를 볼 것.

27 Giuseppe Toffanin, *Storia dell'unamesimo*, vols. 1-3 (Bologna, 1952); Charles Trinkaus, "In Our Image and Likeness:" *Humanity and Divinity in Italian Humanist Thought*, vols.1-2 (Chicago, 1970).

28 Hans Küng, *Rechtfertigung: Die Lehre Karl Barths und eine katholishce Besinnung*(Einsiedeln, 1957); Stephen Pfürtner, *Luther and Aquinas on Salvations*(New York, 1964); 그리고 특히 Otto Pesch, *Die Theologie der Rechtfertigung bei Martin Luther und Thomas von Aquin*(Mainz, 1967)을 참고할 것. 루터와 중세 말기 신비주의적 전통을 적극적으로 결부시키려는 근년의 시도를 또한 참고할 것. Bengt R. Hofman, *Luther and the Mystics*(Minneapolis, 1976).

14세기 사상을 변론하는 매우 흥미로운 연구의 하나는, 이 책에서 전개하고자 하는 논지를 연상시키는 것으로, 오늘날 아우구스티누스회 소속의 학자인 다마수스 트랩의 다소 모호한 저술들에 숨겨져 있다. 트랩은 14세기가 중세에서 지적으로 가장 비옥한 시기였다고 지적했으며, 13세기의 위대한 지적 체계의 설계자들에 의해 야기된 난제에 의해 그렇게 되었다고 생각했다. 트랩이 '위대한 사유의 시기'라고 규정했던 13세기에는 알베르투스, 아퀴나스, 보나벤투라 및 던스 스코터스가 후세대에게 이해만큼이나 많은 혼란도 야기했다는 것이다. 위대한 신학적 체계 내에서와 이들 사이에 초래된 모순에 직면한 14세기 사상가들은 이 논지의 역사적 원천과 이론적 근거를 재검토하지 않을 수 없었다는 것이다. 그리하여 14세기에는 트랩이 명명한 새로운 '역사적이고 비판적인' 태도 및 '논리적이고 비판적인' 태도가 발전하게 되었으며, 이 같은 태도가 14세기를 '위대한 비판의 세기'로 만들었다는 것이다.[29] 역사적 정확성과 논리적 일관성이 매우 중시되었다. 논리적인 칼질 및 파괴적인 비판과는 거리가 먼 14세기 초에 널리 알려진 출전에 관한 집중적인 분석과 논리적인 연구는 애초에는 13세기 신학 체계를 이해하고 조화시키기 위한 노력의 산물이었다는 것이다.

트랩은 14세기 아우구스티누스회 소속의 그레고리오 리미니(1358년 사망)를 새로운 비판의 모델로 제시했다. 역사적 정확성에 대한 그레고리의 관심 및 철학적 정교함에 대한 그의 비판은 이탈리아 인문주의자들의 저술을 예견했다. 그

---

29 Damasus Trapp, "Augustinian Theology of the Fourteenth Century: Notes on Editions Margianlia, Opinions, and Book-Lore," *Augustiniana* 6(1956), pp. 146~274. 오컴에 대한 레프(Gordon Leff)의 수정적 견해는 14세기에 대한 레프의 평가와 유사하다. 레프는 자연적 용어로 세계, 즉 오컴 철학의 기본적인 특징(*The Dissolution of the Medieval Outlook*, pp. 6~7)을 설명하려는 14세기 시도에서 중세 세계관의 변화의 시작을 발견했다. 레프는 "기존의 14세기의 시각에서 볼 때, 역설적으로 그와 같은 변화가 세계의 지적 능력 및 이를 식별하는 이성의 능력에 대한 거의 순박한 확신을 보여주고 있다는 것이다. 이는 새로운 탐구방식을 개막했으며, 이 같은 방식은 이후의 과학의 발전과 논리(학)의 발전에서 많이 수정된 채 그것의 정당성이 궁극적으로 입증되었다. 그러나 14세기의 맥락에서 볼 때, 이는 새로운 인식을 대체할 만큼 충분히 포괄적이지 않고 현존하던 방식에 단지 파괴적이었을 뿐이었다"(같은 책, pp. 15~16). 하지만 레프의 초기의 저술들에서 매우 현저했던 질송의 논지들은 수정판에서 여전히 명백히 남아 있다. "오컴에 의해 새롭게 열린 창들은 형식적 함의와 더불어 배타적 관심이 늘 철학 및 이 경우에는 신학을 언급해야만 하는 무익한 트집 잡기를 또한 개막하게 되었다. 13세기와 비교해 볼 때, 균형이 잡힌 결과물은 없었다"(같은 책, p. 19). 질송과 마찬가지로 레프는 14세기에서 "사색적 신경망의 광범위한 손상"을 발견했다.

는 중세 아우구스티누스회 소속의 가장 탁월한 학자로 간주되었고, 오컴 신학에 대한 핵심 비판자가 되었다. 겨우 근년에 이르러서야 학자들은 아우구스티누스회의 역사적 지식이 '인문주의의 요람'이라는 사실을 충분히 인식하기 시작했다.[30] 과거에 대한 학문적 심취와 정확한 텍스트에 대한 관심이 이탈리아 인문주의자들의 전유물이 되기 이전에, 이것들은 아우구스티누스회 학자들의 주요 특징이었다. 이탈리아에서는 디오니지 보르조(1324년 사망)가 페트라르카에게 영향을 주었으며, 바르톨로메오 우르비노(1350년 사망)는 성 아우구스티누스의 저술들을 수집했으며, 방대한 색인 작업을 준비했다. 독일에서는 이탈리아에서 훈련받은 아우구스티누스회의 오스나브뤼크의 고트샬크 홀렌스(1481년 사망)가 자신의 설교에서 고전 작가들을 인용했으며, 이탈리아의 지식을 독일 아우구스티누스회 수녀원에 소개했다. 종교개혁 직전에 요하네스 랑(1488~1548)과 요하네스 알텐슈타이크의 작품에 힘입어 에르푸르트의 아우구스티누스회 수도사들은 인문주의자의 기예에 많은 관심을 가졌다. 뛰어난 히브리어 전문가이자 그리스어 전문가였던 랑은 루터의 친구이기도 했다. 요하네스 알텐슈타이크는 중세 말기의 철학과 신학의 주요 사전이었던 『신학 어휘』의 저자였다.[31]

트랩은 14세기 아우구스티누스회 수도사들과 프란체스코회 수사들 사이에서가 아니라 15세기 철학자들과 신학자들 사이에서 지적 엄격함의 이완을 발견하게 되었다. 14세기의 스콜라적 논쟁에 신물이 났던 철학자와 신학자는 13세기의 위대한 학자들에게로 관심을 돌렸다. 만약 우리가 트랩의 해석을 따른다면, 학자들이 알베르투스, 아퀴나스, 보나벤투라 및 던스 스코터스의 논지를 무비판적으로 반복하기 시작한 시기는 15세기이며, 우리는 이 시기가 '사색적 무기력'에

---

30 "아우구스티누스회가 설령 이탈리아 인문주의의 요람은 아니라고 하더라도 당시 최초의 동맹을 제공했으며, 성 아우구스티누스 연구를 위한 새로운 지적 활력을 적극 활용했다고 우리는 지적할 수 있다"(H. A. Oberman, "Headwaters of the Reformation: Initia Lutheri-Initia Reformationis," in *Luther and the Dawn of the Modern Era: Papers for the Fourth International Congress for Luther Research*, ed. H. A. Oberman [Leiden, 1974], p. 70). 또한 Rudolf Arbesmann, *Der Augustiner-Eremitenorden und der Beginn der humanistischen Bewegung*(Würzburg, 1965)를 또한 참고하기 바란다.

31 Junghans, "Der Einfluss des Humanismus auf Luthers Entwickung, bis, 1518," *Luther Jahrbuch 1970*, ed. Franz Lau (Hamburg, 1970), pp. 53~55.

빠져 있었음을 발견하게 된다. 트랩은 정통 교리 신봉자들의 '자유를 애호하던 14세기 신학자들에 대한 불신'과 '학자들의 안일 무사한 태도'를 15세기 지적 쇠퇴의 원인으로 지적했다. 안일한 학자들은 "열 명 내지 스무 명의 저술가들보다는 한 사람의 저술가를 연구하는 것이 훨씬 쉽다는" 사실을 발견했다.[32] 강압적인 통치에 굴복하고 전쟁에 지친 15세기 유럽인들과 마찬가지로 종교개혁 직전에 많은 논쟁에 이골이 난 학자들은 과거의 위대한 학자들에게 순순히 자신을 맡기게 되었던 것처럼 보인다.

트랩과 다른 학자들이 14세기에 대한 정당한 평가를 위해 노력했듯이, 오버만은 15세기에 대한 올바른 평가를 위해 노력했다. 1963년 간행된 오버만의 『중세 신학의 결실』은 특히 가브리엘 비엘(약 1420~1495)의 저술에 있는 중세 말기의 유명론의 정통 교리와 개혁을 옹호한 대표적인 저서이다. 오버만은 유명론자들이 시토회 학자들, 프란체스코회 학자들, 아우구스티누스회 학자들, 도미니크회 학자들 및 속인 학자들을 포함하는 폭넓은 학자 군을 표상한다고 지적했다. 이들은 경쟁 관계에 있던 학파들 및 13세기의 전통 가운데 '중도를 통한 보편'을 추구했다는 것이다.[33] 비엘 사상의 비판적 성격보다는 통합적 성격을 인정한 오버만은 15세기 사상의 건설적 측면을 여전히 강조하고 있으며, 중세 말기 사상의 '해체'에 대한 여하한 주장도 강하게 부정하고 있다. 비엘이 중세 신학의 '쇠퇴'가 아니라 '결실'을 증언하고 있다는 것이다. 오버만은 이후의 저술 『종교개혁의 선구자들』(1966)에서 이 시대를 평가하고 그리고 액면 그대로 연속성이나 단절을 평가하기 위한 적절한 견해로서, 만연해 있던 지적 쇠락이라는 인식을 모두 포기할 것을 학자들에게 촉구했다.[34]

---

32 Trapp, "Augustinian Theology of the Fourteenth Century," p. 215.

33 H. A. Oberman, *The Harvest of Medieval Theology*, pp. 422~428. 레프는 14, 15세기의 유명론자들이라는 획일적 학파를 왜곡되게 묘사하려한 오버만의 시도를 발견했다. "유명론이라는 명칭은 …… 14세기 철학과 신학을 가로질러 있는 먹구름과 같은 것이다 – 근년에 새롭게 이루어진 [오버만의 『중세 신학의 결실』에 대한 명백한 언급]. 이는 그것의 현저한 특징이자 그 시대의 절충주의에서 바로 표현된 이질성을 무시하고 있다" (*The Dissolution of the Medieval Outlook*, pp.12~13).

34 *Forerunners of the Reformation: The Shape of Late Medieval Thought*(New York, 1960), pp. 32~43.

13세기 이성과 계시의 스콜라적 종합이 후대의 중세 사상이 그것으로부터 길을 잃었던 완벽한 규범이라기보다는 중세 말기의 지적 갈등과 교회 정치적 갈등 모두의 주요 원천이었다는 사실이 이 책의 이후의 장들의 논지가 될 것이다. 토마스주의의 거부가 아니라 교회 당국에 의한 토마스주의의 지속 내지 포용이 교회와 사회 모두를 위한 새롭고 중요한 문제를 초래했다. 이것이 어떻게 가능했을까? 자연은 은총에서 완성되며, 종교는 자연적 덕목을 완성한다는 것이 토마스주의의 원리였다.[35] 아퀴나스는 이성과 계시를 동시에 제시했으나, 엄밀히 말하자면 이 양자는 동등하지 않았다. 아퀴나스는 세속적인 것을 신성한 것과 결합시켰지만, 단지 연속선상에서만 결합시켰다. 이 같은 종합에서는 이성, 철학, 자연, 속인 및 국가는 종국적으로 계시, 신학, 은총, 성직자 및 교회라는 보다 고상한 가치에 단지 예속되었을 따름이다. 이 같은 인식은 교서「하나의 거룩한 교회」(*Unam sanctam*, 1302)에 영감을 불러일으켰다. 교황 보니파키우스 8세는 이 교서에서 프랑스와 영국의 군주들에 대한 교회의 현세권을 대담하게 주장했으며, 중세 교회와 국가에 매우 심각한 갈등을 초래했다.[36] 이 같은 갈등으로부터 중세 교회는 그 지위를 결코 회복하지 못했다. 이 교서들 가운데 유명한 교서는 아퀴나스의 문구를 그 근거로 활용하고자 차용한 것이었다. 그렇게 된 이유는 속인과 세속 사회의 부차적 중요성에 대한 중세적 믿음을 토마스주의 신학이 가장 정교하게 표명했기 때문이다. 이는 독립적이고 공격적인 속권에 의해 포위된 교회의 적절한 이데올로기였다. 다른 여하한 갈등 그 이상으로 중세 말기에 성직자와 속인을 서로 다른 방향으로 나가게 했던 이 같은 갈등은 토마스 아퀴나스가 중세의 다른 어떤 사상가보다 정교하게 규정했던 정치 및 사회에 관한 이념을 교황이 이 현세에서 구현하려고 시도하면서 야기되었던 것이다. 중세 말기의 지성사와 종교사의 핵심적 쟁점은 이성과 계시의 종합을 가져다주었던 심성, 즉 중세 성기 신학의 대담하고 매력적인 통찰력이었다.

---

35 *Summan theologiae*(Marretti ed.) Ia, Q., 1, art. 8, ad. 2: 이 언명은 합리적 학문으로서의 신학에 대한 변론이 되었다.

36 Brian Tierney, *The Crisis of Church and State 1050-1300*(Englewood Cliffs, N. J., 1976), pp. 182~183 및 이 책의 212쪽의 논의를 보기 바란다.

제2장

스콜라적 전통

1) 인간은 어떻게 구원을 받는가?

아우구스티누스로부터 비엘에 이르는 구원론

유럽의 중세는 아마도 이전에 우리가 생각했던 것보다 유별나고 기이한 시대였지만, 그럼에도 불구하고 신앙의 시대였다. 중세는 또한 성직자와 신학자의 시대였다. 성직자는 군주와 일반 대중 모두에게 영향을 미쳤으며, 논란이 전혀 없지는 않았지만, 신학은 학문의 여왕으로 군림했다. 교회는 토지의 주요 소유자였으며, 교회법정은 법률을 집행하고 세금을 징수했다. 교회가 집전하던 성사 및 경건한 순례는 대중에게 주요 여흥을 제공했으며, 매우 중요한 사업이기도 했다. 종교인과 종교적 이슈는, 오늘날 정치인과 정치적 이슈와 마찬가지로 사회적 영향력이 있었다.

중세 유럽의 남성과 여성들은 종교적이고 세속적인 이유로 죄, 죽음 및 악마를 진지하게 받아들였다. 중세의 교회 제도는 비식자층은 물론 식자층, 그리고 대중은 물론 정치적 강자의 경신(敬神)성에도 기초하고 있었다. 다수의 종교적 관행은 종교적 믿음을 강화했다. 반면 이 관행은 인간의 종교적 성향이나 운명이라는 일상화된 관념에 의해 변론되었으며, 재속사제와 수도사제는 설교, 상징물 및 개별 사례에 의해 이 같은 인식을 공유했다. 인간의 종교성이나 운명에 대한 엄밀한 정의는 학교와 대학에 소속된 성직자들의 고유한 책무였다. 일상생활을 지배했던 교회의 많은 법률과 명령 그리고 종교적 에너지를 분출시켰던 대중의 종교적 관행의 배후에는 신학자들의 사유가 있었다.

이 식자층 가운데 성 아우구스티누스보다 중세 신학과 종교에 영향을 준 학자는 없었다. 플라톤과 아리스토텔레스가 중세 철학과 관련이 있었듯이, 아우구스티누스는 중세 신학과 연관되어 있었다. 죄와 은총, 섭리와 예정, 교회, 정치권력과 국가에 관한 유럽의 종교 사상의 핵심적 요소는 아우구스티누스의 『고백록』과 『신의 도시』에 등장하는 고전적 이론으로부터 영향을 받았다. 아우구스티누스주의는 중세의 주요 신학 논쟁의 양 진영에 논지를 제공했다.

아우구스티누스는 인간의 종교성과 운명을 어떻게 이해했던가? 아우구스티누스는 『고백록』 1권에서 자신에 대해 "나의 죄는 하나님이 아니라 하나님의 피조물들에게서 그리고 나 자신과 다른 사람들에게서 기쁨, 명예 및 진리를 추구했다는 바로 그 사실에 있다"[1]고 말했다. 아우구스티누스는 『고백록』에서 삶의 여러 단계 및 직업에서의 인간의 죄악성을 놀라운 심리적 통찰력과 더불어 자세하게 다루었다. 즉 어린이의 무조건적 요구, 젊은이의 장난과 무분별한 태만, 결혼생활에서의 일상적인 갈등, 학자의 자만심 등을 자세하게 다루었다. 아우구스티누스주의의 현저한 특징은 현존하는 모든 기준에 의하면 인간이 부패하고 죄를 짓는 피조물이라는 믿음이었다. 그리스도교도로서 아우구스티누스는 이 같은 자기중심주의와 이기심이 늘 인간의 특징인 것은 아니며, 계속 인간을 지배하게 두어서는 안 된다고 생각했다. 인간이 과거에 어떠한 존재였는지 그리고 다시금 어떠한 존재가 될 것인지에 대해 매우 고상한 견해를 가지고 있었던 아우구스티누스는 현세적 삶을 낮게 평가했다. 모든 사상가는 현재의 상태를 평가하고 판단하기 위해 제한적인 개념과 이상적인 구조를 활용하는 경향이 있다. 중세 그리스도교 교도 사상가들에게 원죄 이전의 아담에 대한 성서의 묘사는 현세적 삶의 시금석이었다. 아담과 아우구스티누스의 관계는 캐멀롯[2]과 중세 음유시인, 자연 상태와 홉스 및 루소 그리고 링컨 대통령과 미국 정치가들의 관계와 같은 것이었다.

성 아우구스티누스에 의하면, 아담의 고유한 특징은 '죄를 범하지 않을 수 있는 능력(*posse non peccare*)'이었다.[3] 자발적인 주체로서 아담의 고유함은 자신이 선택한 대로 정확히 될 수 있는 능력, 즉 죄가 없거나 죄가 있다는 데 있었다. 특히 아담은 자신의 욕구를 자신의 의지에, 자신의 의지를 선에 관한 지식에 복속시키는 능력, 즉 신에 대한 의지를 그리고 자신이나 세계 또는 신으로부터도 소

---

1 *The Confession of Saint Augustine*, trans. John K. Ryan (Garden City, N. Y., 1960), bk. 1, ch. 20, p. 63.

2 (옮긴이) 아서왕의 궁전이 있었던 곳.

3 Reinhold Seeberg, *Text-Book of the History of Doctrines*, trans. C. E. Hay (Grand Rapids, Mich., 1964), 1, pp. 341~345를 참조하기 바란다.

외되지 않는 '질서가 있는' 삶을 완전하게 영위할 수 있는 능력을 가지고 있었다. 아우구스티누스는 천국에서의 인간을 다음과 묘사했다.

> 천국에서의 인간은 하나님이 명한 것을 원하는 한, 자신이 원하는 대로 살았다. 인간은 하나님의 즐거움 가운데 살았으며, 하나님의 선에 의해 선했다. 인간은 어떤 결핍 없이 생활했고, 영원히 살 수 있는 그런 능력을 가지고 있었다. 인간은 굶어 죽지 않을 만큼의 음식을, 목마르지 않을 만큼의 물을, 노인이라도 쇠약해지지 않을 만큼의 생명나무를 가지고 있었다. 인간의 신체에는 …… 불쾌감을 야기할 수도 있는 부패가 없었다. 인간은 내면적 질병이나, 외부적 사건에 대해서도 두려움이 없었다. 최상의 건강은 신체의 축복이었으며, 절대적 평온은 영혼의 축복이었다. 천국에는 과도한 무더위도 과도한 추위도 없었기 때문에, 그곳의 주민들은 두려움이나 욕구의 변덕에서 자유로웠다. 여하한 슬픔도 여하한 어리석은 기쁨도 없었다. "…… 순수한 마음으로부터" 사랑을 받는 진정한 기쁨이 하나님의 현존으로부터 끊임없이 흘렀다. 남편과 아내의 가장 진솔한 사랑은 부부간에 확실한 조화를 이루었다. 육체와 영혼이 서로 조화를 이루었으며, 하나님의 명령은 수고하지 않아도 준수되었다. 이들에게 여가는 지루할 정도의 권태가 아니었다. 잠은 노동에 대한 이들의 욕구를 방해하지 않았다.[4]

천국에서의 인간은 의지적 자아 통제의 모델이었다. 아우구스티누스는 심지어 욕망이 없이도 성 관계가 이루어지며, 생식 기관이 통제되지 않는 욕정에 의해서가 아니라 차분하고 합리적인 의지에 의해 기능한다고 주장했다.[5] 여기서 인간에 대한 고전적 이상과 인간의 본원적 완전함에 대한 그리스도교적 인식이 결합되었다. 자신의 기능에 대한 통제력을 가지고 있었던 타락하기 이전의 인간에게 질서는 일상적이었다. 인간은 신의 명령을 따랐고 신을 즐겁게 했으며, 신

---

4 *City of God*, trans. Marcus Dods., in *A Selected Library of the Nicene and Post-Nicene Fathers of the Christian Church*, vol. 2, ed. Philip Scharff(Grand Rapids, Mich., 1956), bk. 14, ch. 26, p. 281.

5 *City of God*,, bk. 14, chs. 15~16, pp. 274~276.

히포의 주교 성 아우구스티누스(로렌초 알레산드로)

〈죄악으로의 타락〉(루카스 크라나흐). 금단의 열매를 먹기 전에 아담과 이브는 자신들, 자신들의 조물주 및 자연과 전적으로 서로 평화로운 관계를 맺고 있었다. 크라나흐는 에덴의 조용한 아름다움을 통해 아담과 이브가 하나님의 명령을 위반함에 따라 임박한 종말을 보여주고 있다.

〈아리스토텔레스와 필리스〉(우르스 그라프). 인간의 의지와 욕구의 이성에로의 복속 – 영혼의 기능의 계서적 서열화 – 은 고전적 이상이자 그리스도교의 이상이기도 했다. 아우구스티누스로부터 종교개혁기에 이르기까지 그리스도교도들은 원죄로 인해 인간의 의지와 이성이 쉽게 저급한 본성의 먹이가 되었다고 생각했다. 중세 지식인들이 보기에 인간 이성의 정점인 아리스토텔레스는 아름다운 필리스의 감각적인 매력 앞에서 매우 무력한 것으로 묘사되어 있다. (그리스 신화에 따르면 필리스는 트라키아의 공주로, 별거 중인 남편을 미치게 했고, 은밀한 매력에 의해 남편의 죽음을 준비했다.) 중세 그리스도교도들은 성사와 덕목이 영혼의 기능을 다시 질서정연하도록 하고, 그리하여 욕구가 의지의 통제 아래 놓이게 되며, 의지를 신을 향한 이성의 확실한 지도 아래 놓이게 했다. 아리스토텔레스의 필리스에게로의 복속은 13세기 설교 주제에 처음으로 등장했으며, 중세 말기에 그림과 목판화를 통해 대중적이게 되었다.

을 대신하여 숭배를 받는 대상으로서가 아니라 피조물의 편의를 위해 세계를 활용했다.

원죄는 모든 것을 바꾸어놓았다. 원죄 이후의 부패한 인간은 자신의 통제력을 상실했고, '탐욕의 노예'가 되었다. 이제 인간은 세상에 복종했고, 세상의 것을 향유했으며, 인간의 욕구는 기수가 되었고, 인간의 의지는 말이 되었으며, 그리고 신은 사실상 잊혔다. 아우구스티누스에 따르면, 그리하여 인간은 '죄를 짓지 않을 수 있는 능력을 상실하게(*non posse non peccare*)' 되었다. 성적 욕구와 관련하여 죄를 범하는 능력에 대한 아우구스티누스의 선호는 욕정에 대한 인간 의지의 예속을 가장 잘 보여주기 위한 것일 수도 있다. 아우구스티누스에게 있어서 신을 제외한 여하한의 것에 대한 쾌락은 죄악이며, 성적 욕망에 집착하는 인간은 피조물에서 쾌락을 발견할 뿐만 아니라, 피조물의 욕구 충족이 모든 도덕적 종교적 고려사항보다 우선하고 마음을 온통 빼앗는 집착이 될 정도였다. 성적 욕망 및 이성에 의한 질서정연한 삶이라는 고전적 이상 모두에 친숙했던 로마 제국 말기의 아우구스티누스 독자들에게 이는 인간의 저급한 기능에 의한 인간의 고상한 기능의 지배에 대한 매우 설득력이 있는 사례였다.

인간의 부패한 본성 및 현세적 삶에 대한 이 같은 인식은 중세 신학에서 중요하게 되었다. 토마스 아퀴나스는 "우리는 궁극적 목적[즉 하나님]으로의 올바른 계도 없이 현세적 매력에 의존함으로써 죄악을 저지르게 된다"[6]고 지적했다. 인간이 원초적인 의로운 상태로부터 타락하게 된 정확한 이유는 아우구스티누스는 물론 중세 신학자들에게도 미스터리와 같았으나, 타락한 이후 매우 중요한 무엇이 인간 본성으로부터 사라졌다는 사실에 대해 이들은 견해를 같이 했다. 12, 13세기 스콜라주의 학자들은 신이 창조의 다른 선물에 더하여, 아담에게 자신과 자신의 조물주 및 세계에 대한 특별한 통찰을 제공한 특별한 은총의 상실에 대해 논의했다.[7] 이 특별한 은총은 인간이 그것에 부합하여 원하는 한, 인간이 질서정연한 삶을 영위하는 데 일조했다. 원죄에 의한 특별한 은총의 상실로

---

6 *St. Thomas Aquinas: Theological Texts*, ed. Thomas Gilby (London, 1955), p. 124.

7 Seeberg, *Text-Book of the History of Doctrines*, 2, pp. 114~115, 153, 197을 참고하기 바란다.

인해 인간은 심지어 자신이 그렇게 하기를 원하더라도 자신의 마음과 의지를 신에게 일치시킬 수 없게 되었고, 그리하여 '죄를 짓지 않을 수 없게' 되었다.

『신의 도시』를 집필할 당시 히포의 주교였던 아우구스티누스는 교회 성사의 치유 능력을 확신한 유력한 성직자였다. 아우구스티누스는 마니교에서 그리스도교로 개종한 이후 마니 교도에 대해 연민을 가지게 되었다. "마니 교도들이 성사의 치유 능력을 알지 못하고, 건강한 삶으로 회복시킬 수 있는 교정 수단에 대해 격렬하게 반대했기"[8] 때문이다. 이는 또한 플라톤주의보다 우월한 그리스도교의 장점이기도 했다. 아우구스티누스는 그리스도교도들이 거리를 두고 진리를 사색하지 않으며, 신앙에 의해 진리를 직접 포착한다고 주장했다. 그리스도교도들은 이 세상을 초월하여 존재하는 신에게 힘을 기대하지 않으나, 육신을 가지고 인간과 함께 생활했던 한 사람에게서 그 힘을 발견한다는 것이었다.[9] 타락한 인간의 의지를 치유하고 인간의 자기 통제를 회복할 수 있는 능력은 그리스도의 강생과 그리스도교 교회의 성사에 명백히 현존했다. 아우구스티누스에게 있어서 고대의 모든 철학에 비해 그리스도교의 신앙 및 계시가 우월했던 것은 바로 여기에 있었다. 아우구스티누스는 계속해서 이 같은 우월성에 관한 주석을 달았으며, 고전 철학이 규정했던 그와 같은 인간의 문제에 대해 그리스도교적 해법을 제공했다.

> 인간의 모든 행위와 움직임, 피조물의 모든 활동에서 나는 과거와 미래라는 두 가지 시간을 발견하게 된다. 나는 현재를 추구하지만, 여전히 서 있는 것은 아무 것도 없다. 내가 말했던 것은 더 이상 현재가 아니다. 내가 말하려고 하는 것은 아직 오지 않았다. 내가 행했던 것은 더 이상 현재가 아니다. 내가 행하려고 하는 것은 아직 오지 않았다. 내가 살았던 삶은 현재가 아니다. 내가 여전히 살아야 할 삶은 오지 않았다. 나는 모든 피조물의 운동에서 과거와 미래를 발견한다. 변하지 않는 진리에서

8 *Confessions*, bk. 9, ch. 4, p. 210; 또한 bk. 5, ch. 9, p. 125를 참조하기 바란다. 마니교에 관해서는 이 책의 75쪽을 참조하기 바란다.

9 *Ibid.*, bk. 6, chs. 4-5, pp. 138~139; bk. 7, ch. 9, pp. 168~169; bk, 7, chs. 18~19; pp. 176~177, bk. 7, ch. 21, p. 180.

나는 과거와 미래가 아니라 단지 현재를 발견하며, 피조물에게서 진리가 변하지 않는다는 사실을 발견하게 된다. 사물의 변화를 살펴보라. 그대는 과거에 있었던 것과 미래에 있게 될 것을 발견할 것이다. 하나님에 관해 생각해 보라, 그대는 현재 존재하는 것(the is)[est]을 발견할 것이다. 거기에서 과거에 있었던 것과 미래에 있게 될 것은 존재할 수 없다. 당신 자신도 그렇게 될 것이며, 시간의 경계를 넘어서라. 그러나 누가 자신의 존재의 능력을 초월할 수 있는가? 아버지에게 "내가 있는 곳에 그들도 함께 있을 것이다"라고 말한 그가 우리를 그곳으로 들어 올릴 수 있을 것인가? 주 예수 그리스도는 이 약속을 하면서 우리의 죄로 인해 우리가 죽어서는 안 되기에, "내가 하나님이라는 것을 그대가 믿지 않는다면, 그대는 그대의 죄로 인해 죽게 될 것이다"라는 말 이외에는 하지 않았다고 나는 생각한다. 그리스도가 "만약 그대가 믿지 않는다면"이라고 말하는 대신 "만약 그대가 이해하지 않는다면"이라고 말하지 않은 것에 대해 하나님에게 감사하라. 누가 이것을 이해할 수 있겠는가?[10]

가톨릭 그리스도교를 신봉하던 모든 사람은 삶의 변덕과 무질서 가운데 일관된 삶을 유지하는 힘을 이용할 수 있게 되었다. 아우구스티누스는 아담이 범죄를 저지르자 상실했고, 고대의 모든 철학자가 사색을 통해 발견하려고 했으나 발견하지 못했던 것을 자신이 그리스도교 교회에서 발견했다고 생각했다. 그리스도의 성육신의 능력이 지속되기 때문에, 교회는 죄를 용서하는 권한을 가지게 되었다는 것이다. 교회의 계시는 인간의 마음을 밝게 비추었다. '유한한 생명의 약'인 교회의 성사들은 인간의 의지를 치유했다. 후대의 스콜라 신학자들은 성사에 의해 제공되는 은총을 신의 마음을 흡족하게 하는 은총(*gratia gratum faciens*)이라고 불렀다. 이 은총은 실제로 삶을 바꾸는 힘이었다. 성사의 은총은 아담이 천국에서 신을 향하여 질서정연한 삶을 영위하는 데 각별히 일조했던 초자연적 도움을 상실한 현재의 삶과 동등하게 되었다.

교회의 권위에 관한 아우구스티누스의 고상한 이론은 그의 유산으로 남게 되

---

10 *Lectures on Tractates on the Gospel According to St. John* tran. J. Innes (Edinburgh, 1874), vol. 2, lect. 38/10, pp. 8~9.

었다. 아우구스티누스는 "만약 가톨릭교회가 복음을 향하도록 나를 움직이지 않았더라면, 나는 복음을 믿지 않았을 것이다"라고 『고백록』에서 기술했다. 중세 전 시기에 걸쳐서 성사에 관한 진리의 결정에서든 이단적 신앙의 강제적 포기에서든, 교회의 권위를 변론할 필요가 있을 때에는 언제든지 아우구스티누스의 이 구절이 반향을 불러 일으켰다.[11] 아우구스티누스는 부도덕한 성직자, 특히 디오클레티아누스 시대에 이교주의에 빠졌던 성직자들에 의해 집전된 세례와 성사는 무효라고 주장한 도나투스주의자들을 비판했으며, 중세 교회는 매우 부도덕한 성직자라고 하더라도 그가 집전한 교회의 성사가 유효하다는 아우구스티누스의 견해에 늘 동의했다. 이와 달리 믿는 것은 인간의 나약함이 신의 일을 방해도록 용인하는 것이었다.[12] 후대의 스콜라주의자들은 성사가 그것을 집전하는 사람의 개인적 덕목이나 기여에 의해서가 아니라(*ex opere operantis*) 아니라 '집전된 성사로부터(*ex opere operato*)', 즉 순수하고 객관적으로 집전된 성사에 의해서 그 효력을 가지게 된다고 주장했다.

중세의 스콜라적 전통에 대한 아우구스티누스의 또 다른 중요한 유산은 예정설에 관한 그의 강력한 교리로서, 이는 논쟁적이기도 했다. 개종한 이후에 아우구스티누스는 유년기로부터 자신의 운명을 형성한 신의 손길을 발견했다.[13] 아우구스티누스는 『신의 도시』에서 타락 이전의 예정론을 정교하게 했다. 이 이론에 의하면, 신은 심지어 세상이 창조되기 이전에 그리고 아담이 죄를 짓기 이전에 모든 인간의 운명을 영원 전부터 결정했다는 것이다. 아우구스티누스는 천사들로 구성된 두 공동체, 즉 올바르고 좋은 공동체와 사악하고 나쁜 공동체를 상정했다. 선택된 자와 부패한 자라는 인간의 공동체가 이로부터 유래되었으며, 이 두 공동체는 영원 전에 결정되었고, 영원토록 지속될 것이었다.[14] 오늘날의

---

11 Seeberg, *Text-Book of the History of Doctrines*, 1, p. 312; Heiko A. Oberman, *The Harvest of Medieval Theology: Gabriel and Late Medieval Nominalism*(Cambridge, Mass., 1963), p. 370.

12 Seeberg, *Text-Book of the History of Doctrine*, 1:313~328; Peter Brown, *Augustine of Hippo: A Bibliography*(Berkeley, 1969), pp. 212~225.

13 *Confessions*, bk. 1, ch. 6, pp. 46~47.

14 *City of God*, bk. 11, ch. 33, p. 224 ; bk. 12, ch. 27, p. 244.

독자들에게 이 교리는 완고한 교리처럼 보일 수도 있으나, 이는 원래 인간을 폄하하기 위한 것이 아니라, 신을 찬미하고 절망에 빠진 인간을 위로하기 위한 것이었다. 아우구스티누스에게 그것이 함의하는 바는 설령 맹목적 운명 내지 행운이 이 세계를 통제한다는 점을 모든 외연적 증거가 시사한다고 하더라도, 신이 실제로 현존하며 영원 전부터 정해진 확고한 목적을 향해 세계를 인도한다는 것이었다.[15] 예정론자들은 전통적으로 이 같은 믿음에서 모욕이 아니라 위로를 발견했던 것이다.

아우구스티누스는 412년과 421년 사이에 인간이 자신의 정신적 운명을 어느 정도로 통제할 수 있는가를 둘러싸고서 펠라기우스파와 논쟁을 했으며, 이 논쟁에서 원죄와 예정론에 대한 자신의 견해를 강화했다. 펠라기우스(약 400~418)는 사회의 상류층에 속한 주교가 아니라 하류층에 속한 수도사였으며, 부두 노동자들과 도시의 다른 하층민들에게 설교를 했다. 아우구스티누스와 펠라기우스의 사회적 지위가 이들의 믿음과 이상에 영향을 미쳤다는 것은 의심의 여지가 없다.[16] 아우구스티누스와는 달리 펠라기우스는 인간의 구원에 대한 고유한 책임이 명백히 모든 사람 각자에게 있고, 구원의 경주에서 잘 달린 사람이 승리하며, 잘 달리기를 선택한 사람이 승리할 수 있다고 생각했다. 펠라기우스에게 원죄 및 예정설에 관한 아우구스티누스의 가르침이 인간의 나약함과 신의 주권을 강조했던 반면에, 무관심과 비도덕성도 초래했다. 아우구스티누스가 인간에게 저주를 내리고 신을 찬양한 것처럼 보인 반면에, 펠라기우스는 인간에게 두려움과 전율 가운데서 자신의 구원을 위해 노력하라고 촉구했던 것이다. 5세기와 6세기의 교회는 아우구스티누스의 견해에 공감을 표했던 반면에, 카르타고 공의회(418), 에페소스 공의회(431) 및 오랑주 공의회(529)에서는 펠라기우스주의를 비판했다. 물론 오랑주 공의회에서는 선택된 사람들에 대한 불가항력적인 은총 및 영원 전에 이미 타락한 사람에 대한 저주라는 아우구스티누스의 극단적 견해가

---

15 이는 인간의 역사에 관한 전통적 인식과는 상반되었다. Charles N. Cochrane, *Christianity and Classical Culture: A Study of Thought and Action from Augustus to Augustine*(New York, 1957), pp, 456~515.

16 Brown, *Augustine of Hippo*, pp. 340~375.

수용되지는 않았다. 하지만 아우구스티누스 추종자들과 펠라기우스 추종자들 간의 논쟁은 여기서 끝나지 않았으며, 중세는 물론 종교개혁기까지 지속되었다. 사실상 스콜라주의 신학자들과 프로테스탄트 개혁가들 가운데서 종교적 칭의(justification)와 예정설보다 격렬한 논쟁의 대상이 된 주제는 없었다.

중세 교회의 정통 교리에 따르면, 타락한 인간이 다시금 의롭게 되기 위해서는 세 가지가 요구되었다. 첫째, 치유하는 은총의 주입이다. 이는 교회 및 교회의 성사에 대한 직접적인 의존으로서, 구원을 향한 좁은 문을 의미했다. 둘째, 스스로의 의지로 죄에서 떠나 신에게로 향함 또는 신에게로의 방향 선회 내지 은총과의 윤리적 협력이다. 셋째, 죄에 의해 야기되는 책임의 성직자에 의한 사면이다.[17]

이 같은 종교적 회복 과정에서 세례와 고해라는 성사가 중요했다. "과거에 속하는 벌이라는 모든 죄를 깨끗이 씻는" 세례라는 은총이 원죄에 대한 개인의 책임을 면제해 주는 것으로 이해되었던 반면에, "세례를 받은 이후 죄로부터 깨끗하게 하는 성사적인 치유"로서 고해라는 은총은 지속적이고 실제적인 죄에 대항하는 힘을 제공하는 것으로 인식되었다.[18] 교회는 아담의 후손인 유아들이 무의식적으로 범하는 죄와 벌을 제거하기 위하여 이들에게 세례를 주었다. 중세의 남성과 여성은 물론 심지어 다른 성사에 대해 무관심한 것으로 보였던 사람조차도 간과하지 않았던 두 가지 성사가 세례와 종부성사였다.[19]

세례는 원죄뿐만 아니라 그 때까지 있었던 어떤 실제적인 죄도 제거하고, 세례를 받은 인간이 가진 죄를 범하려는 성향을 약화시키는 것으로 이해되었다. 죄의 불쏘시개(*fomes peccati*)로 알려진 후자는 원죄 이후의 모든 인간의 본성적 나약함이었다.[20] 시간이 지나면서 세례를 받은 사람을 포함한 모든 인간은 중세

---

17 "의롭게 되기 위해서는 네 가지가 요구된다. 은총의 주입, 믿음을 통해 자유의지로 신을 향해 이동, 자유의지로 죄로부터 이동 및 죄의 사면이 그것이다" (Thomas Aquinas, *Summa Theologiae*, I-II, Q. 113, art. t, Resp.).

18 Aquinas in Gilby, *Theologica Texts*, no. 606, p. 361; no. 629, p. 378.

19 Jaques Toussart, *Le sentiment religieux en Flandre à la fin du moyen-âge* (Paris, 1963), p. 489를 참조하기 바란다.

20 Oberman, *Harvest of Medieval Theology*, p. 127.

신학자들이 '배가 난파된 이후의 두 번째 널빤지'라고 부른 고해라는 성사에 의존할 필요가 있었다.

하지만 인간의 죄악 상태에 대한 명확한 해결책인 고해는 세례 그 이상이 아니었다. 인간은 고해성사를 통해 치유의 은총을 다시금 얻게 되었던 바, 이 은총은 현존하던 죄를 즉각 파괴했으며, 장래에 범할 죄의 성향을 약화시키기도 했지만, 죄를 범하려는 성향을 완전히 제거하지는 못했다. 세례를 받은 사람과 마찬가지로 고해자는 곧 죄의 유혹에 굴복했으며, 만약 매우 독실한 신자였다면, 고해 성사로 되돌아가는 자신을 발견했을 것이다. 죄와 용서가 주기적으로 반복되었다. 점진적인 도덕적 개선에 대한 인식과 원죄 이전의 아담의 삶의 특징이었던 신에 대한 질서정연한 순복이라는 점진적인 동화는 관행적으로 이 같은 종교적 행위로부터 유래되었다. 그러나 신학적 교리에서 중세의 그리스도교도는 늘 죄를 범했고, 늘 새롭게 시작했으며, 짧은 효력과 확신을 위해 늘 성사로 되돌아갔다. 이같이 매우 발달된 중세의 신앙은 1431년 잔 다르크에게 사형 선고를 내렸던 파리 대학 교수들의 재판에서 등장했다. "마치 잔 다르크가 이미 …… 영광의 참여자가 된 것처럼 천국에 들어간 것을 확신하고 있고, 오직 주권자인 재판관만이 언급할 수 있는 이 현세의 여정에서 자신이 영광을 받을 것인지 또는 형벌을 받을 것인지를 순례자는 알지 못하지만 자신은 알고 있다고 말하자" 잔 다르크 사건을 맡은 재판관들은 "이 여자가 죄를 범하고 있다"[21]고 선언했다. 중세 신학에서 인간은 늘 순례자였으며, 천국에 들어갈 자격이 없고 이를 확신하지 못하는 순례자였다.

오컴주의자들이 펠라기우스주의를 중세 신학의 핵심 문제로 삼기 이전에, 종교적 칭의를 둘러싼 스콜라적 논쟁은 은총이 어떻게 인간의 영혼에 현존할 수 있는가에 초점이 맞추어졌다. 인간의 본성에 신성한 무엇이 어떻게 현존할 수 있는가? 만약 중세 철학자들이 개별자 안에 있는 보편자의 존재에 대한 인식이라는 문제를 가지고 있었다면, 유한하고 사악한 피조물에게 신성한 정결함을 상

---

21 *The Trial of Jeanne d'Arc*, trans. W. P. Barrett (New York, 1932), pp. 320~321.

정하고자 했던 중세 신학자들은 심지어 이보다 큰 난제를 안고 있었다. 피터 롬바르드는 이 지체된 논쟁의 향방을 결정했다. 롬바르드는 자신의 유명한 『명제집』 1권, 제17부에서 종교적 칭의를 논하면서 "우리가 이를 통해 구원을 받는 사랑은 인간 영혼의 창조된 습관인가 아니면 우리와 더불어 거하는 성령이라는 위격(違格) 그 자체인가"라고 의문을 제기했다. 한 사람을 치유하고 구원하는 사랑은 자신이 소유하고 자신이 발전시킨 무엇인가, 그렇지 않으면 신이 거하는 영, 즉 인간의 신성한 힘이 아니라 인간 안에 있는 신성한 힘인가? 롬바르드는 후자의 해결책을 선호했으며, 인간이 구원의 은총을 얻기 위해 행하는 신과 동료 인간에 대한 사랑은 인간의 도움이나 의지가 필요 없이 내면적으로 일하는 신의 영이었다.[22] 인간은 창조된 습관에 의해서가 아니라 창조되지 않은 습관에 의해서, 창조된 사랑이 아니라 창조되지 않은 사랑에 의해서, 그 자신의 고유한 것이라고 부를 수 있는 획득된 재능에 의해서가 아니라 내면의 성령에 의해서 구원을 받게 된다는 것이다. 젊은 시절인 1509년과 1510년에 『명제집』에 대한 주석을 집필한 루터는 대다수 스콜라주의자들의 견해를 비판하는 대신 롬바르드의 이 해석에 크게 공감했다.[23]

이 문제에 대해 토마스 아퀴나스는 롬바르드의 견해를 비판했으며, 구속하는 사랑은 인간이 자신의 고유한 것이라고 부를 수 있는 성향으로부터 유래하는 자발적 행위여야 한다고 주장했다. 아퀴나스는 이를 다음과 같이 명쾌하게 정리했다.

> 피터 롬바르드는 사랑이 창조된 실체가 아니라 영혼에 거하는 성령이라고 주장했다. 피터의 이 주장이 의미하는 바는 성령이 우리의 사랑의 운동과 동일시된다는 것이 아니라, 믿음과 소망 등의 다른 덕목과는 달리 이 사랑이 실제로 우리의 고유한 습관으로부터 유래한다는 것이었다. [이 점에서] 피터는 사랑을 고양시키려 했다. …… [하지만] 이 같은 견해는 오히려 사랑의 중요성을 약화시키는 경향이 있다. 이것은 성령으로부터 유래하는 적극적 사랑이 우리의 마음을 움직임으로 우리가 단지

22 I *Sent.* d. 17, art. 2, p. 54.

23 Paul Vignaux, *Luther, Commentaeur des Sentences*(Paris, 1935).

소극적이게 되고, 사랑이나 다른 것에 대한 우리의 책임이 없다는 것을 의미하게 될 것이다. 이는 자발적인 행위의 특성에 반하게 된다. 그렇게 되면 사랑은 자발적 행위가 아니게 될 것이다. 우리의 사랑이 훨씬 더 우리 자신의 행위이기 때문에, 문제는 바로 여기에 있다.[24]

아퀴나스에 따르면, 은총은 인간에게 고유한 실체로서 영혼에 존재한다. 그렇지 않다면, 사랑이라는 구원의 행위는 비자발적으로 그리고 말하자면 타자에 의해서 이루어지게 될 것이다. 설령 그것이 궁극적으로 신에게서 기원한다고 하더라도, 신과 동료 인간을 구원하는 사랑은 창조된 사랑 즉 진정한 인정적 습관이라는 것이다.

아퀴나스는 아리스토텔레스 철학에서 해법을 발견했다. 은총은 본질적 형상이 아니라 우유(偶有)적 형상으로 영혼에 존재한다고 아퀴나스는 주장했다.[25] 아리스토텔레스 철학에서는 본질적 형상이 사물의 본질을 의미한다. 즉 그것이 지금의 존재를 만들거나 그것이 정의된 것에 부합하여 존재하도록 하는 것이다. 예를 들어 인간의 본질적 형상은 인간의 이성이다. 이성은 인간을 고유한 피조물로 만들며 인간의 본성을 규정하게 된다. 이에 비해 개체의 매우 많은 부분을 차지하고 있는 우유적 형상은 존재하는 특수자로서의 그것의 정의에 비본질적인 것이다. 이를테면 인간의 피부, 키, 달리기와 노래와 같은 선천적인 능력은 합리적 피조물로서의 인간이라는 존재에 비본질적인 우유적 형상이다.

아퀴나스가 제시한 해법의 독창성은 오늘날의 사례에 의해 설명될 수 있다. 나는 단지 이성의 힘을 가지고 있다는 사실에 의해서만 인간이다. 하지만 만약 내가 '테니스를 치는 인간'이 되고자 한다면, 나는 교습이나 이 같은 가르침에 기초한 훈련과 실천을 통해 테니스 치는 방법을 배워야 한다. 테니스를 치는 인간이 되는 요체는 나라는 존재가 아니라 테니스를 칠 수 있는 능력이다. 아퀴나스에게 테니스를 치는 습관이 사람에게 존재하는 것과 마찬가지로 은총은 영혼에

24 Gilby, *Theological Texts*, no. 407, p. 214.
25 *Summa theologiae*, Q. 110, art. 2, Resp. ad 2.

존재하는 것이다. 초자연적 은총의 주입과 더불어 인간은 핵심적 토대, 즉 본성적인 성향, 기본적인 가르침, 말하자면 자신의 삶을 신에게 복종하도록 명령하는 방식에 관한 기본적인 지침을 얻게 된다. 그는 신과 인간을 사랑하는 기술의 '전문가'가 되기 위해 자신이 받은 은총을 여전히 활용해야 한다. 아퀴나스에게 은총의 주입 습관은 인간이 그리스도교도가 되고 천국에 들어가기 위해서는 없어서는 안 되는 필수불가결한 것이었다. 인간은 은총이 없이도 인간이 될 수는 있으나, 은총이 없이는 '그리스도교도'가 될 수는 없다. 한 걸음 더 나아가 아퀴나스는 은총의 주입이 일단 습관화되면, 심지어 그것이 오랫동안 활용되지 않는다 하더라고, 결코 완전히 상실되지 않는다고 보았다. 이 점에서 우리는 아퀴나스가 중도적 방식에서 다시금 탁월하게 논의를 전개하고 있음을 발견하게 된다. 은총은 영혼의 실체로서 영혼에 존재하는 것이 아니다. 은총은 영혼의 일부가 되기 위해 영혼에 반드시 존재하는 것이다. 은총은 실제로 영혼에 존재하지만, 우연히 영혼에 존재하는 것이다.

던스 스코터스는 은총의 주입 습관에 관한 아퀴나스의 견해에 대한 프란체스코회의 비판을 주도했다. 아우구스티누스의 예정설로부터 많은 영향을 받은 던스 스코터스는 자신의 영혼에 고유하게 가지고 있다고 주장할 수 있는 무엇에 의해 그리스도교 교도를 정의하는 것에 대해 의구심을 가지고 있었다. 이는 전지전능하고 창조로부터 자유로우며, 자신을 습관적으로 사랑하려고 한 여하한 인간이나 모든 인간을 구원할 수밖에 없었던 신이 단지 피조물의 영혼 내의 우유적 형상에 구속을 받고 있다는 것을 의미하는가? 신은, 특정한 환경을 불문하고, 자신이 좋아하는 곳에 그리고 자신이 좋아하는 사람과 더불어 자유롭게 존재할 수는 없는가? 던스 스코터스에게 그리스도교 교도를 정의하는 데 신의 의지가 가장 중요했다. 인간과 관련하여 신이 선포한 것은 인간의 구원에 인간이 보유할 수 있는 영혼의 여하한 자질보다 훨씬 중요했다. 인간은 본질적으로 구원받을 자격이 있기 때문이 아니라 오직 신이 먼저 그것을 원했기 때문에 구원을 받게 된다는 것이었다.

오컴이 던스 스코터스주의 및 토마스주의 인식론을 날카롭게 비판하기 이전에,[26] 던스 스코터스는 이 특정 주제에 관한 토마스주의적 구원론에 대해 예리한 비판을 가했다. 던스 스코터스는 "창조된 그 무엇도 자신의 본질적인 이유로 신에 의해 수용되어서는 안 된다"는 경구를 통해 신학적 경륜(계획)에 관한 자신의 이론을 천명했다.[27] 이것이 함의하는 바는 창조된 것이나 유한한 것이 창조되지 않은 것과 무한한 것을 결코 정의할 수 없다는 것이다. 신과 신 이외의 모든 관계는 정의상 절대적으로 자유롭고, 자의적이고, 무조건적이며, 결코 의무적이지 않다는 것이다. 던스 스코터스의 시각에서 볼 때, 아퀴나스가 신을 교회의 은총 체계에 너무 긴밀하게 결부시켰으며, 신의 영원한 의지 및 창조된 질서와 유한한 대리인을 통한 시간 속에서의 그것의 실행 사이에서 야기된 엄청난 거리감을 포착하지 못하는 경향이 있었다.[28] 토마스주의 신학은 신의 의지를 교회, 성직자, 성사 및 은총이라는 우유적 형상의 부차적 인과관계에 결부시킬 위험이 있는 것처럼 보였다. 중세의 모든 신학자와 더불어 아퀴나스는 신이 인간에 대한 채무자로 불릴 수 없다고 생각했던 반면에, 신이 스스로에 대해 말하자면 제일 원인으로서 자신이 만든 것에 대한 채무자라고 주장을 했다. 이 점에서 신은 자신이 자유롭게 시작한 유익한 결론을 스스로 달성할 수밖에 없었다. 즉 자신이 선택한 구원 체계의 채무자일 수밖에 없었다.[29]

던스 스코터스는 신의 명령에 의구심을 가질 의도는 명백히 없었으나, 구원의 경륜(계획)에서 이 명령들이 매우 부수적이고 단지 부차적 역할만을 수행하는 것으로 이해했다. 이론상 교회, 성직자, 성사 및 주입된 은총 등의 엄격한 요건들이 구원의 매개로 놓이게 되었던바, 이는 이 요건이 창조에 대한 신의 주권 및 구원에서 신의 의지의 우위를 이용하지 않도록 하기 위한 것이었다. 던스 스코터스는 영원 전부터 행하기로 선택한 것(신의 의지)과 신이 실제로 때가 되어 자신

---

26 이 책의 91쪽을 참조하기 바란다.

27 Werner Dettloff, *Die Entwicklung der Akzepations-und Verdienstlehre von Duns Skotus bis Luther*(Münster i. W., 1963), p. 39 및 그 이하.

28 Wolfhart Panneberg, *Die Prädestinationslehre des Duns Skotus*(Göttingen, 1954), pp. 39~42.

29 *Summa theologiae*, Ia IIae, Q. 114, art. 1, ad tert. "단지 신의 명령이라는 전제하에서, 우리의 행위는 공로라는 특성을 가지지 때문에, 신의 의지가 이행되어야 한다는 사실이 올바른 한, 신이 단지 우리의 채무자가 아니라, 그 자신의 채무자가 되었다."

의 결정을 이행하는 (신의 의지의 실행) 수단을 날카롭게 구분했다. 신의 의지가 중요하고 핵심적이었다. 신의 필연적인 관계는 신성에서, 그곳에, 영원 전에, 성부 성자 성령이 논의를 통해 인류를 창조했으며, 그중 일부를 구원하기로 결정했던 그곳에 있었다.[30] 영원 전부터 신은 구원받을 자가 누구이며, 구원받지 못할 자가 누구인지를 포함한 모든 것을 어떻게 할 것인지를 마음으로 결정했다. 그리고 신은 자유롭게 그리고 지혜롭게 그렇게 했으며, 또한 부차적으로 자신의 의지를 구현할 대리인들을 때가 되어 선택했다. 교회, 성직자, 성사 및 주입된 은총 이외의 수단들이 영원 전부터 신 앞에 놓인 무한한 개연성 가운데 선택될 수 있었다. 사실 신은 개입하는 아무 대리인이 없어도 인간을 직접 자유롭게 구원할 수 있었다. 신의 의지를 구현하기 위한 특정한 수단의 선택은 이 수단이 가진 고유한 가치와는 무관했으며, 그것의 지속적인 중요성은 신에 의해 선택되었다는 단지 그 사실에 있었다. 던스 스코터스에게 구원의 수단은 군주의 왕관이나 국가의 국기와 같은 것이었다. 이 수단의 가치는 그 자체가 아니라 그것에 동일시되는, 신의 현존 및 신의 의지의 상징과 도구로 만드는 신의 판단에 달려 있었다. 던스 스코터스는 은총을 야기하는 사랑이라는 습관에 관해 다음과 같이 지적했다. "사랑은 신의 수락을 위한 진정한 이유다. 하지만 그것은 으뜸가는 이유가 아니라 부차적인 이유며, 필연적인 것이 아니라 부수적인 것이다."[31] 사랑과 같은 행위는 여하한 본성적인 선을 뛰어넘어, 단지 신이 은혜롭게 그것을 그 자체로서 받아들이기로 약속했기 때문에, 구원의 공로가 된다는 것이다.[32]

던스 스코터스가 첫 번째로 고려한 것은 신의 의지였다. 만약 신이 영원 전부터 어떤 사람을 구원하고자 했다면, 이 사람은 구원을 받게 될 것이었다. 구원이 이루어지는 방식은 부차적이었다. 이 주제와 관련하여 아퀴나스와 당대의 다른 학자들과는 달리, 신이 먼저 인간을 사랑했기 때문에 인간이 아름다웠다라고 던스 스코터스는 주장했다. 인간이 본성적으로 아름다웠기 때문에 신이 인간을 먼

30 Paul Vignaux, *Justification et Prédestination au 14e siècle*(Paris, 1934), pp. 17, 27~28.
31 Vignaux, *Justification et Prédestination*, p. 20에서 인용.
32 I. *Sent.* [Vives ed.], Q. 3, d. 17, art. 26, p. 85.

저 사랑한 것이 아니었다. [죄를] 고백하고 가능한 최대한의 은총을 받은 인간은 여전히 구원을 받을 가치가 있었다. 이는 인간이 그 같은 구원을 받기를 단지 신이 원했기 때문이다. 던스 스코터스는 무엇보다 이 주제를 모든 학자와 논의하고자 했으며, 오컴 또한 이를 성찰하게 될 것이었다.

구원의 부차적 요인의 성격과 역할에 대한 던스 스코터스와 아퀴나스의 미묘하지만 이같이 중요한 차이는 성사가 효력을 발휘하는 방식에 대한 이해에서도 또한 드러나게 되었다. 아퀴나스에게 성사는 은총과 구원의 도구적 원인이었다. 성사는 진정으로 은총을 포함했고, 은총을 전달했다. 이 같은 이유로 성사는 구원에 필수 불가결했다. 이 점에서 우리는 토마스주의 인식론에 비교할 수 있다.[33] 아퀴나스는 보편자가 사물에 실제로 존재하며 그리고 이른바 지적인 종과 같이 정신에 또한 실재한다고 생각했기 때문에, 은총이 성사적 의례 내지 성사적 요소에 실제로 존재하고 그리고 우유적 형상으로서 또한 영혼에 실존한다고 믿었다. 반면에 던스 스코터스는 신에 의해 만들어진 계약이라는 관점에서 성사의 효력을 설명하는 전통을 유지했다. 성사는, 그것의 효력을 고유하게 포함하고 전달하는 대의로서(아퀴나스),[34] 그것이 고유한 은총을 포함하고 전달하기 때문이 아니라, 성사가 집전될 때 은총과 더불어 자신이 현존하는 것에 신이 동의했기 때문에 효력이 있다는 것이었다. 이 성사들은 은총의 수용을 위한 필수불가결한 행위(*conditiones sine quibus non*)였다.[35] 아퀴나스가 부차적 원인이었던 성사 그 자체를 전면에 내세웠던 반면에, 던스 스코터스는 신의 의지를 전면에 내세웠다. 아퀴나스와 던스 스코터스 모두에게 성사는 은총의 효율적인 매개였지만, 던스 스코터스에게 성사는 신의 의지에 바로 복속했다. 아퀴나스는 이 대안에 관해 간결하지만 비판적으로 아래와 같이 간략하게 기술했다.

성사가 어떻게 작용을 하는지에 대해 모든 신학자가 동의하고 있지는 않다. 일부

---

33 이 책의 82쪽을 참조하기 바란다.

34 Gilby, *St. Thomas Aquinas: Theological Texts*, no. 599, p. 357.

35 이에 필수불결한 행위의 인과론에 관해서는 W. J. Courtenay, "Covenant and Casuality in Pierre d'Ailly," *Speculum* 46(1971), pp. 99~119; Oberman, *Harvest of Medieval Theology*, p. 189.

> 신학자는 성사에는 어떠한 힘도 없다고 주장하지만, 어떤 신학자들은 성사를 받을 때 각별히 현존하는 신에 의해 은총이 부여된다고 주장하고 있다. 성사의 인과관계는, 이를테면 거래 계약에 의해 계약서 소지자가 상응하는 증표의 제시로 많은 돈을 받듯이, 필수불가결한 행위의 그것과 유사하다. 그리하여 마치 성사를 진정으로 받는 사람은 누구든지 외부적 징표로부터가 아니라 [즉 성사의 제식이나 성사적 요소 자체로부터가 아니라] 신으로부터 은총을 받게 될 것이라고 신은 약속을 했다. 『명제집』 교사[피터 롬바르드]에 의해 주장된 것처럼 보이는 이 견해는 그리스도교 성사의 보다 고상한 위엄을 충분히 드러내주지 못하고 있다. …… 우리는 더 나아가 새로운 율법이라는 성사가 은총의 수용에 진정으로 기여한다는 점을 분명히 확증하여야 한다.[36]

던스 스코터스와 그의 추종자들에게 영원의 이 현세적 양상에는 필연적이고 절대적인 것이 없었다. 그것은 부차적 원인들에 관한 논의의 결론이었다. 물론 중세의 모든 사상가는 이론상 이에 동의했으나, 13세기의 위대한 종합 이후에는 이에 대한 체계적인 재검토가 요구되었던 것처럼 보인다. 던스 스코터스가 의도했던 바는 창조된 사물의 가치를 평가절하하려는 것이 아니라 영원이라는 측면에서 그것의 성격을 보다 엄밀하게 정의하고자 했던 것이다. 하지만 일부 신학자들에게 던스 스코터스의 '신성한 심리'는 교회 및 구원의 대리인에게 불행한 결과와 더불어 매우 기이한 인식처럼 보였다. 식자층과 비식자층을 포함한 대부분의 사람들은 구원의 실제적인 과정에서 성직자와 성사가 핵심적인 요소라는 사실을 발견했다. 교회는 신자들이 신을 만나는 곳이자, 때가 되어 신이 자신의 의지를 드러내고 집행하는 곳이었지, 영원 전부터 이를 형성 중인 곳은 아니었다.

피에르 오리올(약 1280~1322)은 던스 스코터스의 견해를 강력하게 비판했다. 비록 인식론적 문제에서 오컴과 철학적인 견해가 일치했음에도 불구하고, 오리

---

36 Gilby, *St. Thomas Aquinas: Theological Texts*, no. 596, p. 355. 명백히 신학적 사유에 영향을 미친 당시의 상업적 계약에 관해서는 W. J. Courtenay, "The King and the Leaden Coin: The Economic Background of 'sine qua non' Causuality," *Traditio* 28(1972), pp. 185~209.

올은 던스 스코터스의 계약 신학의 새로운 출발을 수용할 준비가 되어 있지 않았다. 은총이라는 창조된 습관의 중요성에 대한 토마스주의의 기본적인 인식과 더불어 논의를 시작한 오리올은 던스 스코터스가 경고했던 극단적인 결론을 도출했다. 오리올은 자구 그대로 던스 스코터스의 견해를 뒤엎어 놓음으로써 반박했다. 던스 스코터스가 신의 의지를 구원의 핵심적이고 중요한 동인으로 간주했던 것에 비해, 오리올은 신이 [구원에] 동의한 이유가 '사물', 즉 신에 의해 받아들여지고 구원받은 사람의 본성에 있다고 주장했다. '창조된 무엇도, 그것의 고유한 이유 때문에, 신에 의해 받아들여져서는 안 된다'는 던스 스코터스 이론을 비판한 오리올은 은총과 사랑이 현존하는 곳에서만 오직 신이 현존할 수 있다고 주장했다. 즉 "사랑은 그것의 본성에 의해 그리고 필연에 의해 신[하나님]이 [인간을] 받아들이는 동인이다"라고 주장했다.[37] 죄악이 원래 신에게 사악하고 신을 추방하는 반면에, 사랑은 원래 신이 동의한 것이고 신에게 매력적인 것이었다. 신은 본성상 자신의 은총과 더불어 이를 증언한 모든 사람을 향했다. 신은 아름다운 인간만을 사랑했다. 사랑의 습관이 없이도 인간이 의롭게 될 수 있다면, 그렇다면 인간에게는 사랑이 결코 부여되지 않을 것이라고 오리올은 결론지었다. 신도 자연도 "필요 이상으로 무익하게 실체를 증가시키지는 않는다".[38] 구원은 계약 및 의지적 합의의 문제가 아니라 유사한 것을 선호하는 유사함의 문제였다. 이 같은 견해가 구원에 있어서 형평을 명확히 한다고 오리올은 생각했다. 고유한 특성과 가치에 따라 인간을 대하는 것은 정당한 것이다. 인간이라는 존재와 인간의 행위를 부차적인 것으로 간주하는 것은 자의적이고 부당한 것이라는 것이다.[39]

은총의 창조된 습관에 대한 오리올의 신학적인 변론과 오리올의 생애동안 일어났던 교회정치적 영역에서 교회가 선포한 현세적 중요성을 비교하는 것은 의미가 없지 않다. 중세 교회가 프랑스와 영국에서 그것의 법률적 힘과 경제적 힘을 확보하기 위한 전투에서 패배하고 있을 즈음 오리올은 저술 활동을 했다. 이

37 Vignaux, *Justification et prédestination*, pp. 43, 52; Dttloff, *Die Entwickung der Akzeptations-und Verdienstlehre von Duns Stkous bis Luther*, pp. 39, 47, 76.

38 Vignaux, *Justification et prédestination*, p. 57.

39 같은 책, p. 73.

기간 동안 프랑스 군주는 교황 보니파키우스 8세를 죽음으로 내몰았고, 로마에서 아비뇽으로 옮긴 교황청에 대해 과도한 영향력을 행사했다. 은총과 구원에 관한 오리올의 이론은 일종의 구원론적 「하나의 거룩한 교회」(*Unam Sanctam*)였다. 교회의 파문, 성사 및 은총을 신의 의지의 시행을 위한 부수적인 수단으로 한정 내지 축소하려던 시도를 비판한 「하나의 거룩한 교회」는 교회의 이 힘을 불가피하게 선포하였던 것이다.

오리올은 사랑의 행위가, 신의 절대권 내지 일상권,[40] 즉 영원 전부터 신이 보유했던 권한[절대권] 내지 때가 되어 신의 의지를 시행하는 권한[일상권]이라는 관점에서 인식되든 아니든, 신으로부터 수용되었다고 생각했다. 만약 이와 같은 견해가 은총에 대한 토마스의 견해를 과장했다면, 윌리엄 오컴은 던스 스코터스의 대안을 극단적으로 표명했다. 자신의 유명한 철학적 면도날[41]을 신학적으로 인식한 오컴은 신의 절대권을 인정한 일명 '신학자들의 유명한 제안'에 찬사를 보냈다. 즉 "부차적 원인에 의해 만들 수 있는 것이 무엇이든, 신은 이 요인이 없이도 직접 창조하고, 보존할 수 있다"는[42] 것이었다. 신이 자신의 절대권에 의해 존재하지 않는 무엇에 대한 직관적 지식을 정신에 만들 수 있기에, 신은 은총의 주입이라는 습관이 없이도 인간을 구원할 수 있다는 것이다. "자신의 영혼에 내재적이고 초자연적인 여하한 형상도 없는 인간이 신에 의해 수용되고 사랑받을 수 있다. 그리고 심지어 자신의 영혼에 [은총의] 초자연적 형상을 가진 인간조차도 신에 의해 수용되지 않을 수 있다."[43] 오리올과 달리 오컴은 구원과 은총을 유발하는 사랑이라는 습관의 필연적 관계를 발견하지 못했다.

혁명적 신학사상가로서의 오컴의 명성은 교회, 성직자, 성사 및 은총이라는 습관의 우연성을 극단적으로 주창한 데서 기인했다. 오컴은 전통적인 두 가지

40 Dettloff, *Die Entwicklung der Akzepations-und Verdienstlehre*, p. 47.

41 이 책의 91쪽을 참조하기 바란다.

42 *Ockham: Philosophical Writings*, ed. Philotheus Boehner, O.F.M.(New York, 1962), p. 25.

43 Dettloff, *Die Entwicklung der Akzepations-und Verdienstlehre von Duns Skotus bis Luther* (Münster i. W., 1963), p. 264에서 인용. Gordon Leff, *William of Ockham: The Metamorphosis of Scholastic Discourse*(Manchester, 1975), pp. 470~475를 또한 참조하기 바란다.

원천에 의존했다. 첫 번째 원천은 아우구스티누스의 가르침이었다. 아우구스티누스는 지상 교회가 혼재된 교회(*permixta*), 즉 성인처럼 보이는 신자가 성인이 아닐 수 있는 반면에, 성인과 무관한 것처럼 보이는 신자가 사실상 성인일 수 있다고 주장했다. 구원에서 가장 중요한 것은 현존하는 은총과 의가 결코 아니라, 단지 신만이 알고 있는 선택된 사람들에게 신이 부여하는 견인이라는 선물이기 때문이었다.[44] 두 번째 원천은 신의 절대권과 일상권의 구분이었다. 이는 오컴의 신학적 도구들 중 가장 핵심적인 것이었다. 오컴은 이같이 중요한 구분을 다음과 같이 정리했다.

> 신의 능력은 자신이 명령하거나 제정한 법률에 따라 행하는 그러한 능력을 종종 의미하기도 한다. 신은 일상권(*de potentia ordinata*)에 의해 이런 것을 행하는 것으로 알려져 있다. 그러나 신의 능력은 종종 모순되지 않는 무엇을, 신이 그것을 행하기로 명령했던 그렇지 않든, 행할 수 있는 능력을 의미하는 것으로도 종종 받아들여지고 있다. 신은 자신이 행하기로 선택하지 않은 많은 것을 행할 수 있기 때문이다. …… 신이 자신의 절대권(*de potentia absoluta*)에 의해 이것을 행할 수 있는 것으로 알려져 있다.[45]

오컴은 영원 전부터 신에게 열려 있는 무한한 개연성으로서의 신의 절대권과 신의 일상권을 대비함으로써 신이 때가 되어 실제로 행하기로 한 신의 일상권의 우연성을 기꺼이 입증했던 것처럼 보인다. 신의 절대권에 의하면, 신은 합당하지 않고 심지어 신성모독일 정도로 보이는 인간을 선택하여 구원할 수 있었다.[46]

---

44 *City of God*, bk. 1, ch. 35, p. 21.

45 Quodlibeta VI, q. 1. Dettloff, *Die Entwickung der Akzeptations-und Verdienstlehre von Duns Stkous bis Luther*, p. 282 및 Courtenay, "Nominalism and Late Medieval Religion," p. 40에서 인용.

46 후대의 사상가들은 현재 능동적인 신의 절대적 권한에 의존했던 것처럼 보인다. 즉 이들은 기적이 자연의 일상적 법칙을 방해하거나, 신이 직접 하늘로부터 성 바울을 개종시킴에 따라, 신의 명령과 자신의 절대권을 때에 따라 중첩시킬 수 있었고 또 중첩시켰다고 생각했다. 오컴은 이것들이 신의 제정권(일상권) 내에 있다고 이해했으며, 현존하는 신의 행위의 규범적 성격을 강조했다. 다시 말해서 자신이 행하기로 사실상 선택했던 것, 설령 그것이 부차적이거나 우연적인 것이라 하더라도, 그것에 대한 신의 충실함의 규범적 성격을 강조했다. Oberman, *Harvest of Medieval Theology*, pp. 45~46; William J. Courtenay,

이를테면 신은 인간이 아니라 돌이나 나귀로도 자신을 현현할 수도 있고,[47] 구원의 조건으로서 사랑을 받기보다는 증오 받기를 요구할 수도 있었다.[48] 오컴의 이 같은 언명은 전적으로 심각한 파괴와 폐해로 간주되었으며, 회의주의자로서의 그의 명성은 주로 이로부터 기인했다. 신이 인간을 위해 할 수 있었던 것과 인간을 위해 이론상 자유롭게 여전히 할 수 있는 것에 대한 성찰이 인간으로 하여금 자연의 법칙과 교회의 권위에 의구심을 갖도록 하는 것 이외의 다른 무슨 목적이 있겠는가? 어떤 비판가는 오컴의 신학을 '우연의 신학', 즉 성서와 전통의 실제적 가르침을 무가치하게 만드는 개연성의 신학이라는 딱지를 붙였다.[49] 또 다른 비판가는 오컴이 어떤 함의를 지닌 주입된 은총 개념도 공허하게 했고, 세속의 비판자들에게 맞선 교회를 수세적이게 만들었으며, 그리고 스콜라 신학의 시도를 항구적으로 심각하게 손상했다고 비판했다.[50] 만약 신의 의지가 전부라면, 은총과 사랑은 구원에 불필요한 것처럼 보인다. 만약 교회, 성직자 및 성사가 인간을 구원할 수 있는 신의 무한한 방식 중 단지 하나에 불과하다면, 이것들은 종국적으로 얼마나 중요한 것인가? 오컴 이후 누가 감히 신학대전을 집필하려고 하였던가? 그의 신학에 우연이 가득한 것처럼 보이자, 오컴의 비판자들은 우연에서 심지어 근대 상대주의의 맹아를 발견하기도 했다.

다른 학자들은 오컴이 아우구스티누스의 신학적 전통에 다수 기초하여 창조에 대한 신의 자유를 주로 신학적으로 변론했다고 주장했다. 신의 절대권에 대한 오컴의 사유는 간혹 충격적이기는 하지만 피조물의 유한성을 논리적으로 환기하는 것으로 이해되었으며, 교황들과 교회법학자들이 교회 역시 시간 속에서 만들어진 산물임을 망각한 것처럼 보였던 역사의 어느 한 시점에서도 그러했다.

"Nominalism and Late Medieval Religion," in *The Pursuit of Holiness in Late Medieval and Renaissance Religion*, ed. Charles Trinkaus and Heiko A. Oberman(Leiden, 1974), pp. 37~43; Ozment, "Mysticism, Nominalism and Dissent," in *Ibid*, pp. 70~71을 참고하기 바란다.

47 Oberman, *Harvest of Medieval Theology*, pp. 255~258.

48 Leff, *William of Ockham*, pp. 497~498.

49 Erwin Iserloh, *Gnade und Eucharistie in der philosophischen Theologie des Wilhelm von Ockham: Ihre Bedeutung für die Ursachen der Reformation*(Wiesbaden, 1956), pp, 77, 179~180.

50 Dettloff, *Die Entwicklung der Akzepations-und Verdienstlehre von Duns Skotus bis Luther*, pp. 363~365.

근년의 연구에 의하면 오컴은 혁명가가 아니라 보수적 개혁가였던 것처럼 보인다. 그 이론적 개연성에도 불구하고, 오컴은 신이 실제로 자연의 법칙을 정지하고 성직자의 성사라는 구원 체계를 무시했다고 생각했다기보다는, 그 역시 신이 일반적으로 은총을 유발하는 사랑의 습관에 의해 인간을 구원한다고 가르쳤다. 하지만 오컴은 그 같은 습관에 의해 인간이 필연적으로 구원을 받게 된다는 주장과는 매우 분명하게 선을 그었다. 오컴은 이것이 인간의 자유 및 신의 자유 모두에 대한 모욕이라고 생각했던 것이다.

심지어 신이 은총의 주입 습관에 의해 한 인간을 선택하여 구원하기로 했다 하더라도, 오컴 신학의 핵심은 구원이 궁극적으로 개인의 자질 내지 신, 은총 및 영혼 사이에 상정된 실제적 관계에 결코 의존하지 않는다는 던스 스코터스 이론으로부터 발전된 것이었다. 구원의 문제에서 아름다움은 종국적으로 구경꾼이었던 신의 눈에 늘 그리고 전적으로 달려 있었다. 인간의 구원은 궁극적으로 신의 의지에 대한 신뢰, 자신의 명령에 대한 신의 신실함, 신 자신의 말의 이행 여부에 달려 있었다. 오컴의 신학과 철학 모두의 고유한 강조점이 바로 여기에 있다. 언어의 규칙이 참된 지식의 문제에 있어서 정신을 실체에 바로 결부시키듯이, 계약, 즉 말과 약속은 구원의 문제에서 영혼을 신과 결부시켰다.[51] 인간은 자발적으로 만들어진 표식과 용어를 통해 자신을 둘러싼 세계를 이해하게 되었다. 그리고 인간은 신에 의해 자발적으로 제정된 법률을 기초로 자신의 구원의 문제를 해결한다는 것이었다.

신앙주의에서 제기되는 파괴적인 주장과는 거리가 먼 이 같은 견해는 이성이라는 신학적 영역과 은총의 작용에 관한 형이상학적 개념에 대한 보다 관대한 견해 못지않게 동요하던 교회 제도의 보존 및 영성적 생활에 적어도 기여했다. 오컴이 주장했듯이, 만약 계시가 신에게 접근할 수 있는 유일한 방법이라면 많은 것이 교회 관리인의 모범이나 신뢰에 전적으로 달려 있고, 교회에 반대하지 않고, 교회에 대한 분명한 대안을 모색하는 것이 아니라, 교회를 개혁하라는 긴

---

51 이 책의 96쪽 및 340쪽을 참조하기 바란다.

급한 명령은 교회의 비상 상황에 속했다. 설령 성서적 계시와 성사가 신의 의지에 부차적이라 하더라도, 이것들은 이 현세에서의 삶에서 신에 대해 가지고 있거나 신에 대해 기대할 수 있는 인간의 모든 것이었으며, 이것들의 관리인은 순결해야 한다는 것이었다. 오컴은 위대한 스콜라 신학자들 가운데 유일하게 교황 요한 22세의 정통성에 도전한 것으로 유명해졌다. 오컴은 요한 22세의 신학적 가르침이 이단적이며 속권에 대한 그의 주장이 터무니없을 뿐만 아니라 주제넘다고 생각했다. 이 같은 시각에서 볼 때 오컴의 신학에는 심오한 윤리적 명령이 내포되어 있었다.[52]

피에르 오리올의 견해를 비판한 오컴은 자신의 의도와는 달리 펠라기우스주의자라는 비난을 받게 되었다. 은총이라는 초자연적 습관의 현존에 입각하여 구원을 조건적이게 했던 오리올의 주장을 비판한 오컴은 인간이 자신의 본성적 도덕적 능력과 더불어 단지 최선을 다함으로써 신에 의해 받아들여질 수 있는 일을 행할 수 있다고 주장했다.[53] 오컴은 그 같은 습관이 결여된 사람이 모든 사물보다 신을 사랑하고 죄를 멀리할 수 있다고 생각했을 뿐만 아니라 한 걸음 더 나아가 그렇게 하는 인간에게 은총의 주입과 더불어 보상을 하는 것이 '적절하다'는 사실을 신이 발견했다고 주장했다. 아퀴나스와 오리올이 신과의 적극적인 관계 이전에 은총의 현존을 요구했던 반면에, 오컴은 은총의 수용을 선행한 도덕적 노력에 대한 보상이 되도록 했다.

던스 스코터스의 계약 사상에 또 다시 기초했던 오컴은 구원에서 신의 의지가 결정적 동인이라고 찬사를 보냈다. 의지에 대해 자유롭게 반응하는 의지는 신과 인간을 하나로 결합시키며, 개입되고 주입된 여하한 초자연적 습관도 필요로 하지 않는 구원의 과정을 시작한다는 것이었다. 이러한 주장을 통해 오컴은 신의 의지를 인간이 자신의 본성적인 도덕적 상태에서 행할 수 있는 선업에 단지 종속시키기 위해 은총의 주입 습관에 대한 절대적 종속으로부터 신의 수용을 자유

52 Arthur S. McGrade, *The Political Thought of William of Ockham: Personal and Institutional Principles*(Cambridge, 1974), pp. 47~74, 185~196.

53 Vignaux, *Justification et prédestination*, pp. 120~124; Leff, *William of Ockham*, pp. 293~295.

롭게 한 것처럼 보였다. 이제 [신으로부터] 도움을 받지 않는 윤리적 협업은 [구원의] 한 조건으로서 이후의 윤리적 협업과 더불어 인간의 구원을 가져다주는 은총의 주입을 선행하게 되었다. 전통적인 사고방식에서는 이 같은 주장이 펠라기우스주의였던 것이다.

이 같은 비난을 예견한 오컴은 이를 논박하려고 했다. 오컴의 주장에 의하면, 펠라기우스는 자연적 상태의 인간이 신의 은총 없이 모든 실제적이고 원초적인 죄를 피할 수 있으며, 은총의 보상이 아니라 영원한 삶 그 자체인 선업을 가치 있게 행할 수 있다고 가르쳤다는 것이다. 이는 신의 절대권 내에 있는 단지 이론적 개연성으로서, 그 자신이 용인할 수 있는 것이라고 오컴은 주장했다.[54] 오컴은 자신과 펠라기우스의 기본적인 차이는 다음과 같다고 생각했다. 즉 인간이 자신의 본성적이고 도덕적인 능력을 최상으로 행함으로써 구원을 얻을 수 있다고 펠라기우스가 생각한 반면에, 오컴은 그 같은 노력에 의해 인간이 **구원에 필수적인 은총을** 단지 받을 수 있다고 가르쳤다는 것이다. 오컴의 비판자들은 그의 가르침이 적어도 '거의 펠라기우스적'이라고[55] 주장했다. 하지만 오컴은 은총의 주입과 더불어 도덕적 노력에 대한 보상을 신이 선택한 구원 방식의 일부라고 확신했다. 만약 그것이 펠라기우스주의였다면, 이는 신 자신의 구상에 의한 것이었다.

아우구스티누스회의 위대한 학자였던 그레고리오 리미니(1358년 사망)는 오리올에 대한 오컴의 비판에 전적으로 동의했다. 단지 그것을 자유롭게 선택하여 창조하기로 한 신에 의해서만(*ex mera ordinatione et voluntate divina*) 구원과 은총의 효력 사이에 어떤 필연적 연관성이 존재했다. 하지만 그레고리오 리미니는 오리올의 오류보다는 오컴의 오류에 더 관심을 기울였다. 그레고리오는 본성적으로 인간이 선업을 행하고 은총의 특별한 도움 없이 모든 것보다 신을 사랑할 수 있다는 오컴의 언명을 비판했다. 오컴 자신의 항의에도 불구하고, 그레고리

54 *Quodlibeta* VI, Q. I, Vignaux, *Justification et prédestination*, p. 127 및 Leff, *William of Ockham*, p. 494, no. 208에서도 인용되었다. 또한 Iseloh, *Gnade und Eucharistie*, p. 127을 참고하기 바란다.

55 Oberman, *The Harvest of Medieval Theology*, pp. 209~211. 오버만은 오컴이 펠라기우스주의자가 아니었다고 생각한 비노의 견해를 비판했다. Leff, *William of Ockham*, p. 495를 또한 참조하기 바란다. 레프는 비노와 견해를 같이 하고 있다.

오는 인간이 자신의 본성적 도덕적 능력을 발휘함으로써 영원한 삶을 누릴 수 있는 자격을 사실상 얻을 수 있다고 이해했다. 이는 순수한 펠라기우스주의로서, 심지어 오컴의 정의에서도 그러했다.[56] 그레고리는 인간 본성에 대한 아우구스티누스의 뿌리 깊은 비관주의를 공유했으며, 은총의 특별한 도움 없이는 인간이 도덕적이고 선한 행위를 전적으로 행할 수 없을 뿐만 아니라, 인간의 모든 행위도 불충분하다고 생각했다. 심지어 천국의 아담마저도 선한 무엇을 행하기 위해서는 신의 특별한 도움이 요구되었다는 것이다.[57] 만약 천국의 아담이 무엇이 선인지를 인지하기 위해 그리고 선한 것을 행하기 위해 신의 특별한 도움이 필요했다면, 매우 타락한 인간에게는 얼마나 많은 [신의] 도움이 필요했던가? 그레고리오가 오컴에게 행한 마지막 말은 중세의 여하한 이론만큼이나 극단적인 것으로 타락 이전의 예정설이라는 타협의 여지가 없는 아우구스티누스적 던스 스코터스주의 교리였다. 신은 누군가 행하게 될 선에 대한 예지로 그 누구도 구원하지 않으며, 누군가가 범하게 될 악에 대한 예지로 그 누구도 저주하지 않는다는 것이다. 신은 공로나 악덕에 대한 여하한 고려 없이 순전히 자신이 원하는 대로 영원 전에 [구원받을 자를] 예정하고 [구원받지 못할 자를] 저주했다는 것이다.[58]

새로운 논지가 등장하지는 않았지만, 이 논쟁은 그레고리오 리미니에서 끝나지 않았다. 종교개혁 전야에 루터가 열심히 연구했던 오컴주의 신학자 가브리엘 비엘(약 1420~1495)은 리미니의 비판에 맞서 오컴을 변론했다. 루터는 오컴 및 비엘에 대한 리미니의 비판에 동의했으며, 그레고리 리미니를 제외한 중세 말기의 모든 신학자가 펠라기우스주의에 오염되었다고 비판했다.[59] 그로부터 십년도 지나지 않은 1524년에 에라스무스는 의지가 구원에 구속을 받는가 아니면 자유로운가를 둘러싼 유명한 논쟁에서 루터를 비판하면서 오컴과 비엘의 견해와 매우 유사한 논지를 변론했다.[60] 기본적으로 이 논쟁은 16세기 말과 17세기 신앙고

---

56 Vignaux, *Justification et prédestination*, pp. 149~152; Dettloff, *Die Entwicklung der Akzepations- und Verdienstlehre*, pp. 317~322.

57 Vignaux, *Justification et prédestination*, p. 159에서 인용.

58 같은 책, pp. 165~172.

59 이 책의 323쪽을 볼 것

백의 시대에까지 지속되었다. 이 시기에 소치니파[61]와 아르미니주의자들은 프로테스탄트 진영의 칼뱅주의자들의 원죄 및 예정설에 관한 교리를 비판했으며, 가톨릭 진영의 예수회 회원들은 얀센주의자들[62]의 아우구스티누스적 특징에 관해 논쟁을 벌였다. 종교적 논쟁에서 오래된 것만큼이나 새로운 것도 없었다.

2) 인간은 어떻게 진리를 참으로 인지하는가?
아우구스티누스로부터 오컴에 이르는 인식론

중세 철학의 주요 쟁점은 인간 지식의 성격에 관한 것이었다. 무엇인가를 알고 그것을 참으로 인지한다는 것이 무엇을 의미하는가? 인간은 어떻게 알게 되는가? 앎의 전제와 한계는 무엇인가? 이 질문에 대한 대답은 인간과 실체를 어떻게 인식하는가에 주로 달려 있었다. 중세의 인식론은 인간과 세계에 대한 중세인의 개념에 관한 긴 에세이였다. "인간은 어떻게 진리를 참으로 인지하게 되는가?"에 대한 질문에 대해 아우구스티누스, 토마스 아퀴나스 그리고 윌리엄 오컴, 이 세 학자에 의해 세 가지 답이 분명하게 제시되었으며, 이 각각은 신학 및 종교제도의 형성에도 각별한 영향을 미쳤다.

아우구스티누스

아우구스티누스는 플라톤적 사유 전통과 그리스도교적 사유 전통 모두의 상속자였으며, 일반적으로 이 양자를 가장 완벽하게 통합한 학자로 간주되고 있다. 토마스주의가 아리스토텔레스 철학과 그리스도교의 모범적인 종합으로 간

60 이 책의 405쪽을 볼 것.

61 (옮긴이) 파우스투스 소치누스와 라엘리우스 소치누스의 교리 신봉자들로서, 이들은 삼위일체설, 그리스도의 신성, 원죄 등의 그리스도교 교리를 인정하지 않았고, 그리스도가 기적적으로 탄생한 인간으로서 그리스도의 여러 가지 덕을 인정하는 사람만이 구원을 받는다고 주장을 했다.

62 (옮긴이) 네덜란드의 가톨릭 신학자 코르넬리스 얀세니우스가 주창한 교리의 추종자들. 이들은 인간 본성에 대한 비관적인 견해와 신의 은혜를 강조하고 인간의 자유의지를 부정하는 교리를 신봉했다.

〈신학, 학문의 여왕〉(그레고르 라이쉬). 이 목판화는 스콜라 학문의 위계를 묘사하고 있다. 그레고르 라이쉬의 『철학의 진주』에서 발췌했다. 지식의 전당의 문을 열어주는 여성은 니코스트라타이다. 그리스 신화 속 강의 신 라돈의 딸인 니코스트라타는 이탈리아에 알파벳을 소개했고, 라틴인들이 이를 사용하도록 한 것으로 알려져 있다. 맨 아래 층의 학생들은 도나투스와 프리스키아누스의 문법을 배우고 있고, 그 위로 논리학(아리스토텔레스), 수사학 및 시(키케로) 그리고 산술을 배우게 된다. 그 후 이 학생은 음악(피타고라스), 기하학(유클리드), 천문학(프톨레마이오스)을 공부하게 되고, 더 위로는 물리학과 윤리학(세네카)을 배우게 된다. 마침내 이 학생은 지식의 정점인 신학 및 형이상학(피터 롬바르드)에 도달하게 된다.

주되고 있는 반면에, 아우구스티누스주의는 플라톤주의의 모범적인 종합, 각별히는 플로티누스적 내지 신플라톤적 형식과 그리스도교의 모범적인 종합으로 간주되고 있다. 실제로 아우구스티누스는 『고백록』에서 개인적으로 마니교, 플라톤주의 및 그리스도교라는 세 가지 주요 신념을 단계적으로 설명했으며, 이 세 가지 요소는 아우구스티누스 사유의 성숙 과정에서 중요했다.

아우구스티누스가 젊은 시절 자신과 동일시했던 철학 체계는 마니교였으며, 이는 여러 가지 면에서 이 젊은 지식인에게 매우 적합하고 이상적인 철학이었다. 동방에서 기원한 마니교는 마니(215~273)로부터 유래했다. 마니는 세계가 실재이자 실체인 빛과 선 그리고 어두움과 악으로 구분된 세계로 이루어져 있다고 생각했다.[63] 한 걸음 더 나아가 마니 교도들은 각각의 고유한 신이 각각의 세계를 지배한다고 믿었다. 마니교로부터 영향을 받은 그리스도교도들은 구약 성서에 등장하는 신의 진노를 어둠과 악의 세계에 그리고 신약 성서 속 신의 사랑을 빛과 선의 세계에 결부시켰다. 마니 교도들은 인간의 영혼을 빛의 영역의 한 구성원으로 이해했지만, 영혼이 기본적으로 악한 몸과 물리적 세계에 갇혀 있다고 생각했다. 악이 그 자체로서 실체이며 존재의 단순한 우유가 아니라는 마니 교도들의 믿음은 그리스도교의 가르침처럼 교회로 하여금 마니교를 이단으로 간주하도록 만들었다. 그리스도교도들 역시 육체와 물리적 세계에 대한 극단적 경멸을 이단으로 간주했다. 물론 그리스도교 또한 물리적 피조물의 타락을 고려하면서 이를 경멸했다.

마니교의 매력을 이해하기 위해서는 기근, 전염병 및 전쟁이 일상적이었고, 그것들에 익숙했던 고대 및 중세의 세계가 물리적 존재의 잔인함과 덧없음을 인식했음을 먼저 기억해야 한다. 아우구스티누스와 그의 동시대인들은 로마 제국이 서서히 와해되는 것을 목격했다. 많은 이들에게 마니교는 이 같은 고통스러운 경험에 대해 지적으로 만족할 만한 설명을 제공했다. 그러나 마니교는 그 추종자들에게 또한 영감도 제공했다. 이들은 어둠에 쌓인 빛의 입자인 영혼이 물

---

63 Steven Runciman, *The Medieval Manichee*(Cambridge, 1947)를 참고하기 바란다.

리적 세계를 완전히 가리고 있는 어두움의 층을 통해 스스로 고양시켜 빛의 영역으로 나가도록 종신토록 투쟁해야 한다고 가르쳤다. 영혼의 영원한 기원으로의 복귀는 이미 이 현세에서 시작되었다. 진정한 선민이자 완전한 인간이라는 특별 집단은 음식, 교제 및 성에 있어서 철저한 자기 부정이라는 고독하고 금욕적 방식에 의해 어두움으로부터 빛으로 나아갔다. 하지만 일반적인 헌신자들에게 다소의 우회로가 용인되었다. 이들에게는 자발적 규제와 더불어 이 현세에서의 결혼과 노동이 용인되었다. 하지만 이들의 종국적 구원이 보다 서서히 도래하는 것으로 인식되었다. 자신들이 기원했던 빛으로 되돌아가기 이전에 이들은 정화를 위해 많은 환생을 통과해야 했다. 그리스도교도들 역시 철저한 자기 부정을 실천했고, 죽음 이후의 연옥이라는 기간을 믿었다. 그러나 마니 교도들과 달리 그리스도교도들은 자신의 창조된 본성이 본질적으로 타락했다는 신념으로부터가 아니라 인간이 원초적 완전함에서 부패했다는 신념으로부터 그와 같은 관행과 믿음을 도출했다.

악이 실체이며 어두움의 신이 실재하는 것으로 간주되었기 때문에, 마니교 철학은 도덕적 일탈을 용인했다. 마니교 철학은 삶의 실질적인 적의 존재 및 그 적에게 저항하기 위한 거의 초인적인 노력의 필요성을 인정했다. 이후에 아우구스티누스는 마니교가 자신으로부터 온갖 죄책감을 앗아갔고, 그리하여 자신의 죄를 고백해야 하는 충동을 느끼지 못하게 되었다고 비판했다.[64] 한편 엄밀히 말해서 악에 대항하는 데에는 이와 같은 영웅적인 노력이 요구되었기 때문에, 마니교 철학은 그 추종자들에게 최상의 도덕적 요구를 강요할 수 있었다. 고상한 도덕적인 도전과 관련하여 도덕적 해이에 대한 용인은 나약하지만 이상주의자였던 젊은 아우구스티누스에게 호소력이 있었음에 틀림없다. 누군가로 하여금 최고의 이상을 추구하도록 촉구하고, 실패와 좌절을 이해할 수 있도록 했던 삶의 철학은 젊은이들의 성향에 매우 부합했다. 마니교의 철학은 또한 지적인 것을 요구했다. 이는 다수의 신학적 추상화와 더불어 복합적인 우주관을 가르쳤다.

64 Brown, *Augustine of Hippo*, p. 176.

세계에 대한 거의 이해 불가능한 인식 또한 젊고 총명한 수사학자였던 아우구스티누스에게 매력적이었을 것이다.

마침내 아우구스티누스는 자신의 마니교 교사였던 파우스투스에게 절망했으며, 마니교의 철학을 거부했다. 아우구스티누스는 신이 나누어지고 육체적인 실체를 가지고 있으며, 악을 독립적인 실체로 인식하는 마니교의 핵심적인 두 가지 오류를 비판했다.[65] 아우구스티누스는 이 같은 오류에서 벗어나게 해준 플라톤주의자들에게 찬사를 보냈다. 또한 그는 신이 전적으로 영적이고, 초월적이며 인식될 수 없는 존재이며, 악이란 독립적인 실체가 아니라 선의 결핍에 불과하다고 가르침으로써 그리스도교로 자신을 인도한 플라톤주의자들에게 찬사를 보냈다. 플라톤주의자들을 매우 고상한 존재로 생각한 아우구스티누스는 플라톤이 "몇 마디 말 및 심경의 변화와 더불어" 그리스도교도가 되었다고 상상했다.[66]

아우구스티누스는 플라톤 전통에서 강력한 이원론을 또한 만났으며, 이는 아우구스티누스의 고유한 철학과 신학에 중요한 요소가 되었다. 플라톤주의자들은 영원한 이데아 내지 형상으로 구성된 존재의 세계를 전제했다. 이들은 이 세계가 본질적으로 비물질적이고, 비가시적이며, 지적이라고 생각했다. 즉 정신의 질서에 기초한 세계였던 것이다. 생성 중이고, 유동적이며, 일시적이고 물리적인 특수자들로 구성된 세계는 이 정신의 세계와 병존했다. 이 같은 이원론적 우주관은 인간의 본성과 지식에 대한 플라톤적 인식에 직접 영향을 끼쳤다. 참되고 확실한 지식을 보유한 인간의 정신은 영원불멸하는 형상의 세계에 부합했다. 인간의 유한한 물리적 몸은 생성이라는 유한한 세계에 부합했으며, 인간의 물리적 유한한 몸의 감각과 환영은 단지 불확실한 믿음과 견해만을 가져다주었다.

플라톤주의자들에게 지식은 언제나 오직 보편자에 관한 것이었을 뿐, 특수자에 관한 것이 결코 아니었다. 이는 중세의 핵심적인 인식론적 원리로서, 윌리엄 오컴에 이르러서야 심각한 도전을 받게 되었다. 플라톤주의자들은 지식이 존재

---

65 *The Confessions of St. Augustine*, bk. 4, ch. 15, pp. 108~109; bk. 5, ch. 10, p. 127; bk. 7, ch. 1-2, pp. 158~159.

66 *Of True Religion in Augustine: Earlier Writings*, trans. J. H. S. Burleigh (Philadelphia, n. d.), ch. 4/6, p. 229.

의 영원한 세계에 속한 것인 데 비해, 특수자는 생성 중인 한시적 세계의 구성원이라고 추론했다. 그리하여 단지 개별자가 보편자의 모형을 닮기 때문에, 그리고 존재의 세계에 이같이 지속적으로 참여하기 때문에, 개별자가 확실하게 인식될 수 있었다. 예를 들어 인간은 자신의 정신에서 보편적 개념 내지 형상인 '의자'에 직접 접근하기 때문에 자신 앞에 놓인 특정 의자를 인식하게 된다. 특정 의자는 보편적 '의자'를 닮고, 이를 반영한다. 이같이 특수자는 보편자를 통해 **간접적으로** 인식된다는 것이다. 정신의 개별자와의 **직접적인** 접촉은 단지 환영과 불확실한 의견만을 가져다준다는 것이었다.

이 지식 이론의 배후에 있는 중요한 전제는 중세의 또 다른 중요한 원리로서 단지 유사한 것만이 유사한 것을 이해할 수 있다는 것이다. 단지 비물질적인 것만이 비물질적인 것에 영향을 줄 수 있다는 것이다. 비가시적이고 영원한 영혼 내지 정신은 단지 비가시적이고 영원한 보편자에 의해서만 움직일 수 있다. 신학 및 종교의 영역에서 이 같은 철학적 가르침과 유사한 것은 정화되고 신과 '유사하게 된' 영혼만이 신을 진정으로 알 수 있고 신과 하나가 될 수 있다는 믿음이었다. 이 같은 전제는 교회의 성사 이면에 있었다. 은총의 영혼으로의 주입에 의해 교회의 성사는 영혼이 신을 닮도록 하며, 그리하여 영혼이 신을 진정으로 알 수 있도록 한다는 것이다. 이 같은 구원관은 마르틴 루터가 이 이론을 비판하기 이전까지 중세 신학에서 지배적이었다. 마르틴 루터는 스스로 죄악 가운데 있고 신을 닮지 않은 인간이 그럼에도 불구하고 믿음에 의해 신과 하나가 될 수 있다고 주장했다.

아우구스티누스는 플라톤적 우주관과 인식론 체계를 다수 공유했으나, 이 같은 체계를 자신의 그리스도교적 신념, 특히 예수 그리스도에게서 성육신했던 삼위일체의 신에 통합함으로써 이를 근본적으로 바꾸어놓았다. 아우구스티누스에 의하면, 참된 지식을 보유하기 위해서는 인간 외부의 감각적 세계에 집중해서는 안 되며, 감각적 세계에서 물러나 자신 속의 영원한 세계에 있어야 한다는 것이었다. 이를 통해 인간은 자신을 뛰어넘어 진리로 나갈 수 있다는 것이다. "밖으로 나가지 마라. 그대 자신으로 돌아가라. 진리는 내면을 추구하는 인간에게 있다."[67] 자구적 의미 그대로 우리는 여기서 외부 및 감각의 세계로부터 내면 및 정신의 세계, 자신을 초월한 영원한 형상의 세계라는 플라톤적 인식론을 발견하게 된다. 이 같은 체계에 대한 그리스도교적 수정은 그리스도와 내재하는 영원한 말씀을 동일시한 아우구스티누스에 의해 이루어졌다. 이 영원한 말씀은 인간에게 진리를 가르쳐주고 있다.

> 보편자에 관한 지식에 대해 우리는 누군가가 하는 말이나 우리 밖에서 나오는 소리에 귀를 기울이지 않는다. 우리 안의 정신을 지배하는 진리에 오히려 귀를 기울인다. …… 우리의 진정한 교사는 내면의 인간, 즉 하나님의 불변하는 힘과 영원한 지혜인 그리스도의 말씀에 귀를 기울이고 그리스도 안에 거하는 인간이다.[68]

플라톤주의자들에게 영원한 규범이나 준거에 관한 지식은 '정신의 위대한 비밀(*abditum mentis*)'인 기억을 통해 유래했다.[69] 이는 기억 내지 상기에 관한 이론이었다. 그것에 따르면, 창조 이전 상태의 정신은 사물의 영원한 형상을 다시 보게 되었으며, 이 형상은 정신의 기억에 각인되어 있었고, 기억이 재각성되자 다시금 인식되게 되었다. 플라톤은 소크라테스가 단지 젊은이들에게 질문을 통해 문맹의 노예와 젊은이들로부터 기하학의 영원한 진리를 도출하는 산파라고 묘사했다. 소크라테스가 상정한 교수법은 진리란 학생들의 마음속에 이미 존재하며, 학생들에게 필요한 것은 단지 이를 깨닫도록 하는 것이었다. 진리는 변화하는 세계에서 단지 멈추고 자신의 영원한 기원을 기억하는 모든 인간에 의해 인지될 수 있다는 것이다.

아우구스티누스는 상기에 관한 플라톤의 이론을 '신적 조명'이라는 자신만의 고유한 이론으로 대체했다. 이 이론은 아우구스티누스의 이론 가운데 가장 강력한 영향력을 행사했다. 이 이론은 플라톤주의자들의 영원한 형상을 그리스도교

---

67 같은 책, ch. 19/72., p. 262.

68 *The Teacher*, ch. 11/38, p. 95; *Confessions*, bk. 10, chs. 5와 8을 참조하기 바란다.

69 *Confessions*, bk. 10, ch. 14, pp. 242~243을 참조하기 바란다.

플라톤의 상기

존재

영원한 형상
⇧
기억
|
정신

⇩

생성

개별자

개별자에 의해 자극을 받은 정신은 영원한 형상을 기억하고, 세계의 개별자는 이 형상을 불완전하게 반영하고 있으며, 그리고 이 기억의 빛, 즉 기억된 형상에 의해 정신은 이 세계에 있는 개별자를 참으로 인식하게 된다.

아우구스티누스의 조명

존재

신
︷
영원한 형상 (신의 정신)
⇧
그리스도
⇩
기억
⇧
정신

⇩

생성

개별자

인간은 자신 안으로 들어가게 되면, 신의 영원한 아들인 그리스도를 발견하게 된다. 신의 영원한 아들은 영원한 이데아의 세계, 즉 신의 정신을 명상하게 되며, 이 신의 정신이 인간의 정신에 빛을 비춤으로써 인간의 정신은 세계의 개별자를 참으로 인식하게 된다.

의 삼위일체 신의 정신에 두었으며, 그리하여 이 형상은 진정으로 신성한 이데아가 되었다. 그리하여 누군가 진리를 찾아 정신의 깊이를 측정한다면, 거기에서 플라톤주의자들이 주장했듯이 영원을 상기하는 천부적 능력이 아니라 신의 영원한 지혜이자 삼위일체의 두 번째 위격이자 그 이름이 진리인 그리스도를 발견할 것이다. [인간에게] 거하는 진리인 그리스도에 대한 조명을 통해 정신은 신성한 빛을 받으며, 이 빛에 의해 정신은 참으로 알 수 있게 된 인간은, 이교도이든 그리스도이든, 신의 이 특별한 은총에 의해 자신을 둘러싼 세계를 이해하게 되었고 기능을 하게 되었다. 이 같은 신성한 이해 없이 인간이 알고 있던 모든 것은 환영이라는 무질서였다. 아우구스티누스에 따르면, 신이 의지를 자유롭게 함으로써 인간이 선한 것을 진정으로 행할 수 있듯이, 신이 인간의 정신을 밝게 비춤으로써 인간은 확실하게 인식할 수 있게 되었다. (이를 도표로 그리면 앞의 표와 같다)

아우구스티누스가 육체와 물리적 생명의 기능을 크게 축소시킴으로써, 그의 지식 이론에서 감각이 거의 역할을 하지 못하게 되었다는 주장이 제기되었다.[70] 아우구스티누스는 '육체를 통한 영혼의 감각적 인지'에 관해 언급했으나, 그에게 인식 과정에서 감각이 어떤 역할을 하는지는 명확하지가 않다. 이와 관련하여 아마도 물리적 세계에 대한 아우구스티누스의 플라톤적 편견 및 '육체'에 대한 그의 그리스도교적 혐오가 영향을 미쳤을 것이다. 인간이 진정한 지식을 얻기 위해 필요한 것이 신과 영혼이 전부라고 아우구스티누스가 생각했다는 사실은 매우 인상적이다.

토마스 아퀴나스의 가르침과 아우구스티누스의 가르침 간에 현저한 차이가 나는 것이 바로 이것이었다. 아퀴나스가 그리스도교 신학의 철학적 요소로서 플라톤 대신 주로 아리스토텔레스를 활용했기 때문에, 아퀴나스의 신학에서는 물리적 세계 및 인식 과정에서의 감각의 역할이 많이 강조되었다.

아퀴나스

아리스토텔레스는 자신의 저서 『형이상학』에서 보편자로 구성된 플라톤의 세계에서 실체가 없는 것에 대해 당혹감을 표시했고, 이를 거부했다. 이 같은 실

70 M. C. D'Arcy., S. J., "The Philosophy of St. Augustine," in M. C. D'Arcy, S. J., et al., *St. Augustine* (Cleveland, 1961), pp. 171~180.

체는 개별자에 존재하고, 따라서 진정으로 개별자와 결부되어야 하거나 간절히 바라는 사유의 산물, 즉 소멸하는 개별자로 구성된 세계가 영원한 이데아라는 불멸의 세계로 투사되어야 한다고 결론을 내렸다.[71] 아퀴나스는 아리스토텔레스의 정서를 다수 공유했다. 아퀴나스는 플라톤과 아리스토텔레스[72] 간의 쟁점들을 충분이 이해하고 있었고, 『이교도 대전』에서 "보편자는 존재하는 것이 아니라 단지 개별자에서 자신의 존재를 가지고 있을 뿐이다"[73]라는 아리스토텔레스의 견해에 동의했다. 아리스토텔레스에게 그러했듯이, 토마스 아퀴나스에게 사물의 제일 원리는 사물 그 자체에 있었다.

아우구스티누스로부터 아퀴나스에게로 이동한 독자는 실체의 연관성에 대한 아퀴나스의 인식에 의해 충격을 받게 된다. 거대한 이원론 대신에 세밀한 통합이 등장하게 된다. 즉 존재는 행위에 존재하고, 형상은 질료에 존재하며, 영혼은 육체에 존재하고, 보편자는 개별자에 존재한다는 것이다. 강조점이 영성적 초월로부터 영성적 내재로 옮겨가게 된다. 사물의 세계와 감각 과정은 더 이상 방해를 받지 않는다. 지식은 가시적 물리적 세계의 감각적 경험과 더불어 시작된다. 아퀴나스의 인식론적 경구인 "감각에서 먼저 존재하지 않았던 것은 정신에서도 존재하지 않는다"는[74] 논지는 플라톤과 아우구스티누스 및 궁극적 실체와 진정한 지식의 초월성을 믿던 모든 사람에게 가장 이해하기 어려운 이론이었다.

감각적 경험과 지식의 분리가 가능했던 플라톤적 아우구스티누스 전통에서는 본성적이고, 선험적인 이데아와 진리에 대한 믿음이 있었다. 개별자에 대한 어하한 경험보다 선행하여 세계와 신에 대한 진정한 보편적 지식을 인간이 가지고 있다는 것이다. 인간은 눈을 감고서도 많은 것을 인식할 수 있다. 즉 소위 이성

---

71 D. J. Allan, *The Philosophy of Aristotle*(Lodnon, 1963), pp. 16~20; W. D. Ross, *Aristotle: A Complete Exposition of His Works and Thought*(Cleveland, 1962), pp. 155~156을 참조하기 바란다.

72 토머스 길비(Thomas Gilby)에 의해 핵심적인 문구들이 잘 발췌되었다. *St. Thomas Aquinas: Philosophical Texts*(New York, 1962), pp. 239~145.

73 *Summa Contra Gentiles* I, 1, c. 65. *Friedrich Ueberwegs Grundriss der Geschichte der Philosophie*, ed. Bernhard Geyer (Basel, 1967), 2, p. 432; 이하 Ueberweg-Geyer로 표기한다.

74 Frederick Copleston, *A History of Philosophy*(Westminster, Md., 1960), 2, pp. 392~393을 참조하기 바란다.

의 필연적 진리와 심지어 신의 계시에 대한 어떤 핵심적인 데이터조차도 인식할 수 있다는 것이다. 이와 관련하여 가장 유명한 사례는 아마도 안셀무스 캔터베리다. 안셀무스는, 설령 인식론을 공식적으로 발전시키지는 않았다고 하더라도, 극단적으로 이 같은 전통에 속하는 학자였다. 안셀무스는 그것보다 더 이상 위대한 존재를 생각할 수 없는 존재에 관한 이데아[신]가 인간 정신에 있다고 주장했다. 한 걸음 더 나아가 안셀무스는 이 이데아가 다름 아닌 그리스도교의 신이어야 한다고 주장했다. 그리고 그는 이 이데아가 정신과는 떨어진 실체에 또한 존재해야 한다는 결론을 내리기까지 했다. 이렇게 주장한 안셀무스는 자신의 고유한 정신을 남기지는 않았다. 물론 안셀무스와 동시대인으로서 특히 그를 비판한 가우닐로 등의 일부 학자들은 안셀무스가 정신이 나갔다고 생각하기는 했다. 아래 구절은 신의 존재에 관한 안셀무스의 고전적 논증에 대한 가장 간결한 언명이다.

> 심지어 어리석은 자도 …… 그것보다 큰 것이 생각될 수 없는 존재가 적어도 자신의 지성에 존재한다는 것을 확신해야 한다. 왜냐하면 이를 듣는 순간 그는 이것을 이해하게 되고, 이해되는 것은 무엇이든 지성 안에 존재하기 때문이다. 그러나 확실히 그것보다 큰 것이 생각될 수 없는 것은 단지 지성에서만 존재할 수 없게 된다. 왜냐하면 만약 그것이 지성에서만 단지 실제로 존재하게 된다면, 실체에 또한 존재하는 것처럼 생각할 수 있고, 그리고 이것은 [지성에서만 존재하는 것] 보다 큰 것이기 때문이다. 그러므로 만약 그것보다 큰 것이 생각될 수 없는 어떤 것이 단지 지성에만 존재한다면, 그것보다 큰 것이 생각될 수 없는 어떤 것에 대해 [사실] 그것보다 큰 것이 생각될 수 있을 것이다. 그러나 명백히 이는 불가능하다. 그러므로 의심의 여지없이 그것보다 큰 것이 생각될 수 없는 어떤 것은 지성과 실체 모두에 존재한다.[75]

안셀무스는 자신의 저서 『신은 왜 인간이 되었던가?』에서 "필수불가결한 이

75 *Proslogion*, in *A Scholastic Miscellany: Anselm to Ockham*, ed. and trans. Eugene R. Fairweaher (Philadelphia, 1956), p. 74.

유들에 의해서(그리스도가 눈에 보이지 않게 된 존재로서 마치 그에 관해 그 무엇도 알려진 것이 없듯이), 여하한 인간도 그리스도 없이는 구원을 받을 수 없다는 점을 논증하고자"[76] 했다. 안셀무스는 계시에 의존하지 않고 이성의 한계 내에서 인간을 구원하기 위한 그리스도의 성육신의 필연성을 입증하는 것이 가능하다고 생각했다.[77] 일부 학자는 안셀무스가 스스로를 오직 이성만을 신뢰한 회의주의자로 자신을 드러내지 않고, 신앙의 고유한 논리를 단지 설명한 학자라고 주장했다.[78] 하지만 이 같은 설명은, 마치 안셀무스가 후기 칸트주의 신학자였던 것처럼, 안셀무스를 근대적인 인물로 평가하고 있다. 『프로슬로기온』과 『신은 왜 인간이 되었던가?』는 플라톤적 인식론의 전제들에 대한 11세기 학자의 추론의 산물이었다.

독자들은 아퀴나스의 이론에서 필연적으로 영원한 진리를 입증하는 본성적이고 선험적인 이데아를 발견하지 못한다. 아퀴나스가 주장한 것처럼, 만약 감각에 이미 존재하지 않았던 그 무엇도 정신에 존재하지 않는다면, 영원한 진리이든 한시적 진리이든, 그렇다면 인간의 여하한 지식도 인간을 둘러싼 세계의 유한한 결과에서 시작해야 한다. 감각적 경험 자료에 대한 인식과 성찰은 모든 진정한 지식을 위해 그 자체로서 족한 것이다. 아우구스티누스가 인식했듯이, 신적 조명은 불필요하게 되고, 앎은 매우 자연스러운 과정이 된다.

신의 존재와 신의 본질적 특성을 입증할 때 선험적인 방법이 아니라 후험적인 방법, 즉 실제로 경험된 개별자로부터 진리에 관한 일반적인 진술로 나아간다고

---

76 *A Scholastic Miscellany*, p. 100.

77 코트니는 안셀무스의 방법론과 후대의 유명론자의 방법론이 어떻게 다른지를 지적했으며, 이들이 '상반된 견해'를 가지고 있었다고 결론을 내렸다. 그는 다음과 같이 요약했다. "전적으로 신학적인 안셀무스의 방법론은 일을 행하는 한 가지 최상의 방식 – 신이 행한 방식으로, 신의 본성과 지혜에 부합하는 – 이 있다는 사실에 의존하고 있었다. 그러므로 인간은 신이 행위를 한 방식이 유일하고 유효한 방식임을 확립할 수 있어야 하며, 그렇지 않으면 신은 그와 같은 식으로 행하지 않을 것이다. …… 안셀무스가 [유명론자의 그것들과 같이] 절대적 잠재적 논의에 관여하는 것을 주저한 것은 신의 본성과 의지를 구분하거나 계시된 의지와 신이 행하기 이전에 신에게 열려 있던 개연성 간의 구분을 그가 거부했기 때문이다." William J. Courtenay, "Necessity and Freedom in Anselm's Conception of God," in *Die Wirkungsgeschichte Anselm von Canterbury: Akten der ersten Internationalen Anselm-Tagung Bad Wimpfen-13. September bis 16 September 1970*, pp. 60~62.

78 John McIntyre, *St. Anselm and His Critics*(Edinburgh, 1954), pp. 26~29.

아퀴나스는 주장했다. 아퀴나스의 출발점은 자신을 둘러싼 자연계, 즉 그가 눈으로 보고 귀로 들은 것이지 정신에 있는 이데아가 아니었다. 개별자의 결과로부터 시작한 아퀴나스는 그것의 궁극적 원천에 관해 탐구했다. 변화 및 움직임의 체험은 제일 운동자에 관한 질문을 제기했다. 말하자면 작용인들의 순서, 제일 원인, 우연적 존재, 필연적 존재, 완전함의 정도, 최상의 완전함, '순수한 행위 및 의도와 목적에 대한 증거, 모든 것을 조직한 설계자 등이 그것이었다.[79] 이 논지 각각의 배후에 있는 전제는 모든 사물에는 존재론적 궁극적인 설명, 즉 존재의 궁극인이 있다는 것이었다. 아퀴나스는 존재의 궁극인이 신이라고 생각했다.

아우구스티누스에게 무형의 그리스도가 모든 진정한 지식을 성찰했던 반면에, 아퀴나스에게 있어서는 감각과 이성이라는 인간의 본성적 능력으로 충분했다. 이 문제와 관련하여 아퀴나스의 인식 체계에는 '환영'이 없었다. 아우구스티누스에게 이성에 관해 언급하는 것은 신의 정신에 의해 조명된 인간 정신에 관해 논하는 것이었다. 아퀴나스에게 이성에 관해 언급하는 것은 그 자체의 고유한 재능을 자연스럽게 활용하는 인간 정신에 관해 논하는 것이었다.

이 점에서 아퀴나스는 후대의 유럽 사상의 발전을 예견했으며, 계몽주의 시대 훨씬 이전에 유럽의 사상은 종래에 신성한 삼위일체에 부여한 속성을 인간 이성에 부여하기 시작했다. 16세기에 세바스티앙 카스텔리오는 성령을 '[인간] 이성의 이성'이라고 기술했다. 카스텔리오는 이성에는 신적 깨우침, 즉 아우구스티누스 전통에서는 무형의 그리스도에게서 기인되었던 빛이 본성적으로 내재되어 있다고 생각했다. 카스텔리오는 아우구스티누스적 전통을 고수한 칼뱅주의자들의 견해를 비판했다. 칼뱅주의자들은 인간 이성을 정상적으로 활용한 상식적인 판단과 결론이 종교적 논쟁에 있어서 최고의 권위를 가진다고 주장했다. 그는 이 같은 판단이 성서, 전통 및 신학자들의 모순된 논쟁보다 우위에 있어야 한다고 생각했다. 카스텔리오에게 이성은 모든 인간에게 존재하는 살아 있는 예언이자, 인간을 통해 신에 관한 진리가 바로 선언되는 살아 있는 예언이었다.[80]

---

79 Gilby, *Philosophical Texts*, pp. 48~66의 발췌문을 참고하기 바란다.

80 *De arte dubitandi et confidendi et sciendi*, ed. Elizabeth Feist, in *Per la storia degli Ereliti Italiai*

아퀴나스가 이같이 거만한 주장을 강력하게 부정했지만, 인지 과정에 대한 그의 세속화는 이 같은 방향에서 중요한 진전이었다. 오히려 이 세속화는 윌리엄 오컴의 이른바 회의주의보다 아우구스티누스의 인식론에 대한 아퀴나스의 비판, 즉 이성의 진리를 초월한 진리란 존재하지 않는다는 근대적 신념을 예비했던 아퀴나스의 비판으로까지 거슬러 올라가는 인식론적 혁명이었을 것이다. 확실히 이 같은 주장이 아우구스티누스의 철학적 견해로부터 발전할 수는 없었다. 아우구스티누스에게 모든 지식은 외부로부터 전달된 신의 특별한 은총이었기 때문이다. 아퀴나스는 자신도 모르게 이성과 계시의 조화라는 고유한 종합의 해체를 위한 씨앗을 뿌렸고, 근대 세계의 합리주의의 길을 준비했을 것이다.

토마스 아퀴나스는 인간 지식의 기재에 의존하여 인지 과정의 세 가지 핵심 단계를 정의했다. 첫 번째 단계가 감각이다. 이는 자료의 무차별적 수집과 '수동 지성', 즉 수동적이고 수용적인 상태의 정신에 제시했다. 이 자료는 환영의 집합으로서 정신에 들어간다. 이 환영은 인식 가능하고, 보편적인 몇몇 특징을 가진 개별자, 즉 모호한 특수자에 대한 혼란한 상이었다. 아리스토텔레스와 마찬가지로 아퀴나스는 보편성이란 개별자의 고유한 성질이라고 생각했다. 개별자들이 공통의 특징을 가지고 있다는 사실은 인지 과정의 두 번째 단계 즉 보편자에 대한 **추상화를** 가능하게 했다. 능동적인 상태의 정신, 즉 능동 지성은 동일한 종의 개별자에게서 발견되는 보편적 양상을 고립시키고 추상화한다. 인지 과정의 세 번째이자 마지막 단계는 정신이 그것을 통해 개별자를 인지한 매개로서 기여했다. 아퀴나스는 추상화된 보편자를 '지적 형상', 말하자면 존재의 객관적 양태라기보다는 지적인 양태의 형상이라 불렀다.

아퀴나스에게 보편자는 개별자에 있는 본성적 존재이자 정신에 있는 지적 형상으로서 지적인 존재이기도 했다. 이것이 플라톤적 아우구스티누스 전통과의 중요한 차이점이었다. 그럼에도 불구하고 일견 아퀴나스와 아우구스티누스 간에는 견해 차이보다는 연속성이 존재했다. 우선, 양자에게 개별자가 아니라 보

---

del Secolo XVI in Europa, ed. D. Cantimori and E. Feist (Rome, 1937), pp. 307~314. 관련 구절은 필자의 *Mysticism and Dissent*(New Haven, 1973), pp. 189~202에서 번역되고 논의되었다.

편자는 여전히 지식의 직접적 대상이었다. 아우구스티누스만큼이나 토마스 아퀴나스에게서도 개별자는 단지 보편자를 매개로, 즉 보편자를 통해서만 인식될 수 있었다.[81] 이들 모두는 개별자에 대한 직접적 지식이 가능하다고는 생각하지 않았다. 아퀴나스는 보편자를 사물 내에 두었고, 정신에 있는 지적 형상으로서 이를 다시금 끄집어냈으며, 그러고 나서 단지 추상화된 보편자를 통해서만 개별자를 인식했던 것이다. 아우구스티누스의 조명 이론을 대체한 추론의 과정을 제외하고서, 아우구스티누스의 중요한 인식론적 확신, 즉 단지 보편자로부터만 지식을 얻을 수 있다는 인식은 그대로였다. 영성적 실체 내지 지적 실체를 선호한 중세인의 편견은 아우구스티누스의 그것만큼이나 아퀴나스의 인식론에서도 현저했다.

아우구스티누스와 아퀴나스의 두 번째 연속성은 유사한 것이 단지 유사한 것만을 인식할 수 있다는 믿음이었다. 아퀴나스에게 지식을 가능하게 했던 것은 사물에서의 보편자 및 정신에서의 보편자의 계통적 유사성이었다.[82]

아우구스티누스와 아퀴나스 간의 마지막 공통점은 다음과 같다. 즉 보편자란 사물에 존재한다는 아리스토텔레스적 믿음에도 불구하고, 아퀴나스는 신학자로서 보편자가 개별자 밖에 그리고 개별자 이전에 신의 정신에 존재한다고 또한

---

81 아퀴나스는 다음과 같이 요약했다. "합리적 지식은 일차적으로 자연적 사물의 형상을 비추고, 부차적으로는 형상과 관련된 이 질료를 비춘다. 형상 그 자체는 보편적이며, 그리하여 형상을 향한 정신의 성향은 그것으로 하여금 일반적 용어를 제외하고서 질료를 이해하도록 하지는 않는다. …… 명백히 그리고 나서, 이성은 개별자를 직접 인지할 수는 없다. …… 그럼에도 불구하고, 정신은 그것이 개별자와 결부되어 있는 감각 능력에 통합되는 한 개별자와 간접적으로 결부되어 있다. 그 과정은 두 가지 방식으로 작동한다. 첫 번째 방식은 사물로부터 정신으로 작동한다. 이는 거기서 정신의 절정에 도달하기 위해 감각적 부분의 정신으로의 이동에 상응한다. 그리하여 정신은 일종의 성찰에 의해 개별자를 인식하게 된다. 왜냐하면 그것의 고유한 대상을 인지함으로부터, 정신은 돌아갈 수 있으며, 그것의 고유한 활동과 그리고 행위의 원리인 개념 및 그 개념이 도출되는 이미지로까지 계속해서 인식하게 된다. 이와 같이 정신은 개별자에 대한 어떤 지식에 의해 도래하게 된다. 두 번째 방향은 영혼으로부터 사물로 작동한다. 이는 정신으로부터 시작하여 감각적 부분으로까지 이어지게 된다. 정신이 하위의 능력을 지배하고, 개별적 상황에 대한 능력인 개별자의 이성을 지배하기 때문에, 정신은 개별자에 대한 지식을 포함하게 된다"(*De veritate* 5, Gilby, *Philosophical Texts*, pp. 247~248에서 인용).

82 카레(M. H. Carré)는 다음과 같이 지적했다. "그것들이 알려져 있는 한, 물질적인 것들은 사실상 물질적으로가 아니라 비물질적으로 인지자에게 존재해야 한다. …… 사물의 영역은 의식에서 발견되는 동일한 실체의 양태이다. 정신과 사물 간에는 본질적 유사성, 즉 조응이 있다(*Reaalists and Nominalists* [Oxford, 1946], p. 70).

생각했다. 독립적이고 자족적이며 효율적인 형상에 대한 플라톤주의자의 믿음에 동의하지 않았던 아퀴나스는 여전히 플라톤주의자들과 견해를 기본적으로 공유했다. 즉 "질료 안에 존재하는 형상은 질료 없이 존재하는 형상으로부터 유래한다는 플라톤의 이 주장이 어느 정도 진실이다. 개별 형상은 질료 안에 존재하는 형상의 원리이다".[83] 그리하여 아퀴나스는 신의 정신에서 개별 사물에서 그리고 추상화를 통한 인간의 정신에서 보편자를 발견했던 것이다.

필자가 본 장의 서두에서 지적했듯이, 인식론은 형이상학을 이해하는 창이다. 인식론은 실체에 대한 누군가의 이해에 관한 주석이다. 플라톤 아우구스티누스적 전통의 강력한 이원론과 대비되는 토마스 철학의 현저한 특징은 실체의 상호 연관성에 대한 인정이다. 토마스 인식론의 저변에 있는 형이상학적 전제는 신과 인간의 정신 그리고 유한한 사물로 구성된 세계 간에 실질적인 관계가 존재한다는 믿음이었다. 개별자에 있는 보편자가 창조의 원형으로서 신의 정신에 선험적으로 존재하는 것과 추론된 지적 형상으로서 인간의 정신에 존재하게 된 것이 실제로 관련이 있다고 토마스는 생각했다. 아퀴나스에게 신, 인간 그리고 세계는 구어적이거나 인위적인 관계에 의해서가 아니라 실체 그 자체의 구조에 의해서 서로 연관되어 있었다. 이들은 신랑과 신부 내지 친구들 간의 관계가 아니라 힘줄과 뼈 및 근육과 같이 서로 연결되어 있었다. 즉 이들은 계약적인 관계가 아니라 유기적인 관계를 맺고 있었던 것이다. 질송은 아퀴나스의 형이상학적 인식과 '토마스주의 정신'을 아래와 같이 요약했다.

> 인지하는 존재인 인간은 자신의 심오한 인식론적 뿌리에 의해 신에게 구속될 수밖에 없으며, 자신을 자신의 원인에 대한 지식으로 이끄는 방법에 이르는 문을 [세계에서 그 자신 및 자신의 경험보다] 더 멀리서 찾아서는 안 된다. 만약 인간이 형이상학적 분석을 충분히 추구한다면, 그 어떤 존재도 인간을 신 앞에 두게 될 것이다. 신

83 *Contra Gentiles*, I, iii. c. 24, Ueberweg-Geyer, p. 24에서 인용. 아퀴나스는 그리스도교 사상가로서 아우구스티누스와 마찬가지로 사물의 형상이 신성한 정신 안에 존재하고 신성한 정신을 통해서만 단지 이 세계에서 효력을 지닌다고 믿었다.

은 모든 사물의 원인으로서 모든 사물에 존재한다. 신의 행동은 바로 존재의 행위에서 모든 것에 영향을 미친다. 신은 모든 사물에 존재해야 하며, 가장 깊숙한 곳에 존재해야 한다.[84]

신, 인간 및 세계 사이에 실질적인 관계가 존재한다는 전제는 아퀴나스로 하여금 신의 존재에 대한 후험적 증거를 신뢰하도록 했다. 유한한 결과는 필연적으로 그것의 기원을 야기한다. 이 결과는 실제로 그 기원과 결부되기 때문이다. 동일한 전제에는 인간 지식과 신에 관한 담론의 '유비적' 성격에 관한 아퀴나스의 독창적인 견해가 깔려 있었다.[85] 아퀴나스에 따르면, 인간은 동료 인간과의 관계와 더불어 유추에 의해 신과 자신의 관계에 대해 유의미하게 언급할 수 있다. 인간이 공유했던 가치와 신이 규정했던 가치 간에는 실질적인 관계가 있기 때문이다. 인간이 신과의 관계에서 불완전하기 때문에, 이 같은 담론은 획일적 대응, 즉 완벽한 일대일 대응이 아니다. 이를테면 만약 필자가 동료 인간과의 경험으로부터 선에 대한 개념을 도출하면서 신이 선하다고 말한다면, 이는 인간들 사이에 존재하는 선보다 훨씬 고상한 질서의 선을 단지 의미할 따름이다. 한편 아퀴나스는 인간의 선과 신의 선 사이에 명확한 유비가 존재하며, 신에 관한 언명이 순수한 추론이 아니라고 생각했다. 만약 이 언명이 일의적이지 않다면, 다의적이지도 않다는 것이다. 아퀴나스에게 인간의 경험은 종교적 관계를 이해하는 확고한 토대였다. 왜냐하면 신과 인간은 공통의 실체를 공유하기 때문이다. 중도적 방식을 발견하는 데 탁월한 재능을 보유했던 아퀴나스는 인간의 경험으로부터 유래하며 그 같은 표식에 충실히 조응하지도 이를 완전히 놓치지도 않은 신에 관한 담론을 기술하기 위해 유비적이라는 용어를 사용했다. 인간은 자신의 경험과 더불어 유추에 의해 신에 관해 알게 되고, 신에 관해 언급한다. 신, 인간 및 인간 담론의 세계 간에는, 불완전함에도 불구하고, 실질적인 관계가 존재하

---

84 *The Christian Philosophy of St. Thomas Aquinas*, trans. L. K. Shook, C. S. B (New York, 1956), p. 372.

85 발췌된 구절에 관해서는 Gilby, *Philosophical Texts*, pp. 93~94; Copleston, *A History of Philosophy*, 2, pp. 352~358을 참조하기 바란다.

기 때문이다.

오컴

윌리엄 오컴은 중세 말기의 스콜라적 전통, 영성적 전통 그리고 교회정치적 전통에서 혁명가로서의 명성을 지니고 있었다. 오컴은 스콜라주의에서는 보편적 개념 및 신의 절대권에 관한 이론으로, 영성적 전통에서는 프란체스코적 청빈 대의와의 긴밀한 일체감으로, 그리고 교회와 국가의 관계에서는 교황 22세(1316~1334)의 교황직으로부터의 제거 요구와 교황의 정적이었던 루트비히 4세 바바리아에 대한 지지자로 널리 알려졌다. 1324년 교황 요한 22세는 오컴이 철학과 신학에서 범한 공공연한 오류를 스스로 변론하도록 영국으로부터 그를 아비뇽 교황청으로 소환했다. 한편 영국의 오컴은 아비뇽 교황들 중 가장 강력한 교황이었던 요한 22세가 명백히 이단적이라는 결론을 내렸다. 교황 요한 22세가 오컴의 연구를 방해했기 때문에 오컴이 이 같은 결론을 내린 것이 아니었다. 물론 이것이 학자로서의 매우 강력한 소명의식을 가진 오컴을 비판적인 정신의 소유자로 만든 것처럼 보인다. 교황의 오류는 오히려 사도적 청빈에 대한 프란체스코회 좌파의 견해를 정죄한 데 있었다.[86] 오컴은 아비뇽을 떠난 후 루트비히 4세의 궁정에 피신해 있던 파문당한 프란체스코회의 총원장이었던 미카엘 케세나에 합류했다. 오컴은 루트비히 4세의 궁정에서 교황 요한 22세를 비판하고 프란체스코회와 황제 루트비히를 변론하는 저술들을 집필했다.

하지만 여기서 우리의 관심사는 오컴이 중세의 전통적인 인식론과 결별했다는 사실이다. 오컴은 아우구스티누스, 앙리 겐트, 토마스 아퀴나스 및 특히 던스

---

86 이 사건들은 맥그레이드에 의해 연대기로 정리되었다. McGrade, *The Political Thought of William of Ockham*, pp. 1~78. 이후에 오컴은 교황이 천사나 성인이 천국에서 신을 직접 볼 수 있다는 이론에 관한 이단적 견해를 갖고 있다고 비판했다. 왜냐하면 요한 22세는 신도가 죽자마자 그 영혼이 곧바로 천국의 최종적인 휴식처, 즉 영혼이 마지막 때에 부활한 육신과의 재회를 거기에서 기다리고 있었던 곳으로 날아가지 않고, 오히려 육신이 부활할 때까지 죽은 육신과 더불어 잠을 자고 있다고 가르쳤기 때문이다. 이 책의 161쪽을 참조하기 바란다.

스코터스가 개진한 지식 이론을 비판했다. 물론 던스 스코터스는 오컴의 신학적 이론과 철학적 이론에 일조했다.[87] 오컴은 철학 및 신학 이론에서 보편자 내지 이와 유사한 어떤 자존적이고 공통적인 본성이 인지 과정에서 핵심적 역할을 한다는 전제를 비판했다.[88] 오컴은 별개의 독립적인 보편자가 개별자에 존재할 수 있다는 사실을 믿지 않았다. 하나의 사물이 다른 '사물에' 존재하는 것으로 알려진 일반적인 방식으로 그와 같은 보편자가 어떤 사물에 존재한다면, 그렇다면 몸의 심장과 같이, 그것은 사물 자체의 일부이고, 따라서 보편자가 아니라 특수자이거나, 존재하는 사물과 동일하거나 그러므로 보편자가 아니라 개별자 그 자체였다. 오컴은 추상화된 '지적 형상'의 개념을 인식할 수도 없었다. 만약 이같이 논증이 불가능한 환영이 인간 지식의 핵심 주체였다면, 그렇다면 지식은 확실히 위험한 상태에 놓이게 된다는 것이다. 이 같은 모호한 설명에 대한 의존은 회의주의를 유발하는 것처럼 보였다.[89] 오컴이 자신의 선학들에게 유명한 면도날을 사용한 것은 인간 지식의 토대를 잠식하기 위해서가 아니라 그것을 **확고히 하기** 위해서였다.

오컴의 면도날은 경제적인 설명 원리였다. 즉 "불필요한 복수의 설명이 있어서는 안 된다. 용어를 적게 전제함으로써 설명할 수 있는 것을 많은 용어와 더불어 설명하는 것은 부질없다"는[90] 것이었다. 오컴은 사물에 있는 보편자 내지 사물에 있는 형식상 개별적이며 공통적인 본성(던스 스코터스) 내지 정신에 있는 지적 형상에 관한 언급이 정신의 혼란 외에 무슨 유익이 있는 것인가라고 문제를 제기했다. 오컴의 면도날에 따르면, 보다 단순한 설명이 낫다는 것이었다. 논쟁

---

87 레프(Gordon Leff)는 던스 스코터스주의와 오컴주의의 접촉 및 결별을 명쾌하게 요약했다. *The Dissolution of the Medieval Outlook: An Essay on Intellectual and Spiritual Change in the Fourteenth Century*(New York, 1976), p. 56을 참조하기 바란다.

88 던스 스코터스의 경우, 지적 형상이나 신이 아니라 '존재로서의 존재(*being qua being*)'는 지성의 핵심적이고 본성적인 대상이었다. Effrem Bettoni, *Duns Scotus: The Basic Principles of His Philosophy* (Washington, 1961), p. 32.

89 오컴이 이 같은 정서를 가진 유일한 학자는 결코 아니었다. 피에르 오리올, 뒤랑두스 생 푸르생, 앙리 아클레이 또한 개별자에 대한 진정한 지식을 위한 지적인 종의 필요성을 부정했다.

90 I. *Sent.* d. 27, q. 2. K; *Summa totius ligicae*, I, 12 (Venice, 1522), fol. 6, r. A; Ueberweg-Geyer, p. 576에서 인용.

에서 흔들리는 부분이 적으면 적을수록 정신에 부담이 덜 되고 힘이 덜 들게 된다는 것이다. 이는 오컴의 독창적인 이론이 아니었다. 이후에 교황 요한 21세(1276~1277)가 된 피터 스페인은 논리학에 대한 자신의 해설서인 『논리학 대전』에서 이를 언급했다. 그러나 레인홀트 시베르그가 지적했듯이, 오컴은 이를 '논리학에 관한 환상적인'[91] 이론으로 만든 최초의 인물이었다.

오컴의 인식론적 혁명은 개별자는 개별자로서 인식될 수 있으며, 특수자에 대한 직접적이고, 중재되지 않은 지식이 가능하다"는[92] 그의 주장에서 비롯되었다. 오컴은 인간의 모든 지식을 두 가지 기본적인 범주로 환원함으로써 이 같은 결론에 도달하게 되었다. 즉 직관적인 지식과 추상적인 지식이 그것이다. 직관적 지식은 모든 '존재에 관한 판단'의 기초를 이루는 것이다. 즉 개별자가 현존하며 목격자에 의해 확증될 수 있다는 것이 진술의 모든 것이다.[93] 직관한다는 것은 집중하여 무엇인가를 보고 주시하는 것을 의미한다. 오컴은 직관적으로 개별 사물을 직접적으로 인지하는 것이 인간에게 당연하다고 생각했다. 만약 인간이 무엇인가를 보고, 다른 사람이 이를 증언한다면, 그렇다면 그것은 인지된 것이다. 그것은 인간이 어떻게 인지하는지에 대한 가장 단순하면서도 가장 확실한 설명

---

91 *Lehrbuch der Dogmengeschichte*(Erlangen, 1898), 2, p. 170.

92 레프는 이를 다음과 같이 기술했다.
"오컴은 [개별자의 우위]를 확립하는 과정에서 개별 물질에 대한 지식을 개별자에 대한 직접적인 접근이 가능하게 한 동시에 개별자에 대한 지식으로부터 유래하는 보편적 개념 내지 상 그 자체보다도 더욱 완벽하게 만들었다. 그리하여 오컴은 지성으로부터만 전적으로 유래하는 지적인 지식의 독립적이고 비감각적인 기원에 대한 전통적인 아우구스티누스적 신념 및 압도적으로 지성의 일차적이고 적절한 대상으로서 보편적 지식에 대한 토마스주의적이었던 그리스도교적 아리스토텔레스적 견해 모두를 비판했다. 던스 스코터스는 오컴보다 먼저 이것들을 각각 주장했다. 하지만 오컴은, 분명하게 알려지든 그렇지 않든, 개별자를 유일하게 실제적이고 늘 알려진 으뜸가는 대상으로 삼고 그리고 개별자의 획득에 있어서 종에 대한 여하한 역할도 부정함으로써 던스 스코터스의 견해를 뛰어넘게 되었다"(Leff, *William of Ockham*, pp. 76~77).

93 사물에 대한 직관적 인식은 우리로 하여금 그 사물이 존재하는지 또는 존재하지 않는지를 알 수 있도록 하는 인식이다. 이와 같이 만약 그 판단이 이 같은 인식의 불완전함으로 인해 방해를 받게 되지 않는 한, 만약 사물이 그와 같이 존재한다면, 그리고 그것이 존재하는지를 직접적으로 판단하고, 명확하게 인지하는 것이다(*Ockham: Philosophical Writings*, p. 23). Paul Vignaux, *Nominalisme au XIVe siècle* (Montreal, 1948), pp. 11~45; Philotheus Boehner, "The Intuitiva of Non-existents According to William of Ockham," in *Collected Articles on Ockham*, ed. E. M. Buytaert (St. Bonaventure, N. Y., 1958), pp. 268~291; Leff, *William of Ockham*, pp. 6~14의 논의를 참조하기 바란다.

이다. 그러므로 실체에 대한 지식은 사물에 있는 추정의 자립적인 보편자 내지 공통적인 본성 혹은 정신에 있는 추상화된 보편자를 통한 실체와의 간접 접촉에 의존하지 않는다. 인간은 개별자에 대한 직접적이고, 명확하며, 의식적인 경험을 하게 되고, 실체와의 이 직관적 접촉 그 자체로 그리고 자연히 인간의 지식을 확증하는 데 충분하다는 것이다. 오컴에게 정신이 개별자에 대한 적절하고 단순하고 명백하며 충분히 신뢰할 만한 인식을 하는 것이 당연하다. 더 이상 언급할 필요가 없고, 그 밖에 전제될 필요가 없으며, 더 이상의 용어도 상정될 필요가 없다는 것이다.

오컴은 지식의 두 번째 유형을 추상적 지식이라고 묘사했으며, 여기서 지식의 보편적 양상에 대해 설명했다. 직관적 지식과는 달리 추상적 지식은 존재에 관한 판단에 관심을 가지지 않는다. 그것은 인간이 지금 알고 있는 것이 정신의 외부에 존재하든 아니든 인간이 가진 지식이다.[94] 하지만 추상적 지식은 직관적 지식에 기초하고 있으며, 오컴은 이 양자가 서로 긴밀하게 결부되어 있다는 점을 독자에게 명확히 했다. 모든 지적 추론은 궁극적으로 외부 세계에 대한 정신의 실제적 경험으로부터 유래하고 그리고 이에 기초해 있다는 것이다.

오컴은 한 때 경험적으로 확증된 것에 대한 인간의 기억을 **단순한** 추상적 지식이라고 정의했다. 경험의 모든 대상과 사건이 바로 여기에 있다. 이 모든 대상과 사건은, 정신 밖에 당시 존재했든 그렇지 않았든, 인간이 한 때 보았고 지금은 간직하고 있고 기억에서 복구될 수 있는 것이다. 하지만 정신은 또한 새로운 대상과의 관계, 정신의 외부에 결코 존재하지 않았거나 글자그대로 결코 존재하지 않을 '정신적 존재들'을 또한 구성할 수 있다. 이 같은 건설적인 정신적 행위는 **복합적이고** 추상적인 지식을 형성하게 된다. 오컴에 따르면, 모든 상상의 허구와 순수한 추상적 사유의 논리식 그리고 이들과 더불어 보편적인 개념이 여기에 있다는 것이다. 말의 이마에 상상속의 뾰족한 뿔을 부여함으로써 정신이 일각수

94 "추상적 인식은 …… 하지만 사실이 우연히 존재하는지 존재하지 않는지 여부는 명확하게 알 수 없는 지식이다. 이와 같이 추상적 인식은 존재와 비존재로부터 추상화를 한다. 왜냐하면 직관적 인식에 반하여 추상적 인식은 우리로 하여금 존재하는 것의 존재 내지 존재하지 않는 것의 비존재를 알게 하지는 않는다." *Ockham: Philosophical Writings*, pp. 23~24.

(一角獸)를 만들어내는 과정과 동일하게 정신이 보편자를 만든다는 것이다. 동일한 종의 다수의 개별자에 대한 직관적 지식과 단순한 추상적 지식으로부터 정신은 그 종의 모든 구성원을 대변하는 보편적 개념과 용어를 일반화한다. 이를테면 나는 현재 나의 기억에 단순히 추상적 지식으로 존재하는 많은 개별 나무에 대한 직관적 지식(또는 과거의 경험)으로부터, 많은 나무에 대한 징표로서 단일한 개념인 '나무'를 정신에 형성하게 된다. 이 나무는 내가 알고 있고 언젠가 알게 될 모든 개별 나무를 의미하고 있다. 이 개념은 또한 개별 나무에 대한 나의 경험과 동일한 경험을 가진 다른 사람들과 대화를 하면서 이 종을 지칭하기 위해 사용하는 용어가 된다.

오컴은 이 같은 보편자가 정신 밖의 개별자에 있는 독립적인 존재가 아니라고 단호하게 주장했다. 즉 오컴은 "보편자는 정신 밖에서 개별적 실체로 실존하지 않으며, 여하한 보편자도 실체의 일부나 개별자의 존재가 아니다"[95]라고 주장했다. '인간'이라는 어휘가 그것이 지칭하는 소크라테스나 다른 사람들에게서 존재하지 않듯이, 보편자는 사물에 존재하지 않는다는 것이다.[96] 오컴에게 보편자는 단지 두 가지 양태와 두 장소에만 존재하기 때문이다. 본성적으로는 정신에 그리고 인습적으로는 말에 존재한다는 것이다.

> 두 가지 부류의 보편자가 있다. 하나는 본성적으로 보편적인 보편자, 즉 연기가 불을, 신음소리가 환자의 아픔을, 웃음이 내면의 기쁨을 본성적으로 의미하는 것과 같이 많은 사물을 본성적으로 예견하는 기호이다. 이 같은 보편자는 정신의 내용의 다름 아니다. 그러므로 이 같은 보편자는 정신 밖의 실체나 우유도 아니다. …… 두 번째 부류의 보편자는 인습에 의한 보편자이다. 이와 같이 사실상 단일한 질의 말로 표현된 어휘는 보편적이다. 왜냐하면 그것은 많은 사물을 나타내기 위한 인습적인 기호이기 때문이다. 그러므로 그 말이 일상적이게 된다고 주장되는 것과 마찬가지로, 그것이 보편적이게 된다고 주장될 수 있다. 그러나 그것은 본성에 의해 그렇게

---

95 *Expositio aurea* 서문으로부터 Ueberweg-Geyer, p. 576에서 인용.

96 Paul Vignaux, *Philosophy in the Middle Ages: An Introduction*(Clevland, 1962), p. 169에서 인용.

된 것이 아니라 단지 인습에 의해 그렇게 된 것이다.[97]

하지만 이는 정신 밖의 실체나, 말 밖의 실체에 보편자의 존재를 위한 토대가 존재하지 않는 것으로 받아들여서는 안 된다. 오컴에게 보편자는 자의적이고 주관적인 개념이 아니었다. 보편자는 정신이 정신 밖에 실제로 존재했고, 공통의 특징을 지녔던 많은 단일자를 사실상 경험한 이후에서야 존재한다.[98] 우리는 "보편자는 단지 주관적 존재에 불과하다. 마치 우리의 정신이 정신의 포로인 것처럼, 보편자의 존재는 알려진 보편자의 존재이다"[99]라고 주장한 오컴을 유아론자(唯我論者) 내지 회의론자로 간주해서는 안 된다. 보편적 개념은, 아우구스티누스와 아퀴나스 양자가 달리 생각했던 것과 같이, 설령 거기에 독자적으로 존재하지 않는다 하더라도, 정신 밖의 실체에 뿌리를 두고 있다.

사물이 어제 존재했던 방식과 사물이 내일 존재하게 될 방식 간에 연속성이 있다고 전제한 오컴에 따르면, 보편적 개념과 용어는 실체의 신뢰할 만한 표상이라는 것이다. 전통적으로 오컴주의자들은 지식의 획득에 있어서 직관과 직접적 경험의 우위에 대한 확고한 강조에 의해 실험 과학 내지 관찰 과학의 발전에 일조한 것으로 알려져 있다. 이 같은 토대에서 오컴주의자들은 자신들이 발전시킨 형상 내지 현재의 격렬한 힘의 결과에 대한 물체의 본성적인 매력이라는 운동에 대한 아리스토텔레스의 설명을 거부했으며, 운동이 외부의 힘에 의해 물체에 부여된 추동력(impetus)으로부터 야기된다는 과학적인 이론으로 대체했다.[100]

---

97 *Summa Theologicae*, ch. 14, in *Ockham: Philosophical Writings*, p. 34.

98 뵈너(Boehner)는 오컴의 인식론을 주관적 이상주의가 아니라 '실재적 개념주의'라고 지적했다. "개념주의는 정신에 있는 보편자를 확증하고, 정신 밖의 여하한 보편자도 부정하는 특징을 지니고 있다는 점에서, 오컴의 이론은 개념주의이다. 하지만 실재론의 특징은 개념과 실재 간의 관련성 내지 유사성의 확증이나 실체와 관련된 개념의 의도이다. …… 오컴의 개념주의는 이상적 개념주의가 아니라 실재론적 개념주의라는 특징을 지니고 있다("The Realistic Conceptualism of William of Ockham," in *Collected Articles on Ockham*, p. 163).

99 I *Sent.* d. 2, q 8, Ueberweg-Geyer, p. 577에서 인용.

100 "오컴주의는 …… 과학적 연구를 용이하게 하고 장려하는 지적 여건의 형성에 기여했다. 오컴주의는 지식의 획득에 있어서 인간의 정신을 사실 내지 경험적 자료에 집중함과 동시에 과거의 유명한 사상가들의 견해에 대한 수동적 수용을 거부했다." *A History of Philosophy*, 3, p. 166. Anneliese Maier, *Die Impetustheorie der Scholastik*(Vienna, 1940)을 또한 보기 바란다. "갈릴레오 과학의 출현을 촉진했

오컴주의자의 인식론은 신학 및 교회 제도 모두에 심대한 결과를 가져다주었다. 신과 인간 및 피조물 사이에 실질적 관계가 존재하는 것으로 생각된 질서정연한 계서제적 사회가 아퀴나스의 지식 이론의 기저에 있었다. 오컴 철학에서의 '인위적' 관계는 신, 인간 및 세계 사이의 가상의 실질적 관계를 대체했다. 오컴에게 세계는 필연적인 것이 아니라 우연적이며, 단지 개념, 말 및 약속만이 인간을 신과 세계에 구속시켰다. 신은 영원 전부터 전혀 다른 세계를 창조하기로 선택할 수 있었다. 인간 역시 자신이 선택한 개념과 용어로 세계를 자유롭게 지금 만들 수 있다는 것이다. 인간은 신이 최상의 세계를 창조했다고 여전히 생각할 수도 있다. 물론 영원의 관점에서 볼 때, 만물의 기원과 법칙이 자의적으로 보이기는 했다. 그리고 인간은 자신의 언어와 개념이, 지금 인습적으로 보일 수는 있지만, 자신을 둘러싼 세계를 진정으로 반영한다고 여전히 생각할 수 있다. 하지만 더 이상 언급할 수는 없다.

오컴은 13세기 스콜라주의자들 사이에서 매우 인기 있었던 본질이라는 형이상학과 형이상학적 범주를 철저히 거부했다. 오컴은 이 범주가 가상의 목적론적 연계와 힘이라는 대연쇄에서 신, 인간 및 세계를 얽어매었다고 생각했다.[101] 오컴은 '신성한 이데아'를 자신이 창조한 특수자에 대해 신이 가지고 있다고 주장될 수 있는 지식으로만 단지 묘사했다. 인간의 이념 내지 개념이 자신이 직관한 세계와의 조우 그리고 세계의 질서를 반영하고 있는 것과 꼭 마찬가지로, 신은 자신이 창조한 세계를 '알고 있었다'. 아우구스티누스, 아퀴나스 및 심지어 던스 스코터스와 마찬가지로, 신적 실체, 인정적 실체 및 물리적 실체를 서로 결합시키는 신성한 이데아라는 거대한 체계는 존재하지 않는다는 것이다. 오컴은 '이데

던" 운동으로서 인문주의를 선호하는 대신 중세 말기의 명목론을 부정한 에릭 코슈레인(Eric Cochrane)의 근년의 주장이 두 가지 설명에서 과장되어 있다. "Science and Humanism in the Italian Renaissance," *AHR* 81(1976), pp. 1039~1057, 특히 1044, 1050~1057을 볼 것. 설령 오컴주의가 기술적으로 경도된 몇몇 후대의 인문주의자들과 같이 진보적인 운동으로 평가될 수는 없다고 하더라도, 오컴주의와 인문주의 이 두 운동은 갈릴레오 과학의 대두에 유리한 사유 환경의 형성에 기여했다.

101 H. A. Oberman, "Headwaters of the Reformation: Initia Lutheri-Initia Reformationis," in *Luther and the Dawn of the Modern Era: Papers for the Fourth International Congress for Luther Research*, ed. h. A. Oberman (Leiden, 1974), p. 57; Copleston, *A History of Philosophy*, 3, p. 61를 참조하기 바란다.

아'가 바로 신의 본성의 일부로서 실제로 신에게 존재하는 것이 아니라, 단지 대상으로서, 즉 신이 알고 있는 개별자로서, 존재한다고 생각했다.[102] 신의 정신에 그리고 존재 및 지성의 원리로서 개별자에 실제로 존재하는 영원한 원형으로서 보편자는 사라지게 되었다. 보편자는 그것이 인식된 환경과 상호작용을 하는 유한한 정신의 일상적 과정에 국한된 현저히 인정적인 현상이라는 것이었다. 아퀴나스에 의해 시작된 인지 과정의 '세속화'는 여기서 진정한 완성에 이르게 되었다.

오컴은 전통적인 철학적·신학적 쟁점들을 자신의 선학들처럼 광활한 지평으로까지 확대하지는 않았다. 오컴은 사유가 보다 온건해지도록 했다. 아퀴나스가 손쉽게 도달했던 신학적 결론은 오컴주의자의 새로운 세계에서는 불가능하게 되었다. 만약 누군가 세계의 특수자가 그것의 궁극인과 본질적으로 결부되어 있다는 사실을 믿을 수 없게 된다면, 그렇다면 유한한 결과로부터 신의 존재에 이르기까지 확실하게 주장하는 것이 어려워진다. 오컴에게 지적 형상 및 공통의 본성을 지닌 존재를 위한 합리적 근거가 없는 것과 마찬가지로 신의 존재와 영혼의 영원성에 대한 믿음의 합리적 근거도 없었다. 이 모든 것이 진정한 신앙의 문제였다.

이는 결국 많은 학자들이 비판하는 것처럼 오컴이 회의주의자였음을 의미하는가? 비노는 오컴이 사변적 신학 및 신앙을 합리로까지 격상시키기 위한(이해를 추구하는 신앙) 중세적 탐구를 효과적으로 종식시켰다고 주장했다.[103] 이는 확실히 극단적 견해였다. 오컴 이후 신학이 계시에 대한 성찰, 즉 신앙의 고유한 영역에 의식적으로 더욱 한정되었으며, 합리적 과학이 될 것이라는 주장을 점차 포기했다는 것은 사실이다. 오컴주의 학파의 새로운 방법(*via moderna*) 내에서

---

102 I. *Sent.* d. 35, q. 5 G. Ueberweg-Geyer, p. 579에서 인용. 피조물들이 신의 정신에 존재하는 방식과 관련하여 오컴과 아퀴나스, 앙리 겐트 및 던스 스코터스와의 차이에 관해서는 A. B. Wolter O.F.M., "Ockham and the Textbooks: On the Origin of Possibility," *Fraziskanische Studien* 32(1950), p. 82.

103 *History of Medieval Philosophy*, p. 176. 레프는 "자연 신학에서 계시된 진리의 본성적 이유의 발견이라는 13세기의 인식에서의 체계적인 시도의 실제적 포기"에 관해 언급했다. 이 같은 의미에서 오컴의 체계는 "체계를 종식하기 위한 또 다른 체계"였다(Leff, *The Dissolution of the Medieval Outlook*, pp. 16, 91).

신앙의 영역이 확대되었던 반면에, '합리적' 종교의 영역은 축소되었다. 하지만 신학의 새로운 비과학적 성격은 신앙을 규명하려던 노력에 장애가 되지 않았으며, 신학적 사유를 방해하지도 않았다.

오컴주의 세계관의 두 번째 결과는 보다 미묘했다. 이는 중세 그리스도교도들의 경계적 상황의 변화를 포함했으며, 14세기의 물리적 불안정을 또한 반영하기도 했다. 한편 삼위일체 신에 대한 애초의 믿음을 고려해 볼 때, 오컴주의자의 인식에 비해 아우구스티누스 및 토마스주의 세계관은 훨씬 안정적이었다. 아우구스티누스와 아퀴나스는 모든 실체가 신의 존재에 근거하고 있는 것으로 인식했으며, 이 같은 신념으로부터 자신들의 신학을 추론했다. 이 같은 시각에서 볼 때, 신자의 가장 커다란 트라우마는 신의 개연적 비존재였다. 만약 신이 존재하지 않는다면, 그렇다면 그 무엇도 진정으로 존재할 수도 인지될 수도 없기 때문이다. 신의 존재보다는 신의 의지를 매우 강조했던 오컴은 새로운 영성적 불안을 조성하는 여건을 만들었다. 신의 개연적 비존재가 아니라 신도 자신의 말을 준수하지 않을 수 있고, 자신이 약속한 것을 이행하지 않을 수도 있으며, 모든 사물의 배후에 있는 힘은 궁극적으로 신뢰하지 못하고 비우호적일 수 있으며, 말하자면 신도 거짓말을 할 수 있다는 의구심이 그것이다. 신의 존재가 아니라 신의 선, 신앙의 이해가 아니라 신을 신뢰할 수 있는 능력 등의 이 모든 것은 영성의 주요 쟁점이 되었다.

교회 당국자들이 철학적으로 오컴의 유명론보다는 실재론을 선호했다는 것은 우연이 아니었다. 중세 교회는 온건한 실재론적 인식론 및 신학적 정치적 이해관계를 분명하게 가지고 있었다. 이 같은 견해는 명목론보다는 정신의 고상한 신학적 구도에 더욱 적합했다. 이는 교회의 교리가 합리적으로 존경을 받도록 하고 보편적으로 수용되도록 하려던 욕구에 훨씬 잘 부합했다. 이는 또한 14세기의 유명론자였던 니콜라스 오트레쿠르와 장 미르쿠르가 범했던 회의주의를 명백히 회피하게 했다. 실재론자에게는 하나의 보편자가 한 번에 여러 장소에 그리고 동시에 존재할 수 있었고 삼위일체 교리도 잘 이해될 수 있었다. 삼위일체 교리는 세 위격을 가진 신이 어떻게 하나의 신이 될 수 있고, 하나의 신이 세

위격을 가진 신이 될 수 있는가에 관한 교리였다. 한편 유명론자의 전제에 기초한 삼위일체에 관한 사유에는 일부 교회 지도자들이 아벨라르의 신학에서 발견했던 삼위이체설이라는 이단의 위험이 명백히 있었다.[104] 보편자가 개별 사물에 존재할 수 있다고 전제하는 실재론자는 '인간'이 인간 예수에게서의 성육신과 십자가에서의 죽음과 부활을 보다 잘 이해할 수 있게 되었다. 반면에 명목론자의 전제는 그리스도의 삶, 죽음 및 부활의 보편적 함의를 단지 그것을 매우 고상하게 하려던 신의 결정으로 간주할 수 있는 여지를 남겼다.

중세 교회는 실재론과 관련하여 심지어 보다 깊은 정치적 이해관계도 가지고 있었다. 14세기 교회 당국은 오컴의 사상에서 교회의 배타적 중재적 역할에 대한 위협을 인식하게 되었다. 신과 인간의 실재적 관계가 존재하는 세계에서 신과 인간의 중재자로서의 교회는 지배적인 지위를 가지게 된다. 만약 자연과 초자연이 결속됨으로써 자연의 목적이 초자연 목적과 필수불가결하게 연계된다면, 그리고 교회의 성사와 계시가 자연과 초자연 간에 필수불가결하게 연계된다면, 그렇다면 신과 인간, 자연과 자연의 목적 사이에 있는 중세 교회는 대중과 현세에 대한 매우 중요한 권리를 가진 것이다. 속권에 대한 교황청의 주장 기저에는 바로 이 같은 전제가 있었다.[105]

오컴 또한 교회가 인간과 신 사이의 중재자로서 현세에서 고유한 위상을 가지고 있다고 생각했다. 하지만 교회는, 형이상학적 존재의 대위계에서 가장 중요한 연결고리가 아니기 때문에, 인위적 조율에 의한 특별한 약속의 산물로서 그와 같은 위상을 가지게 되었다는 것이다. 이 같은 인식에서 볼 때, 교회는 교회의 본성과 인간 본성에 의해 인민에 대해 주장할 수 있었던 여하한 권리도 상실한다. 그리고 교황이 인민에 대한 합법적인 정치적 주권을 가지고 있지 않다고 군주 변론가들이 설득력 있게 주장했던 때에 교회는 그와 같은 권리를 상실했던 것이다.[106] 오컴의 신학은 교회를 매우 역사적인 실체로 변모시켰다. 즉 교회는 시간

---

104 Denzinger(상스 공의회에서 정죄된 피에르 아벨라르의 오류들), pp. 235~247을 참조하기 바란다.

105 이 책의 213쪽을 참조하기 바란다.

106 이 책의 214~215쪽을 참조하기 바란다.

속에 있는 피조물이며, 모든 생명이 사전에 정해진 초자연적 목표를 향해 가는 통로라고 부를 수 있는 신앙의 대상이 더 이상 아니었던 것이다. 14세기의 교회가 그러했듯이, 오컴주의는 유럽에서 부상하던 국민국가에 맞서 교회의 정치적·경제적 권한을 주장하고 교회의 문화적, 교육적 및 종교적 주도권에 대한 세속 사회의 새로운 도전에 맞서 분투하고 있던 교회에 호의적인 철학이 아니었다.

3) 성서의 함의: 중세의 성서 해석

모든 시대가 현재의 경험이라는 측면에서 과거를 해석하는 것은 자명한 이치이다. 역사적 연구는 그것이 서술하고 있는 시대에 관해 언급을 하는 것 못지않게 그것이 기록된 시대에 관해 종종 많은 것을 설명해 주고 있다. 이를테면 자기 성찰적이고 컴퓨터화된 오늘날의 미국 사회에서 심리사와 계량사의 인기가 이에 대한 증거이다. 우리는 우물에 비춘 나르시스와 같이 과거를 지나치게 자세히 바라보는 성향을 가지고 있기 때문에, 역사적 대화는 당대의 독백이 될 정도로, 즉 과거에서 현재만을 추구하는 경향이 있는 듯하다. 또한 역사적 연구에서는 유사한 것이 유사한 것만을 알려고 한다는 것이다.

과거를 현재와 결부시키려던 기술은 자신의 종교적 과거가 종종 구미에 맞지 않는 구약이라는 사실을 발견했던 고대와 중세의 그리스도교도들에 의해 완벽해지게 되었다. 그리스도교도들은 구약의 약속이 성취된 신약의 시대에 자신들이 살고 있다고 생각했다. 이 같은 시각에서 볼 때, 그리스도교도들은 유대교의 과거를 그리스도교의 현재를 위한 준비로 간주했다. 구약의 함의는 구약 그 자체에 있는 것이 아니라, 그것이 예언한 그리스도교의 미래에 있었던 것이다.

구약과 유대교 전통에서 유래한 많은 구절들에서 신약과 그리스도교적 가르침으로 향하는 길을 찾아내는 것이 초기 교회의 시급한 과제였다. 구약과 유대교 전통으로부터 많은 것을 차용한 신약 성서의 저자들은 새로운 교회와 자신들을 확실히 동일시했다. 하지만 이는 고대의 정교한 철학과 경쟁을 하고 있던 새로운 종교에 문제를 제기했다.[107] 신에 관한 구약성서의 인류기원론적 묘사, 신이 선택한 민족과 및 다른 민족들에 대한 신의 가혹한 대우에 관한 많은 기록은 고전적 이성과 그리스도교의 자비와는 모두 모순되는 것처럼 보였다. 그리스도교 사상가들은 새로운 종교가 이교도 지식인들에게 지적으로 존경을 받을 수 있을지 염려했다. 이 지식인들은 구약성서에서 에덴동산을 거닐고, 임신과 관련하여 여성과 대화를 나누며, 아버지에게 자신의 아들을 희생할 것을 명령하고, 적을 용서하기보다는 응징하라고 요구하며, 예언자들에게 신성한 전쟁을 설교하라고 고무했던 신에 직면하게 되었다. 그림자는 약속과, 형상은 실체와 명확히 구분되어야 했다. 성서적 과거는 현재의 그리스도교적 가르침 및 관행과 조화를 이루어야 했다.

초기 그리스도교 사상가였던 마르시온은 2세기에 매우 극단적인 해결책을 제시했다. 영지주의의 금욕적이고 이원론적 철학으로부터 영향을 받은 마르시온은 구약 성서가 그리스도교를 위한 책이 아니라, 참된 신에 관한 지식이 없었던 때에 작성되었으며, 구약 성서의 신이 세계의 타락에 책임이 있는 진노의 창조자로서 신약 성서의 사랑의 신과는 공통점이 없다는 결론을 내렸다. 마르시온은 구약 성서의 계시와 그리스도교 간의 여하한 연관성도 부정했을 뿐만 아니라, 누가 복음 및 취향에 맞는 바울 서신들로부터 자신의 고유한 교리를 만들기도 했다.[108]

초기 교부들, 특히 이레나에우스와 테르툴리아누스는 강력한 반 영지주의자였으며, 구약 성서를 부정하는 마르시온의 주장을 비판했다. 매우 급진적인 해법을 채택하기에는 구약 성서의 많은 부분이 신약 성서에 포함되어 있었기에, 교회는 마르시온주의를 이단으로 정죄했다. 그림자와 실체는 구분되어야 했으

107 성서적 모루와 고전적 모루에 관한 초기 그리스도교적 사유의 형성은 캄펜하우젠에 의해 명쾌하게 다루어졌다. Hans von Campenhausen, *The Fathers of the Greek Church*, trans. Stanley Godman (New York, 1959); *Men Who Shaped the Western Church*, trans. Manfred Hoffmann (New York, 1964); Cochrane, *Christianity and Classical Culture*. 마지막 저작은 전적으로 아우구스티누스를 다루고 있다.

108 마르시온의 기본적인 가르침에 관해서는 터툴리아누스가 언급했다. Seeberg, *Text-Book of the History of Doctrine*, I, pp. 102~104를 참고하기 바란다.

나, 신약 성서와 구약 성서의 연속성과 구약 성서에 대한 그리스도교의 증인은 이와 같이 인정되고 보존되었다.

성서에 대한 은유적 해석은 용인된 해결책이었다.[109] 이 같은 성서 이해는 사람들로 하여금 텍스트의 자구적 의미를 뛰어넘어 비유의 숨은 함의와 진정한 함의에 집중하도록 했다. 구약 성서가 무시될 필요가 없었으며, 구약 성서는 그리스도교의 참되고 중요한 예언으로서만 단지 이해될 필요가 있었다.

중세의 신학자들을 위해 길을 준비한 사람은 다름 아닌 아우구스티누스였다. 성서에 대한 비유적 해석은 고전 철학으로부터 그리스도교로의 개종에 중요했다. 이는 주로 밀라노의 주교였던 암브로시우스의 영향이었다. 아우구스티누스는 암브로시우스의 설교에서 발견한 기쁨을 『고백록』에 기술했다. 암브로시우스의 설교는 "자구는 [인간을] 죽이지만, 영은 [인간을] 소생시킨다"라는 원칙에 의해 지배되었다. "암브로시우스는 미스터리의 베일을 벗겼으며, 자구적으로 이해함으로써 교리를 잘못 가르치는 것처럼 보인 것을 영성적으로 드러냈다. 암브로시우스는 나에게 어려움을 야기하는 그 무엇도 언급하지 않았다."[110]

아우구스티누스는 성서에 등장하는 모든 것이 인간의 교화를 위한 것이라고 생각했다. 대부분의 경우 이는 자명했고, 성서 구절의 의도는 명확했다. 한편 우리는 그리스도교의 기본적인 교리를 고양시키거나 지지하지도 않는 진술을 종종 만나게 된다. 아우구스티누스에 따르면, 그리스도교의 주석은 이 같은 구절을 일탈로 치부해서는 안 되며, 오히려 비유적 해석이나 은유적 해석에 의해 이것이 신앙에 유익하도록 해야 한다는 것이었다.[111] 아우구스티누스에게 이는 비유의 커다란 장점이었다. 자구적인 해석을 하면서 거슬리거나 무관한 내용을 은유적인 의미의 교화로까지 격상시키도록 하라, 그렇게 되면 성서에서 그리스도

109 Gerhard Ebeling, *Evangelische Evangelienauslegung*(Munich, 1942), pp. 110~111.

110 *Confessions*, bk. 6. ch. 4, p. 138.

111 아우구스티누스의 해석학적인 원리는 『그리스도교의 교리 및 영성과 학문에 관하여』에서 확립되었다. 이에 관해서는 James S. Preus, *From Shadow to Promise: Old Testament Interpretation from Augustine to the Young Luther*(Cambridge, Mass., 1969), pp. 9~23; Ebeling, *Evangelische Evagelienauslegung*, pp. 121~126을 참조하기 바란다.

교도에게 불필요한 것은 아무 것도 없게 될 것이라는 것이었다.

비유적 해석으로 유명했던 오리게네스와 아우구스티누스 등의 신학자들은 구약 성서가 그리스도교도에게 적절하게 읽히도록 하면서 불합리하게나 악의적으로 행동하지 않았다. 이들은 모든 진리가 필연적으로 도달하게 되는 진리가 그리스도교라고 진지하게 믿었다. 이들은 유대인의 성서가, "구약 성서"로 불리는 것이 유대인들에게는 매우 모욕적일 수는 있었지만, 그리스도에 관한 신의 예언으로서 인식하는 것에 대해 크게 찬사했다.

하지만 전통적으로 교회의 지지를 받았던 비유적 해석이 구약 성서로부터 어떤 본질적이고 역사적인 함의를 제거할 수 있다는 위험성이 제기되었다. 비유는 그리스도교 작가들이 활용하고자 하는 어떤 비그리스도교적 자료에 대해 권리를 주장하는 '공세적인' 도구가 될 수 있었다. 과거의 모든 가치가 단지 그리스도교를 예시하기 위한 것이었을 뿐인가? 이 같은 위협은 그리스도교의 주석이 구약 성서를 그리스도교의 서적으로 효과적으로 전환시키고 고전 철학을 그리스도교 신학의 하녀로 삼게 된 중세에 구체적이 되었다.

성서 해석에 관한 기술이 발전함에 따라, 중세 그리스도교 학자들은 가능한 네 가지 의미의 범주에서 성서를 이해하게 되었다. 이 같은 범주는 요한 카시아누스(약 360~435)가 지은 다음의 해석학적인 시에서 요약되었으며, 이는 16세기에 이르기까지 유행했다.

> 자구는 하나님과 우리의 선조들이 행한 것을 우리에게 보여주고 있다.
> 비유는 우리의 믿음이 숨겨진 곳을 우리에게 보여주고 있다.
> 도덕적 함의는 우리에게 일상생활의 규범을 제공하고 있다.
> 신비적 해석은 갈등을 어디에서 해결해야 하는지를 우리에게 보여주고 있다.[112]

---

112 Robert M. Grant, *A Short History of the Interpretation of the Bible*(New York, 1963), p. 119에서 인용. Gerhard Ebeling, "Hermeneutik," *Die Religion in Geschichte und Gegenwart*(1959), 3, pp. 249~250을 참조하기 바란다.

성서 구절에는 자구적, 비유적, 도덕적 및 신비적 함의라는 네 가지 의미가 있다는 것이다. 자구는 단지 명백히 역사적 내지 자구적 의미만을 지니고 있다. 즉 텍스트가 즉각 진술하고 있으며, 직접 함의하고 있는 무엇이다. 비유, 도덕적 가르침 및 신비적 해석은 자구에 대한 세 가지 개연적이고 영성적인 함의이다. 비유는 교회 및 그리스도에 관한 텍스트에 중요하며, 텍스트에서 주장되고 있는 교회의 교리 내지 그리스도론에 관한 교리이다. 도덕적 함의 내지 비유적 해석, 즉 구원론적 함의 내지 개인의 구원에 관해 언급하고 있는 것이 개별 신자에게 함의하는 바는 텍스트의 중요성이다. 비유는 초월적 실체와 미래의 사건들에 관한 한 텍스트의 함의, 즉 텍스트에 숨겨진 신비적, 형이상학적 및 종말론적 비밀이라는 함의를 지니고 있다. 중세의 주석가들은 교회, 예수 그리스도, 개별 신자 및 내세에 관한 성서의 가르침이라는 관점에서 성서를 해석했다.

한 가지 사례를 들어보도록 하겠다. 시편 76편의 "유다에서 하나님을 모르는 사람이 누구랴. 그 명성, 이스라엘에서 드높다"라는 구절이 있다. 자구적으로 볼 때, 이는 성서 시대의 히브리 민족의 남 왕국과 북 왕국을 언급하고 있다. 이 주제는 중세 그리스도교에게 매우 적절하지 않았다. 하지만 비유적으로 볼 때, 이는 신이 계시와 속죄라는 구원 행위에 의해 자신의 정체를 드러내는 교회와 그리스도에게 적용될 수도 있다. 도덕적 함의에서 볼 때, 이는 기도와 명상에 의해 신을 인지하는 개별 신자의 영혼, 마음 내지 정신에 적용될 수 있다. 신비적 해석의 관점에서 볼 때, 이는 신의 위대함과 의지가 완전하게 인지될 천상과 최후의 심판으로 신도를 인도할 것이다. 성서의 네 가지 함의에 의해 아가서는 그리스도교의 우화로 확대 변모되었다. 솔로몬의 노래는 더 이상 자신의 신부에 대한 왕의 기쁨을 그린 시가 아니라 그리스도 및 교회에 대한 신의 사랑, 신에 대한 영혼의 사랑(도덕적 교훈) 및 천상에서의 기쁨(비유)을 묘사한 것이 되었다(신비적 해석).

영성적 해석에 힘입어 시편은 중세의 가장 대중적인 **그리스도교** 서적이 되었다. 영성적 해석은 또한 다수의 뛰어나고 호기심이 많은 사상가들을 권태와 이단의 개연성으로부터 보호하는 데 기여했다. 성서에 대한 세 가지 영성적 의미가 오늘날의 독자에게 순수한 판타지를 제공한다고 할지라도, 이것들은 실제로 성서에 대한 **제한되고 훈련된** 사색처럼 보인다.[113] 교회 생활과 세 가지 중요한 교리, 즉 교회론, 그리스도교론과 구원론 그리고 종말론과 관련하여 성서에 대한 세 가지 용인된 영성적 함의를 명시함으로써 중세 교회는 파이 베타 카파회[114]에 머리글자를 제공했으나, 이들을 교회에 유리하게 이용했다.

비유적 해석이 부상하자, 래쉬(1040~1105)와 같은 유대인 주석가들로부터 영향을 받은 그리스도교 학자들은 적어도 역사 지향적인 주석을 어느 정도 변론하게 되었다. 텍스트의 자구적 함의를 존중하는 성서 해석의 대표적인 4명의 학자는 위그 생빅토르와 앤드류 생빅토르,[115] 토마스 아퀴나스 및 니콜라스 리라였다. 이 4명의 학자는 성서의 자구를 중시하는 그리스도교의 고유한 전통을 부활시켰다. 이 전통은 3세기 안티오크의 디오도루스 타르수스(392년 사망)와 그의 제자 테오도르 모프수에스티아(약 350~428)의 디오도루스 학파로부터 유래했다. 안티오크 출신의 사제지간인 이들은 클레멘트 알렉산드리아(약 150~220)와 더 유명한 그의 제자 오리게네스(약 185~약 254)의 비유적 해석을 비판했다. 또한 클레멘트와 오리게네스가 추상적이고 비유적인 해석으로 성서의 역사에서 그것의 실체를 제거했다고 생각했다.[116]

하지만 성서의 자구에 대한 그리스도교적 변론가 중 누구도 성서에 대한 영성적 해석을 종식시키기를 원하지 않았다. 이들은 이후의 모든 영성적 해석의 본

---

113 "교회 교리에 의한 규제를 통해, 비유적 환상의 위험을 중단하려는 노력으로서, 이는 이단적인 교리로 흐를 것 이었다"(Gerhard Ebeling, "The New Hermeneutics and the Young Luther," *Theological Today* 21[1964], p. 39).

114 (옮긴이) phi beta kappas, 1776년 미국의 윌리엄앤메리 대학의 우등생들로 구성된 친목 단체로서, 주로 인문학도와 자연과학도들로 구성되어 있다. "지식에 대한 애정이 삶의 지침"이라는 모토로 결성된 이 단체는 그 이후 예일, 하버드 등의 미국 주요 대학들에까지 확산되었다.

115 스멜리(Beryl Smalley)는 빅토르 학파 및 이들의 영향력을 다음과 같이 기술했다. "자신들의 세기에 살았던 이들은 성서의 '자구'에 대한 새로운 집착을 제공했던 강력한 성사적 인식을 가지고 있었다. 이들은 자구적 해석을 영성적 해석에 복속시켰던 메타포를 여전히 생각했다. 그러나 이들은 그것을 본질적으로 수고스럽고 창조적인 무엇으로서 인식했다. 그것은 '베일 벗기기' 내지 '감옥 부수기'가 아니라 '근본의 발굴'이었다. 앤드류는 발굴이 즐거운 직업이 될 수 있다는 것을 인식했다"(*The Study of the Bible in the Middle Ages* [Notre Dame, Ind., 1964], p. 196). 스멜리는 '발굴' 즉 이와 같은 성서의 자구 집착에 대한 관심의 심각한 쇠퇴를 14세기와 15세기에서 발견했다(같은 책, p. 357).

116 Grant, *A Short History of the Interpretation of the Bible*, pp. 75~101의 간략한 비교를 참조하기 바란다.

질적 '토대'로서 구약성서이든 신약성서이든 텍스트의 자구적 의미를 강조했으며, 이 같은 토대를 결여하거나 무시하는 영성적 해석에는 반대했다. 신학적 함의보다 역사적 함의를 중요하게 생각하지 않았던, 중세 그리스도교도는 역사적 함의를 제기할 수는 없었지만, 텍스트의 역사성에 관한 인식의 완전한 상실을 방지하는 데 일조했다. 텍스트의 자구적 함의가 진지하게 받아들여지게 되자, 심지어 단지 영성적 해석에 필요한 것으로서만 받아들여질 경우조차도, 그리스도교 학자들은 문법적이고 역사적인 탐구방식에 참여하고 있었다. 만약 이들이 문법적이고 역사적인 방식을 행하지 않았더라면, 이들 방식 모두가 전부 무시되었을 것이다. 이들의 비판자들이 명명한 그와 같은 '유대인화(Judaizing)'는 근거가 없는 사변에 반대했고, 보다 비판적인 성서 연구를 촉진했다.

토마스 아퀴나스의 해석학은 그의 인식론을 반영했다. 아우구스티누스의 조명을 대신하여 감각적 경험을 수용한 아퀴나스는 철학적으로 사물의 '자구적' 함의와 더불어 시작했다. 아퀴나스에게 성서에 대한 자구적 이해는 성서에 대한 으뜸가고 가장 기본적인 것으로, 아퀴나스는 성서학자가 개연적인 영성적 함의로 넘어가기 이전에 자구적 해석을 고려해야 한다고 주장했다.

> 성서의 저자인 하나님은, 우리 [역시] 그렇게 할 수 있는, 어휘를 의미에 적응시키는 능력뿐만 아니라, 사물을 의미에 적응시키는 능력도 가지고 있다. 성서의 고유한 특성은 이것이다. 즉 성서의 어휘가 의미하는 사물은 다른 사물을 또한 의미할 수도 있다는 것이다. 그리하여 어휘가 사실을 나타내는 첫 번째 함의는 역사적 이해와 자구적 이해로 불린다. 어휘에 의해 의미를 부여받은 사실이 또한 다른 사실들을 의미하는 즉 두 번째 함의는 영성적 이해로 불린다. 영성적 이해가 자구적 이해에 기초하고 있으며, 자구적 이해를 전제하고 있다는 점에 주목하라.[117]

아퀴나스에 따르면, 성서에 대한 자구적 이해는 어휘의 직접적인 의미를 가리

---

117 *Summa theologia*, Ia, Q. 1, art. 10 in Gilby, *St. Thomas Aquinas: Theological Texts*, no. 27, p. 17.

킨다는 것이다. 성서에 대한 영성적 이해는 의미를 부여받은 사물의 보다 깊은 함의를 이해하는 것이다. 이를테면 시편 22편은 다음과 같은 말로 시작된다. "나의 하나님, 나의 하나님, 어찌하여 나를 버리셨나이까"라는 말은 그리스도가 십자가에서 행했던 말과 함께 중세 그리스도교도들에게 친숙했다. 자구적으로는 다윗을 지칭하며, 시편의 이 가상의 화자는 여기서 자신만의 고통을 언급하고 있다. 하지만 영성적 의미에서 다윗 자신은 고통을 받았던 예수 그리스도라는 다른 인물을 지칭하고 있다. 이 구절의 두 번째의 영성적 함의를 또한 '예언적' 내지 '예언적 영성적' 이해라고 우리는 말할 수 있다. 성령으로 가득 찬 예언자로서 다윗이 예수의 십자가 고난을 예언하고 있는 것으로 이해되었다.

아퀴나스는 극단적인 자구적 해석과 극단적인 영성적 해석 모두를 피하면서 늘 중도의 길을 택했다. 한편 아퀴나스는 다른 모든 개연적인 함의를 위한 토대로서 성서에 대한 역사적 이해의 중요성을 강조했다. 자구가 없는 정신이 있을 수 없으며, 어떤 영성적 함의를 발견하기에 앞서 자구를 탐구하고 이해할 책무가 성서 주석가에게 있다는 것이다. 한편 아퀴나스는 텍스트, 특히 구약 성서의 자구적 의미를 출발점 그 이상의 무엇으로서 간주하지 않았던 중세 그리스도교도이기도 했다. 중세 그리스도교도 누구로부터도 "나의 하나님, 나의 하나님, 어찌하여 나를 버리셨나이까"라는 다윗의 외침으로부터 만족할 만한 해석을 하리라 기대하지 않았다. 중세 그리스도교도에게 이 텍스트의 진정한 함의는 그것이 예수에 관한 예언, 즉 성령이 다윗을 통해 미래에 그리스도가 경험하게 될 사건을 언급했다는 것이다. 성서 해석에서 중요한 요소가 그리스도교도의 삶에서는 부차적인 것으로 판명되었던 것이다.

아퀴나스 이후 니콜라스 리라와 자크 르페브르 데타플이라는 두 명의 사상가는 성서에 대한 중세 그리스도교 주석의 극단적인 사례를 대변했다. 프란체스코회 수사였던 리라(약 1270~1340)는 히브리어 학자들로부터 많은 영향을 받은 아리스토텔레스주의자이기도 했다. 리라는 신구약성서에 관해 광범위한 주석을 달았으며, 성서의 자구적 함의에 대한 중세 그리스도교의 강력한 변론가로서 명성을 얻었다. 극단적인 비유적 해석에 대한 그의 혐오는 성서의 자구적 해석의 함의 및 영성적 함의가 아니라 '자구의 이중적 의미'에 관한 적극적인 언급에 반영되었다. 하나님이 솔로몬에게 "나는 그 아비가 되고 그는 나의 아들이 되리니"라고 말한 역대상 17장 13절에 관해 주석을 단 리라는 성 바울이 이 구절을 히브리서 1장 5절의 예수에 적용했다는 사실에 주목했다. 또한 리라는 이 구절이 자구적으로 솔로몬에 관해 언급한 것이 아니라 영적으로 예수에 관해 언급했지만, 자구적으로는 솔로몬이 은총에 의해 하나님의 아들이 되고 예수는 본성에 의해 하나님의 아들이 되었다는 두 가지 함의를 지니고 있다고 주장했다.[118] 성서 해석상 이것이 의미하는 바는 성서의 말씀은 언제나 자구적으로 받아들여야 한다는 것이다. 예수 그리스도에 관한 예언은 사람 또는 성령에 의해 전달된 텍스트의 숨겨진 함의가 아니라 자구적인 의미의 예언이었다. 이들은 말을 하고 집필을 할 때에 자신의 말이 어떤 의미를 갖는지에 대해서는 침묵했다. 리라는 성서의 예언적 영성적 함의보다는 '자구적 예언적' 의미를 선호했다. 그의 작품은 성서의 자구적 의미에 새로운 중요성을 부여하며, 그리스도교 학자 가운데 구약성서에 관한 역사적 연구를 그리스도교 신앙에 부합되게 하고 신뢰받게 했다.

만약 리라가 성서의 자구적 함의에 대한 가장 강력한 그리스도교 변론가였다면, 자크 르페브르 데타플(약 1455~1536)은 그리스도교의 영성적 주석의 극단적 사례를 보여주고 있다. 그는 인문주의자이자 그리스도교적 신플라톤주의자였을 뿐만 아니라 시편에 관한 주석으로 젊은 루터에게 영향을 주었던 종교 개혁가이기도 했다. 리라로부터 영향을 받았던 성서 해석 전통을 강력하게 비판했던 르페브르는 리라가 예수 그리스도보다는 랍비들의 견해에 동조한 위험한 '유대주의자'라고 비판했다. 르페브르 역시 성서에 대한 단지 한 가지 해석, 리라의 자구적·역사적 해석이 아니라 '자구적·영성적' 해석이라는 그리스도교적 해석이나 영성적 해석만을 원했다. 르페브르는 그리스도교도에 관한 성서의 유일한 의미는 성령에 의해 의도된 것이라고 주장했다. 그리스도교 교리와 영성적 삶을 강화하지 못하는 것은 무엇이든지 죽음의 글자에 불과했다. 리라가 추구한 순전히

118 Preus, *From Shadow to Promise*, pp. 68~69.

역사적인 주석 방식은 유해하기만 하다. 왜냐하면 이 같은 탐구 방식은 독자로 하여금 텍스트를 그리스도교도에게로 직접 적용하는 것을 방해하기 때문이었다. 르페브르에게 시편 작가는 예수 그리스도를 찬미했던 성령의 수동적인 입에 불과했기 때문이다. 르페브르는 1580년에 집필한 자신의 시편 주석 서두에서 이 같은 견해를 다음과 같이 기술했다.

> 나는 성서에서 자양분을 발견하려고 했던 극소수의 수도사들에게 이들이 경험한 달콤함이 무엇인지를 종종 묻곤 했다. …… 대다수 (수도사들은) …… 종종 …… 자구적 해석에 빠졌으며, 특히 …… 시편을 이해하려고 할 때, 수도사들은 매우 슬펐고 침울했다. …… 아마도 이는 진정한 자구적 해석이 아니라 …… 오히려 잘못된 인식이라고 이들이 생각하기 시작했다. …… 나는 …… 사도들, 복음서 작가들 및 성서의 자구에 대한 이해의 문을 최초로 연 …… 예언자들과 상의를 했으며 그리고 성서의 또 다른 의미, 즉 예언자들과 이들을 통해 말하는 성령의 의도를 이해하게 되었던 것처럼 보였다. 나는 이것을 '자구적' 해석이라고 불렀다. 성령은 예언자들이나 열린 눈을 가진 사람들에게 다른 자구를 전달하지는 않았다. …… 열린 눈이 없었던 사람들에게는 …… 다른 자구가 있으며 …… 이는 …… 성령을 죽이고 성령에 반대하고 있다. 이들은 이것을 자구적 해석이라고 부른다. 이는 예언자들의 자구적 해석이 아니라 일부 랍비들의 자구적 해석이다. 이들은 다윗의 신성한 찬양이 주로 다윗 자신에게, 사울로부터 탄압을 받을 동안 다윗이 겪은 고통에 그리고 다윗이 참여한 다른 전쟁에 적용된다고 해석했다. 이들은 시편에서 다윗을 예언자가 아니라 자신이 보고 행한 것을 기록한 연대기 작가, 마치 자신의 역사를 집필하고 있는 작가로 간주하고 있다. 그러나 다윗 자신은 …… "주의 영이 나를 통해 말하기를 …… ", 그리고 신성한 성서가 그를 이스라엘의 모든 사람들 가운데 야곱의 하나님의 그리스도와 진정한 메시아에 관해 노래한 인간이라고 부르고 있다.[119]

---

119 Heiko A. Oberman, *Forerunners of the Reformation: The Shape of Late Medieval Thought*(New York, 1966), p. 298.

리라와 르페브르는 중세 말기의 그리스도교 성서 주석의 양대 산맥을 대변했다. 장기적인 관점에서 볼 때 성서 주석의 미래는 르페브르보다는 리라에게 달려 있었다. 주로 원문 텍스트와 그것의 역사적 맥락을 중시했던 인문주의의 원전 연구의 영향으로 인해 그렇게 되었다. 물론 프로테스탄트들의 교육 개혁을 수용했던 인문주의자들과 프로테스탄트들 양자 모두는 구약 성서에 대한 비유적 해석에 관심을 가지고 있었다. 역사적 주석은 또한 중세 말기의 수도원 학교들에서의 성서 연구와 역사 연구, 특히 아우구스티누스회의 학문으로부터 지지를 얻었다.[120] 14세기 영국의 탁발 수사들은 고전 문학, 역사 및 신화를 매우 선호했다. 한편 인문주의자들의 학문적 비판정신을 결여했으며, 심지어 성서의 자구 주변의 새로운 '정신적 우회로'를 제공했던 이 학문들은 여전히 성서 주석과 설교를 풍요롭게 했다.[121]

리라와 르페브르는 성서의 의미를 설명하려는 노력으로 시작된 종교개혁 신학의 형성에 기여한 것처럼 보인다. 시편에 관한 초기의 강연(1513~1515)부터 르페브르의 영향을 받았던 마르틴 루터는 리라의 견해를 비판하는 글을 썼다. 루터는 성서에 대한 자구적·역사적 해석을 '육신적이고 유대인적'이라고 비판했으며,[122] 성서의 매 단계마다 그리스도와의 직접적 연관성을 추구하면서 르페브르를 추종했다. 루터는 만약 시편이 자구적으로나 영성적으로 예수를 언급했다면, 마치 실제로 그러했듯이, 예수는 성서의 **모든** 내용에 대한 자구적인 해석이라고 지적했다. 일부 학자들은 시편에 대한 이같이 그리스도 중심적인 급진적 해석에서 종교개혁 신학의 기원을 발견했으며, 이신칭의가 성서에 대한 네 가지 전통적인 해석을 두 가지로 축소한 루터에게서 기인한다고 주장했다. 그리스도를 자구적으로 이해하는 것과 그리스도에 대한 믿음을 도덕적으로 이해하는 것이 그것이다. 그리하여 믿음은 비유적으로 이해된 예수 그리스도이거나 예수가 나에

---

120 이 책의 43쪽을 참조하기 바란다.

121 Beryl Smalley, *English Friars and Antiquity in the Early Fourteenth Century*(New York, 1960).

122 Preus, *From Shadow to Promise*, p. 145. 1531년의 도표에서 루터는 "리라는 심지어 역사의 힘을 발견한 이후에도 경멸을 받았다"라고 지적했다. WATr no. 116(1531, 9와 30 사이). Otto Scheel, *Dokumente zu Luthers Entwicklung*(bis 1519), no. 190(Tübingen, 1929), p. 73.

게 무슨 의미가 있는가 하는 것이었다.[123]

좀 더 논쟁적인 가설에서는 루터가 점점 더 리라를 선호했으며, 그의 강의가 진전됨에 따라 시편의 신학적 함의를 역사적 실체에 루터가 결부시켰다고 주장되었다.[124] 신이 인류에게 행한 약속의 역사성에서 영향을 받은 루터는 신의 말씀에 대한 믿음의 구체적인 시련과 기쁨에 관해 자주 언급한 반면에, 믿음에 의한 예수 그리스도와의 초월적 합일에 관해서는 덜 언급했다. 루터는 마치 예수가 직접 자신에게 말하고 개인의 믿음을 촉진한 것으로만 이해하기보다는 역사의 증인으로서 다윗을 평가하기 시작했다. 다윗은 루터와 다른 그리스도교도와 마찬가지로 신의 말씀과 약속에 대한 믿음에 의해 자신의 생명을 유지해야 했다.[125] 이 같은 해석에서 종교개혁 신학을 태동시킨 것은 존재에 관한 신앙과 시편의 숨은 화자로서 예수 그리스도와의 연관성이라기보다는 성서에서의 신의 약속과의 연관성이었다.

루터의 성숙한 신학에서 예수 그리스도가 전적이고 모든 것을 충족한다는 의미에서 신의 말씀과 약속으로 간주되었기 때문에, 이 두 가지 해석은 반드시 상충될 필요가 없었다. 루터에게 그리스도를 따르는 신앙은 매우 단순하게는 성서에 나타나는 신의 말씀과 약속의 포착이었다. 하지만 이 두 가지 인식의 경쟁은 종교개혁이 중세의 성서 해석의 쟁점들을 해결하려고 했을 뿐만 아니라 초월하고자 한 방식을 강조했다.

만약 "리라가 시를 쓰지 않았더라면, 루터는 춤을 추지 않았을 것이다"라는 유명한 구절이 루터에 대한 리라의 영향을 과장하고 있다면, 리라에 의해 표상된 역사적 성서 해석이 종교개혁 신학의 형성에 기여했으며, 종교개혁 신학이 중세의 성서 주석과 직접적인 연관이 있었다는 것은 여전히 사실이다.[126] 이는 독일

---

123 Ebeling, "The New Hermeneutics and the Young Luther," pp. 41~44; "Die Anfänge von Luthers Hermeneutik," *ZThk* 48(1951): 172~230; "Hermeneutik," col. 215. Erich Vogelsang, *Die Anfänge von Luthers Christologie*(Berlin 1929), pp. 50~75를 참조하기 바란다.

124 Preus, *From Shadow to Promise*, pp. 182, 189n.

125 이는 프레우스의 논지로서 필자가 *Homo Spiritualis*에서 제기한 논지를 지지하고 있다. *From Shadow to Promise*, pp. 226~227; *Homo Spiritualis*(Leiden, 1969).

126 Smalley, *The Interpretation of the Bible in the Middle Ages*, pp. xvi~xvii.

은 물론 영국의 경우에도 사실이었다. 리라의 저술들은 16세기 초 영국의 인문주의자들과 종교개혁가들에 의해 수용되었으며, 성서의 영성적 해석에 대한 리라의 비판 및 성서의 자구적 해석에 대한 리라의 인식을 공유했던 존 콜렛이 이에 대한 대표적인 인물이었다.[127]

127 A. G. Dickens, *The English Reformation*(London, 1964), pp. 64~65.

제3장

영성적 전통

1) 스콜라주의 비판

스콜라주의가 창조적 운동으로서의 생명력을 다하고, 그것의 폐단과 한계 역시 매우 명확해진 14세기 말엽에 스콜라주의에 대한 비판자들은 대학 내에서는 물론 외부에서도 전통적인 종교 생활을 부활시키기 위한 노력의 하나로 교부적이고 수도원적인 이상으로 되돌아갔다. 중세 말기에 가장 영향력이 있던 영성적 종교개혁가들 중 장 제르송과 니콜라스 클레망주 이 두 사람은 훈련을 받은 스콜라주의자였다. 스콜라 신학자들을 비판한 영성주의자들의 전통적인 영성적 불만을 종합한 이들은 다수의 중요한 비판과 인문주의자들의 개혁을 독자적으로 제시했다. 스콜라주의에 대한 이들의 고유한 비판은 오늘날의 학자들이 종종 이들을 인문주의자로 간주할 정도로 매우 영향력이 있었다.[1] 하지만 제르송과 클레망주는 인문주의가 중세의 거대한 스콜라주의적 전통과 영성적 전통 내에서 일어났던 운동이자 스콜라주의에 대한 최초도 그리고 당연히 가장 깊이 있는 비판도 아니었음을 환기시켜주고 있다.

파리 대학의 총장으로서 탁월한 영성적 저술가였던 제르송(1363~1429)은 자신의 주저 『신비 신학론』에서 스콜라 신학 및 신비 신학에서의 신과 종교에 대한 상이한 접근을 비교했다. 이 저술은 스콜라적 전통과 영성적 전통을 역사적으로 구분한 기질적 차이를 요약하고 있을 뿐만 아니라 영성적 전통의 우위에 대한 뛰어난 서술이기도 했다. 무엇보다 제르송은 스콜라주의 신학자들과 신비주의 신학자들의 원천이 기본적으로 상이하다고 이해했다. 이들 간의 첫 번째

---

1 E. F. Jacob, "Christian Humanism," in *Europe in the Late Middle Ages*, ed. John Hale et al. (London, 1965), pp. 238~239를 참조하기 바란다. 가브리엘(A. L. Gabriel)은 이들의 독자성을 다음과 같이 인정했다. "제르송과 피에르 다이이와 같은 이야기꾼들은 일부 후학들보다도 고전을 더 많이 알고 있었다. 그리고 니콜라스 클레망주는 구태의연한 스콜라주의에 대해 르네상스기인들이 가졌던 반감보다 더 많은 반감을 가졌다"("The College System in the Fourteenth Century Universities," in *The Forward Movement of the Fourteenth Century*, ed. F. L. Utley [Columbus, 1961], p. 97). 니콜라스의 인문주의자 접촉에 관해서는 Ezio Ornato, *Jean Muret et ses amis Nicholas de Clémanges et Jean de Montreux*(Geneva, 1969).

차이점은 스콜라주의자들이 신과 종교에 관한 정보를 신의 '외향적인 영향력'으로부터 도출했다는 것이다. 스콜라주의자들은 성서와 교회의 역사를 연구했으며, 신학 주석을 읽었다. 이에 비해 신비주의 신학자들은 신의 '내면적인 영향력'에 관한 기록에서 핵심 원천을 발견했다. 즉 이들은 마음에 관해 기록된 역사와 전통에서 신의 현존에 대한 증거를 발견했다. 제르송이 지적한 두 번째 차이점은 스콜라주의자들이 이성을 신뢰하고 감성을 불신한 반면에, 신비주의 신학자들이 참된 교리에 의해 훈련을 받았다는 전제하에서, 사랑을 신뢰했으며, 마음의 이성이 정신의 사색보다 신으로 향하는 더 좋은 방안이라고 생각했다는 것이다. 제르송이 지적한 세 번째 차이점은 스콜라주의자들이 신을 최고의 진리로 인식하려고 했던 데 비해, 신비주의 신학자들이 신을 최고의 선으로 이해하려고 했다는 것이다. 제르송이 지적한 네 번째 차이점에 의하면, 신비주의 신학자들은 사랑이 이성보다 훨씬 멀리 갈 수 있으며, 정신으로 하여금 그것의 본성적 한계를 뛰어넘는 데 일조한다고 생각했다는 것이다. 사랑의 발자취를 따랐던 인식이라는 발은 달리 접근이 불가능했던 영역에 도달할 수 있었다. 제르송은 이를 불로 물을 끓이는 것에 비유했다. 사랑의 열기를 받은 정신은 새로운 경지에 이르게 된다는 것이었다.[2]

제르송은 스콜라 신학과 신비 신학 간의 두 가지 중요한 차이를 도출했다. 제르송은 신에게 이르는 신비적 방식이 보다 민주적이라고 묘사했다. "심지어 어린 소녀와 무식한 사람들"조차도 신비 신학의 전문가가 될 수 있으며, 신비 신학의 핵심적 요소는 공식적인 대학 교육이 아니라 사랑과 개인적인 체험이었다. 마지막으로 제르송은 신비적 방식이 본성적으로 자기 충족적이라고 지적했다. 사랑이 마음과 정신 모두에 스콜라 신학의 단순한 기계적 지식이 제공하는 어떠한 만족도 뛰어넘는 무엇을 제공하기 때문이었다.[3]

---

2 *Ioannis Carlerii de Gerson de mystica theologica*, ed. André Combes (Lugano, 1958), cons. 2, p. 8, 1. 4; cons. 29, p. 73, pp. 75~76, 1. 51.

3 *De myst. theol. spec., cons.* 30, p. 78, 1. 33; p. 79, 1. 45. 제르송은 또한 그것이 기만당하거나 남용되도록 했던 스콜라 신학에서 중립성을 발견했던 반면에, 신비주의 신학은 매우 확고한 목표를 가지고 있으며, 단지 외부적 강제에 의해서만 원래의 목표에서 벗어나게 된다(같은 책, cons. 32, p. 82, 1. 4; cons.

제르송은 파리 대학의 총장으로서 여러 학부 간의 갈등과 동일 학부 내에서의 갈등에서 비난을 도맡았다. 원래 자신이 소속된 신학부에서의 던스 스코터스주의자, 오컴주의자 및 토마스주의자 간의 싸움에 실망한 그는 1400년 3월 총장직에서 물러나겠다고 위협을 가했다.[4] 이 위협을 활용하여 제르송은 파리 대학에서 정치적인 힘을 새롭게 확보하게 되었으며, 이에 힘입어 신학과 영성의 통합을 추구함으로써 파리 대학의 교육 개혁을 활발하게 추진할 수 있었다. 제르송은 신학과 영성의 이 같은 통합이 교회 교부의 시대에 그리고 보다 가까이는 자신의 개인적 모델이었던 베르나르 클레르보와 보나벤투라라는 두 명의 중세 신학자들의 삶과 저술에서 성취되었다고 생각했다.[5]

제르송은 최초의 개혁안에서 "무익하고, 볼썽사나우며, 비본질적인 가르침"을 고수하던 신학부의 문제점들을 추적했던바, 이는 성령의 발생과 같은 논증이 불가능한 주제에 관한 스코터스주의 신학자들의 극단적인 사변을 주로 비판한 것이었다.[6] 제르송은 능력을 벗어난 정신의 이 같은 탐색이 속인들에게 그리스도교에 대한 잘못된 이해를 제공하고 대학의 다른 학부의 학자들에게 신학자들이 성서와 도덕 신학보다 전혀 믿을 수 없고 불합리한 것을 선호한다는 의구심을 야기한다고 생각했다. 이러한 사변으로 인해 파리 대학의 신학부에서는 한 집단이 다른 집단을 시골뜨기라고, 그리고 다른 집단은 이 같은 비판을 순수한 환상에 불과하다고 치부하는 등 내부 분열에 시달리게 되었다. 제르송은 전반적으로

33, pp. 86~87, 1, 17).

4 *Oeuvres complètes*, ed. Palèmon Glorieux(Paris, 1960), 1:113; John Connolly, *John Gerson: Reformation and Mystic*(Louvain, 1928), p. 79.

5 제르송은 스콜라주의가 대두한 이후 신학과 경건함이 결별했다는 프랑수아 반덴브루크의 이론에 대한 증인이다. 제2부, "New Milieu, New Problems: From the Twelfth to the Sixteenth century," in Jean Leclerq, François Vanderbroucke, Louis Bouyer, *The Spirituality of the Middle Ages*(London, 1968). 반덴브루크는 단테를 신학과 경건함을 효과적으로 통합하려고 한 마지막 인물이라고 지적했다. (같은 책, pp. 364~720), 제르송의 개혁 이념에 관해서는 Lous B. Pascoe, S. J., *Jean Gerson: Principles of Church Reform*(Leiden, 1973)을 참조하기 바란다.

6 논쟁의 대상이 된 쟁점들 가운데에는 "신이 성령을 태동할 수 있는 절대적 능력을 가지고 있다. 신에게서 아들의 발생은 그 자체로서 아무 것도 아니다. 성령의 생성은 성령의 절대적 완전을 선행한다. 성부와 성령은 지식이 아니며, 성령과 성부는 사랑이 아니다. 성자가 성부와 동일한 능력을 가지고 있기 때문에, 영원한 아들은 또 다른 아들을 태어나게 할 수 있다." 제르송은 존 리파와 던스 스코터스를 뛰어넘는 다른 던스 스코터스주의자들을 지목했다.

스콜라 신학자들이 교부시대 이래 사용되던 전통적인 신학 어휘를 단지 전문가만이 이해할 수 있는 언어로 전환시켰다고 생각했다. 제르송은 파리 대학의 스콜라 신학자들 중 총애하던 프란체스코회 제3 수도회의 라몬 유이(1235~1316)가 심지어 신학자들마저도 이전에 듣지 못한 용어를 사용하고 있다고 비판했다.[7]

제르송은 이에 대해 두 가지의 기본 해법을 제시했다. 첫째, 제르송은 학생들에게 롬바르드의 『명제집』 1권을 덜 읽는 대신에, 2권부터 4권을 읽을 것을 요구했다. 『명제집』 1권에는 신의 본성을 다루고 있고, 2권부터 4권에서는 예수, 교회, 성사 및 내세의 삶을 다루고 있어서, 후자의 주제들은 허황된 말이나 격렬한 논쟁을 덜 야기했다. 둘째, 제르송은 소피스트적 쟁점 및 교회가 의구심을 갖고 불미스러운 것으로 간주하는 모든 주제에 관한 논의를 금지했다.[8]

제르송은 1400년 4월과 9월 사이에 집필하여 나바르 콜레주 교수들에게 보낸 일련의 서신들에서 자신의 교육 이상을 정교하게 했다. 이전 세대의 교사들과 진리가 새로운 교사들의 그것들에 비해 훨씬 뛰어나다고 확신한 제르송은 상투적인 관대함과 오만, 특히 젊은 학자들의 그것들을 경멸했다. 젊은 학자들의 상투적인 관대함과 오만으로 인해 이전 세대의 교사들이 무시되거나 거의 잊어지게 되었다.[9] 그는 파리 대학의 원로 교수였던 장 뷔리당(약 1300~1359)의 고백을 인용했다. 뷔리당은 새로운 신학에 의해 기만당했지만, 유서 깊은 신학에 의해서는 결코 기만당하지는 않았다는 것이다. 오래된 것이 새로운 것을 계도하고 순화시켜야 하며, 당시처럼 새로운 것에 의해 유서 깊은 것이 타파되어서는 안 되었다.[10]

제르송은 젊은이들을 위한 커리큘럼 선택의 지침으로서 분별력이 있는 지식, 즉 공감되고 적용될 수 있으며, 마음을 울리고 자비로울 뿐만 아니라 정신을 계

---

7 *Oeuvres complètes*, 2: 26~27; P. Glorieux, "Le chancelier Gerson et la réforme de l'enseignement," *Mélanges offerts à Etienne Gilson*(Toronto, 1959), pp. 285~298을 참조하기 바란다.

8 *Oeuvres complètes*, 2, p. 28.

9 같은 책, 2, pp. 37~38. 제르송은 이전 세대 교사들에 대한 경시와 당대 학자들의 분노에 대해 p.31과 p.42에 자신의 견해를 표명했다.

10 *Oeuvres complètes*, 2, p. 32.

몽하는 지식이어야 한다고 제안했다. 교리 연구 커리큘럼과 관련하여 도덕 신학이자 도덕적 설교에 더 많은 관심이 집중되어야 한다고 그는 주장했다. 이는 "보다 순수하고 보다 유익한" 내용을 집필한 스콜라 학자들에 대한 집중을 의미했다. 제르송이 제시한 학자로는 보나벤투라, 아퀴나스, 뒤랑두스, 성 푸르생 및 앙리 겐트였다. "근년의 저술가들", 구체적으로는 극단적인 스코터스주의자들 및 오컴주의자들의 주석에는 순수한 논리적 문제와 신학의 참된 주제가 혼재되어 있으며, 고백하기에 부끄러울 정도로 제르송은 이들 주석을 몹시 기피했다.[11]

제르송은 고대 및 중세의 역사에서 유익한 원천을 샅샅이 찾았다. 제르송은 신성한 역사 분야에서 대 그레고리우스의 『대화』, 에우세비우스와 카시오도루스의 역사 저술들, 교회 교부들의 생애, 아우구스티누스의 『고백록』 및 성인들의 전설을 추천했다. 그는 "신성한 성서에 관한 신비적 주석"이라는 범주 아래 그레고리우스의 『욥의 도덕』과 『사목 규범』, 베르나르의 애가에 관한 설교, 리처드 생빅토르의 관상에 관한 저술 및 윌리엄 파리의 저술들을 제안했다. 이 밖에 그는 아우구스티누스의 『신의 도시』, 파울루스 오로시우스, 제롬(히에로니무스) 및 락탄티우스의 저술을 추천했다.[12]

제르송의 커리큘럼 모델은 스콜라적 논쟁을 유지했으나, "진리 탐구에 적절했던" 것만큼 단지 온건하고 온화했다. 이 같은 논쟁이 추구한 목표는 학생의 마음에 진리를 확고히 하고 이를 효과적으로 전달하는 데 필요한 기술, 즉 일정 정도의 연설에 필요한 기술을 익히는 것이었다.[13] 이는 스콜라적 개혁 프로그램에서 '인문주의자'의 또 다른 현저한 이상이기도 했다. 제르송은 대학 내에서 설교를 부활시키는 데 일조하기 위하여 1403년 탁발 설교가였던 도미니크회 교수들의 복귀를 준비했다. 도미니크회 소속 교수들은 당시 파리 대학의 주류를 이루었던 프란체스코회 소속의 교수들과의 무염시태(無染始胎)를 둘러싼 논쟁 이후 1387년에 축출되었었다.

11 같은 책, pp. 33~34.

12 *Oeuvres complètes*, 2, p. 34.

13 같은 책, pp.34~35.

제르송은 프란체스코회의 위대한 학자였던 보나벤투라에게서 학생들의 완벽한 모델을 발견했다. 보나벤투라는 지적 생활과 정서적 생활의 균형을 유지하고, 논리학과 상식의 경계 내에서 형이상학적 사변을 유지하는 탁월한 능력을 보유하고 있었다. 제르송이 발견한 이같은 재능은 유감스럽게도 중세 말기의 스콜라주의자들이 결여한 자질이었다. 제르송은 생애 말년인 1426년 7월에 작성한 한 서신에서 보나벤투라의 저술에 대해 다음과 같이 기술했다.

> 보나벤투라는 애정에 불을 붙일 뿐만 아니라, 동시에 정신도 가르치고 있다. 매우 많은 학자들이 단지 정신을 혼란스럽게 하고 정신에 [스콜라적] '자질' '선험적인 논쟁과 후험적인 논쟁' '기호' 및 '우연'이라는 짐을 지울 때, 보나벤투라는 황홀한 사랑으로 인간을 하나님에게 합일시킨다.[14]

만약 보나벤투라, 베르나르 및 알렉산더 알레스 등의 학자들이 다시금 학생들의 연구 주제이자 개인적 모델이 되었다면, 비논리적이고 볼썽사나운 신학적 사유가 당연히 신속하게 종결되었을 것이라고 제르송은 결론을 내렸다.

제르송은 자신이 비판한 스콜라학자들이 사유를 상식에 그리고 연구를 애정에 종속시키지 못했다고 생각했다. 제르송은 첫 번째 오류를 시정하기 위해 단지 이들로 하여금 자신의 능력을 벗어나서 사유하도록 했던 새로운 논리학과 용어를 포기하는 대신, 아리스토텔레스의 논리학 관련 핵심 저술들과 더불어 시작할 것을 이들에게 요구했다.[15] 제르송은 사변을 애정의 후원 아래 두기 위하여 전통적인 신비 신학의 연구를 추천했으며, 이 주제에 관한 자신의 대작을 제공

---

14 *Ibid.*, p. 280. Giles Constables, "The Popularity of 12th Century Spiritual Writers in the Late Middle Ages," in *Renaissance Studies in Honor of Hans Baron*, ed. A. Molho and J. A. Tedeschi (Dekalb, Ill., 1971), pp. 3~28을 참조하기 바란다.

15 다음의 구절들에서 제르송이 스코터스주의자들이 일찍이 비판했던 것과 같은 사유처럼 극단적인 형이상학적 사변을 생각하고 있었다는 점은 명확하다(위의 글을 참조하라). 오컴주의자들은(용어론자들) 이와 같은 사변을 종식시키는 데 제르송의 확고한 동맹군이 되었던 것처럼 보인다[*De modis significandi*, in Joannis Gersonni opera omnia, ed. L. E. Du Pin(Antwerp, 1706), 4:819]. 제르송은 자신의 『형이상학과 논리학의 조화에 관하여』에서 형이상학자들의 정교함을 비판했다(*ibid.*, p. 824).

했다. 논리학에 의해 깨우침을 얻고 애정에 의해 불타오르는 사색이 실행에 옮겨지는 것이 제르송의 이상이었다.[16] 제르송은 기억할 만한 비유에서, 꿀을 얻기 위해서는 벌집이 필요하듯이, 폭넓은 지식과 정통 신앙의 정신에 의해 헌신이 체계화될 필요가 있다는 점을 다시금 지적했다.[17] 오히려, 벌집이 채워질 필요가 있었다. 즉 정신의 관념은 또한 마음을 따뜻하게 하고, 이 세계에서 행위를 수반해야 한다는 것이었다.

피에르 다이이와 제르송의 제자였던 니콜라스 클레망주(약 1363~1437)는 오랫동안 아비뇽 교황 베네딕토 13세(1394~1423)의 비서로 있으면서, 파리 대학에서 간헐적으로 학생들을 가르쳤다. 분열된 신학부의 교수이자 교회 대분열기에 교황청의 여러 일들을 가까이서 목격한 니콜라스는 단순함과 선행을 과도하게 높이 평가했다. 제르송이 사변적인 삶과 활동적인 삶의 통합을 추구하고 각각의 삶의 진정성을 유지하려고 했던 반면에, 니콜라스는 실천을 신학 연구의 유일한 목표로 삼았다. 스콜라주의에 대한 니콜라스의 비판은 헤르몰라오 바르바로와 울리히 후텐과 같은 극단적인 인문주의자들의 비판과 유사했다. "신학 연구는 목회자와 설교가의 일터일 뿐이다"[18]라고 니콜라스는 지적했다.

> 신학자 내지 설교가의 으뜸가는 책무는 하나님의 명령에 따라 생활하고, 그리하여 "[먼저] 행하시며 [그 다음에] 가르치시기를 시작하심부터" (사도행전 1장 1절) 그리스도를 본받는 것이다. 필자는 두 가지를 동일하게 생각한다. 말하자면 그리스도는 교리가 아니라 행위와 더불어 시작했다. 그리스도는 올바로 가르치되, 잘못된 행위를 하지 않도록 하며, 그리하여 자신의 설교가 무용지물이 되지 않도록 자신의 가르침을 말보다 더 강한 힘을 가진 행위로 먼저 실천했다.[19]

---

16 『형이상학과 논리학의 조화에 관하여』로부터 유래하는 두 가지 경구들이 요약되어 있다(DuPin, 4, p. 828).

17 Epistola prima ad fratrem Bartholomaeum, in André Combes, *Essay sur la clitique de Ruysbroeck par Gerson*(Paris, 1945), 1:643, 1.6.

18 *De studio theologico*(ca. 1410), in Luc d'Archry, *Spicilegium; sive, Collectio veterum aliquot scpirtorum qui in Galliae bibliothecis delituerant*(Paris, 1723), p. 479b.

19 같은 책, p. 475a.

니콜라스는 스콜라주의자들의 연역법과 철학적 추상화는 물론 실천에 옮기지 않은 무책임도 비판했다. 니콜라스는 상아탑에서 유유자적하고 무기력하며, 교회 교부들의 유익한 일보다는 자신의 정교한 상상을 선호한 학자들을 비판했다. 편협한 지적 관심에 의해 "냉랭하고, 무감각하며 무미건조한" 이 학자들은 천천히 설교를 했다. 학위와 명예욕으로 인해 이들은 지식을 다른 사람들에게 전달하려는 욕구보다는 단지 정치적 야심만을 가졌을 뿐이었다. 이들은 교회의 성직록에 대한 기대감에서 고위성직자나 교황에게 줄을 대려고 했으며, 이로 인해 해당 교구에 거주하지 않는 성직자 학자들의 경제적 부담을 지역 교구에서 감당해야 하는 심각한 폐단을 초래했다. 니콜라스는 이 학자들을 의술은 익혔지만 사람들이 전염병으로 죽어가는 와중에도 앉아서 전염병에 관해 탁상공론만 일삼는 의사에 비유했다.[20]

제르송은 학자적 삶을 방해하면서까지 종교적 실천의 중요성이 과장되거나 사회를 경시하는 박학이 정당화되지 않도록 주의를 기울였다. 우리는 니콜라스에게서 스콜라주의에 대한 중세 말기의 매우 많은 비판 및 종교개혁기의 비판의 전형이었던 강력한 반지성적 경향을 발견하게 된다. 사실상 니콜라스는 중세 영성적 전통으로부터 유래되었고 그것의 핵심이었으며 그리고 중세 전 시기에 걸쳐서 비판과 개혁을 강화했던 종교적 반지성주의를 부연했을 따름이다. 니콜라스에게 설교가 연구보다, 교구가 대학보다, 애정이 지식보다 우선했듯이, 실천이 정신보다 우월했다. 니콜라스는 스콜라주의자의 공통적인 특징인 실천되지 않는 탁월한 지적 재능, 적용되지 않는 지식이 세련된 부덕이라는 사실에 강한 의구심을 가지고 있었다.[21] 우리는 니콜라스의 『경건한 농부』에서 "논리학을 배우는 대신 사랑을 배우라"는[22] 탁발 수사들에 대한 그의 양심의 조언을 들을 수 있다. 또한 니콜라스의 이 같은 견해는 새로운 헌신(Modern Devotion)과 결부된 15세기의 종교적 경건함을 반영하고 있다. 새로운 헌신 운동은 순수한 지적 추

20 같은 책, pp.476~479b.
21 같은 책, p. 478b.
22 William Langland, *Piers the Ploughman*, tans. J. F. Goodfridge (Baltimore, 1966), p. 252.

구보다는 종교적 헌신과 도덕적 실천을 강조했으며, 내면의 헌신과 윤리적 실천에 즉각적으로 기여하지 않는 여하한 노력도 무익한 것으로 거부했다.[23] 사실상 니콜라스는 대중적 차원이나 성직적 차원 모두에서의 인문주의자나 학자들에 의한 스콜라주의 비판의 거울이었다.

우리는 니콜라스를 실천적인 사목이라는 종교개혁의 이상을 예견한 인물로 간주할 수도 있다. 중요한 신학적 견해차에도 불구하고, 우리는 니콜라스에게서 위 디오니시우스의 추상화에 대한 후대의 젊은 루터의 비판의 목소리를 들을 수 있다. "인간은 이해, 독서 및 사색에 의해서가 아니라 삶에 의해서, 사실상 죽음과 저주에 의해서 신학자가 된다"는 것이었다.[24]

만약 외부의 인문주의자들에 의한 스콜라주의에 대한 비판만큼이나 스콜라주의의 자기비판이 비타협적이게 되었다는 사실이 종교개혁 전야에 스콜라주의의 약점의 한 척도였다면, 이는 중세 지성사의 복합성 및 스콜라주의 전통의 생존력 모두에 대한 징후이기도 했다. 인문주의의 주요 사상가였던 피코 미란돌라(1463~1494)는 15세기 말엽 스콜라주의의 가장 고상한 대변자가 될 정도로, 그것의 생존력을 잘 보여주었다. 피코의 유명한 스콜라주의 변론은 인문주의자이자 수사학자였던 헤르몰라오 바르바로에 대한 비판에서 유래되었다. 바르바로는 스콜라주의자들을 "심지어 살아생전에도 죽은 사람이나 진배없다고" 비판했으며, 피코가 스콜라주의자들의 저술을 이해하느라 시간을 허비했다고 조롱했다. 개혁의 도구로서의 수사학과 연설의 한계를 바르바로보다 명확하게 인식한 피코는 아퀴나스,[25] 던스 스코터스, 알베르투스 마그누스 및 아베로에스의 업적에 찬사를 보냈다. 피코는 이들이 단순한 문법학자 내지 교육학자와 동일한 부류의 학자가

---

23 R. R. Post, *The Modern Devotion*(Leiden, 1968), p. 320; G. Gieraths, "Johnnes Taluer und die Frömmigkeistshltung des 15. Jahrhunderts," in *Johannes Tauler: Ein deutscher Mystiker. Gedenkschrift zum 600. Todestag*, ed. E. M. Filthaut(Essen, 1961), pp. 422~434를 참조하기 바란다.

24 이 책의 176쪽을 참조하기 바란다.

25 피코는 신학과 철학, 신앙과 지식을 조화시키려던 아퀴나스의 노력에 특히 매료되었고 이로부터 영향을 받았다. Gerd Schulten, "Giovanni Picos Brief über das humanistisch-christliche Lebensideal und seine europäische Rezeption," in *Kontinuität und Umbruch: Theologie und Frömmigkeit in Flugschriften und Kleinliteratur an der Wende vom 15. zum 16. Jahrhundert*, ed Josef Nolte et al.(Stuttgart, 1978), p. 7을 참조하기 바란다.

아니라 인정적인 것과 신성한 것의 제일 원인을 연구한 진정한 현자이자 철학자라고 칭송했다. 이들의 혀가 아니라 이들의 정신이 활기로 가득 차 있었다는 것이다. 만약 스콜라주의자들이 과도하게 정교하고 예리하며, 세심하고 호기심이 많으며, 불안해하고 침울해 보였다면, 이는 이들이 매우 진지하게 진리 탐구에 몰두했기 때문이라는 것이었다.[26] 피코는 스콜라주의 비판자들의 주장처럼, 사람들이 제일 원리의 연구로까지 멀리 나아가지 않은 것이 아니라, 제일 원리에 대한 모든 관심을 포기한 것이 진정한 위험이라고 생각했다. 피코는 고대인들의 이상이 연설이 아니라 지혜에, 연설이 아니라 이성에, 말이 아니라 가르침에 있다고 보았다. 피코는 플라톤이 자신의 국가에서 시인을 배제했으며, 키케로가 내용도 없는 수다보다 눌변이지만 신중함을 선호했다고 지적했다.[27]

피코는 루크레티우스의 『사물의 본성에 관하여』와 요하네스 스코투스 에리우게나의 『자연의 구분에 관하여』를 비교함으로써 자신의 논지를 요약했다. 루크레티우스는 인문주의자들이 매우 존경하던 우아한 시적 라틴어로 신과 자연에 관해 기술했다. 하지만 루크레티우스는 섭리가 원자의 우연한 충돌의 결과인 인간사와 모든 것을 설명하지 못한다고 주장했다. 이에 비해 에리우게나는 그리스어 구절을 어설프게 활용함으로써 유창하게 서술하지는 못했지만, 신이 개별 정신으로서 모든 사물을 알고 이것들을 고유한 목표로 인도한다고 가르쳤다. 문체에 뛰어나지 못했던 에리우게나는 진리를 통해 이를 만회했던 것이다.

> 에리우게나가 유창한 루크레티우스보다 철학적이었다는 사실에 누가 의문을 제기할 수 있는가? 에리우게나가 서툰 어조로 어떻게 말을 하는지를 보라. 반면에 루크레티우스가 어리석은 마음에서 어떻게 말을 하는지를 보라. 에리우게나는 문법학자와 시인들의 규범을 이해하지 못했으나, 루크레티우스는 신과 자연의 명령을 알지 못했다. 에리우게나의 언변이 매우 어눌하지만, 매우 고상한 찬사를 받지 못하는

---

26 *Corpus reformatorum*, 9, pp. 678~680. Quirinus Breen, "Giovanni Pico della Mirandola on the Conflict of Philosophy and Rhetoric," *JHI* 13(1952), pp. 384~412를 참조하기 바란다.

27 *Corpus reformatorum*, 9, pp. 683, 686.

사물을 이해하고 있다. 반면에 루크레티우스는 불경스러운 것을 가장 우아하게 설교하고 있다.[28]

실천되지 않는 것보다 더욱 두려워해야 할 것은 오류이며, 눌변보다는 천박함이라는 것이 스콜라주의의 핵심 원리였다. 이는 피코가 그 비판자들에 맞서 스콜라주의를 변론한 원칙이었다.[29]

연설과 지혜를 갈기갈기 찢는 사람은 죄를 범하는 것이다. 하지만 카토가 지적했듯이, 죽은 자의 어휘를 제외하고서 이해되지 못하는 연설이 무슨 소용이란 말인가? 물론 우리는 언어 없이 잘 살 수는 없지만, 언어 없이도 살 수는 있다. 하지만 우리는 정신 없이는 전혀 살 수가 없다. 좋은 글에 감동을 하지 않는 인간은 인간적이지 않을지도 모르지만, 철학을 결여한 인간은 더 이상 인간이 아니다.[30]

실천되지 않는 지혜, 즉 개인과 사회를 교화시키지 못하는 이념과 교리는 무익하고 당연히 일축되어야 한다는 것이 중세 영성의 핵심 원리였다. 이는 또한 수 세기에 걸쳐서 형성된 이론이기도 했다. 이는 성서와 수도원주의에 의해 지지를 받았으며, 전통의 무게로 인해 이성과 사색에 비해 사랑과 실천이 더욱 선호되었다.

근대 유럽의 세계는 영성적 전통을 선호함으로써 해묵은 갈등을 해결한 것처럼 보였다. 유럽 세계는 실천하지 않는 천재를 존경하거나 고무하지 않았다. 오늘날 대표적인 기업들 중 한 기업의 "최상의 이념은 대중에게 도움을 제공하는 것이다"라는 모토는 스콜라주의에 대한 중세 말기의 어떤 비평가라도 주장할 수 있었다. 하지만 이 갈등은 종교개혁 시대에도 매우 강하게 살아 있었으며, 프로

---

28 같은 책, p. 686.

29 설령 피코가 제르송보다 지혜와 진리를 보다 폭넓게 이해했다고 하더라도, 이 문제에 관하여 피코와 제르송은 뜻을 같이했다. 과도하게 지적 호기심이 많은 학자들에 대한 제르송의 엄격한 태도는 *Contra curiositatem studentium, Oeuvres complètes*, 3, p. 298에 나타난다.

30 *Corpus reformatorum*, 9, p. 686.

테스탄트로 개종한 수도사들, 스콜라 신학자들 및 인문주의자들이 이 같은 새로운 상황에서 새로운 교육 개혁을 주도했다는 사실에 의해서 더욱 흥미롭고 역동적이게 되었다.[31]

2) 수도원적 경건함

중세 영성적 전통은 교부 문화와 수도원 문화로부터 그 가치를 발전시켰다. 신을 향한 좋은 삶의 스승(Lebemeister)은 신에 관한 올바른 독서와 가르침의 교사(Lesemeister)보다 늘 우월했다. 파리의 상서이자 교회사가였던 대식가 피터(1179/80년 사망)는 "일부 사람들은 독서보다 기도를 더 많이 한다"라고 지적했다. "이들은 수도원의 정주자들이다. 기도는 거의 하지 않고 자신의 모든 시간을 독서에 할애하는 사람들도 있다. 이들은 학자이다."[32] 스콜라적 학습 프로그램이 질문으로부터 논의로 이어졌던 반면에, 수도원적 학습 프로그램은 독서로부터 명상적 기도와 관상으로 나아갔다. 대학에서는 독서로부터 질문을 제기하고 찬반의 전거를 인용함으로써 미해결된 쟁점을 논의하는 훈련을 학생들에게 가르쳤다. 이 같은 방식은 진리를 둘러싸고서 현학적이고 학문적인 파당이나 설전을 부추겼다. 수도사와 수녀는 수도원에서 명상을 위해 독서를 했다. 이는 논쟁이 아니라 기도를 통한 성찰을 제공했던 바, 장 르클레르크는 이 같은 훈련 프로그램을 "지식에 대한 사랑이자 하나님에 대한 열망"[33]이라고 기술했다.

하지만 수도원적 독서에는 위험이 수반되었다. 관상에는 나태 및 신의 진리와 타자에 대한 인간의 도덕적 의무가 간과될 수 있었다. 성 아우구스티누스는 이를 다음과 같이 경고했다.

---

31 이 책의 426쪽을 참조하기 바란다.

32 Jean Leclercq, *The Love of Learning and the Desire for God*, trans. Catherine Misrahi (New York, 1962), p. 198에서 인용. Giles Constable, *Medieval Monasticism: A Select Bibliography*(Toronto, 1976)도 도움이 된다.

33 *The Love of Learning and the Desire for God*, pp. 91, 198~199.

> 인간에게는 자신의 이웃에 대한 봉사를 손쉽게 망각하면서까지 관상의 삶을 영위할 권리가 없다. 그 누구도 하나님에 대한 관상을 간과하면서까지 활동적인 삶에 몰두할 권리가 없다. 여가의 매력은 나태한 정신의 공허가 아니라 진리의 탐구 내지 발견에 있다.[34]

관상적인 삶과 활동적인 삶을 서로 보완하는 삶이 요구되었던 것이다. 조용하지만 학문적인 헌신은 이심전심의 신도 집단 공동체 내에서의 마음의 평화와 겸손한 윤리적 실천 모두를 가져다주어야 했다. 이는 수도원적 삶의 목표이자 수도원 내부는 물론 외부 모두에서 중세의 영성적 전통에 영감을 불러일으킨 이상이었다.

하지만 수도원주의는 훨씬 덜 정교한 그리스도교적 금욕주의에서 기원했다. 신약성서의 시대에 그리스도교도들은 자신을 추종하던 사람들에게 '자신의 십자가를 지라고' 가르쳤던 그리스도를 본받으면서 자신을 부정하고 자신을 체벌했다. 이 그리스도교도들은 그리스도가 고통을 받았던 것처럼 고통을 받는 것이 신과의 관계를 더욱 돈독히 한다고 생각했다. 철저한 금욕주의를 실천한 사막의 수도사들은 물론 제롬 등의 초기 그리스도교의 지도자들도 사막에서 40일간 금식기도를 한 그리스도를 본받아 광야에서의 삶, 금식 및 명상을 수행해야 한다는 의무감을 가지게 되었다. 초기 수도원의 모토는 사람의 방문을 받은 이는 천사의 방문을 받을 수 없다는 것이었다. 유럽 수도원주의의 개혁가이자 조직가였던 베네딕트 누르시아(약 480~약 543)의 전기 작가였던 교황 그레고리우스는 베네딕트에 관해 다음과 같이 기술했다. 즉 수비아코[35]의 한 동굴에서 3년간 기거했던 베네딕트는 인간과의 모든 접촉을 피했고, 밧줄로 전해주는 빵과 물로만 연명했으며, 그리스도의 자기 부정이라는 가르침에 전적으로 순복했다는 것이다.[36] 유럽의 모든 수도회의 핵심 규범이자 11세기까지 수도원 생활의 독보적인

---

34 *City of God*, bk. 19, ch. 19, p. 413.

35 (옮긴이) 로마 북동쪽에 위치한 산간 도시로서 로마 황제 네로의 별장이 있기도 했다.

36 *Life and Miracles of St. Benedict*, trans. O. J. Aimmermann, O. S. B, and B. R. Avery, O. S. B. (Collegeville, Minn., 1949), pp. 4~5.

〈성 베데딕트〉(마이스터 메스키르흐, 르네상스기 독일의 무명의 화가. 약 1538년)

지침서였던 베네딕트의 계율은 초기 수 세기 동안 여전히 준수되었던 엄격한 금욕주의를 실제로는 완화했다. 베네딕트 계율은 조직화된 공동체 내에서의 수도사의 일상생활을 규범으로 정했고, 수도사의 주요 활동을 규정했다. 그리하여 수도사의 일과는 취침(8시간 30분), 예배(3시간 30분), 독서와 명상(4시간 30분), 육체노동(6시간 30분) 및 식사(1시간)로 이루어졌으며, 모든 수도사에게는 두 끼의 식사와 약 450g의 빵이 매일 제공되었다.[37]

37 Owen Chadwick, *Western Mysticism*(Philadelphia, 1958), p. 28.

세속으로부터 벗어난 고독한 생활은 또한 그리스도교적 신앙고백의 가장 완벽한 형태로 간주되었으며, 실제로 순교 다음가는 유일한 덕목이기도 했다. 초기 교회는 신앙, 즉 충실한 자기 부정의 최고의 증인으로서 자신의 생명을 희생한 순교자를 가장 완전한 그리스도교도로 칭송했다. 4세기에 그리스도교도에 대한 로마제국의 박해가 시들해지자, 수도원 생활은 그리스도교적 완전함의 표식으로서 순교를 대신했다. 하나의 제도이자 정신적 지주였던 수도원주의는 그리스도교적 순교의 영성적 계승자가 되었다. 만약 신앙고백에서 자구 그대로 죽지 않을 수 있다면, 그는 삶을 통한 금욕적 자기 부정에 의해 '죽을' 수도 있었다. 수도자들에 의해 이루어지는 신비적 관상의 목표는 완전한 자기 망각, 인간의 본성적 자아의 영적 죽음 및 신적 자아로의 전환이었다.

수도원주의가 성장할 수 있었던 이면의 궁극적인 동인은 기성 종교가 되었었던 그리스도교와 스스로 거리를 두고자 했던 많은 헌신자들의 욕구였다. 콘스탄티누스 대제는 밀라노 칙령(313)을 통해 그리스도교의 법률적 지위를 공고히 했으며, 그리스도교를 로마제국 내에서 대중으로부터 호감을 받는 종교가 되도록 했다. 4세기 중엽 황제 테오도시우스 1세(약 346~395)는 그리스도교를 제국의 공식 종교로 격상시켰다. 그리스도교 교도가 점점 더 일상적이게 됨에 따라, 사막으로의 탈출은 원시 그리스도교의 정신을 보존하는 방법이 되었다.

중세의 전통은 수도원적 생활을 적극 후원했다. 아우구스티누스는 수도원 생활을 영원의 현세적 양상, 즉 신의 왕국의 가능한 가장 충실한 구현이라고 서술했다.[38] 관상의 박사였던 대 그레고리우스는 그리스도교도를 세 가지 계서적 직제로 구분했다. 즉 평신도, (재속) 사제, 수도사 및 수녀가 그것이다.[39] 제롬으로부터 베르나르 클레르보에 이르기까지 수도원 생활은 '제2의 세례'로 찬사를 받았다. 베르나르에 따르면, 수도사가 된다는 것은 인간에게 있는 신의 형상을 대대적으로 혁신하고 자신을 그리스도와 매우 일치시킴으로써 다른 인간들보다는

---

38 Gerhart B. Ladner, *The Idea of Reform: Its Impact on Christian Thought and Action in the Age of the Fathers*(New York, 1967), p. 364.

39 LeClerq et al., *The Spirituality of the Middle Ages*, pp. 7~10.

천사와 더욱 유사하게 되는 것이었다.[40] 이를 나위 없이 그리스도를 본받은 수도사의 엄청난 순복과 자기희생 그리고 교회 순교자의 계승자이자 숭고한 그리스도교적 이념의 수호자라는 자의식은 수도사에게 그리스도교도 일반 평신도와 재속사제에 대한 일종의 종교적 우월감을 제공했다.

유럽에서의 수도원의 기본적인 규율은 존 카시안의 『독신 제도에 관하여』(*De institutis coenobiroum*)와 『사막 교부들의 회의』(*24 Collationes*) 및 베네딕트의 『계율』을 중심으로 발전했다. 사막으로의 은거, 금식, 육체노동, 오랜 관찰 및 순례는 수도원의 표준 규범이 되었다. 육체적 체벌은 이 같은 규율을 준수하기 어려웠던 사람들에게 확산되지는 않았다. 성적 순결은 특별 기도로부터 반복적인 찬물 입수에 이르는 다양한 방식에 의해 강화되었다.

첫 천년 동안 수도원의 금욕적 관행을 모델로 한 그리스도교의 평신도 금욕주의 내지 '세속적' 금욕주의는 서유럽의 그리스도교에서 발전했다. 수도자들, 특히 아일랜드와 영국의 수도사들의 고해 관행은 평신도를 위한 교회의 고해성사를 발전시켰다. 수도사는 자신과 매우 가까이 생활하고 수도원의 책임자였던 수도원장에게 자신의 모든 죄를 사적으로 고백해야 했다.[41] 베네딕트 계율에 따르면, 수도사가 자신의 수도원장에게 모든 것을 기꺼이 고해하는 것은 매우 고상한 겸손이었다. "[그는] 자신의 마음으로 들어가는 악한 생각이나 은밀하게 범한 죄 어느 것도 비밀로 하지 않고, 겸손하게 고백한다."[42] 자신의 마음을 수도원장에게 실토한 수도사는 용서와 면벌(indulgence)[43] 모두를 기대할 수 있었다. 수도원장은 또

---

40 "[영성적 삶의 방식은] 그와 같은 삶을 살고 그것을 사랑하는 사람들로 하여금, 천사에 필적하는 사람이자 다른 사람들이 좀처럼 하지 못하는 사람으로서 이들로부터 구분시켜 주고 있다. 왜냐하면 그것은 인간의 영혼에 있는 하나님의 형상을 회복시켜 주고 우리를, 마치 세례가 그러하듯이, 그리스도와 같이 되도록 해주기 때문이다". *De praecepto et dispensatione*, 17[54] PL CLXXXII, 889B, Ladner, *The Idea of Reform*, p. 4에서 인용.

41 고위 성직자가 사회적으로 열등한 하위 성직자와 떨어져 살았던 중세 말기에 이르러 이 같은 관행이 바뀌게 되었다.

42 *St. Benedict's Rule for Monasteries*, trans. L. J. Doyle (Collegeville, Minn., 1947), p. 26.

43 (옮긴이) 역자는 이를 면죄라 하지 않고 면벌이라고 옮겼다. 가톨릭 교리에 의하면, 이는 인간이 죄로 인해 치러야 하는 현세에서나 연옥에서의 형벌의 일부 혹은 전부를 면해준다는 의미이지, 죄를 면해주는 것이 아니기 때문이다. 가톨릭교회의 신자는 사제에게 고해성사를 통해 자신의 죄를 고백해야 한다. 이 같은 죄가 사제의 기도로 없어지나 죄에 대한 벌이 여전히 남아 있다고 생각되었다. 이 벌은 자신의 죄를

한 '가벼운' 죄와 구분되는 '중대하고' 심각한 죄에 대한 적절한 참회로서 보속이라는 특별 과업을 부과했다. 이 같은 참회 가운데에는 기도문 암송, 금식 및 성지 순례가 있었다. 수도원장은 순종하지 않는 수도사를 동료 집단에서 파문했다.

공동생활을 영위하던 수도사와 마찬가지로, 평신도 역시 자신의 죄를 빈번히 고해하고, 용서를 받으며, 교구 사제에 의해 부과된 보속이라는 과업의 수행이 기대되었다. 교회는 진지한 참회자의 짐을 덜어주기 위해 특별 면벌을 제고했고, 반복적으로 잘못을 범하는 사람에게 파문이라는 규율을 적용했다.[44] 중세의 평신도 종교 운동이 종종 준 수도원적 성격을 띠었던 것은 놀라운 일이 아니며, 프로테스탄트 종교개혁 이전까지 평신도의 종교적 관행은 성직자의 종교적 관행을 모방했다.

910년 클뤼니에 설립된 베네딕트 수도원은 거의 3세기 동안 종교 생활을 주도했던 유럽 수도원주의에 대한 개혁 운동을 개막했다. 클뤼니 개혁은 교회 내부로부터 야기된 여러 가지 위기에 대한 대응이었다. 성직자의 교육과 도덕성, 특히 독신의 규율은 카롤링거 왕조 이후 교회에서 이완되었으며, 클뤼니의 영성은 이 양자를 개선하고자 했다. 주교권의 상징인 반지와 지팡이 하사는 황제의 관행적인 주교 서임을 상징하는 것으로서, 교회에 대한 속권의 정치적 간섭으로 더 심각한 문제였다. 카롤링거 왕조 및 오토 왕조기에 황제는 교회를 정치적·사회적 통제 수단으로서 일상적으로 활용했다. 그리하여 교회의 영역과 세속의 영역이 다수 혼재됨으로써 성직자는 신성하게 위임받은 영혼의 목자라기보다는 군주에게 예속된 관리처럼 보였던 것이다.[45] 클뤼니 개혁은 무지, 비밀 결혼 및 세속 군주로부터의 독립 선언이었다. 클뤼니 개혁가들은 수도사제는 물론 재속

속죄하는 보속(補贖)을 통하여 사면될 수 있는데, 이 보속을 면해 주는 것을 면벌 또는 대사라고 한다. 전통적으로 자선, 금식, 기도 등이 대표적인 보속 행위였다. 십자군운동이 일어나면서 대사는 십자군에 참가한 사람들에게 부여되었다. 하지만 중세 말기에는 면벌부 설교사가 등장할 정도로 면벌부가 남발되고, 상업화되었다.

44 Reinhold Seeberg, *Text-Book of the History of Doctrines*, trans. C. E. Hay (Grand Rapids, Mich., 1964),2:42~47; Thomas N. Tentler, *Sin and Confession on the Eve of the Reformation* (Princeton, 1977), pp. 302~304, 328~330.

45 Heinrich Fichtenau, *The Carolingian Empire: The Age of Charlemagne*, trans. Peter Munz (New York, 1964), pp. 130~131.

사제도 독신 계율에 복속시키고, 세속 통치자의 사법권과 교황 및 주교의 사법권을 구분하고자 했다. 교황 그레고리우스 7세(1073~1085) 및 후임 교황들이 승리한 이후에 체결된 보름스 협약(1122)은 주교 서임권이 교회의 고유한 권한이라고 선포했다.

클뤼니 개혁에 의해 촉발된 종교적 열정은 성지 예루살렘 탈환을 위한 십자군과 새로운 수도회의 창설을 가져다주었으며, 이 십자군과 새로운 수도회는 모두 이들의 영감에 대한 명백한 표식이었다. 십자군은 자신이 범하게 될 죄에 대한 무조건적 면벌을 약속받았으며, 많은 십자군은 자신의 모험을 종교적 완전함이라는 수도사의 자기희생을 모방한 것으로서, 심지어 고상한 영성적 완전함과 유사한 것으로 명백히 간주했다. 수도 참사회(1050~1100년 사이에 창설), 카르투지아회(1084년 창설), 시토회(1098년 창설) 및 프레몽트레회(1121년 창설) 등의 새로운 수도회들은 교회 교부의 종교적 순결을 다시금 강조했다. 수도 참사회 공동체는 11세기 후반에 확산되었다. 성 아우구스티누스 계율을 공동으로 수용한 이들 공동체는 성직자와 평신도 참회자로 함께 구성된 독립적인 집단이었다. 아우구스티누스 계율의 가장 유서 깊고 간략한 수도원 지침서는 약 500년경으로까지 거슬러 올라간다. 카르투지아회는 침묵, 육체노동 및 성적 욕구의 엄격한 억제에 각별히 초점을 맞추었다. 평신도 사이에서 야기된 히스테리로 인해 교황 클레멘트 6세가 1349년 채찍고행 행렬을 금지한 이후에도 이들은 지속적으로 이 같은 자학을 실행에 옮겼다. 또한 예외적으로 금욕적이었던 시토회 수도사들은 깔끔한 흰색 의복과 수도회의 황량한 흰색 건축물로 인해 백색 수도사로 알려졌다. 프레몽트레의 한 수도원으로부터 그 이름이 유래된 프레몽트레회는 성 아우구스티누스 계율을 채택한 여러 종교 공동체들 중 하나였다. 빅토르회는 성 아우구스티누스 계율을 채택한 또 다른 종교 공동체였다. 사도적 순결의 추구를 상징하는 흰색으로 된 모든 의복을 착용한 이들은 백색 수도회로 알려졌다. 시토회는 흰색 의복에 검은색 후드를 걸쳤다.

시토회는 "중세 수도원주의를 가장 충실히 발전시킨" 수도회로 간주되었다.[46] 수도원적 이상에 대한 클뤼니의 공공연한 타협을 비판한 베네딕트회의 엄수파 진영이었던 시토회는 개혁 중의 개혁 운동이었다. 시토회의 영성과 신학을 성숙시킨 베르나르 클레르보와 클뤼니 수도원장이었던 가경자(the Venerable) 피터는 각기 종교 생활에 대한 엄격한 시토적 방식의 훌륭한 장점과 이에 대한 베네딕트회의 보다 관대한 태도를 철저하게 대비했다.[47] 오늘날 시토회의 영성에 관한 권위자인 장 르클레르크는 시토회가 진정한 '영성의 학교'이자, 신학과 경건함을 완벽하게 결합했다고 생각했다. 르클레르크는 베르나르를 "교회 교부들의 최후의 교부"이자 스콜라주의가 대두하면서 신학과 경건함이 분리되기 이전에 교부적 이상을 성공적으로 구현한 마지막 인물이라고 묘사했다.[48] 하지만 베르나르 자신은 활동적 생활과 관상적 생활 사이에서 분열되었고, 기도, 연구 및 관상이라는 신의 일에 전념한 성직자로서 시토회의 세속사와 자신의 정치적 행위 사이에 만족할 만한 균형을 결코 유지하지는 못했다.[49]

베르나르의 『하나님을 사랑하는 것에 관하여』는 중세 성기의 수도원적 이상, 즉 인간의 본성과 운명에 관한 수도사들의 확고한 인식을 완벽하게 요약해 주고 있다. 오늘날의 독자들이 여기서 발견하게 되는 것은 현대의 가치와는 매우 이질적인 것처럼 보이며, 베르나르의 인식을 이해하기 위해서는 각별한 노력이 요구될 정도이다. 베르나르의 『하나님을 사랑하는 것에 관하여』를 이해하는 데 많은 노력이 필요했던 필자로서는 1960년대 초엽의 패디 차에프스키의 〈기드온〉이라는 연극이 떠올랐다. 이 연극은 『하나님을 사랑하는 것에 관하여』에 대비되는 오늘날의 매우 적절한 작품이다.

차에프스키의 이 연극의 주제는 신에 대한 의존으로부터 기드온의 점진적인 반란 내지 해방이다. 연극의 도입부에서 신은 자신에게 절대적으로 복종하고, '신을 위해' 이스라엘의 적들과의 전투에서 승리한 기드온에게 영감을 제공한다.

---

46 LeClerq et al., *The Spirituality of the Middle Ages*, p. 187.

47 *The Letters of Peter the Venerable*, ed. by Giles Constables, vols. 1-2 (Cambridge, Mass., 1967).

48 LeClerq et al., *The Spirituality of the Middle Ages*, pp. 191~200.

49 베르나르의 서신들은 이에 대한 가장 좋은 주석이다. 또한 동시대인들에 의해 작성된 전기적 기록들을 참조하기 바란다. *St. Bernard of Clairvaux: The Story of His Life as Recorded in the Vita Prima Bernardi by Certain of his Contemporaries, William of St. Thierry, Arnorld of Bonnevaux, Geoffrey and Philip of Clairvaux, and Odo of Deuil*, trans. G. Webb and A. Waker (London, 1960).

연극이 진행됨에 따라 기드온은 "신과 기드온을 위해" 그 다음에는 "기드온과 신을 위해" 그리고 마침내 연극의 종반부에서는 "기드온"만을 위한 전투에서 승리하기 시작한다. 연극이 막을 내릴 즈음, 기드온은 신으로부터 완전한 독립을 선언하게 된다. 기드온 역시 신이라는 개념을 인간이 이해하기 어렵다는 것을 발견한다. 누군가는 외견상 이 연극을 전통적인 종교에 대한 현대인의 포기에 관한 주석이라고 해석할 수도 있다.

베르나르의 수도원 세계는 오늘날의 도덕극에 반했다. 베르나르는 신으로부터 완전한 독립 상태의 인간, 인간의 매우 많은 희생 그리고 신에 대한 점진적인 신뢰의 단계를 추적했으며, 마침내는 자신의 의지와 신의 의지를 완벽하게 동일시하기에 이르렀다. 인간이 행해야 하는 이 여정은 완벽한 자유와 자족으로부터 자아에 대한 모든 의식이 사라질 정도로 신에 대한 극도의 종속으로의 여정이었다.

> (1) 첫 번째 단계에서 인간은 단지 자신만을 사랑하고 그리고 자신만을 위해서 사랑하게 된다. …… 자신의 고유한 욕구를 뛰어넘는 무엇도 알지 못한다. 그러나 오직 홀로 서 있을 수 없다는 사실을 발견하게 되자, 인간은 신앙에 의해 하나님을 찾고 하나님을 사랑하기 시작한다. (2) 두 번째 단계에서 인간은 하나님을 위해서가 아니라 자신을 위해서 하나님을 사랑하게 된다. 자신의 필요에 의해서 자신보다 영원한 무엇을 붙잡을 수밖에 없게 된 인간은 하나님을 사랑하고 하나님을 경배하며 …… 그리고 점차 하나님에 관한 체험적 지식을 획득하기 시작한다. 따라서 하나님은 인간에게 달콤한 존재가 된다. …… 그리고 (3) 세 번째 단계에서 이제 인간은 단지 자신만을 위해서가 아니라 하나님을 위해서 하나님을 사랑하게 된다. 인간은 진정으로 오랫동안 이 단계에 머물러 있게 된다. 사실상 누군가가 이 현세에서 그것을 뛰어넘어 다음과 같은 지점에까지 완벽하게 도달한다는 사실에 대해 나는 의구심을 가지고 있다. 즉 (4) 네 번째 단계는 오직 하나님을 위해서만 하나님을 사랑하게 되는 지점이다. 여기까지 이르게 된 인간으로 하여금 다음과 같이 주장하도록 하자. 나로서는 [이 현세에서] 그것이 불가능한 것처럼 보인다고 말하지 않을 수 없다.[50]

베르나르는 여기서 종교적 성숙을 4단계로 설명하고 있으며, 삶을 네 가지 영역으로 해석하고 있다.

1. 오직 자신만을 알고 자신만을 사랑하고 있다. 그리고 이는 교회 밖의 세속의 상태이다.
2. 신을 사랑하고 있다. 하지만 그는 신으로부터 무엇인가를 얻기 위해서만 신을 사랑한다. 이는 두려움에서 그리고 영원한 보상을 얻으려는 희망에서 신을 사랑하는 것이며, 대다수 평신도 그리스도교 교도의 특징이기도 하다.
3. 신을 위하고 또 신을 사랑하고 있다. 그는 신이 선하며, 여하한 보상도 없이 신을 사랑할 가치가 있다고 생각하기 때문이다. 이 같은 부류의 사람은 수도자들에게서 발견된다.
4. 마지막으로, 단지 신만을 사랑하고 오직 신을 위하며, 자신을 의식하지 못할 정도로 자신의 의지를 오직 신에게 완벽하게 일치시키고 있다. 진정으로 완전한 사랑이 여기에 있고, 베르나르는 감히 자신을 이들과 동일시하지 않았으며, 보기 드문 이 사람은 내세에서의 삶을 이 현세에서 진정으로 이미 경험한 사람이다.

베르나르의 논지에 따르면, 수도사와 수녀는 3번째 단계와 4번째 단계 사이에 있고, 신을 위하여 신을 사랑하려고 하며, 완전히 무사무욕의 지경에 이르기까지 신을 사랑하려고 갈망하고 있다는 것이다. 기도, 금식, 학습, 육체노동, 영성적 훈련 및 의복과 예절에서의 강제적 순응, 즉 외향적 생활과 내면적 생활 모두에 대한 완벽한 규제를 통해 수도자들은 자신의 고유한 의지를 발현하려고 했다. 베르나르에 의하면, 이들은 신의 의지와 견해보다는 자신들의 고유한 의지와 견해를 신뢰하는 '마음의 문둥병'을 극복해야 하며, "내 뜻이 아니라 하나님의 뜻대로" 행할 수 있는 사심이 없는 자아로 대체되어야 한다는 것이었다.[51] 이후 마르틴 루터에 의해 유명하게 된 14세기 독일의 한 신비주의자의 저술인 『독일

50 *PL*, 182, col. 998C.
51 *Ibid.*, 183, col. 289D.

신학』은 관상적 삶을 자아, 즉 자신의 이기심(selbheit), 자아(ichheit) 및 자신(eigen)에 대한 모든 인식으로부터 벗어나는 것이라고 정의했다. "창조된 의지는 영원한 의지로 흘러가야 되고, 거기서 스스로 녹아 없어져 무가 될 것이다. 그리하여 단지 영원한 의지만이 의지, 염원 및 존재에 남게 된다."[52] 성스러운 개혁가와 이단적인 광신도 모두는 이 같은 개념으로부터 유래되었다.

12세기 새로운 수도회들에게 신학은 추상적이고 교조적인 지식이 아니라 즉각적이고 실천적인 지혜를 의미했다. 신학은 교리의 체계가 아니라 삶의 방식으로서, 변증법적 추론에 의해서가 아니라 사랑과 관상에서 실체화되는 그 무엇이었다. 베르나르와 마찬가지로 위그 생빅토르와 리처드 생빅토르 역시 신학의 목적은 교리의 천명이나 위대한 신학적 종합이 아니라 신과의 애정의 합일이었다. 이들 형제는 디오니시우스의 신비주의로부터 신학적 주제를 자유롭게 도출했다. 디오니시우스의 신비주의에서 '무지'는 신에 이르는 가장 확실한 길이라고 주장되었으며, 신이 이성을 훨씬 초월하는 존재로 설정되었다.[53] 그리하여 빅토르 학파는 베르나르 못지않게 여하한 합리적 본성의 지적인 활동도 포기하지 않았으나, 지적 활동을 보다 중요한 경험적 목적에 전적으로 복속시켰던 것이다.

평신도의 영성적 생활 또한 이들 운동과 이념으로부터 영향을 받았다.[54] 평신도가 종교 생활에 매료된 것은 새로운 수도회의 경건함과 밀접하게 결부되어 있었다. 이 시기에는 그리스도를 높이는 관행, 즉 성채의 빵과 포도주를 높이 들고, 예수의 이름을 크게 부르는 관행이 그리스도 최후의 성만찬식에서 중요한 요소가 되었다. 12세기에는 또한 성채에 헌신적이었던 평신도 단체의 맹아가 목격되었다.[55] 이 같은 관행은 화체설의 대중적 인식을 반영했다. 교황 인노켄티우스 3

52 *Theologia Deutsh*, ed. Herman Mandel(Leipzig, 1908), p. 53.

53 이 책의 172쪽을 참고하기 바란다.

54 뛰어난 참고문헌에 관해서는 LcClercq et al., *The Spirituality of the Middle Ages*, pp. 243~282; Gabriel La Bras, *Institutions ecclésiastiques de la chrétienté médiévale*(Paris, 1964), vol. 2를 참조하기 바란다.

55 Peter Browe, *Die Verehrung de Eucharistie im Mittelater*(Munich, 1933); *Die eucharistische Wunder des Mittelaters*(Breslau, 1938); Jean Deschamps, *Les confréries au Moyen Age* (Bordeaux, 1958)를 참고하기 바란다.

세는 1215년 제4차 라테란 공의회에서 화체설이 가톨릭교회의 공식 교리라고 천명했다. 이 화체설에 따르면, 성채의 빵과 포도주는 성직자의 축성에 의해 그리스도의 몸과 피로 전환된다는 것이었다. 보편자가 특수자에 실제로 존재한다고 믿었던 시대의 사람들은 부활한 예수의 몸이 빵과 포도주에 실재한다고 또한 믿었던 것이다. 우리는 새로운 성채적 신앙에서 대중적 종교, 스콜라주의 및 중세 교회사가 수렴되는 것을 발견하게 된다.

안셀무스 캔터베리와 베르나르 등의 교회 지도자들에 의해 크게 고무된 성모 마리아에 대한 헌신 또한 12세기에 절정에 이르렀다. 마리아적 경건함은 예술, 건축 및 성소는 물론 성모에서 유래한 전설과 기적에서도 다수 표출되었다.[56] 아베 마리아와 마리아에게 바쳐진 다른 대중적인 기도문은, 묵주와 이른바 마리아의 시편이 그러하듯이, 12세기의 산물이었다. 수호성인들은 매우 인기가 있었으며, 성인의 성물은 성지순례의 주요 대상이 되었다.[57] 성인의 인기와 더불어 성물에 대한 새로운 관심이 등장했다. 십자군에 의해 촉발된 합법적이거나 불법적인 성물 거래는[58] 국제적인 교역품이 되었으며, 중세 말기로부터 종교개혁기에 이르기까지 교역 규모가 확대되었다. 루터의 후원자이자 보호자였던 프리드리히 현명공은 1520년대 비텐베르크에서 당시까지 수집된 가장 거대한 유물들 중 하나를 보유했고 이를 전시하기도 했다.[59]

중세 말 평신도 사이에서 등장한 두 가지 중요한 공동체적 금욕적 경건운동은 베긴회와 새로운 헌신이었다. 베긴회는 최초의 여성 경건 공동체로서, 통일된 복장을 하고 청빈과 자선을 실천했다. 이들은 가족과 함께 생활하거나 홀로 생활하면서 세속 사회에서 활동을 했다. 베긴회에 상응하여 베가드회로 알려진 남

56 Stephen Beissel, *Geschichte der Verehrung Marias in Deutschland während des Mittelaters* (Freiburg im Breisgau, 1909).

57 Stephan Beissel, *Die Verehrung der Heilinen und ihrer Reliquien im Deutschland bis zum Beginne des 13. Jahrhunderts*(Freiburg im Breisgau, 1892); H. Siebert, *Beiträge vor-reformatorischen Heiligen-und Reliquenverehrung*(Freiburg, 1907); Ronald C. Finucane, *Miracles and Pilgrims: Popular Beliefs in Medieval England*(London, 1977)를 참고하기 바란다.

58 기어리의 근년의 연구를 참조하기 바란다. Patirck J. Geary, *Furta Sacra: Thefts of Relics in the Central Middle Ages*(Princeton, 1978).

59 Julius Köstlin, *Friedrich de Weise und die Schlosskirche zu Wittenberg*(Wittenberg, 1892), p. 17.

성 공동체의 수는 극히 적었으나, 베긴회와 베가드회는 중세 말기의 여러 영성적 운동을 상징적으로 보여주었다. 이들은 수도원적 경건한 생활을 했다. 이들은 자신들만의 방을 갖거나 수도원을 형성했으며, 이들 대다수는 결국 기성 수도회였던 시토회, 도미니크회 및 프란체스코회에 통합되었다. 베긴회는 또한 수도원주의로 간주될 수도 있다. 보다 유명한 '신부(新婦 여성) 신비주의자들'의 일부가 베긴회였기 때문이다. 이를테면 마그데부르크의 하데비흐와 메흐틸데가 대표적인 인물이었다. 이들은 이단적 영성주의와 이단의 변종으로 간주되었다. 일부 베긴회나 평신도 자매회들이 발도파와 카타르파('순수한 자들')의 가르침을 따랐으며, 교회에 의해 '자유 영성주의자'라는 이단으로 정죄를 받고 탄압을 받았기 때문이다. 베긴이라는 어휘는 교황청 십자군의 공격 대상이 되었던 프랑스 남중부의 도시 알비 주변에 집결한 카타르파를 지칭했다.[60]

12세기 말과 13세기 초에 베긴회는 네덜란드, 라인란트 및 프랑스의 여러 도시에서 대두했다. 오늘날 그렇게 부르고 있는 이 '여성 종교 운동'은 중세 성기의 인구 폭발은 물론 중세 성기에 고조된 종교성도 반영했다. 자신의 재능을 가치 있게 활용하려던 여성의 수가 증가했다. 이 운동은 또한 중세 사회에서 직업 선택의 여지가 거의 없었지만, 엄청난 열정과 시간을 가진 미혼 여성의 곤경을 반영했다. 상류층 내지 중산층 출신의 미혼으로 직업이 없고 영성적으로 이상주의적인 다수의 여성들, 즉 과부, 미혼 여성 및 귀족과 상인의 딸은 베긴회에서 자신의 정서적 욕구와 사회적 욕구에 대한 분출구를 발견했다. 이 여성들은 다양한 종교적 활동에 정례적으로 참여하는 것 이외에, 병자와 도움이 필요한 사람을 위한 봉사, 아이 돌봄이 및 간병인으로 활동했다. 쾰른의 사례가 보여주듯이, 하층 출신의 미혼 여성 또한 시가 지원하는 베긴회에 가입했다. 1250~1350년 사이에 쾰른에서는 각기 10명에서 12명으로 구성된 100개 이상의 베긴회가 설립되었다.[61]

---

60 베긴이라는 어원에 관한 문헌으로는 Frederick M. Stein, in *The Religious Women of Cologne 1120-1320*(Dissertation Yale University, 1977), pp. 6~7, 69를 참고하기 바란다. 또한 E. W. McDonnell, *The Beguines and Begahards in Medieval Culture*(New Brunswick, 1954)를 참고하기 바란다.

61 Stein, *The Religious Women of Cologne*, pp. 87, 172를 참조하기 바란다. 슈타인은 1320년경 쾰른에

13세기 중엽 교회는 이단의 영향력 아래 있던 베긴회를 탄압하기 시작했다. 기존 수도회들은 베긴회를 철저히 감독했고, 베긴회가 기존의 교리와 관행을 수용하도록 했다. 다수의 베긴회는 기존 수도회에 통합되었다. 하지만 특히 프랑스 남부에서 이단 수녀회는 끈질기게 살아남았다.

중세 여성들, 특히 중하류 출신 여성에 대한 이단 수녀회의 호소력은 사회적인 동시에 종교적이었다. 이단의 매력은 종교적 소명이 가능한 곳이라는 점이었으며, 베긴회 운동이 폭발적으로 일어날 당시, 기존 수도회는 종교적 요구를 충족시킬 채비가 충분하지 않았다. 대다수 베긴회에서 동일한 사회적 지위를 가진 사람들로 구성된 공동체의 필요성은 수녀회의 신학적 정통론보다 더 중요해졌다. 하지만 이단적 수녀회는 수녀원이나 중세 사회의 어느 곳에서나 익숙한 열등한 지위의 여성을 어느 정도 해방한 것으로 보인다. 일부 베긴회 수녀들이 수용했던 이원론적 이단은 여성이 영성적으로 남성과 동등하며 종교적 권위와 책임을 공유해야 한다고 가르쳤다.[62] 여성의 이 같은 종교적 역할 확대를 위한 교리적 토대는 본질적으로 남성과 여성이 각각 물리적·신체적 조건에서만 차이가 있다는 점이었다. 이 같은 차이는 보다 거대한 체계에서는 중요하지 않았다. 남성과 여성은 신 앞에서 그리고 천국에서 신성한 영혼이며, 이들의 성적 차별과 부수적인 불평등은 더 이상 존재하지 않았다.

이 같은 믿음은 종교 의식에서 여성에게 중요한 역할을 부여했다. 카타르파는 여성에게 사제가 집전하는 의식의 집전을 용인했다. 이들의 신앙은 또한 성 윤리가 중세 교회의 고안물이라고 재해석했다. 육체가 전적으로 악한 것이라고 부정했던 카타르파는 그 추종자들에게 자식을 낳지 말라고 촉구했으며, 임신한 여

1200명이 베긴회에 소속되어 있었다고 추정했다. Johannes Asen, "Die Beginen in Köln," *Annalen des Historichen Vereins für den Niederrhein*(1927-29), 111, pp. 81~180; 112, pp. 71~148; 113, pp. 13~96을 또한 참조하기 바란다.

62 Gottfried Korch, *Frauenfrage und Ketzertum im Mittelater: Die Frauenbewegung im Rahmen des Katharismus und des Waldensertums und ihre sozialen Wurzeln*(*12-14. Jarhundert)*(Berlin, 1962), pp. 181~185.

성에 대한 안수 의식을 명백히 거부했다. 카타르파의 피임 및 유산이라는 관행은 이것들을 금지한 가톨릭교회의 격렬한 비판을 초래했다.[63] 한편 만약 교회 심문관들의 기록이 신뢰할 만한 것이라면, 종교적인 고려의 대상이 되는 것이 인간의 마음과 영혼의 태도라고 확신한 카타르파는 일반적인 헌신자들이 후손을 낳기 위해 결혼하는 것을 제외하고 자신의 육체로 원하는 대로 행하는 것을 용인했다. 중세의 일부 여성들은 중세 종교사에서 드문 개념이지만 적어도 흥미로운 것으로 죄의식이 없는 간통의 가능성을 발견했을 수도 있었다. 이는 12세기 프랑스 남부의 궁정 문학에서의 미혼의 에로틱한 사랑에 대한 찬사에 비교되었다. 이 같은 개념의 조장은 자신의 삶을 지배한 남성에 대한 중세의 일부 여성들의 또 다른 반란이기도 했다.[64]

1312년 빈 공의회에서는 카타르파 베긴회와 베가드회가 다음과 같은 것을 공공연히 가르친다고 이들을 정죄했다.

1. 인간은 이 현세에서 완전히 죄가 없으며, 더 이상 은총을 필요로 하지 않을 정도로 매우 대단한 완전함을 성취할 수 있다.
2. 이 같은 완전함을 얻은 이후에는 금식이나 기도가 필요하지 않다. 이 같은 완전함을 얻은 인간이 이제 자신의 감각적 본능을 이성적 본성과 영성적 본성에 완전히 복속시킬 수 있으며, 심지어 자신의 몸이 원하는 대로 행할 정도로 [감각적 본성을] 복속시킬 수 있기 때문이다.
3. 앞서 언급한 완전함과 자유로운 정신에 도달한 인간은 더 이상 인정적인 복종을 할 필요도, 교회의 명령이나 가르침을 이행할 의무도 없다. 그들[이단들]이 주장하고 있듯이, "주는 영이시니 주의 영이 계신 곳에는 자유함이 있느니라"(고린도후서 3장 17절).

---

63 John T. Noonan, Jr., *Contraception: A History of Its Treatment by the Catholic Theologians and Canonists*(New York, 1967), pp. 221~244; Christopher Brooke, "Heresy and Religious Sentiment, 1000-1250," in *Medieval Church and Society*(London, 1971), pp. 139~161.

64 Friedrich Heer, *The Medieval World: Europe 1100-1350*, trans. Janet Sondheimer(New York, 1962), p. 172.

4. 이 현세에서 인간은 내세에서 인지하게 될 모든 지복의 단계에 이를 수 있다는 것이다.[65]

베긴회의 마거릿 포레트는 완전한 사람이 '덕을 초월한다'는 공공연한 가르침으로 1310년 파리에서 화형을 당했다. 하지만 베긴회의 절대 다수는 매우 온건했고, 정통 교리를 추종했다. 이들은 십자군을 열성적으로 지지했으며, 교회의 새로운 성채 헌신의 지도자가 되었다. 최근의 연구에 의하면 오늘날의 '히피족'과 같은 베긴회와 베가드회는 주로 이단아로서 자유 영성주의자 이단으로 제소되었다는 것이다. 이들 이상주의자는 다소 기이한 방식으로 '인간의 내면의 삶을 고무하고자' 했다는 것이다.[66] 이들이 조직적으로 도덕을 폐기했다는 비난을 입증할 증거는 거의 없으며, 집단적인 성적 문란에 관한 보고서는 수사적이거나, 심지어 당대의 시류를 비판한 대안적인 생활 방식에 의구심을 가지고 있던 교회 당국자들에 의한 음모의 일환으로 폐기되었다. 사람들이 새로운 이념, 경험 및 권위의 근거에 대해 눈을 뜨게 되자, 베긴회와 베가드회가 심문관의 조서에서 공개적으로 비난받은 부패한 도덕적 인식에 의해서가 아니라, 인문주의 철학자 피코 미란돌라가 자유 영성주의자였다는 사실로 인해 '자유 영성주의자'였다는 결론에 도달하게 되었던 것이다.

중세의 영성적 전통에서 이단과 정통을 구분하는 선은 극히 미세했으며, 특히 이단의 발단에 있어서 그러했다. 레프가 지적했듯이, "이단에 이르는 길은 경건함으로 포장되어 있었다". 그리고 이단을 판단하는 궁극적인 시금석은 매우 실제적인 것이었다. 즉 개인이나 집단이 교리와 관련하여 교회의 권위에 순복하는가 여부였다.[67] 이단은 대개 청빈, 그리스도를 본받음에 있어서 자기 부정, 마음

---

65 Densinger, nos. 891~899, p. 282. 카타르파의 가르침은 Emmanuel Le Roy Ladurie, *Montaillou, village occtan de 1294 à 1324*(Paris, 1975)에서 매우 무비판적으로 인용되었다.

66 Robert E. Lerner, *The Heresy of the Free Spirit in the Later Middle Ages*(Berkeley, 1972), pp. 62, 233, 240. 러너는 자유 영성주의자 이단으로 제소된 자들이 '자기숭배(autotheism)'(즉 이들은 자신들이 전적으로 신과 동일시된다고 생각했다)를 실천했으며, 의도적으로 성사를 회피했다는 사실을 발견했다.

67 Gordon Leff, *Heresy in the Later Middle Ages*(Manchester, 1967), 1, pp. 1~4, 12.

을 울리는 신의 체험 등과 같은 기존의 가르침이나 관행과 더불어 시작되었으며, 점차 이를 진정한 종교적 생활의 배타적 시금석으로 삼았다. 전통적 가르침이나 관행이 이처럼 과장되게 되자, 이 같은 영성은 이단이 되었으며, 이단의 고수 내지 종종 고상한 진리를 엄수한다는 명목하에서 이루어진 이단의 고수는 교회 당국자들로부터 공개적인 반대와 비판을 초래했다.

이단은 영적으로 모든 사회계층과 연결되었으며, 이는 교회 당국자에게 특히 심각한 문제가 되었다. 베긴회가 보여주듯이, 중세의 평신도 종교 운동은 단지 '가난한 사람의 종교'가 아니라, 지식인이나 비지식인, 부자나 가난한 자를 불문하고서 매우 고상한 종교적 이상을 가지고 있었던 모든 사람을 위한 경건 운동이었다. 독일의 역사가 헤르베르트 그룬트만은 중세의 이단이 경제적으로 가난하고 사회적으로 소외된 사람들을 위한 이데올로기였다는 마르크스주의자의 해석 내지 다른 해석을 비판하면서 이를 자세하게 논의했다.[68] 그룬트만은 '거칠고', '단순하며', '무식한' 이단에 대한 심문관의 묘사가 피의자들이 영성적 문제에 권위를 지닌 훈련받은 성직자나 학자가 아니라는 점을 주로 명확히 했고, 이를 보여주었다. 한 걸음 더 나아가 그룬트만에 의하면, 스스로를 베 짜는 사람이라고 한 이들의 묘사가 원래의 사회적 지위라기보다는 종종 이들이 자유롭게 선택했던 직업이었다는 것이다. 그룬트만은 중세 성기 및 말기의 종교 운동에는 목수로서 단순한 삶을 살았던 예수, 천막 짜는 사람이었던 성 바울, 그리고 어부였던 성 베드로를 본받아 천한 직업에 종사하기를 원했던 사람들로 가득 차 있었다고 이해했다. 이 같은 종교 운동의 지도자들은 종종 부유한 교양 계층 출신으로서, 경제적인 착취와 사회적인 소외를 비판하면서 순수한 정치적 저항을 위해서가 아니라 당대의 천박한 물질주의를 비판하면서 영성적 태도를 함양하기 위해서 종교적인 삶에 매료되었던 사람들이다. 초기에 프란체스코회와 도미니크회 탁발 수사들의 압도적 다수는 가복(ministerials)[69] 및 도시귀족 출신이었다.

---

68 Martin Erbstösser and Ernst Werner, *Ideologische Probleme des mittelaterlichen Plebjertums: Die Freigeitge Häresie und ihre sozialen Wurseln, Forschungen zur mittelaterlichen Geschichte*, 7 (Berlin, 1960)은 그룬트만의 해석에 대해 비판적이었다.

69 (옮긴이) 이들은 성기 신성로마제국, 특히 독일의 비자유 귀족으로서 주로 영주의 기사, 토지 관리인, 궁

이들 모두는 13세기에 새로운 정치적 자유와 경제적 자유를 경험했으며, 개인의 가치를 결정하는 것은 출생이 아니라 덕과 행위라는 가르침에 충실했다.[70] 예수와 사도를 본받아 청빈의 삶을 살기 위하여 부와 사회적 지위를 포기했던 사람들 가운데에는 발도파를 창시한 피터 발도와 프란체스코회를 창설한 프란체스코 아시시 및 초기 프란체스코회 여성들의 조직가였던 클라라가 있었다. 사회경제적 불만이나 분노에서 야기된 불만과 이데올로기적 '이동성'은 중세 개혁 운동의 중요한 전제 조건이었다. 이 운동은 특히 대중의 지지를 받게 되자, 더욱 그렇게 되었다. 그러나 이 같은 운동의 주도 세력은 이 운동 참여자의 동기와 목표가 순전히 물질적이었다는 해석이 오류임을 보여주었다.

중세 교회는 이단 종교 운동에 대해 합리적으로 대응하지 않았다. 오히려 중세 교회는 종교재판과 십자군이라는 불과 칼로 대응했다. 교황 알렉산더 3세(1159~1181) 재임기의 종교재판은 교구에 규율을 확립하고 주교의 권한을 강제하기 위한 수단으로서 등장했다. 교황 인노켄티우스 3세(1198~1216)는 종교재판을 통해 교황청을 중앙집권화했으며, 그 이후 사법적 절차로 자리 잡은 종교재판은 기존의 수도원이나 탁발 수도회로부터 선발된 교황 특사들에 의해 시행되었다. 또한 프랑스 남부의 이단을 박멸하기 위해 1209년 교황 인노켄티우스 3세에 의해 시작된 알비파 십자군은 20년간이나 지속되었다. 알비파 십자군은 스콜라적 전통 내에서 1270년과 1277년에 일어난 아리스토텔레스주의에 대한 파리 주교의 정죄에 비견될 만한 영성적 전통 내에서의 중대한 사건이었다. 교회 당국은 이단 신학이나 철학은 물론 이단의 영성도 논의하려고 하지 않았다. 교황 그레고리우스 9세(1227~1241) 시대에는 이단을 견제하기 위한 법정과 사법적 절차라는 방대한 조직이 발달했다.

종교재판이라는 탄압 조치를 제도화한 교황청은 12, 13세기의 새로운 종교

정인, 행정가로서 봉사했다. 이들은 법률적인 의미에서가 아니라 사회적 지위에서 귀족으로 간주되었다. 이들의 권리와 사회적 위상에 따라 이들 간의 지위도 상당한 차이가 있었다.

70 *Religiöse Bewegunden des Mittelater*(Darmstadt, 1961), pp. 19~38, 168~169; John B. Freed, *The Friars and German Society in the Thirteenth Century*(Cambridge, Mass., 1977), pp. 118, 122, 129~131, 134.

운동을 중세 교회와 사회에 기여할 수 있는 평화적인 제도로 정착시키는 데 한계가 있다는 점을 인식하게 되었다. 이단의 경건함에 공감하지 않는 레프는 '중세 말 교회의 엄청난 실패' 원인으로 성직 매매, 다원주의, 부도덕, 탐욕 내지 불의보다 '대항적인 영성의 부재'를 더욱 심각한 원인이라고 지적하고 있다.[71] 도미니크회와 프란체스코회의 종교 생활에서의 평신도의 참여 확대라는 관점에서 볼 때, 이 같은 결론은 과장된 것처럼 보일 수도 있다. 일부 집단이 인간의 능력을 훨씬 뛰어넘는 종교적 순수성을 요구했다는 점이 또한 고려되어야 하며, 교회는 위험을 무릅쓰고서야 이 같은 이상주의에 대해 관대한 태도를 취할 수 있었다. 중세 말기의 이단과 정통 모두에 의한 고도의 종교적 실험은 중세 성기 평신도의 금욕적 운동의 고유의 목표를 충족시키지 못한 중세 교회의 실패에 대한 증언이었다.

많은 평신도들이 참여하게 되었던 두 번째 중요한 금욕적 운동은 14세기 말과 15세기의 새로운 헌신이었다. 1387년 성 아우구스티누스 계율을 채택한 빈데스하임의 엄격파 회중이라는 예외적인 집단이 있기는 했지만, 공동생활 형제단 및 자매단은 베긴회와 베가드회와 마찬가지로 공식적인 서약을 기피했던 반면에, 그럼에도 불구하고 자유롭게 모여 청빈, 자선 및 순복에 대한 철저한 헌신과 더불어 공동생활을 했다. 하지만 베긴회와 베가드회와는 달리 공동생활 형제단은 정통 교리를 수용했고, 교회에 절대적인 충성을 했다. 아마도 이는 이전 세기들에 있었던 종교재판의 성공을 반영했을 것이다.

새로운 헌신의 창설자인 헤이르트 흐로트(Geert Groote, 1340~1384)는 평신도 설교자이자 부제로서, 소문에 의하면 성직을 겸손하게 거부했으며, 자신과 뜻을 같이하는 평신도와 성직자를 규합하여 공동생활을 했다. 부유했던 흐로트는 여러 지역을 여행했으며, 파리, 쾰른 및 프라하에서도 수학했다. 중세 말기에 초기 그리스도교 문화의 종교적 색채를 아마도 가장 잘 보존했던 카르투지아회는 흐로트에게 많은 영향을 주었다. 흐로트는 비록 독일과 네덜란드의 신비주의, 특

71 G. Leff, *Heresy in the Later Middle Ages*, 1, pp. 29~30; *The Dissolution of the Medieval Outlook: Am Essay on Intellectual and Spiritual Change in the Fourteenth Century*(New York, 1976), p. 120.

히 마이스터 에크하르트와 얀 반 뤼즈브룩의 문하생이기는 했지만, 사변적 신비주의에서 방향을 선회했다. 기본적으로 경건함의 필요를 즉각 충족시키지 못하는 지적인 추구를 반대한 흐로트는 경건하고 실천적인 인물이었다. 흐로트가 추구한 종교는 단순하고, 헌신적이며, 자비로운 종교였다. 나아가 흐로트의 계승자였던 플로런스 라데베인스(1350~1400)는 흐로트 사후에 이 원칙에 입각해 이 운동을 더욱 조직하고 확대했다. 15세기에 접어들자, 이 새로운 헌신 운동은 더욱 견고해지게 되었으며, 15세기 중엽 남성 수도원과 여성 수도원은 네덜란드, 중부 독일 및 라인란트 도처에 자리를 잡게 되었다.

새로운 헌신은 신학과 종교적 관행 모두에서 독창적인 것이 거의 없는 것처럼 보였다. 교회의 기존 수도회가 경멸을 받을 때에 수도 참사회와 탁발 수도회의 이상을 부활시킨 새로운 헌신 운동은 그것의 개혁을 수용한 평신도의 종교 생활에서 그리고 수도원에서 세력을 확대하고 있었다.

이 새로운 헌신주의자들은 대중의 영성에 관한 저술을 다수 집필했다.[72] 이들의 이상을 가장 잘 압축했고 대중화한 저술은 토마스 켐피스의 『그리스도를 본받아서』였다. 총 4부로 구성된 이 책에서는 세 개의 부가 내면적 생활을 그리고 나머지 한 부가 성찬을 다루었다. 켐피스는 성직자와 평신도에게 단순하게 생활하고, 자신과 세속을 부정하며, 자신보다 상위자에게 겸손히 복종할 것을 권고했다. 켐피스의 조언은 수도원에서 강조된 기본 덕목이기도 했다.

이 새로운 헌신 운동에 대한 평가를 둘러싸고서 학자들 간에 견해가 나뉜다. 일부 학자들은 경건주의자의 경건함에서 반지성적인 성향을 강조하며, 이 운동을 13, 14세기에 스콜라주의가 지배함으로써 야기된 신학과 영성의 분리의 논리적 결과라고 이해하고 있다. 다른 학자들은 이 운동이 개인의 윤리적 목적을 위해 교회의 교리와 제도를 잠식한 편협하고 주관적인 경건 운동이라고 비판했다. 한편, 이 운동은 인문주의자이든, 프로테스탄트이든 혹은 가톨릭교도이든, 16세기의 모든 중요한 개혁의 원천이라는 찬사를 받았다.[73] 프로테스탄트와 가톨릭

72 Leclerq et al., *The Spirituality of the Middle Ages*, pp. 428~439.
73 이는 알버트 히마(Albert Hyma)의 논지였다. 같은 책 p. 17.

양 진영의 주요 인문주의자들과 개혁가들은 학창 시절에 형제단의 영향을 받았다. 루돌프 아그리콜라, 에라스무스 및 루터가 대표적인 사례였다. 많은 학자들로부터 새로운 헌신 운동에 대한 가장 모범적인 연구자라는 호평을 받은 포스트는 이 같은 견해를 날카롭게 거부했다. 포스트는 형제단이 공식적으로는 그 누구도 교육하지 않았지만, 주로 기숙학교를 운영했으며, 기숙 학생들의 종교적 필요를 충족시켜 주었다고 지적했다. 이들의 학문적 관심사는 초보적인 것이었으며, 실천적 경건함은 부수적이었다는 것이다. 더욱이 이들은 대다수 인문주의자와 프로테스탄트들이 거부했던 전통적인 수도원주의의 속세에 대한 경멸을 조장했다는 것이다. 이 모든 것을 고려해 볼 때, 포스트는 새로운 헌신이 16세기의 개혁 운동과 연속성을 지니고 있다기보다는 대비가 된다고 생각했다.[74]

하지만 포스트의 견해는 최근에 많은 도전을 받고 있으며, 인문주의와 프로테스탄트 개혁과의 접촉에 대한 형제단의 호의적 시각이 다시금 강조되었다. 형제단 스스로가 교육자는 아니었지만, 인문주의자의 저술을 접하게 되면서 이들은 이를 고무했으며, 이들이 그렇게 한 주된 이유가 기도서의 통일이었다는 것이다. 형제단은 인문주의자들과 마찬가지로 전달 과정에서 텍스트의 왜곡을 인식했고, 고유한 기도서, 불가타 성서 및 원본과 대비되는 교회 교부들의 저술을 평가하면서 그 장점을 발견했다. 프로테스탄트와 마찬가지로 형제단은 성서가 영성적 생활의 핵심이라고 생각했다. 이들은 또한 스콜라주의에 대한 철저한 비판을 통해 스콜라주의를 약화시켰다.[75]

새로운 헌신이 어떤 식으로든 16세기 개혁 운동을 예견하고 이에 일조했다고 주장할 수 있는 반면에, 그것은 종교개혁 전야에 전통적 수도원주의를 부활시키는 데에도 기여했다. 새로운 헌신은 그리스도와 사도들을 본받아 자기부정이라는 단순하고 공동체적 생활을 영위하려던 욕구가 원시 교회에서 만큼이나 중세

---

74 R. R. Post, *The Modern Devotion: Confrontation with Reformation and Humanism*(Leiden, 1968), 특히, pp. 675~680.

75 Helmar Junghans, "Der Einfluss des Humanismus auf Luthers Entwicklung bis 1518," *Luther-Jahrbuch 1970*, ed. Franz Lau(Hamburg, 1970) pp. 57~61; Heiko A. Oberman, *Werden und Wertung der Reformation. Vom Wegestreit zum Glaubenskampf*(Tübingen, 1977), pp. 56~71.

말에도 활발하게 살아 있었음을 보여주었다.

3) 프란체스코회 운동

중세의 성기 및 말기의 다수의 평신도와 성직자들은 사도적 청빈이라는 성서적 이상에 사로잡혀 있었다. 교회 당국자들에게 이는 영성에 대한 불길한 징후였으며, 대항 종교 문화를 급속하게 야기하고 확산시켰다.[76] 청빈 이상은 12, 13세기의 이단이었던 아놀디파, 겸손파,[77] 발도파 및 카타르파를 태동시켰다. 이들은 비교적 온건한 베긴회와 베가드회에 영감을 주었으며, 중세 말기의 이단과 개혁의 가장 현저한 특징이 되었다. 13세기 초엽 교황으로부터 승인을 받은 프란체스코회와 도미니크회라는 새로운 탁발 수도회의 주요 임무는 청빈적 이상을 실천하고 이를 교회 내에서 건설적으로 활용하는 것이었다. 이들은 이단과 이단적 교리를 비판하는 설교를 했고, 경건한 평신도를 위한 제3 수도회를 발전시켰으며, 고해자와 설교가로서 재속사제를 지원했다. 하지만 창설자 프란체스코의 전범으로부터 영감을 받은 프란체스코회는 청빈적 이상에 대한 나름의 고유한 이단적 해석을 했으며, 이단과의 싸움을 프란체스코회에 일임한 교회로서는 심각한 문제가 되었다.

1181년 내지 1182년 아시시의 부유한 직물 상인의 아들로 태어난 프란체스코는 11, 12세기 새로운 수도회들에 의해 조성된 강력한 종교적 경건함이라는 환경에서 성장했다. 프란체스코 생전에 교역의 성장에 힘입어 현저하게 증가한 도시의 물질주의와 정치적으로 매우 성공적이었던 교황청의 세속적 야심은 대중

---

76 레프는 청빈 이상이 (순수한) 사도적 교회와 (흠이 있거나 부패한) 사도 이후 내지 비사도적 교회 사이에 인식된 비연속성에 기초한 교회에 대한 새로운 역사적 비판을 야기한 것으로 이해했다. G. Leff, *The Dissolution of the Medieval Outlook*, p. 130. 또한 Norman Cohn, *The Pursuit of the Millenium* (New York, 1961), pp. 163~168을 참조하기 바란다.

77 (옮긴이) 12세기에 이탈리아에서 등장한 것으로 추정되는 수도회. 이들은 자선 활동과 겸손을 실천했으며, 독일로부터 양모 관련 기술을 도입하여 이탈리아에 확산시키기도 했다. 베네딕트 수도회의 계율을 도입했고, 겸손의 표시로 남루한 옷을 착용하기도 했다. 겸손파는 16세기 후반에 해체되었다.

적 비판의 표적이 되었다. 당시의 교황 알렉산더 3세(1159~1181)와 인노켄티우스 3세(1198~1216)는 교황청을 정치적으로나 경제적으로 강력한 조직으로 변모시켰다. 이 같은 변화를 시도한 교황청은 종교개혁에 이르기까지 개혁가들의 공격의 대상이 되었다. 이 시기에 교황청 내지 '로마' 교회와 '신도 집단 공동체'로서의 교회에 대한 최초의 구분이 통용되기에 이르렀다. 중세 말기에 이 같은 구분은 일상적이게 되었다. 프란체스코회의 영성적 이상을 예견했던 발도파는 예수와 그 제자들의 단순한 삶을 모든 그리스도교도를 위한 참된 삶으로 묘사했던 신약성서를 번역하고 이를 유통시켰다.[78] 예수가 열두 사도에게 명령한 사명(마태복음 10장 8~11절)은 프란체스코의 마음을 사로잡았으며, 청빈에 대한 프란체스코회의 이상에 영감을 불러일으켰다.

> 병든 자를 고치며 죽은 자를 살리며 나병환자를 깨끗하게 하며 귀신을 쫓아내되 너희가 거저 받았으니 거저 주라. 너희 전대에 금이나 은이나 동을 가지지 말고 여행을 위하여 배낭이나 두 벌 옷이나 신이나 지팡이를 가지지 말라. 이는 일꾼이 자기의 먹을 것 받는 것이 마땅함이라. 어떤 성이나 마을에 들어가든지 그중에 합당한 자를 찾아내어 너희가 떠나기까지 거기서 머물라.

프란체스코는 예수의 가르침 및 이와 유사한 가르침에 입각하여 1209년 최초의 프란체스코회 회칙을 공포했다. 프란체스코는 이 회칙을 중심으로 추종자들을 규합했으며, 이들은 모두 청빈의 귀부인을 신부로 맞이했다. 교황 인노켄티우스 3세는 약간 주저하기는 했지만 이 계율을 승인했다. 제4차 라테란 공의회에서 새로운 수도회를 공식적으로 금지한 교황 인노켄티우스 3세는 비록 새로운 수도회 창설에 비판적이기는 했지만, 모범적이고 사도적인 삶을 영위하고 순복하는 지지자를 필요하게 되었으며, 프란체스코와 그의 추종자들은 이와 같은 삶을 살 것을 약속했다.[79] 반세기 전에는 교회의 탄압 조치와 더불어 이단적 영성

---

78 발도파의 특징에 관해서는 Jeffrey B. Russell, *Religious Dissent in the Middle Ages*(New York, 1971), pp. 41~53의 발췌문을 참고하기 바란다.

운동이 위험 수준에까지 이르렀다. 1184년 베로나 공의회에서는 청빈 이상을 추구한 카타르파, 파타린파[80] 및 겸손파 등의 집단이 이단으로 정죄되었다.[81] 이노켄티우스가 알비파 십자군을 동원한 그 해에 프란체스코회의 소규모 집단을 인정한 것은 당시의 역사적 상황은 물론 교황청의 동기도 동시에 보여주었다.

프란체스코는 1221년 프란체스코회의 두 번째이자 보다 명확한 회칙을 작성했으며, 교황 호노리우스 3세는 1223년 이를 승인했다(*Regula bullata*, 승인 회칙). 프란체스코는 소수도회의 세 가지 현저한 특징으로 청빈, 순회 설교 및 육체노동을 제시했으며, 그중 청빈이 가장 중요했다. 두 번째 회칙에서는 아픈 형제나 자매의 치유를 제외하고서, 구성원들에게 심지어 돈을 만지는 것조차 금했으며, 이들은 탁발을 자랑스럽게 여기면서 생활해야 했다. 청빈한 클라라회는 프란체스코회 운동의 여성 분파였다.[82] 두 번째 회칙에 따르면,

> 형제들은 세속 사회로부터 추방당한 사람들인 환자, 약자, 가난한 나환자 및 거리의 걸인과 더불어 생활하는 것을 특권으로 생각해야 한다. 도움이 필요할 경우 형제들은 부끄러워 할 필요 없이 탁발을 해야 한다. 마리아나 제자들과 마찬가지로 예수는 가난한 사람이었고, 떠돌아다니는 사람이었다. 예수는 자선의 수용을 부끄럽게 생각하지 않았다. …… 적선은 가난한 사람들의 상속된 권리로서, 주 예수 그리스도에 의해 이들에게 보장된 권리였다.[83]

---

79 John Moorman, *A History of the Franciscan Order*(Oxford, 1968), pp. 10~19를 참고하기 바란다. 또한 Cajetan Esser, *Origins of the Franciscan Order*(Chicago, 1970); Malcom D. Lambert, *Franciscan Poverty: The Doctrine of the Absolute Poverty of Christ and the Apostles in the Franciscan Order 1210-1323*(London, 1961)을 또한 참고하기 바란다.

80 (옮긴이) 11세기 이탈리아 밀라노에서 일어난 종교운동으로, 이들은 성직 매매를 비판하고 성직자의 독신을 지지했다. 11세기 중엽 이 같은 개혁을 둘러싸고서 파타린파와 밀라노 대주교 추종자들 사이에 내전이 일어나기도 했다.

81 Denzinger, nos. 760~761, p. 242.

82 Moorman, *A History of the Franciscan Order*, pp. 32~39.

83 *Brother Francis: An Anthology of Writings by and about St. Francis of Assiss*, ed. Lawrence Cunningham(New York, 1972), pp. 102~104.

1224년 9월 14일 베르나산에 소재한 프란체스코 수도회의 움막에서 오랫동안의 간절한 기도가 절정에 달하면서 기적처럼 성흔, 즉 십자가에서 못에 박혔던 예수와 같이 프란체스코의 손과 발에 상처가 나게 되었다. 피를 흘린 이 상처는 절친한 친구들을 제외하고서 비밀에 붙여졌으며, 프란체스코는 나머지 생애 동안에 이 성흔으로 인해 고통을 받았다. 프란체스코회의 영성적 저술가들에게 이 성흔은 프란체스코의 생애에서 가장 중요한 사건이었다. 프란체스코의 주위 사람들에게 이 성흔은 프란체스코가 그리스도를 매우 본받았다는 점과 그의 삶이 예수의 그것에 얼마나 일치했던가에 대한 각별한 징후였다. 이 성흔으로부터 깨우침을 받은 다른 사람들은 프란체스코가 인간적인 중요성보다 그리고 심지어 새로운 시대의 메시아보다 그리스도를 닮았다고 결론지었다.[84] 우리가 앞으로 살펴볼 것인 바와 같이, 영성적 성흔은 프란체스코 신비주의의 고유한 목표가 되었다.[85]

프란체스코는 자신 및 자신의 운동을 사도 시대 이래 전례가 없던 인간이자 운동으로 간주하고자 했던 사람들을 지지했다. 1226년 4월 세상을 떠나기 6개월 전에 프란체스코는 자신의 추종자들을 위해 논쟁적인 성격의 고별사인 『약속』을 저술했다. 그는 오랫동안 프란체스코회의 이상, 특히 고정된 재산을 소유하고, 속권을 보유한 성직자의 권리를 프란체스코회가 부정하는 것에 대해 교황청이 두려움을 가지고 있다는 사실을 인식했다. 교황들은 이 같은 견해가 다른 수도회에 확산되거나, 심지어 비판적인 성직자와 평신도 자신들에게 적용되는 것도 원하지 않았다. 이 교황들은 프란체스코회의 근원적인 이상을 근절하고자 했다. 이것이 프란체스코회의 고유의 정신에 대한 위협이라고 인식한 프란체스코는 『약속』에서 모든 타협을 거부했으며, 자신의 진정한 추종자들에게 청빈을 엄격히 준수하도록 촉구했다.

[처음에] 우리는 단순했으며 모든 것에 복속했다. 나는 육체노동을 했으며, 이를

84 이 책의 165쪽을 참조하기 바란다.
85 이 책의 178쪽을 참조하기 바란다.

〈성 프란체스코의 성흔〉(조토)

> 원했다. 나는 모든 형제가 자신의 손으로 정직한 노동을 하기 바란다. 노동의 기술을 익히지 않은 사람은 자신의 노력에 대한 좋은 임금을 받기 위해서가 아니라 좋은 사례를 제공하고 게으름을 피우지 않기 위해 기술을 배워야 한다. 노동에 대한 보상이 기대되지 않으면, 우리는 이집 저집 돌아다니면서 구걸을 했던 주의 식탁으로 되돌아가도록 하자. …… 만약 이들이 신성한 청빈의 요구에 부합하지 않으면, 우리가 회칙에서 늘 나그네나 순례자처럼 생활하기로 약속했던 것처럼, 형제로 하여금 교회, 형편없는 거처 내지 이들을 위해 만들어진 다른 [기존의] 건축물을 수용하는 것에 주의하도록 하자. 순복과 관련하여 형제가 자발적으로나 중재자를 통해서 로마 교황청으로부터 설교에 필요하다거나 박해로부터 피난처가 필요하다는 핑계를 대며 교회나 다른 장소에 대한 여하한 특권도 감히 수용해서는 안 되고 이에 반드시 순복해야 한다고 나는 요구했다.[86]

프란체스코는 1226년 10월 3일에 세상을 떠났다. 어떤 점에서 볼 때, 그는 자신의 수도회와 교회에 실현 불가능한 이상을 유산으로 남겼다. 만약 그대로 추종자들이 프란체스코가 요구한 대로 그 이상을 엄격하게 추구했더라면 역사적 제도로서의 프란체스코회와 교회 모두가 생존이 불가능했을 것이다. 다른 시각에서 볼 때, 프란체스코의 유산은 순결함에 대한 헌신으로서, 이 같은 헌신 없이는 종교적 제도를 둘러싼 세속으로부터 그것을 구분하기가 어려웠을 것이다.

소수도회의 성격을 둘러싸고서 갈등이 시작되자 프란체스코는 세상을 떠나서도 마음이 편하지 않았을 것이다. 교황 그레고리우스 9세는 사후 2년도 채 되지 않아서 프란체스코를 시성했다. 프란체스코에 대한 신속한 시성에 이면의 동기 중 하나인 프란체스코와 프란체스코회를 교회의 확고한 권위 아래 두고자했던 그레고리우스의 소망에서 찾으려는 시도조차 프란체스코의 성인성을 손상시키지는 못한다. 성인들은 교회에 대한 신실함에 의해 성인이 되었던 것이다.

프란체스코회는 일찍이 프란체스코의 『약속』을 철저히 준수하면서 생활하고

---

86 *Brother Francis*, pp. 51~52.

자 했던 엄수파와 보다 안정적이고 전통적인 수도회를 추구했던 온건파로 분열되었다. 프란체스코회의 진로를 둘러싼 갈등은 심지어 프란체스코의 전기를 둘러싸고서도 야기되었다.[87] 프란체스코의 절친한 친구 겸 원래의 제자로서 1228년 프란체스코에 관한 최초의 전기(*Vita prima*)를 기술한 토마스 첼라노(약 1190~1260)는 엄수파를 대변했다. 첼라노는 프란체스코의 생애보다 프란체스코와 그의 업적을 길게 서술했으며, 독특한 개성과 그가 행한 기적적인 일을 자세하게 기술했다. 1247년 프란체스코에 관한 두 번째 전기를 집필한 첼라노는 프란체스코의 보다 인간적인 면과 영웅적인 면을 묘사했다. 프란체스코에 관한 세 번째 전기가 뒤이었던 바, 이는 1253년경 떠돌아다녔던 기적 이야기들의 모음집이었다.

첼라노의 저술과는 대비가 된 작품이 보나벤투라의 『프란체스코 대전기』(*Legenda maior*)(1263)였다. 보나벤투라는 자신만의 고유한 서술로 프란체스코의 전기를 재구성하기 위하여 첼라노의 전기들을 자유롭게 활용했으며, 프란체스코의 생애와 가르침의 함의를 다수 수정했다. 1266년 프란체스코회 파리 지회는 보나벤투라의 전기가 프란체스코에 대한 공식적인 전기라고 선언했으며, 이전의 모든 전기를 폐기하라고 명령했다.

1257년부터 1274년까지 프란체스코 수도회의 총원장이었던 보나벤투라는 탁월한 조직가로서 '제2의 창설자'라는 명성을 얻게 되었다. 보나벤투라의 목표는 엄수파와 온건파를 통합하는 것이었지만, 그는 주로 온건파를 중심으로 통합하고자 했다. 그는 회칙에 관한 권위 있는 해설서를 집필했던바, 이는 그것의 일부 난해한 문제를 영성화했으며, 청빈과 순회 설교라는 초기의 이상을 제도화된 기존 구조에 조율하고자 했다. 보나벤투라는 청빈의 삶이 좋은 음식도, 옷도 그리고 거처도 없는 유랑생활을 의미한다고 생각하지 않았으며, 만약 자신과 같은 소수도회의 일부 수사들이 육체노동을 학문과 명상이라는 정신적 영성적 일로 대체했다면, 이것이 잘못이라고 생각하지도 않았다. 그리하여 보나벤투라는 논

87 Moorman, *A History of the Franciscan Order*, pp. 151~154, 281~287을 참조하기 바란다.

쟁에서 자신이 프란체스코회의 본래의 이상을 타협하려고 시도하지 않았으나, 프란체스코회가 역사적으로도 번성할 수 있도록 기여하고 있다고 생각했다. 하지만 그의 저술은 프란체스코회의 본연의 엄격한 이념을 완화시키는 결과를 초래했다. 청빈은 자구적 의미의 이상이 아니라 보다 영성적인 이념, 즉 실제적이고 물리적인 상태가 아니라 마음과 정신의 태도가 되었다. 존 무어먼은 총원장 보나벤투라에 의해 정의되었던 프란체스코회 역사에서의 전환점을 다음과 같이 기술했다.

> [그리하여] 보다 중요한 안전과 안정, 즉 보다 중요한 특권과 위엄이 있게 될 것이었다. 전형적인 수사는 들판에서 일하고 환자를 돌보며 헛간과 교회에서 잠을 자는 유랑하는 설교자가 더 이상 아니었다. 즉 가장 낮은 자리를 차지하는 단순하고 독실하며 담백한 영혼의 소유자이자 배우지 못하고 모든 사람에게 예속된 자가 아니라, 수도회의 구성원으로서 좋은 교육과 좋은 훈련을 받은 설교자이자 영혼의 지도자였다. 또한 이 수도회 공동체가 수사를 존경하고, 수사의 봉사가 의미 있게 평가받을 것이었다.[88]

보나벤투라의 생애 내내 프란체스코회의 주요 공동체는 프란체스코회를 수도원 조직으로 재편하려는 모든 시도에 반대했다. 이들에게 청빈의 의미는 자구 그대로였으며, 재산과 소유물에 대한 모든 소유권은 프란체스코회의 고유의 의도에 명백히 반하는 것이었다. 이 엄수파의 이상은 원래 변덕스러운 반대자였으나, 프란체스코 추종자들이 프란체스코와 동시대 인물이자 이상주의자였던 칼라브리아의 수도사 요아킴 피오레(약 1132~1202)에 의해 제기된 혁명적인 역사철학에 통합되자, 더욱 폭발적이게 되었다. 요아킴은 15세에 삼부키나의 시토 수도원에 입회했으며, 1168년 사제로 서품을 받았다. 1177년 요아킴은 코라조 수도원의 원장이 되었다. 시토 수도사들 사이에 만연한 나태와 기강해이에 환멸

88 같은 책, p. 154.

을 느낀 요아킴은 1192년 시토 수도회를 탈퇴했다. 잠시 광야에서 지낸 후 그는 피오레의 산 지오바니 수도원을 창설했으며, 이 새로운 수도회는 1196년 교황 첼레스티노 3세 의해 승인을 받았다. 피오레는 플로렌시아회의 고향이 되었다. 플로렌시아회는 1633년까지 독자적인 수도회로 존속했으며, 그 이후 시토회에 다시 흡수되었다.[89]

성 프란체스코와 마찬가지로 요아킴 또한 신약 성서의 몇몇 구절들에서, 특히 인류에게 독특하고 새로운 시대를 약속한 것처럼 보이는 일부 구절에서 영감을 발견했다. 에베소서 4장 11~13절은 무르익은 시기와 신에 관한 충만한 지식을 언급했다. 즉 "그가 어떤 사람은 사도로, 어떤 사람은 선지자로, 어떤 사람은 복음 전하는 자로, 어떤 사람은 목사와 교사로 삼으셨으니 이는 성도를 온전하게 하여 봉사의 일을 하게 하며 그리스도의 몸을 세우려 하심이라. 우리가 다 하나님의 아들을 믿는 것과 아는 일에 하나가 되어 온전한 사람을 이루어 그리스도의 장성한 분량이 충만한 데까지 이르리니" 고린도전서 13장 9~10절에 의하면, "우리는 부분적으로 알고 부분적으로 예언하니 온전한 것이 올 때에는 부분적으로 하던 것이 폐하리라"라는 것이다. "또 보니 다른 천사가 공중에 날아가는데 땅에 거주하는 자들 곧 모든 민족과 종족과 방언과 백성에게 전할 영원한 복음을 가졌더라"는 요한계시록 14장 6절은 심지어 새로운 복음에 관해 언급하고 있는 것처럼 보였다. 이는 교회의 목회자들과 교사들이 장성한 인류에게 전할 영원한 복음에 의해 대체될 때에, 신에 관한 충만하고 완전한 지식에 대한 약속이었다. 요아킴은 이 새로운 시대가 예수 그리스도에게서 예언이 성취된 것을 뛰어넘는 무엇, 즉 **새롭고 보다 좋은** 세계 질서에 대한 약속이 될 것이라고 믿었다. 유대주의와 그리스도교를 뛰어넘는 제3의 뛰어난 종교적 시대와 문화가 여전히

---

89 요아킴의 전기에 관해서는 Morton Bloomfield, "Joachim of Flora: A Critical Survey of his Cannon, Teachings, Sources, Biography, and Influence," *Traditio* 13(1957): 249~311, reprinted in *Joachim of Fiore in Christian Thought: Essays on the Influence of the Calabrian Prophet*, ed. Delno C. West(New York, 1975), 1: 29~82를 참고하기 바란다. 또한 G. La Piana, "Joachim of Flora: A Critical Survey," *Ibid.*, pp. 3~28; Johannes Huck, *Joachim von Floris und die joachitische Literatur: Ein Beitrag zur Geistesgeschichte des hohenstaufischen Zeitalters*(Freiburg, 1938)를 참고하기 바란다.

놓여 있었다.

요아킴은 자신의 신념을 세 권의 주요 저술들을 통해 체계화했다. 『신구약성서의 조화』, 『요한계시록 주석』, 『10개의 현에 관한 시편』이라는 이 저술들은 그가 여전히 시토회 수도사로 있을 당시에 집필되었다. 요아킴의 독창성은 특히 삼위일체에 관한 교리를 독특하게 역사화한 것이었다.[90] 요아킴에 의하면, 세속의 역사, 구원의 역사 및 삼위일체 신은 하나의 과정이었다. '성부의 시대', '성자의 시대' 및 제3의 '성령의 시대'라고 말할 수 있는 역사의 시기가 있고, 각각의 시대는 고유한 종교적 이상을 가지고 있으며, 제도를 지지하고 있다는 것이었다. 성자가 성부에 의해 태어났듯이, 성자의 시대는 성부의 시대를 뒤이으며, 성령의 시대는 성자의 시대를 뒤잇는다는 것이다. 아담으로부터 그리스도의 탄생에 이르는 시대, 즉 구약 성서에 기록된 역사 시기는 성부의 시대이다. 신약 및 그리스도교 교회의 시대는 요아킴의 시대에까지 이르거나 요아킴이 '당대'라고 부른 시대까지 이르며, 이는 성자의 시대이다. 요아킴이 각각의 시대가 42세대로 구성되어 있다고 이해했기 때문에, 성령의 시대라는 새로운 시대로의 전환의 징후는 13세기 중엽에 등장할 것으로 보았다. 요아킴은 1200년 이후의 첫 두 세대가 중요하다고 지적했으나, 그 날짜나 기간을 실제로 언급하지는 않았다.

각 시대가 고유한 역사적 시간을 가지고 있었기 때문에, 모든 시대에는 고유한 문화, 원형 및 선구자가 있었다.[91] 성부 시대의 문화는 가부장적이었다. 요아킴은 이를 가부장적 질서(*ordo conjugatorum*)라고 기술했다. 아버지가 가정을 지배하는 이 모델에서는 계서적 권위가 최고의 권위를 가지게 된다. 성자 시대의 문화는 사제적이고 성직자적이었다. 이는 다수의 독립적인 권위와 더불어 중세의 자율적인 수도원과 봉건제를 반영하고 있다. 요아킴은 이 시대를 사제적 질서(*ordo clericorum*)라고 묘사했다. 성령의 여명기의 문화는, 수도원적 가치가 사회 대부분에 침투했듯이, 공동체적이게 될 것이었다. 요아킴은 이를 수도사적 질서(*ordo*

---

90 Marjorie Reeves, *The Influence of Prophet in the Later Middle Ages: A Study in Joachimism* (Oxford, 1969), pp. 20, 31; Ernst Benz, *Ecclesia Spiritualis: Kirchenidee und Geschichtstheologie dir franziskanischen Reformation*(Stuttgart, 1934), p. 6.

91 Benz, *Ecclesia spiritualis*, pp, 9~10 ; Reeves, *The Influence of Prophecy*, pp. 16~27.

monachorum)이라고 서술했다. 이 질서에서는 권위와 지위가 스스로 동등하다고 생각하는 남성과 여성으로 구성된 공동체 내에서 민주적이게 될 것이었다.

성부의 시대에는 두 명의 원형이 있었다. 유대인의 조상 아브라함과 엄격한 율법제정자 모세였다. 성자의 시대의 원형은 사도 베드로로서, 분주했지만, 그는 규율을 강조한 전도자였다. 성령의 시대의 원형은 사도 요한으로서, 그는 신비주의자이자 관상가였다.

요아킴은 각 시대가 이미 이전 시대에 잠재되어 있었고, 이전 시대에서 진화하고 있었다고 생각했다. 구약성서에 의하면 자비와 연민의 예언자였던 이사야와 호세아가 활동했던 히스기야왕의 치세기는 성자의 시대를 예견했다. 요아킴은 이사야 및 호세아와 더불어 이들과 동시대인이었던 또 다른 통치자 우시아왕을 명백히 고려했다. 신성을 모욕함으로써 나병에 걸렸던 우시아는 성자의 시대에 대한 부정적인 전조였으며, 교회의 직책을 둘러싼 속권과의 투쟁이었던 서임권 투쟁을 아마도 예견했을 것이다. 요아킴은 이미 성자의 시대에 존재했던 성령의 시대의 전조로서 유럽 수도원주의의 탁월한 창설자였던 베네딕트 누르시아를 인용했다.

요아킴은 세 시대의 질적 차이를 보여주기 위하여 다양한 비유와 유추를 활용했다. 이를테면 성부의 시대의 특징은 강력한 가장의 공포였다. 성자의 시대의 특징은 믿음과 신뢰였다. 수도원적 서약과 봉건적 서약이 요아킴의 모델이 되었을 것이다. 그리고 성령의 시대의 특징은 평등과 사랑이었다. 성부의 시대에 인간은 하인이었다. 성자의 시대에 인간은 자유민이었다. 성령의 시대에 인간은 친구였다. 성부의 시대는 노예제 시대였고, 성자의 시대는 아들의 '예속'의 시대였으며, 성령의 시대는 진정한 자유의 시대였다. 성부의 시대에는 법률이 모든 것을 지배했다. 성자의 시대에는 자비가 그리고 성령의 시대에는 '충만한 자비'가 지배했다. 성부의 시대는 별이 빛나는 밤이었고, 성자의 시대는 새벽이었으며, 성령의 시대는 대낮이었다. 성부의 시대는 겨울이었고, 성자의 시대는 봄이었으며, 성령의 시대는 여름이었다. 성부의 시대는 뿌리를 내리는 시기였고, 성자의 시대는 줄기가 자라는 시기였으며, 성령의 시대는 추수기였다.[92]

요아킴의 역사 철학은, 선의에도 불구하고, 몇 가지 면에서 중세 교회에 적대적인 것으로 판명되었다. 요아킴의 체계에서는 강력한 권한과 지위를 주장하는 데 성공한 교황청을 포함한 현존하던 종교적 제도가 엄격한 수도원주의의 덕목에 기초한 공동체 모델로 전환되고 있었다. 이 같은 변혁은 계시와 예언의 문제로 인식되었다. 신은 교황청의 교회와 문화로부터 영이 지도하는 교회와 문화로의 진화를 명령했다는 것이다. 그리하여 요아킴은 교황청에 적대적이지 않았다. 요아킴에게 교황청은 성자의 시대를 위한 합법적이고 정당한 제도였으며, 자신의 생애 동안 결코 완전히 성공적이지 못했다. 하지만 요아킴은 새로운 시대가 오고 있으며, 12세기에 수도회의 증가와 평신도의 맹아적 경건함에서 새로운 시대의 징후를 명백히 발견했다. 그가 창설한 플로렌시아회라는 새로운 수도회는 사제적·성직자적 문화로부터 수도원적 문화로의 전환을 증언하고 있었다. 하지만 이 맹아적인 전환은 혁명적 행위나 심지어 새로운 시대에 일조할 온건한 불복종조차도 정당화하지 않았다. 요아킴은 점진적인 발전에 의해 새로운 질서가 구질서를 평화적으로 대체할 것이라고 기대했다.

설령 후대의 신학자들이 요아킴의 역사 철학에 도전했고, 프란체스코회 영성파(Spiritual Franciscans)가 그것의 혁명적 개연성을 보여주자, 교회가 그의 철학을 정죄했다고 하더라도, 요아킴 자신은 표면상 삼위일체에 관한 이단적 이론으로만 비난을 받았으며, 그리고 그것도 사후에 비난을 받았을 따름이다. 요아킴은 삼위일체에 관한 피터 롬바르드의 가르침을 비판하는 책을 저술했으며, 1215년 제4차 라테란 공의회는 그의 견해를 비난했다. 라테란 공의회에서 요아킴은 신의 단일성에 손상을 입히면서 신의 삼위일체를 강조했다고 비난을 받았다. 즉 요아킴은 '삼위가 일체'라는 전통적인 가르침보다는 '세 신이 하나다'를[93] 가르쳤다고 비난받았다. 요아킴은 '지고의 존재는 창조되지 아니한다' 즉 '지고의 존재는 그 자체로서 절대적으로 완전하다'는 롬바르드의 신 인식을 특히 비판했다. 요아킴에게 이는 마치 신이 역사적 과정으로부터 떨어진 일종의 아리스토텔레

92 Benz, *Ecclesia spiritualis*, pp, 9~10

93 Reeves, *The Influence of Prophecy*, pp. 31~32; Denzinger, nos. 803~808, pp. 261~263.

스적 의미의 부동의 동자(Unmoved Mover)처럼 보였음에 틀림없다. 요아킴의 이론에서 가장 핵심적인 특징은 역사의 세 단계에서의 신의 적극적인 개입이었다. 유감스럽게도, 역사적 단계가 구분되어 있듯이, 각 시대에서 활동하던 신 또한 구분되어 있는 것처럼 보였다. 마치 역사적 과정에 대한 요아킴의 인식이 삼위이체(三位異體) 이론처럼 보일 정도로, 그의 역사 철학이 1215년의 정죄에서 매우 중요한 주제가 되었다고 우리는 지적할 수 있다.

중세 교회에 적대적인 것으로 판명된 요아킴의 역사 철학은 과거의 마지막 두 번째 특징에 대한 그의 믿음이었다. 즉 요아킴은 이상적 과거의 단순한 복원이 아니라 보다 완벽한 미래에 집착했던 것이다. 이 점에서 요아킴은 교회 당국은 물론 당시의 청빈 운동과도 차이가 있었다. 과거의 권위를 현재나 미래의 권위로 반드시 받아들일 필요가 없었다. 유대인 문화가 훌륭하고 심오했던 것만큼이나 그리스도교 문화에 단지 그림자를 드리울 뿐이었다. 그리고 신약 성서와 중세 교회가 선하고 심오했던 것만큼이나, 이들 역시 보다 완벽한 인정적 공동체에 양보하게 될 것이었다. 요아킴에게 최상의 인정적 공동체는 항상 존재하게 될 것이었다.

이 같은 추론을 통해 새로운 시대에 대한 요하임의 예언은 전통을 비판하는 혁신을 인정했으며, 권위가 선례에 기초할 필요가 없게 되었다. 요아킴의 예언은 오컴주의 철학 그 이상으로 당시 알려진 세계의 우연을 동시대인들에게 강조했다. 하지만 이는 영원 전부터 신에 의해 열린 무한한 개연성을 의미하는 것이 아니라, 미래의 사람들을 여전히 새롭고 좋은 삶으로 인도하는 것을 의미했다. 요아킴에게 모든 시대는 고유하고 독특하며 신성한 권위를 가지고 있었다. 과거에 고유하고 독특한 준거와 관행이 있었듯이, 미래 또한 그러할 것이었다. 눈에는 눈, 이에는 이라는 성부 시대의 준거는 다른 쪽 뺨을 내밀라는 성자 시대의 준거에 밀려나게 되었으며, 성자 시대의 그것은 새로운 여명의 시대, 즉 상호 애정에 기초한 평등하고 공동체적인 생활에 양보할 수밖에 없을 것이었다.[94]

---

94 벤즈는 이와 같은 추론의 극단적인 논리적 귀결을 다음과 같이 요약했다. "교황청의 교회와 문화를 해체하고 이를 흡수하게 될 다가올 성령의 시대에 대한 요아킴 약속은 …… 더 이상 가톨릭교회의 양식이 아

요아킴의 역사 철학은 일부 성 프란체스코 추종자들에게 매우 강한 호소력을 지니게 되었다. 성 프란체스코 자신은 분명히 메시아적 환상이나 혁명적 의도를 갖고 있지 않았다. 이는 프란체스코의 『약속』에서 명백하게 드러나 있다. 이 책에서 프란체스코는 사도적 청빈에 대한 완고한 변론에도 불구하고, 자신의 소원은 "수도회 총원장에게 철저히 순복하는 것이고, 보호자가 누구이든 그를 기꺼이 자신보다 상전으로 모시는 것이다"라고 분명히 밝혔다.[95] 또 다른 영성적 자긍심을 불러일으킬 수도 있었던 성흔은 프란체스코에게 단지 놀라울 정도의 겸손만을 가져다주었다. 하지만 일부 프란체스코 추종자들은 프란체스코에 도움이 되기보다는 늘 겸손하지 않았으며, 인간적인 중요성 그 이상을 프란체스코에게 부여했다. 성 프란체스코가 요아킴이 예언한 제3의 시대의 메시아가 될 수 있는가? 프란체스코의 『약속』이, 신약성서가 성자의 시대를 인도했듯이, 심지어 성령의 시대를 계도하기 위해 보냄을 받은 '영원한 복음'이 될 수 있는가?라는 질문이 당시에 제기되었다.

프란체스코회 엄수파와 후대의 영성파에 의해 집필된 프란체스코의 전기와 전설은 프란체스코회의 청빈과 요아킴의 예언이 혼재될 수 있는 환경을 조성했다. 토마스 첼라노는 프란체스코를 신의 영을 각별하게 분출함으로써 새로운 개혁의 시대를 개막하고, 신의 일을 시작하기 위해 신에 의해 보냄을 받은 사람이라고 묘사했다. 『세 명의 동료에 관한 전설』에는 프란체스코의 특별한 성품과 초자연적인 성격을 강조한 이야기들이 다수 포함되어 있다. 이 작품은 첼라노가 프란체스코의 첫 번째 전기를 작성하기 위해 수집한 자료 중 사용되지 않은 자료에서 외관상 유래한 익명으로 된 작품이었다. 이 이야기 중 하나는 교황 인노켄티우스 3세가 프란체스코의 〈회칙〉을 승인하기 이전에 교황에게 공공연히 언급한 우화로서, 이는 꿈에서 유래된 것이었다. 그 이야기에 의하면, 어느 왕이 가난한 여성과 비밀리에 결혼을 했고, 이 여성이 아름다운 자식을 많이 낳았다

니었다. 이는 그 뿌리에서 새로운 생활을 추구하는 수도회와 더불어 새로운 종교와 다름없었다. 즉 교황이 존재하지 않고, 성사도 없으며, 신성한 책도 없고, 신학 교육도 없고, 그리고 성직자도 없는 성령의 교회라는 새로운 공동체였다" (*Ecclesia spiritualis,* p. 47).

95 *Brother Francis,* p. 52.

는 것이다. 어느 날 이들은 왕궁의 성문 앞에 나타났으며, 자신의 아버지를 만나게 해달라고 요청했다. 이들이 길거리의 개구쟁이라고 생각한 왕궁의 호위병들은 이들을 멀리 내쫓아 버렸다. 이 소란으로 왕은 자신의 자식들을 알아보게 되었으며, 이들을 궁 안으로 맞아들였다.[96] 이 왕이 신(신의 대리자)이라고 보면, 프란체스코는 숲속의 여성이며, 그리고 이 아이들은 프란체스코회 엄수파가 된다. 바로 여기서 프란체스코회의 특성이 매우 잘 드러나 있다.

13세기 말에 프란체스코회 영성파에 의해 수집되고 확산된 대중적인 이야기는『피오레티』또는『성 프란체스코의 작은 꽃들』이라는 제목으로 14세기에 간행되었다.『프란체스코의 선행』(1322~1328)으로 알려진 선집으로부터 토스카나 사람에 의해 번역된 이 책은 프란체스코와 그의 추종자들을 그리스도와 그의 사도들에 직접 비유했다. 이 우화에 등장하는 이야기 중 하나는 다음과 같다.

> 성 프란체스코는 생의 모든 활동에서 축복받은 우리 주, 예수 그리스도처럼 행했다. 심지어 그리스도는 설교를 시작하면서, 12명의 제자를 선발했고, 이들에게 세속의 모든 것을 부정하고 청빈과 다른 덕 있는 행위와 더불어 하나님을 따르라고까지 가르쳤다. 성 프란체스코 또한 프란체스코 수도회의 창설 초기에 엄격한 청빈 가운데 생활하기로 서약한 12명의 동료를 선발했다. 그리스도의 12명의 사도들 가운데 하나는 하나님에 의해 비난을 받고 나가서 목을 매어 스스로 목숨을 끊었듯이, 성 프란체스코의 12명의 제자들 가운데 하나인 형제 요한은 배신을 하고 목을 매어 죽었다. …… 그리고 이 신성한 사도들은 자신의 거룩함과 겸손함으로 모든 사람에게 경이의 대상이 되었다. …… 성 프란체스코의 매우 신성한 동료들의 신성함 역시 그러했다. 사도 시대로부터 오늘날에 이르기까지 세계는 그와 같이 경이롭고 신성한 사람들을 알지 못했다. 사실상 성 바울이 붙잡혀 제3의 하늘로 갔듯이, 성 프란체스코의 추종자였던 형제 귀 역시 그러했다.[97]

---

96 Benz, *cclesia spiritualis*, pp. 78~79; Moorman, *A History of the Franciscan Order*, p. 19.

97 *The Little Flowers of St. Francis of Assisi*, trans. Abby L. Alger (Mt. Vernon, n.d.), pp. 7~8. 사료에 관해서는 Moorman, *A History of the Franciscan Order*, pp. 288~289를 참고하기 바란다.

중세 교회는 프란체스코와 프란체스코 수도회에 대한 이와 같은 찬사가 지닌 위험을 인식했다. 초기의 방어적인 조치는 프란체스코를 성자로 추대하는 것이었다. 이 시성을 통해 교황 그레고리우스 9세는 프란체스코의 고귀함을 인정했으나, 그를 새로운 메시아나 혁명적 개혁가가 아니라, 교회에 철저히 순복하는 아들로 만들었다. 교황 그레고리우스는 프란체스코회의 청빈 이상을 규제하기 위해 즉각적인 조치를 또한 취했다. 1229년 교황은 프란체스코의 『약속』이 승인을 받지 않았고, 따라서 유효하지 않으며, 수도회에 구속력이 없다고 선언한 〈속세로부터의 멀어짐〉이라는 교서를 발표했다. 이로 인해 프란체스코회는 1223년 승인을 받은 〈회칙〉에 국한되었으며, 프란체스코회의 헌정과 신학에 대한 최종 권한이 성 프란체스코가 아니라 교황에 있다는 사실이 명확해지게 되었다.

물론 사도적 청빈에 대한 교황 그레고리우스의 견해는 성 프란체스코의 그것보다 상당히 탄력적이었다. 프란체스코회 엄수파와 후대의 영성파에 의해 변론된 엄격한 해석에 따르면, 청빈 서약은 서약한 사람이 그 무엇도 소유하지 않고 단지 생존에 절대적으로 필수불가결한 최소한의 것만을 이용하면서 실제로 빈자로서의 생활을 의미했다. 청빈은 실제로 청빈한 이용, 즉 자구적 의미의 물리적 희생을 의미했다. 교회 수도회가 그것의 물질적 필요가 충족되고, 수도회의 친구들과 적들에 대한 존경이 유지되며, 그리고 그 구성원들의 영성이 고상하게 유지되었다면, 교회 수도회가 안정적인 제도를 유지할 필요성은 이같이 고귀한 이상과는 배치되었다. 이 수도회가 역사적으로 생존하기 위해서는 재산, 의복, 유홍 및 약간의 사치가 요구되었다. 그레고리우스 9세의 재임 시절에 절대적 청빈은 거의 법률적 허구가 되었다. 〈속세로부터의 멀어짐〉에 따르면, 프란체스코회는 사물의 '소유(권)' 대신 사물의 '용익권'을 가지고 있었다. 프란체스코회는 전통적인 수도회의 고정 재산과 세속 재화를 보유했다. 그러나 "마치 소유하지 않은 것처럼", 즉 이 재산이나 재화를 실제로 소유하거나 '지배한' 사람이 아니라 단지 온건한 이용자에 불과했다. 프란체스코회 수도원들은 성채, 도시의 시청과 광장 및 심지어 숙소로서 지역 공동체에 기여하는 독특한 성격의 공적 재산이

되었다.[98]

1247년부터 1257년까지 총원장을 역임했던 존 파르마는 교활한 교황청에 의해 프란체스코회의 이상이 완전히 폐기되는 것을 두려워했으며, 성 프란체스코의 애초의 이념을 고수하려고 분투했다. 하지만 파르마의 노력은 영성파의 극단적 행위에 의해 그리고 1257년 그를 뒤이어 총원장이 된 보나벤투라에 의해 그 빛이 바래었다. 보나벤투라는 청빈 서약이 "지식, 건축물, 특권 및 안정을 제공하는 수도원적 규율 내에서" 이행되어야 한다는 교황 그레고리우스 9세의 견해에 동의했다.[99] 하지만 보나벤투라는 모든 프란체스코회 및 이보다는 덜하기는 했지만, 모든 그리스도교도가 자구 그대로 본받을 필요가 있는 모델로서가 아니라 진정으로 예외적인 인물이었던 성 프란체스코에 의존했다. 영성파는 그와 같은 태도를 프란체스코회의 창설자의 유산에 대한 배반으로 간주했다. 만약 프란체스코가 생존하여 온건파의 비교적 완화된 청빈을 목격했다면, 교회 당국에 맞서기 위해 영성파에 합류했을 것이다.[100]

13세기 중엽 두 명의 영성파가 프란체스코회의 청빈과 요아킴의 예언을 명백히 결합시키면서 청빈을 둘러싼 갈등을 전면화했다. 첫 번째 인물은 피사의 프란체스코회 회원인 제라르 보르고 산 돈니노였다. 그는 파리의 프란체스코 수도원에서 신학 책을 읽어주던 낭독자였다. 제라르는 승인도 받지 않고서 『영원한 복음 입문서』를 간행했다. 요아킴의 주요 저술들에 관한 주석서인 이 책에서 그는 요아킴이 진정한 예언자라고 찬사를 보냈다. 1255년 교황 알렉산더 4세는 이 책을 비판했으며, 그리고 1263년 아를 공의회에서는 요아킴을 정죄했다. 하지만 아를 공의회의 조치는 국지적인 것이었으며, 교황의 공식적인 조치에는 이르지 못했다. 제라르의 저술이 야기한 분노로 인해 영성파 대의의 열렬한 지지자였던 존 파르마는 보나벤투라를 지지하면서 자신의 직책에서 사임할

---

98 Leff, *Heresy in the Later Middle Ages*, 1, pp. 66~67; Moorman, *A History of the Franciscan Order*, p. 180; Freed, *The Friars and German Society in the Thirteenth Century*, p. 51.

99 Leff, *Heresy in the Later Middle Ages*, 1, pp. 84, 95.

100 필자는 레프의 지적에 공감한다. "영성파는 그 과격함 때문에 성 프란체스코의 진정한 상속자였다. 이들의 과도한 극단주의는 성 프란체스코의 연장이었다"(같은 책, 1, p. 63).

〈세계의 7번째 시대의 적그리스도의 도래〉(하르트만 쉐델의 『연대기』, 아우크스부르크, 1497). 임박한 세계의 종말에 대한 믿음은 중세 말기에 널리 확산되어 있었다. 쉐델은 이 그림에서, 성서에 예견되어 있듯이, 참된 설교와 거짓 설교를, 적그리스도 및 그의 군단에 의한 의인들의 탄압을 묘사하고 있다. 여기서 의인들은 대천사장 미카엘의 보호를 받고 있으며, 천년이 시작되기 이전에 4년 반 동안 적그리스도와의 전투에 휘말리게 되었다. 14세기의 개혁 운동들과 공의회들은 선과 악의 임박하고 결정적인 대결에 대한 기대를 고조시켰으며, 그리하여 이와 같은 묵시적 신념을 고무했다. 학자들은 루터의 종교개혁의 사회적 보수주의를 세계의 종말이 가까이 왔다는 창설자 루터의 신념에 또한 결부시켰다.

수밖에 없었다.[101]

피터 존 올리비(1248~1298)의 저술 역시 진지했다. 올리비는 영성파의 2세대 지도자로서 프로방스 베긴회의 일종의 수호성인이었다. 존 파르마와 마찬가지로 올리비 역시 프란체스코회의 고유의 이상을 교황청이 훼손할 것을 두려워했다. 하지만 프란체스코회 내부의 나태를 인식한 그는 프란체스코 추종자들에게 실현 불가능한 완전함을 요구하지는 않았다. 그는 단지 물질적 재화에 대한 악명 높고 반복적인 방종만을 청빈 서원에 대한 심각한 위반으로 간주해야 한다고 생각했다. 올리비는 성 프란체스코가 가르쳤고 구체화한 완전함을 유지하는 회칙을 원했으나, 완전함을 구현하는 다양한 방식을 용인했다.[102] 올비리는 〈회칙〉에 대한 교황 니콜라스 3세의 주석 초안 작성위원회의 일원이었다. 〈씨를 뿌리는 자가 나갔다〉(1279, 소수도회 회칙의 확증)라는 교서는 지역 성직자의 비판에 맞서 프란체스코회를 이론적으로 변론하는 데 중요했다. 니콜라스는 프란체스코회의 청빈이 [물질의] 온건한 실질적 활용(*usus facti*)이 되어야 한다고 선언했다. 프란체스코회 수사들은 "사실상 [물질이라는] 사물의 용익권"만을 가지고 있었다. 물론 "권리자로서가" 아니라, 즉 그것의 소유자가 아니었다. 그 소유자는 교황이나 때로는 탁발 수사들이 거주하던 도시였다. 올리비는 청빈에 대한 영성파의 해석을 근절하려던 후대의 시도들에 맞서 〈씨를 뿌리는 자가 나갔다〉와 프란체스코회의 청빈한 사용에 대해 호의적이었던 교황청의 다른 핵심 집단이 교황의 교서처럼 무오류하고 논쟁의 여지가 없어야 한다고 주장했다. 이 같은 주장에 의해 오늘날의 학자들은 올리비가 교황 무오류설을 사실상 제창했다는 결론을 내리기도 했다.[103]

1297년경 세상을 떠나기 직전에 올리비는 『요한계시록 주석』을 간행했으며, 이 책에서 요아킴의 시대 구분을 활용했다. 올리비는 요아킴의 7중 구조, 즉 구약성서의 7 시기를 수용했다. 구약성서의 7 시기는 이른바 세계 주(world-week)

---

101 Rosalind B. Brooke, *Early Franciscan Government: Elias to Bonaventure*(Cambridge, 1959).

102 David Burr, *The Persecution of Peter Olivi*(Philadelphia, 1976), pp. 16~17.

103 Brian Tierney, *Origins of Papal Infallibility 1150-1350: A Study on the Concepts of Infallibility, Sovereignty, and Tradition in the Middle Ages*(Leiden, 1972), pp. 115~130을 참조하기 바란다.

의 첫 5 시기를 형성했고, 자연과 성서의 법칙이 세계를 지배하는 성부 시대를 포함했다. 그리고 올리비는 그리스도교 교회의 7 시기도 수용하였다. 이 7 시기는 세계 주의 6번째 시기(그리스도의 탄생으로부터 최후의 심판)에 해당되었고, 은총과 사랑이 지배하게 되는 성자 및 성령 시대를 포함하며, 그리고 3중 구조 즉, 성부, 성자 및 성령의 시대를 포함했다. 올리비는 자신의 시대를 사제적 성직적 문화로부터 "수도사와 수도자들의 전형적인 특징인 자비와 달콤한 관조"[104]로의 전환기로 묘사했다. 또한 그는 성 프란체스코를 계시록의 메시아적 인물, 즉 요한계시록 7장 2절의 살아 있는 하나님의 봉인을 가진 천사로 묘사했다. 올리비의 이론에서 교황과 영성파 간의 청빈 논쟁은 세계 최후의 날을 예견했던 선과 악의 우주적 투쟁의 절정이었다.[105]

제라드(Gerard)와 올리비의 저술에 등장한 엄수파 프란체스코주의(소수도회)와 요아킴의 예언이라는 명에는 계서적 교회 권위에 현존하는 위협을 명백히 제기했다. 토마스 아퀴나스는 요아킴의 역사 철학을 비판한 신학자들 중 한 사람이었다. 아퀴나스는 "새로운 법률[신약 성서]이 세상 끝 날까지 지속될 것인지에 대해" 의문을 제기했으며, "현세적 삶의 상태가 새로운 법률의 상태보다 보다 완벽할 수 없으며", 말하자면 교황청의 교회와 문화보다 완벽할 수 없으며, "지금까지 받았던 것보다 미래에 성령의 은총을 완벽하게 받게 될 것이라고 기대해서는 안 된다"는 것이었다.[106] 요아킴이 구상했던 세 번째 시대는 역사를 초월하고 역사 안에 존재하지 않는 종말론적인 것이었다.

14세기에 교황의 교서들은 정통 교리의 이 같은 점을 견고하게 확립했다. 교황 클레멘트 5세(1305~1344)는 빈 공의회(1311~1312)에서 청빈 서약에 대한 영성파의 엄격한 해석과 더불어 올리비와 프로방스의 베긴회 및 베가드회의 오류를

---

104 Burr, *The Persecution of Peter Olivi*, p. 19.

105 같은 책; Leff, *Heresy in the Later Middle Ages*, 1: 138~39. 올리비에게 프란체스코는 심지어 성령의 시대의 개막자로서의 프란체스코의 역할도, 그리스도 및 "혁신가"에게 예속되어 있었으며, 과거와 급격하게 결별한 인물이 아니었다. 버(Burr)는 올리비와 요아킴을 구분하면서 이 점을 강조했다(*The Persecution of Peter Olivi*, p. 19).

106 *Summa theologica*, Ia IIae, Q. 106, art. 4, Resp.

비판했다.[107] 영성파(엄수파)에게 적그리스도로 비춰졌던 교황 요한 22세(1316~1334)는 성 프란체스코와 영성파가 인식하고 실천한 프란체스코회의 청빈을 종식시키려던 일련의 교서에서 이 논쟁을 해결했다. 교황의 교서 〈몇몇 요구 사항들〉에서는 이후의 교황청의 모든 조치를 위한 그 기조가 결정되었다. 요한 22세는 프로방스의 영성파와 베긴회를 비판하면서 "청빈은 위대한 선이다", "그러나 진실함은 더욱 위대한 선이다. 그리고 순종은 가장 위대한 선이다"라고 선언했다. 왜냐하면 이 청빈이 물리적 문제가 될 것이라고 주장된 반면에, 순종은 마음이나 정신의 문제이며 영성적 재화를 다루고 있기 때문이었다.[108] 교황 22세는 (1318년 1월에 공포된) 교서 〈영화로운 교회〉에서 영성주의자들을 도나투스주의자 이단이라고 비난했으며, 이들이 공공연히 주장하는 개인의 성스러움이라는 우월적 상태와 성사의 능력 내지 교회의 권위를 혼동했다고 비판했다.[109] 1322년에 공포된 두 교서[(〈때때로 그렇기 때문에〉, 〈교회법의 제정자〉]는 교황 그레고리우스 9세와 니콜라스 3세가 이전에 인정했던 용익과 소유의 구분을 부정함으로써 청빈 서약에 대한 엄격한 해석의 신학적인 핵심 토대에 타격을 가했다. 요한 22세는 누군가가 먹었던 음식을, 입었던 옷을, 거주했던 집을 누군가는 또한 소유했으며, 이에 대한 지배권을 행사했다고 생각했다. 순수한 청빈한 사용 내지 단순한 용익 등과 같은 것은 존재하지 않았다. 그 다음 해(1323년 11월)에 공포된 교서[〈많은 학자들의 오류〉]는 프란체스코회의 절대적 청빈에 대해 최후의 일격을 가했다. 여기서 요한 22세는 예수와 사도들이 사적으로나 공동으로 재산을 보유했으며, 프란체스코회 엄수파와 영성파가 요구한 극빈의 실천자가 아니었다고 주장했다.[110]

---

107 Denzinger, nos. 891~908, pp. 282~285.

108 Leff, *Heresy in the Later Middle Ages*, 1, p. 208.

109 "위에서 언급한 무례한 사람의 양심을 더럽힌 두 번째 오류는 교회의 존경할 만한 성직자와 사법부 및 질서를 담당한 다른 관리들이 권위를 상실했기에, 성직자와 관리들이 판결을 하지 못하고, 성사를 집전하지도 못하고, 신민 대중에게 훈계하거나 대중을 가르칠 수도 없다고 주장한다. 이 무례한들은 이 성직자와 관리들이 교회의 모든 권한을 박탈했으며, 자신들이 이단으로부터 자유롭다고 생각한다. 왜냐하면 (이들 스스로가 헛되이 생각하듯이), 마치 정신적 생활의 성스러움과 마찬가지로, 권위가 단지 자신들에게 있다고 생각하기 때문이다. 그리고 이 문제에서 이들은 도나투스주의자들의 오류를 추종하고 있다." Denzinger, no. 912, p. 286.

청빈에 관한 이 교서들과 이후의 교서들은 프란체스코회 총원장이었던 미카엘 케세나(1316~1342)와 윌리엄 오컴의 강력한 비판을 받았다. 오컴은 이즈음 다른 이유로 요한 22세와 멀어졌다.[111] 애초에는 극단적인 영성파를 비판했던 미카엘은 요한 22세 진영에 합류했으나, 성 프란체스코가 가르쳤던 청빈의 생활에 대한 모든 근거를 제거하려던 요한 22세의 의도가 명백해지게 되자, 자신과 영성파와의 차이보다는 자신과 교황과의 차이가 더 크다는 사실을 깨달았다. 그는 재산이란 원죄의 결과이며 '새로운 인간' 즉 프란체스코회 엄수파가 물질에 대한 지배를 행사하지 않고서도 물질을 사용하거나 심지어 소비할 수 있다는 프란체스코회의 신념을 반복했다. 하지만 이는 거의 소용이 없었다. 미카엘은 마침내 교황의 정적이었던 황제 루트비히 바바리아의 궁정으로 피신했다. 루트비히는 영성파 가운데서 많은 지지 세력을 발견했으며, 심지어 청빈에 대한 교황 요한 22세의 견해에 비판적이었던 올리비의 『요한계시록 주석』을 개인적으로 주석하기도 했다.[112]

교황 요한 22세는 공포된 다른 교서[〈사악한 인간〉](1329년 11월)에서 이 논지를 반박했다. 이 교서에서는 청빈한 사용을 비판했고, 교회의 입장을 명백히 천명했다. 즉 복음적 완전함은 엄밀히 말해 물리적 소유에 대한 자구적 포기의 문제가 아니라 영성적인 거부의 문제라는 것이었다. 요한 22세는 심지어 원죄 이전에도 신이 인간에게 세계에 대한 소유권과 지배권을 부여했다고 주장했다.[113] 재산 소유는 타락한 인간의 표식이 아니라, 인간을 창조할 때에 신이 이미 부여한 특별한 시혜였다. 따라서 프란체스코회도 여하한 수도회도 [청빈] 서약을 할 필요가 없었다.

1320년대 말경, 청빈 논쟁은 사실상 해결되었다. 1326년 2월에 교황 요한 22세는 올리비의 『요한계시록 주석』을 정죄했다. 영성파의 핵심 인물들은 다른 교단으로 도주했다. 우베르티노 카잘은 베네딕트 수도사가 되었으며, 앙겔로 클라

110 같은 책, nos. 930-31, pp. 288~289.
111 이 책의 90쪽을 참조하기 바란다.
112 Burr, *The Persecution of Peter Olivi*, pp. 88, 92.
113 Leff, *Heresy in the Later Middle Ages*, 1, p. 247; Burr, *The Persecution of Peter Olivi*, pp. 82~83.

레노는 첼레스티노 수도회의 수도사가 되었다. 그리하여 청빈 이념은 보다 전통적이고 정교하게 표출되었다.

완전함이 규범이라고 생각한 이들에게 경고를 했다는 점에서 영성파에 대한 교황청의 대응은 현실적이었다. 그리고 교황청은 프란체스코 추종자들에게 교회에 순복하는 아들로서의 모델에 충실할 것을 촉구했다는 점에서 실리를 챙겼다. 교황청에서는 베드로의 교회가 영원의 이 현세적 양상의 유일하고 개연적인 교회였다. 교회가 제공하는 것을 초월하여 신에 대한 충분한 지식이나 영혼의 소통도 불가능했다. 오늘날의 역사가이자 교회사가인 반덴브루크는 이 에피소드에 관한 교황청의 견해를 충실히 기록했다. 그는 청빈 위기가 "사려 깊은 사람들로 하여금 순복에서 결정적인 규범을 발견하도록 했다"[114]는 결론을 도출했다.

그렇다면 시간에 있어서 역사를 뛰어넘는 침투, 즉 현세에서는 영원에 대한 예견이 없었던가? 중세 교회는 소수의 사람만이 시간의 경계를 초월할 수 있고, 이 현세적 삶에서 '제3의 시기'를 경험할 수 있다는 사실을 인정했다. 하지만 이는 요아킴의 예언에 의한 것이 아니라 극소수 신비주의자의 체험에 의한 것이었다. 신비주의는 개인으로 하여금 현존하는 시대의 한계를 순간적으로 뛰어넘어 통과할 수 있도록 했으며, 영원에 이를 수 있도록 했다. 초기 그리스도교 세기들에서 수도원주의와 순교자의 관계처럼, 14세기의 신비주의와 12, 13세기의 청빈운동의 관계도 마찬가지였다. 더 이상 실천적이지 않게 된 이념은 새로운 형태로 지속되었다. 사실상 물리적으로 가난해질 수 없었던 사람들은 정신과 영혼에서만 가난하게 되었던 것이다.

4) 신비주의의 다양성

중세 신비주의 저술들은 짧은 설교로부터 철학적 대작에 이르기까지 다양했

114 LeClerq, et al., *The Spirituality of the Middle Ages*, p. 300.

으며 성, 연령, 사회 계층, 교육 및 이단이라는 장벽의 가교 역할을 했다. 이것들은 중세의 가장 보편적인 문헌이었다. 우리는 여기서 '신비주의'와 '신비 신학' 모두를 발견하게 된다. 신비주의는 진정한 신비주의자들의 체험을 기술하고 있으며, 신비주의자들은 신을 직접 체험했다고 주장했다. 한편 신비 신학은 대학 교수들의 신비주의에 관한 지적인 연구와 사실상 신비주의를 성취하지 못한 사람들에 의한 신비적 체험의 추구를 서술했다. 정통 교리 운동과 이단 운동 모두에서 지배적이었던 종교 생활 및 평등주의에 대한 속인들의 광범위한 관심에 주목하고 있는 오늘날의 학자들은 중세 말기의 신비적 체험의 '민주화'와 '속인화'에 대해 논하고 있다. 하지만 진정한 신비주의자는 늘 충분히 고려되지 않았다. 신비주의적 방식을 추종한 사람들은 많이 있었으나, 체험을 한 신비주의자는 매우 적었다. 신비주의는 단지 이론상으로만 민주화되었다. 누구나 신비로운 합일이라는 특별한 은총을 받을 수 있었던 반면에, 교회의 공식적인 가르침과 다수의 여론은 진정한 신비주의자를 거의 인정하지 않았다. 자신이 직접적인 체험을 통해 신을 인식하게 되었다고 생각한 다수 사람들의 사회적 영향력을 [교회가] 두려워했다는 것은 이해할 만하다. 그럼에도 불구하고 신비주의는 중세의 지적 생활과 종교 생활의 공인된 특징이 되었다. 신비주의자가 경건함의 정점, 즉 현세적 삶에서의 가능한 최고의 종교적 목표에 도달했다는 점에 대해서는 모두가 동의했다.

오늘날 학자들은 중세 말기의 신비주의의 두 가지 기본 유형을 대비하고 있다. 하나는 라틴 전통으로서, 이는 시토나 프란체스코 수도회라는 형태를 띠었고, 신학적 지향에서는 절충적이었으며, 전통적인 수도원적 경건함과 위 디오니시우스의 저술에 크게 의존했다. 이는 의지, 사랑, 경건함의 실천을 선호했고, 신비적 연합에서 그리스도를 포함하거나 신과 자신의 의지를 일치시키는 신비적 합일과 관련하여 그리스도 중심적인 결단력을 선호했다. 그리스도 중심적이고 의지를 강조한 이 같은 신비주의는 정통 교리로서의 명성을 얻었으며, 베르나르 클레르보와 보나벤투라가 이 같은 신비주의의 대표적인 인물이었다.

다른 하나는 압도적으로 게르만적인 신비주의 전통으로서, 도미니크 수도회가 대표적이었다. 알베르투스주의자, 토마스주의자 및 신플라톤주의자가 이 같은 신비주의를 대변했다. 이는 의지나 실천적 경건함보다는 지성에 보다 관심을 가졌으며, 신에 관한 사색과 지적인 이해를 강조했다. 신비적 합일과 관련하여 신 중심적이고 본질주의자였던 이들은 그리스도와의 합일보다는 신적 심연과 더불어 합일을 추구했다. 와인 통의 물 한 방울과 같이 신에게서 자신의 존재를 상실하는 것으로 알려져 있다. 이같이 신 중심적이고 실재론적 신비주의는 교회에 의해 이단으로 간주되었으며, 마이스터 에크하르트는 이를 대변하는 대표적인 인물이었다.[115]

이 양자에 대한 개략적인 비교를 뛰어넘어, 신비주의는 절대적 청빈 이상을 영성화하거나 내면화한 것으로 인식될 수도 있다. 이 같은 이상은 원래 중세 성기의 수도원적 개혁 운동에 영감을 제공했으며, 다수의 경건한 평신도들의 마음을 사로잡았다. 발도파, 베긴회 및 프란체스코회 운동은 "아무 것도 걸치지 않은 그리스도를 본받기 위해 아무 것도 걸치지 않으려는" 욕구에서 태동되었다. 이 운동 각각은 그리스도의 부름을 자구적 의미의 자기 부정으로 받아들였다. 청빈 이상이 세속으로부터 수도원으로부터 이동하고, 거기에서 '완화된 형태로 실현되게' 되자, 이 같은 자구적 의미의 물리적인 결핍으로부터 내면적인 자기희생이라는 보다 정교한 형태로 발전하게 되었다. 수도원적 경건함이라는 처방은 물질적인 자기부정일 뿐만 아니라 마음과 정신에 그리스도와 신의 정서 및 이들에 대한 생각을 가득 채움으로써 악한 자아를 의식적으로 '청빈하게' 하기 위한 기도의 연장과 관상이 되기도 했다. 13세기에 도미니크회와 프란체스코회가 독일 베긴회를 기존 수도회에 복속시킴에 따라, 도미니크회와 프란체스코회는 자신

---

115 이에 대한 요약은 Joseph Bernhart, *Bernhardische und Eckhartische Mystik in ihren Beziehungen und Gegensätzen*(Kempton, 1912), p. 156; Erich Vogelsang, "Luther und die Mystik," *Luther Jabrbuch*(1937), p. 32, 탁월한 디오니시우스주의자이자 라틴 신비주의자들(베르나르, 보나벤투라, 위그 생빅토르), 독일 신비주의자들(타울러, 베젤 갠스포르트, 요하네스 고흐 및 독일 신학자들). Kurt Ruh, "Zur Grundlegung einer Geschichte der franziskanischen Mystik," in *Altdeutsche und altniederländische Mystik*, ed. Kurt Ruh(Darmstadt, 1964), pp. 240~274, 특히 264~265. Herbert Grundmann, "Die geschichtlichen Grundlagen der deutschen Mytik," in *ibid.*, pp. 72~99; David Knowles, *The English Mystical Tradition*(New York, 1961), pp. 2~3.

들의 새로운 임무에서 훨씬 심화된 신비적 관행을 발견했을 뿐만 아니라 고상한 신비적인 체험을 찬미하는 최초의 시도도 하게 되었다. 마이스터 에크하르트와 14세기 독일의 다른 도미니크회의 철학적 신학적 신비주의는 전통적인 도미니크 신학과 영성이 베긴회와 같은 수도원적 집단의 새로운 경건함 및 종교적 언어를 접하면서 등장하게 되었다.[116]

중세 신비주의의 두 번째 기본 특징은 신앙으로 고백된 종교적 실체가 실제로 경험될 수 있다는 믿음이었다. 신비주의자들은 감성과 추론이라는 정상적 과정으로는 접근할 수 없고 신앙 그 자체의 이해를 훨씬 초월하는 영역으로의 모험을 감행했다. 그리하여 신비적인 체험을 한 사람들이 일상적인 신앙을 가진 사람들보다 우월하게 되었다. 이에 관해 보나벤투라와 제르송 등의 교회 지도자들은 신비 신학을 상징 신학 및 교리 신학에 비교했다. 상징 신학과 교리 신학이 세속적 경험, 즉 상징 신학과 더불어 유추 내지 성서와 교회의 전통, 즉 교리 신학에 기초하여 신과 종교 생활을 논의했던 반면에, 신비 신학은 인간의 일상적인 인지력과 의지력을 초월하는 체험에서 신에 관한 지식을 발견했다. 그리하여 신비주의 작가들은 이성과 의지보다 심오한 영혼의 특별한 능력을 어떻게 묘사할 것인지에 대해 관심을 가지게 되었다. 언더힐은 한 때 이를 '귀소 본능'이라고 불렀던 바, 이는 영혼의 신으로부터의 영원한 기원을 지속적으로 환기하고 있는 인간 영혼 안의 심오한 무엇이었다.[117] 중세의 일부 교회 지도자들은 이를 '영혼의 불꽃'이라는 내면적 성향이라고 기술했으며, 이 작가의 편견에 기댄 이 내면적 성향은 이성, 의지 또는 이 양자의 심오한 차원으로 이해되었다. 신플라톤주의로부터 영향을 받은 신비주의 작가들은 이 같은 성향을 영혼의 고유한 근거의 작용이라고 묘사하는 경향이 있었다. 신플라톤적 아우구스티누스적 전통에 의하면, 이는 영혼의 가장 깊은 부분으로 이해된 기억과 밀접하게 결부된 개념으로서, 영원으로 떨어지는 소실점이었다.[118]

---

116 Herbert Grundmann, "Die geschichtlichen Grundlagen der deutschen Mystik," pp. 84~89.

117 Evelyn Underhill, *Mysticism: A Study in the Nature and Development of Man's Spiritual Consciousness*(New York, 1961), p. 23.

118 Heinrich Appel, "Die Syntheresis in der mittelaterlichen Mystik," *ZKG* 13(1892); H. Kunisch, *Das*

신비주의의 마지막 기본 특징은 필자가 앞서 언급한 유사성의 원리에 대한 극도의 집착이었다.[119] 신비주의 작가들보다 더 이것을 중세의 가장 훌륭한 믿음이라고 찬사를 보낸 집단은 없었다. 그럼에도 불구하고 신과 '유사한' 존재는 타당한 이유와 더불어 신과의 합일을 위한 핵심 조건이었다. 신비적 체험은, 신이 창조 이전에 존재했듯이, '무엇보다' 신이 또 다시 존재하게 될 미래에 대한 예언으로 간주되었다. 인간의 영원한 기원과 목표, 즉 신과의 완전한 하나 됨은 신비적 방식에 내용을 제공했다. 그리하여 모든 신비주의 저술가들은 세속으로부터의 은거, 초월적 이성 및 인간이 가장 '신과 같이' 되는 존재의 심연으로의 은둔을 거듭 강조했다. 자신이 어디에서 발견되든, 신비주의자는 자신의 유한하고 악한 개체를 폐기하고, 신이 생각하고 원하는 것을, 생각하고 원하며, 신이 자신의 마음의 주체와 객체 양자 모두가 되는, 말하자면 존재하고 알려진 모든 것이 신인 그곳에 있기를 열망했다.

디오니시우스의 신비주의

중세 신비주의의 세 가지 주요 전통은 디오니시우스 전통, 프란체스코 전통 및 에크하르트 전통이었다. 첫 번째 디오니시우스 전통은 위 디오니시우스로부터 유래했다. 디오니시우스는 5세기 말엽의 진취적인 신학자로서, 1세기에 활동한 성 바울이 저술한 성서 구절[사도행전 17장 34절]에 등장하는 개종한 아테네인이라고 주장했다. 위 디오니시우스의 책에 가득한 신플라톤주의에 비추어 볼 때, 그의 이 주장은 거짓이었다. 물론 로렌초 발라와 에라스무스가 디오니시우스의 정체에 대해 합리적 의문을 제기한 르네상스기에 이르러서야, 그의 주장이

Wort 'Grund' in der Sprache der deutschen Mystick des 14. und 15. Jahrhundert(Osnabrück, 1929); H. Hof, *Scintilla animae*(Lund, 1952), p. 161; W. Frei, "Was ist das Seelenfünklein beim Meister Eckhart?" *Theologische Zeitschrift* 14(1958), pp. 89~100; Paul Wyser, O. P., "Taulers Terminoligie vom Seelengrund", in *Altdeutsche und altniederländische Mystik*, pp. 324~352를 참고하기 바란다.

119 이 책의 78쪽을 참고하기 바란다.

사실이 아닌 것으로 밝혀지게 되었다. 그 저자의 진정한 실체가 미지로 남아 있기는 하지만, 오늘날 그는 '위 디오니시우스'로 알려져 있으며, 아마도 시리아 출신의 성직자였을 것이다. 그리스어로 작성된 그의 모든 저술은 6세기 동방의 그리스도교 학자들 사이에서 널리 알려졌으며, 에리우게나가 9세기에 라틴어로 번역한 이후, 그의 저술들은 유럽에서 인기가 있었다. 이 저술들은 많은 존경을 받았으며, 종종 학자들에 의해 주석의 대상이 되기도 했다. 이들 학자들은 위 디오니시우스의 저술에서 정보의 보고이자 새로운 지적 도전을 발견했다. 위로부터 아래로 내려가는 신성과 더불어 디오니시우스의 우주는 또한 중세 말기의 교황들의 관심을 불러 일으켰다. 교황들은 교회를 베드로의 전개로 묘사하고, 존재의 위계에서 속권을 교권 아래 복속시키기 위해 이 같은 우주의 이미지를 활용했다.

디오니시우스의 신비주의의 특징은 특히 이성을 초월하는 신에 대한 강조이다. 디오니시우스보다 성서에서 드러난 신의 숨겨짐을 강조한 중세의 신학자는 없었다. 그는 신을 향한 긍정적 방식과 부정적 방식을 구분한 것으로 유명했다. 긍정적 방식에 따르면, 성서에 기초하여 신에 관해 긍정적인 것을 언급할 수 있다는 것이다. 성서에서는 신이 하나이고, 삼위일체이며, 보편적 원인이자, 현명하고 공정하며, 자비로운 존재이며, 그리고 이와 유사한 존재로 계시되어 있다는 것이다.[120] 그러나 디오니시우스는 성서의 계시의 아이러니에 의해 충격을 받았다. 성서는 신을 계시하기보다는 신에 관해 훨씬 많은 것을 감추고 있다는 것이다. 사실상 성서에서 신에 관해 전달하는 핵심적인 내용에는 불가해한 신의 본성과 범접할 수 없는 위엄이 존재하는 것처럼 보였다. 성서가 이름을 짓고 설명하는 일자 즉, 성서 스스로가 언급하고 있는 하나의 존재는 이름이 붙여질 수 없으며, 설명될 수도 없다는 것이다. 디오니시우스에 따르면, 우리는 성서로부터 신이 "정신의 영역을 뛰어넘는 정신이고 말, 교묘한 담론, 직관, 이름 및 모든 부류의 존재를 초월하는 말씀"[121]이라는 사실을 깨닫게 된다. 그리고 어떤 의미에서 성서의 긍

120 *On the Divine Names, in Dionysius the Areopagite: On the Divine Names and The Mystical Theology*, trans, C. E. Rolt (London/New York, 1966), pp. 55~56.

121 같은 책, p. 53.

정적인 방식은 계시보다 유쾌한 자극이다. 즉 신에게로의 이 같은 접근은 인간으로 하여금 여전히 고상한 방식을 준비하게 하고 이를 유인한다. 디오니시우스는 다음과 같이 주장했다.

> 현재 우리는 신성한 것에 대한 (우리 안에 있는) 적절한 상징을 사용하고 있다. 그러고 나서, 우리는 이 상징으로부터 영성적 관상에 의해 인식된 진리를 단순하면서도 통합적으로 보기 위해 우리의 능력에 따라 위를 향하도록 압력을 가하고 있으며, 그리고 신과 유사한 것들에 대한 모든 인정적 개념을 배후에 남겨둔 우리는 정신의 활동을 잠잠하게 하고 (이것이 가능한 한) 초본질적 빛(Super-Essential Ray)에 도달하게 된다.[122]

그리하여 긍정적 방식은 신비적 방식인 부정적 방식으로 이어지며, 신의 이름을 뛰어넘어 신의 실체에 도달할 수 있게 된다.[123] 디오니시우스는 인간에게 "모든 정신과 이성을 뛰어넘고", 신에 관한 모든 이름과 서술을 부정하며, "전적으로 무감각"하라고 촉구했다. 그렇게 함으로써 이 같은 무지와 모름에서 인간은 말로 표현될 수 없고 이름이 없는 신을 인식할 수 있다는 것이다.[124] 이를 요약하면 다음과 같다.

> 모든 사물로부터 멀어지고, 심지어 스스로를 배후에 두는 정신이 눈부신 빛에 통합될 때, 모름을 통해 받게 되는 신에 관한 가장 신성한 지식은 정신을 초월하는 교감에서 얻게 된다. 이 빛은 측정할 수 없는 심오한 지혜에 의해 조명된 사물로부터 그리고 사물에 존재한다.[125]

---

122 같은 책, p. 58.

123 "우리는 부정적인 방식을 선호하게 된다. 왜냐하면 이는 유한한 본성과 더불어 유사한 모든 것들 너머로 영혼을 끌어올리고, 그리고 모든 이름, 이성 및 지식을 초월하는 그 존재에 의해 초월된 신의 존재에 관한 모든 개념을 통해 나가도록 영혼을 계도하는 이것은, 신과의 합일의 능력을 심지어 우리 인간이 가지는 한, 세계의 가장 극심한 한계를 뛰어넘어 도달하며 그리고 거기에서 우리를 신 자신에게로 합류시키기 때문이다."(같은 책, p. 189).

124 같은 책, p. 188; *The Mystical Theology,* in ibid., p. *198.*

[인간은 이 같은 체험에서] 모름의 어둠속으로 빠져 들어가게 된다. …… 그리고 자신의 모든 추론 능력의 수동적 정적을 통한 자신의 최상의 능력에 의해 전적으로 알 수 없는 그[신]에게 합일[된다]. 인간은 전적으로 알 수 없고, 그리하여 모든 지식의 거부에 의해 자신의 이해력을 뛰어넘는 그[신]에 관한 지식을 얻게 된다.[126]

이 같은 사유는 반지성적인 정서를 고무했으며, 특히 스콜라주의에 비판적인 집단들에서 그러했다. 그러나 이들은 신비주의에 관한 대저술가인 제르송과 니콜라스 쿠사 등의 개혁지향적인 학자들에게 또한 영감을 주었다. 쿠사의 『학습으로 터득한 무지』는 매우 디오니시우스적이었다. 15세기 중엽 카르투지아회 수도사였던 빈센트 악스바흐(약 1460년 사망)는 디오니시우스의 신비주의 이론의 자칭 전문가로서 신에 관한 선행 지식 내지 부수적 지식이 부정적 방식에 의해 획득된 신과의 정서적인 합일에서 일어나는지 여부를 둘러싸고서 쿠사와 격렬한 논쟁을 벌였다. 이 같은 지식의 개연성을 부정한 빈센트는 제르송이 그것의 존재를 확증한다고 비판했다. 빈센트에 따르면, 제르송은 관상과 신비주의를 혼동했으며, 신비적 합일을 정서적 포용을 통해 수용된 '신에 관한 체험적 지식'이라고 정의함으로써 관상에 관한 인식론을 신비적 합일에 부적절하게 투영했다는 것이다.[127] 빈센트와 그를 추종했던 소위 영성적 디오니시우스주의자들에게 신과의 신비적 합일은 오직 '무지와 모름'[128]에서만 그리고 이를 통해서만 이루어졌던 것이다.

스콜라주의자들에게 사랑의 대상에 대해 알지 못하는 사랑은 터무니없는 개념이었다. 쿠사는 빈센트가 디오니시우스를 잘못 이해했다고 비판했다. 쿠사는 디오니시우스가 인간이 알지 못했던 무엇을 사랑할 수 있다고 결코 가르치지 않

125 *The Mystical Theology,* in ibid., p. 152.

126 *The Mystical Theology,* p. 194.

127 Gerson, *De myst. theol. spec.*, cons. 28, p. 72, 1. 34; *De myst. theol. pract.*, cons. 12, p. 208,1. 5ff; p. 210, 1. 44~p. 211, 1. 55; E. Vansteenberghe, *Autour de la docts ignorance: une controverse sur la théologie mystique au XVe siècle*(Münster, 1915), pp. 25~31.

128 Vincent d'Aggsbach, *Traité contre Gerson* [1453], ed. Vansteenberghe, *Autour de la docte ignorance*, p. 190.

았다고 주장했다. 제르송과 마찬가지로, 쿠사에게서도 신에 관한 직관적 인식과 지식, 즉 '체험적인 지식', '학습으로 터득한 무지', '모름을 앎'은 신비적 합일의 현저한 특징이었다.[129]

빈센트는 종교개혁 전야에 극단적인 반지성주의를 대변하는 인물로 그리고 심지어 오직 믿음으로 이성과 스콜라주의에 대한 마르틴 루터의 공격을 예견한 인물로 간주되었다. 하지만 루터는 정확하게 디오니시우스적 신비주의 전통에 속한다고 자리매김 될 수는 없다. 신의 초월과 숨겨짐에 대한 부정적 인식 때문에 애초에 그 같은 방식에 매료되었던 루터는 디오니시우스가 다른 사람들을 교정하려고 했던 바로 그 잘못을 실제로 범했다고 생각하게 되었다. 무지와 모름을 찬미했던 디오니시우스는 신에 관해 너무 많을 것을 알았고, 신에 관해 너무 많은 것을 집필했으며, 이성의 능력을 훨씬 초월하고, 신에 대한 유일한 접근인 예수 그리스도에게서 신의 계시와는 전적으로 무관한 신의 본성에 관해 사유했다.[130] 그리하여 디오니시우스의 『신의 이름에 관하여』에 대해 "인간은 이해, 독서 및 사색에 의해서가 아니라, 삶에 의해서 사실상 죽음과 저주에 의해서 신학자가 된다"[131]는 루터의 유명한 비판이 제기되었던 것이다.

보나벤투라와 프란체스코적 신비주의

프란체스코의 영성과 신비주의를 간략하게 서술한 보나벤투라의 『하나님에게 이르는 정신의 여정』보다 적은 지면을 할애한 신비주의자의 저술은 없다. 우

---

129 Vansteenberghe, *Autour de la docte ignorance*, pp. 19~21, 35~36. 또한 Uberweg-Geyer, pp. 634~636을 참조하기 바란다.

130 H. A. Oberman, "Simul Gemitus et Raptus: Luther and Mysticism," in *The Reformation in Medieval Perspective*, ed. S. E. Ozment (Chicago, 1971), pp. 219~251을 참조하기 바란다. 신에 대한 유일한 접근으로서 신비적 황홀경이 아닌 그리스도의 성육신에 관해서는 *Lectures on Romans, WA* 56, p. 299, 1. 27을 참조하기 바란다. 루터 신학에 대한 쿠사(자크 르페브르 데타플을 경유한)의 개연적 영향에 관해서는, 그리고 이 경로를 통한 거대한 디오니시우스적 전통에 관해서는 Reinhold Weier, *Das Thema vom verborgenen Gott von Nikolaus von Kues zu Martin Luther*(Münster/Westf., 1967)을 참조하기 바란다.

131 *WA* 5, p. 163.

〈세라핌 같은 박사 성 보나벤투라〉(본피글리, 1472년).

리는 곧 그 이유를 살펴보게 될 것이다. 천사와 같은 박사로 알려진 보나벤투라는 1243년 파리에서 프란체스코회에 입회했으며, 프란체스코회의 독창적인 학파의 창설자였던 알렉산더 헤일스와 더불어 그곳에서 공부를 했다. 1257년 보나벤투라는 존 파르마의 뒤를 이어 프란체스코회 총원장으로 취임했다. 가장 뛰어난 지도자였던 보나벤투라는 프란체스코회에 고유의 철학과 신학을 제공했고, 조직과 체계를 발전시켰으며, 항구적인 규칙과 규범을 만들었다. 만약 프란체스코가 프란체스코회의 심장이었다면, 보나벤투라는 프란체스코회의 근육과 힘줄이었다. 1482년 시성된 보나벤투라는 16세기에 교회의 권위 있는 박사로 불리게 되었다.

프란체스코회는 중세의 다른 수도회나 종교 운동이 주장할 수 없던 무엇을 가지고 있었다. 즉 설립자인 프란체스코가 자신의 몸에 그리스도의 성흔을 받았을 정도로 자신의 삶을 그리스도에 일치시켰던 것이다. 십자가에 못이 박혔던 그리스도를 닮은 한 천사가 베르나산에서 프란체스코 앞에 나타났으며, 그를 껴안고 그의 손, 발 및 옆구리에 성흔을 남겼다. 우리는 이 사건으로 프란체스코의 급진적 추종자들이 프란체스코를 성령의 새로운 시대로 안내할 자이자 보냄을 받은 메시아로 선언하게 되었다는 사실을 알고 있다. 이 유명한 이야기는 프란체스코 운동에 직접적으로 영향을 미쳤다. 보나벤투라에 따르면, 신비적 실천의 목표는 성 프란체스코가 그러했듯이, 그리스도와 더불어 십자가에 못이 박힌 존재로부터 나오는 평화였다. 신비한 합일 그 자체는 전환(*transitus*), 즉 그리스도와 더불어 죽음 및 그리스도와 함께 성부 신에게로의 이동이다. 디오니시우스와는 달리 이 같은 합일은 신 중심적이라기보다는 그리스도 중심적이다. 그러나 그리스도 중심적이었던 시토회의 신부적 신비주의와는 달리 이 체험은 베르나르 클레르보가 묘사한 달콤한 포옹이 아니라 고통스러운 황홀경이었다. 보나벤투라는 베르나산에서의 성흔에 대한 신비적 인식을 가지고 있었다고 주장했으며, 상흔을 받은 프란체스코의 형상은 보나벤투라의 신비주의의 목표를 정의했을 뿐만 아니라, 『하나님에게 이르는 정신의 여정』에 문학적 구도도 제공했다.

신에 이르는 사다리로서의 세계에 대한 서술과 더불어 보나벤투라는 자신의 이 작은 고전의 여정을 시작했다. 이 사다리에 의해 인간은 자신의 목표를 추구하면서 실체의 명확한 세 영역을 통해 위로 올라가게 된다.

> 이 현세에서의 우리의 삶과 관련된 세계는 우리가 하나님에게 올라가는 사다리이다. 우리는 여기서 하나님의 몇몇 흔적과 형상을 발견하게 된다. 어떤 것은 육체적이고, 어떤 것은 영적이며, 어떤 것은 일시적이고, 그리고 어떤 것은 영원하다. 어떤 것은 우리 밖에 그리고 어떤 것은 우리 안에 있다. 제일 원리이자 가장 영적이고 영원하며 우리를 초월하는 하나님에 대한 이해에 도달하기 위해서, 우리는 육체적이고 영적이며 우리 밖에 있는 하나님의 흔적을 통해 여정을 시작해야 한다. 여기서 우리는 하나님에게 이르는 길에 들어서게 된다. 그리고 우리는 하나님에 관한 영원한 형상과 영적 형상이 우리 안에 현존하는 우리 자신의 정신으로 들어가야 한다. 여기서 우리는 하나님의 진리로 들어가게 된다. 마지막으로, 우리는 영원하고 가장 영적이며 초월하는 것 안으로 통과해야 한다. …… 이 같은 통과는 하나님을 아는 것에서 즐거워하는 것이다.[132]

보나벤투라에게 인간은 거대한 우주의 축소판이자 이 여정을 하는 본성적인 성향을 가진 고유한 존재이기도 했다. 인간의 영혼은 외부 세계(동물적 본성, 감각, 상상력)에 반응하고 내면의 지적인 세계(영혼, 이성, 지성)에 도달하며, 그리고 유형의 세계와 지적인 세계 모두를 초월할 수 있으며, 신성하고 초자연적인 것(정신, 지능, 정신의 정점)을 접촉할 수 있는 능력을 가지고 있었다.[133] 하지만 아무리 타고난 능력을 지니고 있다고 하더라도, 인간은 타락한 피조물이기 때문에, 신에게로의 여정은 인간의 본성적 능력의 도움에 의해서만 가능하지가 않다. 인간은 기도 없이는, '정결하게 하는 조명' 없이는 심지어 외부 세계에서 신의 흔적조차도 볼 수가 없다. 인간은 더 높이 올라갈수록, 은총과 신의 특별한 도움에 더욱 의존하게 된다. 이 여정은 오직 가장 신실한 신자를 위한 것이었다.

---

132 성 보나벤투라에 기초한 번역이다. *The Mind's Road to God.* trans. George Boa (New York, 1953), ch. 1, sect. 2, P. 8; *S. Bonaventura opera omni V: Opuscula varia theologia* (Quaracchi, 1891), pp. 295~313.

133 *Mind's Road to God,* I, 5-6, p. 9.

보나벤투라는 세 가지 주요 단계를 결과적으로 두 배 증가시킴으로써 이 여정을 복잡하게 만들었다. 자신의 외부, 내부 및 자신을 초월하여 신을 향한 **이중의** 상승이 있다는 것이다. 초월-내재의 원리를 3개의 주요 단계 각각에 적용함으로써 여정이 각 단계마다 두 배씩 증가하게 되었다. 보나벤투라에 따르면, 신의 흔적을 통해서 그리고 신의 흔적 모두에서, 말하자면 자신이 남긴 흔적을 뛰어넘어서 그리고 또한 이 흔적에 여전히 현존하는 존재인 신을 바라봄으로써 신을 향한 여정을 시작하고 있는 것이다. 그리하여 신은 세계의 창조자로서 세계를 통해 보이게 된다. 즉 자신의 작품에 장인의 존재를 드러내는 흔적을 통해 보이게 되며, 그리고 그것의 섭리적인 지침과 생명의 원리로서 세계에서 또한 보이게 된다. 이는 정신의 여정의 첫 번째 두 단계로서, 그 자신의 '외부'에서 신의 흔적의 발견과 인식이다.

신은 또한 두 가지 방식으로 '내면의' 인간이 됨으로써도 보이게 되며, 이것들은 세 번째와 네 번째 여정을 이루게 된다. 신은 영혼, 즉 그 자신으로부터 벗어나 그것의 기원을 가리키는 자신의 본성적 형상을 통해 그리고 은총에 의해 개조된 영혼에 활기를 제공하는 현존으로서 보이게 된다. 다섯 번째와 여섯 번째 여정에서, 신은 단일성으로서, 즉 시작과 끝 모두를 가진 세계에서 시간을 초월한 일자로서 인간 '위에서' 발견되고, 그리고 거룩한 삼위일체로서, 말하자면 세계에서 자기희생적인 선으로서, 성자에서 육신을 입고, 십자가형을 받고 그리고 부활한 일자로서 그리고 지속적으로 생기를 제공하는 성령으로서 발견된다.

정신의 여정의 중복되는 단계가 보나벤투라에 의해 인용된 이유 중 하나는 이 같은 중복이 성 프란체스코가 성흔을 받을 때에 그에게 나타난 천사에게 달린 대칭을 이룬 6개의 날개를 반영하고 있다는 것이다. 이 중복된 6단계는 7일째 휴식을 취하기 이전에 신이 세계를 창조한 6일을 또한 반영하고 있는 것으로 알려져 있다. 정신 역시 7일째의 신비적 평화를 인지하기 이전에 6일간의 노동을 감내해야 한다는 것이었다.[134]

134 같은 책, prologue, sects. 2-3, pp. 3~4; 1, 5, p. 9.

외부 세계

여정의 첫 번째 단계에서 정신은 전 세계에 있는 신의 흔적을 통해 신을 보게 된다. 이는 세계를 성사, 즉 신의 능력과 영광의 징후로서 바라보는 프란체스코적 신비주의와 영성의 고유한 특징이다. 보나벤투라에 따르면, 감각에 의한 세계의 사물에 대한 인식은 사물의 기원, 위엄, 다수, 아름다움, 풍요, 기능 및 질서에 관한 직접적인 성찰을 가져다주어야 한다. 이는 단순한 관상, 신앙에 고유한 경건한 성찰 혹은 세심하고 합리적인 분석에 의해 야기될 수도 있다. 그것에 어떻게 접근을 하든, 신의 능력, 지혜 및 선을 성찰하기 위해서는 세계의 사물이 보여야 한다. 보나벤투라는 건강한 정신이 세계를 바라볼 때 신을 보게 된다고 생각했다. 신을 보지 못하는 사람은 죄의 저울에 의해 눈이 어둡게 되었다는 것이다.[135]

이 첫 번째 단계가 중복되자, 신은 세계 내부에서는 물론 그것을 초월하여 존재하는 것으로 인식되었다. 세계는 그 자신으로부터 신을 가리키고 있을 뿐만 아니라, 신을 살아 있는 현존으로서도 드러내고 있다는 것이다. 보나벤투라는 신플라톤적 아우구스티누스적 영향을 많이 받은 용어로 세계에서의 신의 현존을 설명했다.[136] 세계의 사물에 대한 이해는 단순한 감각과 인지보다 훨씬 많은 것을 포함하고 있다. 그것은 또한 기쁨, 즉 애정 어린 반응과 판단의 문제, 말하자면 도덕적 종교적 정서의 활용의 문제이기도 하다는 것이다. 느낌과 평가가 또한 앎에 본성적이기 때문이다. 보나벤투라에 따르면, 정신이 무엇을 더욱 긴밀하게 알면 알수록, 그것의 개체성에 더욱 많이 침투하고, 신의 정신에 있는 모범적인 존재라는 고상한 단계에서 이를 더욱 잘 인식하기 때문이다. 이같이 신의 지혜가 사물들 안에 존재하고 있다는 것을 인지하게 될 것이다. 세계에 대한 연구는 사물을 판단하고 평가하는 무오류한 법칙에 있는 기억의 저장소에 마음을 열게 되며, 그리고 정신이 이 법칙에 따라 사물의 아름다움과 비율을 이해하게 됨에 따라, 그것은 사물을 신의 지혜에 대한 살아 있는 묘사

135 같은 책, 1, 10-13, p. 11; 15, p. 13.
136 같은 책, ch. 2, sect, 4-7, pp. 16~18.

라고 판단하게 된다. "모든 피조물은 본성상 일종의 영원한 지혜의 묘사이자 유사함이다."[137]

일부 사람들은 자연에 대한 이 같은 프란체스코적 평가가 세계에 대한 보다 과학적인 태도를 고무했다고 생각한다. 즉 "관찰을 중시하는 과학은 …… 종교적 의무의 이행이 된다".[138] 세계에 대한 성사적 인식은 그것의 유형, 대칭 및 규칙에 관한 성찰을 고무했다. 이것들은 신의 현존의 현시로 간주되었으며, 이 같은 성찰은 설령 종교적인 동기에서 시작되기는 했지만, 경험 과학을 발전시키는 자연에 대한 세밀한 관찰도 초래했다. 초보적인 망원경, 온도계 및 화약을 발명했던 로저 베이컨(약 1214~1292)은 프란체스코회 수사였으며, 특히 프란체스코회의 오컴과 그의 제자 등은 중세 말기의 과학 운동에서 나름의 위상을 가지고 있었다.[139] 이와 대조적으로 디오니시우스적 신비주의와 에크하르트적 신비주의는 외부 세계에 대한 집착을 신을 향한 정신의 여정에 치명적인 위험으로 간주했으며, 순례자를 영혼의 내면세계에 국한시켰다.

내면세계

세계에서 신을 발견한 정신은 그 내면에서 깊이 보게 되었고, 그리고 기억, 지성 및 의지라는 본성적 능력에 각인된 신의 형상을 통해 신을 바라보게 된다. 인간 자신은 외부 세계와 마찬가지로 신의 능력과 영광의 성사이다. 외부 세계에 대한 자신의 경험과 같이 사물의 영원한 규칙과 법칙에 대한 자신의 기억을 불러일으킴에 따라 두 배로 증가된 여정의 첫 번째 단계에서 인간은 이미 내면을 향한다. 이 단계에서 정신은 시간을 재고, 먼 과거를 기억하며, 영원으로 되돌아가는 신과 같은 능력을 평가하게 된다. 그 자신에 있는 사물의 영원한 형상의 '소멸되지 않는 빛'을 발견한 정신은 그 자신을 뛰어넘어 바로 신의 정신을 바라보기 시작하게 된다. 지성과 의지는 또한 정신이 그 자신을 초월하도록 추동한다.

---

137 같은 책, 2, 9-12, pp. 18~21.
138 같은 책, 보아스(Boas)의 도입부, p. xix.
139 Copleston, *A History of Philosophy*, 3, pp. 165~179를 참조하기 바란다.

기억은 영원에, 지성은 진리에, 의지는 최고의 선에 도달하게 되며, 궁극적으로는 영원, 진리 및 선에 이르게 된다. 오직 신만이 영원이자 진리이자 선이다.[140] 그것들의 형상대로 만들어진 신성한 삼위일체와 마찬가지로, 영혼의 세 가지 능력은 "동질적이고, 동등하고, 시간상으로 동일하며, 상호 내재적"이라고 알려져 있다. 마치 성부가 성자를 낳고, 성부와 성자가 성령을 낳았듯이, 기억은 지성을, 기억과 지성이 함께 "사랑을 낳거나" 의지를[141] 낳은 것으로 알려져 있으며, 신의 형상의 본성 및 행위에서 신에 관한 성찰이 매우 현저하게 된다는 것이다.

정신은 신의 형상으로서 그 자체의 고유한 본성과 행위를 통해서뿐만 아니라, 자연 내부에 현존하는 신도 바라볼 수 있다. 이는 타락하고 부패한 영혼에서가 아니라, 은총에 의해서 치유된 영혼에서만 가능하다. 그리하여 인간의 본성적 능력의 사다리보다 우위에 있는 사다리는 이 단계에 도달해야 한다. 따라서 이 두 번째 단계가 배가됨에 따라 그리스도의 구원의 활동이 현저하게 된다. 정신이 은총에 의해서 개조될 경우에만 자신의 창조된 형상에서 신이 보이게 된다. 이같이 개조되고 빛을 받은 정신은 '신의 집'이 되는 것이다.[142]

초월 세계

외부 세계와 영혼에서 신의 흔적을 따라간 정신은 그 자신보다 높이 올라감으로써 이 여정의 마지막 두 단계에 들어가게 된다. 신성하게 개조된 정신은 그 자신을 초월하고, 스스로 존재하는 신에게 접근할 수 있게 된다. 이제 정신은 신의 최우선적인 이름, 즉 존재를 통해 신의 단일성을 인식하게 된다. 정신은 신을 시작과 끝으로서, 즉 모든 사물이 유래하고, 모든 사물이 반드시 돌아가야 하는 일자로 알게 되는 것이다.[143]

두 배로 늘어난 이 마지막 단계는 그 이름, 즉 선이라는 신성한 삼위일체에 대

---

140 "기억은 작동함으로써 영원성을 낳고, 지성을 진리를 그리고 선택의 힘은 최고의 선을 낳는다" (*Mind's Road to God*, 3, 4, p. 26).

141 같은 책, 3, 5, p. 26.

142 같은 책, 4, 2, p. 28; 8, p. 32.

143 같은 책, 5, 7-8, pp. 37~38.

한 이해를 가져다준다. 여기서 신은 시간 이전이나 시간 이후에도 존재의 완전한 단일성으로서뿐만 아니라, 관대하고 자기희생적인 존재로서도 보이게 된다.[144] 삼위일체 간에는 상호 애정이 지배하게 되고, 그리고 삼위일체 각각은 자신으로부터 인류를 위해 나가게 된다. 즉 성부는 창조하고, 성자는 육신을 입고 인간과 더불어 생활하며 인간의 죄를 위해 죽는다. 그리고 성령은 빛과 생명 유지의 원천이 된다. 신을 삼위일체로 바라보는 것은 '경이로운 황홀'에서 신을 관상하는 것이다. 이는 신을 향한 여정의 종착지, 즉 '정신의 완벽한 조명'이다.[145]

정신이 해야 할 일은 무엇인가? 전혀 아무 것도 없다. 그것의 고유한 본성과 신의 은총이 정신을 붙잡는 한, 그것이 해야 할 일은 없다. 이제 여정의 7일째에 정신은 쉬어야 한다. 어둠과 침묵에서 정신은 십자가에 못 박힌 그리스도를 포함하여, 보나벤투라가 '신비적인 자아초월'이라고 부른 것을 경험하게 된다. "마치 애정이 황홀경을 통해 신에게로 넘어가듯이, 자아초월을 통해 이해에 평화가 주어진다."[146] 이 점에서 보나벤투라의 신비주의는 철저히 디오니시우스적이게 된다. 보나벤투라는 "이 전환에서 모든 지적 활동이 중단되고 폐기되어야 하는 반면에, 최고의 정점에 이른 애정은 신으로 전이되고, 전적으로 신으로 전환되게 된다"고[147] 지적했다. 정신에게는 약속된 땅으로 들어가는 것이 허락되지 않는다. 6일의 여정 동안 스스로를 소진한 정신은 옆으로 떨어져 나가고, 영혼은 부지불식간에 황홀한 사랑과 애정에 의해 신에게로 옮겨가게 된다. 성프란체스코가 성흔을 받을 때와 마찬가지로 신비주의자 보나벤투라는 그리스도와 함께 죽고 그와 더불어 성부에게로 되돌아간다는 것이다.

마이스터 에크하르트

14세기의 독일과 영국은 위대한 신비주의자들과 신비주의 운동의 본고장이

144 같은 책, 6, 2-3, pp. 39~40.
145 같은 책, 6, 3, p. 40; 7, p. 42.
146 같은 책, 7, p. 43.
147 같은 책, 8, 4, p. 44

었다. 14세기 영국에서는 리처드 롤, 월터 힐튼 및 줄리안 노리치 등이 활발하게 활동했으며, 익명의 저술가가 집필한 디오니시우스적인 『무지의 구름』이 간행되기도 했다.[148] 특히 독일에서는 신비주의가 대중적 차원과 지적 차원 모두에서 극에 달했으며, 가톨릭교회는 이를 이단으로 간주하게 되었다. 이와 관련하여 심오한 학자이자 대중적인 속어 설교가 였던 마이스터 에크하르트(약 1260~약 1327)는 우리의 관심을 끈다. 에크하르트는 계속 논쟁의 대상이었다. 물론 근년에 그의 저술에 대한 전통적인 해석이 크게 수정됨으로써 에크하르트는 훨씬 더 공감을 얻게 되기는 했다.[149] 에크하르트 옹호자들은 에크하르트가 자신을 보았듯이, 그를 바라보고 있다. 즉 에크하르트가 교회에 충실한 아들이었지만 오해를 받고 부당하게 저주를 당했다고 생각하고 있다. 한편 에크하르트 비판자들은 그가 자신도 모르게 적어도 혁명적인 종교 운동의 이론가가 되었다고 이해하고 있다. 일부 사람들은 그를 탁월한 신플라톤주의자이자 토마스주의자라고 찬사를 보냈다. 즉 동시대의 학자였던 윌리엄 오컴과 비교해 볼 때 에크하르트가 영성적 전통에서 천재였다는 것이다. 하지만 다른 학자들은 그를 이류급의 스콜라주의자이자 이단 제조자라고 혹평을 하고 있다.[150]

귀족 출신이었던 에크하르트는 쾰른의 도미니크회에서 교육을 받았으며, 도미니크회의 주요 행정직과 교육직을 수행했다. 그는 1294년부터 1298년까지 에르푸르트의 도미니크 수도회의 수도원장을 역임했다. 1303년부터 1307년까지 그는 작센의 도미니크회의 수도원장을, 1307년부터 1311년까지는 보헤미아의 도미니크회 부총원장을 역임했다. 그 이후 그는 파리(1311~1313)에서는 행정가, 스트라스부르(1313~1323)에서는 교사, 그리고 쾰른(1323~1327)에서는 설교가로

148 Knowles, *The English Mystical Tradition;* Phillis Hodgson, "Walter Hilton and *The Cloud of Unknowing," Modern Language Review* 50(1955), pp. 395~406; Paul Molinari, S. J., *Julian of Norwich: The Teaching of a 14th Century English Mystic*(New York, 1958); *A Fourteenth Century English Mystic Newsletter*, ed. R. Bradley and V. Logorio는 1976년에 간행되었다.

149 C. F. Kelley, *Meister Eckhart: On Divine Knowledge* (New Haven, 1977)과 *The Thomist* 42(1978)에 있는 "Meister Eckhart of Hochheim: 1227/28-1978"이라는 제목으로 된 논문 모음집과 특히 John Caputo와 Roger Schürmann의 선집들을 참조하기 바란다.

150 14세기로부터 오늘날에 이르기까지의 에크하르트에 대한 평가는 Ingeborg Degenhardt, *Studien zum Wandel des Eckhartbildes*(Leiden, 1967)에서 다루어졌다.

서 활동했다. 스트라스부르와 쾰른에서 그는 도미니크회, 베네딕트회 및 시토회의 수녀들은 물론 이 수도회에 소속되거나 소속되지 않은 베긴회에서 정례적으로 설교나 조언도 했다. 이 수녀들은 그가 속어로 행한 논쟁적인 다수의 설교를 기록하고 보존했다.

에크하르트는 독자에게 자신이 생각했던 것처럼 '기본적으로' 제일 원리의 관점에서[151] 생각할 것을 요구했다. 그의 독자는 자구 그대로 '태초부터' 시작해야 한다. 오늘날의 독자에게 에크하르트의 가계를 추적하라고 요구하면, 그의 부모와 조부를 아마도 인용할 것이며, 이 두 세대가 그의 정체성을 충분히 설명해 준다고 생각할 것이다. 하지만 에크하르트는 자신의 기원을 생각하면서, 줄곧 영원, 즉 세계와 시간이 창조되기 이전에 그가 신에게 있었던 생명으로 되돌아갔다. 신에게서 인간의 영원한 탄생 및 선재에 대한 에크하르트의 인식은, 마치 에크하르트의 제자로서 정통 교리를 수용하고 영향력이 있었던 요하네스 타울러(약 1300~1361)에게서도 그러했듯이, 그의 신비주의 이론의 핵심이다. 그리하여 우리 역시 여기서부터 시작해야 한다.

에크하르트는 자신의 기원을 아래와 같이 기술했다.

> 내가 처음 존재했을 때, 나에게는 하나님이 없었으며, 단지 나 자신[즉 인지하는 주체로부터 구분된 객체로서의 영원한 하나님은 존재하지 않았다. 모든 것은 구분되지 않는 신성이었다]에 불과했다. 나는 그 무엇도 원하지도 욕구하지도 않았다. 왜냐하면 당시 나는 순수한 존재였으며, 신성한 진리에 의해 나 자신을 알고 있었기 때문이다. 나는 그 밖의 어떤 것도 아닌 나 자신만을 원했다. 나는 내가 그렇게 되었으면 하는 존재였으며 그리고 나는 나라는 존재를 원했다. 여기서 나는 하나님과 모든 사물로부터 자유로웠다. …… 나는 나 자신의 제일 원인 즉 나의 영원한 존재와 나의 현세적 존재 모두의 제일 원인이었다. 나는 영원에서 그리고 영원을 위해 태어났으며, 나의 영원한 탄생 때문에, 나는 결코 죽지 않을 것이다. 이 영원한 탄생에 의해

151 Kelley, *Meister Eckhart*, pp. 24~26을 볼 것.

> 나는 영원히 존재했으며, 현존하고 있으며 그리고 앞으로도 존재할 것이다. 시간 안에서의 피조물로서의 지금의 나라는 존재는 죽을 것이며, 무가 될 것이다. 시간과 더불어 오는 것은 시간과 더불어 사라져야 하기 때문이다. [하지만] 나의 탄생에서 모든 것이 생겨났다. 나는 나 자신과 그 밖의 모든 것의 원인이었다. 내가 원하지 않았더라면, 나도 세계도 생겨나지 않았을 것이다. 내가 존재하지 않았더라면, 하나님도 없었을 것이다[다시 말해서 모든 것은 구분되지 않는 신성으로 있었을 것이다].[152]

에크하르트에게 창조 이전의 상태는 또한 생명의 최종 목적이었다. 모든 사물은 구분되지 않는 신성에게로 되돌아가며, 그리고 신비적 합일은 신성의 현존하는 전조였다. 에크하르트 이전과 이후의 다른 신비주의 저술가들이 요한복음(1장 3~4절)에서 창조된 생명이 한 때 '하나님에게 있는 생명'이 있었다는 믿음을 도출했지만, 이들은 그렇게 대담하게 추론하지는 않았다. 이를테면 1329년 에크하르트가 사후에 정죄를 받은 지 거의 한 세기 후에 제르송은 신에게 있는 인간의 선재(先在)에 관한 범신론적 인식의 위험을 경고하면서 정통 해석을 제시했다. 제르송은 네덜란드의 신비주의자 얀 반 뤼즈브룩을 비난했다. 즉 제르송은 뤼즈브룩의 초기 저술들이 에크하르트로부터 많은 영향을 받았으며, 이 같은 위험의 희생양이 되었다고 비난했다. 제르송에 따르면, 모든 사물이 '진정으로 그리고 본질적으로' 신이라는 존재와 '동일시'되었다는 의미에서 신에게 있는 것이 아니라, 어떤 예술가의 정신과 의지에 구상이 선재하거나 아이디어가 고안자의 정신 및 의도와 더불어 즉 진정으로 고안자에게 있으나, 고안자와는 매우 구분되어 있다는 점에서 신에게 있다는 것이다.[153]

---

152 *Deutsche Mystiker des 14. Jahrhunderts: Meister Eckhart*, ed. Franz Pfeiffer(Leipzig, 1857), 2, pp. 281, 1. 20-25; pp. 284, 1, 1-10. Tauler, *Die Predigten Taulers*, ed Ferdinand Vetter(Berlin, 1910), pp. 331, 1. 32-332, 1. 4를 비교하기 바란다. 기존의 루터 신학에 반하는 독일의 신비주의 가르침을 수용했던 16세기 루터파 영성파의 일원이었던 발렌틴 바이겔은 에크하르트의 이 문구에서 등장했다. *V. Weigels sämtliche Schriften*(Stuttgart-Bad Cannstatt, 1966), 3, pp. 66~67.

153 제르송의 *A Deo exivit*(March 1402)라는 설교를 참조하기 바란다. 이 밖에 *Oeuvres complètes*, 5, pp. 13~14; translated in *Jean Gerson: Selections*, trans. S. Ozment(Leiden, 1969). André Combes, *Essai sur la critique de Ruysbroeck par Gerson*(Paris, 1959), 3, pp. 220~223, 269~270를 비교하기 바란다.

에크하르트보다 인간이 진정으로 '신의 종족이자 친족'이라는[154] 믿음을 강조한 신비주의 저술가는 없었다. 즉 신에게서 인간의 창조 이전의 단일성으로부터 야기되는 친족관계에 대한 믿음을 강조했던 것이다. 이 같은 믿음은 에크하르트의 가르침의 다른 논쟁적 영역이었던 그의 인류학에서 표출되었다. 에크하르트에 따르면, 창조된 본성을 완전히 초월하는 무엇이 영혼에 있으며, 이는 현세적 실체와는 전혀 공통점이 없으며, 전적으로 자족적이라는 것이다.[155] 그는 이를 '영혼의 불꽃',[156] '순결한 능력' 및 '영혼의 근거' 등으로 다양하게 표현했다. 모든 영혼이 그와 같이 있었더라면, 그것은 '창조되지 않고 창조될 수 없었을' 것이라고[157] 그는 주장했다. 더욱이 이 힘은 오직 신만을 알 수 있고, 완전하고 있는 그대로의 위엄과 더불어 신을 직접 수용하는 것으로 알려졌다. 즉 "인간 영혼의 근거는 본성상 직접 그리고 관상 없이 오직 신성한 존재만을 수용한다. 여기서 하나님은 영혼에 전적으로 들어가며, [그 자신의] 일부와 더불어서가 아니라 …… 그리고 하나님만이 영혼의 근거를 건드린다."[158]

다른 신비주의 사상가들 또한 영혼에는 신을 향한 주체할 수 없는 성향이 있다고 생각했다. 그러나 에크하르트에 의해 형성된 전통을 논외로 하면, 이 불꽃은 일반적으로 영혼이라는 창조된 구조의 일부, '이성의 불꽃' 내지 '의지의 불꽃'으로 이해되었다. 이는 인간에게 윤리적 선의 거처로서, 원죄 이후에도 인간에게 진리와 선에 대한 신뢰할 만한 본성적 성향을 부여했으며, 인간에게 영원의 선재를 환기했던 인간의 일상적인 영성적 능력을 초월하는 특별한 구조가 아니었다.

에크하르트 역시 신비적 합일에 대한 전통적인 가르침으로부터 크게 벗어나

---

154 *Deutsche Mystiker des 14. Jahrhunderts*, 2, pp. 420, 1. 31~40.

155 *Meister Eckhart: Deutsche Predigten und Traktate*, ed. Josef Quint (Munich, 1955), p. 294, 1. 7-14.

156 *Meister Eckehart: Die deutschen und lateinishchen Werke: Die deutschen Werke: Meister Eckharts Prdigten*, ed. Josef Quint (Stuttgart-Berlin, 1936), 1, pp. 506~08.

157 같은 책, p. 482.

158 *Meister Eckehart: Die deutschen und Traktate*, p. 471, 1. 7-11. 이 밖에 에크하르트는 "이 힘(= 영혼 안에 있는 최상의 힘)은, 본질이 그대로 드러난, 본질 그대로의 하나님을 받아들인다. 그 힘은 하나님을 닮음으로서 하나님 비슷하게 되는 것이 아니라, '하나 됨'으로써 하나님과 하나가 된다"라고 지적했다 (*Die deutschen Werke* 1, p. 482).

있었다. 여기서 신성에 있는 인간의 선재적 단일성은 신비적 합일의 모델을 제공했다. 에크하르트는 신비적 합일을 인간의 정신과 의지를 신의 정신과 의지에 완벽하게 일치시킴으로써 신과 같이 되는 것 그 이상의 무엇으로 이해했다. 그것은 오히려 존재 신에 관한 문제이자 분화되지 않는 신성으로의 회귀에 관한 문제였다. 그는 신비적 합일로의 진전을 다음과 같이 묘사했다.

> 하나의 사물이 다른 사물과 유사하면 할수록, 그것은 그 자신을 추구한다. …… 그리고 그것의 이전의 자아 배후에 두고 가며, 그것의 대상이 아닌 모든 것으로부터 떠난다. 낡은 자아와 유사하지 않으면 않을수록, 그것은 매우 열정적으로 추구하고 있는 대상의 형상으로 그 자신을 다시 만든다. …… 그러나 …… 이 둘이 마침내 하나로 통합될 때까지는 …… 휴식도 만족도 있을 수 없다. …… 그러므로 우리의 주는 예언자 이사야를 통해서 말했다. …… "높음도, 깊음도, 비슷함도, 사랑의 평화도 나를 결코 만족시키지 못할 것이다. ……" 우리 주 예수 그리스도는 자신의 아버지에게 우리가 하나가 되기를 간청했다. 단지 통합되는 것이 아니라, 단일한 일자로서 그에게서 그리고 그와 더불어 결합되기를 간청했다.[159]

신비적 결합은 아래의 서술에서 드러나 있듯이 여전히 영원의 선재에 보다 명백하게 결부되어 있다.

> 위대한 교사는 하나님으로의 [합일이라는] 자신의 돌파구가 하나님으로부터의 자신의 해방보다 우월하다고 말하고 있다. 내가 하나님으로부터 유래했다고 [그가 말하자], 모든 사물은 하나님 [즉 사물로부터 구분된 객체로서] 하나님을 인식했다. 그러나 이 점에서 나는 행복하지 않았다. 왜냐하면 당시 나는 피조물들 중 단지 하나의 피조물에 불과했기 때문이다. 하지만 하나님으로의 돌파구에서 나는 하나님에게서

159 "(하나님과 내가) 단지 합해지는 것이 아니라, 완전히 하나가 되게 하소서." *Das Buoch der götlichen Troestunge, in Deutsche Mystiker des 14. Janrhunderts*, 2, pp. 431, 1. 1-17. 형태도 없는 태아로부터 '창조되지 않은, 영원한 천국의 아버지의 말씀'으로의 진화에 관한 타울러의 설명에 관해서는 *Die Predigten Tauler*, p. 136, 1. 29를 볼 것.

그리고 그의 의지로부터 자유롭게 될 것이다. 즉 하나님의 일과 하나님 자신 [즉 나와 대비되는 실체로서의] 하나님으로부터 자유롭게 될 것이다. 그리고 나는 [다시금] 모든 피조물보다 우위에 있으며, 하나님도 피조물도 [구분되지 않는 하나님에게 그와 같은 구분이 존재하지 않기 때문이다]. 오히려 지금 그리고 영원히 나는 과거의 [내가 창조되기 이전의] 나이다. …… 하나님으로의 돌파구에서 나는 하나님과 내가 하나라는 사실을 발견하고 있다.[160]

독자는 베르나르 클레르보와 장 제르송의 신부(新婦)적 신비주의와 대비되는 에크하르트의 심오한 이론과 이단설 모두를 인식하게 된다. 클레르보와 제르송 모두는 가장 친밀한 포옹의 순간에 영혼과 신 사이의 거리를 조심스럽게 인정했다. 베르나르는 신비적 합일에 관해 다음과 같이 말했다.

하나님과 인간은 서로 구분되어 있다. 각각은 자신의 고유한 의지와 실체를 지니고 있다. 하나님과 인간은 서로의 실체를 혼합하지 않지만, 오히려 의지에서 동의하게 된다. 이들에게 이 같은 합일은 의지의 교감이자 사랑의 동의이다.[161]

제르송은 보다 정교하게 다음과 같이 주장했다.

하나님을 깊이 인식하는 정화된 마음과 정신이 매우 성숙됨으로써 이제 육체적 기쁨과 여하한 천박한 행위나 탐욕스러운 행위도 생각하지 않고, 거칠고 불친절하며 뒤집어놓거나 혼란스러운 하나님에 관해 아무 것도 알지 못하며, 하나님을 더 이

160 *Deutsche Mystiker des 14. Jahrhunderts*, 2, pp. 284, 1. 11-22.

161 Sermones in Cantica Canticorum, no. 70, in PL 183, p. 1126. 질송은 다음과 같이 지적했다. "신비적 합일은 신성한 실체와 인간의 실체, 신의 의지와 인간의 의지 간의 이 같은 실제적 구분을 완전히 존중하고 있다. 이는 두 실체 전체의 혼합도, 각별히 두 의지라는 실체의 혼합도 결코 아니다. 그것은 이들의 완벽한 합의, 의지하는 이 둘의 일치이다. 구분된 영적인 두 실체, 이 실체는 심지어 무한히 구분되며, 두 의지는 존재론적 질서에 관한 한 구분이 되지만, 전자가 후자의 완벽한 형상이 될 정도로 의도와 대상이 일치한다. 거기에서 우리는 성 베르나르가 이것들을 인식했던 것과 같이 신비적 합일과 통합을 이루게 된다"(*The Mystical Theology of St. Bernard*, trans. A. H. C. Downe [London, 1940], p. 123.).

상 응징하는 복수자로 바라보지 않고, 하나님이 단지 완벽하고 바람직하며, '달콤하며 친절한'[시편 86편 5절], "그[하나님]가 나를 죽이시리니"[욥기 13장 15절] 전적으로 사랑을 받아야 하는 존재일 뿐이라고 이해하게 되면, 그러면 마음과 정신은 단지 사랑의 일만을 추구하고, 그리고 신랑의 팔로 안전하게 날아가고, 가장 순수한 포옹을 하며, 모든 이해를 초월하는 가장 자비로운 평화의 키스를 신성한 그 친구에게 한다[빌립보서 4장 7절]. 그리하여 그대는 즐겁고 사랑스러운 헌신과 더불어 "내 사랑하는 자는 내게 속하였고 나는 그에게 속하였도다"[아가 2장 16절][162]라고 말할 수 있게 된다.

오늘날 에크하르트의 옹호자들은 신과의 합일된 삶에 대한 그의 서술이 신과 영혼의 모든 구분을 없애는 것이 아니라고 주장하고 있을 뿐만 아니라 에크하르트의 가르침을 '범신론'으로 이해하는 것은 그것에 대한 이해 부족에서 기인한 것이라고도 일축한다. 이들은 신비적 합일에 관해 에크하르트가 서술하면서 사용한 유추에 호소했다. 이를테면 에크하르트는 영혼의 신과의 합일을, 바닷물이 물이 되는 것이 아니라 물 한 방울이 바다로 흘러들어가 바다가 된다고 묘사했다. 그는 다음과 같이 결론을 내렸다. "그리하여 영혼은 신성하게 되지만, 영혼이 신이 되는 것은 아니다. 영혼은 그것의 특성과 덕목을 상실하지만, 그것의 의지와 존재를 상실하지는 않는다. [신과의 합일에서] 신이 그 자신 안에 있듯이 영혼은 신 안에 있다".[163] 에크하르트의 가장 유명한 유비는 거울에 반사된 햇빛이 해에게로 되돌아간다는 비유였다. 햇빛이 거울에 있게 되고 거울의 반사광선이 해에 있게 되고, 그리고 해가 아무 것도 잃지 않고, 해와 거울 모두가 서로 완전히 구분되어 있듯이, "그리하여 신은 자신의 본성, 존재 및 신성과 더불어 영혼에 존재하지만, 신은 영혼이 아니다. 그리고 신에게서 영혼의 성찰은 신이지만, 영혼은 그 자체로 남는다".[164]

---

162 *De Mysti. theol. pract.*, cons. 12, p. 216, 1, 122-35.

163 *Meister Eckehart: Deutsche Predigten und Traktate*(1955), no. 55, p. 410, 1, 5-11.

164 같은 책, no. 26, p. 273, 1. 1-9.

하지만 에크하르트 저술의 핵심과 자신의 통제를 벗어난 타자에 대한 그것의 영향력은 창조에 의해 만들어진 신과 인간 사이의 구분을 찬미하는 것이 아니라 이를 극복하려는 것이었다. 그의 저술에서 발견되는 신비적 합일에 대한 매우 미묘한 언급과 관련하여, 여러 논쟁들이 있었다.[165] 결국 에크하르트는 영원한 탄생을 뛰어넘어 모든 실체에 자양분을 제공했다. 그에게 인간이란 세계에서 피조물로서 사는 것이 아니라, 신 안에 존재하는 것으로 이해되었다.

에크하르트의 놀라운 정교한 논리는 자신의 동시대인들로부터 공감을 얻지 못했으며, 이들 중 다수는 보다 실천적인 관점에서 이 문제를 바라보았다. 에크하르트의 이론을 비판한 사람들에 대한 길고 인상적인 목록이 남아 있다. 비판자들은 신이라는 존재와 더불어 하나가 되었다고 생각했던 다수 대중의 신학적·사회적 함의를 두려워했다. 도미니크회 툴루즈의 총회, 영성파 작가였던 헤르하르트 제르볼트 줏펀, 얀 반 뤼즈브룩 등이 에크하르트의 신비주의에 대한 비판자들이었다. 뤼즈브룩은 초기에는 에크하르트를 추종했으나, 후대에는 에크하르트의 교회 비판에서 오류를 발견했다. 공동생활 형제단의 창설자이자 에크하르트의 사려 깊은 학생이었지만 스승을 비판했던 헤이르트 흐로트는 공동생활 형제단에 의해 정죄된 에크하르트의 조항들 중 여하한 조항이라도 가르치거나 이것들이 포함된 서적의 소유도 금지했다.[166] 윌리엄 오컴은 신비적 합일에 대해 혼재된 액체라는 에크하르트의 은유가 '환상적'임을 발견했다.[167] 그리고 니콜라스 쿠사를 비판했던 요하네스 벤크는 에크하르트와 쿠사 모두에게서 범신론을 발견했다. 에크하르트는 쿠사에게 지대한 영향을 미쳤다.[168] 에크하르트의 이론

---

165 여기서 우리는 베르나르 클레르보를 다시금 비교해 볼 수 있다. 베르나르는 신과의 합일을 묘사하기 위해 유비를 또한 활용했다. 베르나르는 성인들의 신과의 합일을 불과 같이 철을 녹이는 것에, 포도주에서 혼합된 물 한 방울에, 그리고 스스로 햇빛이 되는 것처럼 보인 햇빛으로 가득 차게 하는 것에 비유했다. 하지만 베르나르는 그와 같은 유비로부터 다음과 같은 결론에 이르렀다. "그리하여 [성인들은 모든 인간적인 애정을 상실했으며 전적으로 신의 의지로 전환된다는 사실이 존재해야 한다. 왜냐하면, 만약 인간의 무엇이 여전히 남아 있다면, 신은 주로 어떻게 존재할 것인가? 비록 다른 형태, 영광 및 힘으로 남아 있기는 하지만, 인간의 본질은 남아 있을 것이다(*De diligendo Deo*, ch. 10, *PL*, 182, 991 A-B).

166 Maria, A. Lücker, *Meister Eckhart und die Devotio moderna*(Leiden, 1950)를 참조하기 바란다.

167 Robert E. Lerner, "The Image of Mixed Liquids in Late Medieval Mystical Thought," *Church History* 40(1971), pp. 397~411의 논의를 참조하기 바란다.

에 대한 쾰른의 정죄와 후대의 교황청의 정죄 모두는 '단순한 대중들의 마음'에 대한 그것의 부정적인 영향에 대해 관심을 불러일으켰다.[169]

그럼에도 불구하고 1329년 3월 27일에 이루어진 에크하르트 이론 중 28개 오류에 대한 교황청의 정죄는 논쟁적이었다.[170] 일부 사람들은 그것이 전적으로 정치적인 동기에서 시작되었다고 생각했다. 즉 1326년 에크하르트에 대한 비판을 주도한 그의 경쟁자, 쾰른 프란체스코회에 의한 명백한 음모였다는 것이다. 어떤 사람들은 심지어 에크하르트에 대한 정죄가 토마스 아퀴나스의 성인 추대(1323)에 대한 프란체스코회의 분노 및 도미니크회에 부여된 다른 특혜를 완화하고자 했던 교황청의 시도였다고까지 주장했다.[171] 다른 사람들은 에크하르트의 속어 설교의 모호하고 부주의한 문구에 오류가 있다고 생각했다. 이 설교는 에크하르트의 라틴어 저술의 특징인 지적 엄격함을 결여했다는 것이다. 정죄 받은 에크하르트의 저술 중에도 정형화된 라틴어 저술이 있었다는 사실로 이 논지에 대한 신뢰는 다소 약화되었다. 이를테면 다음과 같은 진술이 한 예이다. "[성체] 성사에서 빵이 그리스도의 몸으로 전환되는 것과 꼭 마찬가지로, 그리하여 나 또한 하나님으로 전환된다. 하나님은 나에게서 단지 유사한 존재가 아니라 자신의 존재에 영향을 미치기 위해 현존하기 때문이다."[172] 모든 에크하르트 변론가들의 거의 모두는 그가 시대를 앞서간 사상가, 즉 그의 사상을 이해하는 능력이 부족한 동시대인들에 의해 그의 사상이 자구적으로 받아들여졌다고 이해했다.

에크하르트가 활동한 시대의 분위기는 그를 정죄하는 데에 중요한 역할을 했

---

168 에크하르트가 쿠사에게 끼친 영향에 관해서는 Herbert Wackerzapp, *Der Einfluss Meister Eckhardts auf die ersten philosophischen Schriften des Nikoaus von Kues*(1440~1450)(Münster, 1962)를 참조하기 바란다. 에크하르트에 대한 중세 말기의 지지와 비판에 관해서는 Degenhardt, *Studien zum Wandel des Eckhartbildes*, pp. 33~50에서 논의되었다.

169 Josef Koch, "Meister Eckharts Weiterwirken im Deutsh-Niederländischen Raum im 14. und 15. Jarhundert," *La mystique Rhéance: Colloque de Strasbourg 16-19 Mai 1961*(Paris, 1963), pp. 133~156; Denzinger, no. 979, p. 294.

170 에크하르트 사후에 정죄된 28개 조항들 가운데, 17개 조항(1~15, 27 및 28)은 언어와 내용에 있어서 이단으로 선포되었으며, 11개 조항(16~26)은 매우 대담하고 이단의 혐의를 받았다. 물론 가톨릭의 시각이나 정통 교리의 시각에서의 해석도 가능하기는 했지만 말이다. Denzinger, no. 979, p. 294.

171 Otto Karrer, *Meister Eckharts Rechtfertingungsschrift vom Jahre 1326*(Erfurt, 1927), p. 19.

172 Denzinger, no. 960, p. 292.

으나, 아마도 그의 동시대인들이 그 보다는 덜 성숙했기 때문은 아니었을 것이다. 설령 덜 정교한 형태로 제기되었다고는 하지만, 이와 유사한 신비주의적 주제들은 베긴회의 메흐틸드 마그데부르크의 『신성의 흐르는 빛』(1250~1265년도에 집필)에 의해 일찍이 제기되었다. 거의 십 년간이나 탄압을 받은 이후에 베긴회가 1312년 빈 공의회에서 다른 모든 조항들 가운데 내세에서의 완전함만큼이나 현세에서의 위대한 완전함을 주장했다고 정죄를 받았다.[173] 1296년 교황 보니파키우스 8세는 자유영성주의자들을 이단으로 정죄했다. 이들은 "자신들이 묶고 풀 수 있고, 고해성사를 듣고, 죄를 사해주며, 설교를 할 수 있는 반면에, 이 같은 권한을 교회에 부여하는 것을 부정하는 교리를 제정했다(이들 자신들이 주장한 만큼 완전하지는 않았다)."[174] 이후에 에크하르트를 정죄하게 될 교황 요한 22세는 1318년에 지고의 거룩한 삶과 종교적 권위에 대한 이와 유사한 주장을 한 프란체스코회 영성파를 정죄했다.[175] 1327년 에크하르트에 대한 정죄 전야에, 요한 22세는 다른 주장들 가운데 "교황을 교정하고, 교황에 대항하여 군대를 일으키며, 교황의 권위를 약화시키고, 교황을 처벌하는 것이" 황제의 권한에 속한다고 주장한 마르실리우스 파도바도 정죄했다.[176]

에크하르트는 대중적 종교 운동과 교황청의 권위에 공세적으로 도전하여 성공한 군주의 권한이 강력했던 시기에 활동하고 설교를 했다. 에크하르트의 가르침은 1329년에 정죄를 받았다. 공정하든 그렇지 않든, 그의 이론은 적어도 이 같은 도전을 한 사람들에게 이론적인 지지를 제공하기 위한 그와 같은 도전과 같은 부류로 인식되었다. 무엇인가가 언급되고 또한 무엇인가가 이루어졌던 시기의 역사적 상황은 그것이 함의하는 바의 일부가 되었다. [에크하르트가 활동하던 시대가] 교회사에서 좀 더 평화로운 시기였더라면, 설령 더 이상 충분히 이해되지는 못했다고 해도 그가 보다 공정한 대우를 받았을 것이었지만, 14세기 초엽에는 공정한 대우를 받지 못했다.

173 이 책의 139쪽을 보기 바란다.
174 Denzinger, no. 866, p. 278.
175 이 책의 166쪽을 보기 바란다.
176 이 책의 222쪽을 보기 바란다.

다른 시각에서 보자면, 말하자면 에크하르트에 대한 정죄가 가장 아이러니한 점은, 그가 중세의 독창적인 인간으로서 등장한다는 것이다. 우리는 인간의 기원과 운명이 초자연적이라는 중세인의 집단적 믿음에 대한 대담한 주장을 어디에서 발견할 수 있을까? "존재하는 것"은 신 안에 존재하는 것이다라는 주장보다 강력한 주장을 중세에 누가 했던가?[177] "나의 가장 참된 나는 하나님이다"라고 믿었던 에크하르트보다 더 강한 믿음을 가진 사람은 누구인가?[178] 에크하르트의 이론을 정죄한 중세 교회는 그것이 가장 소중하게 여기던 신앙들 가운데 일부의 논리적 결론을 또한 정죄할 수도 있었을 것이다.

177 *Die deutschen Werke* 1:69~70.

178 Kelley, *Meister Eckhart*, pp. 61~69.

제4장

교회정치적 전통

1) 세속적 통치이념과 신정적 통치이념

중세 유럽의 정치사상 및 교회 정치사상을 이해하기 위해서 우리는 캠브리지 대학의 중세교회사 교수였던 울만의 저술에서 시작해야 한다. 울만이 중세 유럽의 정치 전통에 관한 연구에서 차지하는 위상은 스콜라주의 연구에서 질송이 차지하는 위상에 비견된다. 울만은 권위 있는 동시에 매우 논쟁적인 이론을 종합했다. 울만의 견해에 의하면, 중세에는 상이한 통치 및 법률 개념이 경쟁했으며, 이들 간의 갈등이 중세의 정치사상사에 역동성을 부여했다는 것이다. 울만은 그 중 한 이론을 상향적 정부론이라고 불렀다. 상향적 정부론에 의하면 권력이 공동체로부터 기원하여 위를 향해, 즉 다수의 '인민'으로부터 통치자 한 사람에게로 올라간다는 것이다. 울만은 또 다른 이론을 하향적 정부론이라고 불렀다. 하향적 정부론에 의하면, 권력이 최고의 통치자에게 있으며, 존재의 거대한 계서제 내의 종속적인 구성원들에게 아래로 내려간다는 것이다.[1]

울만은 상향적 정부론이 속인을 대변하는 인민주의론으로서, 그것의 주요 원천이 이교적 고전, 특히 아리스토텔레스와 중세 게르만의 법률 및 관습이라고 지적했다. 한편 하향적 정부론이 성직자를 대변하는 신정적인 이론으로서, 그것의 뿌리는 그리스도교적 원천, 특히 위 디오니시우스의 저술과 통치에 관한 성서적 인식에 있다고 울만은 주장했다. 로마서 13장 1절 즉 "각 사람은 위에 있는 권세들에게 복종하라 권세는 하나님으로부터 나지 않음이 없나니 모든 권세는 다 하나님께서 정하신 바라"는 성서의 대표적인 구절이었다. 울만은 중세 교회 내에서 하향적 정부론과 교회 법률가들을 동일시했던 반면에, 상향적 정부론을 교황보다 교회 공의회의 권위가 우월하다고 변론한 공의회주의자들에 결부시켰다.

---

1 W. Ullmann, *A History of Political Thought: The Middle Ages*(Baltimore, 1970), pp. 12~13; *Principles of Government and Politics in the Middle Ages*(London, 1966), pp. 20~23; Francis Oakley, "Celestial Hierarchies Revisited: Walter Ullmann's Vision of Medieval Politics," *Past and Present*, 60(1973), pp. 6~10을 참조하기 바란다.

울만의 비판가들은 중세의 정치적 사건과 이론이 실제로 그러했던 것보다 울만이 이를 지나치게 단순화했다고 지적했다. 근년에 울만의 이론을 비판한 오클리는 울만을 비판하기 위한 사례를 수년간 수집했고, 그가 중세의 정치이론을 단순화시켰다고 비판했다.[2] 그리스도교적 전통이 정치 권위에 대한 신정적 견해를 지지했을 뿐만 아니라 정치적 평등주의와 상향적 정부론의 원천이 되기도 했다는 것이 울만에 대한 비판이다. 이교적 고전들이 전적으로 인민주의 정치이론으로 수용될 수 없다는 것이다. 이 고전이 또한 황제를 신성한 통치자로 서술하고 있으며, 하향적 정부론을 재가했다는 것이다. 더욱이 중세 교황들이 전적으로 하향적 이론을 지지하지 않았듯이, 중세의 세속 군주들 역시 전적으로 상향적 이론을 지지하지 않았다는 것이다. 실제 역사적 과정은 울만이 주장하는 것보다 훨씬 다양하고 복합적인 정부 형태와 통치 이론을 보여주고 있다는 것이다. 또한 하향적 정부론의 강력한 변론가들이었던 교회법학자들은 교회 정부에 관한 공의회 이론의 중요한 원천이기도 했다는 것이다.[3] 한편 상향적 정부론을 강력하게 옹호했던 공의회주의의 주요 이론가들, 이를테면 콘스탄츠 공의회의 지도자들은 교회 정부에서의 교황의 강력한 역할을 지지하기도 했다. 존 파리와 같은 군주 옹호자들은 정치권력에 관한 상향적 이론 및 교황에 대항하기 위한 군주의 사례를 지지하기 위해 사실상 교회법학자들의 저술에 주로 의존했다.[4] 심지어 아리스토텔레스라는 지적 권위는 상향적 개념을 전적으로 지지한 것이 아니었다. 아리스토텔레스의 활력, 즉 잠재태의 완전한 현실태로의 점진적인 구현이라는 그의 이론은 상향적 이론과 하향적 이론 모두에 기여했다. 마지막으로 토마스 아퀴나스의 경우이다. 울만은 아퀴나스가 성공적인 상향적 정부론의 중요한 사례라고 지적했다. 하지만 아퀴나스는 교황청의 신정적 이론을 가장 충실

2 Oakely, "Celestial Hierarchies Revisited," pp. 3~48.

3 이 주제에 관한 대표적인 저서는 B. Tierney, *Foundations of the Conciliar Theory: The Contribution of the Medieval Cannoists from Gratian to the Great Schism*(Cambridge, 1955)이다. 울만의 이론에 대한 직접적인 비판으로는 A. M. Stickler, "Concerning the Political Theories of the Medieval Canonists," *Traditio* 8(1949-51), pp. 450~463.

4 특히 Tierney, *Foundations of the Conciliar Theory*, pp. 11~78.

히 천명한 교서 〈하나의 거룩한 교회〉에서 보니파키우스 8세에 의해 부연 설명된 지적 원천 가운데 하나였다.

울만이 나무보다는 주로 숲을 보았다고 우리는 지적할 수도 있다. 확실히 비판자들은 울만이 분석적이었다기보다는 종합적이었음을 잘 보여주고 있다. 하지만 항상 전체는 부분들의 종합 그 이상이다. 설령 울만의 종합이 정교함과 미묘한 차이를 결여하고 있기는 하지만, 아마도 비판자들이 주장하는 것만큼 그의 이론이 과장되어 있지는 않다. 그럼에도 그는 중세 말기의 사람들의 삶과 사회에서의 경쟁적인 추세를 과장했다. 모랄은 중세의 정치사와 정치 이론을 "그리스도교 공화국 이념의 대두, 성장 및 해체와 보다 순수한 정치적 개념으로서의 국가로의 대체"[5]라고 규정하면서, 이와 비슷한 지적을 했다.

베르나르 궤네는 일부 역사가들이 프리드리히 2세 지배하의 시칠리아와 에드워드 1세 시대의 영국이 '이미 근대적'이라고 기술한 반면에, 다른 역사가들이 카를 5세 시대의 신성로마제국과 헨리 7세 시대의 영국을 '여전히 중세적'이라고 기술했다는 사실을 발견했다. 궤네는 중세 말기가 정부와 법률에 관한 '봉건적' 인식으로부터 '근대적' 인식으로의 명백한 전환기였던 것처럼 어떤 시기가 복합적인 시기라고 너무 성급하게 규정하는 것에 대해 경고했다.[6] 이는 또한 우리가 '낡은' 것과 '새로운' 것이 서로 공존했던 스콜라적 전통과 영성적 전통에서 추적했던 발전에도 적용된다. 한편 종교개혁 전야에 이르자, 우리는 이들 각각의 전통에서 공식적이고 성직자적이며 종교적인 사회를 비판하는 속인 중심적이고 세속 사회에 우호적이며 전통을 뛰어넘어 혁신을 고무한 강력한 운동을 인식하게 된다. 부차적인 요인들, 즉 유한하고, 세속적이며 자연스러운 것들의 가치가 이 기간에 경쟁에서 승리했다. 이론상 언제나 그리고 실제로 가능한 곳에서 교회의 제도는 세속 사회나 자연적 목표가 보다 중요한 종교적 질서와 이른바 초자연적 목표에 복속되는 한 세속 사회와 자연적 목표를 재가했다. 세속의 실체는 이 같은 교회 제도를 비판했으며 점점 더 그 가치를 인정받게 되었다. 스콜라

---

5 *Political Thought in Medieval Times*(New York, 1962), p. 11.

6 *L'Occident aux VIVe et XVe siècles: Les états*(Paris, 1971), pp. 78~82.

적 전통에서 초자연적 목표와 자연적 목표 간의 경쟁은 오컴의 철학과 신학에서 가장 가시적인 것처럼 보였다. 오컴은 개인을 다양한 형태로 변론했던바, 이는 또한 오컴의 정치사상의 중요한 특징이었다.[7] 오컴은 계약 용어로 종교적 관계를 개별화하기도 했다. 영성적 전통에서의 이 경쟁은 자신의 고유한 체험이 종교적 권위를 가진다는 신비주의자의 주장에서, 가장 단순한 종교적 실천이나 심지어 다른 실천이 없는 경우에도 속인들에게 뚜렷이 나타났다. 그리고 이 경쟁은 속인들의 개인적인 습관이 고해성사에서 검토되고, 그것이 성직자들에 의해 영원한 보상보다 낮게 평가되는 것에 대한 속인들의 거부에서, 고유한 용어로 과거, 고대의 언어 연구 및 순수한 시민적 덕목의 함양에 대한 인문주의자의 집착에서, 그리고 마지막으로 후스파와 같이 사회적 정치적 양심과 더불어 일어난 민족적이고 종교적인 운동에서 뚜렷하게 볼 수 있었다.

하지만 이 현세적 목표 내지 가치를 둘러싼 경쟁은 중세 말기의 군주와 교황 간의 정치적 갈등에서 자구 그대로 가장 잘 표출되었다. 유럽에서의 완전한 안전과 독립을 추구하는 국민국가들의 부상은 베드로[교황]의 전통적인 우위를 약화시키고, 중세 교회를 맹아적인 주권 국가의 고분고분 한 부서로 가능한 한 전락시키는 데 결정적으로 기여했다.

2) 베드로의 우위

교황청은 어떻게 정치적 영향력을 매우 강력하게 행사하게 되었던가? 14세기까지 중세 유럽은 진정한 '그리스도교 공화국'이었다. 이 그리스도교 공화국에서는 초지역적 단일성과 협업이라는 독특한 인식이 존재했던 바, 이는 여하한 다른 정치적 정체성이나 '민족적' 정체성보다 더욱 강력한 종교적 유대로부터 기인했다. 이는 중세의 정치사와 정치사상에서 교회의 정치적 갈등과 교황청이 크게

7 Arthur S. McGrade, *The Political Thought of William of Ockham: Personal and Institutional Principles*(Cambridge, 1974), pp. 116~117,

부각된 주된 이유이다. 교회는 정치사와 정치사상사에서 늘 고상한 대안적 권위로서 존재했다. 신성한 교회의 현존은 중세의 지성사와 사회사에서처럼 중세의 정치사에서도 부인할 수 없는 요소였다.

중세의 속권과 교권 간의 주요한 갈등에서 교회는 원래 자신의 고유한 것이라고 간주한 권리, 기능 및 영토에 대한 속권의 침해와 공공연한 정치적 통제에 맞서 그것의 정신적 자율성과 현세권을 주장했다. 세속 사회에서의 자신의 고유한 권한에 대한 교황청의 극단적인 인식과 속권에 대한 상대적인 평가절하는 부분적으로는 단순한 자기방어였다. 그리고 스스로를 변론할 수밖에 없게 되자, 교회는 중세의 다른 여하한 제도보다 교회의 권위에 대한 종교적 논의를 전개한 시대의 사람들을 설득하는 데 더 풍부한 지적 자원을 가지고 있었다. 교황청은 군주와 황제를 포함한 속인에 대한 정신적 권위와 현세적 권위의 주장, 그리고 강력한 현세권 및 재산에 대한 신성한 권리와 세속적인 권리를 기초로 스스로를 공공연하게 변론했다. 교황청은 이 권리에 대한 정당성을 성서, 교회의 전통 및 역사적 선례에서 명백히 발견했던 것이다.

무엇보다 책들 중 가장 도발적인 성서가 있었다. 성서의 몇몇 구절들은 그리스도의 대리자로서 교황에게 현세에서의 권한이 부여되었다고 주장했다. 이 구절 중 가장 중요한 구절이 마태복음 16장 18~19절이다. 이는 로마 주교의 주권을 교회 전체로 확대하는 데 기여한 핵심 구절이다.

> 또 내가 네게 이르노니 너는 베드로라 내가 이 반석 위에 내 교회를 세우리니 음부의 권세가 이기지 못하리라. 내가 천국 열쇠를 네게 주리니 네가 땅에서 무엇이든지 매면 하늘에서도 매일 것이요 네가 땅에서 무엇이든지 풀면 하늘에서도 풀리리라 하시고.

하지만 교황의 현세권과 관련하여 성서의 구절이 모호한 것으로 판명되었다. 이를테면 로마서 13장에서는 신도들에게 신성하게 세워진 세속의 모든 권위에 복속할 것을 촉구했고, 누가복음 20장 25절에서는 "이르시되 그런즉 가이사(카이사르)의 것은 가이사에게" 주라고 명령했다. 하지만 현세적 권위와 정신적 권위라는 이원적 권위에 관한 성서의 개념은 세속 사회에서 교황의 우위라는 교회의 주장을 약화시키지는 않았다. 이는 아마도 속권과 교권의 관계를 가장 균형감 있게 천명한 교황 겔라시우스 1세가 494년 황제 아나스타시우스에게 보낸 유명한 서신에서도 드러났다. 겔라시우스는 신의 구원이라는 고상한 목표를 감독하고 최후의 심판에서 군주들을 위해 변론하게 될 베드로가 이 현세에서 단기적으로 현세적 안녕의 제공이라는 임무를 지니고 있었던 카이사르보다 훨씬 중요한 책무를 지니고 있다고 주장했다.[8]

현세적 우위에 대한 교황청의 주장은 형제마저 살해하는 인간의 타락한 본성에 대한 섭리적 타협인 정치 공동체가 부차적이고 인위적이라는 교부들과 아우구스티누스의 주장에 의해 또한 지지를 받았다. 이 해석에 따르면, 신은 원래 인간이 서로에게 죄를 짓거나 복속되지 않기를 바랐으며, 원죄 이후에야 타락한 인간을 처벌하고 자멸로부터 인간을 보존하기 위해 정치 공동체가 존재하도록 했다는 것이다.[9] 아우구스티누스는 로마의 정치 공동체보다 우월한 그리스도교 교회가 '진정한 정의'를 구현할 수 있는 '유일한 공화국'이라고 찬사를 보냈으며, 로마 정부를 더 중요한 천국의 평화를 위한 단순한 조력자로 이해했다.[10] 인간의 진정한 목적이 초자연적이고 인간의 진정한 고향이 천상의 공동체임을 설득력 있게 주장하는 한, 더 고상한 목적과 공동체를 직접 관리하는 사람들은 단지 인

---

8 "…… 이 세계를 지배하는 주요한 두 가지 권위가 있다. 그것은 성직자의 신성한 권위와 국왕의 권력이다. 신의 심판에서 인간들의 군주를 대변하게 된다는 점에서 이들 중 성직자의 책임이 더 중요하다. 설령 그대[황제 아나스타시우스가]가 그 위엄에 있어서 모든 인류보다 우월하다고 하더라도, 그럼에도 불구하고 그대는 신성한 일을 책임지고 이들로부터 구원의 방법을 찾는 사람들에게 경건하게 머리를 숙여야 한다는 점을 …… 인식하여라. …… 만약 주교들이 …… 황제의 직책이 신에 의해 그대에게 부여되었다는 점을 인정하고 있다면, …… 신성한 신비를 관리하고 있는 사람들에게 그대는 어떤 열정과 더불어 복종해야 하는가?" B. Tierney, *The Crisis of Church and State 1050-1300*(Englewood Cliffs, N. J., 1964), pp. 13~14.

9 Augustine, *The City of God,* trans. Marcus Dods, *in A Select Library of the Nicene and Post-Nicene Father of the Christian Church*, ed. Philip Schaff(Grand Rapids, Mich., 1956), bk. 19, ch. 15, p. 411.

10 같은 책, bk. 2, ch. 21, p. 36. "천상의 도시는 …… [이 땅에서] 순례의 상태에, 이 땅의 평화를 활용하고, 그리고 그것이 신앙과 신성을 훼손하지 않는 한, 삶에 필요한 것들의 구매와 관련하여 인간 간의 공동의 합의를 원하고 유지하며, 이 땅의 평화를 천상의 평화에 결부시킨다"(같은 책, bk. 19, ch. 17, p. 412).

간의 현세적 필요만을 충족하는 보잘 것 없는 사람들보다 우월하다고 주장할 수 있었다.

베드로의 세속적인 우위를 지지하는 신학적 논지들 이외에, 중요한 역사적 선례도 있었다. 주교와 교황들은 황제 및 황제보다 못한 지배자들을 적절하게 파문했다. 때로는 주교와 교황이 이 세속 지배자에게 명백한 죄악과 범죄에 대한 공적 참회를 요구하기도 했다. 밀라노의 주교였던 암브로시우스는 390년 황제 테오도시우스에게, 그가 지적하고 있듯이, "황제가 교회 안에 있고 그리고 교회 위에 있지 않음을" 보여주기 위하여 공적 참회를 요구했다. 프랑크 왕국의 주교들은 심지어 800년 성탄절 이전에 카롤링거 왕조의 군주들을 도유(導誘)했다. 800년 샤를마뉴는 교황 레오 3세(795~816)로부터 제관을 수여받음으로써 중요한 선례를 남겼다. 962년 교황 요한 12세(955~964)가 황제 오토 1세를 도유한 이후, 신성로마제국의 황제에 대한 교황의 대관은 16세기까지 전통이 되었다.

하지만 성서의 논지와 마찬가지로 역사적 선례는 교권과 속권 양쪽 모두에 기여했다. 황제를 대관한 교황은 신성하게 도유된 황제의 통치권을 승인했으며, 교회의 영향력 내에 있는 황제는 신도 집단 공동체 중 가장 강력한 힘을 가진 구성원으로서 교회의 안녕과 지도에 대한 각별한 책무를 주장했다. 중세 초기의 메로빙거 왕조와 카롤링거 왕조의 군주들은 초기의 서로마 황제와 동로마 황제와 마찬가지로 교회를 자신의 의지 아래 복속시키는 데 어려움이 거의 없었다. 사실상 카롤링거 왕국의 주교들은 종종 군주의 관리나 국가의 대리인에 불과한 것처럼 비추어졌으며,[11] 카롤링거 왕국의 군주들은 자신의 가신들에게 봉토를 제공하기 위해 교회의 토지를 자의적으로 전용했다.

이 같은 속권의 지배에 반발한 교회는 「콘스탄티누스 대제의 기진장」(750~800)과 같은 기발한 방어 논리를 만들었다. 이 위서에 의하면, 황제 콘스탄티누스는 당시 교황 실베스터에게, [자신의 질병을 치유해 준 것에 대한] 보답으로 자신의 궁정과 "서로마제국의 모든 주, 궁정들 및 로마와 이탈리아도 함께" 기증

---

11 이 책의 130쪽을 참고하기 바란다.

했다는 것이다. 당시 로마제국의 수도는 콘스탄티노플로 이전되어 있었다.[12] 교황들은 이에 입각하여 광범위한 현세권은 물론 천상의 왕국의 열쇠에 대한 소유도 주장하게 되었다. 심지어 교황들이 현세적 지배권을 황제에게 양여하자, 실제 정치가 당연히 그렇게 되었듯이, 「기진장」은 교황의 의도에 계속해서 기여했다. 이를테면 12세기에는 콘스탄티누스로 대변되는 속권이 물리적 칼 내지 현세에서의 강제적 사법권을 교회에 부여했으며, 이에 대한 보답으로 교회가 자신의 감독 아래 이 칼을 사용하게 될 황제에게 그 권위를 되돌려주었다는 주장이 제기되었다. 육체적 형벌이나 사형과 같은 명예롭지 못한 일을 성직자가 수행하기에는 적절하지 않았던 것이다. 800년 교황 레오 8세에 의한 샤를마뉴 대관이 교황청의 위엄을 과시하는 것 이외에 다른 무슨 함의가 있었던가?[13]

특정 황제들에 대한 교황의 도유와 같은 역사적인 관행과 관련하여 신학자들과 교회법학자들은 왕권을 '수립하고' '판단하는' 교회의 권리를 논했다. 학교에서의 철학과 수도원에서의 자유학과 마찬가지로 속권은 또한 인간이 최종 목표를 향하도록 계도하는 고상한 책무를 부여받은 사람들의 하인이 될 것이었다.

10세기 말과 11세기에 일어난 클뤼니 개혁 운동은 프랑스 중동부 지방에서 계율을 엄격히 준수하던 베네딕트 수도원의 이름에서 유래했으며, 속권과 교권의 최초의 심각한 갈등을 예견했다. 클뤼니 개혁가들은 성직자의 속권에로의 복속을 완강하게 거부했으며, 오토 왕조 지배자들의 요구에 독일 주교들이 쉽게 순응하는 것에 대해 강한 유감을 표명했다. 또한 이 개혁가들은 성직자의 신성한 가치가 내연 관계로 대변되는 세속적 가치에 혼재되는 것을 비판했다. 이 같은 비밀 결혼으로 성직자는 세속적인 환경에 동화되었으며, 성직자와 속인의 차이도 약화되었다. 부모가 된 성직자들은 자녀의 유산을 확보하고자 했으며, 이로 인해 성직자들은 세속적인 술수에 쉽게 넘어갔다.[14] 클뤼니 개혁가들에게 교황은 성직자의 유일한 주권자였으며, 교회는 성직자의 유일한 배우자였던 것이다.

---

12 Henry Bettenson, *Documents of the Christian Church*(New York, 1961), pp. 141~142.

13 Morrall, *Political Thought in the Medieval Times*, pp. 55~56을 참조하기 바란다.

14 Christopher Brooke, "Gregorian Reform in Action: Clerical Marriage in England, 1050-1200," in *Medieval Church and Society*(London, 1971), pp. 69~99, 72~73.

11세기에 군주들과 교황들 모두가 그리스도교 사회의 단일성을 주장했던 동시에 속인의 삶과 성직자의 삶도 구분했다. 교회의 영역에서 속권과 교권 중 누가 우위에 있는가가 양 진영 간의 쟁점이 되었다. 아첨을 하는 주교들을 두고 있던 황제인가 아니면 세속으로부터의 종교적 분리라는 수도원의 엄격한 이념에 불타오르던 교황이었던가? 11세기 중엽 클뤼니의 개혁에 헌신한 교황들은 권력을 장악했고, 교회의 독립을 주장했다. 교황 레오 9세(1048~1054)는 성직 매매와 성직자의 비밀 결혼을 비판하는 조치들을 취했다. 성직 매매는 신성한 직책을 매매하는 죄로서, 군주들 자신이 선택한 성직자를 세우도록 용인함으로써 교회의 직책을 판매하는 것이었다. 레오는 또한 클뤼니 출신의 성직자들을 교황청의 핵심 요직에 임명했다. 교황 스테파누스 9세(1057~1058)는 황제의 재가없이 사임했는데, 이는 사임할 때 황제의 승인을 받아야 한다는 오토 1세의 칙령에 반하는 것이었다. 교황 니콜라스 2세(1059~1061)는 1059년 추기경단을 설치함으로써 전례 없는 조치를 취했다. 교황에 의해 임명되고 교황에게 봉사하는 이 특별한 단체는 그 이후 교황이 공석일 경우 새로운 교황을 선출했다. 교회는 추기경단의 창설을 통해 교황 선출에 외부의 정치적 영향력을 축소하고자 했다.

교황 그레고리우스 7세(1073~1085)는 세속 군주로부터 주교좌의 독립을 선언하고 이를 확대했다. 1075년 그레고리우스 7세는 여하한 형태의 성직자 서임에 대해서도 파문이라는 형벌로 정죄했다. 그는 권위의 상징물을 수여함으로써 주교를 서임하던 황제의 기존 관행을 주로 비판했다. 그레고리우스가 황제에 의한 주교 서임을 금지하자 황제 하인리히 4세(1056~1106)는 급격한 타격을 받았다. 하인리히 4세는 군주의 권위와 사법권 및 교회의 그것들과의 경계를 선명하게 그음으로써 자신의 제국을 '세속화'하려던 교황청의 구상을 발견했다. 전선이 신속하게 형성되었다. 한편에는 자신에게 충실한 독일 주교들과 황제가 자신의 주교들을 통제하듯이 자기 지역 성직자들을 통제하려고 하는 봉건 귀족이 있었다. 다른 편에는, 이탈리아 추기경들, 개혁 지향적인 수도원들 그리고 독일에서 황제권을 약화시키고 그레고리우스 7세를 지지했던 당파적인 독일 제후들이 있었다.

하인리히 4세가 그레고리우스 7세를 맹렬히 비난한 이후, 하인리히에게 충성했던 독일의 주교들은 1076년 1월 보름스 특별 회의에서 교황으로부터의 독립을 선언했다. 그레고리우스 7세는 1076년 2월 하인리히를 파문함으로써 이에 응수했으며, 신민들을 하인리히에 대한 충성으로부터 자유롭게 했다. 사건 전야에 그레고리우스는 베드로의 현세적 우위에 대한 중요한 성서의 전통적인 지지와 더불어 하인리히에게 다음과 같은 충고를 했다.

> 그대가 교회의 아들이 되겠다고 고백을 했기 때문에, 교회의 지도자 즉 사도들의 수장인 베드로에게 보다 많은 존경을 표하는 것이 적절했을 것입니다. 만약 그대가 주님의 양떼의 일원이라면, 그대는 그대의 목장에 헌신하고 있어야 할 것입니다. 그리스도는 베드로에게 "이르시되 내 어린 양을 먹이라 하시고"[요한복음 21장 17절] "내가 천국 열쇠를 네게 주리니"[마태복음 16장 19절]라고 말씀했기 때문입니다. 이제 죄인이자 하찮은 우리가 권력[성 베드로의]의 자리에 있는 동안, 글이든 말이든, 여전히 그대가 무엇을 보내든, 그[베드로]가 받으며, 그리고 그대가 기록된 것을 읽든, 사람의 목소리를 들으면서 그는 예리한 통찰력과 더불어 그 메시지가 어떤 영으로부터 유래하는지를 식별하게 됩니다. 따라서 전하께서는 전하의 말이나 메시지에서 사도좌를 향한 의지의 여하한 결핍이 드러나지 않도록 주의를 기울여야 하고, 그리스도교 신앙의 안위와 교회의 지위에 관한 모든 문제에서 우리가 아니라 전지전능한 하나님에게 마땅히 존경을 표해야 합니다.[15]

요컨대, 베드로의 계승자를 대하는 것은 전지전능한 신을 대하는 것이었다.

황제 하인리히는 파문당한 이후 작센 공의 주도 아래 일어난 광범위한 반란의 가능성에 직면했다. 기댈 곳도 없었던 그는 교황 그레고리우스 7세와 타협했다. 그리하여 1077년 1월 말 카노사에 있던 하인리히가 성 밖에서 행한 유명한 장면이 연출되었던 것이다. 카노사에서 하인리히는 사면을 받기 위해 3일간 용서를

15 Tierney, *The Crisis of Church and State*, p. 58.

구했다. 황제 하인리히 4세에 대한 교황 그레고리우스 7세의 승리가 그레고리우스의 계승자들에 의해 곧 잊어지지는 않았다 하더라도, 사실상 그것은 단명했다. 교황으로부터 사면을 받은 하인리히는 자신의 세력을 다시 규합했고, 제국에서 권력을 재장악했으며, 마치 자신의 고유한 일인 것처럼 교회의 일들을 계속해서 다루었다. 1080년 3월 그레고리우스는 하인리히를 다시금 파문했으나, 하인리히에 대한 반복된 파문의 위력은 크게 약화되었다. 마침내 1122년 보름스 협약이 체결됨으로써 갈등이 해결되었다. 이 협정에 의해 하인리히 5세(1106~25)가 반지 및 지팡이와 더불어 여하한 주교 서임권도 부정했던 반면에, 교황 칼릭스투스 2세(1119~24)는 독일 선제후들의 선거에 참석하고, 분쟁의 여지가 있는 황제 선출을 판단하고 그리고 황제가 교회에 양도했던 영지들에서 봉사했던 새롭게 선출된 주교들과 수도원장들로부터 서약을 받을 수 있는 황제의 권리를 인정했다. 황제는 교회의 일들에서 상당한 정치적 역할을 계속해서 수행했던 것이다.

교황 인노켄티우스 3세(1198~1216) 시기에 교황권과 그 영향력은 절정에 이르렀다. 인노켄티우스 3세는 교황 신정정치론 및 이와 유사한 이론을 선포하고 이를 실행에 옮겼다. 그는 자신의 직책에 관해 다음과 같이 언급했다.

> 예언자를 통해 [교황]에게 말했다. "보라 내가 오늘 너를 여러 나라와 여러 왕국 위에 세워 네가 그것들을 뽑고 파괴하며 파멸하고 넘어뜨리며 건설하고 심게 하였느니라 하시니라"[예레미야서 1장 10절]. 또한 사도를 통해 나에게 말했다. "내가 천국 열쇠를 네게 주리니……." 그리하여 다른 이들은 일부의 관리를 위해 부름을 받았으나, 베드로만이 전능권을 가지게 되었다.[16] 그리고 나서 그대는 그 집에 위에 세워진 종, 즉

---

16 교회법에서 '전능권'은 유기체의 수장이 유기체 구성원들로부터 유래하는 무엇이며 단지 이들과 관련하여 행사되며, 신에 의해 직접 교황에게 부여된 모든 것을 포괄하는 권위가 아니다. 전능권에 관해서는 Tierney, *Foundations of the Conciliar Theory*, pp. 141~153을 참조하기 바란다. 알렉산더 3세는 구성원들에게 수장과 더불어 권한의 공유를 용인하는 유기체 이론을 비판하면서 이 용어를 최초로 사용한 교황으로 보인다. 이는 '무오류'에 관한 교황청의 중요한 원천이나 다른 배경에서 피터 올리비와 프란체스코회 영성파에 의해 발전하게 될 교황 무오류 개념과는 구분되어야 한다. 이에 관해서는 Brian Tierney, *Origins of Papal Infallibility: 1150-1350*(Ledien, 1972), p. 32를 참조하기 바란다. 알렉산더

진정으로 예수 그리스도의 대리인, 베드로의 계승자, 주로부터 도유를 받은 자, 파라오의 신, 하나님과 인간 사이에 있으며, **하나님보다는 낮지만 인간보다는 높고**, 모든 것을 판단하지만 누구에 의해서도 판단을 받지 않는 자가 누구인지를 알게 된다.[17]

교황과 세속 군주의 관계를 해와 달의[18] 관계에 즐겨 비유했던 인노켄티우스 3세는 자의적으로 이 비유를 파괴하거나 활용했다. 캔터베리 대주교 임명을 둘러싸고서 영국의 군주 존과의 논쟁 이후에 인노켄티우스는 1209년 존을 파문했으며, 1213년에는 굴욕적인 충성 서약을 그에게 강요했다. 인노켄티우스 3세는 종교재판소를 설치했으며, 내부의 종교적 이단을 근절하기 위해 십자군이라는 무기도 효과적으로 활용했다. 그는 프란체스코회와 도미니크회라는 탁발 교단을 승인했고, 이들 교단을 이단적 영성을 비판하기 위한 교회의 군사적 행동에 참여시켰다. 그는 속인의 종교적 신념과 관행을 위한 최소한의 규범을 제정했다. 인노켄티우스 3세와 그의 계승자들인 그레고리우스 9세(1227~1241)와 인노켄티우스 4세(1243~1254)는 호엔슈타우펜 왕조의 황제들에 대한 군사적 행동을 효과적으로 감행했다. 이들 황제는 어리석게도 남부 이탈리아와 시칠리아를 지배하고자 했으며, 이로 인해 독일은 19세기까지 정치적으로 분열되게 되었다.[19]

인노켄티우스 3세는 자신의 계승자들이 잊을 수도 반복할 수도 없는 베드로의 우위라는 사례를 남기게 되었다. 중세 말기에 교황청이 직면한 문제의 다수는 교황이 세속 사회에서의 국민국가 대두라는 새로운 환경에서 자신의 능력 이상으로 베드로의 우위 이론을 정치적으로 강력하게 추구한 데서 직접적으로 기

3세는 자신의 전능권을 교회 내에서의 배타적인 사법적 권위와 행정적 권위라고 해석한 반면에, 인노켄티우스 4세는 그와 같은 사법권을 세속 사회로까지 확대하고자 했다. 강조는 필자에 의한 것이다.

17 Tierney, *The Crisis of Church and State*, pp. 131~132.

18 "우주의 창조자는 천상의 하늘에 낮을 지배하는 거대한 빛과 밤을 지배하는 이보다 못한 빛인 두 개의 커다란 발광체를 만들었다. 하늘로서 언급된 것과 보편적 교회와 마찬가지로 조물주는 두 개의 거대한 위엄을 만들었다. 즉 영혼(이 존재는 말하자면 낮)을 지배할 위대한 위엄과 육체(이 존재는 말하자면 밤)를 지배할 영혼보다 못한 위엄이 그것이었다. 게다가, 달의 빛은 해로부터 유래하며, 그 크기와 질 그리고 위상은 물론 영향력에서도 해보다 열등한 것이 사실이다. 이와 마찬가지로 군주권은 전능한 권위로부터 유래한다." Bettenson, *Documents of the Christian Church*, pp. 157~158.

19 Geoffrey Barraclough, *The Origins of Modern Germany*(New York, 1963), pp. 207~213, 231~233.

인한 것이다.

3) 국왕권론자들과 교황권론자들

교황들이 교회법학자와 이론가들을 확보함에 따라 군주들과 황제들도 속인과 성직자 양자 출신의 법률가와 이론가를 확보하게 되었다. 군주의 팸플릿 작가들은 12세기의 로마법 부활에 크게 힘입어 군주의 특권을 옹호하게 되었다. 단일한 정치 주권자의 지배를 지지했던 로마법에는 거대한 정치 공동체 내에서 황제만이 최고의 지배자이며, 이 공동체 내에서 교황과 교회의 역할이 종속적이라는 주장의 전거가 있었다. 군주 진영 이론가들은 13세기에 부활한 아리스토텔레스의 저술들, 특히 『정치학』에서 많은 도움을 받았다. 1260년 라틴어로 번역된 아리스토텔레스의 『정치학』은 서유럽에 알려진 그의 저서들 중 마지막으로 소개된 책들 중 하나였다. 아리스토텔레스에 의하면 인간은 본성적으로 사회적인 존재이다. 정치 공동체는 인간의 변덕이 아니라 사물의 본성에 기초하고 있다는 것이다.[20] 이는 국가란 타락하고 부패한 인간 본성에 대한 신의 조율의 산물이라는 전통적인 아우구스티누스적 인식에 대한 효과적인 반론이었다. 누구 못지않은 권위자였던 아퀴나스는, 설령 그가 아리스토텔레스처럼 그렇게 생각했던 것은 아니지만, 세속 공동체가 완전히 자율적이고 그 자체로서 목적이라는 아리스토텔레스의 견해를 지지했다.[21]

로마법과 아리스토텔레스 모두로부터 유래한 논지들은 14세기로의 전환기에 활동했던 교황 보니파키우스 8세(1294~1303)와 프랑스의 필리프 4세 간의 갈등에서 활용되었다. 더욱이 보니파키우스 8세와 필리프 4세 간의 갈등은 국제 정치에서 교황의 지배적인 역할을 종식시켰으며, 중세의 가장 정교하고 중요한 정

20 W. D. Ross, *Aristotle*(Cleveland, 1962), p. 232.

21 아퀴나스는 정치 공동체와 자연적 덕목을 높이 평가했다. 왜냐하면 그는 그것들이 인간의 종교적 목표 내지 초자연적 목표의 구현에 필수적인 조건이라고 생각했기 때문이다. 그는 늘 이 조건이 종교적인 목표보다 열등하고 그것에 예속한다고 생각했다.

교황 보니파키우스 8세 기념 조상(아르놀포 캄비오와 그의 조수들). 아마도 추락하던 교황의 권위를 강조하고자 보니파키우스는 자신의 여러 조각상의 제작을 명령했을 것이다. 그는 여기서 보이는 것만큼 세계를 지배한 인물이 아니었다.

치 주권에 관한 논쟁에 불을 지폈다.

보니파키우스 8세의 교황 재임 시 프랑스와 영국은 전쟁 직전 상태에 있었다. 양국은 물자와 인력을 동원하면서, 십자군을 준비한다는 구실로 성직자에 대한 과세의 근거를 찾았던바, 이는 일찍이 성직자 조세의 법률적 근거가 되었다. 하지만 1215년 제4차 라테란 공의회에서는 단지 교황의 사전 동의에 의해서만 성직자에게 과세할 수 있다는 규정이 선포되었다. 보니파키우스 8세는 이 같은 성직자 과세를 성직자의 전통적인 권리에 대한 후안무치한 침해라고 생각했다. 보니파키우스는 초기의 교황들이 호전적인 군주와 황제를 성공적으로 제압한 것을 환기하면서 1296년 2월 5일 〈성직자에게 매우 적대적인 평신도들〉이라는 교서를 공포했다. 여기서 그는 교황의 뜻을 무시하고 성직자에게 계속해서 과세하려던 군주를 파문하겠다는 위협을 가했다.

이에 대한 프랑스의 보복은 신속하고 매우 효과적이었다. 필리프 4세는 프랑스로부터 금의 반출을 금지했으며, 교황청의 주요 수입원을 박탈했다. 1297년 2월 보니파키우스는 '비상시' 프랑스 성직자에 대한 과세권을 필리프에게 양도하는 것에 사적으로 동의했으며, 비상시가 언제인지에 대한 판단도 군주에게 일임했다. 이 사적인 협약은 7월 교서 〈예외 조항〉에서 공식적인 협약이 되었으며, 그 이후 필리프는 프랑스 교회에 대한 통제를 점점 강화했다. 1301년 표면적으로 교황과의 또 다른 전투를 열망했던 필리프 4세는 파리에 파견된 보니파키우스의 특사 베르나르 세세를 반역죄로 투옥하고 재판했다. 보니파키우스는 자신의 권위에 대한 직접적인 도전을 피할 수가 없었다. 그는 특사의 무조건적인 석방을 요구하면서, 성직자 과세에 관한 이전의 모든 협약을 무효화했으며, 〈나의 아들아 들어라〉(1301년 12월)라는 새로운 교서를 공포했다. 이 교서는 필리프에게 "하나님은 군주와 왕국들 위에 교황을 세웠다"라고 강하게 주장했고, 교회 계서제의 수장에게 직접적인 복속을 요구했다. 그로부터 약 1년 후인 1302년 11월 18일 보니파키우스는 〈하나의 거룩한 교회〉라는 새로운 교서를 공포함으로써 민족적 교회들에 대한 국가의 통제를 비판하는 최후의 저항을 했다. 〈하나의 거룩한 교회〉에서 속권이 교회의 정신적 권한에 '복속'한다고 선언했고, 속권의 선

함 여부를 '확정하고' '판단하는' 것은 교권이라고 주장했다.[22]

법률 전문가 등의 교황청의 이론가들은 속권의 거센 물결에 맞서기 위한 지적 방어막을 구축하고자 했다. 이들은 교회법에서 소중히 여겼고 오랫동안 지속되었던 믿음, 즉 현세사와 세속사가 기본적으로 정신사와 종교사보다 열등하다는 교황청의 주장에 기초하고 있었다. 〈하나의 거룩한 교회〉에 관한 유령 작가였던 자일스 로마(약 1245~1316)는[23] 1292년 아우구스티누스회 총원장을 역임한 이후 간행된 『성직자의 권한』(1301)에서 특히 아우구스티누스와 위 디오니시우스에 입각하여 정치 공동체보다 우위에 있는 교회가 진정한 의와 지배의 유일한 정치 공동체라고 강조했다. 자일스는 사실상 영혼이 육체보다 우월하고, 그것을 지배하기에 교황과 교권이 군주와 속권보다 우월하고 이를 지배하는 것이 당연하다고 사실상 주장했다.

> 모든 현세사는 교회의 지배와 권한 아래 있다. …… 최고의 권한을 가진 교황이 영혼을 지배한다. 영혼이 몸을 지배해야 하는 것이 당연하다. …… 그러나 현세사는 우리의 몸에 기여한다. 그리고 영혼을 지배하는 성직자의 권한이 또한 몸과 현세사를 지배한다.[24]

제임스 비터보(약 1255~1308)는 자일스와 마찬가지로 아우구스티누스회 수도사로서 교회를 지상에서의 유일하고 완전한 '왕권 내지 군주의 권위'라고 묘사했

---

22 <성직자에게 매우 적대적인 평신도들>은 Bettenson, *Documents of the Christian Church*, pp. 159~161; <예외 조항>과 <하나의 거룩한 교회>는 Tierney, *The Crisis of Church and State*, pp. 178~179, 188~189에서 발췌되었다.

23 Aegidius Romanus, *De ecclesiastica potestate*, ed. Richard Sholz (Weimar, 1929), pp. x~xi.

24 Tierney, *The Crisis of Church and State*, p. 199. 티어니는 이를 다음과 같이 요약했다. "열등한 세속의 검은 우월한 정신적 검에 의해 계도되며, 하급자가 상급자 아래 있듯이 전자는 후자 아래 있다"(같은 책, p. 198). 영혼과 육체 비유의 교회와 국가의 관계에 대한 적용에 관해서는 Walter Ullmann, *Medieval Papalism*(London, 1949), p. 82. A. 지워스(Alan Gewirth)는 권력의 이중적 영역을 주장한 존 파리와 단테와 같은 마르실리우스 이전의 이론가들이 "질서의 한 부류로부터 다른 부류, 자연에 대한 은총의 우위 내지 세속적 목적에 대한 정신적 목적의 우위로부터 속권보다 우월한 교권의 정치적 사법권에 이르는 무차별적인 논의"를 특히 비판했다(*Marsilius of Paua: The Defender of Peace, vo. 1, Marsilius of Padua and Medieval Political Philosophy* [New York, 1951], p. 17).

다. 타락한 인간이 완전함에 도달하기 위해서는 은총이 필수적이기에, 세속의 왕권은 이를 완전하게 하는 교회의 완전한 수장권이 필요했다. "인간의 모든 권력은 교권에 의해 형성되지 않고 완전하게 되지 않으면 불완전하고 불충분하다."[25] 이는 교회와는 구분되는 국가를 평가절하한 성 아우구스티누스의 논지의 재천명이자 '은총이 자연을 완성시킨다'는 토마스 아퀴나스의 교회정치론이기도 했다. 아퀴나스는 시민의 통치에 관련되는 모든 사안이 교권보다 속권에 복속되어야 한다고 주장했다. "교권과 속권 양자 모두의 최고의 권위를 보유하고 있는 교황에게서 그러했듯이, 아마도 속권이 교권에 결합되지 않는 한"[26](마태복음 22장 21절에 따르면, "가이사의 것은 가이사에게" 주라는 것이다). 우주의 모든 구성물이 존재의 대연쇄에서 신에게로 귀결된다는 중세 신학의 믿음은 모든 인간이 교황청에 복속되어야 한다는 교황의 주장에 의해 표명되었다.[27]

존 파리(1306년 사망)와 마르실리우스 파도바는 군주 진영의 주장을 변론하면서 교황권의 이 같은 견해를 부정한 대표적인 군주 이론가였다. 먼저 프랑스의 도미니크회 수사이자 아리스토텔레스의 『윤리학』과 『정치학』에 천착한 존 파리는 교황의 우위를 변론하는 전통적인 논지를 반박했고, 영혼과 육체의 비유를 교회와 국가의 관계에 적용하는 것을 거부했다. 국가 역시 교회와 마찬가지로 덕의 문제를 다루고, 영혼은 물론 육체도 관리하며, 정신적 목적이나 목표도 국가의 고유의 영역에 속한다는 것이었다.

> 내가 말하고자 하는 바는 육체적 존재가 정신적 존재에 의해 지배되고 그것에 의

---

25 Morrall, *Political Thought in Medieval Times*, p. 89에서 인용.

26 이 구절은 Tierney, *The Crisis of Church and State*, p. 171에 있다. 티어니는 아퀴나스가 중부 이탈리아에서의 교황의 이중 권한을 고려했다고 주장하면서 이에 대해 최소한의 해석을 내리고 있다(같은 책, p. 167). 길비도 이와 비슷한 해석을 했다. T. Gilby, *St. Thomas Aquinas: Theological Texts*(London, 1955), p. 399, n.4. 하지만 모랄은 "아퀴나스가 여기서 가장 광범위한 의미의 교황의 직접적인 현세권을 옹호하고 있는 것처럼 보인다고" 결론을 내렸다. J. Morrall, *Political Thought in Medieval Times*, p. 83. 아벨링 역시 이와 유사한 견해를 제시했다. F. Aveling, "St. Thomas Aquinas and the Papa Monarchy," in *The Social and Political Ideas of Some Great Medieval Thinkers* ed. F. J. C. Hearnshaw(New York, 1932), pp. 102~103.

27 Gewirth, *Marsilius of Padua and Medieval Political Philosophy*, p. 16.

존하고 있다는 논지와 관련하여, 이것이 매우 건설적인 논지가 아니라는 것이다. …… 그 논지는 군주권이 정신적이지 않고 육체적이며, 그리고 영혼이 아니라 육체를 담당하고 있다고 주장하기 때문이다. 이는 잘못이며 …… [군주권]은 시민들의 여하한 공동선을 위해서가 아니라 덕에 기초한 생활을 위해 확립되었기 때문이다. 따라서 그 철학자[아리스토텔레스]는 『윤리학』에서 인간을 선하게 만들고 인간으로 하여금 덕에 이르도록 하는 것이 입법자의 의도이며, 그리고 『정치학』에서는 입법자가 의사보다 더 많은 존경을 받아야 된다고 주장했다. 입법자가 영혼을 담당하는 반면에, 의사는 단지 육체만을 책임지기 때문이다.[28]

존은 자연적 덕과 시민적 선에 독립적이고 정신적인 함의를 부여했다. 국가는 좋은 시민을 만드는 고도의 기술에서 절대적으로 우월하다. "심지어 통치자로서 그리스도 없이도, 국가에 요구되는 진정한 정의와 완벽한 정의가 존재한다. 국가에 명령된 것이 획득된 도덕적인 덕목에 부합하는 삶이기 때문이며, 이 덕목에 의하면 여하한의 덕목[즉 교회의 덕목]에 의해 국가가 완벽하게 된다는 것은 우연에 불과하다."[29] 어떤 것의 자연적 목적을 초월하는 것은 국가에 우연적인 것이기에, 만약 국가가 교회에 의해 가능한 유형의 공동체, 즉 교회가 되고자 한다면, 국가는 교회에 비해 열등하다고 단지 언급될 수는 있다. 그 경우 교회는 국가보다 우월하다. 이는 마치 교양 있는 인간이 되기 위해서는 의사보다 학자가 되는 것이 낫다는 것과 마찬가지이다.[30] 만약 교양 있는 인간이 의사가 되어야 한다면, 그 경우에는 반대의 현상이 나타나게 된다. 다시 말하자면, 국가는 본질적으로 교회에 종속적이지 않게 된다. 교회와 국가의 관계는 존재의 단일한 위계에서 상위자와 하위자의 관계가 아니라, 각각의 영역에서 주권을 가진 전적으로 독립적인 권

---

28 Tierney, *The Crisis of Church and State*, p. 201에서 인용. 존 파리의 『국왕권과 교황권에 관하여』에 대한 영역 본은 다음 두 가지가 있다. J. A. Watt(Toronto, 1971)과 Arthur P. Monahan(New York, 1974)가 그것이다.

29 Marsilius of Padua, *The Defender of Peace: The Defensor Pacis*, trans. Alan Gewirth(New York, 1967), xlviii의 도입부에서 인용.

30 같은 책, p. L.

력으로서 존재한다. 존은 현세권에 관한 이원론을 주장했으며, 교회와 국가 모두의 신성한 기원과 권한을 인정했다.[31]

이 같은 '병행주의'는 자일스 로마와 다른 극단적인 교황청 이론가들에 의해 변론된 단선적인 정신적 위계를 축출하는 데 크게 기여했다. 하지만 속권에 대한 교황청의 주장을 가장 날카롭게 비판한 학자는 정치 철학자이자 황제의 이론가였던 마르실리우스 파도바였다. 그는 극단적 교황권주의자들에 대한 속권의 맞수였다. 이들 교황권주의자가 국가에 대한 교황 및 교회의 우위를 주장했듯이, 교회에 대한 세속 통치자 및 국가의 우위를 마르실리우스가 명백하게 천명했기 때문이다.[32] 사실상, '에라스투스주의'는 정치적 용어로 손쉽게 '마르실리우스적'이 될 수 있었다. 하이델베르크의 의사였던 에라스투스는 이후에 팔라틴 백작령 내에서의 무제한적인 파문권을 확보하려던 칼뱅주의자를 비판하면서 도덕적 규율에 대한 시민의 통제권을 변론했다. 그러나 마르실리우스는 이보다 두 세기 전에 교황으로부터 모든 강제적 사법권의 박탈 및 교황 사법권의 제권 내지 속권으로의 전적인 제한을 주장했다.

에라스투스와 마찬가지로 마르실리우스는 신학이 아니라 의학을 공부했다. 1313년 그는 파리 대학의 교수가 되었으며, 많은 학자들이 중세 정치사상사에서 가장 중요한 책으로 간주하는 『평화 수호자』를 여기서 완성했다. 이 책을 저술하면서 마르실리우스가 고려한 것은 교회와 국가의 세 가지 갈등이었다. 첫 번째 갈등은 도시의 성직자를 시민법 아래 두고자 했던 파도바의 도시 위원회와 교회와의 수십 년에 걸친 장기 투쟁이었다. 이 같은 투쟁으로 1283년 파도바는 교황청으로부터 성사 금지를 받게 되었으나, 파도바 시민들은 마침내 그 도시의 성직자를 시민의 통제 아래 두게 되었다. 『평화 수호자』는 파도바의 성공적인

---

31 존은 역사적 근거에 입각하여 속권의 독립을 또한 주장했으며, "속권은 교황청보다 이전에 존재했고 그리고 이전에 행사되었으며, 프랑스에서는 그리스도가 존재하기 이전에 군주들이 있었다고 지적했다" (Tierney, *The Crisis of Church and State*, p. 208).

32 극단적인 교황권주의자들[자일스 로마, 제임스 비터보, 헨리 크레모나, 아우구스티누스 트리움푸스 및 알렉산더 성 엘피디우스]은 속권에 대한 교권의 철저한 통제를 주장했고, [존 파리, 토마스 아퀴나스 및 단테] 등의 양 진영의 온건론자들은 두 권력의 병행주의를 주장했다. 마르실리우스는 교권에 대한 속권의 철저한 통제를 주장했다(Gewirth, *Marsilius of Padua and Medieval Political Philosophy*, p. 9)

해결책을 유럽 전역에 적용하고자 하는 노력의 일환으로 간주될 수도 있다.[33] 마르실리우스가 고려했던 나머지 두 개의 갈등은 당시 일어난 지 얼마 되지 않았던 교황 보니파키우스 8세와 필리프 4세의 갈등 및 교황 요한 22세에 의한 선제후 루트비히 바바리아(1313~1346)에 대한 지속적인 도전이었다. 요한 22세는 제권 경쟁에서 루트비히 바바리아의 정적이었던 루트비히 합스부르크를 지지했다. 마르실리우스와 그의 조력자 장 장당(약 1275~1328)은 1326년 바바리아의 궁정으로 피신을 했다.

마르실리우스는 "평화 …… 세속의 최고의 선…… 시민적 삶의 구원을 가져다주지만, 영원한 구원에는 거의 도움이 되지 않는 진리"를[34] 위해 『평화 수호자』를 집필했다. 마르실리우스는 유럽에서 국지적, 국가적 내지 제국적 차원에서도 그 같은 평화를 발견하지 못했으며, 이를 저해한 것이 바로 성직자들이라고 생각했다. 이들 성직자는 광범위한 현세권을 거짓으로 주장했으며, 순수한 세속사에 감히 관여했다는 것이다. 마르실리우스는 교회가 자신의 고유한 정신적 기능에 국한되고 지배자를 도와 정치 공동체의 핵심 목표(평화)를 성취할 경우에만 시민적 삶이 '구원을 받는다'고 결론을 내렸다.

요한 22세를 비판했고 루트비히 바바리아를 변론했던 동시대의 학자 윌리엄 오컴과는 달리 마르실리우스는 심오한 철학적 확신에서 저술했다. 오컴의 태도에 크게 영향을 미친 것은 그의 고유한 철학적·신학적 견해라기보다 그의 경험이었다. 그는 교황 요한 22세가 프란체스코회의 청빈을 정죄하고 정당한 절차에 따라 선출된 황제의 정통성에 도전하면서 자신의 정당한 권위의 한계를 넘어섰다고 확신했을 따름이다. 자신의 논지를 전통적인 교회법으로부터 도출한 오컴

33 Nicholai Rubenstein, "Marsilius of Padua and Italian Political Thought of his Time," in *Europe in the late Middle Ages*, ed. John Hale e al.(London, 1970), pp. 44~75; Gewirth, *Marsilius of Padua and Medieval Political Philosophy*, pp. 23~27. 파도바는 시민적 의무를 감당하지 않고도 성직자에게 시민적 혜택을 부여하고, 시민 법정으로부터의 재판을 면제해 주던 성직자의 특권을 폐지했다. 도시의 사법권은 모든 민사 소송과 형사 소송을 성직자에게까지 확대되었다. 아퀴나스의 실제 정치적 경험이 그의 정치사상에 미친 영향에 관해서는, Jeremy Catto, "Ideas and Experience in the Political Thought of Aquinas," *Past and Present* 71(1976), pp. 3~21을 참조하기 바란다.

34 *Defender of Peace*, bk. 1, ch. 1, sect. 5, p. 6; ch. 2, sect. 3, p. 9.

은 마르실리우스보다는 교황의 무오류한 권위에 관한 이론에 훨씬 덜 위협적이었다.[35]

현세에서의 모든 강제력이 '인민'에게 있다는 것이 마르실리우스의 핵심 견해였다. '인간 입법권자'로서 인민은 모든 현세권의 원천이었다. 신을 제외한 그 누구에 의해서도 판단을 받지 아니하는 사람은 로마의 '수장 주교'가 아니라 인민이었다. 이 인민은 신보다는 못했지만, 인간보다는 위대했다. 합법적인 정치권력과 교회의 권력 모두는 인민의 의지와 동의에 의해 존재하게 되었다. 교회와 국가에서의 권위는 구성원들로부터 수장에게로 흘러갔다. 세속 통치자는 시민집단(*universitas civium*), 즉 모든 시민으로부터 자신의 권한을 부여받았다. 이들 시민단은 전통적으로 자신의 의지를 대의체나 위원회를 통해 표명했다. 교황은 자신의 권력을 신도 집단(*universitas fideium*), 즉 신도 집단 공동체로부터 부여받았다. 이 신도 집단 공동체는 전통적으로 자신의 의지를 교회 공의회를 통해 표명했다. 마르실리우스는 인민과 그 대의체의 주권이라는 이 같은 핵심 논지와 더불어 교황 요한 22세와 그의 계승자들로부터 강제적인 재판과 강제력의 모든 흔적을 제거하기 시작했다.

지적으로 예리하지 않았더라면, 마르실리우스는 보잘 것 없는 존재에 불과했을 것이다. 교황이 '교회'와 로마 교황청을 동일시하고 자신의 현세권 및 세속법으로부터의 면제를 '정신적' 권리로 간주했다는 사실을 발견한 마르실리우스는 '정신적' 실체에 관한 사도적 이해에 호소했다.[36] 마르실리우스에 따르면, 성서의 분명한 메시지는 "교황으로 불리는 로마의 주교, 여하한 다른 주교나 성직자나 부제도 여하한 성직자나 비성직자, 통치자, 공동체, 집단 내지 여하한 개인에 대한 지배권 내지 강제 재판이나 사법권을 가지고 있지 않거나 가져서는 안 된다"는[37] 것이다. 교회는 엄밀한 의미에서 내세의 구원이라는 본질적이고 합법적인

---

35 McGrade, *The Political Thought of William of Ockham*, pp. 28~43의 논의를 참조하기 바란다.

36 *Defender of Peace*, bk. 2, ch. 2, sect. 3, p. 103; sect. 5, pp. 105~106.

37 *Defender of Peace*, bk. 2, ch. 4, sect. 1, p. 113. 오컴 역시 통치자의 잘못에 대해 교황이 아니라 지배자의 속인 신민들이 지배자의 잘못을 교정하는 모든 강제적 행위의 원천이어야 한다고 주장했다. McGrade, *The Political Thought of William of Ockham*, pp. 95~97.

기능을 수행하는 성사적 기관이라는 것이다. 교회는 '절대적 주권'을 가졌으나, 이 현세의 왕국이 아닌 [내세의] 왕국에 대한 주권을 보유했다. 교회는 신성한 법률을 보유했으나, 그것이 부과한 보상과 처벌은 현세가 아니라 내세에 속했다.[38] 신법을 어긴 사람들에 대한 강제적 처벌은 최후의 심판에서 이루어진다는 것이었다.

그리하여 교황, 주교 및 사제의 권위는 마르실리우스에 의해 엄격하게 도덕적이고 교훈적인 것으로 이해되었다. 이들 성직자는 구원에 관해 가르침을 제공하고, 영원한 형벌을 환기하며, 몇몇 유형의 행위에 대한 영원한 보상을 약속할 수는 있지만, 그 외의 다른 것을 강제할 어떠한 권리도 가지고 있지 않다는 것이었다. 이 현세의 삶에서는 오직 속권만이 이단을 금하고 처벌할 수 있으며, 신법이 아니라 그와 같은 신념과 행위를 금하는 인정법을 위반할 경우에만 처벌을 받게 된다는 것이다.[39] 만약 교회가 이 세속 사회에서 이 같은 현세권을 주장하기를 원한다면, 교회는 '인정적 행위들을 조정하려고' 함으로써 그렇게 주장할 수 있으며, 그렇게 함으로써 평화의 구현에 일조할 수도 있었을 것이다.

마르실리우스는 교황권의 파문과 성사 금지에서 그리고 심지어 세속사에 대한 '전능권' 주장에서 그것의 본연의 정신적 사명으로부터의 '부패'를 발견했다. 그는 교황 심플리키우스(466~483)와 펠라기우스 1세(556~561)[40]가 활동했던 5세기와 6세기에 이미 교회가 이같이 부패했다고 생각했다.[41] 이 문제와 관련하여 마르실리우스는 교황에 대한 비판의 사례를 다음과 같이 요약했다.

> 주교나 성직자들 중 특정 집단이 아니라 오직 전체 공의회[즉 신도 집단 공동체로서의 인민]만이 어떠한 지배자나, 주의 주민이나 다른 시민 공동체를 파문하거나 이들에게 성직자의 직무를 금지할 권리를 가지고 있다. 만약 성직자, 주교나 이들 중 일부 특정 집단이 무지나 악의에 의해 지배자나 주의 주민을 파문하거나 성사 금지

38 *Defender of Peace*, bk. 2, ch. 8, p. 158.

39 같은 책, bk. 2, ch. 10. sect. 1-9, pp. 173~79.

40 같은 책, bk. 2, ch. 25. sect. 7, pp. 335~336; sect, 17, p. 342.

41 같은 책, bk. 1, ch. 6. sect. 1, p. 21.

아래에 둘 경우, 모든 신도 집단의 평화와 평온에 심각한 문제를 야기하기 때문이다. 이는 매우 최근에 일어났다. …… 보니파키우스 8세가 …… 비상한 기억력을 가진 단려왕 필리프 4세를 파문하려고 했다. 그리고 그의 왕국과 추종자들을 성사 금지 아래 두고자 했다. …… 이 군주는…… 보니파키우스 8세에 의해 공포되고…… 기록된 문서[하나의 거룩한 교회]에 저항했기 때문이다. 이 문서는 …… 세속의 모든 통치자, 공동체 및 개인이 로마 교황의 강제적 사법권에 복속한다고 결론을 내렸다. …… 보니파키우스의 의도는 가능한 한 다른 많은 그리스도교도 지배자와 대중이 필리프에게 저항하도록 고무하는 것이었다. [교황들에 의한] 그와 같은 [행위는] …… 곧 견제되어야 한다. 그리고 그 같은 성사 금지와 파문 절차는 규제되어야 하고, 그리스도교도의 전체 공의회에 전적으로 일임되어야 한다. 성령의 인도 아래 있는 전체 공의회의 판단은 무지나 사악함에 의해 왜곡되지는 않는다.[42]

마르실리우스는 교황권의 부당한 진화라는 관점에서 교황청의 부패를 서술했다. 처음에 사도들은 베드로를 명예로운 지위인 자신들의 대변자로 자유롭게 선출했다. 하지만 자유롭게 선출된 누군가에 대해 자발적으로 시작된 순종은 기존의 관행이 되었다. 그 이후 교황들은 그와 같은 복종을 명령할 수 있다고 생각했다. 이로부터 교황청의 전능권이 선포되었다. 그 이후 교황청은 엄중한 파문, 가벼운 파문 및 성사 금지로 위협을 가했고, 세속법으로부터의 성직자의 면책을 선언했다.[43] 애초에 '신도 집단 입법자라는 전체 공의회'의 일종의 집행 서기로 봉사하고 그리고 대의체에서[44] 표명된 것과 같이 '인민'의 의지를 집행하는 데 일조하고자 했던 누군가는 서서히 사실상의 폭군으로 변모해 갔다는 것이다.

『평화 수호자』는 중세의 '존재의 연쇄'를 혼란에 빠뜨렸다. 전통적인 성직자적 인식에서는 권위가 신으로부터 교황에게로 그리고 세속 통치자에게로 내려갔던 반면에, 마르실리우스는 '인민'에게서 신에 의해 제정된 권위를 발견했다.

42 같은 책, bk. 2, ch. 21. sect. 9, pp. 293~294.
43 같은 책, bk. 2, ch. 22. sects. 14-20, pp. 308~313; ch. 23, sects. 1-13, pp. 313~320.
44 같은 책, bk. 2, ch. 22. sects. 9-10, pp. 305~306.

인민은 자신의 의지를 두 가지 방식으로 표출했다. 즉 인간 입법권자 내지 시민단으로서 현세적 삶을 감독할 권한을 군주에게 부여했으며, 자신의 정신적 삶을 감독할 권한을 교황에게 부여했던 것이다. 시민적 덕과 평화를 목표로 하는 군주와 국가는 현세적 삶에서 교황과 교회보다 우위에 있으며, 교황과 교회의 목표는 종교적 덕목과 영원한 지복이었다. 마르실리우스는 「콘스탄티누스 대제의 기진장」을 교황을 세우고, 교황에게 권한을 부여하며, 교황을 판단하는 제권의 증거라고 해석했다. 「기진장」의 함의가 마르실리우스에게 명백해짐에 따라, 로마 주교와 로마 교회를 재산, 권리 및 특권과 더불어 속권으로 최초로 격상시킨 이는 다름 아닌 황제 콘스탄티누스였다.[45] 그리고 그는 황제가 자유롭게 제정했던 것을 또한 규제할 수 있었다. 하향적 권위에 대비되는 견해는 다음과 같은 도표로 요약될 수 있다.

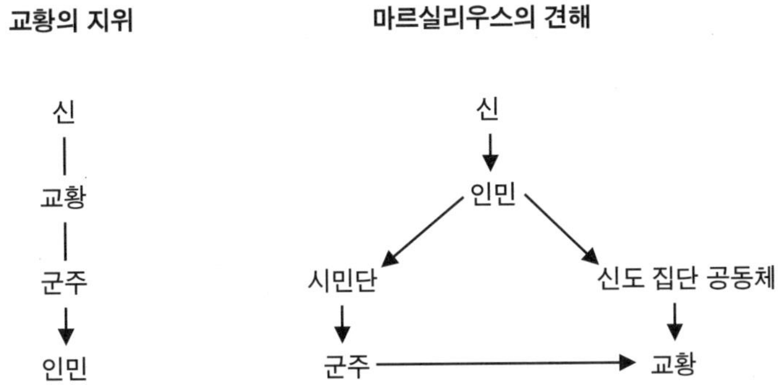

마르실리우스는 교황을 포함한 모든 성직자를 예수와 사도들의 사례에 예속시켰다. 예수와 사도들이 모든 세속적 소유물을 부정하고 스스로 정치적 통치권에 순복했듯이, 당시의 성직자 역시 그러해야 했다. 마르실리우스는 교황의 교서 〈씨를 뿌리는 자가 나갔다〉를 변론했지만, 〈많은 학자들의 오류〉를 비판했다. 〈씨를 뿌리는 자가 나갔다〉가 프란체스코적 청빈한 활용 내지 소유권이 없

45 같은 책, bk. 2, ch. 22, sects. 9-10, pp. 305~306.

는 이용을 인정했던 반면에, 〈많은 학자들의 오류〉는 그리스도와 그의 사도들이 절대적 청빈을 실천했다는 점을 부정했다. 마르실리우스는 교회의 한 수도회를 위해서가 아니라 모든 성직자를 위한 이상으로서[46] 프란체스코회의 '명예로운 청빈 내지 최고의 청빈'을 직접 변론했으며, 존 위클리프에게서 다시 듣거나 (그리고 저주할) 교회를 이 이상적인 결론으로부터 도출했다.

> 입법권자들 내지 통치자들은 신법에 부합하여 복음적 사목자들의 필요를 뛰어넘거나 초월하는 모든 재화를 합법적으로 자신이 원하는 바대로 취하거나 활용할 수 있다. …… 성직자는 [최소한의] 음식이나 옷에 만족해야 하기 때문이다.[47]

성직자의 청빈에 관한 발도파 및 프란체스코회 개념의 모든 교회로의 정치적 적용에는 두려움이 수반되었다. 1327년 10월 27일 교황 요한 22세는 마르실리우스와 장 장당의 아래의 이론을 이단으로 정죄했다.

> 1. 자신의 사도들이 물고기의 입에 있는 은화를 발견하자 예수가 이들에게 그것을 황제에게 주라고 [마태복음 17장 26절] 말하면서, 예수는 거들먹거리면서 말한 것이 아니라, 자유롭게 그리고 경건하게 말했다. 그러나 그와 같은 서약이 마땅히 황제에게 행해져야 했기 때문이다. 교회의 모든 현세사는 황제에게 복속하며, 그리고 황제는 이 현세사를 자신의 고유한 소유로 취할 수 있었다.
> 2. 축복받은 사도 베드로는 다른 사도들보다 많은 권위를 가지지 않았고, 다른 사도들의 우두머리도 아니었다. 그리스도는 교회의 머리를 두지 않았으며, 여하한 누군가[사도]를 자신의 대리인으로 삼지 않았기 때문이다.
> 3. 교황을 교정하고, 세우며, 파멸시키고 처벌하는 것은 황제의 영역에 속한다.

---

46 같은 책, bk. 2, ch. 13, sects. 6-38, pp. 199~215. 라가르드는 마르실리우스의 청빈에 대한 성직자의 보편적인 서약의 독창성을 논했으며, 발도파의 기본적인 동기를 여기에서 발견했다. *La naissance de l'esprit läique au declin du moyen âge: Le Defensor pacis*(Louvain/Paris, 1970) 3, pp. 335, 343~344, 348~351.

47 *Defender of Peace*, bk. 2, ch. 21, sect. 14, p. 297.

4. 교황이든 대주교든 혹은 평범한 성직자이든, 모든 성직자는 그리스도에 의해 동등한 권위와 사법권을 부여받았다.
5. 교황 내지 모든 교회는, 아무리 죄인이라 할지라도 한 인간을, 황제가 교황과 교회에 이 권한을 양도하지 않는 한, 강제로 처벌할 수 없다.[48]

마르실리우스의 이론은 아우구스티누스와 토마스 아퀴나스가 모두 주장했던 존재의 전통적인 정신적 위계에 도전했다. 『평화 수호자』가 교황 수장제를 '전복'했다고 서술한 것은 당연하다.[49] 설령 이론적인 병행이 여하한 직접적인 역사적 연관성보다 훨씬 명확하기는 하지만, 마르실리우스의 정치 철학은 프로테스탄트 종교개혁과 밀접하게 결부되었다. 어느 한 학자는 1522년 바젤 판 『평화 수호자』가 선출된 지배자들이 자신들을 선출한 사람들의 공동의 행위에 의해 폐위될 수 있다는 츠빙글리의 논지에 영향을 미쳤다는 점에 대해 의구심을 표시했다.[50] 다른 학자들은 마르실리우스를 루터주의의 국가 교회 및 그 지역의 지배자가 그 지역의 종교를 결정한다는 아우크스부르크 화의(1555) 조항에 결부시키고 있다.[51] 토머스 크롬웰은 로마 교황청과의 결별 이후 군주 헨리 8세에게 봉사

48 *Defender of Peace*, bk. 2. ch. 21, sect. 14, p. 297.

49 Gewirth, *Marsilius of Padua and Medieval Political Philosophy*, pp. 217~277. 지워스는 마르실리우스 이론의 혁명적 성격에 관해서도 언급했다.
"일부 산발적으로 …… 마르실리우스는 내세의 삶의 가치의 우위를 인정했다. 그러나 그는 현세적 삶의 선들이 내세의 선들에 의해 질서정연하게 되거나 완벽하게 되어야 한다고 그 어디에서도 지적하지 않았다. 오히려 그는 현세적 행복과 내세에서의 행복을 '충분한 삶' 내지 '인간에 의해 욕구되는 목적들'의 두 가지 부류를, 마치 그것들이 동일한 부류의 본성적 욕구로부터 유래하는 동일한 가치를 지니고 있는 것처럼, 나란히 제시하고 있다. 사실상 그는 아우구스티누스의 견해와는 달리 이 현세에서 가능한 욕구의 최상의 목적처럼 보이는 시민적 행복과 인간 행위의 궁극적 목적을 인간이 향유해야" 한다고 주저하지 않고 주장했다(같은 책, p. 78). 하지만 이와 대비되는 견해를 가진 Alexander Passerin D'entreves, *The Medieval Contribution to Political Thought: Thomas Aquinas, Marsilius of Padua, Richard Hooker*(New York, 1939), p. 75를 비교하기 바란다.

50 Ernst Staehelin, "L'edition de 1522 du '*Defensor Pacis*' de Marsile de Padoue," *Revue d'histoire et de philosophie religieuses* 24(1954), p. 209; G. R. Potter, *Zwingli*(Cambridge, 1976), p. 120. n. 5. 루터는 이 판본을 직접 접하지 않은 것 같다.

51 D'entreves, *The Medieval Contribution to Political Thought*, p. 82; 헤켈(Johannes Heckel)은 마르실리우스와 루터의 신학이 무관하다고 강하게 주장했다. 물론 그는 루터파 제후들에게서 이와 유사한 이념을 목격하기는 했다. "Marsilius von Padua und Marin Luther: Ein Vergleich ihrer Rechts- und Soziallehre," *Zeitschrift der Savingny-Stiftung für Rechtsge-schichte* 75(1958), pp. 268~336, 특히

한 영국의 인문주의자 목록을 작성했으며, 군주권의 우위를 변론한 이들 인문주의자의 많은 저작들 가운데에는 1535년 간행된 윌리엄 마셜의 영어 축약본 『평화 수호자』도 있었다.[52] 마르실리우스의 이론은, 설령 직접적인 영향을 미치지 않았다고 하더라도, 종교개혁에 우호적이었던 16세기 정치사상의 주요 발전을 명백히 예견하고, 그것에 일조했다.

4) 교회 대분열과 공의회주의 이론의 대두

1414~1417년 스위스 콘스탄츠에서는 중요한 교회 공의회가 개최되었다. 공의회가 절정에 이르렀을 때에는 29명의 추기경, 3명의 총대주교, 33명의 대주교, 100명의 신학박사들이 참석했다.[53] 1378년 이래 36년간 교회 대분열이 지속되었기 때문에, 이를 타개하기 위해 콘스탄츠 공의회가 개최되었다. 1414년 11월 공의회의 지도자들이 콘스탄츠에 모였을 때, 적법하게 선출된 3명의 대립 교황이 있었다. 첫 번째 교황은 로마에, 두 번째 교황은 아비뇽에 그리고 세 번째 교황은 파리에 거주했고, 이들을 각기 지지하는 추기경단과 정치적 동맹 세력이 있었으며, 자신이 진정한 베드로의 계승자라고 주장했다. 수 개월간의 내부적인 혼란과 언쟁 이후에, 안정을 찾은 공의회는 교회 내에서의 최고의 권위를 선포하는 법률을 통과시켰다. 이것이 1415년 4월 15일에 공표된 교서 〈거룩한 곳〉으로서, 여기에는 다음과 같은 내용이 주장되었다.

271, 328~329, 331~335를 참조하기 바란다. 플라키우스는 『진리의 증언 목록』에서 마르실리우스를 프로테스탄트 선구자들 중 하나로 간주했다.

52 James K. McConica, *English Humanists and Reformation Politics* Under Henry VIII and Edward VI(Oxford, 1965), pp. 133~137. 또한 A. G. Dickens, *The English Reformation*(London, 1964), p. 110을 참조하기 바란다.

53 공의회에 관한 2차적인 서술과 당대의 서술에 관해서는 *The Council of Constance: The Unification of the Church*, trans. Louis R. Loomis, ed. John H. Mundy and Kennerly M. Woody(New York, 1969)를 참조하기 바란다.

이 신성한 콘스탄츠 공의회는 …… 우선, 성령 안에서 적법하게 개최되었으며, 가톨릭교회를 대변하는 전체 공의회이며, 그러므로 그리스도로부터 직접 유래하는 권위를 보유하고 있다고 선언한다. 그리고 교황을 포함하여 지위 고하를 불문하고서 모든 인간은 신앙, 대분열의 종식, 머리와 구성원들로 이루어진 하나님의 교회 개혁과 관련하여 이 공의회에 복종해야 한다고 선언한다. 둘째 오만불손하게도 여하한 지위와 여하한 여건의 사람도 이 신성한 공의회에 의해서나 적법하게 개최된 다른 여하한 전체 공의회에 의해 제정되거나 제정될 명령, 교서, 법령 내지 훈계를 거부하는 사람은 누구라도, 올바른 마음의 자세를 가지지 않는 한, 그에 상응하는 참회를 해야 하고 벌을 받게 될 것이다.[54]

교회의 대의체 정부라는 공의회주의의 실험이 단명하고 말았지만, 유럽의 정치사상을 연구하는 학자들은 이 교서의 중요성을 매우 높이 평가했다. 영국의 정치사상가였던 피기스는 〈거룩한 곳〉이 세속의 영역과 교회의 영역 모두에서 유럽 문명의 미래의 진로를 예견했다고 높이 평가했다. "아마도 역사상 가장 혁명적인 공식 문서는 교황보다 우월한 권위를 주장했고, 수천 년간 이어져 온 신성한 권위를 온건한 입헌주의로 전환시키고자 했다."[55]

콘스탄츠 공의회는 피기스 세대의 저명한 학자들이 인정한 것보다 훨씬 더 보수적이었다. 공의회 지도자들은 마르실리우스의 제자도 마르틴 루터의 선구자도 아니었다. 콘스탄츠 공의회에서 시작된 공의회주의 운동은 거의 반세기 동안 존속했고, 세속의 대의제 정부 이론가들과 15세기 중엽 공의회주의 운동을 좌절시킨 교황 수장제가 부활한 이후 오랫동안 종교 개혁가들 모두에게 지속적으로 영향을 주었다. 폭군에 대한 저항을 주장한 칼뱅주의 이론가들은 종교적 지도자와 정치적 지도자 모두의 행위 규범을 강제할 수 있는 인민의 권리의 모델로서 콘스탄츠 공의회와 그것의 급진적인 계승자였던 바젤 공의회에 직접 호소했다.[56] 교회의 위기에 대한 콘스탄츠 공의회의 대응으로부터 정치적 교훈이 도출

54 Bettenson, *Documents of the Christian Church*, pp. 192~193.

55 *Studies of Political Thought from Gerson to Grotius*(Cambridge, 1931), p. 32.

되었다. 즉 그리스도에 순복하는 성령에 의해 주도되고, 신도 집단 전체를 대변하는 교회 공의회가 교회의 안녕을 위협한 대립 교황들을 퇴위시킴에 따라, 더 거대한 공동체의 안녕을 염려한 하위 정무관들과 대의체들은 정치체에 위험을 초래하는 통치자에게 저항해야 한다는 것이 그것이다. 정치적 영역에서의 대헌장과 마찬가지로 종교적 영역에서의 〈거룩한 곳〉은 한 사람의 주장을 비판하면서 특권을 가진 다수의 권리에 대한 고전적인 변론이 되었다.

하지만 우리는 이야기보다는 훨씬 앞서 나가고 있다. 우선 교회의 전통적인 교황 정부로부터 이 같은 급격한 결별이 일어난 이유는 무엇인가? 어떻게 해서 두 명의 교황은 물론, 정당한 절차에 따라 선출된 교황들이 종국적으로 동시에 사임하게 되었던가?

단려왕 필리프 4세로부터 교황 보니파키우스 8세가 당한 수모의 여파로, 교황 클레멘트 5세 재임기(1305~1314)에 교황청이 로마에서 아비뇽으로 옮겨졌으며, 아비뇽 교황청은 프랑스의 강력한 영향력 아래 놓이게 되었다. 1309년 이후 프랑스의 접경지대에 교황청이 자리를 잡게 된 전례가 없는 사태는 교황청의 아비뇽 유수로 알려지게 되었으며, 교황청이 로마가 아닌 곳에서 약 70년간 유배생활을 하게 되었다. 이 기간 내내 추기경단의 절대 다수는 프랑스 출신의 주교들이었으며, 외부 세계에는 교황청이 프랑스의 노골적인 통제 아래 놓인 것처럼 종종 비추어졌다.

로마로부터 아비뇽으로의 유배생활은 1377년 1월 교황 그레고리우스 9세(1370~1378)가 로마로 복귀함으로써 종식되었다. 1378년 3월 그레고리우스가 세상을 떠나자, 추기경들은 로마에서 회동했으며, 4월 8일 이탈리아 출신의 바리 대주교였던 바르톨로메 프리냐니를 그레고리우스의 후임 교황 우르바누스 6세로 선출했다. 하지만 기쁨도 잠시에 불과했고, 교회는 바빌론 포로보다 더 무서운 재난에 휩싸이게 되었다.

---

56 *Constitutionalism and Resistance in the 16th Century: Three Treatises by Hotman, Beza, and Mornay*, trans. and ed. Julian H. Fanklin(New York, 1969), p. 150에서 필리프 뒤 플레시스-모르네이의 작품으로 간주한 *Vindiciae contra tyrannos*(1579)를 참고하기 바란다.

4월 18일 우르바누스 6세는 교황으로 대관을 받았으며, 16명으로 구성된 추기경단은 교황 대관식에 참석했다. 추기경단 중 11명이 프랑스 출신이었다. 이로부터 4개월 이후인 1378년 8월 2일에 아나니에 모인 프랑스 출신의 11명의 추기경들은 로마인들의 강압에 의해 우르바누스를 선출했으며, 따라서 그 선거가 무효라고 선언했다. 스페인 출신의 피터 루나 추기경이 이들에 합류했다. 이후에 루나는 베네딕토 13세라는 아비뇽 교황이 되었다. 이들 12명의 추기경들은 우르바누스의 교황 선출이 무효라고 선언했으며, 1378년 9월 2일 그를 대신하여 캄브레의 주교이자 프랑스의 군주 샤를 5세의 조카였던 로베르 제네바를 교황으로 선출하기에 이르렀다. 교황 클레멘트 7세(1378~1394)가 된 로베르는 아비뇽에 거주했다. 클레멘트가 교황으로 선출되자, 교회는 두 명의 교황이 대립하는 상황에 직면했다. 이들이 동일한 추기경단의 다수에 의해 선출되었기 때문에, 어느 교황도 교황으로의 선출이 절대적으로 정당하거나 절대적으로 무효하지도 않았던 것이다.[57]

두 교황에 대한 충성은 정치적 노선에 따라 양분되었다. 영국과 그 동맹국들(신성로마제국, 헝가리, 보헤미아 및 폴란드)이 우르바누스 6세를 교황으로 인정했던 반면에, 프랑스와 그 지지 세력들(나폴리, 스코틀랜드, 카스티유 및 아라곤)은 클레멘트 7세를 지지했다.

추기경들은 교황청의 로마 복귀를 환영하는 대중들 속에서 우르바누스 6세를 지지했다. 군중들은 추기경들이 교황을 선출하는 동안 콘클라베를 둘러쌓고, 그레고리우스를 뒤이어 로마인 계승자의 선출을 요구했다. 추기경들 중 일부는 이 같은 분위기에 사로잡혔으며, 이후에 이를 후회했을 것이라고 우리는 생각할 수 있다. 이들의 주장처럼, 또 다른 일부는 자신의 생명에 대한 위협 때문에 이탈리아인을 교황으로 선출할 수밖에 없었다고 진심으로 생각했다. 하지만 추기경들의 행동에 대한 다른 해석도 있다. 교황 거주지에 쏠리던 막대한 후원금과 정치

57 교회 대분열을 야기한 사건들은 프란젠에 의해 요약이 되었다. August Franzen, "The Council of Constance: Present State of the Problem," *Concilium* 7(1965), pp. 29~68. 이에 관한 보다 자세한 서술은 Walter Ullmann, *Origins of the Great Schism*(Hamden, Conn., 1967)을 참조하기 바란다.

권력이 위협받았다는 것이다. 우르바누스 6세는 교황으로 선출된 이후 교황청의 새로운 거점인 이탈리아의 영향력을 반영하여 교황청 내부의 개혁을 추진하고, 프랑스 추기경들의 권한도 축소하겠다는 의지를 밝혔다. 단지 이 같은 의지의 천명만으로도 이들 추기경은 프랑스 군주의 압력에 손쉬운 희생양이 되었다. 프랑스 군주는 프랑스의 직접적인 영향력으로부터 벗어나려던 교황청의 시도에 대해 크게 반발했다.

과거의 교회 대분열은 널리 존경을 받았던 인물들의 개입에 의해 치유가 되었다. 1130년 추기경들의 동일한 콘클라베에서 인노켄티우스 2세(1130~1143)와 아나클레투스 2세(1130~1138)를 동시에 선출한 이후, 베르나르 클레르보는 선거에서 소수의 표를 얻었던 인노켄티우스에 우호적이었던 교회 내에서 공공연한 상식(*sensus commuis*)을 주장했다. 하지만 1378년의 교회 대분열에서 성인들은 대립 교황들처럼 분열되었다. 성 카타리나 시에나(1347~1380)가 우르바누스를 지지했고, 가장 성인답지 않은 어조로 클레멘트를 비난했던 반면에, 클레멘트 7세와 그의 계승자 베네딕토 13세는 인기 있던 참회설교가 성 빈센트 페레(1350~1419)의 강력한 지지를 얻었다. 신이 양측을 지지하는 것처럼 보였기 때문에, 단지 한 가지 해결책밖에 없었다. 즉 지식인들이 이 문제를 해결해야 한다는 것이었다.

1394년 파리 대학의 교수들의 견해를 표명한 책에서 니콜라스 클레망주는 교회 대분열을 종식시킬 수 있는 실현 가능한 세 가지 대안을 인용했다. 즉 사임(*via cessionis*), 타협(*via compromissi*) 및 전체 공의회(*via concilii*)의 개최가 그것이었다.[58] 그런데 클레망주는 이후의 콘스탄츠 공의회의 지도자였던 장 제르송과 피에르 다이이의 제자이기도 했다. '두 교황 모두의 사임'이라는 방안은 가장 단순하면서도 가장 직접적인 방식이었다. 대립하던 두 교황들이 자신들의 권한을 내려놓고 새로운 교황 선출 방안을 명확히 하는 것이었다. 사임안이 실패로

---

58 "프랑스 왕국의 군주에게 서신을 보낸 파리 대학의 교수들은 교회 대분열을 종식시킬 수 있는 세 가지 방안을 발견했다." in H. Denifle and A. Chatelain ed., *Chartularium Universitatis Parisiensis* (Paris, 1894), 3, pp. 618~620.

돌아가자, '타협'안은 현안을 판단하게 될 존경받는 사람들로 구성된 중립적인 양측 위원회에 의한 자유로운 교황 승인을 요구했다. 이 두 가지 해결 방안 모두가 전체 공의회를 소집하는 데 실패했고 대립하던 교황들의 선의에만 맡겨둘 수밖에 없었다. 1408년까지 그와 같은 해결책을 지지했던 장 제르송은 이들 방안을 '개인적인 참회 방식'이라고 묘사했다.[59] 하지만 두 교황의 주변 인물들이 참회와 자기희생에 관해 언급했던 반면에, 정당한 절차에 의해 선출되었던 이들 두 교황은 이 같은 방식에 반발했다. 이들이 선의를 드러내지 않게 됨에 따라, 단지 도덕적 근거에 입각하여 이들이 퇴위할 것이라는 기대는 사라졌다. 1408년 사보나에서 회동한 로마 교황 그레고리우스 12세(1406~1415)와 아비뇽의 마지막 교황 베네딕토 13세(1394~1417)[60]의 타협이 실패로 돌아간 이후, 양측이 그렇게 할 것이라고 선언했듯이, 강제적인 공의회를 통한 해결 방안이 유일한 대안이 되었으며, '공의회'는 신속하게 폭넓은 지지를 얻게 되었다.

전체 공의회의 적법한 절차에 따라 선출된 교황의 폐위 내지 강제적인 사임은 법률적으로나 심리적으로 가장 어려운 난제가 되었다. 중세인들이 정치나 교회의 직책 모두에서 질서정연한 승계를 매우 중시했기 때문에, 폐위나 강제적인 사임은 심리적으로 수용하기 어려웠다. 적법한 절차에 따라 선출된 교황의 폐위는 적법하게 선출된 군주의 폐위와 마찬가지로 실현 불가능한 대안처럼 보였다. 교회법에 따르면 오직 교황만이 교회 공의회를 적법하게 소집할 수 있었고, 그리고 자신의 폐위 문제를 다루기 위해 공의회를 교황이 소집할 수 없었기 때문에, 그것은 법률적으로도 어려웠다. 더욱이, 신을 제외한 여하한 사람에 의한 판단으로부터 교황의 면제는 전통적인 베드로 우위의 일부였다. 일찍이 인노켄티우스 3세는 유럽의 통치자들에게 교황이 신보다는 못하지만 인간, 심지어 인간

---

59 "회개하고 복음을 믿어라"라는 설교. Palémo Glorieux ed., *Jean Gerson: Oeuvres complètes*(Paris, 1960-), 5, p. 465.

60 교회 대분열 동안 승인된 교황들은 다음과 같다. 로마 교황은 우르바누스 6세(1389년 사망), 보니파키우스 9세(1404년 사망), 인노켄티우스 7세(1406년 사망), 그레고리우스 12세(1415년 사임, 1417년 사망)였다. 아비뇽 교황은 클레멘트 7세(1394년 사망), 베네딕토 13세(폐위 1417년, 사망 1423년)였다. 피사 교황은 알렉산더 5세(1410년 사망), 요한 23세(폐위 1415년, 사망 1419)였다.

집단보다 우월하다는 점을 환기했던 것이다.

공의회주의 운동의 지도자들이었던 콘라트 겔른하우젠(약 1320~1390), 하인리히 랑겐슈타인(1324~1397), 마테우스 크라쿠프(약 1335~1410), 디트리히 니하임(약 1340~1418), 피에르 다이이(1350~1420), 장 제르송 및 프란체스코 자바렐라(1360~1417)는 선동가가 아니라, 법률의 지배와 전통에 충실한 인물들이었다. 이들은 강력한 교황직의 필요성을 인정했다. 만약 주교들이나 교황이 쉽게 잘못된 판단을 내렸던 것처럼 공의회도 오류를 범할 수 있다고 생각한[61] 오컴과 이들 간에 견해차가 있었다면, 이들은 마르실리우스 파도바와도 견해를 달리 했을 것이다. 마르실리우스는 공의회가 단지 비상시에만 아니라 이론상 교황보다 우위에 있다고 생각했으며, 주교는 자신의 관구에서 교황이라고 생각했다.[62] 거의 30년간 교회 대분열에 대한 해법으로서 공의회를 통한 해결 방안이 지체된 데에는 교황청의 반대뿐만 아니라, 보수주의와 공의회주의자들의 신중한 태도 역시 한몫을 했다. 이들 공의회주의자는 공의회 방안을 실행에 옮기기 전에, 자신들의 행위를 정당화하고자 사용할 수 있는 모든 교회법적 전통에 의존했고, 교황의 자기방어를 활용했다.[63]

교황직의 보루였던 교회법 또한 그것의 남용을 예견했다. 교회법은 교황권에 한계를 설정했으며, 교황의 오류가 다른 사람들의 판단에 의해 시정될 수 있는 여건도 정의했다. 이 같은 이론적 안정장치는 또한 부활된 로마법에도 있었다.

---

61 Brian Tierney, *Ockham, the Councilar Theory and the Canonists*(Philadelphia, 1971), pp. 26~27, 38(reprint from *JHI* 15(1954): 40-70); John B. Morall, *Gerson and the Great Schism*(Manchester, 1960), p. 119.

62 Gerson, *De auferibilitate sponsi ab Ecclesia, Oeuvres complètes*, 3, cons. 8, pp. 298~299; G. H. Posthumus Meyjes, *Jean Gerson: zijn Kerkpolitiek en Ecclesiologie*(The Hague, 1963), pp. 292~293을 참조하기 바란다.

63 B. 티어니는 이 중요한 사실에 대해 다음과 지적했다.
자일스 로마나 아우구스티누스 트리움푸스가 이 분야의 교회법적 인식의 풍요로움과 다양성을 거의 정당화하지 못했듯이, 그와 같이 [극단적인 교황] 변론가의 저술들에서 적절하게 반영된 교회 정부에 관한 단 하나의 교회법적 이론이 있었다는 광범위한 전제가 있었다. 보다 극단적인 교황 변론가들의 이론은 사실상 교회법적 사유의 한 흐름에 반영되었다. 그러나 공의회와 추기경단에 의한 교황권의 제약을 선호하는 공의회주의 논지는 또 다른 흐름을 반영했다. 교황과 추기경단 모두는 자신들의 무기를 교회법학자들의 무기고로부터 도출했다(*Foundations of the Conciliar Theory*, p. 13).

심지어 로마법의 공화주의적 요소가 실재적이었다기보다는 매우 추상적인 것처럼 보였을 때조차도, 로마법에서는 '인민'이 통치자의 '절대적' 권력의 궁극적 원천이며, 그리하여 이론상 이를 규제할 수 있다는 이론이 결코 사라지지 않았다.[64]

교황 '전능권'에 대한 예외는 교회법학자 이보 샤르트르(약 1040~1115)와 그라티아누스(12세기)가 확고한 위상을 차지했던 교회법의 이른바 이단 조항에서 정당화되었다. 교황 호노리우스 1세(625~638)가 콘스탄티노플 공의회(681)에서 사후에 이단으로 정죄를 받은 역사적 선례도 있었다. 그라티아누스는 교황이 다른 사람들에 의해 판단을 받을 수 있는 있다는 점을 마지못해, 그러나 명확히 주장했다.

> 만약 자신의 구원은 물론 형제의 구원에 무관심한 교황이 자신의 직무에 무익하거나 태만한 것으로 판명되고, 그리고 수많은 사람들을 무더기로 선에서 벗어나도록 한다면, 그는 지옥의 노예로 영원히 수많은 고통을 겪게 될 것이다. [여전히], 교황이 모든 사람을 판단하기는 하지만, **신앙에서 벗어나지 않는 한**, 그 누구에 의해서 판단되지 않기에, 그 누구도 그의 죄를 논하지 마라.[65]

12세기의 교회법학자였던 휴구치오(1210년 사망)는 교황 인노켄티우스 3세의 스승으로서 그라티아누스를 뛰어넘어, 교황이 사악한 간음, 강도 및 신성모독과 의도적인 이단의 범죄를 저지를 경우 폐위될 수 있다고 주장했다. 이단과 같은 범죄는 교회의 안녕에 명백하고 현존하는 위험을 제기하기 때문이었다. 더욱이 휴구치오는 하위자들이 그와 같은 범죄를 저지른 교황에 맞서 조치를 취할 때

---

64 Francis Oakley, *The Medieval Experience: Foundations of Western Cultural Singularity*(New York, 1974), pp. 128~129를 참조하기 바란다. 길모어가 지적했듯이, "절대적 권력[군주법과 법률의 유일한 원천에 대한 호소]의 존재에 대한 논지를 지지하기 위한 로마 텍스트의 활용에 대한 중요한 사례들이 의심의 여지없이 있었음에도 불구하고, 절대적 권력의 규제에 관한 이론을 형성하기 위해 로마의 자료를 활용한 사례들은 이와 마찬가지로 중요[하였다]" (*Arguments from Roman Law in Political Thought* [Cambridge, 1941], p. 131).

65 *Decretum Gratiani*, dist. 40, c. 6, Franzen, "The Council of Constance," p. 40, n. 5 (강조는 필자). Tierney, *Foundations of the Conciliar Theory*, p. 57~58을 또한 참조하기 바란다.

상위자에 맞서 '봉기할 수' 없다고 주장했다. 이단이나 사악한 범죄를 저지른 교황은 단순한 신도보다 못한 존재로 전락하게 되며 그리스도교도의 상위자가 아니기 때문이었다. 다른 교회법학자들과 마찬가지로 매우 예민한 문제에 극도로 신중했던 휴구치오는 그와 같은 교황에 대한 합법적인 소환이 이루어지기 이전에 교황은 그 **자신의** 고소자가 되어야 한다는 단서조항을 첨부했다.[66]

교회법학자들에게 교회법에서의 이단과 범죄 관련 조항은, 아무리 조심스럽게 기술되었다 하더라도, 교황들이 비판과 강압적인 행위로부터 전적으로 면제되지 않는다는 사실에 대한 적극적인 증거였다. 몇몇 예외적인 상황에서 신도 집단은 그 수장과는 별개로 그리고 수장에 반하여 법률적으로 행동할 수 있었다. 교황 전능권에 관해 교회법에 '맹점'이 있을 경우에, 공의회주의자들은 공의회가 독립적인 행위를 할 수 있는 예외적인 상황을 가능한 증가시켰다. 초기 공의회주의자 저술의 하나인 하인리히 랑겐슈타인의『평화의 공의회를 위한 서신』(1381)에서 네 가지 사례를 인용했다.[67] 첫째, 만약 이단적인 교황이 자신의 직책을 명백히 고수하고 공의회 소집을 거부할 경우이다. 둘째, 만약 교황이 사망한 이후에 모든 추기경이 갑자기 살해될 경우이다. 셋째, 만약 교황과 추기경들이 신앙의 문제에서 의심스러운 결정을 하고 이를 완강하게 고수할 경우이다. 그리고 마지막으로 만약, 이유가 무엇이든, 추기경들이 교황 선출을 위한 회동이나 교황 선출을 할 수 없거나 거부할 경우가 그것이다.

공의회주의자들은 이 같은 추론을 교회 대분열에까지 확대했다. 만약 적법하게 선출된 교황이 2명 내지 심지어 3명이 있고, 이들 중 누구도 그 권한을 다른 교황에게 선의로 양도하지 않거나 신도 집단 전체의 안녕을 완강하게 위협한다면? 그 같은 상황이 교황과는 무관하거나 교황에 반하는 공의회의 행위를 요구

66 Brian Tierney, "Collegiality in the Middle Ages," *Concilium* 7(1965), pp. 5~14, 특히 p. 10; *Foundations of the Conciliar Theory*, pp. 58~65. 이것들은 사도적 청빈과 지복직관(至福直觀)에 관한 공공연한 이단적 견해로 교황 요한 22세를 폐위하고자 했던 후대의 오컴에 의해 활용된 논지와 본질적으로 동일했다. Tierney, *Ockham, the Conciliar Theory, and the Canonists*, pp. 13~14.

67 *Letter on Behalf of a Council of Peace*, ed. and trans. James K. Cameron in *Advocates of Reform: From Wyclif to Erasmus*, ed, Mattew Spinka (Philadelphia, 1963), p. 129.

하는 비상사태에 해당되지 않는다면? 다이이는 1402년 다른 공의회주의자들에게 다음과 같이 주장했다. 교회의 비상 상태에서 교황직을 보유한 생존한 교황이 교회 공의회 소집이라는 합리적인 요청을 받은 이후에도 이를 소집하지 않을 경우 공의회에 의한 독자적인 행위가 교회법에 의해 정당화된다는 자신의 신념을 표명했다.[68] 교황의 이단과 악명 높은 범죄 이외에 교회의 안녕을 위협하는 분열을 지속시키는 교황의 행위는 교회의 수장을 제외하고 그리고 교회의 수장에 반한 신도 집단 공동체에 의한 행위를 정당화해 주었다.

교회 정부에 관한 공의회주의 이론에는 두 가지 중요한 차이가 있었다. 첫 번째는 교황에 의해 계도되는 '로마 교회'와 늘 그리고 오직 그리스도만을 수장으로 하는 '보편적 교회' 간의 차이이다. 두 번째는 교회법의 자구와 '정신 내지 '진정한 의도' 간의 차이가 그것이다. 이 정신은 교회법이 악이 아니라 선에 기여한다는 것을 의미했다. 이 두 가지 차이는 교회 대분열 이후 등장했던 교회 공의회에 대한 최초의 충실한 학문적 변론이었던 콘라트 겔른하우젠의 『화합의 서신』(1380년 5월)에 분명하게 나타난다. 콘라트는 왕국이 군주와 동일시되지 않는 것과 마찬가지로 교회 역시 교황과 동일시될 수 없다고 주장했으며, 교회법의 정신을 위배하면서까지 이루어지는 교회법의 자구적 준수를 비판했다. 파리 시민들이 도시의 침략자들에 맞서 무기를 들기 전에 군주의 승인을 기다릴 필요가 없었듯이, 신도 집단 공동체는 심각한 위험으로부터 교회를 보존하기 위한 조치를 취하기 전에 교황의 재가를 받아야 할 필요가 없다는 것이었다.[69]

법률의 자구 내지 '형평'에 대한 호소는 공의회 활동의 법률적 토대가 되었다. 이 개념은 아리스토텔레스로부터 유래했으며, 오랫동안 중세 법률에 통합되었

---

68 *Tractatus de materia concilii generalis*(1402) ed. B. Meller, *Studien zur Erkenntnislehre Peter von Ailly*(Freiburg, 1954), p. 301. August Franzen, "Zur Voirgeschichte des Konstanzer Konzils: Vom Ausbruch des Schimas bis zum Pisanum," in Das Konzil von Konstanz. *Beiträge zu seiner Geschichte und Theologie*(Freiburg, 1964), p. 23에서 인용. 다이이의 정치사상은 오클리에 의해 논의되었다. Francis Oakley, *The Political Thought of Pierre d'Ailly: The Voluntarist Tradition*(New Haven, 1964).

69 *Epistola concordiae*, in *Wegbereiter der Reformation*, ed. Gustav A. Benrath(Bremen, 1967), pp. 132~148.

다. 형평은 보편적 법률이 실제로 집행되는 구체적인 상황으로의 조율을 의미했다. 형평의 기능은 법률이 법률 제정자의 원래의 의도를 준수하는 것, 즉 그것이 추상적 이론 내지 법령에 존재했던 것처럼 구체적으로 공정하고 정당하게 적용하는 것이었다.[70]

"교황은 신을 제외한 그 누구에 의해서도 판단을 받지 아니 한다"라는 경구는 보편적인 명제 내지 보편적인 법률이다. 하지만 교황을 재판하지 않는 것이 신도 집단 공동체를 위협하는 대분열의 지속을 의미한다면, 그럴 경우 법률은 이들 새로운 환경에 조율되어야 하며, 그렇게 함으로써 법률은 그것이 의도했던 선에 기여하게 된다. 제르송은 이 문제와 관련하여 모든 공의주의자들의 신념을 다음과 같이 요약했다.

> 교황은 자신의 동의가 없거나 자신의 의지에 반하여 전체 공의회에 의해 제거될 수 있다. 명목상 교황의 소집과 동의가 없는 유명한 공의회는 …… 합법적이지 않다. 그러나 문법과 도덕에서 그러하듯이, 일반적인 규칙에도 예외가 있으며, 그리고 특정 사례를 둘러싼 특정 여건을 무한정 고려할 경우 특히 그러하다. 이 같은 예외로 인해 그 법률을 해석하게 될 상위의 법률이 제정되었다. 이것이 아리스토텔레스가 명명한 형평이다.[71]

베드로는 신으로부터 "나의 양떼를 먹이라는" 위임을 받았지, 양떼를 절벽으

70 아리스토텔레스는 형평을 다음과 같이 기술했다.
법률이 보편적으로 언급되고 …… 그리고 한 사례가 발생하며 …… 이는 보편적 언명에 의해서 가려져 있지 않다. 그리고 입법자가 실패하거나 과도한 단순성에 의해 오류가 발생하는 경우, 누락된 것을 정정하고 [그리고] 만약 그가 현존했다면 입법자 자신이 말했던 것과 그리고 그것의 시행을 둘러싼 특정한 여건을 그가 알고 있었다면 자신의 법률이 되기를 [원했던] 것을 언급하는 것이 옳다. …… 이는 공정한 것의 본성이며, 그것의 보편성으로 인해 결함을 가진 법률의 교정이다(*Ethics* [McKeon, ed.] bk. 5, ch. 10, p. 1137).

71 *De auferibilitate sponsi ad Ecclesia*, p. 300. 형평에 관해서는 Conrad of Gelnhausen, *Epistola concordiae* in Bernarath, *Wegbereiter der Reformation*, p. 148 및 Henry of Langenstein, *Letter on Behalf of a Council of Peace*, in Spinka, *Advocates of Reform*, p. 130. 울만은 *Origins of the Great Schism*, pp.180~183에서 콘라드와 헨리의 견해를 검토했다.

로 내몰라는 위임을 받지는 않았다. "모든 사람의 공동의 이익을 위해 기여하는 경우를 제외하고서 하나님은 어떠한 지위나 위엄, 그리고 어떠한 부류의 사목도 부여하지 않았다"고[72] 제르송은 지적했다. 그것은 모든 법률, 직책 및 권위를 설명하는 '정신'이다. 공의회주의 이론가들은 형평의 원리를 법률에 적용하는 권한이 기본적으로 교회의 신학박사들에게 있고, 그리고 교회법학자 및 시민법학자들에게 단지 부차적 권한만이 있다고 생각했다.[73] 오컴과 마르실리우스 파도바는 교회법보다는 성서와 신학을 중시하면서 훈련을 받은 학자를 정신적 문제의 진정한 전문가로 찬미함으로써 이 논지에 영향을 미쳤을 것이다.[74] 전체 공의회가 분열을 조장하는 교황보다 그리고 법률의 정신이 그것의 자구보다 우월하듯이, 공의회와 법률의 정신에 기여한 신학자들은 교황과 법률의 자구에 기여한 교회법학자들보다 우월했다.

5) 콘스탄츠 공의회

로마 교황 그레고리우스 12세 및 아비뇽 교황 베네딕토 13세와 결별한 추기경들에 의해 1409년 개최된 피사 공의회에서는 이들 두 교황을 이단으로 선언하고, 이들을 폐위했을 뿐만 아니라 이들을 대신하여 새로운 교황 알렉산더 5세를 선출했다. 하지만 파문당한 이들 교황은 오직 교황만이 합법적인 공의회를 소집할 수 있다는 근거에 입각하여 피사 공의회의 법령이 불법이라고 선언했고, 자신들의 폐위를 거부했다. 세 명의 교황이 난립하는 상황에 이르게 되자, 각기 추

---

72 *De auferibilitate sponsi ad Ecclesia*, p. 300.

73 제르송이 요약한 내용을 참조하기 바란다(De unitate ecclesiatcia, in Glorieux, *Oeuvres complètes*, 6. cons. 5, p. 138).

74 오컴은(자신과 같은) 신학자가 명백히 진리의 편에 서 있는 반면에, 교황 요한 22세의 사례와 같이, 교황이 진리의 편에 서지 않을 경우 신학자가 교황보다 중요한 권위를 가지게 된다고 주장했다. McGrade, *The Political Thought of William of Ockham*, pp. 61~63를 볼 것. 마르실리우스는 교황들이 '교회법학자'가 되기보다는 성서의 박사가 되어야 된다고 주장했다(*Defender of Peace*, bk. 2, ch. 24, sect. 9, p. 324).

기경단의 지지를 받고, 그리스도교 공화국을 지배했으며, 보헤미아에서는 후스파 혁명이 태동하는 가운데, 교회를 대신한 공의회의 중요한 결정에 저항했던 이들 각각의 교황 및 심지어 세 교황마저도 급속하게 와해되었다.

신성로마제국의 황제 지기스문트의 확고한 주장에 따라 피사의 두 번째 교황 요한 23세는 1414년 11월 콘스탄츠 공의회를 소집했다. 고유한 교서 〈거룩한 곳〉(1415년 11월)의 지원을 받은 콘스탄츠 공의회는 이단, 교회 대분열 및 교회 수장과 구성원들의 개혁이라는 세 가지 현안을 다루기로 했다. 콘스탄츠 공의회는 5월 29일 부적절한 행위를 한 교황 요한 23세를 폐위했다. 콘스탄츠 공의회의 권한과 의지를 인식한 로마 교황 그레고리우스 12세는 명목상 자신의 권한에 의해 소집한 공의회 직후인 7월 4일 사임했다. 요한 23세가 소집한 콘스탄츠 공의회의 적법성과 아마도 그 사이 몇 달 동안 공의회가 통과시킨 법률의 적법성을 그레고리우스 12세가 인정하지 않았기 때문이다. 로마 교회의 당국자들이 보기에 그레고리우스의 이 같은 조치는, 설령 〈거룩한 곳〉이 교회 대분열을 치유하고 로마 교황을 다시 선출하기는 했지만, 이 교서를 의심스럽게 만들었다. 그 이후 (1417년 7월 26일) 공의회는 공의회의 안건 그 어느 것도 인정하지 않았던 아비뇽 교황 베네딕토 13세를 폐위했다. 베네딕토 13세가 폐위되기 전에 공의회는 1417년 11월 11일에 추기경 부제 오도네 콜로나를 교황 마르티누스 5세로 선출했다.

교황으로부터 공의회로의 교회 권력의 이동(*translatio imperii*)은 1415년 7월 얀 후스의 처형에 의해 특히 부각되었다. 프로테스탄트 종교개혁 이전에 보헤미아의 후스파보다 더 중세 말기에 교회를 비판하고 성공적이었던 종교 운동은 없었다. 1403년 후스를 지도자로 하는 프라하의 새로운 이단은 체코의 사회적·정치적 불만 세력을 규합했다. 독립적이고 자생적인 종교 개혁 운동[75]으로 시작되었던 이 운동은 체코의 맹아적인 민족주의와 결합했으며, 영국의 종교개혁가 존 위클리프의 가르침의 영향을 점점 많이 받게 되었다. 외부의 관찰자들에게 이는

---

75 Matthew Spinka, *John Huss and the Czech Reform*(Hamden, Conn., 1966).

가공할 만한 군사력을 가진 지역에서의 우려할 만한 상황이었다.

위클리프의 저술들은 후스파 운동에 국제적인 유대 및 고유의 이단 결사체 모두에 영향을 주었다.[76] 1381년 보헤미아의 앤과 군주 리처드 2세의 결혼 이후 영국과 보헤미아 간에는 정례적인 교류가 있었다. 후스의 신학은 옥스퍼드 대학과 프라하 대학 사이에 학생의 교류가 빈번하게 이루어진 시기에 또한 형성되었다. 일찍이 후스는 사상과 대학의 문제에서 매우 현실주의적인 견해를 가진 위클리프의 철학 저술들을 읽었다.[77] 옥스퍼드 대학에서 수학했던 제롬 프라하를 비롯한 체코 출신의 학생들은 성채성사, 성직 매매 및 현세적 지배의 성격에 관한 위클리프의 논쟁적 저술들을 체코로 가지고 왔다. 1407년 위클리프의 일군의 저서들이 프라하에서 유통되었으며, 후스파 서클에 의해 열심히 읽혀지게 되었다. 일찍이 1403년 독일 출신의 프라하 대학의 교수들은 위클리프의 영향력을 약화시키기 위한 시도를 주도했다. 공공연히 45개의 이단적 논지가 위클리프의 저술들에서 발췌되었으며, 논의가 금지된 주제로 선정되었다. 이들 논지 중 24개는 1381년 영국 농민 반란이 일어난 다음 해인 1382년 위클리프 이론에 대한 런던의 정죄로부터 복제되었다.

『교권론』(1375)과 『속권론』(1376)에서 논의된 지배에 관한 위클리프의 견해는 일찍이 1377년 5월 교황 그레고리우스 11세에 의해 정죄를 받았다. 그 해 그레고리우스 11세는 『속권론』의 18개 조항을 정죄했다. 위클리프가 사도적 청빈 이상에 입각하여 교회의 물질적 소유를 강력하게 비판하기는 했지만, 이는 영국의 지배자들에게 정치적 지침을 제공하기 위해서가 아니라 단지 스콜라적 논지를 제기하고 신학적 이상을 진술한 것처럼 보인다.[78] 그는 두 가지 핵심 논지를

---

76 체코가 위클리프주의를 수용하게 된 정치적 종교적 배경에 관해서는 Howard Kaminsky, "The University of Prague in the Hussite Revolution: The Role of the Masters," in *Universities in Politics: Case Studies from the Late Middle Ages and Early Modern Period*, ed. John W. Baldwin and Richard A. Goldthwaite (Baltimore, 1972), pp. 92~97.

77 S. Harrison Thomson, "The Philosophical Basis of Wyclif's Theology," *Journal of Religion* 11 (1931), pp. 86~116.

78 위클리프의 정치적 가르침에 관해서나, 혹은 오히려 그것의 명백한 결여에 관해서는 T. H. Hanraan, C.S.B., "John Wyclif's Political Activity," *Medieval Studies* 20(1958), pp. 154~166; Joseph H. Dahmus, "John Wyclif and the English Government", *Speculum* 35(1960), pp. 51~168을 볼 것.

강조했다. 첫 번째 핵심 논지는, 속권이든 교권이든, 현세에서의 모든 지배는 모든 사물의 진정한 소유자인 신의 선물이며, 그것의 소유자로서 인간의 고유한 권리가 아니라는 것이다. 재산과 소유는 우선적이고 필연적으로 인간에게 속한 것이 아니라 부차적이고 우연하게 인간에게 속했다는 것이다. 위클리프의 두 번째 핵심 논지는 논리적으로 첫 번째 논지로부터 유래했다. 지배가 인간의 고유한 권리가 아니기 때문에, 현세에서의 올바른 지배는 소유자의 개인적 가치와 공덕, 즉 신성한 행위 규범과 일치해야 한다는 것이었다. 삶을 무가치하게 함으로써 지배라는 신의 선물을 남용한 사람들은, 심지어 인정법과 전통이 이들에게 재산과 소유의 유지를 인정했음에도, 신이 보기에 이들의 재산과 소유에 대한 모든 정당한 주장을 박탈당했다. 이를 논리적 극단으로 밀고 가 실제로 적용했던 위클리프의 논지는 '무가치한' 성직자의 재산 및 소유에 대한 지배자의 몰수와 무가치한 지배자들의 재산과 소유에 대한 인민의 '정당한' 몰수를 변론했다.[79]

위클리프의 가르침을 프라하에 금지하려던 시도는 책에 대한 수요가 많은 보스턴에서 책을 금지하려는 시도와 유사한 것이었다. 1403년 이래 프라하 대학의 총장으로 있었던 후스는 위클리프를 옹호한 대표적인 인물이었다. 후스파 내지 프라하의 위클리프파는 성서의 속어로의 번역과 성찬식에서의 빵과 포도주 모두에 평신도의 참여를 요구했다. 이 두 가지 요구 사항은 중세 말의 이단적 영성 운동의 공동체적 평등주의적 흐름을 반영했다. 영성체의 빵과 포도주에 대한 평신도의 참여를 주장한 후스파는 양형 영성체론자(Ultraquists)[80] 내지 성배주의자(Calixtines)로 불리게 되었다. 후스파는 중대한 범죄를 저지르고, 더욱이 규율 문제와 관련하여 신도들을 강제하는 성직자의 권한(이른바 성직자의 사법권)에 의문을 제기한 사람들을 처벌할 것을 주장했다.[81] 프라하 대학 안에서 이 쟁점을 둘

79 Howard Kaminsky, "Wyclifism as Ideology of Revolution," *Church History* 32(1963), pp. 57~74.

80 (옮긴이) 성직자와 평신도가 동일한 양의 빵과 포도주로 영성체에 참여해야 한다고 주장한 사람들.

81 위클리프의 완전한 도나투스주의와 구분되는 후스의 '준도나투스주의'에 관한 오버만(Heiko Oberman)의 논의를 참조하기 바란다. 위클리프는 죄를 범한 성직자의 일상권(*potestas ordinis*, 성사 집전권)과 사법권(*potestas jurisdictionis*) 모두를 부정했다. *Forerunners of the Reformation*(New York, 1966), pp. 208~211.

러싼 갈등은 매우 심각했으며, 이로 인해 독일 출신 교수와 다른 나라 출신의 교수들이 프라하 대학을 떠났고, 프라하 대학은 후스파에 의해 거의 장악되었으며, 유럽 가톨릭교도들의 시각에서 볼 때 프라하 대학은 이단의 중심지였던 것이다.

1403년과 1407년 사이에 후스파는 교황청의 반대와 대주교의 반대에도 살아남았다. 1408년 프라하의 대주교 즈비네크가 후스의 설교권을 정지시킴으로써 후스파에 대한 최초의 직접적인 제재 조치가 취해졌다. 1409년 즈비네크는 중죄를 범한 성직자들이 성사(도나투스주의자 이단)를 충실하게 집전할 수 없다고 가르치며 교황이 선포한 파문의 효력을 부정하는 후스를 비판했다.

피사 공의회 이후 정치적 사건들은 후스파 운동에서 중요한 역할을 했다. 보헤미아의 군주 바츨라프는 로마 교황 그레고리우스 12세가 자신의 정적들을 지지하자, 그레고리우스 대신 피사 출신의 신임 교황 알렉산더 5세를 뒤늦게 지지했다. 프라하의 대주교 즈비네크가 바츨라프에 뒤이어 교황 알렉산더 5세를 지지하자, 알렉산더 5세는 프라하 대학의 위클리프파에 대한 탄압을 프라하 대주교에게 위임했다.

1410년 6월 교회 당국은 프라하에서 위클리프 저술들 중 17개를 공개적으로 소각했으며, 교황 알렉산더 5세의 후임 교황 요한 23세는 후스를 파문했다. 후스는 매우 노골적이었다. 1411년 후스는 면벌부의 판매를 비판하는 설교를 했다. 1412년 그는 정죄당한 위클리프의 다수의 조항들이 정통 교리로 해석될 수 있다고 주장하면서 그것들을 변론했다. 말하자면 교황에 의해 파문을 당했기 때문에 설교나 복음 듣기를 중단한 사람들은 최후의 심판에서 그리스도에 대한 반역자로 간주될 것이었다. 이 같은 주장은 교황의 강제력에 대한 도전이었던 것이었다. 부제나 성직자 누구라도 교황이나 주교의 허가 없이 신의 말씀을 설교할 수 있다는 것이었다. 이른바 복음의 자유로운 설교는 후스파의 핵심 요구 사항이었다. 지배자들은 심각한 죄를 범한 성직자의 현세적 소유물을 전용할 수 있었다. 십일조는 강제적인 납부가 아니라 순수한 자비라는 것이다. 중죄를 범한 사람이 교권이나 속권을 보유하는 것이 적절하지 않다는 것이었다.[82]

1412년 이후 파문당한 후스는 보헤미아 남부에 은거했으며, 콘스탄츠 공의회에 소환될 때까지 거기서 머물렀다. 이 기간에 그는 주저 『교회론』(1413)을 집필했다. 이는 콘스탄츠 공의회에서 후스에 대한 정죄의 주요한 원천이 되었다. 1414년 10월 후스는 황제 지기스문트가 발행한 안전통행증과 프라하의 대주교가 작성한 서신을 휴대하고서 콘스탄츠 공의회로 향했다. 이 서신은 위클리프가 명백히 이단적이었던 한 교리적 쟁점, 즉 화체설과 관련하여 후스의 정통론을 입증했다. 후스는 순진하게도 공의회에 앞선 청문회에서 자신의 견해에 대한 강력한 비판자들을 설득할 수 있을 것이라고 생각했다. 11월 초 후스가 콘스탄츠 공의회에 도착한 지 몇 주 내에 공의회는 그가 이단이라고 공식적으로 비난했으며, 그에 대한 체포를 명령했다. 1415년 여름 몇 달간의 가택 연금에 뒤이어 그는 공의회에서 자신의 견해를 발표하고 위클리프의 이단적 교리를 변론했다. 자신을 위클리프와 열렬히 동일시함으로써 그는 공정하고 불편부당한 청문회를 개최할 수 있었던 모든 기회를 상실했다.

한 때 후스의 친구이자 체코의 초기 개혁 운동의 동지였던 슈테판 팔체는 간행된 지 얼마 되지 않은 후스의 저술 『교회론』에서 공공연한 이단적 조항 42개를 추출하여 콘스탄츠 공의회에 제출했다. 공의회는 최종 정죄에서 이들 조항을 30개로 축소했다.[83] 자신의 시도가 실패한 것을 깨달은 후스는 콘스탄츠 공의회가 혁명가이자 이단으로 마땅히 처벌을 받아야 하는 진정한 범법자라는 결론에 도달했던 것처럼 보인다. 그는 자신이 교황을 비판하기는 했지만, 콘스탄츠 공의회의 지도자들이 자신에 대해 실제로 반란을 일으켰다고 주장했다.[84] 사형이

---

82 Gordon Leff, *Heresy in the Later Middle Ages: The Relation of Heterodoxy to Dissent c. 1250-c.1450*(Manchester, 1967), 2, pp. 637~638.

83 Denzinger, nos. 1201-30, pp. 322~325. 정죄당한 위클리프의 45개 조항은 정죄당한 후스의 30개 조항과 함께 제시되었으며, 여기에는 각각의 항목에 대한 후스의 반론도 있었다. Matthew Spinka, *John Hus' Concept of the Church*(Princeton, 1966), pp. 397~409. 후자는 스핀카에 의해 번역되었다. Peter of Mladonvice ed, *John Hus at the Council of Constance*(New York, 1966), pp. 260~264.

84 레프는 이를 다음과 같이 정리했다.
콘스탄츠 공의회는 공의회가 행한 것을 후스가 말했다는 죄목으로 그를 사형에 처했다. 교황의 지위가 그리스도에 의한 선출에 복속한다고 주장함으로써 후스가 위클리프를 추종했던 반면에, 다이이와 공의회주의자들은 그것이 전체 공의회로부터 유래한다고 주장했다. 양자 모두 교황이 성 베드로의 직접 계승자임을 부정했다. 하지만 자신을 비판하는 사람들의 견해와 그 결론에 있어서 매우 다르지 않은 견해로 인해 비판을 받은 것은 다름 아닌 후스였다(*Heresy in the late Middle Ages*, 2, pp. 650~652). 후스

〈콘스탄츠 공의회에서의 얀 후스의 화형〉(울리히 리쉔탈, 『공의회는 계속 유지되었다. 1413년』, 아우크스부르크, 1536). 이는 1483년의 원판을 '새롭게 한' 것이다. 이는 1415년에 일어난 사건에 대한 당시의 그림으로서, 교회 내에서의 새로운 공의회의 권위를 증언하고 있다

집행되기 직전에 자신의 친구에게 후스는 공의회에 관해 다음과 같이 말했다.

> 자신들이 거룩한 교회와 거룩하고 무오류한 세 번째 공의회가 될 것이라고 선포한 이들 영성적인 사람들[콘스탄츠 공의회의 지도자들]은 …… 무릎을 꿇고 요한 23세

와 매우 유사한 견해를 가진 폴 부그트는, 제르송이 지적했듯이, 콘스탄츠 공의회의 권한에 대한 인식을 다음과 같이 기술했다.

보다 중요하고, 보다 절대적이고, 보다 전제적이고, 보다 자의적인 교권을 상상하기란 어려울 것이다. 전 세계는 마치 교권 앞에서 더욱 정당화될 수 있는 것 같다. 교황은 교권에 복종하게 되었다. 공의회는 그 스스로 원한다면 어떠한 형태의 송사도 고려하지 않기 때문에 어떠한 사람도 존경하지 않고 엄격하게 명령을 내리기 일쑤다. 공의회는 논리, 규범 및 진리에 따라, 비록 다른 의미의 해석이 당연히 가능하다 할지라도, 그 스스로가 법률 조항의 의미를 평가함으로써 그 조항들의 요구사항을 결정한다. 후스는 공의회가 자신을 화형에 이르도록 자신과는 아무런 연관성도 없는 자신의 몇 가지 발언에 의미를 부여하려 했다고 주장했다. 그리하여 우리는 다시 후스의 항의에 놀라겠는가?("Jean Huss et ses judges," in Franzen, *Das Konzil von Konstanz*, p. 169).

를 숭배하며 그의 발에 키스를 하고 그를 가장 신성한 인물이라고 부른 후, 그를 방종한 살인자, 남색자, 성직 매매자 및 이단이라고 정죄했다. [요한은 공의회에 의해 폐위되었다.] 그러므로 이들 지도자는 교회의 머리를 절단했고, 교회의 심장을 갈기갈기 찢었으며, …… 교사 스타니슬라스[즈노이모]의 견해가 있고 …… 그리고 팔체[이전에는 후스의 동지였지만, 지금은 그를 기소한 사람] …… 교황 요한 23세가 교회의 머리이며 부족함이 없는 완벽한 통치자, 교회의 심장이자 교회의 생명의 원리, 교회 권위의 마르지 않는 샘, 자신의[교황의] 하위자들의 권력이 유래하는 원천, 모든 그리스도교도를 위해 즉각 파괴될 수 없고 부족함이 없는 안식처라고 누가 확증했던가?[85]

후스는 1415년 7월 6일 화형을 당했다. 그로부터 9개월 후인 1416년 3월 30일 후스의 동료였던 제롬 역시 그의 뒤를 따라 화형을 당했다. 이들의 처형을 촉구했던 제르송은 이같이 위험한 이단에 대한 공의회의 조치에 찬사를 보냈다. 위클리프와 마찬가지로 후스는 부패한 인간이 다른 사람에 대한 정당한 권위를 가져서는 안 된다고 생각했다.[86] 이 현세에서 누가 신의 저주를 받았고 누가 신의 선민인지는 자신의 도덕적인 행위라는 추정의 증거에 의해서만 현세의 삶에서 확인될 수 있기 때문에, 어떤 집단이나 기관도 역사적 선례, 전통, 현재의 직책이나 직위라는 공적에 의해 단지 특별한 재가나 권위를 주장할 수가 없다는 것이었다. 제르송은 후스의 모든 오류 가운데서 당연히 사악하고 부도덕한 사람들에 대한 권위의 부정을 가장 위험한 오류, 즉 교회 못지않게 왕국에 치명적인 오류라고 지목했다. "세속 정부는 예언이나 사랑에 기초할 수 없으며, 이 현세에서 불명확하고 불확실한 모든 것은, 오로지 기존의 교회법과 시민법[로마법]에 기초해야 한다"고 경고했다.[87] 표면적으로 지배와 권위에 관한 위클리프와 후스

85 Leff, *Heresy in the Later Middle Ages*, 2, pp. 684~685에서 인용했다. 후스는 콘스탄츠에서 팔체와 즈노이모를 비판하는 글도 독자적으로 집필했다. *Magistri Johannes Hus Opera Omnia* 22, *Polemica*, ed. Jaroslave Eršil(Prague, 1966), pp. 235~367.

86 후스의 『교회론』에 관해서는 Oberman, *Forerunners of the Reformation*, pp. 262~229를 참고하기 바란다.

87 …… Letter to Conrad de Vechte, Archbishop of Prague[Paris, 24, September 1414] in *Oeuvres complètres*[Paris, 1960], 2, p. 162.

교황 마르티누스 5세의 축성. 출전, 리쉔탈의 『연대기』. 1417년 콘스탄츠 공의회에서 열린 이 의식은 교회 대분열을 종식시켰다.

파의 이론에 잠재된 무정부주의는 이들 이론을 정죄하고 후스를 처형하는 근거가 되었다.[88]

민족적 영웅의 처형에 대한 보헤미아인들의 반발은 내부로부터의 혁명과 외부로부터의 침략으로 나타났다. 후스파 운동은 온건한 양형 영성체론자들과 비타협적이고 천년왕국론자였던 타보르파로 양분되었다. 양형 영성체론자가 후스의 고유의 종교적 개혁에 충실했던 반면에, 타보르파는 보헤미아를 종교적·사회적 유토피아로 변모시키고자 열망했다.[89] 1420년대 말 요한 지스카의 주도 아래 후스파 군대는 동유럽과 서유럽 모두를 위협했다.

콘스탄츠 공의회는 새로운 권위의 상징이자 이단을 사전에 제거한다는 의미에서 체코의 개혁가들을 처형했다. 콘스탄츠 공의회를 뒤이은 파비아 공의회, 시에나 공의회(1423~1424) 및 바젤 공의회(1431~1449)는 자신들의 최우선 과제가 콘스탄츠 공의회의 조치에 의해 촉발된 호전적인 후스파와 더불어 평화를 정착시키는 것이었다. 바젤 협상의 최종 결과로 공의회가 주요 요구사항을 양보해서 보헤미아에 강력한 민족 교회가 창설되었다. 엄밀히 말해서 16년 전 후스와 제롬의 처형을 통해 방지하고자 했던 것이 민족 교회의 창설이기도 했다.

제르송은 또한 콘스탄츠 공의회 두 번째 및 그 이상의 성공적인 강제적 조치, 즉 대립 교황들의 폐위와 신임 교황 마르티누스 5세(1417~1431)의 선출을 옹호했다. 공의회의 휴회 이후에 제르송은 『교권론』이라는 특별 저술에서 교회 대분열의 해결책을 모색했다. 이 책에서 제르송은 교황을 제한적이고 입헌적인 수장으로 정의했으며, 콘스탄츠 공의회가 위클리프와 후스라는 이단 못지않게 한 기

---

88 "그것은 교황들을 파괴하고, 주교들을 발 아래 짓밟으며, 수도원주의를 무력화하고, 정치적·사회적 혁명을 유발시키는 이론이었다"(R. R. Betts, "Some Political Ideas of the Early Czech Reformers," *Slavonic Reviews* 31[1952/53], p. 32.)

89 타보르파라는 이름은 성서적 의미의 타보르산에서 유래했다. 이는 이들 타보르파가 이 근처에서 회합했던 보헤미아 남부의 베히네(Bechyně) 성 근처의 언덕에 대한 명칭이었다. Ernst Werner, "Popular Ideologies in Late Medieval Europe: Taborite Chiliasm and its Antecedents," *Comparative Studies in Society and History* 2(1960), pp. 344~363; Howard Kaminsky, "Chiliasm and the Hussite Revolution," Church History 26(1957), pp. 43~71를 참조하기 바란다. 특히 Kaminsky, "Peter Checiky: Treatises on Christianity and the Social Order," *Studies in Medieval and Renaissance History* 1(1964), pp. 107~179가 시사적이다.

관의 수장이 그 구성원들에 의한 외부적 규제로부터 자유롭다는 교황청의 중요한 이론을 종식시켰다고 선언했다. 베드로가 분열을 예방하기 위해 교회에서 다른 모든 구성원에 대한 우위를 부여받았다고 제르송은 지적했다. 즉 묶고 푸는 권한은 통합과 질서를 위해 12사도 모두에게가 아니라 오직 한 명의 사도에게 전적으로 부여되었다는 것이다. 이렇게 함으로써 예수와 그의 사도들은 교회 최초의 공의회로서 활동했다. 이들이 교회의 단일성과 질서라는 특정 목적을 위해 자유롭게 권한을 부여한 작금의 공의회는, 이들을 대신하여 이 같은 목적을 위해 자유롭게 '조정하고 규제할' 수 있었다. 제르송은 콘스탄츠 공의회가 교회의 단일성을 회복했고, 베드로에게 다시금 자신의 정당한 위상과 기능을 부여했다고 결론을 내렸다.[90]

설령 이들의 논지와 행위가 매우 폭넓은 함의를 지닌 것으로 판명되었다 하더라도, 공의회주의 이론가들은 군주와 군주 이론가들이 이미 교회 밖에서부터 행했던 바를 교회 내부에서 행했던 것이다. 즉 이들이 교황의 권위를 규제했으며, 교황의 직책을 보다 거대한 공동체의 안녕과 이해관계에 복속시켰던 것이다.

6) 콘스탄츠 공의회 이후의 공의회주의 운동

콘스탄츠 공의회는 이단을 처형함으로써 신앙을 옹호했고, 교황 마르티누스 5세를 선출함으로써 교회 대분열을 종식시켰다. 콘스탄츠 공의회의 세 번째 의제였던 교회의 수장 및 그 구성원의 개혁은 새로운 교황이 선출될 때까지 연기되었다. 콘스탄츠 공의회의 지도자들은 교회 내에서의 지속적인 경계와 빈번한 접촉이 개혁의 유일한 보장책이라는 결론에 도달했다. 신임 교황 마르티누스 5세가 선출된 이후 이들 지도자는 1417년 10월 9일 교서 〈공의회의 빈번한 소집〉

---

90 *Oeuvres complètes* 6. cons. 9, p. 226; cons. 10, p. 229. 또한 Gerson's Propositio facta coram Anglicis, *Oeuvres complètes* 6, cons. 9, p. 133를 참조할 것. 진전된 논의와 사료에 관해서는 필자의 "The University and the Church: Patterns of Reform in Jean Gerson," *Medievalia et Humanistica* N.S. 1(1970), pp. 111~126를 참고하기 바란다.

을 통과시킴으로써 이 같은 소통의 기재를 만들려고 했다. 〈공의회의 빈번한 소집〉은 교회 공의회의 개최를 정례화함으로써 공의회를 교회 통치의 항구적 기구로 확립했다. 이 교서는 콘스탄츠 공의회가 휴회한 지 5년 이내에 소집되고, 휴회한 지 7년 이내에 또 다른 공의회가 소집되며, 그 이후 적어도 매 10년마다 공의회가 '정례적으로' 소집된다는 점을 분명히 했다.[91] 이 같은 구상이 얼마나 제대로 실행에 옮겨졌던가?

교황 마르티누스 5세는 〈공의회의 빈번한 소집〉에 부합하여 1423년 파비아에서 공의회를 소집했으나, 역병으로 인해 곧 장소를 시에나로 옮길 수밖에 없었다. 자연 재해와 교황청의 음모 사이에서 콘스탄츠 공의회 이후 처음으로 소집된 이 공의회는 1424년 3월 해산되기 전까지 성과가 거의 없었다. 마르티누스 5세가 공의회의 권한에 유감을 표명하고 그 권한을 축소하거나 와해시키고자 했다는 점은 이해될 법하다. 마르티누스 5세와 후임 에우게니우스 4세는 기회만 있으면 언제든지 공의회라는 기구를 와해시킴으로써 교회에서의 교황의 우위를 회복하려고 시도했다.

교황 마르티누스 5세는 〈공의회의 빈번한 소집〉의 규정에 따라 1431년 7월 바젤 공의회의 개최를 명령했다. 마르티누스 5세는 바젤 공의회가 개최되기 이전에 사망했으며, 그의 후임 교황 에우게니우스 4세는 권위를 둘러싸고서 공의회와 갈등을 빚었다. 동방 교회와의 향후 재통합 협상을 약속했던 에우게니우스는 1431년 12월 공의회의 휴회와 참석자들에게 후일 볼로냐에서의 재회동을 명령했다. 교황의 강력한 간섭에 직면한 바젤 공의회는 휴회를 거부했고 공의회 우위의 원칙을 재천명했다. 그렇게 함으로써 바젤 공의회는 적법하게 선출된 교황에 도전했고, 교회 분열의 위협이나 다른 긴급한 비상사태로 교회가 위험에 처하지 않았던 때에 교회를 지배했다. 이같이 변화된 환경은 에우게니우스와 공의회 간의 장기간의 대치에서 점점 더 중요해졌다.

---

91 August Franzen, "Das Konzil der Einheit: Einigungsbemühungen und konziliare Gedanken auf dem Konstanzer Konzil. Die Dekrete 'Haec Sancta' und 'Frequens,'" in *Franzen, Das Konzil von Konstanz*, pp. 108~111.

이즈음 세속 사회의 정치적 흐름이었던 대의제 정부로부터의 후퇴는 교황에게 또한 좋은 징후가 되었다. 당시 유럽의 지배자들은 정치적·경제적 권한을 공고히 하고 입법기구로부터 독립적으로 활동하는 방법을 터득하게 되었다.[92] 설령 이들 정치 세력이 장기적으로 에우게니우스 4세에게 유리하게 작용했더라도, 또 교황이 공의회의 선언이 극단적이라고 생각하기는 했지만, 바젤 공의회가 선언한 공의회의 권한을 묵인하고 인정하지 않을 수 없었다. 공의회의 해산 선언은 철회되었으며, 에우게니우스는 바젤 공의회의 회의가 적법하다고 선언했다.

1432년 말 바젤 공의회는 후스파와 협상을 시작했다. 당시 타보르파 군대는 바바리아, 작센, 오스트리아 및 브란덴부르크에 가장 심각한 군사적 위협이었다. 이 같은 위협을 비판하며 로마 교회와 평화를 원했던 온건 후스파나 양형 영성체론자들은 공의회로부터 바젤에 대표자를 파견하라는 초청을 받았다. 이들 대표는 프라하의 4개 조항으로서 1420년에 공식적으로 천명되어 알려진 네 가지 핵심 요구사항을 가지고 왔다. 즉 영성체에서 빵과 포도주의 분배, 대죄를 명백히 범한 성직자에 대한 세속적인 처벌, 복음의 자유로운 설교 및 성직자의 속권 및 재산의 포기가 그것이었다. 1433년 11월 바젤 공의회는 빵과 포도주 양자에 대한 성체 참여의 일부를 제한하면서 후스파의 권리를 인정했으며, 보다 심도 있는 협상의 문을 열어 놓았다. 공의회가 교회론의 몇몇 쟁점을 이단들과 협상함에 따라 교황 에우게니우스가 실망스럽게 이를 바라보았다는 것은 이해될 법하다.

바젤 공의회는 우선 교황의 전통적인 특권을 제한함으로써 개혁 과제에 접근했다.[93] 공의회는 쟁점이 된 교회 재판의 로마 항소를 제한했다. 이 조치는 교회의 국지적 사법권과 규율을 제고했다. 공의회는 추기경단의 수를 24명으로 확정했고, 특정 국가 출신의 추기경의 수가 1/3을 넘어서는 안 된다고 규정했다. 이는 거수기 역할만 하던 이탈리아 출신의 추기경의 우위를 종식시키기 위한 조치

---

92 이 책의 260쪽을 참고하기 바란다.

93 Hubert Jedin, *A History of the Council of Trent*, trans. Dom Ernest Graf, O.S.B.(Edinburgh, 1963), 1, pp. 18~19.

였다. 1435년 6월 프랑스 출신자들이 다수였던 바젤 공의회는 성직 초임세에 대한 교황의 권리를 박탈했다. 이 개혁 조치는 프랑스와 독일에서 신속하게 수용되었으며, 이들 양국에서의 교황의 수입은 현저하게 감소되었다. 1438년 부르주의 국헌 수호 칙령(The Pragmatic Sanction of Bourges)에 의해 프랑스는 교황권을 제약하는 바젤 공의회의 개혁을 수용했으며, 이들 개혁은 프랑스 교회의 지속적인 특징이 되었다. 1439년 독일인들은 종교 생활에 대한 지역적 통제를 강화했던 개혁에 대한 대학의 폭넓은 지지 및 성직자의 지원과 더불어 이와 유사한 법률을 승인했다.[94] 공의회 운동기의 교황들이 처한 어려움은 1427년과 1436년 사이에 교황청의 수입이 거의 2/3나 감소했다는 사실에 의해서 잘 드러나고 있다.[95]

바젤 국제 공의회는 교황청의 권한을 점차 이탈리아에 국한시켰다. 1436년과 1437년 군주 지기스문트와 온건 후스파의 협약으로 공의회는 프라하의 첫 번째 세 가지 조항을 보헤미아인들에게 양보했다. 공의회는 이단과 교리의 쟁점을 논의했다. 뿐만 아니라 공의회는 면벌부와 결혼을 제약하는 조건에 특별 허가를 했으며, 전통적으로 교황이 사면권을 가지고 있었던 죄를 사하여주었다. 1437년 공의회 그 자체가 사실상의 교황이 되었던 것처럼 보였다.

1437년 9월 18일 에우게니우스 4세는 바젤 공의회를 또 다시 해산하고 이를 페라라로 이전함으로써 반격을 가했다. 설령 공의회 참석자들 다수가 공의회의 이전에 반대했지만, 당시 에우게니우스는 매혹적인 미끼를 가지고 있었다. 즉 수세기 동안 지속된 동방 교회와의 분열을 공의회를 통해 실제적으로 해결할 수 있다는 가능성이 그것이었다. 또 다시 투르크족의 침략을 받은 비잔티움 제국의 팔레올로고스가의 황제 요한 8세는 서유럽의 군사적 지원을 얻기 위한 핵심 요소로서 로마와의 소통의 회복을 기대했다. 이 전략은 또한 교황 에우게니우스에 의해 고무되었다. 그리스인들은 교회 분열을 논의하고 협상할 장소의 결정권을

---

94 Joachim W. Stieber, *Pope Eugenius IV, the Council of Basel, and the Secular and Ecclesiastical Authorities in the Empire: The Conflict Over Supereme Authority and Power in the Church* (Leiden, 1978), pp. 163~165를 참조하기 바란다.

95 Paul E. Sigmund, *Nicholas of Cusa and Medieval Political Thought*(Cambridge, Mass., 1963), pp. 220~221.

바젤 공의회와 교황 에우게니우스 4세에게 부여했다. 공의회 참석자의 다수는 교황의 영향력 아래 있기를 거부했으며, 협상 장소로 바젤이나 아비뇽을 요구했다. 하지만 그리스인들은 서유럽 교회의 교황의 전통적인 권한에 민감하게 반응했으며, 교황의 확고한 존재감을 요구했다. 마침내 이들은 교황 에우게니우스가 결정한 페라라에서 회동하기로 했다. 니콜라스 쿠사 및 공의회의 한 회기의 의장이자 강력한 추기경이었던 케사리니를 포함한 바젤 공의회에 참석한 소수는 바젤 공의회가 이 문제와 관련하여 교황을 비판할 권한이 없고 페라라로 이전할 수밖에 없다는 점을 확신하게 되었다. 이들이 페라라로 가게 된 직접적이고 중요한 이유가 동방 교회와의 재통합이었던 반면에, 교황 진영에 합류한 사람들은 바젤 공의회가 콘스탄츠 공의회에서 결정된 그것의 정당한 권리를 넘어서고 있다고 생각하기에 이르렀다.

바젤에 잔류한 사람들은 교황과의 여하한 연결고리도 단절하기에 이르렀다. 에우게니우스의 공의회 해산 교서를 무효화시킨 바젤 공의회는 합법적인 회기를 개최하고 있었으나, 교회의 분열을 조장한 공의회가 되었다. 한편 페라라 공의회는 화려한 의식과 더불어 1438년 4월에 개막되었다. 1439년 6월 25일 바젤 공의회는 교황 에우게니우스의 폐위라는 마지막 자포자기적인 조치를 취했고, 그로부터 5개월 후에 에우게니우스를 대신하여 부유하면서도 존경을 받던 사보이공 아마데우스를 대립 교황 펠릭스 5세(1439~1449)로 선출했다.

이 보다 수십 년 전에 교회 분열을 조장한 교황들이 있었다. 당시에는 교회 분열을 부추기는 공의회가 있었다. 분열을 조장한 교황들이 지배하게 되자, 교회 공의회가 교황보다 우월한 것으로 판명되었다. 이제 공의회가 분열을 부추기게 되자, 교황이 공의회보다 우월하게 될 것이었다.

1439년 1월 역병과 재정난으로 페라라 공의회의 회의 장소가 피렌체로 옮겨가게 되었다. 피렌체에서는 동방 교회와의 협상이 계속되었다.[96] 그리스의 전례적 관행과 성직자의 혼인과 관련하여 서유럽 교회는 신축적인 입장을 취하고자

96 피렌체 공의회에 관해서는 Joseph Gill, *The Council of Florence*(Cambridge, 1959)를 참고하기 바란다.

했다. 양 진영은 고위 성직자의 혼인을 금지했으나, 동방 교회는 교구 사제의 혼인을 늘 허용했던 것이다. 그리스인들은 두 가지 쟁점을 서유럽 교회와 조율하고자 했다. 즉 첫 번째 쟁점은 니케아 콘스탄티노플 신조의 성자(*filioque*) 조항의 첨부이다. 이 신조에 따르면 성령은 성부와 '성자로부터' 유래한다는 것이다. 동방 교회의 신학자들은 이것이 성부의 유일한 영광에 대한 훼손이라고 생각했다. 두 번째 쟁점은 그리스인들에게 더욱 어려운 난제로서, 로마 교회가 주장한 교회에서의 교황의 '우위'였다. 물론 동방 교회는 이전에도 이를 결코 인정하지 않았다.

1439년 7월 5일에 공포된 교서 〈하늘이여 기뻐하라〉에서 동방 교회와 서방 교회의 재통합이 선언되었다. 하지만 양 교회의 지도자들에 의한 양보는 이들 각각의 역사에 비추어 볼 때 진심이 담겨 있지 않았고, 매우 비현실적이었다. 일단 재통합의 기쁨은 그리스도교 공화국에서 오래가지 않았다. 단기간의 재통합은 항구적인 통합을 가져다주지 못했을 뿐만 아니라, 투르크족의 침략으로부터 동방 교회도 보호하지 못했다. 1453년 콘스탄티노플은 함락을 당했던 것이다.

동방 교회와 서방 교회의 통합이 실패했음에도 불구하고, 페라라 및 피렌체 공의회는 수십 년간의 공의회의 우위 시대 이후의 교황권의 부활을 국제적인 차원에서 알리게 되었다. 1447년 대립 교황의 거주지였던 로잔으로 이전한 바젤 공의회는 교황 에우게니우스의 후임으로 니콜라스 5세(1447~1455)의 선출에 동의했고, 자신들이 선출한 교황 펠릭스의 퇴위를 촉구했다. 1449년 대립 교황 펠릭스는 마침내 자리에서 물러났다. 1450년 공의회 이론은 효율적으로 진압되었다. 교서 〈형편없는 공의회〉에서 교황을 무시한 공의회에로의 항고가 '오류이자 혐오스러운 행위'라고 비난한 피우스 2세(1458~1464)는 1460년 전적으로 치명적이지는 않았다 해도, 최후의 일격을 가했다.

철학자이자 교회법학자였던 니콜라스 쿠사(1401~1464)는 바젤 공의회의 실패와 교회에서의 교황 우위의 복원에 관한 흥미로운 연구 사례이다. 쿠사는 1437년 5월까지 바젤 공의회를 지지했다. 그 즈음 그는 공의회와 결별을 했고 페라라에 체류하고 있던 교황에 합류했다. 실제로 그는 논쟁 중이었던 공의회와 교황

양 진영의 주류 이론가였다. 그는 공의회주의에 관한 중요한 저서인 『가톨릭의 조화』를 집필했고, 이를 1433년 바젤 공의회에 제출했다. 이 책은 공의회의 자기 이해의 일부였다. 그는 또한 교회의 교황 개혁에 관한 프로그램을 제안했으며, 〈형편없는 공의회〉가 공포되기 직전인 1459년에 이를 피우스 2세에게 제출했다.[97]

쿠사가 외견상 한 극단으로부터 다른 극단으로 이동하게 된 이유는 무엇인가? 일부 학자들은 공의회가 주교 선출자 울리히 만데르샤이트에 반대하는 결정을 내린 이후 쿠사가 공의회에 대해 처음으로 환멸을 느꼈다고 주장했다. 울리히는 트리에의 대주교직을 둘러싼 법률 소송에서 쿠사의 의뢰인이었다는 것이다.[98] 일부 학자들은 쿠사가 단지 기회주의적이었다는 사실에 의구심을 보냈고, 논쟁적인 공의회가 아니라 로마를 통해 고위직에 오를 수 있다는 점을 인식했다는 것이다. (쿠사는 주교직과 대주교직 모두에 임명되었다). 여전히 다른 학자들은 쿠사가 자신이 처음부터 가지고 있었던 기본 원칙에 충실했고, 이를 변화된 역사적 환경에 적용하면서 단지 원칙과 다르게 행동했을 뿐이라고 생각하고 있다.[99] 이 같은 시각에서 볼 때, 그리스인들과의 교회 재통합 논의에 대한 교황의 참여를 바젤 공의회가 반대하자, 쿠사는 공의회가 더 이상 교회 내의 건설적인 세력을 대변하지 못한다고 결론을 내렸다.

쿠사는 『가톨릭의 조화』에서 교황의 묶는 권리와 공의회의 비상권 양자를 존중했다.[100] 쿠사는 교황을 지상 교회의 최고의 수장으로 칭송했고, 교황의 동의

---

97 "Der Reformenttwurf des Kardinas Nikolaus Cusanus," ed. Stephan Eshes, *Historisches Jahrbuch der Görres-Gesellschaft* 32(1911), pp. 275~297.

98 이 분쟁에 관해서는 Erich Meuthen, *Das Trierer Schisma von 1430 auf dem Basler Konzil*(Münster, 1964).

99 이 쟁점에 관한 역사적 서술은 *Nicholas of Cusa and Medieval Political Thought*, pp. 226~228에서 지그문트에 의해 논의되었다. Erich Meuthen, "Nikolaus von Kues in der Entscheidung zwischen Konzil and Papst," in *Nikolas von Kues als Promoter der Oekumene: Milteilungen und Forschungsbeiträge der Cusanus Gesellschaft* 9(1971), pp. 19~33; James E. Biechler, "Nicholas of Cusa and the End of the Conciliar Movement: A Humanistic Crisis of Identity," *Church History* 44(1975), pp. 5~21 등을 참조하기 바란다.

100 Sigmund, *Nicholas of Cusa and Medieval Political Thought*, p. 131를 참조하기 바란다. 이후의 논의는 지그문트에 의존하고 있다. Heinz Hürten, "Die Konstanzer Dekrete 'Haec Sancta' und

를 신앙의 신조를 확정짓는 데 필수불가결하다고 생각했으며, 교황에 의해 소집된 공의회만이 명목상의 정당성을 가지게 된다는 점을 확고히 했다. 더욱이 쿠사는 형평을 교회의 법률에 적용할 수 있는 교황의 권리로 인정했다. 하지만 우리는 이들 언명과 병행하여 친숙한 공의회주의적 주장을 발견하게 된다. 즉 베드로는 다른 사도들 그 이상의 권한을 부여받지 않았다는 것이다. 교황은 보편교회의 한 구성원이며 이에 복속한다는 것이다. 공의회로 대변되는 신도 집단공동체는 이단적 가르침을 설파하거나 교회 전체의 복리에 기여하지 못하는 교황을 폐위할 수 있다는 것이 대표적인 주장이었다. 설령 베드로의 자리가 무오류하다고 주장할 수 있었다 하더라도, 그 자리의 점유자는 다른 여하한 이단이나 분열자처럼 오류가 있을 수 있었다. 쿠사는 교황을 '최고의 행정 수반'이자 권위 있는 법인체의 최고 책임자로서 교회 공의회 내에서 '가장 존경을 받는 자'라고 묘사했다.

쿠사에게 모든 합법적인 권위의 핵심적인 요소는 '동의'였다. 전 공동체의 다양한 요소 가운데서 조화와 합의는 권위 있는 대의체라는 진정한 공의회를 시사했다. 세속의 지배이든 교회의 지배이든, 모든 진정한 지배의 기저에는 협의와 동의가 자리를 잡고 있었다. 이는 다양성 가운데 저변의 단일성이자, 상반되는 것들의 일치이며, 다수가 말을 하지만 하나로 행동한다는 것을 의미했다.

쿠사가 바젤 공의회로부터 페라라 및 피렌체 공의회로 자신의 지지를 옮겼지만, 바젤 공의회가 더 이상 "화합과 일치를 추구하는" 공의회가 아니라고 생각했기 때문에, 쿠사는 그렇게 했던 것이다. 바젤 공의회가 교회의 정당한 머리로부터 단절되었고, 심지어 교회의 모든 구성원의 동의를 결여했기 때문에 바젤 공의회는 더 이상 모든 신도 집단 공동체를 대변하지 못했다는 것이다. 쿠사는 이와 같은 공의회가 콘스탄츠 공의회의 법령으로부터 지지를 얻을 수 없다고 생각했다.

'Frequens' i hirer Bedeutung für Ekkesiologie und Kirchenpolitik des Nikolaus von Kues," in Franzen, *Das Konzil von Konstanz*, pp. 381~396; Morimichi Watanabe, *The Political Ideas of Nicholas of Cusa with Special Reference to his De Concordantia Catholica*(Geneva, 1963).

교황의 대변자였던 쿠사는 분열된 공의회의 구성원들 중 교황과 조화를 이룬 이들이 교황으로부터 분리된 구성원들보다 전 신도 집단 공동체를 훨씬 충실하게 대변한다고 주장했다. 그리하여 바젤 공의회로부터 이탈하여 에우게니우스 4세에게 합류한 소수의 사람들은 참된 공의회에 참석했다. 이는 쿠사가 이들 두 공의회의 결실에서 또한 발견한 결론이기도 했다.

1440년대에 쿠사는 교황권에 관한 보수적인 변론가가 되었다. 그는 교회 공의회를 소집할 수 있는 황제의 권리를 부정했고, 교회의 행정권과 입법권을 교황 및 추기경단으로 엄격하게 제한했다. 교회는 '베드로 권한의 전개자'(*explicatio Petri*), 즉 계서적 지위를 통해 베드로의 권한을 행사했던 것이다.

> 베드로나 그 계승자가 교회에서 첫 번째가 아닌 것은 아무 것도 없으며, 다른 모든 사람들에게서 교황이라는 중재자를 통해 …… 모든 권한은 교회의 머리로부터 유래하며, 그 머리에는 전능권이 있고, 그리고 교회에서 상세하게 설명되었으며 …… 교회에서 그렇게 전개된 모든 권한은 일상적 원리로서 교황에게 내재되어 있다.[101]

교황권에 대한 이 같은 인식은 쿠사의 초기의 동의 이론의 평등주의적 흐름을 약화시켰다. 교권이라는 위계에서의 정점은 단순한 숫자보다 중요했다. 전체의 '보다 중요한 부분(*pars valentior*)'이 있으며, 교황과 추기경단은 이를 대변했다. 바젤 공의회에서 하위 성직자들의 대표자, 참사회 및 대학 교수는 고위 성직자와 더불어 투표했으며, 그리고 신학 박사는 그 영향력에 있어서 주교에 필적했다. 이 같은 권위의 확대에 쿠사는 분노했다. 그는 공의회가 투표한 사람들의 직책 내지 지위에 무관하게 단지 '수적이거나' 또는 '산술적인' 고려에 따라 좌지우지된다고 불만을 토로했다.[102] 바젤 공의회와 결별한 이후 그는 공의회주의 이전의 교황청에 관한 인식을 회복하려고 노력했다. 이는 12, 13세기의 교황 수장제

---

101 Sigmund, *Cusa and Medieval Political Thought*, p. 266에서 인용.

102 Biechler, "Nicholas of Cusa and the End of the Conciliar Movement," p. 17; Jedin, *A History of the Council of Trent*, 1, p. 19.

를 환기시켰으며, 1870년 제1차 바티칸 공의회에 의해 제기된 교황 무오류에 관한 주장을 예견했다.[103]

교회와 국가의 관계에 대한 세 가지 견해는 중세 말기에 완성되었다. 첫 번째 견해는 속권을 교권에 엄격하게 복속시켰으며, 교황들과 교황 이론가들이 그 변론자였다. 두 번째 견해는 극단적인 군주 이론가들에 의해 제기되었다. 이들은 교황권주의자의 논지를 반전시켜 교권을 속권에 복속시켰으며, 교회를 국가의 한 부서로 인식했다. 세 번째 견해는 교권과 속권이 병행하는 것으로 이해했고, 각각의 영역에서의 자율성을 인정하고자 했다. 이 마지막 견해가 추상적인 이론 그 이상이었는지에 대해서는 의문이 제기되고 있다. 병행주의 이론의 대표적인 두 이론가들이었던 존 파리와 토마스 아퀴나스는 교권과 속권 중 어느 한 쪽으로 무게 중심이 기울어질 경우 실제로 한 쪽으로 흔들렸고, 존 파리가 왕권에 호의적이었던 데 비해, 아퀴나스는 교황권 내지 교권에 호의적이었다. 중세의 교회 정치사는 결코 진정한 균형을 그 특징으로 하지 않았다. 즉 속권과 교권은 유럽의 그리스도교 사회의 지배를 둘러싸고서 투쟁을 벌였으며, 이 투쟁에서 세속의 지배자들은 종교개혁 전야에 이론과 실제 모두에서 결정적으로 승리를 거두었다.

공의회 운동은 중세 교회 내에서의 권위라는 동일한 문제를 다수 제기했던 바, 이는 유럽에서 교회 외부의 맹아적인 국민국가가 제기했던 것이다. 교회 내부의 권위를 둘러싼 논쟁에서 교황과 공의회의 관계에 대한 네 가지 상이한 개념들이 있었다. 첫 번째 개념은 공의회의 교황에 대한 완전한 복속을 요구했다. 이는 교황 인노켄티우스 4세 재임기의 교황 수장제에 의해 그리고 제4차 라테란 공의회(1215)에 의해 여실히 드러나게 되었다. 이 이론에 따르면 교황은 신보다는 못하지만 인간보다는 우월했다. 교황은 모든 사람을 판단할 수 있지만, 그 누구에 의해서도 판단을 받지 않는다는 것이었다. 교회 내에서 전능권을 보유한 교황은 모든 대의체보다 우월했다. 공의회는 교황의 의지가 확대된 것이었다.

---

103 교황 무오류에 관해서는 Sigmund, *Cusa and Medieval Political Thought*, p. 273을 참조하기 바란다.

교황과 공의회의 관계에 대한 두 번째 개념은 권위의 진정한 공유를 전제했으나, 명백히 교황이 우위에 있었다. 이 같은 관계에서 베드로는 교회의 모든 권력이 유래하는 원천이었다. 이는 바젤 공의회와 결별한 이후의 니콜라스 쿠사의 견해로서, 페라라 및 피렌체의 '교황' 공의회에서 구체화되었다.

교황과 공의회의 관계에 대한 세 번째 개념은 권력의 공유를 또한 전제했으나, 교황이 아니라 공의회가 권력의 우위에 있었다. 여기서 교회는 머리와 더불어 이전부터 존재했던 것처럼 보였다. 교회가 베드로로부터 유래된 것이 아니라, 베드로가 교회로부터 유래되었다. 군주가 존재하기 이전에 인민이 존재했듯이, 교황이 존재하기 이전에 신도 집단이 존재했던 것이다. 이 같은 인식에서는 교황이 신도 집단 공동체의 집행자 내지 대변인으로 인식되었다. 교황은 교회 내에서 핵심적인 존재이기는 하지만, 최고의 권위자는 아니었다. 제르송과 다이이는 이 같은 견해를 가지고 있었으며, 콘스탄츠 공의회와 교회 대분열 이전의 바젤 공의회는 이 같은 인식에 기초하고 있었다.

마지막으로, 교황이 신도 집단 전체를 대변하는 교회의 전체 공의회에 절대적으로 복속해야 한다는 이론이다. 이 이론에 따르면, 전체 공의회는 교황권의 직접적인 원천이었다. 여기서 교황은 보다 거대한 교회 정치 공동체 내에서 명목상의 최고 수장 그 이상이 결코 아니었다. 따라서 교황은 공의회의 명령에 의해 언제든지 폐위될 수 있었다. 교황과 공의회의 관계에 대한 마르실리우스의 견해가 여기에 속했다. 교회 분열적인 바젤 공의회는 이 같은 견해를 채택했던 바, 공의회의 말기였던 당시 교회 내에서 전권을 장악한 공의회는 교황 에우게니우스 4세를 폐위했고, 대립 교황을 선출했던 것이다.

7) 요약

중세 말기의 지성사와 종교사를 일반화할 경우에는 세심한 주의가 필요하다. 역사적 시기와 문화에는 매우 많은 다양성이 존재하기에, 거친 일반화가 아니라 미세한 차이와 구체적인 사실을 규명하는 것이 역사가의 고유한 역할이다. 그러나 역사가의 과제 중의 하나가 종합이며, 여러 가지 사실을 논리정연하게 재구성하고, 다루고 있는 주제 전반을 규명하는 것이 역사가의 최종 책임이자 목표이기도 하다.

중세는 중요한 시대였지만, 종교적으로는 순응의 시대였고, 교회가 지배한 시기였다. 유럽은 조화로운 그리스도의 몸이 아니라 민족 국가들로 구성된 정파적인 가족이었다. 중세 교회는 짧은 시기와 제한된 지리적 영역을 제외하면 매우 수세적인 제도였다. 교황 그레고리우스 7세와 인노켄티우스 3세의 시대 및 토마스 아퀴나스가 종합을 이룩한 시기는 일상적인 시기가 아니라 예외적인 시기였다. 중세 교회는 스콜라적 전통 내에서 일찍이 11세기에 이교도 학자였던 아리스토텔레스에 의해 고무된 새롭고 비정통적인 신학적 가르침에 직면했다. 중세 교회는 영성적 전통 내에서 사도적 청빈 이상에 의해 고취된 매우 다양한 이단을 표면상 비판했으며, 전통이나 직책이 아니라 개인의 도덕성과 경험이 영성적 권위를 제공한다고 확신했다. 중세 군주들은 정치적 전통 내에서 교회를 순수한 성사적 기능을 수행하는 기관으로 축소하고자 했으며, 교회를 국가에 순응하는 대리인으로 만들고자 했다. 한편 교회 내부로부터의 공의회 운동은 교황 우위에 성공적으로 도전했다.

중세 교회는 전투에서 승리했으나, 전쟁에서는 패배했다. 12, 13세기의 교황수장제는, 그 이상이 좀처럼 사라지지 않았지만, 14, 15세기의 새로운 정치적 기재의 적수가 되지 못했다. 교황청의 파문과 성사 금지는 더 이상 교회의 의지를 관철시키는 효과적인 수단이 아니었다. 사실상 이들 수단의 활용은 민족주의라는 새로운 정신적 일체감을 야기했다. 이단의 경건함에 대항하기 위하여 활용된 십자군과 종교재판소는 지역 내부에서 그리고 지역 간에 항구적인 분열을 초래했다. 아우구스티누스주의와 오컴주의의 역사, 비판적인 기질, 롤라드파와 후스파 등의 대중적인 종교 운동 및 교회에 대한 국가의 통제를 요구한 군주의 팸플릿 작가들은 16세기의 인문주의와 프로테스탄티즘에서 지속되었다. 정죄된 콘스탄츠 공의회의 교서들은 인문주의자들, 교회법학자들 (예를 들어 파로미타누스)

및 프로테스탄트 개혁가들의 지지를 얻게 되었다. 프로테스탄트들은 마르실리우스 파도바로부터 얀 후스에 이르는 이단을 복권시켰으며, 이들 이단을 종교개혁의 '선구자'로 칭송했다. 1500년 북유럽에서 주로 유서 깊은 진리와 전범에 대해 보다 충실히 한다는 명분하에 새로운 종교적 이념과 관행을 기초로 이루어진 실험은 교회의 전통적인 당국자들이 규범적인 영성적 관행으로 간주했던 많은 것들을 잠식하거나 부정했다.

사유의 다른 흐름을 포괄할 수 있었던 중세 말기의 사상의 중요한 한 양상은 "신성한 것과 세속적인 것 간의 괴리의 종식"이라는 주장이 제기되었다.[104] 이와 상반되는 결론은 이보다 훨씬 정교한 일반화였다. 즉 주로 교권에 의한 융합이 이루어졌으나, 속권에 의한 융합도 가능하게 된 중세 말기에는 신성한 것과 세속적인 것의 전통적인 융합이 마침내 극복되었다는 것이다. 중세의 신학자들이 이성과 계시, 자연과 은총, 평신도와 성직자 또는 교권과 속권의 관계를 다루었든 그렇지 않든, 이들은 세속과 종교의 연속성을 불가피하게 상정했다. 중세 교황들은 정치적이거나 사회적인 위계를 강화하고자 했다. 이들 교황은 기본적으로 상이하고 독립적인 영역의 시각에서 이것들을 생각하지는 못했으나, 존재의 대연쇄 내에서 고상한 실체와 저급한 실체라는 관점에서 이를 고려했다. 즉 이들 교황은 교회와 종교적 가치가 우월하다고 생각했다. 중세 말기 세속 사회의 통합과 자율성은 매우 확고하게 되었다. 교권은 진정으로 영성적이게 되었으며, 세속적인 가치는 더 이상 불경한 것이 아니었다. 자연은 은총에 의한 완전함과는 무관한 긍정적인 무엇을 의미하게 되었으며, 자연계는 더 이상 초자연계에서 스스로를 인식할 필요가 없었다.

오컴의 신학과 루터의 신학은 이들 세기의 경험을 서로 다르게 표현했다. 오컴과 루터는 종교를 신앙의 영역 내로 조심스럽게 한정했으며, 현세에서의 속권의 명백한 우위를 인정했다. 그리고 이 두 사람은 영원의 현세적 측면인 인간의 불굴의 유한성 및 세속성과 적극적으로 타협하기에 이르렀다. 이 같은 노선의

104 Heiko A. Oberman, "The Shape of Late Medieval Thought: The Birthpangs of the Modern Era," *ARG* 64(1973), p. 16.

끝자락에 서 있었던 루터는 이를 보다 급진적으로 요약했다. 그는 신앙인은 자신의 생애 내내 의로운 존재인 동시에 죄인이라고 주장했다. 즉 그리스도에 대한 믿음에 의해 전적으로 의롭게 되었지만, 마음속으로는 전적으로 죄인이라는 것이다. 신앙인은 지속적으로 신과 같이 되도록 했던 점진적인 영성적 변화에 의해 구원을 받는 중세적 순례자가 더 이상 아니었다.

중세 말기에는 신성한 것과 세속적인 것이 종국적으로 구분되었다.[105] 중세 말기의 사상가들은 이 양자 사이에 늘 존재했던 차이를 이론상으로나 교리적으로도 정당화했다. 만약 이성과 계시에 의해 대변된 실체들을 조화할 수 있는 기회가 있었더라면, 이는 16세기에 사라졌을 것이다. 새로운 종교적 전쟁이 종교개혁기의 유럽을 휩쓸게 됨에 따라, 종교는 정치적 분열과 사회적 변화의 핵심 요소가 되었으며, 더 이상 범유럽적인 단일성과 조화를 위한 수단이 아니었다.

105 필자는 이 같은 평가에서 질송의 견해를 일부 수용하고 있다.

제5장

종교개혁 전야

1) 군주정의 성장

15세기 후반 유럽의 통치자들은 두 가지 주요 현안을 해결하기 시작했으며, 이 각각의 문제 해결은 프로테스탄트 종교개혁이 성공할 수 있었던 중요한 요소로 판명되었다. 첫째, 이들 통치자는 국내의 경쟁자들보다 군사적 우위를 확보했으며, 대리인들을 통해 왕국을 지배하는 방법을 터득하게 되었다. 대리인들의 인식과 충성심은 단지 국지적이거나 지역적이라기보다는 '국가적'이거나 '영토적'이었다. 프랑스, 영국, 스페인, 이탈리아의 도시국가 및 독일의 대공국들의 영토에서는 중세에 경험하지 못했던 정치적 통합과 행정의 체계화가 이루어졌다. 둘째, 이들 통치자는 외부 세력, 특히 교황청 및 교회의 침략과 영향력으로부터 왕국을 보존했다. 중세 말기에 중요한 보편적 정치권력으로서 교회는 쇠락했고, 보편적 교회 및 교황보다 국민국가와 군주를 우선시했던 속인 행정가가 군주의 관료제에서 성직자를 점차 대체했다.

프랑스에서 봉건 왕국에서 군주제적 국가로의 전환은 카페 왕조에서 시작되었으며, 단려왕 필리프 4세 재위기(1285~1314)에 그 절정에 달했다. 필리프는 프랑스 성직자에 대한 과세권 및 고위성직자 임명을 둘러싼 교황 보니파키우스 8세와의 갈등에서 승리했다. 필리프는 재정 문제를 해결하기 위한 일환으로서 열린 일련의 재판에서 군사적인 조직체였던 성전기사단을 해체했으며, 기사단의 부와 재산 다수를 몰수했다. 군주를 중심으로 고조되던 민족적 정서를 강화하기 위해 영국과의 임박한 전쟁을 활용한 그는 효율적인 관료제와 조세제도를 만들었고, 기욤 노가레와 같은 물불 가리지 않는 대리인을 자신의 관리로 임명했다. 기욤은 자신의 군주를 위해 교황에 대한 근접 암살도 주저하지 않았다. 신뢰할 만한 관리인들의 인적 네트워크는 왕국의 지역 궁정들을 감시했고, 대중의 심성에 군주의 권력과 권위를 크게 강화했다.

프랑스와 영국 간의 백년전쟁(1337~1453)은 이 같은 발전을 가속했다. 백년전쟁 기간 동안 왕실의 상비군이 창설되었고, 군주는 전적으로 자신의 권위로 징병권과 염세, 상품세 및 재산세 등의 기본 조세를 공고히 했다. 이들 조세는 일정 정도 왕실의 재정적 독립을 가져다주었다. 정치적 자율성에 대한 지역의 지속적인 열망은 군주정을 견제하는 세력으로서 기능하는 강력한 대의기구의 발전을 저해했다. 물론 삼부회는 이 같은 대의기구와 유사한 측면이 있기는 했다. 카페 왕조와 발루아 왕조의 군주들은 왕국의 핵심 지역을 교묘하게 분할하여 관리했다. 그리하여 국지적 충성심과 지역적 분할은 군주정보다는 그 경쟁자들을 늘 약화시켰다. 한편, 이들 지속된 지역적 정체성은 프랑스 내에서 '국가적' 정책의 분열을 항구적으로 야기했다. 16세기 칼뱅주의자들은 프랑스 귀족들 가운데 상당한 추종자를 확보했으며, 이들 귀족은 군주의 가톨리시즘 못지않게 군주의 정치적 공고화에 반대했다.

영국에서 백년전쟁은 군주와 의회의 협력을 강화함으로써 통치의 중앙집권화에 일조했다. 군주는 토지 소유 가문들을 군주의 치안판사로 임명하고, 이들에게 각각의 지역에서의 재판 행정에 대한 책임을 부여함으로써 지역 유력자를 군주의 대리인으로 변모시켰다. 귀족, 성직자 및 도시민들의 이해관계는 군주권을 제약했던 〈대헌장〉(1215)이라는 법률에 의해 오랫동안 보호를 받았으며, 특히 군주로부터 과세 특권을 유지받았다. 중세 말엽 내내 영국의 군주들은 군주권의 성장에 의회가 제동을 거는 것이 탐탁지 않았지만, 결코 이 같은 견제 장치를 제거하지는 못했으며, 15세기 말 군주들은 의회에 의해 대변되는 국가에 군주정의 보조를 맞출 수밖에 없었다.

에드워드 1세(1272~1307) 이래 영국의 군주들은 왕권을 중앙 집중화했으며, 의회의 대표성을 확대했다. 군주와 의회의 조화는 군주의 의도와 정책에 대한 강력한 지역적 지지를 의미하게 되었다. 의회 지배라는 영국의 고유한 헌정 제도는 강력한 군주정을 가능하게 했으나, 프랑스 루이 11세(1460~1483) 치세 하의 특징이었던 강력한 인물에 의한 지배를 오랫동안 저해하기도 했다. 물론 일부 학자는 헨리 튜더(1485~1509)에게서 권위적인 지배라는 프랑스적 모델과 매우 유사한 사례를 발견하기도 했다. 헨리 튜더는 분열된 귀족들을 군주의 특별 추밀원, 즉 성실청 법정의 결정에 복속시키고 영국의 법률을 군주에게 유리하도록 교묘하게 조종함으로써 백년전쟁 이후 영국을 괴롭혔던 내부적 분열을 종식시켰다. 군주 법정은 보통법보다는 통치자의 주권을 인민 의지의 결정체로 간주했던 로마법에 주로 의존했다. 보통법은 전통과 관습을 존중했으며, 지역적 이해관계에 보다 많은 보호를 제공했다. 정적의 딸이었던 엘리자베스 요크와 혼인함으로써 왕위 계승권을 확고히 한 헨리가 15세의 자신의 아들 아서를 아라곤의 캐서린과 혼인시킴으로써 스페인과도 동맹관계를 맺게 되었다는 사실은 신흥 튜더 왕조의 힘을 상징하는 또 다른 징후였다. 아서와 캐서린의 혼인은 영국을 유럽 정치 무대의 중심에 서게 했을 뿐만 아니라, 이후의 영국의 종교개혁의 성공에도 기여하게 되었다. 캐서린이 아서의 형제였던 군주 헨리 8세와 혼인한 이후, 그녀의 이전 혼인은 1520년대에 일어난 헨리와 교황 간의 유명한 법률 논쟁의 원인이 되었다. 헨리 8세는 캐서린이 남자 상속자를 낳지 못하자 캐서린과의 이혼을 결심하게 되었으며, 교황은 헨리가 요구한 결혼 무효를 거부했던 것이다.[1]

1469년 카스티야의 이사벨과 아라곤의 페르난도의 혼인으로 스페인의 근대 국가가 태동하게 되었다. 카를 1세, 1519년으로부터 1556년에 이르는 황제 카를 5세 및 그의 아들이자 스페인의 군주였던 펠리페 2세(1556~1598)의 장기간의 지배동안 스페인은 16세기 합스부르크 왕조의 토대가 되었다. 카스티야와 아라곤 두 왕국이 헌정적으로는 분리되어 있었지만, 두 왕조의 통합은 내부의 정적을 복속시키고, 프랑스와 무슬림 침략자들로부터 국경을 보호하며, 그리고 강국으로서 해외로 군사적 모험을 감행할 수 있는 군사력을 제공했다. 그 밖의 유럽 대륙에서 통치자들이 자신의 왕국을 공고히 하자, 도시들은 토지 귀족에 맞선 군주에 합류했고, 도시민과 상인은 군주의 대리인이자 행정가로서 점차 귀족과 성직자들을 대신했다. 군주 위원회의 전문화되고 정교한 조직이 왕국을 지배했다. 페르난도와 이사벨은 교회를 통합했고, 1479년 이후 종교재판소를 정치적 억압의 기구로 활용함으로써 고위 성직자들을 자신들의 정부에 통합시켰다. 1492년 유대인들 및 1502년 개종하지 않은 무어인들의 강제 추방은 종교적 통합에 크게

1 이 문제의 신학적, 법률적 및 정치적 복합성은 스카리스브릭의 새롭고 통찰력 있는 해석에 의해 분석되었다. J. J. Scarisbrick, *Henry VIII*(Berkeley, 1968), 특히 제7장과 8장을 볼 것.

기여했다. 그리하여 스페인은 격동의 16세기 내내 정치적으로나 종교적으로 통합된 국가가 되었다. 스페인은 프로테스탄티즘에 맞서 공세적인 가톨릭의 거점, 예수회의 탄생지 및 테레사 아빌라와 십자가의 성 요한의 고향이 되었다. 이들의 철저한 규율과 열정적인 경건함은 전통적인 신앙에 새로운 활기를 불어넣었으며, 다수의 프로테스탄트들을 가톨릭으로 복귀시켰다.

설령 이탈리아와 독일에서 지역적 차원이나 국지적 차원에서 정부의 통제와 행정의 중앙집권화가 확대되었다고 하더라도, 중세 말기에 이들 국가는 프랑스, 영국, 스페인이 성취한 국가적 통합을 이룩하지는 못했다. 이탈리아의 대도시들은 주변의 농촌지역을 흡수했으며, 진정한 의미의 영토 국가로 발전했다. 많은 경우 이들 대도시는 세습 제후에 의해 통치되었다. 1454년부터 1494년까지 효력을 발한 로디 협약은 밀라노, 피렌체, 베네치아, 교황령 국가 및 나폴리 등의 주요 도시국가 간의 세력 균형을 유지했으며, 이 국가들이 외부의 침략에 맞서 통일된 행동을 할 수 있도록 했다. 1494년 밀라노의 독재자 루도비코 모로가 도시국가들의 지혜가 깃든 이 협약을 폐기함으로써 16세기 전반 유럽의 주요 정치적 갈등이 초래되었다. 밀라노의 전통적인 적이었던 나폴리의 침략을 우려한 루도비코는 1266년부터 1435년까지 나폴리를 지배했던 프랑스에 나폴리 왕위 계승자임을 주장하고 그에 따라 이탈리아를 침공하라고 간청했다. 이 같은 요구에 응한 프랑스의 탐욕스러운 군주 샤를 8세는 이탈리아를 프랑스와 스페인 그리고 양국의 유럽 및 이탈리아 내 동맹 간의 국제 전쟁의 무대로 삼았다. 이탈리아 영토를 둘러싼 합스부르크 왕조와 발루아 왕조의 갈등으로 1559년까지 유럽의 대다수 국가가 전쟁 상태에 있었다.

이탈리아와 마찬가지로 독일에서의 행정의 중앙집권화는 국가 또는 제국 차원이 아니라 지역적으로만 이루어졌다. 황제가 아니라 영토 제후들과 지역 유력자들이 독일을 지배했다. 독일 분열의 뿌리는 적어도 황제 프리드리히 2세(1215~1250) 시대로 거슬러 올라간다. 프리드리히는 남부 이탈리아에 대한 신성로마제국의 권리를 주장하여 호엔슈타우펜 왕조에 대한 수십 년에 걸친 교황의 공격을 초래했다. 한편 호엔슈타우펜 왕조는 사실상 13세기 중엽에 몰락했다. 독일에 거주하지 않고, 포위된 프리드리히 2세는 독일의 제후들에게 재량권을 부여했으며, 이들 제후의 사소한 이해관계가 독일의 정치를 좌지우지했다.[2] 1356년 신성로마제국의 황금칙서에서 이들의 자율성이 공식적으로 인정되었다. 황제 카를 4세(1347~1378)에 의해 공포된 이 협약은 황제 선출에 대한 교황의 직접적 개입을 부정하고, 황제 선출권을 7선제후로 한정했다. 7선제후 가운데 속인 출신의 팔츠, 작센, 브란덴부르크 및 보헤미아 공은 정치적으로 자율적인 왕조로 인정을 받았다. 나머지 3명은 성직자로서, 마인츠, 트리어 및 쾰른의 대주교였다.

황제 막시밀리안 1세(1493~1519)는 1495년 보름스에서 제국의 세 주요 정치 집단인 7선제후, 다수의 비선제후들 및 약 75개의 '자유 도시' 대표들과의 회동에서의 양보를 통해 독일 제후들의 권력을 강화했다. 독일의 군대를 자신의 군대로 만들기 위해 제국 내에서 평화를 원했던 막시밀리안은 지역 간의 분쟁 금지와 제국의 최고 법정의 설치라는 독일인의 요구를 수락했다. 이 법정의 사법부에는 독일인들이 다수 선출되었다. 막시밀리안은 또한 제국 섭정위원회를 인정했다. 독일 내부의 통치 기구였던 이 위원회는 황제 부재 시에 상당한 입법권과 행정적 특권을 보유했다. 비록 단명하기는 했지만, 중세 말엽 이 섭정위원회는 제국에서 영방 국가의 힘을 여실히 보여주었다. 한편 카를 5세는 자신을 황제로 선출한다는 조건하에 섭정위원회를 부활시키기도 했다.

설령 독일의 대 [영방] 국가들에 이른바 신분제 의회(Landtage)라는 대의 기구가 있었다고 해도, 독일의 영토 제후들은 자신의 지역과 도시를 지배했다. 단지 제국의 기사들과 농민들만이 폭력으로 저항했으나, 이는 단명했고 비효율적이기도 했다. 지역적 독립과 제후 주권이라는 전통은 독일에서 결코 사라지지 않았다. 1547년 카를 5세의 군대는 작센 및 헤세의 프로테스탄트 제후들을 격퇴했

2 프리드리히 2세의 치세기를 '순수하고 단순한 퇴위기'라고 묘사한 제프리 베러클러프는 다음과 같이 지적했다. "1212년과 1250년 사이에 이탈리아의 비상상황으로 어려움에 처한 독일은 향후 수세기 동안 …… 영국과 프랑스의 역사와는 …… 다른 길을 선택했다. …… 독일의 운명은 군주의 손에서 제후들로 구성된 귀족의 통제 아래 놓이게 되었다. 이들 귀족의 인식의 지평은 자신들의 영토를 결코 넘어서지 못했으며, 이들의 정책은 독일 국민의 공통의 이해관계와 전통에 대한 존중이 거의 없었다." Geoffrey Barraclough, *The Origins of Modern Germany*(New York, 1963), pp. 237, 240.

으나, 이 승리는 4년 후 여기서 패배한 세력에 의한 설욕의 전주곡에 불과했다. 이 세력들을 제압하기 위해 자신이 임명한 지배자들에 의해 황제는 패배하고 말았던 것이다. 황제 막시밀리안 1세는 중세 말 거의 내내 신성로마제국의 딜레마라는 슬픈 진실을 다음과 같이 재치 있게 요약했다. "스페인의 군주는 신민보다 우월한 왕이다. 그의 신민들은 사람들이 기대하는 바대로 때로는 복종하고 때로는 저항하면서 군주에게 반응하기 때문이다. 한편 프랑스의 군주는 무감각한 동물들의 군주이다. 그의 신민들이 모든 명령에 늘 온순하게 복종하기 때문이다. 하지만 신성로마제국의 황제는 '군주들의 군주'에 불과하다. 그 누구도 그의 명령에 따르지 않기 때문이다."[3]

유럽의 통치자들은 자신의 영토 내에서 상당한 정치적·행정적 자율성을 확보했을 뿐만 아니라, 교황권도 성공적으로 견제했다. 중세 말기에 교회와 그리스도교는 현저히 영토적 성격 내지 국가적 성격을 지니고 있었다. 이 같은 발전의 배후에는 길고도 다소 순환적인 역사가 있었으며, 이는 종교개혁에도 크게 일조했다. 콘스탄티누스 황제가 그리스도교를 로마제국으로부터 혜택을 받은 종교로 만든 3세기 이후 서유럽 교회는 속권으로부터 자율성을 확보하고자 투쟁을 전개했다. 세속 통치자들은 항상 교회를 군주의 종이자 국가의 한 부서로 이해하려고 했다. 교회에 대한 국가의 통제를 의미하는 이른바 에라스투스주의는 토마스 에라스투스(1524~1583)로부터 유래했으며, 원래 교회와 국가의 관계를 의미했다. 에라스투스는 팔츠의 선제후의 주치의로서 칼뱅주의자의 신정정치에 반대했다. 교황청과 주교좌는 겨우 10, 11세기에 이르러서야 황제권으로부터 중요한 정치적 독립성을 최초로 획득했다. 이 시기에 클뤼니 개혁과 교황 그레고리우스 7세가 세속의 사법권과 교회의 사법권에 대한 중요한 분리를 정의함으로써 교회와 국가의 고유한 분리를 위한 유럽적 기초를 놓았다. 설령 종교와 사회가 계속해서 철저히 통합되었다고 해도, 교황과 황제 사이에는 장애물이 지속적으로 설치되었으며, 후대의 교황들은 새로운 정치권력을 향유했다. 13세기의 교

---

3 Helmut G. Koenigsberger and George L. Moose, *Europe in the Sixteenth Century*(New York, 1968), p. 230에서 인용.

황 인노켄티우스 3세와 인노켄티우스 4세 재임 시절에 교황청은 세속의 영역에까지 그 영향력을 행사했던 바, 영국에 대한 성사 금지와 호엔슈타우펜 왕조에 대한 군사 원정이 대표적인 사례였다.

그러나 심지어 세속 사회에까지 영향을 미치는 전능권에 대한 교황의 주장은 중세 말기의 새로운 정치적 실체에 의해 좌초되었다. 군주의 팸플릿 작가들은 정치 공동체의 권리를 성공적으로 변론했으며, 이 공동체는 영국의 존 위클리프와 보헤미아의 얀 후스와 같은 주요 종교 개혁가들로부터 간접적인 지지를 얻었다. 정신사가 세속사보다 우월하다는 중세 신학의 신념에 반하여 세속 사회가 종교와는 무관한 도덕적 완전함 및 그 자체의 고유한 가치를 지니고 있다는 주장이 제기되었다.

정치적 자율성을 지닌 군주라는 실체와 군주의 주장이 갖는 힘은 14, 15세기에 점차 법률이 되었다. 영국에서 교회의 성직록을 부여하는 교황의 권한은 의회에서 1351년 제정되고, 1390년 확대 개정된 '성직록 수여 제한법(Statutes of Provisors)'에 의해 타격을 받았다. 의회의 이러한 조치로 교황이 아니라 영국의 군주에게 영국 교회의 고위 성직자 임명권이 부여되었다. 교회의 직책을 둘러싼 논쟁이 야기되자, 군주의 법정이 아니라 로마 교황으로의 상소(내지 1309년부터 1377년까지는 아비뇽 교황으로의 상소)는 1353년과 1393년의 교황청 상소 금지법(Praemunire)에 의해 불가능하게 되었다. 종교적 건물에 대한 전통적인 성역의 권리와 세속 사법권으로부터의 성직자의 면책 특권은 헨리 7세 시대에 도전을 받게 되었다. 2세기에 걸친 이 같은 '에라스투스주의'는 1530년대 종교개혁을 추진한 의회에서 절정에 달했다. 1529년 11월에 시작된 종교개혁기의 의회는 성직자의 특권을 폐지했으며, 영안실 사용료와 성직자의 다른 부수입을 규제하기 위한 조치를 취했으며, 1530년대에도 영국 교회를 군주의 철저한 통제 아래 두고자 했다. 에라스투스주의는 교회 법정의 독립을 종식시켰다.[4] 의회는 교황의 성

4 교회 법정 및 성직자에 대한 특정 불만 중에는 사법 절차의 지나친 지연, 경미한 위법행위에 대한 기소, 과도한 수수료, 족벌주의, 성사 집전에 대한 사례비의 지급 및 지나치게 많은 성일 등이었다. A. G. Dickens, *The English Reformation*(London, 1964), p. 114. 종교개혁 이전의 스트라스부르를 비교해 보기 바란다. Miriam U. Chrisman, *Strasbourg and the Reform: A Study in the Process of Change*

직 초임세(annates)와 새로운 성직록의 첫 해 수입 징수권을 박탈했던 반면에, 군주의 주교 임명권을 인정했다. 의회는 영국 내의 **모든** 법률적 문제에서 군주가 최고의 재판관이라고 선언했다. 의회는 교회법의 적용을 면제하고, 로마 교황청에 납부하는 현금을 금지하는 권한을 캔터베리 대주교에게 부여했다. 의회는 성직자총회로 하여금 영국의 군주가 영국 교회의 최고 수장임을 인정하도록 했다. 심지어 의회는 교회의 정통 교리를 천명할 수 있는 권리를 군주에게 부여하기까지 했던 바, 헨리 8세가 1536년 〈10개 신조〉 및 1539년 〈6개 신조〉를 선포한 것이 이 같은 사례에 속한다.[5] 의회는 성직 초임세를 군주에게 귀속시켰고, 모든 성직록에 대한 매년 10%의 세금을 확정했다. 그리고 마지막으로 의회는 영국의 수도원들을 해산했으며, 이들 수도원의 토지와 재산을 재분배했다.

15세기에 프랑스의 성직자는 부르주 국헌수호 칙령(Pragmatic Sanction of Brouges)(1438)으로 알려진 공의회의 일련의 개혁을 수용했다. 바젤 공의회에서 통과된 이 개혁은 프랑스의 성직에 대한 교황의 전통적인 관리 임명권, 사법권 및 조세권을 박탈했으며, 교황보다 전체 공의회의 우위를 인정했다. 이들 개혁을 '갈리아(프랑스)의 자유'[6]라고 선언한 프랑스의 성직자는 자체 성직자를 선발하고, 교황의 성직 취임세 징수권 및 프랑스 법정으로부터 로마 교황청으로의 상고를 규제하는 교회의 권리를 주장했다. 이 같은 독립은 프랑스 교회의 항구적인 특징이 되었다.

부르주 국헌수호 칙령이 공포된 다음 해인 1439년 독일의 제국의회는 마인츠의 바젤 공의회 개혁안의 수용으로 알려진 유사한 협정을 작성했다. 이 협정은 황제에 대한 교황의 권력을 포기함으로써 빈 협약에 의해 1448년 폐기되었다.

(New Haven, 1967), pp. 102, 148~149.

5 하지만 의회는 군주의 교회 수장권을 "세속 통치에 적용했듯이 동일한 규제에 의해 통제되고 복속되는 군주권의 또 다른 모습"이라고 정의함으로써 군주의 이 권한에 대한 황제교권주의적 해석에 성공적으로 저항했다. 교회와 의회 모두에 중요했던 이 같은 구분에도 불구하고, 헨리 8세의 종교개혁은 '종교에서 평신도의 승리'를 대변하는 가장 대표적인 사례 중 하나였다. G. R. Elton, *Reform and the Reformation: England, 1509-1558*(Cambridge, Mass., 1977), pp. 198~199.

6 '갈리아주의'는 15세기에 의도적으로 고안된 개념이지만, 카페 왕조 이래 프랑스 군주들이 교황에 맞서서 주장했듯이, 오랜 기간 동안 사실상 역사적 실체였다. Victor Martin, *Les origines du galicanism*, vols. 1-2(Paris, 1839).

바젤 공의회의 법안을 폐기하려고 했던 교황은 교회 내에서 교황의 주권을 황제가 인정하도록 하는 대신에 합스부르크 왕조의 영토에서의 모든 고위 성직자에 대한 임명권을 황제에게 양도했다. 이 같은 양보에도 불구하고, 교황은 이탈리아를 제외한 유럽의 다른 주요 국가들보다 독일에서 강력한 권위를 확보하게 되었다. 이는 종교개혁의 정치적 배경이 되었다.

교황은 볼로냐 협약으로 알려진 프랑스 군주와의 협약(1516)에 의해 프랑스에서 상실한 권한의 일부를 회복했으나, 이를 위해 값비싼 대가를 지불할 수밖에 없었다. 교황 레오 10세는 교회 공의회보다 우월한 교황의 수장권과 프랑스에서 몇몇 성직 초임세에 대한 권리를 프랑스 군주로부터 인정받는 대신, 공석인 모든 대주교, 주교 및 수도원장에 대한 임명권을 프랑수아 1세에게 양보했다. 이는 거의 600개에 달하는 주요 성직에 대한 임명권을 사실상 군주에게 양보하는 것이었다.

유럽의 다른 어떤 지역보다 여러 가지 측면에서 가장 가톨릭적인 국가였던 스페인의 교회가 가장 명백하게 세속 정치의 지배 아래 놓이게 되었다. 1486년 교황 인노켄티우스 8세는 이탈리아에서 교황청 정책을 추진하기 위하여 스페인에 군사적 지원을 요청하면서 페르난도와 이사벨에게 정복된 그라나다의 모든 주요 성직에 대한 임명권을 부여했다. 이들 통치자는 또한 스페인 주교를 임명했으며, 1508년 이후 페르난도는 신세계의 주요 성직 후보자를 추천했다. 이후 카를 5세는 스페인의 모든 주교 임명권을 보유하게 되었다.

교회보다 우월한 정치권력을 새롭게 획득한 것에 자긍심을 가지게 된 페르난도와 이사벨은 교회의 송사를 스페인 법정으로부터 로마 교황청으로 상고하는 것을 금지했으며, 스페인 성직자에게 새로운 조세를 부과했다. 교황의 뒷마당이었던 시칠리아, 나폴리 및 밀라노에서 스페인 군주는 교황 교서의 출간을 의도적으로 막을 수 있었다. 교회의 전통적인 가르침에 대해 의문의 여지가 없었던 16세기 스페인의 통치자들이 교황의 정치권력의 부활이 가톨릭이 종교개혁을 추구하면서 의도한 결과가 아니라는 점이 명확해질 때까지 가톨릭의 종교개혁에 저항을 했던 것은 교회에 대해 이 같이 세심하게 구상된 정치적인 통제를 유지하겠다는 스페인의 확고한 의지의 일환이었다. 비슷한 이유로 16세기 프랑스의 통치자들 또한 트렌트 공의회의 개혁 법안에 반발했다.[7]

교회 및 종교에 대한 속권의 이와 유사한 통제는 15세기 독일의 도시와 소도시들에까지 확대되었다. 부패, 비효율 및 국지적인 교권에 대한 대담한 간섭에 의해 정무관들과 시위원회들은 전통적인 성직자의 특권과 면책을 점차 축소했다. 도시 정부들은 전통적인 시장 규제, 사면권과 은신권, 교구 사제에 대한 통제 및 강력한 수도원의 도시 재산의 취득을 성공적으로 제한했다. 모든 성직자를 특권적 엘리트가 아니라 시민으로 간주하는 것은 16세기 프로테스탄트 도시와 소도시, 적어도 종교개혁 초기의 현저한 특징이었다.[8] 이와 같이 종교의 시민 생활로의 통합은 도시적 지평에서는 주요 군주정에서 오랫동안 추진되었던 종교에 대한 세속 사회의 통제라는 정치적 공고화와 외연 확대라는 동일한 과정이었다.

세속 통치자들이 베드로의 현세권을 현저하게 축소한 반면에, 자국의 영토 내에서 대의 정부에 대해 우위를 점한 통치자들은 사실상 교회 내에서 교황의 사법적 우위를 선호했다. 15세기 후반에 교황 에우게니우스 4세와 그의 계승자들은 15세기 전반기 내내 교회를 지배했던 공의회 정부 세력을 제압하고, 교황 수장제를 복원했다.

하지만 15세기에 확산된 정치적 공고화로 중세의 정치적 분열이 16세기에 종식되었다고 해석하는 것은 오류를 범하는 것이다. 한 국가를 내부적으로 강력하게 결속시켰던 정치적 통합에 의해 해외로의 군사적 모험이 또한 감행될 수 있었으며, 이 같은 해외로의 모험은 예견되었던 바와 같이 내부의 정치적 분열과 정치적 취약성이라는 환경을 조성했다. 지배자들이 자신의 의지를 신민에게 강요하면서 내적 긴장도 고조되었다. 즉 정치적 통합은 새로운 분열을 초래했던

---

7 Victor Martin, *Le Gallicanisme et la réforme catholique: Essai historique sur l'introduction en france des décrets du concile de trente(1563-1615)*(Geneva, 1975; reprint of original 1919 ed.).

8 Dieter Demandt and Hans-Chrostoph Rublack, *Stadt and Kirche in Kitzingen*(Stuttgart, 1978), pp. 15~24; Steven Ozment, *The Reformation in the Cities: The Appeal of Protestantism to Sixteenth-Century Germany and Switzerland*(New Haven, 1975), pp. 32~38, 84~89; Bernd Moeller, "Kleriker als Bürger," in *Festschrift für Hermann Heimpel zu 70. Geburtstag* (Göttomgen, 1972), 2, p. 217; "Pfarrer als Bürger," *Göttinger Univeritätsreden* 56(1971), pp. 5~26.

것이다. 공통 언어의 성장, 행정의 효율화와 중앙집권화, 유능한 군주의 대리인 및 통치자와 국민이 하나임을 강조하는 공식적인 선전에도 불구하고, 국지적 성향 내지 국지적 지역은 영토 내에 거주하고 있던 대다수 대중들에게 '제국', '국가' 내지 '왕국'보다 계속해서 훨씬 더 중요했다.[9] 이 같은 의미에서 봉건사회는 지속되었다. 제후의 법률이 지역의 관습을 대신하고 군주의 대리인이 지역의 당국자를 대신하며, 그리고 통치자가 대의기구들, 이를테면 스페인의 신분제 의회, 영국의 의회, 프랑스의 삼부회 및 지역적 신분제 의회에 덜 의존함에 따라, 정치적 중앙집권화에 반대하고, 혁명적인 사회적·종교적 이데올로기에 의해 고무된 신생 집단과 전통적인 집단은 사회의 양 극단을 형성했다. 그리하여 전투적인 정치적·사회적 불만 세력과 종교적 개혁 및 종교전쟁을 위한 무대가 마련되었던 것이다.

2) 인구, 화폐 및 책

1500년 유럽의 인구가 증가했고, 탐험, 교역, 관료제, 교육 및 예술 분야에서 삶의 질을 향상하려는 노력이 늘어났다. 유럽의 출산율은 추정치 인구 6000만 명에 반영되어 있다. 이 숫자는 오늘날 서독의 인구가 6000만 명 이상이라는 점에 비추어 볼 때 적어 보일 수도 있다. 하지만 14세기의 기근과 역병에 의해 전

9 J. R. Hale, *Renaissance Europe: The Individual and Society 1480-1520*(New York, 1971), p. 113. 프랭클린은 이 복잡한 상황을 다음과 같이 기술했다. "중세 말기 및 르네상스기의 새로운 군주정에는 이중적 측면이 있었다. 한편으로는 낡고 봉건적인 정적들에 대한 군주정의 승리를 확고히 한 중앙집중화된 행정의 점진적인 구축이었다. 그러나 다른 한편으로는 군주가 동의와 더불어 지배해야 한다는 중세적 원리에 입각하여 동일한 행정 체계 내에서의 제도화였다"(J. H. Fanklin, *Jean Bodin and the Rise of Absolutist Theory*(Cambridge, 1973), pp. 5~6). 또한 Bernard Guenée의 *L'Occident aux XIVe et XVe siècles: Les états*(Paris, 1971), pp. 80~81, 285를 참조하기 바란다. 그리고 Gordon Griffiths, "The State: Absolute or Limited?" in *Transaction and Revolution: Problems and Issues of European Renaissance and Reformation History*, ed. by R. M. Kingdon(Minneapolis, 1974), pp. 13~52. The "continuing vitality of a feudal political outlook"은 제국을 특히 강조했다. Joachim Stieber, *Pope Eugenius IV, The Council of Basel, and the Secular and Ecclesiastical Authorities in the Empire*(Leiden, 1978) p. 4 및 그 이하를 참조하기 바란다.

례 없이 감소한 인구가 회복되었다는 점에서 인구 6,000만 명은 인상적인 수치였다. 1315년과 1317년 사이에 유럽인들은 중세 최악의 기근으로 고통을 받았으며, 동방과의 교역로를 따라 유입되어 유럽 전역으로 확산된 선페스트가 14세기 중엽 유럽을 강타하고 반복된 흉작으로 유럽인들은 질병에 취약해졌다. 많은 지역에서 인구의 절반이 희생되었으며, 전반적으로 이전 시기 인구의 대략 2/5가 감소했다.[10] 1500년경 이전의 인구가 완전히 회복되지 못했으며, 16세기에는 인구가 전반적으로 완만하게 증가했다. 신성로마제국, 프랑스 및 이탈리아가 인구 대국이었던 것으로 추정된다. 신성로마제국의 인구는 1200만 명, 프랑스의 인구와 이탈리아의 인구가 각각 1000만 명이었다. 스페인의 인구가 750만 명, 영국의 인구 350만 명이었다. 1600년 신성로마제국의 인구는 2000만 명, 프랑스 1500만 명, 이탈리아 1300만 명, 영국 550만 명으로 증가했다. 1600년 유럽의 총인구는 8500만 명으로 증가한 것으로 추정되며, 17세기에는 1억 명에서 안정되었다.[11]

도시와 소도시의 인구가 전체 인구에서 차지하는 비중은 적었다. 즉 유럽 총인구의 9/10가 농촌 지역에 거주했던 것으로 추정된다. 하지만 이 같은 일반화에는 약간의 문제가 있다. 왜냐하면 도시의 인구 밀도는 다른 지역(스페인)에서보다 몇몇 지역들(독일, 네덜란드 및 이탈리아)에서 높았을 것이기 때문이다. 종교개혁이 시작된 작센의 경우 1550년 인구의 1/5이 도시에 거주했다. 전반적인 인구 증가를 고려해 볼 때, 다수의 도시와 소도시의 인구는 16세기에 두 배로 증가했다. 이들 도시 가운데 나폴리(아마도 유럽에서 가장 인구가 많은 도시로 1500년 인구 20만 명), 세비야, 런던, 밀라노, 쾰른 및 종교개혁의 3대 거점이었던 아우크스부르크, 뉘른베르크 및 스트라스부르가 여기에 속했다. 심지어 종교전쟁과 내전

---

10 Harry A. Miskimin, *The Economy of Early Renaissance Europe 130-1460*(Englewood Cliffs, N. J., 1969), pp. 25~32.

11 L. W. Cowie, *Sixteenth Century Europe*(Edinburgh, 1977), pp. 25~29; J. R. Hale, *Renaissance Europe*, pp. 33~34; Roger Mols, S. J., "Population in Europe 1500~1700," in *The Fontana Economic History of Europe: 16th and 17th Centuries*, ed. Carlo M. Cipolla(Glasgow, 1974), pp. 15~82; Richard S. Dunn, *The Age of Religious Wars 1559-1689*(New York, 1970), pp. 90~92; Bernd Moelle, *Deutschland im Zeitalter der Reformation*(Göttingen, 1977), p. 29. 묄러는 16세기 독일의 인구 증가율을 연 0.6%로 추정했다.

으로 수천 명이 희생당한 프랑스와 같은 지역에서도 16세기에 여전히 인구가 증가했다. 1500년 10만 명이 넘은 대도시는 (런던, 파리, 피렌체, 베네치아 및 나폴리) 5개에 불과했으나, 1600년 10만 명이 넘는 도시가 적어도 12개였을 것이다.

독일에는 특히 소도시들이 많이 있었다. 물론 세기 전환기에 3000개의 소도시들의 인구는 1000명 이하였고, 이 중 불과 15개 도시만이 인구 만 명을 넘었을 것이다. 2만 5000명에서 3만 명 사이의 인구를 가진 아우크스부르크와 쾰른은 독일에서 가장 인구가 많은 도시였다. 이에 비해 종교개혁이 태동한 비텐베르크는 인구 2500명에 불과한 소도시였다. 츠빙글리 프로테스탄티즘의 고향 취리히의 인구는 6000명이었고, 칼뱅주의가 시작된 도시로서, 1536년 장 칼뱅이 도착할 당시 제네바의 성벽 내 인구는 약 1만 5000명이었다.

중심지로서 도시는 전체 인구에서 차지하는 비중은 미미했으나, 서양 역사에서 늘 그러했듯이, 창조적 변화의 현장이었다. 도시에는 상인, 은행가, 숙련된 장인 및 학자가 거주했고, 이들은 혁신의 힘과 재능을 가지고 있었다. 또한 도시에서는 사회적 갈등이 있었으며, 이 같은 갈등은 많은 변화를 야기했다. 설령 프로테스탄트 종교개혁이 식자층과 비식자층 모두에게 호소력을 지니기는 했지만, 그것이 성공하기 위한 전제 조건은 글을 읽고 쓸 줄 아는 도시 문화였으며, 도시는 새로운 정치적·경제적 중요성을 경험하거나 깨달은 도시의 부상하던 집단에게 매력적이었던 것처럼 보인다. 프로테스탄트 신학, 특히 츠빙글리 신학과 칼뱅주의 신학을 모엘러는 '도시 신학'이라 규정했다. 말하자면 이들 신학은 자유로운 도시에서 도시민들의 사회적·정치적 가치에 대한 성찰이자 변론이며, 특히 도시민들의 평등주의와 강력한 공동체적 연대 의식을 그 특징으로 했다.[12] 종교개혁은 도시에서 주변의 농촌지역으로 매우 힘겹게 확산되었으며, 이들 농촌지역의 순박한 대중은 전통적인 종교적 관행과 이교적인 민속이나 마법에 더욱 의존했다. 1520년대와 1530년대에 프로테스탄트 시위원회들은 종교개혁을 수용하지 않은 지역의 촌락 교회에서의 도시민들의 예배를 금지하는 조례를 통과

---

12 Bernd Moeller, *Reichsstadt und Reformation*(Gütersloh, 1962), p. 67; *Imperial Cities and the Reformation*(Philadelphia, 1972), tr. by H. C. Erik Midelfort and Mark U. Edwards.

시켰다.

중세 말기에 화폐 경제가 발전했다. 인구의 전반적인 증가와 더불어 새로운 화폐 경제는 이 시기의 사회적 이데올로기적 갈등의 핵심 원천이었다. 근대 자본주의의 특징인 자본과 노동의 분리가 이 시기에 확립되었다. 이 같은 유형의 자본주의는 교역 및 도시가 부활한 11세기 말엽과 12세기에 이탈리아에서 사실상 기원했다. 이른바 상인 은행가들, 즉 종종 교역 독점에 의해 부를 축적한 사람들은 사회의 경제적 핵심 단위로서의 소지주와 소상점주를 점차 대신했다. 소지주와 소상점주가 전통적으로 자신들의 자본, 기술 및 노동력을 제공하고, 고유의 판로를 확보했던 반면에, 새로운 상인 은행가들은 상품의 '생산 과정'과는 거리가 있었다. 이들 은행가는 공장 및 원료에 대한 자본을 제공했고, 작업을 할 숙련 노동자를 고용했다.[13]

근동과의 교역 및 활기찬 도시 문화는 이탈리아의 주요 항구 도시들에서 결코 완전히 사라지지 않았다. 이탈리아 상인들은 십자군 전쟁으로부터 경제적 이득을 얻었고, 야심 찬 제4차 십자군 원정이 특히 그러했다. 제4차 십자군의 콘스탄티노플 장악으로 서유럽 도시들의 새로운 해상권이 비잔티움 전역에서 확립되었다. 14세기에 베네치아인들과 제노아인들은 브뤼주와 런던의 주요 거점에 대서양 교역로를 열게 되었다. 거의 동시에 발트해와 북해 교역업자들은 한자동맹을 결성했다. 북유럽의 70개 이상의 도시들이 한자동맹에 가입했다. 이 같은 상업적인 특성으로 대서양 연안은 경제력과 그 중요성에서 오스만의 지배력이 강화되던 지중해를 대체하게 되었다.

상인 은행가들의 선조는 토지 소유자가 아니었으나 위험이 수반된 대외 교역으로부터 많은 이득을 얻었다. 이 모험가들은 원료를 최대한 값싸게 구입하여 유럽 시장에 가능한 한 많은 이윤을 내고 판매하려고 해상에서의 난파나 육지에서의 강도의 위험도 무릅썼다. 이들이 많은 부를 얻고 존경받는 사업가가 되자, 대부업이 이들의 사업에 추가되었다. 이 같은 사업의 성공으로 은행이 발전하게

---

13 Eugene F. Rice, Jr., *The Foundations of Early Modern Europe, 1460-1559*(New York, 1970), pp. 38~54.

되었다. 상인 모험가는 정주한 투자자가 되었으며, 우편이나 해외에서 자신의 사업을 수행할 대리인에게 의존했다. 강력한 정치가들에게 많은 자금을 대여할 수 있는 능력을 가진 이들 상인은 교역 정책의 혜택을 누리거나, 심지어 독점을 확보할 수 있게 되었다. 이는 대여금의 담보나 상환금이었다. 예를 들어 합스부르크 왕조의 통치자들은 자금을 대여해 준 푸거가에게 중앙아시아의 은과 동 광산 계약권을 제공했다. 상인 은행가들은 교역에서 창출된 사업을 확보하거나 확대했으며, 또한 활동 무대도 확장했다. 상업에 성공하여 은행가가 되었던 이들은 금융에서도 성공함으로써 기업가가 되었다.

유동 자산의 취득이 중요해지자, 새로운 화폐 경제는 전통적인 사회 계층과 제도에 영향을 미쳤다. 군주와 제후들은 용병을 유지하고 충직한 행정체계를 운영하는 데 많은 재원이 필요해졌으며, 재원을 확보하기 위해 사회적으로 불만을 야기하는 조치에 의존하게 되었다. 14세기에 이들은 토지 소유 귀족에게 시대착오적인 봉건적 부과조를 부활시켰으며, 농민에게는 새로운 세금을 거두어 들였다. 흑사병 이후 정치적으로나 경제적으로 쇠락한 귀족은 군주의 후원에 의존하게 되었다. 흑사병의 여파로 토지를 경작할 노동력이 부족해짐에 따라 노동자의 임금이 상승하고, 부양할 사람의 숫자가 줄어들게 된 반면에, 농업 생산성은 낮았다. 흑사병은 숙련된 장인의 수를 감소시켰을 뿐만 아니라, 농민이 더 많은 임금을 제공하는 직업을 구하려 토지를 떠나 도시로 향하도록 부추겼다. 직영지 관리를 포기하는 대신 노동 지대를 화폐 지대로 대체할 수밖에 없었던 영주들은 농민이 독립을 확대하는 데 유리한 토지 임대와 임금이라는 새로운 제도에 의해 장원 경제의 유지가 어렵게 되었다는 사실을 발견했다. 동시에 백년전쟁 동안 보병과 중포병의 성공적인 활용에 의해 귀족의 군사적 역할 또한 감소했다.

'아부하는' 법을 터득한 귀족은 군주에게 새롭게 복속하게 되었다. 중세 말기와 근대 초기에 군주들은 귀족을 길들이기 위하여 후원을 활용하는 동시에, 이 후원은 보잘 것 없던 젠트리와 부유한 신흥 도시민들로부터 경쟁이 덜한 신흥 귀족을 창출하는 데 일조했다. 일부 귀족은 군주에 대한 새로운 복속에 격렬하게 저항했으며, 특히 정치적으로 분열된 독일에서 그러했다. 독일에서는 귀족을 '길들이기' 위한 정교한 궁정 문화가 발전하지는 못했다. 이에 대한 대표적인 사례가 프라츠 지킹겐에 의해 주도되고 인문주의자 울리히 후텐에 의해 지지를 받았던 1523년에 일어난 독일 기사반란이었다.[14] 그러나 이 반란은 실패했다. 프랑스와 네덜란드에서는 다수의 정치 귀족들이 아우크스부르크 제국회의에 의해 1555년 이후 신성로마제국에서 가능하게 되었던 종교적 동맹에 대한 지역의 자율성을 또한 부여하기를 열망했기 때문에, 군주의 정치적 중앙집권화에 대한 귀족의 저항이 16세기 후반의 칼뱅주의자의 종교적 자유를 위한 투쟁과 결합되었다.

수입을 늘리고자 지배자들이 농민에게 부과한 과중한 과세는 새로운 사회적 폭력을 야기했다. 지배자들의 고율의 조세 징수와 더불어 농민을 토지에 구속하고 인구 위기가 제공한 경제적 기회를 차단하기 위한 새로운 법률도 제정되었다. 조세의 증가 및 이와 관련된 법률적 규제는 14세기에 플랑드르, 프랑스(1358), 영국(1381) 및 15세기와 16세기 초엽 독일에서의 농민 반란의 원인이 되었다. 이 같은 규제 법률이 대의 기구에 의해 취해졌기 때문에, 이들 조치는 군주의 정치적 중앙집권화에 명목상 역효과를 가져다주었다. 지배자들이 바라던 법률 대신 이들 대의체에 의해 대변되는 귀족, 도시민 및 성직자의 권력이 강화될 수밖에 없다는 점이 발견되었기 때문이다. 군주들이 새로운 수입을 증대하고, 이들 계층으로부터 자유롭게 자신의 의지를 관철시키는 방법을 터득하게 된 15세기 후반에 이는 큰 문제가 되지 않았다.

몇몇 기재들에 의해 통치자는 입법 기구에 대한 극도의 종속으로부터 벗어나게 되었다. 군주들은 관직을 늘리고 판매했을 뿐만 아니라, 유럽의 주요 은행가들로부터 엄청난 자금도 차용했으며, 교회의 직책과 재산에 새로운 세금도 부과했다. 프로테스탄트를 새로이 수용한 국가의 통치자는 교회의 직책과 재산을 완전히 몰수했고, 이들 재산을 세속적 목적으로 전용했다. 이미 15세기 말엽에 영국, 프랑스 및 특히 스페인의 국가 교회는 경제적 자산이 되었다. 1534년 영국

14 프레스의 최근의 연구 성과물을 참조하기 바란다. Volker Press, *Kaiser Karl V, König Ferdinand und die Entstehung der Reichsritterschaft*(Wiesbaden, 1976); "Ulrich von Hutten, Reichsritter und Humanist 1488-1523," *Nassauishe Annalen* 85(1974), pp. 71~86.

교회의 수장이 된 이후 헨리 8세는 자신의 신민이었던 성직자들로부터 매년 4만 파운드를 거두어 들였다. 이는 이들 성직자가 성직 초임세와 교회 수수료로서 종전에 로마 교황청에 납부했던 금액의 10배나 되었다.[15] 스페인의 페르난도와 이사벨은 성직자의 모든 지대와 수입에 과세를 하고 카스티야 교회에 의해 징수된 모든 십일조의 1/3을 철저하게 관리했다. 크루자다(cruzzada), 즉 그라나다의 무어인들을 정복하기 위한 원정 비용을 감당하기 위해 원래 성직자와 평신도에 부과된 세금은 그라나다 정복 이후에도 계속해서 3년마다 부과되었다. 군주는 이를 통해 아메리카의 새로운 수입품으로 얻은 수입과 맞먹는 수입을 얻게 되었다.[16] 중세 말기 독일 도시들의 정무관과 시위원회들은 시정을 위해 성직자들에게 지방세를 부과했다.

세속 지배자들과 마찬가지로 교황들 또한 새로운 화폐 경제에 적응했으며, 화폐 경제에 의한 내면적인 변화를 발견했다. 13, 14세기의 교황청은 행정을 중앙집권화하고 수입을 극대화하고자 했다.[17] 교황들은 자신을 대리하는 외교 네트워크로부터 필요한 재원을 마련하고 용병을 유지하고자 성직자는 물론 평신도 '신민'에게 조세를 체계적으로 부과했다. 공석인 성직의 임명이 재원을 마련하는 핵심적인 기재였다. 교황 인노켄티우스 3세에 의해 시작된 이 같은 관행은 14세기 아비뇽 교황청 시기에 최고조에 달했다. 아비뇽 교황은 공석인 모든 대주교직, 주교직, 수도원장직은 물론이고 다수의 하위 성직에 대한 임명권도 가지고 있었다. 성직에 임명된 사람은 성직 초임세로 알려진 부과금을 납부하고서야 성직을 확보할 수 있었다. 이 부과금은 성직에 임명된 사람의 첫 해 수입의 전부 내지 상당한 액수가 되었다. 성직 후보자가 그 직에 임명되기까지 교황은 공석인 직책의 모든 수입을 징수했다. 이 같은 관행이 단기적으로 교황청에 경제적 이득이 되었던 반면에, 장기적으로는 지배자들과 일반 평신도 모두를 교회로부터 멀어지게 했다. 지배자의 입장에서 볼 때, 이는 군주의 직접적인 수입이 아니

15 Elton, *Reform and Reformation*, p. 190; Dickens, *The English Reformation*, p. 41.

16 Cowie, *Sixteenth Century Europe*, p. 115.

17 "교회와 세속, 교회와 경제, 교회와 정치가 서로 상호작용하는 과정에서"[라고 가톨릭 교회사가 로르츠는 주장했다. Joseph Lortz. *Trierer Theologische Zeitschrift* 58 (1949), p. 15.

었지만, 적어도 국내에 있었던 수입을 고갈시켜 대외 세력 강화에 활용할 수 없었다. 백년전쟁이 발발한 후 당시 아비뇽에 머물렀던 교황은 영국의 군주들이 자국의 성직에 대한 교황의 직접적인 통제를 용인하기에는 프랑스의 과도한 영향력 아래 있었다. 영국의 성직을 '수여하는' 교황의 권한을 취소하고 군주에게 공석인 교회 고위직의 수입을 가져다주었던 최초의 '성직록 수여 제한법'이 아비뇽 교황들 중 가장 프랑스적이고 낭비가 심했던 교황 클레멘트 6세(1342~1352) 재임 시절인 1351년에 통과되었다. 프랑스에서 성직록 수여 제한법은 부르주 국헌수호 칙령(1438)에 의한 성직 초임세의 납부도 중지시켰으며, 프랑스 교회의 직책으로부터 종래에 거두어들였던 수입의 일부만 교황의 수입으로 인정되었다.

평신도의 시각에서 볼 때, 교회 직책의 사전 확보는 국지적 교회들을 비효율적이게 만들었다. 국지적이고 종교적인 필요와 현안에 대한 이해가 없거나 이에 무관심한 외부인이 교회의 성직에 종종 임명되곤 했다. 외진 지역에 거주하기를 꺼려했던 고용된 이들 성직자의 다수는 심지어 성직을 수행하기조차도 부적절했고 그들이 선호하는 로마나 다른 지역에 거주했다. 교회의 직책을 맡은 성직자의 잦은 부재는 중세 교회에 대한 평신도 불만의 주요인이었으며, 이는 16세기 중엽 트렌트 공의회가 이를 방지하기 위한 강력한 조치를 취할 때까지 지속되었다.

오직 교황만이 임명할 수 있는 교회의 직책이 있었으며, 오직 교황의 사면을 통해서만 용서를 받는 죄도 있었다. 이는 성직자의 인신 내지 교회의 재산과 권위를 위반한 특정 죄였다.[18] 성직록 제공과 마찬가지로, 이와 같은 죄의 사면은 교황청 수입의 주요 원천이었다.

교황이 파문이라는 위협을 가하여 징수했던 교황청 수입의 또 다른 원천 가운데에는 모든 성직자에게 부과된 직접세로서, 10% 수입세도 있었다. 평신도, 특히 유력 정치가들에게 부과된 수수료로서, 가까운 친족 간의 혼인 금지라는 교

---

18 텐틀러에 의해 그 사례들이 제공되었다. Thomas N. Tentler, *Sin and Confession on the Eve of the Reformation*(Princeton, 1977), p. 306.

회법을 어긴 이들에게 부과되었다. 성직록을 수여받을 자격을 갖추지 못하거나 성직록의 획득을 금지하는 교회법을 어긴 성직자에게 부과된 수수료가 있었다. 마인츠의 면벌부 판매를 담당한 대주교 알브레히트가 부과한 수수료로서, 그는 이 수수료로 차입금을 갚고자 했다. 이는 루터의 비판에 의해 유명해졌다. 그리고 마지막으로 고리대금이라는 죄에 대한 사면 수수료였다.[19] 교황은 이 모든 수수료에 대한 징수권을 가지고 있었으며, 이른바 전능권이라는 권위에 입각하여 시혜 내지 사면을 공포했다.

새로운 화폐 경제가 군주와 교황 모두에게 사회적으로 혼란을 야기한 한편, 이 같은 행위는 교황에게 종교적인 자멸을 가져왔다. 여러 국가들 중 하나로서 행동할 수밖에 없는 상황에 직면한 교황청은 14세기에 영국과 프랑스에서 정치적으로 완전히 패배했으며, 유럽 전역에 걸쳐서 대다수 성직자와 평신도로부터의 존경도 상실했다.

새로운 화폐 경제는 도시 중심지에서 새로운 차원의 사회적 긴장도 야기했다. 상업과 산업의 팽창으로 이탈리아 도시의 대시민(*populi grassi*)과 북유럽의 상인 귀족과 같은 새로운 부유층이 태동한 반면에, 동시에 진정한 도시 프롤레타리아도 창출되었다. 자본주의와 정치의 중앙집권화는 신성한 법인체로서의 도시의 전통적이고 사회적인 이상을 위협했다. 중세 도시는 스스로를 도시의 모든 시민이 사회적 지위와 무관하게 중요한 역할을 수행하며 정치체의 다른 모든 구성원에게 윤리적 책임을 지는 특별한 공동체로 간주되었다. 많은 부와 정치권력을 획득할 수 있었던 개인과 소집단은 성공한 계층과 억압을 받는 계층 모두에서 새로운 정치적 파벌을 야기함으로써 도시에 대한 이 같은 인식을 바꾸어놓았다.[20]

종교개혁 전야에 도시 정부는 내부로부터는 물론 외부로부터도 압력을 받게

---

19 Wallace K. Ferguson, *Europe in Transition 1300-1520*(Boston, 1962), pp. 224~225.

20 종교개혁 도시들의 단절과 분열은 브래디에 의해 특히 강조되었다. 브래디는 다른 학자들의 공공연한 '로마적 견해'를 비판했다. Thomas A. Brady, Jr., *Ruling Class and Reime and Reformation at Strasbourg 1520-1550*(Leiden, 1978). 또한 도시민의 불만 및 소요에 관해서는 Gerald Strauss, *Manifestations of Discontent in Germany on the Eve of the Reformation*(Bloomington, 1971), pp. 130~143을 참조하기 바란다.

되었다. 스페인으로부터 폴란드에 이르기까지 이들 도시 정부는 군주와 제후라는 상위 주군과의 전투를 벌였으나 패배했다. 이들 상위 주군은 도시 정부를 상위의 국가 정책 내지 영토 정책에 복속시켰다. 정치적 공고화라는 거대한 운동에 성공적으로 적응한 도시위원회들은 국지적 정부에서의 직접적인 역할을 요구한 새로운 상인과 장인 길드에 여전히 직면할 수밖에 없었다. 권력을 획득하자마자, 이들 길드는 결코 민주적인 세력이 아닌 것으로 판명되었다. 한편 이들 길드는 도시 정부 내에서 또 다른 보수적인 세력이 되었으며, 독점을 공고히 하고 경쟁을 배제하기 위해 새로운 지위를 활용했다. 이같이 도시 정부가 부유한 상인, 길드의 장인 및 자산가들로 구성된 소수 과두정의 지배 아래 놓이게 되었던 반면에, 도시민들의 다수가 빈민으로서, 이들은 시민으로서 정치권력에서 다수 배제되었다. 피렌체와 뉘른베르크에서는 도시민의 무려 1/3이 도시 빈민이었다. 사치금지법과 다른 법률들은 사회적 이동성을 최소화하기 위한 조치였으나, 그럼에도 불구하고 부유한 신흥 상인과 구귀족 간의 갈등은 지속되었다. 직인의 장인 반열에로의 진입을 규제하고 자식이나 친척에게 많은 수입을 가져다주는 고위직을 확보하기 위한 장인들의 시도는, 장인 반열에 진입하지 못한 직인의 숫자가 증가함에 따라, 예상한 대로 길드의 유대를 깨트렸다. 그리하여 이 같은 갈등은 종종 폭력적인 사회적 저항으로 표출되기도 했다.

이들 사회경제적 변화가 프로테스탄티즘에 유리한 환경을 조성했던가? 독일의 사회학자 막스 베버는 이들 변화가 유리한 환경을 조성했다고 생각했다. 여전히 논쟁적인 논지에서 베버는 반세기 이전에 근검절약 및 수양이라는 이 두 가지 덕목의 '프로테스탄트 윤리'는 그것들이 등장하는 곳 어디에서나 새로운 화폐 경제를 추동하는 데 일조했다고 주장했다.[21] 보다 근년의 연구에 의하면, 글을 읽고 쓸 줄 알며 개개인 각자의 고유한 가치에 대한 예리한 인식을 가진 새롭게 부상한 길드의 구성원들이 도시의 다른 계층보다 프로테스탄티즘에 호의적이었으며, 속어로 된 성서와 전례, 회중의 참여 및 개인의 종교적 경험에 대한 자

21 *The Protestant Ethic and the Spirit of Capitalism*, trans. Talcott Parsons (New York, 1958), pp. 45, 91. 이 책의 362쪽과 511쪽을 참조하기 바란다.

각에 의해 프로테스탄티즘에 매력을 느끼게 되었다는 것이다.[22] 무력으로 저항했던 가난한 직인이나 노동자들의 사회경제적 이동성이나 보다 부유한 장인 엘리트들의 과도한 야심은 대중들로 하여금 프로테스탄트들의 선전에 민감하도록 한 것처럼 보인다. 한편 현상 유지를 통해 자신들의 사회적 지위와 경제적 이해관계를 보존하고자 했던 도시의 구귀족은, 전통적인 종교적 의례, 축제 및 법률의 유지에 분명한 이해관계가 있었던 생선장수와 법률가 등의 대중이 그러했듯이, 가톨릭교도로 남아 있고자 했다. 하지만 귀족은 자신들의 전통적인 사회적 지위와 정치권력을 유지할 수 있도록 해준 종교개혁을 또한 지지하기도 했다.[23]

16세기에 매년 2~3%의 꾸준한 인플레이션은 일상적이었으며, 그것의 누적된 효과가 16세기 중엽에 감지되기 시작했다. 1519년과 1540년 사이에 비텐베르크의 기본 식료품비와 의류비는 100%나 상승했다.[24] 16세기 말경 스페인에서는 양모와 곡물 가격이 4배로 증가했으며, 1575년과 1596년 사이에 스페인의 지배자들은 푸거가에 대한 막대한 빚을 갚지 못하게 되었다. 당시 사람들은 이 같은 '가격 혁명'이 아메리카 대륙의 금과 은 탓이라고 생각했다. 금과 은은 유통되던 화폐량을 증가시킴으로써 화폐의 가치를 하락시켰다. 하지만 오늘날 대부분의 학자들은 유통되던 정화의 증가가 16세기의 새로운 인구 증가로 야기되었던 문제를 단지 악화시켰을 뿐이라고 생각하고 있다. 문제의 핵심은 화폐량이 너무 많아서가 아니라, 많은 인구에 비해 상품이 부족했기 때문이다. 수요가 공급 가능한 양을 점차 초과했던 것이다.

새로운 인구의 증가, 자본주의의 발달 및 인플레이션과 더불어 가동 활자에

---

22 프랑스에 관해서는 Natalie Z. Davis, "Rites of Violence: Religious Riot in Sixteenth Century France," *Past and Present* 59(1973), pp. 80~81; "Strikes and Salvation in Lyons," ARG 56(1965), p. 54; "City Women and Religious Change in Sixteenth Century France," in *A Sampler of Women's Studies*, ed. D. G. MGuigan(Ann Arbor, 1973), p. 28을 참조하기 바란다. 스위스에 관해서는 Norman Birnbaum, "The Zwinglian Reformation in Zurich," *Past and Present* 15(1959), p. 39를 참조하기 바란다. 독일에 관해서는 Ozment, *The Reformation in the Cities*, pp. 212~231을 참조하기 바란다. 문자해독과 프로테스탄티즘에 관해서는 이 책의 284~286쪽을 참조하기 바란다.

23 브래디는 이 점을 특히 강조했다. Brady, *Ruling Class*.

24 Edith Eschenhagen, "Beiträge zur Sozial- und Wirtschaftsgeschichte der Stadt Wittenberg in der Reformationszeit," *Luther Jahrbuch* 9(1927), pp. 80~85.

의한 인쇄술의 도래는 종교개혁 시대의 사회적 환경 조성에 많은 영향을 주었다. 신학자였던 루터는 종교개혁을 신의 말씀의 작품이라고 즐겨 묘사하곤 했다. 설령 그것이 사실이라고 하더라도, 종교개혁은 확실히 인쇄된 말의 업적이었다. 루터가 그것의 영향을 인식했듯이, 동물 중 쥐에 비견될 정도로 작은 도시였던 비텐베르크는 인쇄술에 의해 유럽 전역에 사자와 같이 포효할 수 있게 되었다.

15세기 말에 인쇄기는 200개 이상의 도시에 보급되었다. 약 600만 권이 인쇄된 것으로 추정되며, 3만 권의 책 제목 중 그 절반이 종교에 관한 것이었다. 1460년과 1500년 사이의 불과 40년간 간행된 책의 숫자는 중세 전 시기에 필경사와 수도사들이 만든 책보다도 많았다. 종교 서적은 종교개혁기 첫 10년간 출판계를 계속해서 지배했지만, 순수하게 세속적인 주제를 다룬 책의 숫자는 1530년 이후에서야 점차 증가했다.[25] 종교개혁의 중요한 시기인 1518년과 1524년 사이에 독일에서만 간행된 책의 양이 7배나 증가했다. 1520년 독일과 스위스의 62개 도시들에서 출판물이 간행되었으며, 쾰른, 뉘른베르크, 스트라스부르, 바젤, 비텐베르크 및 아우크스부르크가 대표적인 출판 중심지였다.[26] 루터는 약 30권을 저술했으며, 이들 책자는 인쇄본으로 30만 부나 유통되었다. 1520년 간행된 종교개혁에 관한 유명한 팸플릿인 『독일 귀족에게 고함』과 『그리스도교도의 자유』는 1년 동안에 각기 16판과 19판을 거듭했다.[27] 1519년 인쇄업자 프로벤은 루터의 '전집' 초판본을 프랑스, 스페인, 영국 및 브라방의 구매자들에게 판매했다.

중세에 필경사와 수도사는 양피지로 된 복제본을 소장하고 있었고, 책은 양가죽이나 소가죽으로 만들어졌으며, 책을 만드는 데 많은 비용과 시간이 소요되었다. 이를테면 성서 한 권을 만드는 데 송아지 가죽 170장 내지 양 가죽 300장이 필

---

25 Rudolf Hirsch, *Printing, Selling and Reading 1450-1550*(Wiesbaden, 1967), pp. 128~129를 참고하기 바란다. 크리스만(Miriam Chrisman)은 스트라스부르에서 종교 서적 간행의 감소를 최근에 문헌작업을 통해 입증했다.

26 Josef Benzing, *Die Buchdrucker des 16. und 17. Jahrhundrts in Deutschen Sprachgebiet*(Wiesbaden, 1963)을 참조하기 바란다.

27 Josef Benzing, *Lutherbibliographie: Verzeichnis der gedruckten Schriften Martin Luthers bis zu dessem Tod*(Baden-Baden, 1965-66), pp. 82~83, 87~89.

Der Buchdrůcker.

Jch bin geschicket mit der preß
So ich aufftrag den Firniß reß/
So bald mein dienr den bengel zuckt/
So ist ein bogn papyrs gedruckt.
Da durch kombt manche Kunst an tag/
Die man leichtlich bekommen mag.
Vor zeiten hat man die bůcher gschribn/
Zu Meintz die Kunst ward erstlich triebn.

〈인쇄공〉(요스트 암만, 『직업에 관한 책』, 한스 자의 압운시와 요스트 암만의 목판화, 프랑크푸르트, 1568). 암만은 영적이거나 세속적인 직업 114개를 묘사했다. 그는 "최상위 직업으로부터 가장 천한 직업에 이르기까지의 모든 예술과 장인, 노동자 및 교역을" 포함한다고 주장했다.

나는 인쇄기를 돌린다/ 나는 새로 인쇄된 페이지를 넘긴다./ 나의 조수가 나무망치로 치자마자/ 인쇄된 종이가 만들어진다./ 여기에는 많은 기술이 필요하다./ 그러나 누구나 쉽게 배울 수 있다./ 오래 전부터 필사로 책이 만들어졌으나,/ 그러나 인쇄술은 마인츠에서 처음으로 시행되었다.

요했다.[28] 목판인쇄는 중세 성기 이래 존재했으나, 속도가 느리고 대량 생산이 불가능했다. 요하네스 구텐베르크가 1450년경 마인츠에서 도입한 가동 금속 활사 인쇄술 덕분에 하나의 텍스트에 대한 동일한 사본을 여러 개 생산할 수 있었고, 재생산할 수도 있게 되어 경제적이었다. 여기에 수반된 '신성한 기술'은 15세기의 또 다른 기술적 성취로서, 값이 저렴한 종이 제작 과정의 결정판이었다. 가동식 활자와 값싼 종이로 인해 서유럽은 책과 팸플릿의 홍수를 맞이하게 되었다.

독자의 숫자가 증가하고 있었고, 문자 해독이 가능한 독자는 책과 팸플릿을 기다리고 있었다. 기근, 역병 및 중세 말기의 전쟁 와중에도, 이 시기에 속인 교육이 확대되었다는 사실을 우리는 쉽게 잊어서는 안 된다. 14, 15세기에 군주, 제후 및 부유한 상인들은 새로운 대학이나 칼리지를 설립했다. 1300년에서 1500년 사이에 유럽 대학의 숫자는 20개에서 70개로 증가했고, 이 시기에는 새로운 기숙 칼리지의 창설 붐도 있었다. 프랑스 66개, 영국 21개, 이탈리아 15개, 독일 16개의 기숙 칼리지가 건립되었다.[29] 1500년 독일 인구의 약 3~4%인 40만 명이 글을 읽을 수 있었던 것으로 추정된다.[30]

오늘날의 텔레비전과 마찬가지로 책과 팸플릿은 16세기의 사회적·정치적 변화의 강력한 도구가 되었다. 인쇄업은 이윤을 많이 가져다주었으며, 인쇄업자들에게 부는 물론 국제적인 명성과 영향력도 가져다주었다. 이들은 상황에 따라 대중적인 작가들의 책을 은밀하게 간행함으로써 수요에 직접 부응했다. 이들 출판업자는 문자 해독 문화를 크게 발전시키는 데 일조함으로써 국가적 정체성과 지역적 정체성의 형성에도 직접 기여했다. 루터가 속어로 작성한 저술들은 근대 독일어 형성에 그리고 칼뱅의 저술들은 또한 근대 프랑스어 형성에 중요한 역할을 했다.

인쇄술은 종교개혁가들의 구상만큼이나 군주들의 구상에도 기여했다. 이를

---

28 Rice, The Foundations of Early Modern Europe, p. 3. Hirsh, *Printing, Selling and Reading*, pp. 2~6.

29 A. L. Gabriel, "The College System of the Fourteenth Century Universities," in *The Forward Movement of the Fourteenth Century*, ed. F. L. Utley (Columbus, 1961), pp. 82~83.

30 Moeller, *Deutschland im Zeitalter der Reformation*, p. 36.

테면 1530년대 영국의 토머스 크롬웰은 영국 교회의 수장이 군주라는 헨리 8세의 주장에 유리한 책들을 집필하고 번역하기 위해 영국의 훌륭한 인문주의자 군단을 동원했다. 이들 작품 가운데 에드워드 폭스의 『왕권과 교권의 차이』는 군주의 수장권에 대한 성서적, 교부적, 역사적 근거를 보여주고 있다. 로렌초 발라의 「콘스탄티누스 대제의 기진장」 해제, 마르실리우스 파도바의 『평화 수호자』의 일부 내용, 교황 율리우스 2세의 세속적 허세에 대한 풍자인 에라스무스의 『천국에서 추방된 율리우스』, 교회에 대한 비로마적 정의가 포함된 『사도신경』 등이 그것이다.[31] 인쇄술은 악영향과 논쟁의 개연성을 크게 증가시켰다.

책을 읽을 수 있는 능력은 평신도의 자부심을 제고하고 비판적 기질을 강화했다. 일상적 텍스트들의 보편적인 가용성은 평신도로 하여금 '권위 있는 판본'에 대해 최초로 의미 있게 언급할 수 있도록 해주었다. 성서라는 텍스트가 문제가 되자, 이제 평신도와 학자는 '참 된 설명'에 호소하고, '원문'에 충실할 것을 요구했으며, 수세기 동안 이어져온 전통을 비판하면서 '성서로부터' 논쟁도 할 수 있게 되었다. 9세기에 관한 지식에 근거하여 「콘스탄티누스 대제의 기진장」을 비판하거나 원래 그리스어로 작성된 텍스트나 히브리어로 작성된 텍스트에 관한 지식에 기초하여 불가타 성서에 대해 인문주의자가 자부심을 가지고 문제 제기를 했듯이, 속어로 된 성서를 읽고 자녀들에게 속어로 교훈을 제공할 수 있게 된 일반 평신도의 지적 능력은 이들에게 자부심도 갖게 했다. 원천에 대한 직접적 접근이 가능해진 평신도들은 종래에는 전적으로 교회의 고위 당국자들의 몫이었던 문제에 대해 자신감도 가지게 되었다.

종교적 평등주의의 사회적 결과에 대해 우려했던 중세 교회는 평신도들 사이

---

31 이들 작가와 번역가들 가운데에는 리처드 트라베너, 로버트 웨이크필드, 스티븐 본, 윌리엄 마셜, 토머스 페이넬, 레너드 콕스, 토머스 스워너턴, 존 라스텔 등이 있었다. James K. McConica, *English Humanists and Reformation Politics Under Henry VIII and Edward VI*(Oxford, 1965), pp. 133~142, 311~313. Elton, *Reform and Reformation*, pp. 195~198을 또한 참고하기 바란다. 영국의 종교개혁 초기에 해외에서 영어로 간행된 출판물 목록 가운데에 유명한 *Supplication for the Beggars*도 있었다. Anthea Hume, "English Protestant Books Printed Abroad 1525-1535: An Annotated Bibliography," in *The Complete Works of Thomas More* 8/2(New Haven, 1973), pp. 1063~1091을 참조하기 바란다.

에서 속어로 된 성서의 유통을 늘 금지했으며, 발도파와 같은 종교 집단의 복음서 번역 및 롤라드파의 위클리프 성서를 철저하게 억압했다. 인쇄술의 등장으로 성서에 대한 이와 같은 엄격한 통제는 더 이상 불가능해졌다. 중세에 단지 제한적으로만 활용되던 검열 도구는 당시 '금서목록'에 근거하여 증가했다. 이 금서목록은 16세 중엽에 절정에 달했다. 피코 미란돌라의 유명한 900개 논지와 로이힐린 사건에 관한 문헌은 종교개혁 전야에 이미 검열에 관한 교황의 교서를 야기했다. 프로테스탄트들은 속어로 된 성서를 크게 증가시켰으며, 모든 소년과 소녀에게 속어로 된 문헌으로 교육하라고 촉구했다. 그렇게 함으로써 이들 소년과 소녀가 성서를 직접 읽고 성서에 입각한 삶을 살 수 있다고 프로테스탄트들은 생각했다. 프로테스탄트 개혁가들은 성서에 대한 지식을 보유한 평신도를 자유로운 그리스도교 공화국의 중추라고 상정했다. 영국보다 이를 잘 보여주는 나라는 없었다. 유럽의 주요 국가들과는 달리 15세기 영국에서는 속어로 된 성서가 자유롭게 보급되지 못했다. 1408년 캔터베리 대주교는 성서의 영어로의 번역, 보급 및 읽기에 교회로부터 사전 재가를 받으라고 했다. 하지만 사전 재가는 결코 없었다. 쾰른과 보름스에서 출판된 윌리엄 틴들의 신약성서 번역본이 활용된 1525년 이후에서야 영국에서는 자국어로 간행된 성서가 유통되었으며, 영국인들은 이를 열심히 읽었다. 1538년 영국의 교구 사제들은 자신의 교구에서 '보고 읽게 될 모든 사람을 위하여' 영어 성서를 준비해야 했다.[32] 자국어로 된 성서의 보편적인 해독이라는 이상은 프로테스탄트들 사이에서 지속되었다. 이는 심지어 그와 같은 이상이 성취됨으로써 프로테스탄트 성직자가 부득이 비판자들, 즉 오직 성서라는 이름으로 프로테스탄트의 새로운 리더십과 교리에 도전했던 사람들을 강제로 검열함에 있어서 반대 진영이었던 가톨릭이 행했던 검열에 합류한 이후에도 지속되었다.

매체가 메시지보다 더 중요했던가? 인쇄술이 프로테스탄트 종교개혁의 성공에 기여한 도구였다기보다 종교개혁이 인쇄술의 등장에 중요한 도구가 되었다

---

32 Dickens, *The English Reformation*, pp. 131~132. 다른 나라들에서의 자국어로 된 성서의 유통에 관해서는 Hirsch, *Printing, Selling and Reading*, pp. 92~93을 참조하기 바란다.

는 주장이 제기되었다. 분열을 조장한 신학적 쟁점들을 명확하게 정의하고 이들 쟁점을 폭넓게 확산시킨 인쇄술은 이들 문제를 억제하거나 더 이상 무시하지는 못했다. 책과 팸플릿을 통해 공개적으로 확산된 종교개혁의 쟁점들은 당시 직접적인 대결과 논쟁으로 해결될 수밖에 없었다.[33]

종교개혁 초기의 문해력, 인쇄술 및 프로테스탄티즘과의 상관관계는 종교개혁의 도시적 기원에 의해 그리고 인문주의자들과 인쇄업자들에 의한 지지에 의해 입증되었다.[34] 인문주의자들과 인쇄업자들의 지지가 종교적 신념만큼이나 지적·경제적 고려사항에 의해 영향을 받았다는 점은 분명하다. 애초에 인문주의자들은 루터를 자유로운 학문적 토론의 옹호자로 인식했으며, 인쇄업자들은 출판물에 대한 수요를 증대시킨 논쟁으로부터 이득을 얻었다. 인문주의와 인쇄술이 없었더라면 종교개혁도 불가능했을 것이라는 주장이 있었다. 한편 우리는 종교개혁에 대한 학문적 지지와 대량 생산이라는 기술적 변화가 종교개혁의 태동에 메시지 그 자체보다 중요했다고 주장할 수는 없다. 메시지는 대중에게 폭넓은 영향을 주기 위해 인문주의자들과 인쇄술에 의존했지만, 이들 매체를 뛰어넘었다. 종교개혁이 성공할 수 있었던 핵심적 배경은 분노한 가슴과 마음이었

---

33 Elizabeth L. Eisenstein, "The Advent of Printing and the Protestants Revolt: A New Approach to the Disruption of Western Christendom," in Kingdon, ed., *Transition and Revolution*, pp. 244, 250, 264. 아이젠슈타인의 논지는 *The Printing Press as an Agent of Change*, 2 vols(Cambridge, 1978)에서 정교해졌다.

34 로드리는 몽펠리에에서의 프로테스탄티즘의 호소가 적어도 사람들의 초보적인 교육의 시금석, 즉 자신의 이름에 서명할 수 있었던 지역에서 더 강력했다는 사실을 발견했다. Emmanuel Le Roy Laudrie, *Les paysan de Languedoc* 1 (Paris, 1966), pp. 333~356. 데이비스는 문해력과 프로테스탄티즘이 리옹의 인쇄업자들 사이에서 보다 연관성이 강했다고 지적했다. Natalie Davis, "Strikes and Salvation at Lyons," *ARG* 56(1965), pp. 48~61; "The Rites of Violence," *Past and Present* 59(1973), p. 80, n. 94. 갈페른은 샹파뉴의 경우에도 동일했다고 주장했다. A. Galpern, *The Religions of the People in Sixteenth Century Champagne*(Cambridge, Mass., 1976), p. 123. 하지만 최근의 로젠버그의 박사학위 논문에서는 문해력과 종교적 친화력이 거의 무관했던 아미앵의 사례에 근거하여 문해력과 프로테스탄티즘의 과도한 상관관계를 비판했다. 로젠버그는 오히려 이 논지와 상반되는 사례를 입증했다. 즉 문해력이 가장 높은 교구는 프로테스탄트 혐의자의 숫자가 가장 적었으며, 프로테스탄트 혐의자의 수가 가장 많은 지역의 경우 자신의 이름을 서명할 수 있는 사람의 숫자가 가장 적었다는 것이다. David Rosenberg, "Social Experience and Religious Choice: A Case Study, the Protestant Weavers and Woolcombers of Amiens in the Sixteenth Century"(Dissertation of Yale University, 1978), pp. 32~49를 참조하기 바란다.

다. 개혁의 필요성에 대한 인식과 개혁을 완수하고자 하는 결의는 종교개혁의 유일한 배경이었다. 이들 배경이 없었더라면 종교개혁이 불가능했을 것이라고 우리는 단호하게 주장할 수 있다.

16세기 전반기가 매우 구전적인 시대였다는 사실과 프로테스탄트로 개종한 사람들이 식자층이나 지식인층에 국한되지 않았다는 사실을 기억하는 것이 중요하다. 1518년 루터는 그리스도교도의 신체 기관으로서 '오직 귀'만 언급했다.[35] 프로테스탄트 팸플릿과 설교는 식자층에 의해 읽혀질 뿐만 아니라 비식자층에게 읽어주기 위해 매우 많이 인쇄되었다. 다수의 출판물에는 삽화가 포함되어 있었으며, 일부의 출판물은 사실상 그림책이었다. 이것과 찬송가 및 노래로 프랑스에서 프로테스탄트들은 비식자층을 성공적으로 개종시켰으며, 도처에서 만화와 상징물은 새로운 신학을 전달했다.[36] 인쇄술은 16세기를 서유럽 역사상 신학적으로 가장 많은 것을 이해하고 호기심이 많은 시기로 만들었다. 그리하여 글을 읽고 쓸 줄 아는 평신도든 그렇지 않은 평신도이든, 표면적으로 매우 추상적인 신학적 쟁점들이 어떻게 자신의 삶에 영향을 미치는지를 이전보다 더욱 명확하게 이해하게 되었다. 다수의 대중은 인간 본성이나 자연에 관한 전제나 개념이 어떻게 법률이나 제도에서 구체화되며, 일상생활에 영향을 미치는지를 처음으로 인식하게 되었던 것이다.

3) 종교 문화

종교개혁 전야 오래 전에 이미 교황청은 교황 인노켄티우스 3세 시대에 유럽

35 "만약 그리스도교도라는 이름에 걸맞은 것이 무엇인지를 그대가 그리스도교도에게 묻는다면, 그는 믿음이라는 하나님의 말씀을 듣는 것 이상으로 좋은 대답을 할 수 없을 것이다. 그리하여 귀만이 그리스도교도의 신체 기관이다. 왜냐하면 다른 여하한 구성원의 행위가 아니라 믿음에 의해 그는 그리스도교도로 간주되고 판단되기 때문이다." Lectures on the Epistle to the Hebrews 1517-1518, in *Luther: Early Theological Works,* ed. and trans. James Atkinson(Philadelphia, 1962), pp. 194~195.

36 Natalie Davis, "The Protestant Printing Workers of Lyons in 1551," in G. Berthaud et al., *Aspects de la propogande religieuse*(Geneva, 1957), pp. 247~257를 참조하기 바란다.

전역에 걸쳐 자신의 의지를 관철시킬 수 있었던 수장제 조직을 보유한 교황청이 아니었다. 중세 말기에 세속 통치자들에 의해 성취된 정치적·행정적 단일성은 유럽을 개별적이고, 내향적인 국민주권국가 및 영토 집단으로 변모시켰다. 교황이 이들 통치자에게 가하는 위협보다 이들 통치자 각자가 교황에게 훨씬 커다란 위해를 가할 수 있었다. 16세기에 유럽을 정치적으로나 문화적으로 하나로 통합하려던 꿈은, 설령 그와 같은 꿈이 실현 가능했다고 해도, 순전히 환상에 불과했다. 물론 새로이 제위에 오른 신성로마제국의 황제 카를 5세와 카를의 뒤를 이은 그의 아들 펠리페 2세는 이 꿈을 열정적으로 추진하기는 했다. 정치적 '민족주의'와 더불어 민족적 교회 내지 영토적 교회도 대두했으며, 이는 일찍이 교황의 권한이 매우 축소된 14세기에 영국과 프랑스에서 어느 정도 성취되었다. 민족적 의식과 종교적 의식이 결합되어 전통적인 신앙을 지지했는지 여부는 불문하고서, 말하자면 스페인에서처럼 전통적인 신앙을 지지했든, 후스파 운동이 일어난 보헤미아에서처럼 전통적 신앙을 반대했든, 15세기 통치자들은 속권에 대한 교황청의 주장 및 대내적 문제에 대한 교황청의 간섭에 대해 도처에서 분개했다. 이 같은 정서의 배후에는 공의회 운동 시기에 교회 내에서의 탈중앙집중화를 추구한 세력에 대한 세속의 강력한 정치적 지지가 있었다.[37]

정무관과 시위원회들은 전통적인 교회 및 성직자의 특권 모두를 제한하거나 철폐함으로써, 그리고 교육·복지 및 도덕을 직접 담당함으로써 국지적인 교회의 권위를 약화시켰다. 이들은 지역 성직자와 교회 재산에 과세하고, 도시 성벽 내에서의 교회의 신규 재산 취득을 엄격하게 규제했으며, 범죄자가 도시의 교회나 수도원으로 은신할 수 있는 권리도 제한했다.

종교개혁 전야에, 정치적 행위의 측면에서 볼 때, 중세 교회가 더 이상 지배적인 조직이 아니었고, 종교적인 측면에서도 경건함의 체계로서의 중세 교회의 효

37 Heinrich Finke, "Die Nation in den spätmittelaterlichen allegemeinen Konzilien," *Historisches Jahrbuch* 57 (1937), pp. 323~338, 특히 328. 핑케는 콘스탄츠 공의회의 국가별 조직과 공의회에서의 이것의 역할을 각별하게 다루었다. 바젤 공의회와 신성로마제국 내에서의 속권에 관해서는 Steiber, *Pope Eugenius IV, the Council of Basel, and the Secular and Ecclesiastical Authorities of the Empire*를 참조하기 바란다.

〈레겐스부르크 성모 마리아 교회 순례〉(미카엘 오스텔도르퍼). 일반 대중은 성인 숭배, 유적, 특별 사면 및 기적적인 치유의 약속과 더불어 제식화된 순례 경건함에 많은 매력을 느꼈다. 이미 15세기에 위클리프, 제르송 및 다이이와 같은 개혁가들은 성지와 새로운 성인의 증가를 비판했다. 프로테스탄트들은 성지 순례를 경신자들에게 바가지를 씌우는 거짓말이라고 비난했으며, 종교개혁의 발발과 더불어 다수의 유적지는 성상 파괴의 희생양이 되었다.

율성에 대한 의문이 평신도와 성직자에 의해 제기되었다. 외견상 종교개혁 이전의 몇 년간 종교적인 활기가 넘쳤다는 증거가 있다.[38] 새로 건립된 교회, 부속 예배당, 소예배당 등의 숫자가 증가하고 있었다. 성인, 순례자 그리고 죽은 자를 위한 미사가 인기가 있었다. 이를테면 영국의 헨리 7세는 매번 6펜스라는 얼마 나 되지 않는 돈으로 자신의 영혼을 위해 미사를 만 번씩이나 집전하라고 명령했으며, 헨리 8세는 자신의 시동들 중 일부가 결핵으로 사망한 이후인 1517년 월싱햄 순례에 합류했다.[39] 부유한 사람이나 가난한 사람 다수가 전통적인 종교 형제단과 축제 행렬에 참석했다. 평신도들은 자격을 갖춘 설교가들의 정례적인 설교를 보장하기 위해 특별 설교권을 부여했다. 마법과 마술에 대한 관심이 크게 고조되자, 1480년대에 이에 대한 공식적인 제재 조치가 취해졌다. 이 같은 조치는 후대의 사악한 마법사 재판과 대규모 마녀사냥을 예견하는 것이었다. 역설적이게도, 비의에 대한 관심은 악마에 대한 교회의 신념 및 이단을 사탄 숭배자들이라고 묘사한 종교재판에 의해 오랫동안 조장되었다.[40] 우리는 종교적 활력에 대한 외부의 또 다른 징후를 개혁가들 및 인문주의자들에 의한 성직 남용 비판에서 여전히 발견할 수 있다.

13세기 이래 대중적인 종교 운동들은 단순하고 '사도적인' 생활 방식을 실험했다. 그렇게 함으로써 이들 운동은 사목적 역할과 정치적·경제적 야심을 점점 더 혼동했던 교황청과는 대비되는 자신을 발견했다. 발도파, 알비파(카타르파), 프란체스코회 영성파, 롤라드파 및 후스파 등의 집단은, 평신도와 성직자로부터

38 E. F. Jacob, "Founders and Foundations in the Later Middle Ages," *Bulletin of the Institute of Historical Research*(1962), pp. 29~46; Lawrence G. Duggan, "The Unresponsiveness of the Late Medieval Church: A Reconsideration," *Sixteenth Century Journal* 9(1978), pp. 3~6을 참조하기 바란다. 또한 이 책의 제3장을 참조하기 바란다.

39 Dickens, *The English Reformation*, p. 12; Scarisbrick, *Henry VIII*, p. 68.

40 마녀사냥과 이전의 이단 재판과정의 관계에 대해서는 Herbert Grundmann, "Der Typus des Ketzers in mittelaterlicher Anschauung," in *Kultur-und Universalgeschichte: Walter Goetz zu seinem 60. Geburtstag*(Leipzig, 1927), pp. 91~107, 특히 104를 참조하기 바란다. Hugh R. Trevor-Roper, "The European Witch-Craze of the Sixteenth and Seventeenth Centuries," in *Religion, the Reformation and Social Change*(London, 1967), pp. 100~103; Jeffrey B. Russel, *Witchcraft in the Middle Ages*(Ithaca, 1967), p. 200; 최근에 간행된 Norman Cohn, *Europe's Inner Demons: An Enquiry Inspired by the Great Witch-Hunt*(London, 1975), 특히 제9장, 제10장을 참조하기 바란다.

〈마녀 집회〉(한스 발둥 그리엔, 1514). 마녀가 실제로 존재했는지는 매우 의심스러운 반면에, 다수의 사람들은 마녀들이 존재하며, 비난받아 마땅하다고 생각했다. 교회는 이 같은 인식을 지지했다. 그리스도교 당국자들은 처음에 마법과 이교도의 마법을 결부시켰다. 이는 악마와의 협력이자 전통적인 헌신을 전복시킨 초자연적 힘을 통제하려는 시도였으며, 마법을 행하는 사람들을 교회 성직자와 대비했다. 14세기에 의식적 마법은 비의적 수단으로 다른 사람들에게 해를 끼치는 것으로 간주되었고 이단이자 배교자로 비판받았다. 이는 마녀에 대한 종교재판소 재판 절차의 법률적 토대를 제공했다. 여성 혐오 또한 중요한 역할을 했다.

16세기와 17세기에 마녀사냥의 대두는 가난하고, 나이가 많으며, 독신의 비생산적인 여성의 잉여와 관련이 있었다(H. C. Erik Midelfort and E. William Monter). 개인주의의 대두와 그리스도교적 자선에 기초한 전통적인 공동체적 윤리 사이의 갈등(Alan MacFarlne), 전통적인 성사라는 마법을 드러내고 그것을 효과적이게 만든 프로테스탄트의 성공(Keith Thomas), 그리고 심지어 그리스도교 자체의 외견상 [성취] 불가능한 도덕적 이상들에 대한 억압된 적대감(Norman Cohn and Jeffrey and B. Russell) 등도 마녀사냥과 관련이 있었다.

전통적인 교회의 경건함이 요구하는 것보다 훨씬 높은 도덕성을 요구했듯이, 완전함에 대한 성서적 수도원적 가르침을 실제로 강화했다. 교회 당국자들은 이들 유토피아적인 운동이 혁명적이라고 간주했고, 이들을 정죄하고 탄압했다.

루터가 활동하기 이전 세기의 전통적인 종교 문화는 다수 대중의 종교적 불안과 이상주의에 더 이상 효율적으로 대처할 수 없는 것처럼 보였다. 많은 사람들에게 이 같은 종교 문화는 불안을 치유하기보다는 점점 더 불안의 원천이 되었다. 종교개혁의 가장 중요한 배경은 중세 말기의 교회가 종교적 심성과 정신을 충족시키고 이것들을 규제할 수 있는 신학과 영성을 제공하지 못한 데 있었다. 뤼시앵 페브르가 오래 전에 지적했듯이, 프로테스탄티즘의 주요 특징은 다음과 같은 것을 제공하는 능력이었다.

> 많은 그리스도교도의 불안한 양심에 대한 처방을 제시하는 것이었다. … 오랫동안 치유를 기다렸던 것처럼 보였으며, 바로 표출되고 있었던 일종의 조바심이나 욕심과 더불어 치유를 수용했던 사람들에게 자신들의 종교적 욕구와 영성적 상황을 실제로 고려하는 해결책을 제시하는 것이었다.[41]

종교개혁의 원인에 관한 지배적인 해석은 프로테스탄티즘과 성장하고 있던 개인주의적 경건함을 특히 결부시키고 있다. 이 개인주의적 경건함은 교회의 여러 종교적 규율의 형식적 준수와 교회의 공식적인 관행이라는 '주술적' 의례를 비판하거나 적어도 이에 무관심했다는 것이다.[42] 이 같은 해석에 따르면, 중세

41 "The Origins of the French Reformation: A Badly-Put Question?" in *A New Kind of History and Other Essays*, ed. Peter Burke (New York, 1973), p. 60. 예딘은 독일의 종교개혁에 관해 언급하면서 다음과 같이 결론을 맺었다. "프로테스탄트 종교개혁이 성공한 요인은 교회의 토양에서 싹이 튼 개혁 시도들이 결실을 거두지 못했다는 사실에서 기인했다." Hubert Jedin, *A History of the Council of Trent, trans. Dom E. Graf*(St. Louis, 1957),1, pp. 152, 165.

42 Joseph Lortz, *Die Reformation in Deutschland*, vols. 1-2 (Freiburg, 1962); Jacques Toussaert, *Le sentiment religieux en Flandre à la fin du Moyen Age*(Paris, 1963); Etienne Delaruelle et a., *L'église au temps du Grand Schisme et de la crise conciliare*(Paris, 1964)를 참고하기 바란다. 힐은 중세 말 영국의 종교를 인문주의자의(그리고 후대의 프로테스탄트의) 복음을 모방한 삶과는 구분되는 '전례 중심적인' 종교라고 정의했다. 복음을 모방한 삶은 "보다 적극적이고 개인적인 참여와 이해를 요구했

교회는 주관적인 경건함에 대한 자신의 약점을 먼저 반성해야 했다. 교회의 하위 성직자가 제대로 훈련을 받지 못했고, 고위 성직자가 세속적 이해관계에 집착했기 때문에, 전통적인 종교적 관행은 [전례의] '준수와 선업이라는 외형적 종교', 즉 단지 '습관의 종교'가 되었다는 것이다.[43] 그럼에도 불구하고 다수의 평신도들은, 그와 같은 전례가 기계적인 것처럼 보일지라도, 그것의 객관적인 효력을 진지하게 믿었다. 우리는 다수의 평신도들이 주관적인 참여를 강력하게 요구했던 종교보다 이 같은 외형적 종교를 선호한다는 개연성을 배제할 수는 없다. 중세 말기의 경건한 순례에 관한 최근의 연구에 의하면 "죄의 의례적 정화는 대다수 비식자층 대중들이 원했던" 바로 그것이었다.[44] 개인적으로 요구되던 고해라는 성사보다 세례라는 순수한 성사와 종부 성사에 평신도들이 훨씬 많이 참여했다는 증거가 있다. 이 고해성사는 모든 신도로 하여금 성직자와의 면담과 모든 악한 생각과 행위에 대한 세세한 고백을 요구했던 것이다.[45]

한편 많은 평신도들은 종교적으로 준수해야 하지만 허울뿐이고 겉으로 드러내기 위한 준수에서 단지 내면적인 고통의 증가만을 발견했다. 기계적인 종교적 의례가 위로를 제공하기보다는 그것에 대한 추구를 더 강화하거나 이를 다시 추구하도록 했다.[46] 우리는 종교적 헌신이라는 신앙심과 더불어 부패한 성직자에

다"[Felicity Heal, *Church and Society in England: Henry VIII to James I*(Hamden, Conn., 1977), p. 5]. 토머스는 중세 교회의 성사 제도를 '마법적 힘의 거대한 저수지'라고 정의했으며 프로테스탄티즘을 '영성적 효력(*opus operatum*)을 지닌 마법'에 각별히 반한다고 이해했다[Keith Thomas, *Religion and the Decline of masic*(London, 1971), pp. 45, 52]. 이들 주제에 관한 자세한 참고문헌은 Jean Delaumeau, *Naissance et affirmation de la Réforme*(Paris, 1965), pp. 257~280 및 Francis Rapp, *L'église et la vie religieuse en Occident à la fin du Moyen Age*(Paris, 1971), pp. 328~331를 참조하기 바란다.

43 Delaruelle, *L'église au temps du Grand Schisme*, p. 872; Toussart, *Le sentiment religieux en Flandre*, p. 223.

44 Johathan Sumption, *Pilgrimage: An Image of Medieval Religion*(London, 1975), pp. 268, 295. 들라뤼엘은 이것에 평신도가 아니라 성직자가 적극적이었기 때문에 '성직자의 종교'라고 불렀다. Delaruelle, *L'église au temps du Grand Schisme*, p. 875.

45 Toussaert, *Le sentiment religieus en Flandre*, p. 122; L. A. Viet, *Volkjrommes Brauchtum und Kirche im deutschen Mittlelater*(Freiburg, I. B., 1936), pp. 88~90; Tentler, *Sin and confession on the Eve of the Reformation*, pp. 104~130.

46 Bernd Moeller, "Piety in Germany Around 1500," in *The Reformation in Medieval Perspective*, e. S. Ozment(Chicago, 1971), pp. 50~75; Ozment, *The Reformation in the Cities*, pp. 20~21; Johan

대한 신속한 징계라는 예언자적 경고와 종교적 개혁의 강제적인 도입을 발견하게 된다.[47] 이 같은 고통, 갈망 및 비판에 대한 중세 말기의 설교가들과 프로테스탄트 개혁가들의 메시지는 성공적이었다.

많은 학자들은 프로테스탄트 종교개혁이 성공할 수 있었던 비결이 개인의 직접적인 종교적 참여 및 심지어는 전통적인 성사적 공동체와 교회의 권위를 개인의 좁고 주관적인 정서로 대체할 정도의 개방적인 태도라고까지 생각했다. 일부 학자들은 이신칭의 교리가 종교적 무관심, 도덕적인 이완 및 반항적 기질을 용인한다는 대중의 잘못된 인식에서 종교개혁의 호소력을 발견했다.[48]

하지만 중세 말기의 종교는 '주관적인' 종교적 정서와 '객관적인' 교회의 전례나 권위 중 어느 하나를 선택하는 것이 아니었다. 심지어 교황청의 위계적 질서에 대한 존경이 훌륭한 가톨릭교도의 특징이다. 단순한 전례가 평신도의 교회 전례 참여 및 지배가 프로테스탄티즘의 항구적인 특징이었다고 하더라도, 가톨릭의 전통적인 경건함에서 주관성과 성찰을 결코 원하지 않았거나, 프로테스탄티즘에서 성사적 의례 및 성직자의 권위가 전혀 없었던 것은 아니다. 중세 말기로부터 프로테스탄트들이 제거하고자 했던 것은 기본적으로 주술이나 전례가 아니었다. 프로테스탄트들의 종교에도 나름의 비합리적이고, 주술적이며 순수한 전례적인 측면이 있었다. 프로테스탄트들이 문제점을 인식하고서 극복하고자 했던 것은 억압적인 미신이었다. 즉 신도들의 양심과 재정에 짐이 되었던 종교적 가르침과 관행의 극복이었다. 개혁가들의 관점에서 볼 때, 중세 말기의 종교적 쟁점은 새로운 종교적 이념에 경도된 무례한 개인들에 의한 존경할 만한 전통과 권위에 대한 도전이 아니라, 종교적인 헌신 관행과 전례적 관행에서 비효율적이고, 교리적 가르침에서 거의 신뢰할 수 없었던 종교 제도였다.

Huizinga, *The Waning of the Middle Ages*, trans. F. Hopman (Garden City, N. Y., 1954), 특히 제2장.

47 Robert E. Lerner, "Medieval Prophecy and Religious Dissent," Past and Present 72(1976), p. 20; Moeller, *Deutschland im Zeitalter der Reformation*, pp. 36~47.

48 Joseph Lortz, *Wie kam es zur Reformation*? (Einsiedeln, 1955); Toussaert, *Le sentiment religieux en Flandre*, p. 605; Galpern, *The Religious of the People in the Sixteenth Century Champagne*, pp. 122~123, 157을 참조하기 바란다. 로르츠의 영향력 있는 견해에 관해서는 필자의 *The Reformation in Medieval Perspective*, pp. 3~11을 참조하기 바란다.

종교개혁 이전의 중세 교회에 대한 비판은 제도적인 개혁이나 교리적 개혁만이 아니라 충족되지 못한 개인의 욕구이기도 했다. 중세 말기의 종교적 개혁 운동의 성격은 순전히 '도덕적이지'는 않았다.[49] 중세 교회에 대한 가장 커다란 비판 중 하나가 영국의 롤라드파로부터 유래했다. 구성원 대부분이 일반민이자 주로 장인으로 구성되었던 롤라드파는[50] 애국적인 반성직주의와 존 위클리프의 가르침을 성찰했고, 영국 교회의 로마 교황청에 대한 복속, 성직자의 세속 지배, 화체설, 성직자의 독신, 물리적 대상물의 축성, 죽은 자를 위한 미사, 순례, 성상 숭배 등을 비판했다. 긍정적인 측면에서 볼 때, 이들 롤라드파는 성직자가 사목의 의무에 충실해야 하고 평신도가 자국어로 된 성서를 읽어야 한다고 요구했다.[51] 유럽 대륙의 전형적인 개혁안이었던 이들 제안은 프로테스탄트들이 자신들의 대의를 위해 이러한 제안을 부활시키고 출간했던 영국의 종교개혁기까지 존속했다.[52]

가톨릭 교회사가 요제프 로르츠는 누구보다도 중세 말기 교회의 물리적 영성적 약점을 철저하게 분석했다. 그럼에도 불구하고 그는 권한 남용에 의해 약화된 교회가 신앙심이 돈독한 평신도에게 실천 가능한 경건함을 제공할 수 없었다는 사실을 부정했다. 페브르는, 지위 고하를 막론하고, 교회의 권한 남용이 종교혁명의 원인이었다는 주장을 주로 비판했다. 페브르에 의하면, 엄밀히 말해 중세 교회는 종교적 문제에서 대중의 공감을 얻지 못해서 실패했다는 것이다.

16세기 개혁 운동들을 이해하기 위해서는 교회의 권한 남용과 종교적 정서 이 양자를 고려할 필요가 있다. 교회 제도와 종교적인 정서가 위험에 처해 있었기 때문이다. 표면적으로는 로르츠와 페브르의 견해가 상반되기는 하지만, 이것들

49 Rapp, *L'église et la vie religieuse*, pp. 209~211, 304, 320.

50 John A. F. Thomson, *The Later Lollards, 1414-1520*(Oxford, 1965).

51 Dickens, *The English Reformation*, pp. 23~27; Imogen Luxton, "The Reformation and Popular Culture," in *Heal and O'Day, Church and Society in England: Henry VIII to James I*, p. 67.

52 롤라드파의 부활에 관해서는 특히 Margaret Aston, "Lollardy and Reformation: Survival or Revival," *History* 49(1964), pp. 149~170; Dickens, *The English Reformation*, p. 35를 참조하기 바란다. 토머스는 중세 교회의 '성사적 마법'에 대한 롤라드의 공격을 헨리 8세 치세기의 마술에 대한 프로테스탄트의 성공적인 거부에 결부시켰다. Keith Thomas, *Religion and the Decline of Magic*, p. 52.

은 종교개혁의 기원과 관련하여 서로 배치되기보다는 보완적이다. 즉 전례가 없던 교회의 권한 남용과 오랫동안 충족되지 못한 대중의 종교적인 열망 이 양자에 의해 종교개혁을 향한 길이 준비되었던 것이다.

교회의 권한 남용은 고위 성직자와 하위 성직자를 양분했고, 재속사제와 수도사제 간의 경쟁을 가속화했으며, 다수의 평신도는 이들 양자 모두로부터 소외되었다. 주교직은 귀족의 특별한 안식처가 되었으며, 여하한 특정한 종교적 준비나 종교적 태도에 입각해서가 아니라 경제적 내지 정치적 고려에 의해 귀족의 절대 다수가 이들 주교직에 임명되었다. 다수 주교의 리더십은 "법제주의로 만연되었으며, 선교 정신을 제거했다".[53] 종교개혁 전야에 평신도는 성직자에게 만연한 재정 우선주의, 상습적인 무단결근, 행정의 실책 및 비밀 결혼은 물론 심지어는 과도하게 많은 성직자의 수까지도 비판했다. 성직자의 수가 많은 경우에 대학 및 주교좌 참사회와 더불어 도시 전 인구의 10%에 이르기도 했다.[54]

주교는 하위 성직자와 평신도에 대한 폭넓은 징계권을 보유했으며, 이 권한을 행사하여 벌금도 부과했다. 주교는 관할 관구에서의 몇몇 행위를 용인하는 대신 수수료를 또한 징수했다. 이를테면 독일 중부에서는 정해진 시기보다 늦게 자신의 직무를 시작하거나 사목 의무를 이행하지 않은 성직자에게 주교가 정규적으로 벌금을 부과하거나 수수료를 징수했다. 또한 주교는 모든 대리 성직자, 의무를 이행하지 않은 미사 담당 성직자, 주교에 의해 재가를 받지 않고 예배를 집전한 성직자, 환자 구호품을 징수한 수도회들, 주교 관구 내에서 사목 활동을 수행하고자 했던 성직자로서 해당 주교 관구 이외에서 서품을 받은 자 그리고 이동 제단에서 성사를 집전하고자 했던 성직자에게 정규적으로 벌금을 부과하거나 수수료를 징수했다. 이들 내용 중 마지막으로 언급된 것은 종교적으로 중요한 절기 동안 재속사제를 돕던 탁발 수사에 대한 명백한 조세였다. 더욱이 주교는 결혼이 금지된 기간에 거행된 결혼식에 촛불 사용료를 징수했다. 이 밖에 유산

---

53 Dickens, *The English Reformation*, p. 43. 특히 영국의 주교들의 경우가 그러했다. 영국의 주교들의 대부분이 로마법 교육을 받았다.

54 Denys Hay, *Europe in the Fourteenth and Fifteenth Centuries*(New York, 1966), pp. 58~59를 참조하기 바란다.

문제나 유언의 합법화, 성직자의 증언, 성직 임명, 면벌부의 발행 그리고 새로운 성직록의 재가에 대해서도 벌금을 부과하거나 수수료를 징수했다.[55]

교황과 마찬가지로 주교 역시 성직자 및 평신도의 몇몇 특정한 죄를 사면하는 권리를 갖고 있었으며, 교황청 내사원과 마찬가지로 주교좌 내사원은 죄의 사면과 관련하여 수수료를 징수했다. 교회의 권위, 신성한 성물 및 성인을 비판한 죄 등의 다양한 죄에 대한 사면이 주교의 권한이었다. 수도사나 수녀와의 육체적 관계, 처녀성을 범한 죄, 남색 및 근친상간과 같은 성적인 죄, 배우자의 동의 없이 성직자로의 전환, 사생아를 합법적인 자식으로의 대우, 약혼을 한 이후에 다른 대상과의 결혼 등의 혼인 서약을 위반한 죄, 살인, 유아살해, 배우자 살해 음모와 같은 폭력 죄, 그리고 공개적인 고리대금, 악명 높은 모략, 신성모독, 위증 및 마법 등의 여러 다양한 악행을 사면하는 권리 역시 주교에게 있었다.[56]

주교는 내연의 처를 둔 하위 성직자에게 범칙금을 부과했다. 이들 수수료는 동거생활 및 부모가 됨(이른바 요람세) 그리고 성직자의 자녀에 대한 세례와 이 자녀를 합법적인 자녀로 삼는 데 부과한 벌금이었다. 성직자의 혼인권은 『지기스문트 개혁』(1438~1439)의 대표적인 내용 중 하나였다. 이 대중적인 책자는 신성로마제국에서의 교회 개혁과 정치 개혁을 촉구했으며, 아마도 바젤 공의회의 영향을 받았던 재속사제에 의해 집필되었을 것이다.[57] 성직자의 결혼은 프로테스탄트 종교개혁의 가장 성공적이고 지속적인 산물이었다.

주교가 지속적으로 부과한 재정적 부담이 표면적으로 하위 성직자를 고위 성직자로부터 소외시켰다면, 하위 성직자 역시 평신도를 수많은 경제적 부담 아래 놓이게 했다. 교구 사제의 주요 수입원은 두 가지였다. 교구민으로부터 정규적으로 징수하는 십일조의 일부에 대한 몫과 성사 집전에 대한 약간의 수수료가 그것이다. 교구 사제는 고해성사, 혼배, 세례 및 종부 성사, 매장, 기도, 죽은 자

---

55 Werner Zeissner, *Altkirchliche Kräfte im Bamberg unter Bischof Weigand von Redwitz (1522-1556)*(Bamberg, 1975), pp. 24~27.

56 Tentler, *Sin and Confession on the Eve of the Reformation*, p. 37.

57 스트라우스의 발췌문을 참조하기 바란다. Strauss, *Manifestations of Discontent in Germany on the Eve of the Reformation*, pp. 14~15.

〈그리스도의 참된 종교와 적그리스도의 이단적인 거짓 가르침의 차이〉(루카스 크라나흐 2세).
프로테스탄트를 호의적으로 묘사하고 있는 이 그림에서 설교단에 서 있고, 성령의 빛을 받고 있는 루터(중앙 우측)는 하나님의 어린 양을 가리키고 있다. 루터의 손으로부터 하나님에게로 이어지는 공간에 다음과 같은 말이 기록되어 있다. "오직 한 사람의 중재자만 있을 따름이다. 내가 길이다. 하나님의 어린 양을 보라." 기도하고 있는 예수는 하나님에게 다음과 같이 말한다. "아버지 당신을 위해 제 자신을 거룩하게 하고 희생합니다." 루터가 서 있는 설교대에는 다음과 같은 구절이 있다. "이에 대한 증인인 모든 예언자들 - 하늘 아래 다른 이름이 없나니. [그 이름에 의해 우리가 구원을 받는다]" (사도행전 4장 10) 전면에 있는 요한 작센은 어깨 위에 십자가를 지고 서 있다. 좌측 앞부분에서는 빵과 포도주와 더불어 성찬이 분배되고 있으며, 중앙에는 어린이가 세례를 받고 있다.

왼쪽에는 가톨릭 사제가 서 있고, 주교관을 쓴 쥐(교황이라는 악마의 상징)의 귀에서 뜨거운 공기가 뿜어 나온다. 이 성직자는 설교단에서 다음과 같이 말한다. "보라, 그대 앞에 구원에 이르는, 이단적이지는 않은, 로마 가톨릭의 다수의 길이 놓여 있다. 그대는 쉽게 영광에 이를 수 있다." 그 배경에는 깃발을 한 순례가 마련되어 있다. 죽은 사람에게 두건과 성수가 제공된다. 종은 축복을 받는다. 미사가 거행된다. 설교단 앞에 환하게 빛나는 초를 높이 들고 있는 성직자들과 평신도들이 서 있다. 전면 오른 쪽에 면벌부가 판매되고 있다. 헌금 쟁반 위에 다음과 같은 글귀가 있다. "그로셴(동전)이 땡그랑 소리를 내자마자, 영혼은 천국으로 날아간다." 구호품이 커다란 궤와 탁자 옆의 자루에 보관되어 있다. 자루에는 다음과 같이 쓰여 있다. "연보에 의해 부끄러움과 짐이 극복된다." 하늘에서는 성 프란체스코와 하나님이 실망스럽게 내려다보고 있다.

를 위한 미사 등의 사목 의무 수행에 대한 수수료를 받았다. 루터가 95개조 반박문을 게재했던 1517년에 밤베르크의 성직자들은 아이를 출산한 여성을 축복하기 위해 양초 한 개 사용료와 '소액'의 수수료를 부과했다. 혼인 선포에 9데나리우스나 페니히, 혼례 미사에 48페니히와 '저녁 식사', 종부 성사에 9페니히, 매장에 2프푼트(Pfunde), 강독과 더불어서 진행되는 기도에 1프푼트, 사순절 기간의 고해성사에 1페니히, 그리고 세례식에 12페니히 등이었다.[58] 밤베르크의 비숙련 노동자의 하루 임금이 10페니히에서 12페니히였다는 점을 고려하면, 이들 수수료는 전반적으로 결코 과하지는 않았다. 하지만 장례식 수수료 2프푼트는, 14세기의 새로운 화폐 칙령 이후 1프푼트가 120페니히였기에, 가난한 남성의 거의 한 달 임금에 해당될 정도로 많은 액수였다.

종교개혁 이전 영국 교회에서의 무례한 행동의 대표적인 사례인 훈(Hunne) 사건에는 평신도에 대한 성직자의 사소한 재정적 부과와 연관되어 있었다. 훈 사건의 경우 영안실 사용료가 문제가 되었다. 1511년 런던의 상인으로서 롤라드파에 공감을 했던 리처드 훈은 죽은 어린 자식의 매장 비용 지불을 거부했다. 성직자의 권위에 대한 평신도의 여러 도전으로 많은 어려움에 처한 장례 집전 성직자는 훈에게 본 떼를 보여주기 위해 그를 교회 법정에 소환했다. 훈은 평신도에 대한 정당한 사법권이 교회 법정에 속하지 않는다는 근거를 주장하면서 성직자를 맞제소했다. 1514년 이 사건은 런던의 주교 법정으로 이관되었으며, 주교는 훈을 전적으로 이단 소송 절차에 넘겼다. 다른 범법 행위들 가운데 롤라드파 성서를 소지한 혐의로 기소된 훈은 주교의 감옥에 갇히게 되었으며, 이틀 후 감옥에서 목을 맨 채 발견되었다. 교회 관리는 그의 사인을 자살이라고 주장했지만, 아주 순진한 사람을 제외하고 모든 사람이 간수가 그를 처형한 거라고 생각했다. 많은 사람들이 분노하자, 2주 후 교회는 그의 시신을 이단자로 화형을 시켜버렸다. 주교의 분노를 보여주는 이 사건은 1515년 평신도의 간접적인 비난만을 받았다. 그 해에 군주 재판관들은 관련된 스탄디시 사건

58 Zeissner, *Atlkirchliche Kräfte im Bamberg*, p. 29.

에서 주교가 군주의 권위를 침해했다고 비난했다.[59] 하지만 교회의 권위에 대한 평신도의 불신은 심각했으며, 많은 경우 돌이킬 수 없을 정도였다.[60] 후대의 반성직적인 저술인 시몬 피시의 『거지들의 탄원』(1529)은 당시 프로테스탄트 선전의 일상적인 주제가 되었다. 즉 매우 탐욕스러운 성직자가 모든 성사에 수수료나 부담금을 부과한 반면에, 진정으로 도움이 필요한 사람은 굶주리고 궁핍한 상태에 있었다. 피시의 이 작품은 헨리 8세가 좋아한 작품으로서, 유럽 대륙에서는 1529년과 1530년에 간행된 제바스티안 프랑크의 독일어 번역본으로 널리 유통되었다.

우리는 중세 말기의 종교 문화를 평가할 때 그것의 행정적·재정적 난맥상은 물론 심리적 효과도 고려할 필요가 있다. 여기서 중세 말의 교회 경건함의 핵심이었던 고해성사가 특히 중요하다. 연옥, 유물, 순례 및 면벌부에 대한 믿음은 대중적 경건함의 보다 중요한 요소로서, 핵심 성사인 고해와 긴밀하게 결부되어 있었다.

중세 말기에 종교 기강이 해이해졌고, 중세 교회가 인간의 나약함에 대해 관대했다는 오해가 만연되어 있다. 이는 프로테스탄티즘과 대비해 종종 도출되는 결론이었다.[61] 종교적으로 무관심하고, 믿음이 없으며, 그리고 은둔적인 사람들만이 그렇게 될 수도 있었을 것이다. 비도덕적인 행위에 대한 용서를 구하려는 신앙심이 돈독한 사람들은 매우 부담스러운 고해 제도를 만나게 되었다. 이는 단지 일시적인 안도를 제공했으며, 심지어는 추가된 조건과 그리고 회개하지 않는 죄로 인해 지옥의 고통을 받을 것이라는 위협을 제공하기도 했다. 죄의 전적

---

59 G. R. Elton, *Reform and Reformation*, pp. 51~55. 앨튼은 훈 사건과 스탄디쉬 사건을 다음과 같이 정리했다. "1515년 사건의 교훈은 교회가 이미 군주권과 그 우위에 완전히 복속했다는 것이 아니라, 교회가 교회의 독립에 관한 최상의 견해를 가지고 있었지만, 스스로를 개혁할 수 없으며, 모두가 징후를 올바로 이해하지 못했다는 것이다." p. 58.

60 이 문제는 재속사제 및 고위 성직자에게 국한되지 않았다. 평신도들은 수도회들의 광범위한 재산 보유와 권한에도 분노를 표출했다(1500년 영국의 수도사는 약 1만 2000명이었다). 수도사들은 일상생활에서 이웃주민의 '영주'로, 임대료와 십일조의 수령자로, 경쟁적인 교역업자로, 불만 어린 교회 재산소유자로 등장했다. Dickens, *The English Reformation*, p. 55.

61 Max Weber, *The Protestants Ethic and the Spirit of Capitalism*, trans. Talcott Parsons (New York, 1958), p. 36을 참조하기 바란다.

이고 무조건적인 용서와 구원의 확신은 중세 신학과 종교적 관행에서 극히 이질적인 개념이었다. 영원 이전에(이 현세에서) 종교적 죄와 불안의 효과적인 제거는 중세 종교 제도의 종말을 의미했으며, 그리고 이 현세에서의 온전함을 옹호한 사람들은 중세에 대대적으로 정죄를 받았던 것이다.[62]

고해성사 참여자는 진정으로 애통한 마음과 의식적으로 범한 모든 죄를 고백하고 죄의 용서를 받으며, 그리고 성직자에 의해 정당한 벌로서 부과 받은 보속 행위를 순종하는 마음으로 이행해야 하는 것으로 기대되었다. 중세 신학자들에 따르면, 고해를 통해 인간이 개인적으로 죄를 범했다고 느꼈던 주관적인 죄를 극복한 반면에, 신이 보기에 성직자의 보속으로 죄를 완전히 깊이 뉘우친 인간의 죄가 없어지게 되었다. 하지만 죄를 극복한 이후에 죄에 대한 처벌이 있었다. [죄를 범했던 인간은] 이를 영원히 감당해야 했으며, 그리하여 신을 포함해서 죄로 인해 해를 입은 당사자들은 완전하고 정당한 보속을 얻게 될 것이었다. 전통적인 고해성사의 마지막 단계에서 이루어지는 성직자의 보속은 신에 의해 죄인에게 정당하게 부과된 이 영원한 형벌을 관리가 가능한 현세적 처벌, 즉 장차 받게 될 벌을 경감시키고자 고해자가 보속을 이 현세에서 이미 행한 무엇으로 전환시켰다. 이를테면 특별기도, 금식, 기부, 피정 및 순례가 그것이었다. 이 같은 보속 행위를 태만히 했다면, 고해자는 사후에 연옥에서 자신의 태만 때문에 불타게 될 것이었다.

바로 이 점에서 보속 행위, 즉 면벌부가 인기가 있었다. 고해자는 면벌부를 구매할 수 있었고, '자선이라는 이 선업'에 의해 성직자에 의해 부과된 벌을 보속한 것으로 여겨지게 되었다. 중세 말기에 '면벌 서신'으로 알려진 이 같은 보속 행위들은 공언된 '공로의 보고', 즉 교황의 재량에 속한 선업이라는 무한한 보고에 근거하여 교황에 의해 정례적으로 발부되었다. 1343년 공포된 교서 〈하나님의 독생자〉에서 이 보고의 존재를 선언했던 교황 클레멘트 6세(1342~1352)는 다음과 같이 추론했다. 즉 그리스도가 엄청나게 많이 흘린 피가 헛되거나 무

62 이 책의 166, 194쪽을 참조하기 바란다.

익하지 않도록 '홍수처럼 흘린 엄청난' 피와 더불어 인류를 구원했고, 심지어 그리스도가 흘린 피 한 방울로도 인류를 구원하는 데 족했을 것이었다는 것이다. 교황 클레멘트는 이를 자신의 재량으로 죄에 적용할 수 있었을 것이다. 교황 식스투스 4세(1471~1484)는 1476년 면벌부를 연옥에 확대 적용함으로써 살아 있는 사람이 참회하지 않는 죄로 연옥에서 고통을 받고 있을 것으로 생각되는 사랑하지만 죽은 사람을 위해 이를 구매하는 것을 용인했다.[63] 루터 시대에 유명한 성 베드로의 면벌부를 설교한 요한 테첼은 면벌부의 확대를 위해 잠재된 정서를 충분히 활용했다. 그는 자식들에게 약간의 기부로 당장 면벌부를 사서 연옥에 있는 자신들을 구해달라고 울면서 간청하는 부모의 목소리를 매우 생생하게 묘사했던 것이다.[64]

1215년 제4차 라테란 공의회에서 공포된 교황청의 교서 〈모든 그리스도교도에게〉는 모든 성년 그리스도교도에게 죄의 연례적인 고해를 요구했다. 중세 말기 내내 교회는 신도가 일 년에 적어도 한 번 사순절 기간에 자신의 교구 사제에게 저지른 모든 죄를 의식적으로 고해하기를 기대했다. 1504년의 고해 지침에 따르면, 고해자는 모든 죄악의 행위나 말 그리고 행동에 옮기지 않음으로써 간접적으로 야기된 모든 죄, 이른바 하지 말아야 할 것을 행한 죄와 마땅히 해야 할 것을 하지 않은 죄뿐만 아니라 각각의 상황을 정확하게 고백할 의무도 있었다. 누구와 함께 잘못을 저질렀는지 고백해야 한다. 그리고 어느 특정 장소에서 잘못을 저질렀다면, 만약 성직자 및 교회 재산에 관련된 이들 죄악은 '사면이 유보된 죄'로서, 이에 대한 사죄는 고위 성직자인 주교나 교황의 내사원으로부터 이루어져야 했다. 특정한 날에 그와 같은 잘못을 저질렀다면, 만약 일요일이나 종교적 성일 등의 특정한 날에 잘못을 범한 경우에는 그 죄가 가중되었다. 이들 잘못을 저지른 횟수, 이들 잘못을 저지른 이유에 따라 죄가 가중되었다. 악의적으

63 Denzinger, nos. 1025-27, p. 1398.

64 *Die Reformation in Augenzeugen berichten*, ed. Helmar Junhans (Düsseldorf, 1967), p. 44를 참조하기 바란다. 테첼의 사례와 같이 이 같은 면벌부의 남용은 루터 이전 시대에도 비판을 받았다. 1312년 빈 공의회는 면벌부가 연옥의 영혼이 그곳에서 벗어날 수 있다는 인상을 제공한다고 면벌부 판매자들을 정죄했으며, 콘스탄츠 공의회는 면벌부의 발행을 제한하고자 했다. Sumption, *Pilgrimage*, p. 294.

로 저지른 잘못은 무지와 두려움에서 저지른 잘못보다 중대했다. 또한 잘못을 저지른 방식에 따라 죄가 가중되었다. 뻔뻔하고 공공연한 죄악은 통제할 수 없는 분노의 폭발로 저지른 죄악보다 사악했다. 마지막으로 한 사람의 악한 행위가 다른 사람에게 미친 영향에 따라 죄가 가중되었다.[65] 다른 고해 지침서들에 의하면 단순하고 겸손하며, 그리고 자발적으로 이루어지고 부끄러워하며 애통해하는 고해가 좋은 고해였다. 죄를 다시 짓지 않겠다는 결의 및 교회의 사면권에 대한 믿음과 더불어 이루어진 고해 역시 좋은 고해였다. 그리고 악한 행동을 한 이후 변명을 하지 않고 즉시 이루어진 고해와 성직자의 판단에 순복하면서 행해진 고해가 좋은 고해였다. 성직자는 불완전한 고해를 하거나 무엇인가를 숨기면서 고해를 한 경우 다른 모든 죄가 용서받지 못하게 될 것이라고 평신도들에게 가르쳤다.[66]

이 같은 고해를 통한 경건함이 종교적 필요와 이상을 얼마나 효율적으로 충족시켰던가? 교회의 권한 남용은 논외로 하고서, 우리는 교회 신학자들이 의도한 바대로 기능함으로써 중세 말기의 종교가 얼마나 충족되었다고 판단할 수 있는가? 중세 말기 평신도들이 고해성사를 충실히 이행하지 않았다는 증거와 성사가 유해하고 가혹했다는 프로테스탄트의 격렬한 비판에도 불구하고, 최근의 연구에 의하면 고해성사가 전반적으로 평신도 경건함의 원천이었다는 것이다. 텐틀러는 고해성사 관행에서의 성직자에 의한 교훈적인 지침서를 설명하면서 이 논지를 지지했다. 텐틀러는 이 같은 원천이 고해에서의 인간의 복합적인 동기 유발, 지나치게 세밀한 면담의 위험성 그리고 세밀한 설득에 민감했다는 사실을 발견했다. 전반적으로 고해성사는 '일련의 고상한 이상들, 아마도 비현실적인 이상들'에 의해 관리되었다고 알려져 있으며, 이들 이상은 신자가 고해자와 성직자로부터 합리적으로 기대하는 것에 대한 보다 냉정한 인식에 의해 완화되었다. 그리하여 고해자에게 위로와 불안의 치유는 규율과 죄책감 못지않게 중요했다.[67]

---

65 *Beichtbüchelin*(Augusburg, 1504), in *Drei Beichtbüchlein nach den zehn Geboten aus der Frühzeit der Buchdruckerkünst*, ed. Franz Falk(Münster, I. W., 1907), pp. 84~85.

66 Ozment, *The Reformation in the Cities*, pp. 26~27; Tentler, *Sin and Confession on the Eve of the Reformation*, pp. 104-133.

하지만 이 같은 주장은 실제 사례가 불충분한 것 같다. 성직자와 평신도는 죄악과 과오에 대해 어느 정도로 동의하는지를 결정하면서 완전히 좌절감을 맛보기도 했다. 우리는 성직자가 '죄의 등급에 대한 선호', 특히 성적 죄의 등급 및 평신도의 성 생활에 관한 면담을 선호했다는 사실을 발견하게 된다. 이를테면 한 고해 지침서에는 정숙하지 못한 키스로부터 수간에 이르기까지 성적 죄를 16등급으로 분류했다. 이들 성적 죄악 가운데 12등급의 자위는 11등급의 근친상간보다 엄중했다. 그 이유는 자위가 정액을 낭비하는 반면에, 근친상간이 적어도 종의 번식이라는 고유의 목적을 실현하기 때문이라는 것이었다.[68] 우리는 이들 지침서에서 성에 관한 아우구스티누스의 극단적 견해를 발견하게 된다. 지침서는 성 관계를 통한 쾌락의 추구를 강하게 비판했으며, 성 관계가 자녀 출산이나 간음을 회피하는 것 이외의 다른 의도가 있었는지 여부를 기혼의 고해자에게 확인할 것을 성직자들에게 촉구했다. 실베스터 프리에리아스, 안토니 피렌체 및 장 제르송은 보다 관대한 저술들에서 성 관계 시 자신의 배우자 이외의 다른 성적 대상에 관해 생각했다고 고백한 고해자만을 비난하라고 성직자들에게 지침을 내리면서, 그와 같이 철저한 고해자에게만 죄악의 정도를 완화했다.[69] 이 같은 면담이 실제로 불안을 치유하려고 했던가? 사실상 성에 관한 고해성사 문헌의 '어두운 측면'이 있었던 바,[70] 어느 모로 보나 이는 위로와는 거리가 매우 멀었다.[71]

고해성사에서 평신도의 삶에 긴밀하게 결부된 중세 교회의 공식적인 신앙의 결함을 찾을 수 있다. 그 결함은 평신도의 종교적 생활에 관한 고유의 인식 없이 성직자의 전통적인 이상을 평신도에게 강제하는 것이었다. 우리는 고해 및 참회 관행에 관한 문헌에서 심지어 종교적으로 독실한 평신도에게 자신의 고유한 경건함이 요구된다거나 성직자에게 적절한 섭생이 평신도에게는 만족스러운 영성

---

67 Tentler, *Sin and Confession on the Eve of the Reformation*, pp. 130, 131, 148, 349.

68 같은 책, p. 140.

69 같은 책, pp. 180~185.

70 같은 책, pp. 226, 231. 필자는 텐틀러가 규율과 더불어 고해가 위로를 효과적으로 조화시켰다는 자신의 논지를 부정하고 있다고 생각한다. 이 중요한 저술에 대한 평가에 관해서는 필자의 언급을 참조하기 바란다. *The Journal of Religion*, 58(12978), pp. 204~266.

71 *The Reformation in the Cities*, pp. 49~56를 참조하기 바란다.

이 아닐 수 있다는 인식마저 발견할 수가 없다. 평신도 경건함에 대한 성직자 이상의 지배는 평신도의 성적 죄악에 대한 이 같은 문헌의 집착에 의해서뿐만 아니라, 이들 지침에서 죄의 고해에 대한 처방인 참회에 의해서도 입증되었다. 교회의 한 당국자는 평신도에게 기도, 금식, 기부 및 순례라는 일반적인 고해 이외에 순교, 종교적 서약, 밤샘 기도, 거친 천으로 만든 셔츠 착용, 채찍질 고행의 준수를 제시했다.[72]

성직자의 경건함에 입각한 평신도 경건함의 정형화는 성직자가 평신도보다 우월하다는 전통적인 믿음의 논리적 결과였다. 이 믿음은 청빈, 순결 및 복종이라는 수도사의 서약에서 기원했으며, 초기 그리스도교의 세기들 동안에 수도사는 다른 모든 신자보다 우월하다는 찬사를 받았다. 성직자와 평신도 간의 날카로운 구분은 평신도의 고유한 경건함을 형성하지 못했으나, 평신도에게 성직자의 경건함을 모방하라고 촉구했다.

완전한 영성적 삶을 염원했던 평신도가 성직자와 거의 동일한 생활을 해야 한다는 인식은 성직자를 위한 고해 지침서 못지않게 평신도를 위한 교리문답서에서도 중요한 가르침이었다. 중세 말기의 독일에서 가장 인기 있던 평신도의 교리문답서인 디트리히 코엘데의 『그리스도교도의 거울』에서 평신도에게 촉구한 종교적 생활은 거울에 비춰진 성직자의 종교적 생활과 동일한 이미지였다. 늦잠에서부터 자위행위에 이르는 악한 생각과 행위 모두가 평신도의 종교적 문제로 다루어졌다. 이 교리문답서가 신의 은총에 대한 징후를 인용하게 되자, 이 징후는 수도사들이 심취한 것이었다. 자신의 죄에 대한 압박감과 슬픈 감정, 자신의 죄를 고백해야 한다는 간절함(수도원장에게 자발적이고 빈번한 고해는 수도원의 규칙이었다), 고해 신부의 지시에 대한 순응(순종은 수도사의 최고의 덕목이었으며, 수도원장과 참회하는 수도사의 관계는 고해 신부와 평신도의 관계와 같았다), 죄를 다시 짓지 않겠다는 결의, 설교의 경청, 자신의 양심에 대한 정례적이고 철저한 반성(평신도가 가장 많이 범하는 '10개 내지 12개의' 죄에 대해서는 매일 반성해야 한다), 그

72 Tentler, *Sin and Confession on the Eve of the Reformation*, p. 320.

리고 마지막으로 잊어버린 죄의 용서와 자신도 모르게 범한 죄로부터 보호하기 위한 지속적이고 간절한 기도가 그것이었다.[73]

초기의 수도원 생활이 평신도에게 영감을 불어넣었던 반면에, 종교개혁 전야에는 종교개혁가들과 인문주의자들에게 비판과 심지어 조롱의 대상이 되었다. 이는 아마도 변화된 종교적 욕구만큼이나 수도원 내에서와 성직자의 계서 내에서의 실제적인 권한 남용에서 기인하고 있었으며, 비판자들은 대개 이를 과장했다. 순종과 성적 순결이라는 잘 알려진 수도원적인 이상과 더불어 수도원적인 이념에 의해 고무된 평신도의 신앙은 점차 글을 읽을 줄 알고 사회적으로 이동이 잦았던 도시의 평신도에게는 적절하지 않은 것처럼 보였다. 이들 평신도는 자신들의 삶의 모든 영역에서 단순함, 명쾌함, 존중을 고귀하게 생각했다.

전통적인 종교의 한계에 대한 인식은 13세기의 발도파와 프란체스코회로부터 14세기의 후스파와 새로운 헌신주의자들까지 여러 개혁과 실험에서 명백하게 드러났다. 종교개혁과 가톨릭의 종교개혁이 그리스도교 공화국을 다시 정의하기 이전에, 이단이든 정통 교리이든 여러 지적·신앙적 선택, 이단 및 정통 교리는 대담한 평신도와 성직자에 의해 수용되었다. 설령 신앙의 양태가 외견상 결코 중세 말엽보다 다양하지 않았다고 해도, 거의 모든 신앙이[74] 말하자면 사도의 모범으로 복귀하고, 초창기 교회를 변모시켰던 도덕적 금욕적 이상을 부활시키고자 하는 복고적인 성격을 지니고 있었다.[75] 교회의 공식적인 신앙과 결별하

73 Albert Groteken, ed., "Der älteste gedruckte deutsche Katechismus und die niederdeutschen Volksbücher des seligen Dietrich Kolde von Münster," *Franziskanische Studien* 37(1955), pp. 57~75, 189~217, 388~410. 필자의 논의를 참고하기 바란다. Ozment, *The Reformation in the Cities*, pp. 28~32. 1517년에 간행된 자국어로 된 고해의 거울은 종교개혁과 근접해 있다. *Ein gar schon tractetlin von der erkantnüsz der sünden/und etlicher tugent/dem menschen vast nutzlich zu seiner Selenheit. Gemacht durch einen vast volgelerten mann zu Ingolstatt/zu lob und eren der selben hohenschul. Der Beycht spiegel*(Strasbourg, 1517). 그것은 10계명에 따른 전통적인 인식을 따르고 있다. 일곱 개의 중죄와 그것의 아류, 죄를 범하는 상황(누가, 무엇을, 어디에서, 누구에 의해서, 왜, 어떻게, 언제), 오감의 죄, 아홉 가지 생경한 죄, 7성사, 성령의 일곱 가지 선물, 자비의 행위, '서두르는' 죄, 성령을 거슬리는 죄, 그리스도교 신앙의 열두 가지 요소, 천사의 네 가지 덕목.

74 Rapp, *L'église et la vie religieuse*, p. 146.

75 Strauss, *Manifestations of Discontent*, pp. xi~xix; Frantisek Graus, "The Crisis of the Middle Ages and the Hussites," in *The Reformation in Medieval Perspective*, pp. 76~103; Scott H. Hendrix, "In Quest of the *Vera Ecclesia*: The Crisis of Late Medieval Ecclesiology," *Viator* 7(1976), pp.

고, 많은 점에서 후대의 프로테스탄트 개혁을 예견했던 개혁 운동들은 평신도의 종교 생활에 대해서 전통적이고, 금욕적인 이상의 시각에서, 마치 순수한 금욕주의가 중세 말기의 신앙의 위기를 해소할 방법인 것처럼 이해했다. 종교개혁은 이들 개혁 운동의 발자취를 따르기는 했지만, 그 정신을 따르지는 않았다. 프로테스탄트 개혁가들은 이전 세기의 종교적 개혁과 경험 모두에 기초하고 있었으나, 이 모든 것을 뛰어 넘었다.

프로테스탄트들은 자신들의 가르침에 대한 선례 및 교황청을 비판한 것에 대한 찬사를 중세에서 발견하려던 시도에도 불구하고, 자신들의 중세적 '선구자들'에 대해 기껏해야 모호한 태도를 취했다. 프로테스탄트들은 중세 말기의 개혁가들이 비판했던 교회와도 동일시하지 않았던 것과 마찬가지로 이들의 가르침과도 자신들을 동일시하지 않았다. 프로테스탄트들은 정치적으로 교회와 성직자를 보다 순종적인 '시민'으로 만들기 위한 노력을 기울였지만, 일단 권력이 공고해지자, 프로테스탄트 성직자는 평신도의 도덕적 생활에 대한 우위를 주장했다.[76] 프로테스탄트들은 교회 정부에 관한 공의회 이론을 수용했으며, 자신들의 고유한 감독회(루터파), 장로회(칼뱅주의자) 및 회중(분파주의자 및 청교도) 조직을 발전시켰다. 그러나 이들은 교회 공의회가 무오류하거나 심지어 각별히 신뢰할 만한 조직이라고도 생각하지 않았다.[77] 프로테스탄트들은 중세 말기의 개혁 운동과 종교 생활에서의 단순함을 공유했지만, 당시의 인문주의자와 마찬가지로 이들은 새로운 헌신 운동의 특징이었던 세속 사회에 대한 신앙적 경멸을 거부했다.[78] 프로테스탄트들은 독실한 그리스도교도(*ecclesiolae in ecclesia*)로 구성된 특별 공동체의 창설에 공감했으며, 특히 탄압의 시기에 그러했다. 그러나 이들은 중세 말의 평신도 종교 우애단을 평등주의적 만인 사제설에 대한 반발이라고

347~348.

76 Ozment, *The Reformation in the Cites*, pp. 151~155.

77 루터의 견해에 관해서는 Christa Tecklenburg-Johns, *Luthers Konzilisidee in ihrer historische Bedingtheit und ihren reformatorischen Neuansatz*(Berlin, 1966); H. A. Oberman, introduction to Brian Tierney, *Ockham, the Conciliar Theory, and the Canonists*(Philadelphia, 1971), pp. viii~x를 참조하기 바란다.

78 이는 포스트의 거대한 논지이다. R. R. Post, *The Modern Devotion*(Leiden, 1968).

경멸했다.[79] 설교는 프로테스탄트의 '성사'가 되었으며, 중세 말기의 설교권은 프로테스탄트 교리의 토대로서 종종 기여했지만, 개혁가들은 중세 말기의 설교를 도덕적이고 펠라기우스적이라고 일축했다.[80] 인문주의가 없었더라면 종교개혁이 불가능할 수도 있었지만, 프로테스탄트가 된 인문주의자들은 자신들이 전적으로 새로운 세계에 진입했다고 생각했다.[81] 비텐베르크 개혁가들에 관해 "우리 모두는 후스파이며, 단지 이를 모를 뿐이다"라고 언급했던 루터는 위클리프와 후스가 협소한 도덕주의적인 개혁을 추구했다고 비판했다.[82]

종교개혁과 중세 말기의 개혁 운동들의 공통점은 전통적인 교회의 권위와 신앙이 다수 대중의 필요를 더 이상 충족시키지 못했으며, 심리적으로나 경제적으로도 억압적이 되었다는 확신이었다. 자칭 '수도사들의 수도사가' 되었음에도 불구하고 자신의 종교적 분노를 해소시키지 못한 루터의 무력감은 다수의 평신도 또한 그들 나름대로 이해한 종교적 경험이기도 했다. 이들 평신도도 수도사들의 고해 관행에 기초한 경건함으로부터 위로를 얻지 못했기 때문이다.

---

79 Ozment, *The Reformation in the Cites*, pp. 84~85.

80 E. J. Dempsey-Douglas, *Justification in Late Medieval Preaching: A Study in Joh Geiler of Kayserberg*(Leiden, 1966)을 참조하기 바란다. 근년에 루터와 사보나롤라에 대한 놀테의 흥미로운 비교에 관해서는 Josef Nolte, "Evangelicae doctrinae purum exemplum: Savonarolas Gefännismeditationen im Hinblick auf Luthers theologische Anfänge," in *Kontinuität und Umbruch: Theologie und Frömmigkeit in Flugschriften und Kleinliteratur an der Wende vom 15. zum 16, Jahrhundert*, ed. Josef Nolte et al.(Stuttgard, 1978), pp. 59~92. 시편 50편(51편)과 30편(31편)에 대한 사보나롤라의 묵상과 『시편 주석』(1513~1515)에서 이들 동일한 시편에 관한 루터의 주석을 비교한 놀테는 명백한 증거도 없이 다음과 같이 강하게 주장했다. 즉 루터가 시편에 관한 최초의 강의에서 이들 묵상을 알고 있어야만 했으며, 이들 묵상이 루터의 오직 믿음에 의해서 의롭게 된다는 자신의 교리의 발전과 신의 정의와 그리스도의 정의의 일치에 대한 그의 이해에 '자극'을 제공했다고 놀테는 주장했다.

81 이 책의 417~426쪽을 참조하기 바란다. James M. Kittelson, "Humanism and the Reformation in Germany," *Central European History* 9(1976), pp. 303~332.

82 게오르크 슈팔라틴에게 보낸 서신, *WABr* 2, p. 42(no. 254). Scott H. Hendrix, " 'We ar All Hussites'? Hus and Luther Revisited," *ARG* 65(1974), pp. 134~161을 참조하기 바란다.

제6장

마르틴 루터의 정신세계

1) 청년 루터

수도사 루터 앞에 놓인 종교적 욕구와 독실한 평신도가 인식한 종교적 욕구는 결코 다르지 않았다. 루터와 독실한 평신도는 해결되지 않는 종교적 억압을 공통적으로 경험했다. 루터가 수도사로서의 삶에서 위로를 얻지 못했듯이, 다수의 평신도 역시 고해성사에서 위로를 얻지 못했던 것이다. 루터와 다수의 평신도가 공유한 종교적 경험은 루터와 프로테스탄트가 되었던 평신도들 간에 중요한 연대를 형성했다. 루터가 1520년의 유명한 종교개혁 팸플릿에서 중세 교회 및 종교에 대한 자신의 불만을 정교하게 하자, 루터의 불만이 자신들의 불만이었기 때문에 일반 대중은 루터의 주장에 즉각 공감했다. 1521년 5월 보름스 제국회의에서 독일의 영주들이 황제에게 제출한 「신성로마제국과 특히 전 독일의 불만사항들」은 루터가 등장하기 직전에 귀족과 일반 도시민의 불만을 대변했으며, 이들 재정, 법률은 물론 종교 관련 불만이 교황, 독일의 고위 성직자, 교회 및 성직자 전체를 비판했기 때문에, 불만 하나하나가 루터에게 반향을 불러일으켰다. 이들 불만사항이 공통의 종교 문화에서 기인했기 때문에, 이 결의안은 기본적으로 종교적인 성격을 띠었다. 이 결의안은 전통적인 종교 생활에 관한 인식, 관행 및 제도를 변모시킨 새로운 신학으로부터 도출되었다.

종교개혁 분야에서 지금껏 간행된 것 중 가장 논쟁적인 저서가 에릭슨의 『청년 루터』(1958)였다. 이 책에서 에릭슨은 루터의 신학과 종교개혁의 대중적인 성공을 루터와 대중이 공유한 억압적인 종교 문화로부터 유래된 불만이 아니라 유년기의 억압이라는 공통의 경험에서 발견했다. 루터의 신학적·종교적 논쟁들은 시간의 구속을 받는 종교 문화의 산물이라기보다는 젊은이의 보편적 영적 모험의 산물로서 부모로부터 기인한 것으로 이해되었다. 에릭슨에 의하면 종교개혁은 문화적 혁명에 의해 유년기와 성년기의 보편적인 문제를 해결하려고 했으나 실패했다는 것이다. 그리하여 에릭슨은 16세기의 신학자 루터가 아니라 초역사적인 청년 루터에게 매료되었던 것이다.

역사가들은 에릭슨의 『청년 루터』에 대해 호의적이지 않았다. 그의 결론이 역사적인 논증 방식을 충족시키지 못했다는 이유뿐만 아니라, '심리역사학'의 방법론에 대한 역사학자들의 회의적인 태도 역시 또 다른 이유가 되었다. 심리학자들이 성인의 행위를 설명하는 데 유년기의 경험을 선호한다는 역사가들의 이 같은 비판은 예견된 것이었다. 역사가들과 심리학자들은 과거를 다루는 데 직업적으로 서로 뜻이 맞지 않았다. 역사가는 현재의 경험이라는 용어에 의해서라기보다는 고유한 용어로 과거를 설명하는 훈련을 받는다. 역사가는 루터의 행위를 루터 시대의 역사적 문화적 맥락에서 평가하려고 한다. 역사가는 또한 일차 사료에 대한 자신의 연구를 통해 루터 시대에 몰두하게 된다. 루터 시대에 관한 유익한 역사적 지식을 활용하는 역사가는 루터의 행위가 주로 자명한 종교적 동기에 기초한 것으로 이해한다.[1] 역사가는 뤼시앵 페브르가 명명한 '심리적인 시대착오'에 몰두하는 것을 우려한다. 이는 후대의 감정적 기질이 초기의 그것에서 기인하는 것으로 간주하는 것을 의미한다.[2]

반면 오늘날의 심리학자들은 임상 경험으로부터 도출한 증거가, 특정 역사적 시기나 문화를 불문하고서, 인간의 성격에 관해 보편적인 무엇인가를 설명해 주고 있다고 확신한다. 심리학자의 발견이 경험적이고 과학적인 것으로 간주되기 때문에, 이는 인간의 행위가 어디에서 일어나든, 언제 일어나든지 간에 그것을 설명할 수 있다고 간주한다. 역사가보다 심리학자에게 인간은 훨씬 더 영속적이

---

1 린드벡은 루터의 종교적 쟁점들의 문화적 기원(어원) 연구의 중요성에 관심을 기울였다. George A. Lindbeck, "Erickson's Young Man Luther: A Historical and Theological Reappraisal," *Soundings* (1973), pp. 210~227; Roger A. Jonson ed., *Psychohistory and Religion: The Case of Young Man Luther*(Philadelphia, 1977), pp. 84~85. 존슨은 『청년 루터』에 관한 논평들에 대한 유익한 참고문헌을 첨부했다. 들뤼모가 작성한 참고문헌 요약을 참조하기 바란다. Jean Delumeau, *Naissance et affirmation de la réforme*(Paris, 1965), pp. 280~300.

2 "History and Psychology," in Lucien Febvre, *A New History of History and Other Essays*, ed. Peter Burke(New York, 1973), p. 9. 역사 연구에 있어서 사회과학적 서술에 사실상 공감하는 심리역사학에 대한 뤼시앵 페브르의 비판에 관한 보다 근년의 참고목록은 스톤에 의해 작성되었다. Lawrence Stone, "The Massacre of the Innocents," *New York Review of Books* 21, no. 18(14 November, 1974), pp. 2~31. 역사 연구에 대한 에릭슨의 연관성을 특히 옹호한 스톤의 주장을 할라는 논박했다. Frank L. Halla, "Childhood, Culture, and Society in Psychoanalysis and History," *The Historians* 30(1977), pp. 423~428.

고 예견 가능한 존재가 된다. 만약 심리학 지식의 설명 능력에 대한 이 같은 믿음이 심리학자로 하여금 역사가보다 더 큰 자신감을 불어 넣었다면, 이 같은 믿음은 심리학자로 하여금 역사가의 비판에 개의치 않도록 하는 장점을 가지고 있다.

심리학자들은, 설령 문화를 철저하게 이해하는 방식을 훈련받지 않았다고 해도 그들 나름대로 문화를 이해하는 방식을 알고 있으며, 개인이나 집단의 행위를 형성함에 문화의 역사적인 역할도 인정할 것이다. 한편 역사가들은 젊은이에 대한 임상 연구에 몰두하지는 않지만, 유년기와 청소년기의 경험이 성인기의 행위에 어떻게 영향을 미치는지를 확실히 고려한다. 하지만 이 핵심 쟁점, 즉 심리학적인 연구의 결과가 특정 역사 시기에 적용될 경우 그 시대의 고유한 성격을 실제로 해명하는지 혹은 그 문화를 단지 인간에 관한 가상의 초역사적인 진리로 환원하는지 여부는 역사가의 몫으로 남아 있어야 한다. 사회학자 벨라흐는 에릭슨에 비판적인 역사가들에게 올바르게 도전을 했다. 즉 "루터에 대한 에릭슨의 유일한 실제적 비판은 앞으로도 유효할 것이며…… [에릭슨이] 우리에게 제공한 비판보다 훨씬 설득력이 있는 서술은 루터가 문화적으로 어떻게 성장해 갔는지에 관한 것이다".[3]

『청년 루터』는 근대 임상 심리학의 방법론을 과거의 역사적 인물에 적용한 매우 중요한 대표적인 사례이다. 에릭슨은 자신의 저술을 '위대한 청년'의 지체된 정체성 위기에 관한 연구라고 정의했다. 에릭슨에게 '정체성 위기'란 청소년기의 중요한 트라우마였다. 즉 자신보다 우위에 있는 사람에 대한 혼란으로 희생양이 되어야 하거나 권위자이자 상위자, 특히 부모의 판단이나 기대에 자신의 판단이나 기대로 맞서야 하는 젊은이의 생애 어느 시점에 일어나는 혼란을 의미했다. 에릭슨에 의하면, 정체성의 위기는 '모든 젊은이가 자신의 유년기의 유용한 잔존물과 기대했던 성인기의 희망으로부터 스스로 어떤 중요한 인식과 방향 및 유익한 통일성을 설정해야 하는" 생애 주기에서 일어난다는 것이다.[4] 인간을

---

3 『청년 루터』에 대한 린드벡(George A. Lindbeck)의 논평은 *Encounter With Erickson: Hisrorical Interpretation and Religious Biography*, ed. Donald Capps et al.(Missoula, Montana, 1977), pp. 29~30에 있다.

4 *Young Man Luther*(New York, 1962), p. 14.

대립되는 정서와 태도에 반복적으로 복속시키는 정체성 위기란 매우 어린 유아기에 시작하여 청소년기와 성인기로 이어지고, 그리고 에릭슨이 설정한 생애 주기 8단계 가운데 5번째 단계에 해당되었다.[5]

에릭슨은 재능 있는 젊은이들에 대한 임상 연구에 기초하여 루터에 관한 저술을 시작했다. 유년기의 경험을 인간 행위의 핵심으로 이해한 에릭슨은 루터의 부모 및 루터가 성장한 사회에 대한 실제적이거나 개연적인 정서적 반응에 대한 증거를 찾기 위해 청년 루터의 '영성적이고 지적인 분위기'를 연구했다. 유감스럽게도 루터의 청년 시절에 관한 사실들 중에는 논쟁의 여지가 있는 경우가 많았으며, 역사심리학자는 이 사료들을 가지고 연구를 시작했다. 우리는 루터가 1483년 11월 10일 작센의 아이슬레벤에서 태어났고, 만스펠트에서 성장했으며, 마그데부르크(1497)와 아이제나흐(1498)에서 공부를 했고, 1501년 5월 에르푸르트 대학에 입학하여, 1502년 9월 학사학위를 그리고 1505년 1월 석사학위를 취득했다는 사실을 알고 있다. 당시 루터의 나이는 22세였으며, 부모님의 기대에 부응하여 법학 공부에 전념했다. 하지만 1505년 7월 초 부모를 방문한 이후 에르푸르트로 돌아오는 도중에 천둥소리에 공포심을 느낀 후 루터는 갑자기 법학 공부를 포기했다. 폭풍우가 치는 동안 여행자들의 수호성인 성 안나에게 행한 서약을 지키고자 7월 17일 에르푸르트에 도착한 루터는 아우구스티누스회 수도원에 입회하게 된다. 그는 1507년 5월 최초의 미사를 집전했고, 1508년 비텐베르크에서 아리스토텔레스 철학을 가르쳤으며, 1510년 아우구스티누스회의 업무로 로마를 방문했다. 1511년 4월 에르푸르트로 되돌아온 이후 그는 비텐베르크에 정착했다. 비텐베르크 대학에서 그는 1512년 28세에 신학박사 학위를 받았다. 1513년 1515년 사이에 그는 시편 주석에 관한 최초의 강의를 했다. 많은 학자들은 이 시기에 루터가 최초로 이신칭의의 의미를 분명하게 경험했다고 생각한다.[6] 이로부터 2년 후인 1517년 34세의 루터는 면벌부 판매를 비판하는 논지

---

5 *Childhood and Society*(New York, 1963), part 3, ch. 7, 특히, pp. 261~262를 참조하기 바란다.

6 다른 학자들은 루터의 회심 경험이 1518년에서야 뒤늦게 일어났다고 보았다. Bernhardt Lohse ed. *Der Durchbruch der reformatorischen Erkenntnis bei Luther*(Darmstadt, 1967)의 논의를 참조하기 바란다. Ernst Bizer, *Fides ex Auditu: Eine Untersuchung über die Entdeckung der Gerechtigkeit*

들을 게재했으며, 종교개혁가로서의 삶을 시작했다.

에릭슨은 루터의 유년기의 삶을 재구성하기 위한 직접적인 증거도 거의 없이 "임상 훈련은 그로 하여금 심지어 모든 사실을 이용할 수 없는 경우에조차도 주요 흐름을 이해하도록 하거나 사실상 이해하도록 했다"고[7] 주장했다. 이 같은 사명감과 유아기의 경험에 대한 루터의 기억에 힘입어 에릭슨은 루터의 유년기에 관한 흥미롭지만 종국적으로 입증하기 어려운 설명을 했다.

루터는 어린 시절 3번 매를 맞은 것으로 기억했다. 한 번은 아버지로부터 매를 맞았으며, 아버지와 화해할 때까지 그는 매우 불안해했다. 두 번째로 견과류를 훔친 후 어머니로부터 사실상 피가 날 정도로 매를 맞았다. 마지막으로 학교에서 라틴어 대신 독일어를 사용하다 매를 15대나 맞았다.[8] 설령 루터에게 매를 든 부모가 자신을 평상시 대하던 방식과는 달리 예외적이었다는 인상을 주고, 학교에서의 매 사용이 15세기에 결코 예외적인 경우가 아니기는 했지만, 에릭슨은 루터가 부모로부터 중요한 신뢰감을 결여한 잔인한 어린이로 성장했다는 결론을 도출했다.[9] 가난한 농촌에서 벗어나고자 산업화된 사회의 풍요를 찾아 미국으로 이주한 2세대 이민자들에 관한 연구에 입각하여 에릭슨은 광산업을 통해 권력과 부를 얻은 2세대 농민이었던 루터의 아버지가 자식에 대한 요구사항이 과도했고, 자의적이었으며, 그리고 가부장적이었음에 틀림없다고 생각했다. 이 같은 환경은 '오만한 초자아'와 더불어 루터를 짓눌렀으며, 그리하여 루터가 지속적으로 자신을 합리화할 수밖에 없었던 '일종의 범죄자'로 생각하게 되었다는 것이다.[10] 에릭슨은 이후 루터가 신의 의 및 성모 마리아 숭배에 대한 공격에 집

Gottes durch Martin Luther(Neukirchen, 1961), pp. 29~31, 51. Heinrich Bornkamm, "Zur Frage der Iustitia Dei beim jungen Luther," *ARG* 52(1961); *ARG* 53(1962). 베인턴은 루터의 생애에 관한 유용한 연대기를 작성했다. Roland H. Bainton, *Here I Stand: A Life of Martin Luther*(New York, 1950), pp. 12~14.

7 *Young Man Luther*, p. 50.

8 같은 책, pp. 64~65, 68, 79. Johnson, *Psychohistory and Religion*, pp. 70~77에 있는 스피츠의 이들 보고서에 관한 논의와 Roland H. Bainton, "Psychiatry and History: An Examination of Erickson's Young Man Luther," *Religion in Life* 40(1971), pp. 458~461, reprinted in Johnson, *Psychohistory and Religion*, pp. 19~56을 참조하기 바란다.

9 같은 책, p. 65.

착한 원인을 부모에 대한 애증 관계에서 발견했던 것이다.[11]

이 모든 것은 확실히 매우 시사적이었다. 아들을 벌주고 아들에게 능력 이상의 것을 요구했던 루터의 아버지가 사랑이나 혹은 악의에서 이 같은 행동을 했던가? 외견상 신이 자의적으로 누군가를 저주하고 누군가를 구원할 때 사랑이나 악의에서 그렇게 했던가? 유아기에 부모의 분노로 야기된 문제가 신의 의에 집착했던 루터의 신학 형성에 어떤 영향을 미쳤는지를 우리는 확인할 수 있다.

하지만 루터의 아버지에 대한 에릭슨의 묘사는 명백히 조작된 것으로 드러났으며, 신뢰할 만한 역사적 증거는 루터가 가정이나 학교에서 단연코 불행한 유년기를 보내지 않았음을 강력하게 보여주고 있다.[12] 루터가 집착했던 신의 의로움이 중세 신학에서 결코 선례가 없었던 것은 아니다.[13] 에릭슨이 솜씨 있게 간파한 사실, 즉 자신이 하찮은 존재라는 루터의 과도한 인식은 명백히 부모로부터가 아니라 문화적인 요인에서 기인한 것처럼 보인다. 이는 모든 개연성 가운데 고해성사에 초점이 맞추어졌고 루터가 어려서부터 알고 있었던 매우 대중적인 종교적 관행과 에르푸르트에서 배웠던 전통적인 신학, 즉 지속적으로 지배했던 오컴주의와 토마스주의였다. 루터에게 이는 마치 그것이 다른 많은 사람들에게 그러했듯이, 신의 자비와 신의 분노 간의 긴장 그리고 신의 은총에 힘입어 자신의 최선을 다함으로써 신의 분노를 완화하고 신의 자비를 얻기 위한 인간의 책임을 강조한 것이다.

에릭슨은 루터가 수도원에 입회하게 된 위기를 길게 논의했다. 그는 루터가 경험한 천둥 사건을 지적했다. 천둥이 치는 동안 루터는 성 안나에게 만약 자신의 생명을 안전하게 지켜주면 수도사가 되겠노라고 서약했다. 이는 당시 루터가

---

10 같은 책, pp. 68, 77.

11 같은 책, pp. 58, 67~71.

12 Johnson, *Psychohistory and Religion*, pp. 73, 76~77에 있는 스피츠의 글을 참조하기 바란다. 존슨은 루터의 아버지에 대한 에릭슨의 묘사를 심리학을 과거에 주의 깊게 적용한 결과라기보다는 에릭슨의 고유한 '이데올로기적 건설'로 이해한 사례로 파악하고 있다. *Psychohistory and Religion*, pp. 136~137.

13 Harry J. McSorley, *Luther: Right or Wrong: An Ecumenical-Theological Study of Luther's Major Works: The Bondage of the Will*(New York, 1969); *Luthers Lehre vom unfrein Willen*(Munich, 1967)의 영어 번역본을 참조하기 바란다.

받았던 개인적인 스트레스를 보여주고 있다는 것이다. 에릭슨은 루터가 집에 머무는 동안 아버지와 논쟁을 벌였다는 사실에 대해서는 회의적이었다. 아마도 루터가 법학 공부에 대해 유보적인 입장을 표명했고, 수도원에 들어가겠다는 염원을 밝혔기 때문일 것이다. 에릭슨은 루터를 스스로 선택하지 않은 삶에 대한 반감과 부모를 실망시킬 수도 있다는 두려움 사이에서 분열된 인간으로 이해했다. 물론 루터에 대한 부모의 기대와 루터 자신이 원하던 바가 일치하지는 않았다. 천둥에 놀라서 행한 루터의 서약은 신이 바라던 바를 철회할 수 없었던 그로 하여금 아버지에 맞설 수 있는 용기를 주었다. 그리고 수도원은 루터에게 매우 절실했고 자신이 원하던 삶이 무엇인지에 대해 성찰할 수 있는 '유예'의 시간을 제공했던 것이다.[14]

루터가 수도사의 삶을 선택한 동기와 정신적 상태에 관한 이들 성찰은 완전히 사실일 수 있으며, 루터의 수도원 입회를 종교 문화라는 측면에서 여전히 만족할 만하게 설명할 수도 있다. 자신의 부모를 실망시키는 것에 대해 루터가 두려움을 가지고 있었던 것이 사실이었던 것처럼 루터에 관해 분명한 사실이 있다면, 그것은 루터가 기질적으로 종교에 매력을 느끼고 있었고 신학적 천재성을 지니고 있었다는 것이다. 에릭슨이 또한 인식하고 있듯이, 부모의 자식이었던 루터는 거의 '천부적인' 종교인(*homo religiosus*)이자 신학자였다.

루터의 불안은 수도원에서 해소되기는커녕 오히려 악화되었을 따름이다. 에릭슨은 루터가 수도원에서 수도사로 있는 동안 일어난 각별히 흥미로운 두 가지 사건을 발견했다. 첫 번째 사건은 루터가 수도원에 들어간 지 얼마 지나지 않아 성가대에서 찬양을 하는 동안 일어난 발작과 그로 인한 고통이었다. 두 번째 사건은 아버지 면전에서 그가 집전한 최초의 미사였다. 한 보고서에 따르면, 루터는 예수가 어린 소년으로부터 말 못하는 귀신을 내쫓은 사건을 기술한 마가복음(제9장 17절)을 들은 이후 어느 날 성가대에서 극도로 감성적이게 되었으며, 그는 "내가 아니야, 내가 아니야"라고 소리치기 시작했다. 이 외침은 "나[루터]는 말 못

14 *Young Man Luther*, pp. 90~97.

하는 귀신이 들린 소년이 아니다"라는 것이었다. 에릭슨은 여기서 루터가 아버지의 강한 반대에도 불구하고 수도원으로 들어오게 된 자신의 결정과 종교 생활을 위해 자신을 단절시키지 못한 무의식적인 정서를 변론하고 있다고 생각했다. 에릭슨은 주도면밀한 수도사로 유명한 루터를 다른 사람들에 의해 자신에게 부과된 규범을 거부하며 스스로 선택한 것에 매우 헌신적이고 주도면밀한 오늘날의 십대 청소년이나 청년에 비교했다.[15]

에릭슨은 아버지가 참석한 가운데 루터가 집전한 최초의 미사가 정체성 위기를 또한 강화한 것으로 이해했다. 또 다시 청년 루터는 부모의 반대와 자신이 내린 결정에 대해 점점 깊은 의구심에 직면하게 되었다는 것이다. 루터의 아버지는 미사 후 식사 시간에 루터를 공개적으로 비난했다. 미사를 집전하기 며칠 전에 루터는 밤중에 식은땀을 흘리며 깨어났다고 했다. 수도사 생활 내내 이는 반복되었다. 에릭슨은 심지어 루터가 사정을 경험할 정도로 신경이 예민했다는 증거도 발견했다.[16]

역사가들은 성가대석에서 일어난 루터의 발작 사건을 보통 무시했다. 이는 요하네스 코흘레우스가 출처로, 당시 가톨릭의 논객 코흘레우스는 루터가 악마에 사로잡혔다는 자신의 논지를 입증하려고 이 이야기를 언급했다. 적어도 그 이야기가 사실일 개연성만큼 조작되었을 개연성이 있다. 그러나 심지어 이 이야기가 아니더라도, 루터가 극도로 불안했고 수도원에서 신경질적인 행동을 했다는 확고한 사례가 있을 수 있었다. 역사가와 심리학자 간의 논쟁의 이슈에는 보다 그럴듯한 원인이 있다. 즉 에릭슨이 주장하듯이, 부모의 반대와 소명에 대한 루터의 회의 내지 필자가 주장하는, 중세의 가장 순수한 형태로서의 종교 문화인 수도원적 지배에로의 복속에 대한 성찰이었다. 1521년 수도사로서의 서약에 대한 공격의 서문으로 작성하여 아버지에게 보낸 편지에서 루터는 아버지에게 알리지도 않고 아버지의 동의도 없이 수도사가 되기로 서약한 것에 대해 사과하면서, 자신의 결정이 아버지의 비판을 '어쩔 수 없이 받게 되었다'고 인정했다. 그

15 같은 책, pp. 23~48.
16 같은 책, pp. 137~160.

러나 루터가 회고하면서 자신의 행위에 대해 가장 후회하는 것은 자신의 서약이 진정한 현혹으로 판명되었다는 것이라고 했다. 루터 자신의 고백에 의하면 폭압적인 것으로 판명된 것은 자신의 부모가 아니라 수도원 생활이었다는 것이다.[17] 루터와 그의 추종자들은 수도원 생활을 청빈, 자선 및 순종이라는 수도원의 '비본성적인' 요구에 의해 소년과 소녀가 미칠 정도의 정신적 질병 상태에서의 일종의 훈련이라고 지속적으로 묘사했다. 이렇게 주장함으로써 이들은 성서의 권위는 물론 서약을 한 자신들의 고유한 경험의 권위도 주장했다.[18]

에릭슨이 이해한 루터의 마지막 주요 사건은 아우구스티누스 수도원 탑에 있던 방에서의 루터의 회심 경험이었다. 여기서 루터는 이신칭의의 의미를 최초로 명확하게 이해하게 되었다. 루터는 자신의 1545년판 라틴어 작품집들의 서문에서 그 사건을 다음과 같이 기술했다.

> 설령 내가 흠잡을 데 없는 수도사로 생활하고 있기는 했지만, 나는 극도로 혼란한 양심과 더불어 하나님 앞에서 죄인이라고 느꼈다. 나는 속죄에 의해 하나님의 분노가 완화되리라는 사실을 믿을 수가 없었다. 나는 죄인들에게 벌을 주는 정의로운 하나님을 사랑하지 않았으며, 하나님을 증오했다. 그리고 은밀하게 …… 나는 하나님에 대해 분노했다. …… 그럼에도 불구하고 나는 바울의 [로마서 제1장 17절]을 성가실 정도로 읽었다. …… 마침내 밤낮을 숙고했던 나는 하나님의 자비에 의해 "기록된 바와 같이, [복음]에서 하나님의 의가 나타났으며, '믿음을 통해서 하나님과 올바른 관계를 가지게 된 사람은 살 것이다'"라는 말씀에 주의를 기울였다. 이 구절에서 나는 하나님의 의란, 의로운 자가 하나님의 선물에 의해 즉 믿음에 의해 살게 된다는 것을 이해하기 시작했다. 그리고 이것이 함의하는 바는 하나님의 의가 복음에 의해 드러났으며, 말하자면 그것은 자비로운 하나님이 믿음에 의해 우리를 의롭게 하는 수동적인 의이다. …… 여기서 내가 완전히 다시 태어났으며 천국에 들어갔었다는 사실을 나는 알게 되었다.[19]

---

17 *WA* 8, pp. 573~576= *LW* 48, pp. 330~336.

18 이 책의 제12장을 참조하기 바란다.

회심 사건이 1513년과 1515년 사이에 일어난 것으로 추정하고 있는 에릭슨은 이 사건이 지체된 정체성 위기를 겪은 사람에게 중요한 시기인 30대 초반이었던 당시의 루터에게 의미심장하게 중요한 사건임을 발견했다. 자구적 의미에서는 '남자 화장실'(auff diser cloaca)인 그 탑의 방에서 성령이 자신에게 새로운 인식을 제공했다고 식탁 대담에서 말한 루터의 속내가 심지어 에릭슨에게 더 중요했다.[20] 화장실을 실제 화장실로 생각한 에릭슨은, 에릭슨 이전에 여러 학자들이 주장했듯이, 수차례 루터의 종교적 회심을 그가 평생 앓았던 변비와 배뇨 정체에 결부시켰다. 에릭슨은 종교적 통찰력에는 중요한 물리적 해방, 즉 오랫동안 억압받았던 정서와 물리적 해방이 수반된다고 생각했다.[21] 에릭슨은 이 경험이 루터와 요한 슈타우피츠의 긴밀한 접촉에 의해 준비된 것으로 이해했다. 자상하고 나이 든 친구 슈타우피츠는 무가치한 자신의 존재에 대한 루터의 두려움을 완화하고 그의 긴장을 덜어주는 데 일조했다. 에릭슨은 슈타우피츠가 루터에게 매우 절실했던 '자비로운 부모의 존재'라는 정서를 제공했다고 이 두 사람의 관계를 매우 예리하게 묘사했다.[22]

하지만 역사가들은 화장실이라는 의미를 심리학자들보다 올바르게 해석했다. 중세에 자신을 하수도, 쓰레기 내지 화장실과 같은 존재로 묘사하는 것은 일반적인 종교적 수사로서, 이는 사실상 성서에서 유래했으며, 무한한 겸손과 신에 대한 복속을 의미했다.[23] 루터가 자신의 종교개혁에 관한 통찰이 '화장실'에서 일어났다고 묘사했을 때, 이는 수도원 탑의 방, 실제로는 도서관에서 오랜 기간의 겸손한 묵상을 행한 이후 신의 의로 이해되었다는 것이다. 이 시기의 종교 문화에 대한 이해는 오늘날의 임상 심리학에 기초한 추론보다 더욱 설득력이 있는 것으로 다시 한 번 판명되었다. 그리고 슈타우피츠에 의해 루터와 소통한 자비

---

19 *LW* 34, pp. 336~337.

20 *WATr* 3, no. 3232 a, b, c (9 June -12 July 1532), p. 228.

21 *Young Man Luther*, pp. 204~206.

22 같은 책, p. 168.

23 Heiko A. Oberman, "Wir sein Pettler. Hoc est Verum. Bund und Gnade in der Theologie des Mittelaters und der Reformation," *ZKG* 78 (1967), pp. 232~252. 또한 Johnson, *Psychohistory and Religion*, pp. 78~82의 스피츠에 관한 글을 참조하기 바란다.

로운 부모의 존재라는 정서가 가상의 억압적인 유년기에 맞서는 만큼이나 억압적인 종교적 문화에 맞서는 데도 도움이 되었다고 우리는 생각할 수는 없는가?

에릭슨의 평가보다 청년 루터에 대한 긍정적이고 놀라운 평가는 없다. 에릭슨은 설령 노년의 루터가 "권위주의를 강화하고 세련되게 하는 데 무심코 일조한" 조울증 환자였다고 생각하기는 했지만, 청년 루터를 "전체주의적 교리로부터 개인의 양심을 자유롭게 하고" 그리고 "교리적 일체감을 제공한 인물"이라고 칭송했다.[24] 필자는 후자의 결론에 훨씬 많이 공감했으며, 임상 심리학 지식을 16세기로까지 거슬러 올라가 주입한 것보다 중세의 종교 문화와 신학에 대한 더 설득력 있는 인식이라고 생각한다. 필자는 교리적 일체감을 강하게 신뢰한다. 그리하여 믿는다는 것은 실체보다 추상을 선호한다는 의미가 아니다. 루터의 고통은 결코 덜 실제적인 것이 아니었다. 억압적인 유아기보다는 종교 문화가 루터의 고통을 초래했기 때문이다. 루터의 결단력은 결코 덜 실제적인 것도 아니었다. 이는 종국적으로 신학적인 결단으로 판명되었기 때문이다. 보다 실제적인 관점에서 볼 때, 전근대 사회의 문화에서 종교적 요소와 신학적 요소는 정서적 요소와 심리적 요소로 구분되지 않는다. 실제로 [루터가] 삭발을 한 때가 있었다. 이 같은 이유로 우리는 청년 루터만큼이나 청년 신학자 루터를 진지하게 고려해야 한다.

2) 루터와 스콜라주의

우리는 청년 루터를 자신의 구원에 사로잡힌 우울한 수도사로 간주하는 데 익숙한 나머지, 그가 당대의 가장 뛰어난 신학자였다는 사실을 종종 간과하게 된다. 루터는 비전을 가진 영성적 개혁가로서가 아니라 노련한 신학박사로서 로마 교황청과 전통적인 종교에 맞서 혁명을 주도했다. 종교개혁에 의해 야기된 모든 종교적 변화의 기저에는 이신칭의라는 새로운 신학이 놓여 있었다. 만약 청년

24 *Young Man Luther*, pp. 231, 252.

루터가 경험한 시련이 그 자신의 삶과 활동에 영감을 주었다면, 청년 신학자 루터의 사유와 정서에 관한 보고서들은 이 보다 더욱 시사적이다.

그와 같은 보고서 하나를 검토해 보도록 하겠다. 안톤 라우터바흐에 의하면, 기분이 고조된 루터는 어느 날 저녁 니콜라우스 암스도르프와 '가장 재능이 뛰어난 사람들이 헛된 공부에 집착한 이전 시대의 [신학적] 작품들'에 관해 대화를 나누었다. 루터는 다음과 같이 회고했다.

> 이들의 정교한 지적 추구는 이제 완전히 우리 뒤에 있다. 우리 시대의 사람들은 이들이 잔혹했다고 생각할 것이다. [던스] 스코터스, 보나벤투라, 가브리엘 [비엘] 및 토마스 [아퀴나스]는 교황청이 강력했던 시기의 인물들로서 가장 게으른 사람들이었다. 많은 경우 이들이 자신의 상상력에 무제한의 자유를 제공하는 것은 당연했다. 가브리엘은 교회법의 미사에 관한 책을 집필했다. 젊어서 나는 그 책이 가장 좋은 책이라 생각했다. 젊은 시절 그 책을 읽었을 때, 나의 마음이 활짝 열렸다. 나에게 가장 권위가 있던 성서학자는 가브리엘이었다. 사실 내가 주석을 단 그의 책들이 아직도 있다. 스코터스는 『명제집』 3권에 관해 가장 뛰어난 책을 집필했다. 그리고 방법론에 열정적이었던 오컴은 모든 학자들 가운데 가장 독창적이었다. 오컴은 하나의 주제를 무한정 확대하고 자세하게 설명하는 데 매진했다. 형이상학에 매료되었던 토마스는 가장 말이 많았다. 이제 하나님은 경이롭게도 이 모든 것으로부터 우리를 인도했다. 하나님이 나를 낚아챈 지 이제 20년이 지났으며, 나는 여전히 이것을 알고 있다.[25]

피터 롬바르드의 『명제집』에 관한 주석 및 1517년의 면벌부 논쟁을 집필했던 1509년과 1510년 사이에 루터는 학자로서 매우 활발한 활동을 했다. 그는 아리스토텔레스의 『물리학』, 『형이상학』 및 『윤리학』을 깊이 있게 읽었다. 설교와 서신 이외에 루터는 시편(1513~1515), 성 바울의 로마서(1515~1516)와 갈라디아서(1516~1517)에 관한 강연록을 집필했다. 이들 강연 준비에 중세의 성서 주석에

25 *Luthers Weke in Auswahl*, vol. 8, *Tischreden*, ed. by Otto Clemen(Berlin, 1950), no. 3722(1538), pp. 149~150.

관한 폭넓은 독서가 필요했다. 나아가 그는 성 아우구스티누스의 저술들(1509~1510), 자크 르페브르 데타플의 『시편 주해』(1513), 요하네스 타울러의 설교집(1515~1516) 및 가브리엘 비엘의 『미사에 관한 교회법의 위상』과 『명제집』에 대한 주석(1517)을 달았다. 그는 무명의 신비주의자 작품의 일부를 『독일 신학』이라는 제목으로 편집했으며, 나중에 이 작품의 모든 원고를(1518)을 간행했으며, 이를 새로운 '비텐베르크 신학'의 선례라고 불렀다.

루터는 수년간 매일 자신이 속한 성 아우구스티누스 은수자회의 기록 전통과 구전에 접했다. 이 수도회의 도서관에 소장된 책들은 신학에 대한 아리스토텔레스의 부적절한 영향을 비판했고, 루터에게 성 아우구스티누스의 반 펠라기우스적 저술들에 대한 정보를 제공했으며, 인문주의의 원전 비판 연구를 루터에게 소개했다. 14세기 아우구스티누스회 수도사들이었던 시모네 피다티 카시아와 후골린스 오르비에토의 저술들의 영향은 루터의 첫 번째 신학 저술인 롬바르드의 『명제집』에 대한 주석에서 아리스토텔레스에 관한 루터의 부적절한 언급에서 확인되었다.[26] 이후 루터는 자신이 소속된 아우구스티누스회의 수도사였던 그레고리오 리미니와 요한 슈타우피츠를 매우 높이 칭송했다. 그는 그레고리오 리미니를 펠라기우스주의로부터 완전히 자유로운 유일한 스콜라주의자라고 간주했다. 루터는 자신의 직속상관이자 친구였던 슈타우피츠의 종교개혁에 대한 공로를 인정했다.[27]

이러한 사실과 주석이 보여주고 있듯이, 청년 루터는 중세의 신학적 전통들, 즉 해석학적 전통, 신비주의적 전통 및 스콜라주의적 전통을 충분히 이해하고 있었다. 만약 멜란히톤의 주장이 신뢰할 수 있는 것이라면, 루터는 중세 말기의

---

26 Adolar Zumkeller, "Die Augustinertheologen Simo Fdati von Cascia und Hugolllin von Orvieto und Martin Luthers Kritik an Aristoteles," ARG 54(1963), pp. 15, 37. 오버만은 '비텐베르크의 참된 신학'을 수용했기에 '새로운 아구스티누스회 학자'를 'causa(원인)가 아니라 occasio proxima(죄악이 일어나도록 용인함)'라고 기술했다. "Headwaters of the Reformation: Initia Lutheri-Initia Reformationis," in *Luther and the Dawn of the Modern Era: Papers for the Fourth International Congress for Luther Research*, ed. H. A. Oberman(Leiden, 1974), p.82.

27 "Ex Erasmo nihil habeo. Ich hab all mein ding von Doctor Staupitz," *WATr* 1, no. 173(1532) in *Dokumente zu Luthers Entwicklung(bis 1519)*, ed. Otto Scheel(Tübingen, 1929), p. 86.

신학에 해박했을 뿐만 아니라 심지어 피에르 다이이와 비엘의 저술의 일부도 기억할 정도였다.[28] 1517년 루터는 무지한 상태로 면벌부 논쟁에 참여한 것이 아니다. 면벌부를 비판한 95개조 반박문 직전의 작품인 1517년 9월 4일 자의 『스콜라 신학 비판』은 중세 말기의 『신학 논박』에 대한 폭넓은 공격이었다. 이 책에서 루터는 종교적으로 의롭게 된다는 의미와 신에 관한 인간의 본성적 지식에 대한 중세의 고전적 논쟁에 참여했다. 95개조 논지와 유사한 이 책은 유명한 논쟁 전야의 루터의 인식 및 종교개혁의 성패를 좌우할 정도로 루터가 중요하다고 생각한 것에 대한 단서를 제공했다.

은총의 상태에서 자유롭게 선업을 행했던 인간이 자신의 구원의 성취에 협력한다는 가르침은 중세 교회의 전통적인 견해였으며, 아마도 토마스 아퀴나스에 의해 가장 잘 표명되었을 것이다. 종교적 생활은 이 전제를 중심으로 이루어졌다. 이 같은 방식으로 세속적인 삶이 종교적인 삶으로 바뀌게 되었다. 선업은 구원의 믿음에 필수불가결한 요소가 되었다. 은총의 상태에서 자신의 도덕적 능력을 최상으로 발휘한 인간은 당연히 구원을 받는다는 것이다. 중세 신학자들이 사용한 전문적인 용어인 자선의 행위에 의해 형성된 믿음은 완전한 공로 내지 적절한 공로로서 영원한 삶을 보상받는 것이다. 은총의 상태로의 진입은 인간의 성취가 아니라 신의 배타적이고 특별한 선물이며, 그것은 인간의 도덕적 협력을 위한 필수불가결한 토대이다. 은총의 주입(*infusio gratiae*)은 모든 공로의 행위보다 선행했다. 구원에 이르는 단계는 다음과 같다.

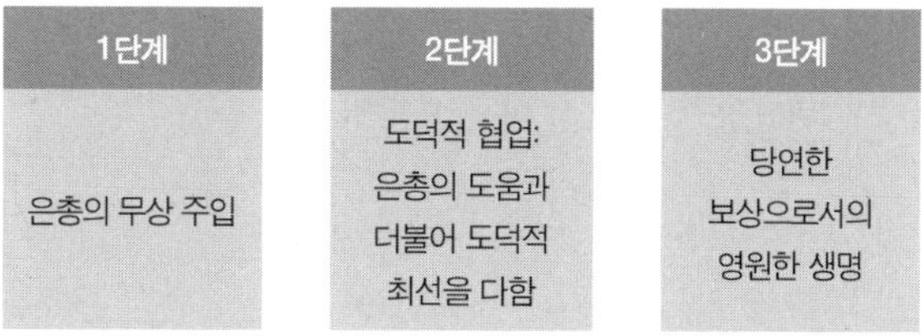

28 Preface to volume 2 of the 1546 Wittenberg edition of Luther's Latin writings, in *Martin Luther's 95 Theses with the Pertinent Documents from the History of the Reformation*, ed. Kurt Aland (St. Louis, 1967), p. 43.

중세 말기의 오컴주의자들 내지 유명론자들로 알려진 신학자들은 이 같은 전통적인 구도를 상당히 조정했다. 이들은 인간의 자유를, 심지어 선행하는 은총의 주입이라는 유익한 인과관계로부터도 자유를 보존하고자 했다. 신이 특별한 내면적 은총에 의해 인간의 마음을 움직여 그렇게 하도록 했기 때문에, 만약 인간이 단지 신만을 사랑했다면, 인간은 자유롭게 신을 사랑했던가? 또한 자유로운 선택은 공로가 있는 행위의 척도가 아니었던가? 인간의 윤리적 원천에 의해 영향을 받은 오컴주의자들은 이성과 양심이라는 신의 본성적 선물이 원죄 이후에도 근절되었다고는 생각하지 않았다. 자신을 뛰어넘어 국가와 이웃을 사랑한 이교도들의 역사적인 사례가 없었던가? 오컴주의자들은 자신의 구원의 주도권을 가지기 위한 결단력과 의무 모두가 모든 인간에게 있다고 명백하게 주장한 것처럼 보이는 성서의 가르침에서도 영향을 받았다. "너희는 내게로 돌아오라 만군의 여호와의 말이니라 그리하면 내가 너희에게로 돌아가리라 만군의 여호와의 말이니라(스가랴1장3절)과 "하나님을 가까이하라 그리하면 너희를 가까이 하시리라"(야고보서 4장 8절) "찾으라 그러면 찾아낼 것이요"(누가복음 11장 9절) 등의 구절이 대표적이었다.

오컴주의자들은 이 같은 관심과 더불어 다음과 같은 질문을 제기했다. 즉 만약 은총의 상태에서의 선업에 대한 당연한 보상으로서 영원한 생명을 신이 제공한다면, 신이 은총의 주입과 더불어 자연의 상태에서 행해진 선업에 대해 적절한 보상을 할 것이라고 기대할 수는 없는가? 신은 정확하게 그렇게 하겠다고 약속하지는 않았던가? 오컴과 비엘은 이들 질문에 대해 긍정적으로 답했다. 신의 자비로운 선함에 부합하여 자연 상태에서 최선을 다하는 인간은 적절한 보상으로서 은총을 받게 된다는 것이다.[29] 이를 요약하면 다음과 같다.

---

29 Gabriel Biel, *Canonis missae expositio*, ed. H. A. Oberman and W. J. Courtenay(Mainz, 1965), Lect. LIX P, 2, p. 443을 참조하기 바란다. 이 책의 66~71쪽을 또한 참조하기 바란다.

1단계	2단계	3단계	4단계
도덕적 노력 : 본성적 도덕적 능력에 입각하여 최선을 다함	적절한 보상으로서 은총의 주입	도덕적 협업 : 은총의 도움과 더불어 최선을 다함	당연한 보상으로서의 영원한 생명

오컴주의자들은 이것이 펠라기우스의 가르침이 될 것이라고 생각하지 않았으나, 인간의 구원을 위해 신이 자유롭게 의도한 조정의 일부, 즉 바로 신의 약속이라고 생각했다. 인간의 구원을 결정한 것은 은총의 상태이든 아니든, 인간의 행위가 아니라, 인간의 노력을 매우 고상하게 하는 신의 의지였다는 것이 충분히 고려되었다. 하지만 오컴주의 신학자들은 인간이 자연의 상태에서 준 공로로서 은총을 얻고 자신의 도덕적 능력을 최선을 다해 행함으로써 은총의 상태에서 완전한 공로로서 구원을 얻기를 신이 원했다고 확신했다. 미묘하고 중요한 모든 [구원의] 자격요건에도 불구하고, 오컴주의 신학은 인간이 자신의 구원을 적어도 시작은 할 수 있다고 가르쳤다.[30]

루터가 『스콜라 신학 논박』에서 공격한 것이 바로 이 논지였으며, 루터는 [던스] 스코터스, 오컴, 다이이 및 비엘이 상정한 선을 행할 수 있는 자유의지를 인간이 본성적으로 결여하고 있다고 주장했다. 루터는 수도원에서의 자신의 경험과 성서 및 성 아우구스티누스에 관한 깊이 있는 연구 양자에 의해 이 같은 결론에 도달했다. 이 같은 이유로 루터는 펠라기우스주의를 비판한 아우구스티누스와 마찬가지로 자신이 '신펠라기우스주의'에 맞서고 있다고 생각했다.[31]

『스콜라 신학 논박』에서 루터의 논지는 아리스토텔레스의 윤리학에 대해 "은총에 대한 최악의 적"이라는 엄청난 비판으로 끝을 맺는다(논지 41). 루터는 아리스토텔레스의 도덕 철학이 스콜라적 오류의 근원이라고 생각했다. 특히 루터는

---

30 Heiko A. Oberman, *The Harvest of Medieval Theology*(Cambridge, Mass., 1963), p. 175. 이와 다른 견해에 관해서는 Wilhelm Ernst, *Gott und Mensch am Vorabend der Reformation: Eine Untersuchung zur Moralphilosophie und Theologie bei Gabriel Biel*(Leipzig, 1972), p. 394.

31 『스콜라 신학 논박』의 논지 5~8, 17~20, 28~30에 관해서는 *WA* 1, pp. 224~26을 참조하기 바란다.

도덕적 덕목이란 '획득된' 덕목이라는 아리스토텔레스의 정의를 강하게 비판했다. 아리스토텔레스에게 본성적 덕목과 달리 도덕적 덕목이란 실천과 노력을 통해 획득되어야 한다. 인간은 도덕적으로 덕 있는 행위를 함으로써 덕이 있게 된다. 이에 비해 본성적 덕목이란 그것의 실천보다 선행한다는 것이다. 인간은 보지 않고서도 볼 수 있는 능력을 가지고 있다. 이것이 본성적 덕목이다. 아리스토텔레스에 따르면, 인간은 도덕적 덕목을 획득할 수 있는 능력을 본성적으로 가지고 있다는 것이다. 그러나 인간은 습관에 의해 도덕적 덕목을 획득함으로써만 사실상 도덕적이게 된다는 것이다.[32] 루터는 이 같은 철학적 견해가 신 펠라기우스주의자들의 논지의 모델이라고 이해했다.

신학자들에게 성서만으로도 충분하다고 생각한 루터가 그 당시 아리스토텔레스 논지의 여하한 신학적 활용에도 이론상 반대했다는 주장이 제기되었다. 따라서 신 펠라기우스주의자에 대한 비판은 스콜라 신학 전반에 대한 비판이었다. 그리하여 그가 비판했던 것은, 스코터스주의자들, 오캄주의자들 내지 토마스주의자들에 의해 활용되었든 아니든, 특정 신학적 오류가 아니라 아리스토텔레스 철학이었다.[33]

신학에 관한 아리스토텔레스의 영향에 대한 루터의 비판은 사실상 1517년에 현저했으며, 특히 비텐베르크 대학 개혁과 관련된 그의 서신에서 잘 나타난다.[34] 하지만 1517년에 간행된 『스콜라 신학 논박』은 기본적으로 아리스토텔레스 철학의 부적절성에 초점을 맞춘 것이 아니라, 오히려 그것을 신학에 적용했다고 그가 생각한 펠라기우스주의에 초점이 맞추어졌다. 루터를 혼란스럽게 한 것은 스콜라적 방법론보다는 스콜라적 오류였다. 이후의 에라스무스와의 갈등이 잘 보여주듯이, 스콜라주의에 대한 루터의 비판은 그것의 오류로부터 반드시 해방을 가져다주지 않았다. 자유의지를 옹호한 인문주의자들의 수장이었던 에라스

32 Aristotle, *Nichomachean Ethics* 1103a-1103b, in *The Basic Works of Aristotle*, ed. Richard McKeon (New York, 1941), p. 952.

33 Lief Grane, "Die Anfänge von Luthers Auseinandersetzung mit dem Thomismus," *Thelogishce Literaturzeitung* 95(1970), pp. 242~248.

34 이 책의 427~429쪽을 참고하기 바란다.

무스는 루터의 경험에 의해 비난받은 오컴주의자의 입장을 반복했다.[35] 루터는 스콜라 신학에 반기를 들었다. 스콜라주의의 가르침이, 아리스토텔레스의 범주나 성서 또는 교부의 범주로 표현되었든, 자신의 연구와 경험에 비추어 보아 오류였다고 루터가 확신했기 때문이다.

이와 관련하여 『스콜라 신학 논박』에서 아리스토텔레스에 대한 루터의 비판은 단지 이름만 거명된 4명(던스 스코터스, 오컴, 다이이 및 비엘)의 학자만이 아니라 '모든 스콜라주의자'를 포괄하기 위해 아리스토텔레스의 논지를 루터가 확대한 것에 대한 단서도 제공하고 있다. 루터는 과연 구원에 이르는 방식에 대한 전통적인 인식은 물론 특히 오컴주의자의 인식도 공격했던가? 루터는 이 전통적인 견해가 또한 얼마나 펠라기우스적이라고 생각했던가?

하나의 개연성 있는 설명으로는 아리스토텔레스의 모델이 모든 스콜라주의자들, 토마스주의자들 및 오컴주의자들의 사유에 영향을 미쳤다는 것이다. 도덕적 덕목에 대한 아리스토텔레스의 정의는, 마치 자연의 상태에서 은총의 상태로의 이동에서와 마찬가지로, 은총의 상태에서 영원한 생명으로의 이동에도 적용될 수 있었다. 그리스도교도의 행위의 초기의 단계이든 거의 마지막 단계이든 이 두 경우에 도덕적 노력은 중요한 덕목이 되었다. 비엘에 따르면, 인간은 자연의 상태에서 자신의 최선을 다함으로써 은총을 얻게 된다는 것이다. 모든 스콜라주의자들에 따르면, 인간은 은총의 상태에서 자신의 최선을 다함으로써 영원한 생명을 얻는다는 것이다. 동일한 과정은 종교적 생활의 두 가지 다른 차원에서도 나타났다. 결국 도덕적 노력에 의한 적절한 공로로서 구원을 얻게 되는 것은 도덕적 노력에 의해 준 공로로서 얻게 되는 구원의 은총의 단지 고상한 형태에 불과했다. 1517년 루터에게 전자는 아마도 보다 그럴듯한 펠라기우스주의에 지나지 않은 것처럼 보였다. 설령 선업이 구원의 은총의 도움으로 행해졌다고 해도, 이 선업은 구원을 위해 여전히 필수 불가결하기 때문이다.

이 같은 주장에 덧붙여 루터가 오컴주의자들의 고유한 견해에 주로 관심을 가

---

35 이 책의 406~407쪽을 볼 것.

진 것처럼 보였다는 사실이 부연되어야 한다. 이로부터 루터가 스콜라 신학 전체를 오컴주의와 동일시하는 오류를 범했다고 추론할 필요는 없다. 루터는 생애 마지막까지 '스콜라 신학'을 '펠라기우스주의'에 그리고 펠라기우스주의를 특히 오컴주의자들이 선호했던 전문 용어들에 결부시켰다. "인간에게 존재하는 최선을 다하는 것"(*facere quod in se est*)과 '적절한 공로(*meritum de congruo*)'가 대표적인 사례이다.[36] 루터는 초기의 저작들에서 윤리적 행위와 종교적 의를 이론상 구분했다. 그리하여 선업은, 은총의 상태 안에서든 밖에서든, 인간의 구원에 결코 기여하지 못한다는 것이다. 토마스주의적 인식은 오컴주의자들의 정의가 그러했던 것만큼이나 스콜라 신학에 대한 루터의 정의에 잘 부합되었다. 루터가 보기에 이것은 동전의 양면이었다.

설령 오컴주의자들이 매우 대담한 펠라기우스주의자였다고 해도, 이들 오컴주의자의 모든 가르침이 펠라기우스적이지는 않았으며, 루터는 또한 이 점을 인식하고 있었음에 틀림없다. 만약 오컴주의자들이 인간의 의지를 높이 평가했다면, 이들은 신의 의지도 중시했을 것이다. 오컴주의자들은 모든 사물이 고려의 대상이 되자, 구원이 인간의 행위가 아니라 인간의 행위를 매우 고상하게 받아들이고 평가하는 신의 의지에 전적으로 달려 있다는 점에 대해서는 거의 의문의 여지를 두지 않았다. 오컴주의자들이 아리스토텔레스의 인간 개념과 아우구스티누스의 신 개념을 일관성 없이 병존시켰다는 주장이 제기되었다.[37] 이 문제와 관련하여 루터가 『스콜라 신학 논박』에서 아우구스티누스적 일관성을 강요했다고 이해할 경우, 우리는 오컴주의의 이 두 가지 유산을 고려해야 한다.

루터는 『스콜라 신학 논박』에서 펠라기우스주의는 물론 논리적으로 부적절한 신학적 사변도 비판했다. 루터에 의하면, 이들 스콜라 신학자가 인간의 의지와 구원의 관계보다 이성과 계시의 관계를 제대로 이해하지 못했다는 것이다. 특히 루터는 고상한 '신앙의 논리'(논지 46)를 구축하려던 피에르 다이이와 로버

---

36 *WA* 2, p. 401 및 Scheel, *Dokumente zu Luthers Entwicklung*, no. 488, p. 162를 비교 검토하기 바란다.

37 Lief Grane, *Contra Gabrielem: Luthers Auseinandersetzung mit Gabriel Biel in der Dissputatio contra Scholasticam Theologiam 1517*(Gyldendal, 1962), p. 217.

트 홀컷에 비판적이었다. 다이이와 홀컷은 이성이 신의 계시를 초월하여 영향을 미치기에는 무기력하지만, 이 같은 계시가 또다시 주어진다면, 이성은 계시를 분석할 수 있다고 생각했다. 스콜라주의자들 가운데서 계시의 조건에 관해 숙고한 학자는 특히 오컴주의자들이었다. 이들은, 신이 자유롭게 그렇게 할 수 있었듯이, 구원의 대안적 체계를 추진하기로 영원 전에 결정했을 수 있다고 추론했다. 이 같은 사변이 의도한 바는 신이 궁극적으로 명령한 구원 체계의 우연성과 적절성 모두를 보여주고자 한 것이다. 영원 전에 무한한 가능성에도 불구하고, 신은 교회, 성직자, 성사, 은총의 주입 그리고 선업을 통한 인간의 구원을 선택했다. 이 모든 것을 고려해 볼 때, 이는 공정하고 분별력이 있는 방식이었다.[38]

다이이와 홀컷에게 엄격하게 적용된 아리스토텔레스 논리학의 삼단논법, 즉 모든 인간은 죽게 마련이고, 소크라테스도 인간이며, 따라서 소크라테스 역시 죽게 마련이라는 논리는 계시의 데이터를 위한 도구가 아니었던 것은 분명하다. 인간은 아리스토텔레스의 삼단논법에서 3이 1이며 1이 3이라는 사실을 제대로 증명할 수가 없었다. 그럼에도 다이이와 홀컷은 이성이 신앙의 신조를 명확히 하는 데 매우 유익하며, 아리스토텔레스의 논리가 모든 합리의 모델이라고 생각했다. 인간은 삼위일체의 진리를 입증할 수는 없지만, 삼위일체를 체계적이고 합리적인 탐구의 대상으로 삼고 믿음을 이해할 수 있도록 하는 논리적 규칙을 활용할 수는 있었다. 이같이 이성에 관한 개연적인 논지는 계시에 기여했다. 이 같은 접근에 의해 이들 오컴주의자가 이성과 신앙의 **조화**를 실제로 유지했다는 주장이 제기되었다.[39]

루터는 명백히 이 같은 주장 그 무엇도 수용하지 않았을 것이다. "인간이 신앙의 논리를 확립하기 위해 자연적 논리를 초월하는 것은 헛된 것이다"(논지 46). 루터는, 마치 신펠라기우스주의자들이 자유의지 및 인간의 본성적인 도덕적 능

38 이 책의 68~69, 95~96쪽을 참조하기 바란다.

39 Bengt Hägglund, *Theologie und Philosophie bei Luther und in der occamistischen Tradition* (Lund, 1955), p. 86. H. A. Oberman, "Fracientibus Quod in se est Deus non Denegat Gratiam: Robert Holcot, O. P., and the Beginnings of Luther's Theology," in S. Ozment, ed., *The Reformation in Medieval Perspective*(Chicago, 1971), pp. 128~129를 참조하기 바란다.

력과 더불어 신의 은총을 다루려고 했듯이, 여기서 이성과 더불어 계시를 다루고, 마치 신펠라기우스주의자들이 인간의 의지 및 인간의 본성적 도덕적 능력과 더불어 신의 은총을 조정하려고 했듯이, 신의 사유를 인간의 사유에 조율하려는 노력을 발견했을 따름이다. 여기서 아리스토텔레스는 존재로부터 신앙을 합리화하려는 시도의 연원으로 또 다시 지목되었다. 그리하여 유명한(또는 악명 높은) 코웃음, 즉 "아리스토텔레스의 모든 체계와 신학의 관계는 어두움과 빛의 관계와 같다"(논지 50)는 논지가 등장하게 된 것이다.

이런 맥락에서 볼 때 이 언명은 그 자체로는 이성도 아리스토텔레스도 배격하지 않았다. 오히려 그것은 신앙의 영역으로부터 삼단논법, 심지어 고상한 질서의 삼단논법 그리고 계시의 조건에 관한 과도한 사색을 멀리할 것을 촉구했다. 논리가 적용되는 곳에서 인간은 신앙이 아니라 지식을 다루었다고(논지 49) 루터는 주장했다. 이후에 루터가 독특하게 표현했듯이, "신앙의 신조는 변증법적 진리[아리스토텔레스의 논리]에 반하는 것이 아니라, 오히려 그것 밖에, 그것 밑에, 그것 위에, 그것 아래에, 그것 주변에 그리고 그것을 뛰어 넘어 존재한다"[40]는 것이었다.

이 점에서 루터는 다이이와 홀컷보다 더 일관된 오컴주의자였을 수 있다. 다이이와 홀컷은 이 특정한 주제와 관련하여 이성의 한계에 대한 오컴주의자의 엄격한 견해보다 안셀무스 캔터베리와 토마스 아퀴나스의 견해에 근접한 것처럼 보인다.[41] 사실상 이들의 주장과 고유한 경구 및 논리와 더불어 신학이 합리적인 과학이라는 토마스주의자의 정의와의 유사성은 '모든 스콜라주의자들'을 포함하기 위해 루터가 『스콜라 신학 논박』의 외연을 확장한 이유에 대한 또 다른 단서가 될 수도 있다. 모든 스콜라주의자는 아리스토텔레스 철학이라는 모델에 입각하여 신학이 합리적인 과학이기를 진정으로 원했다. 토마스주의자들 못지않게 오컴주의자들은 종교개혁의 '순수한 신앙'을 위해 이해를 추구하는 신앙이라는 중세의 이상을 포기할 준비가 되어 있었다. 이와 대조적으로 신학적 문제에서

---

40 Hägglund, *Theologie und Philosophie bei Luther*, p. 53에서 인용.

41 이 책의 81~83쪽을 참조하기 바란다.

이성의 영역에 대한 루터의 한계 설정은 학문(*scientia*)에 대한 아리스토텔레스주의자의 엄밀한 정의에 부합했다.

이후에 오컴을 자신의 스승이라고 칭송한 루터는 여하한 신학적 가르침이나 수사가 아니라 철학자로서의 변증법적 기술이라는 측면에서 그에게 찬사를 보냈다. "나의 스승인 오컴은 변증론가들 가운데 가장 위대한 변증론가였지만, 그는 [복음]의 가르침에 뛰어나지는 않았다."[42] "오컴만이 변증론을 이해했다. 변증론은 말을 정의하고 구분했지만, 그는 설교자가 아니었다."[43] "오컴은 [스콜라학자들] 중 가장 사려 깊고 가장 학식이 깊었으나, 수사는 그의 기예가 아니었다."[44] 루터는 "명민한 학자 그 이상의 박사" 오컴이나 스콜라주의자 박사들로부터가 아니라 성서와 교부들로부터 '신성한 기예'를 배웠다. 자신의 비판에도 불구하고 루터는, 좋은 울타리가 좋은 이웃을 만들 듯이, 오컴은 물론 성 바울로부터도 이성과 계시의 문제에 대한 깨달음을 얻게 되었다. 은총과 자유의지의 문제에서 그러했듯이, 이 주제와 관련하여 오컴주의자의 전통은 그것의 최악의 적이 될 수도 있었다.

3) 루터와 신비주의

스콜라주의보다 신비주의가 루터 신학에 부합하는 적절한 중세적 원천이었던가? 루터는 자신의 신학의 중요한 형성기였던 1516~1518년에 단지 독일의 신비주의 전통만을 가장 높게 평가했다. 루터는 친구 게오르크 슈팔라틴에게 보낸 서신에서 요하네스 타울러의 설교를 '순수하고 견실한 신학'이라고 찬사를 보냈으며, 그의 설교보다 유익하고 복음에 가까운 라틴어나 독일어로 된 당대의 작품을 발견하지 못했다고 주장했다.[45] 1518년 자신의 95개조 반박문을 변론하면

42 *WA Tr* 2, no. 2544a, in Scheel, *Dokumente zur Luthers Entwicklung*, no. 223, p. 87.
43 *WA Tr* 2, no. 193(1532), in 같은 책, no. 220. p. 86.
44 *WA Tr* 2, no. 338(1532), in 같은 책, no. 239. p. 94.
45 *Dr. M. Luthers Briefwechsel.* ed. E. L. Enders(Frankfurt a. M., 1884), vol. 1, p. 75.

서 루터는 모든 스콜라 신학자보다 타울러의 신학이 보다 유익하다는 사실을 발견했다고 고백했다.[46] 1518년에 루터는 『독일 신학』 전문을 간행했으며, 오직 성서와 성 아우구스티누스만이 신, 그리스도, 인간 및 모든 사물과 관련하여 자신에게 많은 가르침을 제공했다고 선언했다.[47]

이 같은 호의적인 언급을 고려해 볼 때, 학자들이 프로테스탄트 신학의 중세적 뿌리를 독일 신비주의 전통에서 발견하고, 에크하르트와 타울러를 종교개혁의 참된 선구자로 간주한 것은 놀라운 일이 아니다.[48] 플라키우스 일리리쿠스의 『진리의 증인 목록』(1556)은 타울러를 믿음과 신에 대한 신뢰에 의해 구원에 관한 해설자라는 찬사를 보냈다.[49] 이 『진리의 증인 목록』은 후대의 『마그데부르크 세기』(1559~1574)의 핵심을 이루었을 뿐만 아니라 최초의 프로테스탄트 교회사이기도 했다. 오늘날의 학자들은 중세의 참회 관행에[50] 대한 루터의 비판의 가장 중요한 원천이 독일의 신비주의이며, 이 신비주의가 오컴주의자들의 실증주의 신앙과 펠라기우스주의에 대한 루터 비판의 핵심적 기반이었다고 주장하고 있다.[51]

루터가 독일의 신비주의와 라틴 신비주의 모두에 대해 매우 많은 관심을 가지고 있었다는 점에 대해서는 의문의 여지가 거의 없다. 그러나 신비주의 저술들에서 현저했고 루터에게 매우 매력적이었던 이들 특징은 반드시 신비주의적이지는 않았고, 특히 신비주의적 가르침에 대해서 루터는 일관되게 비판했다. 루터가 모든 신비주의에서 발견한 종교에 대한 비스콜라주의적 방식과 개인적인

---

46 *WA* 1, p. 57.

47 *WA* 1, pp. 153, 378.

48 Carl Ullmann, *Reformatoren vor der Reformation*, vols. 1-2(Gotha, 1866); Wilhelm Preger, *Geschichte der deutschen Mystik im Mittelater*, vols. 1-3(Leipzig, 1874-93)을 참조하기 바란다. 또한 Ingeborg Degenhardt, *Studien zum Wandel des Eckhartbildes*(Leiden, 1967), pp. 144~145, 257을 비교하기 바란다.

49 Matthias Flacius Illyricus, *Catalogus testium veritatis*(Strasbourg, 1562), p. 507.

50 A. V. Müller, *Luther und Tauler auf ihrem theologischen Zusammenhang neu untersucht*(Bern, 1918), pp. 25, 168.

51 Bengt Hägglund, "Luther's Doctrine of Justification in Late Medieval Theology," *Lutheran World* 8(1961), pp. 25~46; Reinhold Seeberg, *Die religiösen Grundgedanken des jungen Luther und ihr Verhältnis zu dem Ockhamismus und der deutschen Mystik*(Berlin, 1931).

논의는 특히 그에게 호소력이 있었다.[52] 루터가 시편을 최초로 강독하는 동안 또한 그를 사로잡았던 수동적인 태도, 고통 및 자기 부정이라는 요소는 그가 오랫동안 훈련을 받았던 오컴주의 도덕성으로부터의 환영할 만한 변화였다.[53] 타울러의 설교와 『독일 신학』이 라틴어가 아닌 자국어로 집필되었다는 사실 또한 1517년 이후 루터에게 특히 인상적이었다. 루터는 이 두 작품을 자신의 '독일' 신학의 선례로 인용했으며, 교리적 혁신이라는 비난에 답하기 위해 이들 저술을 이용했다. 1518년 판 『독일 신학』 서문에서 그는 『독일 신학』과 마찬가지로 비텐베르크 신학이 '새로운' 신학이 아니라 유서 깊은 신학이라고 거듭 주장했다.[54] 『독일 신학』의 서문은 당국의 엄중한 감시를 받고 있었던 루터에 의해 집필되었다.

하지만 루터는 동시에 신비주의가 오컴주의자들을 비판한 자신의 이론에 힘이 되었고, 특히 영혼의 신성한 불꽃 내지 신성한 능력이라는 신비주의 이론이 힘이 되었다는 점을 인정했다. 1518년 타울러의 설교를 처음 읽었던 루터는 불꽃(*synteresis, scintilla animae*)에 대한 믿음이 신학자들을 펠라기우스주의 이단에 빠지게 했다고 지목했다.[55] 사실상 루터가 비난한 오컴주의자들의 오류를 한 동안 그로 하여금 지지하도록 한 것이 신비주의였다는 주장이 제기되기도 했다. 성숙한 루터의 신학은 외연적 선업에 대한 펠라기우스적 신뢰 못지않게 은총의 추구에서 겸손한 내면적 행위에 대한 신뢰를 고려했다. 관상적 훈련 및 계획적인 자기 부정과 더불어 구원에 대한 신비주의적 방식으로부터 유래했던 이 같은 인식은 자유의지를 강조한 오컴주의자 신학과 마찬가지로 비판에 취약했다. 이들 두 이론의 유사성은 1518년 이후에서야 루터에 의해 인식되었을 것이다. 1518년 이전에 루터 역시 외향적인 선업에 대한 신뢰가 펠라기우스적인 반면에,

---

52 Arur Rüh, *Der Einfluss der Mystik auf Denken und Entwicklung des jungen Luthers*(Oberhessen, 1960), pp. 112~114, 132~133; Bernd Moeller, "Tauler und Luther," in *La mystique Rhénane: Colloque de Strasbourg 16-19 Mai 1961*(Paris, 1963), p. 159.

53 앞서 언급한 A. V. Müller, *Luther und Tauler* 이외에 H. A. Oberman, "Luther and Mysticism," in Ozment, ed., *The Reformation in Medieval Perspective*, p. 229를 참조하기 바란다.

54 *WA* 1, p. 379.

55 "이들은 신의 의지가 그 불꽃을 가지고 있기 때문에, 비록 약하기는 하지만, 그것은 선한 것을 향한다고 믿고 있으며, 그리고 이들은, 인간이 본성적으로 만들 수 있는, 선을 향한 이 작은 움직임이 모든 사물을 뛰어넘어 신을 사랑하는 행위라고 생각한다"(Lectures on Romans [1515~1516], *WA* 56, pp. 275, 1. 17).

내면적인 선업을 구원의 공로로도 수용했다고 생각했다. 이 점에서 루터는 신이 자신의 은총을 단지 겸손한 자에게만 제공한다는 중세의 영성적 전통에 동의했다. 1518년 이전에 루터가 구원의 믿음이 단지 신의 말씀을 들음으로써 나오는 종교개혁의 성숙한 신학의 믿음이 아니라 '겸손에 의해 형성된 믿음'이라고 생각했다는 논지는 다름 아닌 에른스트 비처의 논지였다.[56] 만약 이 같은 해석이 타당하다면, 루터를 단지 보다 정교한 펠라기우스주의로 이끈 신비주의가 1518년 이전에 인지된 오컴주의자들의 오류를 비판한 루터에게 도움이 되었을 것이다.

프로테스탄티즘과 신비주의 간에 연속성보다는 단절이 훨씬 많다는 주장은 설득력이 있게 반복적으로 제시되었다.[57] 루터는 독일 신비주의자들을 높이 평가했음에도 불구하고, 독일 신비주의 가르침의 가장 현저한 특징이었던 인간의 신성한 능력에 대한 사유에 있어서나 독일 신비주의의 가장 현저한 특징이었던

---

56 비처는 로마서에 관한 루터의 강연(1515~1516)에 관해 다음과 같이 논평했다. "믿음이 정의로운 것이 아니라 믿음의 결과가, 즉 믿음을 통해 도달하는 겸손에서의 자기부정이라는 태도가 정의로운 것이다. 저 표현, 즉 '믿음은 그 자체로서 정의로운 것이 아니라 믿음을 통해 정의에 도달한다'라는 표현은 바로 이것을 말한 것이다"(*Fides ex auditu*, p. 29. 또한 pp. 42, 51을 참고하기 바란다).

57 보른캄은 루터와 에크하르트의 열 가지 기본 차이를 다음과 같이 예리하게 지적했다.

1. 에크하르트보다 덜 과감하고 덜 사변적이었던 루터는 성서와 성서의 용어에 한정했다.
2. 루터는 종교적 지성이란 에크하르트가 가르친 것처럼 인간 영혼에 있는 잠재적 능력이 아니라 믿음의 특별한 통찰력이라고 생각했다.
3. 루터는 영혼의 심연에서 신성한 정화를 위한 매개로 기여하는 '정지점'을 발견하지 못했다.
4. 루터는 인간을 자연적 본질과 초자연적 본질의 합성물이 아니라 총체적 존재로 인식했다.
5. 루터가 인간과 신과의 합일이 신과 인간의 거리감에 대한 새로운 이해를 가져다준다고 보았던 반면에, 에크하르트는 그 같은 합일이 거리감에 대한 모든 인식을 제거한다고 생각했다.
6. 에크하르트가 쾰른의 수녀들에게 신과의 합일이 관상의 종국적 상태로서의 금욕적 활동에 의해 이루어진다고 가르친 것에 비해, 루터는 그렇게 생각하지 않았다.
7. 외연적 행위와 종교성에 대해 비판적이었던 에크하르트는 신비적 합일을 추구하면서 행해지는 겸손이라는 내면적 행위가 은총의 덕 있는 행위라고 주장했다.
8. 루터에게 모든 사람은 성직만큼이나 세속적 직업에서 신성한 부름을 받았다.
9. 루터에게 설교와 성사가 신의 영과 진리의 유일한 매개물이었던 반면에, 에크하르트는 이것들을 영혼의 내면적인 말과 불꽃이 성령의 진정한 매개물로 기여하는 개인 영혼의 심연으로의 후퇴에 대한 외부적 도움이라고 생각했다.
10. 루터는 비실제적인 것으로서의 세계와 복속되어야 할 세계에 대한 신비주의자의 경멸을 공유하지 않았다. — "루터보다는 에크하르트에게 세계는 신으로 가득 차 있었다."

Eckhart and Luther(Stuttgart, 1936). 루터와 타울러 및 이들 동일한 다수의 지적에 관한 『독일 신학』과의 비교에 관해서는 Ozment, *Homo Spiritualis*(Leiden, 1969); *Mysticism and Dissent*(New Haven, 1973), ch. 2를 참조하기 바란다.

신성화(*Vergöttung*)로서의 인간과 신의 합일에 대한 인식에서 주목할 만한 관심을 보여주지 못했다. 타울러의 설교에 대한 그리 중요하지 않은 주석에서 루터는 심지어 타울러가 '영혼 내지 인간의 가장 고상한 부분의 불꽃'이라고 부른 것을 '신앙'으로 대체했으며, 영혼의 어떤 특별한 속성이 아니라 오직 믿음만이 인간을 영적인 존재로 만든다는 점을 보여주었다.[58] 루터는 또한 믿음을 그리스도와 영혼의 신비로운 결혼의 매개라고 서술했다.[59] 이 특정한 통로는 사랑에 의해 순결하게 된 영혼만이 신과 하나가 될 수 있다고 주장했던 전통적인 신학자들에게 충격을 주었다.[60] 여기서 루터는 중세의 모든 종교적 명제의 가장 핵심적인 원리, 즉 신과의 유사성이 신에 관한 구원의 지식과 신과의 구원의 관계 모두의 필수불가결한 조건이라는 중세적 원리와도 상충했다.[61] 중세 신학에서는 오직 유사한 것만이 유사한 것을 진정으로 알 수 있었다. 이는 자신의 잘못된 자아를 신성한 자아로 탈바꿈하기 위한 철저한 육체적 훈련과 지적 훈련이라는 수도원적 관행의 저변에 있던 원리였다. 이는 신비적 결합의 전제 조건이었다. 제르송은 "하나님과 같이 되려는 우리의 생성은 하나님과의 합일의 원인이다"[62]라고 지적했다. 그리고 그것은 교회의 성사 제도의 존재 이유였다. 주입된 은총은 인간을 신성한 존재에 질적으로 일치시킨다. 수도사, 신비주의자 및 순례자의 궁극적인 목표는 [신과] 완벽한 일치를 이룸으로써 오직 신만이 의식의 대상이 되는

---

58 *WA* 9, p. 99.

59 *WA* 9, p. 26.

60 Ozment, "Homo Viator: Luther and Late Medieval Theology," *HThR* 62(1969), pp. 275~287를 참조하기 바란다. 요하네스 월터는 『그리스도교도의 자유』에 있는 이 유명한 구절에 관해 다음과 같이 논평했다. "이러한 이미지(믿음이 그리스도와 영혼의 신비한 결혼의 중매자라는 이미지)는 신비주의적인 의미를 완전히 벗어버리고 [그리스도로부터 인간에게] 전가된 정의에 대한 비유가 되었다." Johannes von Walter, *Mystik und Rechtfertigkeit beim jungen Luther*(Gütersloh, 1947), p. 28. 동일한 구절에 대한 엘레르트의 논평은 다음과 같다. "루터는 그리스도와 그리스도교도와의 관계를 혼인 관계가 아닌 다른 어떤 비유로도 내적으로 더 잘 표현할 수 없었다. 루터에게 있어서 오직 믿음과 전가된 의를 통해서만 [구원이] 이루어질 수 있다는 것은 분명했다. 이것이 바로 베른하르트의 신비주의와 루터 사이의 본질적이며 극복될 수 없는 차이다." Werner Elert, *Morphologie des Luthertums*, vol. 1, *Theologie und Weltanschauung des Luthertums hauptsächlich im 16. und 17. Jahrhundert* (Munich, 1931), p. 150.

61 이 책의 78쪽을 참조하기 바란다.

62 *De mystica theologia specuativa*, cons. 41, p. 111. 이 책의 171쪽을 참조하기 바란다.

것이다. 즉 이 점에서 유사성은 정체성에 양보하게 된다. 중세 신학은 신이 인간이 됨으로써 인간이 신과 같이 될 수 있다는 전제에 충실했다.

따라서 중세 신학자에게 종교의 핵심 개념은 믿음이 아니라 사랑(*caritas*)이었다. 구원의 길은 사랑의 행위에 의해 형성된 믿음이었다. 이와 대조적으로 오직 믿음은 여전히 보다 순수하고 경건한 인간에 의해 만들어진 계시의 자료에 대한 애초의 지적 동의였을 따름이었다. 오직 믿음은 행위가 없는 믿음(*fides informis*), 심지어 죽은 믿음(*fides mortua*)—충분히 성숙되지 못하고 죽은 믿음으로 심지어 악마도 가질 수 있다는 믿음이었다는 데에 대해 중세의 모든 신학자가 동의했다. 이 같은 믿음은 인간을 종교 생활의 가장자리에 놓아두었으며, 신과 매우 많은 거리를 두게 했다. 믿음이 아니라 사랑이 종교적 접착제였다. 사랑은 삼위일체의 위격들 모두에, 영혼을 신에 그리고 인간을 자신의 이웃에 결속시켰다. 중세 신학에서 성부와 성자의 상호 사랑인 성령은 '창조 되지 않은 사랑'이었다. 성사적 은총은 '창조된 사랑'이었다. 그리고 공로는 '사랑의 행위'였다. 사랑은 유사성의 원리였기 때문에, 합일의 원리이기도 했다.

인간의 본성과 성사의 유효성에 관한 서술의 저변에 이와 동일한 유추가 있었다. 중세 신학자들은 공통적으로 선이라는 불멸의 불꽃이 인간의 이성과 의지에 존재한다고 전제했다. 이는 모든 인간이, 심지어 인간이 의식적으로 그와 같이 되기를 선택하지 않았다고 해도, 신과 하나가 되었던 자연스러운 지점이었다. 모든 인간은 이 창조 이전의 잔여물과 심지어 양심과 진리 및 선을 향한 억제할 수 없는 욕구의 가책으로서 피조 이전의 순결함을 가지고 있었다. 이는 인간의 영원한 기원과 신과의 원초적 합일에 대한 항구적인 환기였다. 성사적 은총은 인간을 변화시키는 성사(*gratia gratum faciens*)로 묘사되었으며, 이는 영혼을 순화하고 그것을 신에게 복속시켰다. 양심(*synteresis*, 이성의 불꽃)과 마찬가지로 은총은 인간을 존재에서나 행위에서 '신과 같게 했다'. 토마스주의의 용어로 표현하자면, 그것은 영혼의 우연적 형상, 신성한 삶의 습관, 인간 본성의 고양이자 완전함이었다. 중세 신학에서 이에 대한 반의어들은 매력을 끌지 못했다.

만약 신과 인간이 서로 하나의 존재가 될 수 있다면, 신과 인간이 서로 유사해야 한다는 확신은 중세 말기의 억압적이었던 종교 문화의 신학적 핵심이었다. 일찍이 루터는 시편에 관한 최초의 강연에서 이같이 중요한 중세적 믿음과는 거리를 두었다. 신의 말씀과 구원의 약속에 전적으로 의존했던 시편 기자로부터 영향을 받은 루터는 스스로에게서 여하한 희망도 발견하지 못했고, 구약의 신도들과 당대의 신앙인들 간에 평행선을 그었다. 루터는 이들 각자가 자신이 믿었던 만큼의 믿음을 가지고 있다는 사실을 발견했다.[63] 신과의 철저한 차이를 고백한 의로운 사람이 취한 방식에서 루터는 더욱 많은 영향을 받았다. 시편 기자에 따르면, "인간들 가운데 시편 기자가 스스로를 가장 천한 존재로 간주하지는 않았지만, 자신을 가장 비열한 존재이지만 하나님에게 가장 아름다운 사람으로 간주했다"고 루터는 결론을 내렸다.[64] 죄의 인식과 고백은 실제로 신과 인간을 하나로 결속시켰다.[65] 이 같은 의미에서 '다름'은 종교의 통합 원리였다. 신과 하나가 된다는 것은 모든 인간이 죄인이라는 신의 판단에 동의하고, 그럼에도 불구하고 인간을 구원하는 신의 약속을 여전히 믿는 것이었다.

루터에게 종교의 핵심적 쟁점은 신뢰와 믿음이었다. 즉 의심과 불확실성의 상태로부터 직접적인 증거가 없기는 하지만 말씀과 약속에 대한 신뢰로의 전환이었다. 핵심 쟁점은 인간이 내면적으로나 외향적으로 의로운지 여부가 아니라, 인간의 본성과 운명에 대한 자신의 판단을 신이 신뢰하는지 여부였다. 자신의 법률을 준수하지 않고 보잘 것 없는 인간을 구원하고자 하는 신을 신뢰할 수 있는가? 개인의 구원이라는 개별적인 문제는 인간과 신의 성격에 관한 객관적인 문제에 비해 부차적이었다.

루터는 이 같은 개념을 어디에서 얻었던가? 성서에 대한 루터의 독창적인 성찰은 분명히 중요했다. 하지만 오컴주의 신학 또한 영향을 주었을 것이며, 여하

---

63 이 책의 111~112쪽과 Reinhard Schwarz, *Fides, Spes und Caritas beim junegen Luther*(Berlin, 1962)를 또한 참조하기 바란다.

64 *Scholia to Psalm* 50(51):6, *WA* 3, pp. 287~292.

65 전통적인 영성적 전통에서 유사한 주제에 대한 환기로서는, Jared Wicks, S. J., *Man Yearning for Grace: Luther's Early Teaching*(Washington, D. C., 1968)을 참조하기 바란다. 비록, 위크스가 주장했듯이, 우리가 성숙한 종교개혁가 루터를 젊은 성서 박사로 서둘러 이해해서는 안 된다고 하더라도, 위크스가 그러했듯이, 루터가 제공한 전통적인 주제들이 새로운 방식을 간과해서도 또한 안 된다.

한 신비주의 전통보다 훨씬 더 영향력을 주었음에 분명하다. 루터는 오컴주의 훈련을 통해 중세 신비주의에서 발견된 것과 전적으로 다른 세계관을 발견했다. 그 세계는 신과 인간이 의지와 말씀에 의해 서로 관계를 맺었다. 던스 스코터스의 논리를 따른 오컴은 신과의 구원의 관계가 여하한 종국적 의미에서 개인의 자질이나 신, 은총 및 영혼 간의 형이상학적 연관성에 의존한다는 견해를 부정했다. 프란체스코회 수사였던 던스 스코터스와 오컴의 견해는 도미니크회 수사였던 아퀴나스와 에크하르트의 견해와는 직접 상충했다. 던스 스코터스와 오컴에게 구원은 교회의 성격, 성사 내지 신자들의 영혼이 아니라 신의 말씀에 대한 신뢰에 달려 있었다. 오컴이 자신의 철학에서 용어나 언어적 관습을 지식의 문제에서 정신과 실체의 연결고리로 삼았듯이, 자신의 신학에서 말씀, 즉 신의 약속은 구원에서 영혼과 신의 핵심적인 연계가 되었다.[66] 이에 비해 에크하르트는 던스 스코터스의 계약 신학을 직접 비판했다. 이 계약 신학에서는 주입된 은총이라는 습관이 신의 의지에 비해 그 중요성이 부차적이게 되었으며, 영혼 내에서의 초자연적 힘으로서의 은총의 우위에 대한 토마스적 견해가 과도하게 변론되었다.[67]

던스 스코터스와 오컴의 가르침에서 전통적인 종교적 제도들은 존재의 대연쇄에서 더 이상 핵심적인 연결고리가 아니었다. 이들 제도의 고유한 성격은 오히려 신의 우연한 행위에 있었다. 무한한 이론적 개연성으로부터 신은 때가 되어 이들 제도를 선택하여 자신의 의지를 구현하는 도구로 삼았던 것이다. 이 같은 견해에 동의한 사람들에게 종교적인 일이란 그것이 존재한다고 믿는 것처럼 단지 실제적이었을 따름이었다. 루터로부터 미국의 청교도들에 이르는 주류 프로테스탄트의 핵심적인 종교적 쟁점은 구원의 확신이었다. 즉 신앙의 합리성이나 신의 존재 증명이 아니라 신의 말씀과 약속에 대한 신뢰였다. 이 점에서 오컴의 유산을 발견하는 것은 설득력이 없지 않다.

66 이 책의 68~69쪽을 참조하기 바란다.

67 Heinrich Ebeling, *Meister Eckharts Mystik: Studien zu den Geisteskämpfen um die Wende des 13. Jahrhunderts*(Aalen, 1966), pp. 146~159와 필자의 "Eckhart and Luther: German Mysticism and Protestantism," *The Thomist*, 42(1978), pp. 258~280를 참조하기 바란다.

제7장

종교개혁기 독일의 사회와 정치

1) 16세기 전반기 신성로마제국의 정치

1521년 4월 17일 교황에 의해 이단으로 정죄를 받은 마르틴 루터는 보름스 제국의회에서 합스부르크 왕조의 지배자이자 스페인의 국왕 및 새로 선출된 신성로마제국의 황제 카를 5세 앞에 서게 되었다. 당시 루터의 나이는 38세였다. 루터는 황제의 면전에서 자신의 오류를 철회하기를 거부하면서 다음과 같은 유명한 선언을 하게 되었다.

> 성서의 증언에 의해서나 명백한 이성에 의해 확신하지 않는 한, 나는 교황이나 공의회 어느 것도 신뢰하지 않습니다. 교황이나 공의회가 종종 오류를 범하며 서로 상충된다는 사실이 널리 알려져 있기 때문입니다. 나는 내가 인용한 성서에 구속을 받으며 나의 양심은 하나님의 말씀에 사로잡혀 있습니다. 나는 그 무엇도 철회할 수 없고 철회하지 않을 것입니다. 양심에 반하는 것은 안전하지도 올바르지도 않기 때문입니다. 나는 다른 무엇도 할 수 없기에, 여기에 서 있습니다. 하나님이여 나를 도우소서, 아멘![1]

교황과 신성로마제국의 변론인들은 대담한 루터를 아리우스파[2], 몬타누스파,[3] 포티누스파,[4] 네스토리우스파,[5] 에우티케스파[6] 베가드파, 발도파, 리옹의 빈자

---

1 *LW* 32, pp. 112~113.

2 옮긴이 알렉산드리아 교회의 사제 아리우스를 중심으로 형성된 종파이다. 그는 성자가 모든 피조물과 같이 창조되었다고 지적하고, 예수의 신성을 부정하며, 예수 그리스도가 신의 은총을 입어 신의 양자로 선택받았다고 주장했다. 니케아 공의회(325)에서는 이 같은 아리우스의 주장이 이단으로 정죄되었다.

3 옮긴이 몬타누스의 이름에서 유래한 것으로, 2세기 후반의 성령운동 혹은 묵시주의운동을 가리킨다. 기존 교회의 형식주의와 도덕적 나태를 비판하면서 성령의 직접적인 계시와 엄격한 윤리, 금욕주의를 표방했다. 저명한 신학자 터툴리아누스가 대표적인 몬타누스주의자였다.

4 옮긴이 그리스도의 신성을 부정하여 이단으로 간주되었다. 포티누스 시르미움에서 유래했으며, 4~5세기에 번성했다.

5 옮긴이 그리스도의 신성과 인성의 독립성을 강조하고, 양자의 결합을 도덕적으로만 이해하는 경향이 있었다. 칼케돈 공의회에서 이단으로 정죄되었으며, 인도, 중앙아시아, 시베리아, 중국까지 확산되었으나, 13세기 말에 쇠퇴했다.

들, 위클리프파 및 후스파 진영으로 분류했다. 이들 종파는 과거는 물론 당시에도 교회의 주요 이단이었다.[7] 완강한 이단이 정통 가톨릭으로의 복귀가 불가능한 지점에 도달하자 이 같은 종교적 결사체가 등장했다.[8] 루터는 황제로부터 발급받은 3주간의 안전 통행증과 더불어 제국의회를 떠났으며, 이 3주간은 신성로마제국의 파문과 사형 선고를 받기 이전에 루터가 자신의 입장을 재고할 수 있는 짧은 은총의 기간이었다.

작센의 선제후이자 루터의 가장 강력한 정치적 후원자였던 프리드리히 현명공(1463~1525)은 보름스 제국의회 이후 자신이 곤경에 처해 있음을 발견했다. 프리드리히는 황제의 자문관이자 친구로서 그의 신민이기도 했다. 황제 카를은 이즈음 1519년 자신이 황제로 선출되는 과정에서 핵심적 역할을 한 프리드리히에게 많은 신세를 졌다. 한편 루터는 프리드리히가 설립한 신생 비텐베르크 대학의 명성을 부정적이기는 하지만 높였으며, 프리드리히 역시 이 같은 명성에 자부심을 가졌다. 부연하자면, 이즈음 루터는 국가적인 영웅이 되었다. 독일 인문주의자들은 루터를 옹호했으며, 다수의 일반 대중은 루터가 자신들을 사회적 종교적 질곡으로부터 벗어나게 해주기를 기대했다. 얀 후스가 황제의 안전 통행증을 가지고 콘스탄츠 공의회에 참석했던 사례를 떠올리고 작센에서 소요가 일어나 루터가 해를 입을 수도 있다고 생각했던 프리드리히는 보름스 칙령을 무시하고, 루터와 공모하여 그를 비텐베르크 성에서 안전하게 지내도록 했다.[9]

1521년 5월 8일 카를은 루터 체포 영장에 서명했다. 그 이후 루터에게 도움이

---

6 (옮긴이) 알렉산드리아의 신학자 에우티케스의 이론에서 비롯되었으며, 단성론자로 불리기도 했다. 에우티케스는 예수의 신성과 인성이 융합되었으며, 인성이 신성에 흡수되어 하나의 본성만이 남았다고 주장했다. 이 단성론은 451년 칼케돈 공의회에서 정죄되었다.

7 같은 책, pp. 128~129.

8 제1차 취리히 논쟁(1523) 동안 요한 페이버는 츠빙글리의 견해를 노바시오주의자들, 몬타노스주의자들, 사벨리우스주의자들, 에비온파, 마르키온파, 베가드, 보헤미아 형제단, 위클리프파 및 후스파 이단과 결부시켰다. G. R. Potter, *Zwingli*(Cambridge, 1976), p. 103.

9 프리드리히와 루터 및 종교개혁과의 관계에 대해서는 Paul Kirn, *Friedrich der Weise und die Kirche: Seine Kirchenpolitick vor und nach Luthers Hervortreten im Jahre 1517*(Leipzig/Berlin, 1926); Karlheinz Blaschke, "Kürfürst Friedrich der Weise von Sachsen und die Luthersache," in *Der Reichstag zu Worms vom 1521: Reichspolitik und Luthersache, ed. Fritz Reuter*(Worms, 1971), pp. 316~335를 참조하기 바란다.

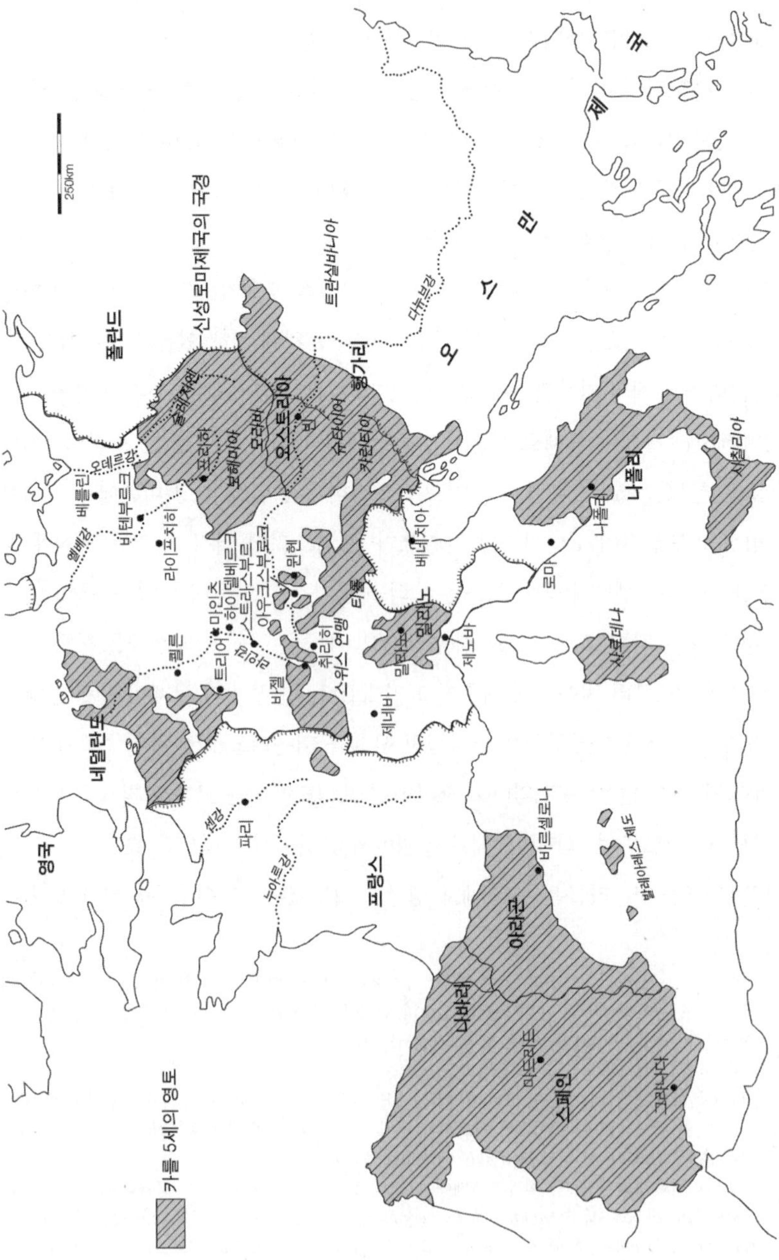

카를 5세의 영토
250km
신성로마제국의 국경
폴란드
영국
네덜란드
프랑스
파리
센강
루아르강
트리어
쾰른
마인츠
하이델베르크
스트라스부르
아우크스부르크
뮌헨
라이프치히
비텐부르크
베를린
엘베강
오데르강
보헤미아
모라바
프라하
슐레지엔
오스트리아
빈
슈타이어
카린티아
헝가리
트란실바니아
다뉴브강
티롤
라인강
바젤
취리히
스위스 연맹
제네바
밀라노
제노바
베네치아
로마
나폴리
시칠리아
사르데냐
오스만 제국
아라곤
바르셀로나
발레아레스 제도
나바라
스페인
마드리드
그라나다

〈지도 1〉 카를 5세의 제국

나 편의를 제공한 사람은 황제에 대한 반역자일 뿐만 아니라 교회에 반하는 신성모독자이기도 했다.

루터는 자신의 유명세를 즐기는 괴팍한 사람처럼 보였다. 1521년 8월, 3개월이나 감금된 그는 조바심을 내는 젊은 동료 필리프 멜란히톤에게 보낸 편지에서 다음과 같은 권고와 더불어 끝을 맺었다. "필리프, 죄인이 되라. 그리고 대담하게 죄인이 되라! 오직 더욱 대담하게 그리스도만을 믿고 그리스도를 기뻐하라."[10] 오늘날의 비판가들은 이 구절을 이신칭의 교리가 도덕 폐기론에 이르게 되었다는 증거로 인용하고 있다. 하지만 이 같은 해석은 그것이 당시 그리스도교 공화국에서 진정으로 가장 대담한 죄인이었던 루터 자신에 대한 정확한 묘사였다는 사실을 놓치고 있다.

루터는 어떻게 체포와 사형을 피했던가? 신성로마제국의 파문이 강제로 집행되지 않았던 이유가 무엇인가? 중세 말기의 다수의 개혁 운동과는 달리 프로테스탄트 종교개혁은 어떻게 그 싹을 틔우고 그 과정에서 열매를 맺게 되었던가? 루터의 생존과 초기의 종교개혁의 성공을 이해하기 위해서는 보다 폭넓은 시각에서 16세기 전반기의 주요 정치적 경쟁 관계와 왕조적 갈등을 고려해야 한다. 신성로마제국의 정치적 관심이 여러 곳으로 분산된 것이 프로테스탄티즘이 성공하게 된 주요 요인이었던 것이다.

카를 5세는 그리스도교 공화국의 종교적·정치적 단일성을 '자신의 삶의 이상적 목표이자 실현 가능한 정책의 대상'으로 삼았던 중세의 마지막 황제로 묘사되었다.[11] 출생이라는 계획된 사건은 그에게 영토의 축복을 가져다주었다. 카를의 부친 필리페 1세 선량공은 플랑드르, 홀랜드, 질랜드, 나무르 및 에노의 백작이었을 뿐만 아니라 브라방, 랭부르 및 룩셈부르크의 공이기도 했다. 카를의 모친 요안나 스페인은 페르난도와 이사벨의 딸로서, 카를은 합스부르크 왕조와의 영

10 *Luthers Werke in Auswahl*, ed. Hanns Rückert (Berlin, 1955), 6, p. 56.

11 H. G. Konisberger, *The Hapsburgs and Europe 1516-1660*(Itaca, 1971), p. 1. 필자는 Karl Bandi, *The Emperor Charles V*, trans. C. V. Wedgwood (London, 1939) 그리고 Fernández Alverez, *Charles V: Elected Emperor and Hereditary Ruler*, trans. J. A. Lalaguna (London, 1975)로부터 도움을 받았다.

민한 결혼 정책으로부터 전무후무한 혜택을 얻게 되었다. 1516년 스페인의 왕위에 오른 그는 네덜란드, 나폴리, 시칠리아, 오스트리아, 사르디니아, 발레아레스 제도 및 새롭게 획득한 스페인령 아메리카를 포함한 왕국을 유산으로 물려받았다. 1519년 6월 신성로마제국을 자신의 영토로 추가한 이후, 카를은 샤를마뉴 대제 이후 그 어떤 군주보다 방대한 영토를 지배하게 되었다.

지리는 힘을 잘못 판단하는 척도가 될 수 있다. 카를 왕국의 방대한 영토는 약점이 되었다. 16세기에는 거의 경험하지 못했던, 평화 시에조차 이같이 방대하고 제대로 통제되지 않는 왕국에서 통신과 물류는 기껏해야 힘겨운 과제였으며, 권력 분산은 일상적이 되었다. 네덜란드를 중앙정부에 통합하려던 제국의 시도는 다수의 지방 정부 및 네덜란드 삼부회의 이해관계와 충돌했다. 스페인 연안 도시들의 모리스코에 의해 지원을 받은 바르바리의 해적들과 아프리카의 무어인들은 카를 왕국의 남부 측면을 공격했다. 게다가 이즈음 오스만의 해군은 지중해 제해권을 둘러싸고서 스페인 선박들에 도전하기 시작했다.

지리적 정치적 장벽은 물론 프랑스어가 자신의 모국어임에 따라 야기된 언어적 장벽도 카를 황제의 발목을 잡았다. 카를은 결코 플라망어[12]에 능하지 못했고, 군주가 된 이후에서야 스페인어를 습득했다. 그는 독일어를 구사할 줄 몰랐으며, 라틴어 실력도 보잘 것 없었다. 다뉴브 강 주변 영토의 슬라브어를 구사하지 못했던 카를은 형제이자 제국의 상속자 페르난도에게 이 지역을 점차 이양했다.

카를의 영토는 프랑스 왕국의 영토보다 두 배나 컸으며, 자신의 주요 정적을 완전히 포위했다. 카를의 맞수였던 프랑스의 프랑수아 1세는 약관 20세에 왕위에 올랐으며, 카를은 19세에 황제로 등극했다. 16세기의 늙은이들은 젊은 지배자들이 일으킨 전쟁의 사지로 보내졌다. 합스부르크 왕조 소유의 스페인과 오스트리아 사이에 샌드위치 신세가 된 프랑스는 포위 상태의 이점을 재빨리 간파했다. 그 어떤 국가라도 직접 공격하기에 의심의 여지가 없는 지역을 결코 침공하려고 하지 않았던 것이다. 이 같은 이점은 프랑스에 전략적으로 중요했다기보다

12 (옮긴이) 벨기에 북부 지역에서 사용되던 네덜란드어.

는 심리적으로 스페인에 대한 실제적인 위협으로 판명되었다. 1530년 말까지 카를과 프랑수아는 다른 국가의 영토에서 주요 전쟁을 치렀다.

카를의 왕국은 프랑수아 1세의 프랑스에 비해 불리한 점이 있었다. 즉 자신의 적인 프랑수아가 왕국의 재정을 현명하게 관리한 것에 비해 카를은 왕국의 재정을 제대로 관리하지 못했던 것이다. 카를은 재원을 확보하기 위해 신분제 의회(Cortes)를 위협하고, 아첨을 하며, 정치적 양보를 하기도 했다. 이들 노력이 실패하거나 예상된 수입이 부족하면 푸거가로부터 자금을 구걸하기도 했다.

카를의 외조부였던 황제 막시밀리안 1세는 1519년 1월 11일 사망했다. 막시밀리안 1세는 자신의 시신을 비너노이슈타트의 황제 거주지에 묻어 달라고 유언을 했다. 그의 시신은 제단 위에 모셔졌으며, 그를 추념하여 축성 미사를 하게 된 성직자는 막시밀리안의 심장 위에 직접 서게 되었다. 이는 합스부르크 왕조의 전통적인 강력한 신앙심에 대한 주석이었다. 독일에서의 종교개혁 초기에 막시밀리안이 세상을 떠난 시점이 절묘했다. 루터가 당국의 철저한 감시 아래 있을 바로 그 시점에 막시밀리안이 세상을 떠났던 것이다. 1518년 8월에 추기경 카제탄은 최초의 진지한 심문을 위해 루터를 아우크스부르크로 소환했다. 막시밀리안이 사망하기 전 달인 1518년 12월 18일 프리드리히 현명공은 카제탄에게 루터가 먼저 공개 청문회에 참석하기 이전까지 그에 대한 조치를 취하지 말라고 항의했다. 군대가 결집하여 루터를 진압하려던 순간에 일어난 막시밀리안의 극적인 죽음으로 이목은 그의 후계자 문제로 옮겨가게 되었다.

합스부르크 왕조의 제위 계승이 한 세기 간의 오랜 전통이었다고 하지만, 교황과 프랑스 군주 모두는 카를의 황제 선출에 반대했으며, 이미 강력해진 합스부르크 왕국의 팽창에 대한 두려움도 가지고 있었다. 카를의 황제 선출에 대한 강력한 반대는 스페인 내에서도 있었으며, 특히 카를의 지배 아래 있었던 카스티야 신민들 사이에서 그러했다. 카를이 황제로 즉위하면 자신들의 처지가 더욱 가혹하게 될 것이라고 생각한 이들 신민은 카를에 맞서 코뮤네로 반란[13]을 일으켰다.

---

13 (옮긴이) 카스티야 도시들의 반란으로도 알려짐. 이사벨 여왕의 사후 카스티야는 귀족과 섭정에 의해 지배되었다. 네덜란드에서 성장한 카를이 카스티야와 아라곤의 왕위에 오르자, 자신들의 정치적 권한과

카를 5세와 프랑수아 1세는 제위를 둘러싸고서 격렬하게 투쟁했다. 프랑수아가 카를이 정치적으로 순진하고, 카를의 어머니의 정신이상을 빗대어 그를 미친 여자의 아들이라고 공격했던 반면에, 카를은 프랑수아를 독일의 전통적인 자유를 종식시키려던 폭군이라고 묘사했다. 교황청은 애초에 하인리히 8세와 프리드리히 현명공이 제위의 경쟁자로 나서줄 것을 독려했으나, 이 둘 중 누구도 사실상 경쟁자가 되지는 못했다. 이 둘 가운데 보다 신뢰할 만한 프리드리히는 정치적 야심과 제국을 관리할 수단 모두를 결여했으며, 만약 그를 황제로 선출했다면, 이는 분열을 초래했을 것이다. 로마 교황청이 결국 프랑스 군주를 지원했던 데 비해, 1차 투표에서 사실상 승리한 프리드리히는 이를 거부하고, 카를을 지지했으며, 다른 선제후들을 스페인 진영으로 쉽게 끌어 들였다. 이즈음 프리드리히는 자신의 조카이자 왕세자였던 요한 프리드리히와 카를의 여동생 카타리나와의 혼인을 희망했으며, 이를 통해 제국 내에서 작센의 힘을 강화하고자 했다. 하지만 그 이후 작센에서의 종교개혁이 성공함에 따라 이 같은 야심 찬 구상은 좌절되었고, 1532년 프리드리히는 부친을 뒤이어 작센의 선제후가 되었으며, 루터의 가장 진솔한 제후이자 지지자가 되었다. 하지만 그는 황제의 매제가 되지는 못했다. 전하는 바에 의하면 황제의 형제 페르난도는 자신의 누이가 작센의 미래의 프로테스탄트 선제후와 결혼시키느니 차라리 물에 빠져 죽게 하는 것이 낫다고 말했다는 것이다.[14]

1519년 6월 28일 7명의 선제후는 만장일치로 카를을 황제로 선출했으며, 카를은 1520년 10월 23일 아헨에서 마인츠와 트리어의 대주교들에 의해 집전된 예배에서 황제로 대관되었다. 애초에 카를에 대한 강력한 지지를 유보하는 대신 프랑수아를 선호했던 한 명의 선제후는 마인츠의 대주교 알브레히트 브란덴부르크였다. 알브레히트는 1517년 루터의 면벌부 비판의 대상이 되었다. 브란덴부르크와 작센은 오랫동안 정치적으로 경쟁 관계에 있었다. 프리드리히 현명공은 알브레히트가 1515년 자신의 3번째 교회의 주요 직책이자 가장 강력한 지위였

지위에 대한 위협을 느낀 카스티야의 귀족들이 난을 일으키게 되며, 이를 코뮤네로 반란이라고 한다.

14 Kirn, *Friedrich der Weise und die Kirche*, p. 149.

〈성모 마리아에게 기도하는 프리드리히 현명공〉(루카스 크라나흐). 루터의 보호자였던 프리드리히 현명공은 가톨릭 경건함의 모델이었다. 젊은 시절 그는 예루살렘으로의 순례(1493)를 했다. 그는 평생 유럽에서 가장 많은 유물을 모았고, 1520년에는 소장품이 1만 9000개가 넘었다. 소장품 가운데에는 모세가 그 앞에 섰던 불타는 가시덤불, 사드락, 메삭 및 아베드네고가 밟았던 불타는 용광로에서 나온 그을음 및 헤롯왕에 의해 무고하게 살해된 아이의 완벽한 시신 등의 보물이 포함되었다. 프리드리히는 루터를 존경하고 그의 몇몇 가르침에 매료되었던 것으로 알려져 있다. 섭리에 대한 그의 깊은 신뢰는 종교개혁 이전에 그에게 진지한 생각을 하도록 했다. 하지만 그는, 루터의 교리에 대한 개인적인 깊은 이해에서가 아니라, 무엇보다 정치적인 이유로 그리고 자신이 1502년에 설립한 비텐베르크 대학에 대한 자긍심에서 루터를 지지했다.

던 마인츠의 대주교가 된 이후 그에 대한 매우 강한 의구심을 가지고 있었다. 선제후들 가운데 자신의 가장 강력한 지지 세력이 알브레히트라고 생각한 교황은 다수의 직책과 21살에 불과한 그에게 대주교직을 수여했는데, 이는 교회법에서는 금지된 것으로, 이러한 특혜를 부여함으로써 자신의 권한을 강화하고자 했다. 교회법에서는 30세가 되어야 대주교에 임명될 수 있는 것으로 알려졌다. 하지만 프리드리히는 작센이 마인츠 대주교의 교회 사법권 아래 있었기 때문에, 알브레히트의 대주교 임명을 작센에 대한 정치적 술수로 이해했다.

알브레히트는 자신의 교회 직책들을 수행하는 데 필요한 자금을 마련하기 위해 2만 6000듀카트[15]가 넘는 거액을 푸거가로부터 빌렸다. 그는 자신의 교구 전역에 걸쳐 성 베드로의 면벌부를 판매함으로써 이 거액의 빚을 갚을 수 있기를 기대했다. 교황청, 푸거가 및 알브레히트는 면벌부의 판매 성공에 중요한 재정적 명운을 걸었다. 면벌부는 8년 동안 설교될 것이었으며, 판매 금액의 절반은 교황청으로 나머지 절반은 알브레히트와 그의 채권자들에게 들어갈 것이었다. 루터의 직접적인 비판의 대상이 된 요한 테첼은 교황청과 푸거가가 동시에 고용한 노련한 면벌부 판매상으로, 면벌부 판매 설교에 관한 권한을 위임받았다. 비록 프리드리히 현명공의 동기가 철저히 정치적이었다고 하더라도, 그는 작센 지역에서 알브레히트의 면벌부 판매의 확대에 반대한 루터를 지지했다. 이미 새로운 황제가 선출되기 이전에, 이들 교회 정치적 사건으로 작센의 정치와 루터의 종교적 개혁 사이에 중요한 연대가 형성되었던 것이다.

황제로 선출된 카를은 금화와 정치적 양보라는 값비싼 대가를 지불했다. 선제후들은 거의 85만 플로린[16]을 뇌물로 받았다. 그 가운데 50만 플로린은 은행가였던 푸거가와 벨저가로부터 카를이 차용한 것이었다. 카를은 신성로마제국의 공식 언어로서 독일어와 라틴어의 사용, 스페인군의 독일 영토 주둔 금지, 제국의 관리에 독일인만 임명, 제국에 영향을 미치는 정치적 결정 시 제국의회와의 협의 등의

15 (옮긴이) 베네치아 공화국에서 발행된 금화 또는 은화로서 13세기 말로부터 20세기 초반까지 사용된 유럽의 주요 통화 중 하나였다.

16 (옮긴이) 13세기 피렌체에서 발행된 금화로서 유럽 전역에서 유통되었다.

〈추기경 알브레히트 브란덴부르크〉(알브레히트 뒤러). 알브레히트는 자신이 관할하던 교구에서 성 베드로의 면벌부 설교를 인가했다. 면벌부 판매 수입금은 로마의 성 베드로 성당 재건축 및 할베르슈타트, 마그데부르크 및 마인츠의 주교직을 취득하면서 알브레히트가 진 빚을 상환하기 위해 사용될 것이었다.

〈아우크스부르크의 부자 야코프 푸거〉(시볼트 베함). 16세기 유럽의 가장 부유한 은행가였던 아우크스부르크의 푸거가로부터 자금을 차용한 알브레히트는 교회의 주요 세 직책을 맡음으로써 부의 축적이 가능하게 되었으며, 스페인의 카를 5세가 1519년 황제 선출에서 승리할 수 있도록 해주었다.

정치적 양보를 했다. 카를 5세는 또한 유명무실한 제국의 최고 법정과 섭정위원회를 복원했고, 자신의 부재 시 이 위원회에 권한을 위임했다. 더욱이 카를은 자신이 적절한 이유와 청문 없이는 독일인을 재판하지 않겠다는 사실에도 동의했다.

황제 선출은 카를 그 자신은 물론 정적들의 마음 모두에 보편적인 황제라는 중세의 이념을 부활시켰다. 중세의 제국 신화에서 황제는 지상에서 신의 정의를 대변했다. 황제는 속권과 교권 모두에서 평화를 구현했다. 이는 황제 직에 대한 프리드리히 2세의 인식이었으며, 마르실리우스 파도바는 루이 바바리아와 필리프 단려왕을 지지하면서 이를 찬미했다. 이들 두 군주는 로마와의 중요한 경쟁에서 승리를 거두었다. 단테는 이를 고전적인 방식으로 기술했다. 그는 『제정론』에서 보편적인 정치 공동체인 제국이 세계의 계서적 질서를 반영하고 있고, 평화를 수호하는 핵심 정치조직이라고 주장했으며, 마르실리우스와 마찬가지로 제국에 대한 교황청의 정치적 야망을 비판했다.

카를의 동료들은 그를 중세의 이 보편적인 제국 전통에 결부시켰다. 카를이 황제로 선출된 이후, 그의 스승이자 가장 가까운 자문관으로서 단테의 제자이기도 했던 메르쿠리오 가티나라는 그에게 다음과 같은 사실을 확인시켜 주었다.

> 폐하, 하나님은 폐하에게 매우 자비로웠습니다. 하나님은 폐하를 그리스도교 왕국의 모든 왕과 제후들 위에 세웠으며, 폐하의 선조였던 카를[샤를마뉴] 대제 이래 어떤 통치자도 보유하지 못한 권력을 폐하에게 부여했습니다. 하나님은 폐하를 제국의 길로 그리고 모든 그리스도교 왕국을 단일한 목자 아래 통합하는 길로 세웠습니다.[17]

프랑스 군주와 교황은 카를에 대항하기 위해 음모를 꾸몄다. 프랑수아 1세는 주로 합스부르크 왕조에 대한 경계심을 가지고 있었지만, 교황은 오랫동안 나폴리와 밀라노에 대한 황제의 지배에 불안감을 가지고 있었고, 유럽의 종교적 차이를 독자적으로 중재하려던 황제의 시도에 유감을 표명했다. 유럽의 이들 정적

17 Frances A. Yates, *Astraea: The Imperial Theme in the Sixteenth Century*(London, 1975), p. 26에서 인용했다.

및 합스부르크 왕조 영토의 동부지역을 점점 더 위협하던 오스만 투르크족에 대한 군사 작전에 골몰한 카를은 종교개혁의 형성기인 1521년과 1530년 사이에 제국에 발을 디딜 수 없을 정도였다. 카를이 적들에 전적으로 몰두함으로써 루터의 종교개혁이 성공할 수 있었다. 이는 종교개혁이 성공할 수 있었던 중요한 정치적 요인이었다.

1521년과 1559년 사이에 각기 왕조적 이해관계를 둘러싸고서 프랑스와 스페인은 4차례나 전투를 치렀다. 첫 번째 전투는 1525년 2월 24일 파비아에서 제국의 스페인군이 프랑스 군주를 마드리드로 포로로 잡아옴으로써 완전히 승리했다. 당시 카를의 동맹군이었던 영국의 헨리 8세는 국내의 정치적 문제와 내정 문제를 자신이 선호하던 고유한 방식으로의 해결을 옹호했으며, 프랑수아 1세의 신속한 처형을 촉구했다.[18] 이즈음 헨리 8세는 자신의 구상을 정교하게 했다. 그는 포로 신세가 된 프랑스 군주와 더불어 영국의 왕조적 이해관계를 새롭게 하고자 했다. 하지만 합법적인 군주의 처형은 16세기에 극적인 조치였다. 후대에 튜더 왕조의 엘리자베스가 추방된 스코틀랜드의 여왕 메리를 처형할 수밖에 없게 되자, 부왕이었던 헨리 8세보다 이를 훨씬 잘 인식했듯이, 그것은 도처에서 왕실의 이해관계에 반했다.

전쟁에 진절머리가 나고 낙심한 카를은 헨리 8세가 바라던 유럽 재건 작업을 주도할 위치에 있지 않았다. 그는 1526년 1월 14일 체결된 마드리드 조약에서 훨씬 덜 파국적인 해결책을 선택했다. 이 협정은 프랑수아에게 부르고뉴, 네덜란드 및 프랑스의 이탈리아 영토에 대한 모든 권리를 포기할 것을 요구했다. 그리고 카를의 손위 누이이자 미망인이 된 지 얼마 되지 않은 포르투갈의 여왕 엘레노어를 자신의 부인으로 맞아들이고, 이전 결혼에서 얻은 두 아들을 마드리드에 인질로 보낼 것을 프랑수아에게 요구했다. 더욱이 카를은 프랑수아가 샤를 부르봉의 권력을 회복할 것을 요구했다. 샤를은 투옥된 지 얼마 되지 않은 프랑

18 J. J. Scarisbrick, *Henry VIII*(Berkeley, 1688), pp. 137~138을 참조하기 바란다. 헨리 8세는 수장령에 반대했던 토머스 모어와 존 피셔 이외에, 의심스러운 이단들을 보호했고 헨리의 짧지만 성공적이지 못한 앤 클레브와의 정략적 결혼을 비난했던 헨리의 가장 영민한 자문관 토머스 크롬웰도 처형했다. 또한 헨리는 두 명의 부인 앤 불린과 캐서린 하워드(외견상 간통죄에 대한 정당한 처벌)도 처형했다.

스의 지배자이자 오랫동안 프랑수아의 정적이었다. 샤를이 석방되면 내정 문제에 집착해서, 프랑수아 1세가 대외 전쟁을 치를 수가 없을 것이라고 헨리는 생각했던 것이다. 헨리 8세는 프랑스를 희생시켜서 스페인과 영국의 국력을 신장할 황금의 기회에 등을 돌린 황제를 결코 용서하지 않았다. 그 이후 그는 유럽 대륙에서 제국의 힘을 약화시키고자 카를의 적들과 함께 음모를 꾸몄다.

파비아에서 프랑스군을 격퇴한 합스부르크 왕조의 문장에 새겨진 독수리의 커다란 날개는 유럽 전역에 그림자를 드리우는 것처럼 보였으며, 카를 5세가 옛 로마제국을 회복하고자 한다는 두려움에 실체를 제공했다. 하지만 프랑스는 단지 약화되었을 뿐, 아직 소멸하지는 않았다. 공공연하게 협박을 받은 프랑수아는 마드리드 조약에 서명했으며, 이 협정은 도덕적으로나 법률적으로도 구속력이 없었다. 국경을 넘어 프랑스에 안전하게 도착한 프랑수아는 마드리드 협정을 비난했으며, 새로운 동맹 세력의 강력한 지지를 받아 스페인과의 새로운 전쟁을 준비하기 시작했다. 코냑 동맹은 세력 균형을 유지하기 위해 1526년 5월 22일 결성된 반 카를 동맹이었다. 프랑스, 피렌체, 베네치아, 밀라노, 교황 및 카를의 이전 동맹 세력이었던 영국 등이 이 동맹에 참여했다.

교황의 코냑 동맹 참여는 특히 황제의 분노를 샀다. 황제는 곧 전례 없이 매서운 복수를 감행했다. 1527년 5월 다수가 독일 용병으로 구성된 제국군이 급료를 지불받지 못하자, 로마에서 폭동을 일으켜 로마를 약탈했으며, 다수의 민간인을 살해했다. 그리고 제국군은 교회를 약탈하고, 수녀를 겁탈했으며, 심지어 교황을 생포하기까지 했다. 비록 이상주의자였던 카를이 이 사건을 기만적인 교황에 대한 적절한 처벌이라고 변론하기는 했지만, 그 같은 잔학 행위에 커다란 충격을 받았다. 카를의 자서전 작가들은 1555년 퇴위할 때까지 그를 괴롭혔던 우울증이 이 사건에서 비롯되었다고 언급했다.

카를은 전에 포로로 잡힌 프랑스의 군주 프랑수아에게 그렇게 했듯이, 교황의 권력 회복을 용인했다. 그는 1520년대 말 확실하게 자리 잡은 독일에서의 종교반란을 다루기 위한 교회 공의회를 교황이 소집한다는 조건으로 클레멘트 7세를 석방했다. 이는 교황으로부터 받아낼 수 있는 실제적인 약속이 아니었다. 프랑수아 1세가 마드리드 조약을 무시했듯이, 클레멘트 7세는 교회 공의회 소집을 피할 수 있으면 피하고자 했다. 16세기 교황들은 교황청에 대한 공의회의 우위를 성공적으로 확증했던 15세기의 콘스탄츠 공의회와 바젤 공의회에 대한 생생한 기억을 여전히 가지고 있었다. 르네상스 교황들은 교황 수장제의 보전에 집착했으며, 15세기 중엽 이후 이들 교황은 자신의 의지를 관철하는 제한된 의미의 기구로서만 공의회를 용인했다. 루터의 반란을 다룰 공의회 개최에 대한 압력이 벌써 1526년부터 가해지기 시작했으나, 이 공의회는 그로부터 20년이 지난 이후에서야 실제로 개최되었다.

합스부르크 왕조와 발루아 왕조 간의 제2차 전쟁은 프랑스의 이탈리아 원정이 실패한 이후인 1529년 여름에 종식되었다. 1529년 7월 바르셀로나 협약에서 카를은 프랑스를 지원한 교황으로 하여금 나폴리에 대한 제국의 권리를 인정하도록 했고, 루터파에 대항하는 데 황제와 협력하도록 강제했다. 클레멘트는 새로운 협정을 매듭짓기 위해 1530년 볼로냐에서 카를을 황제로 대관했던 바, 이는 황제에 대한 교황의 마지막 대관이었다. 카를은 1529년 8월 5일 프랑스와 캉브레 조약을 체결했다. 이 조약에 의해 프랑수아가 마드리드 조약의 핵심 조항에 다시 구속을 받는 대신, 부르고뉴가 프랑스에 양여되었다. 하지만 마드리드 조약이 프랑스 군주를 견제하지 못했듯이, 캉브레 조약의 굴레 역시 프랑스 군주를 성공적으로 견제하지 못했다.

1520년대에 투르크족은 종교개혁의 정치적 성공에 매우 중요한 요소로 작용하기 시작했다. 투르크족은 1526년 8월 모하치 전투에서 헝가리 군주를 격퇴함으로써 오스트리아의 합스부르크 영토를 공격대상으로 삼았으며, 중부 유럽 전역을 위협했다. 이로 인해 카를은 동유럽에서 확고한 태도를 취할 수밖에 없었으며, 당시 카를의 대리인들은 슈파이어 제국의회에서 독일의 프로테스탄트들과 협상을 하고 있었다. 모하치 전투에서 투르크족이 승리함에 따라 루터파 제후들에 대해 단호한 조치를 취할 수 없게 되었다. 카를은 어떤 종교적 설득을 통해서라도 독일군을 동부 전선에 새로 배치할 수밖에 없었다. 슈파이어에서 카를의 대리자들은 프로테스탄트들에게 중요한 양보를 했다. 즉 교회 공의회가 개최되기 이전에 공정한 청문을 약속했던 것이다. 이 약속은 루터에 대한 보름스 칙령을 효과적으로 정지시켰으며, 적어도 교회 공의회가 개최되기 전까지 당시 프로테스탄트의 지위를 보장했다.

1530년 프랑스와의 2차 전쟁이 성공적으로 종결되었으며, 1529년 빈 성문에까지 도달한 투르크족의 맹렬한 공격이 격퇴되었다. 마침내 카를은 독일 신민들과 직접 협상할 수 있는 위치에 있게 되었다. 1529년 제2차 슈파이어 제국의회는 제1차 회의의 약속을 준수하지 않겠다는 황제의 의도를 프로테스탄트들에게 전달함으로써 경각심을 주었다. 카를은 1530년 아우크스부르크 제국의회를 주요 종교적 분쟁을 개인적으로 해결하기 위한 기회로 삼았다.

루터는 이 회의에 대한 참석을 허락받지 못했다. 인근의 코부르크 성에 격리되어 있던 루터는 멜란히톤을 대표로 하는 프로테스탄트 참석자들에게 거의 매일 지침과 격려를 보냈다. 쉽게 타협하고 우울증을 앓고 있었으며 겁이 많았던 멜란히톤에게 용기를 불어넣기 위해 루터는 협상 팀이 최악의 경우를 맞이하게 된다면, 그것은 이들의 처형일 것이라고 다시금 위로를 보냈다.[19]

그 회의의 최종 선언문은 루터파 아우크스부르크 신앙고백과 츠빙글리의 4개 도시 신앙고백(*Confesso Tetrapolitana*) 모두를 거부했다. 아우크스부르크 신앙고백은 멜란히톤이 타협을 위해 온건한 기조에서 작성한 것이었고, 츠빙글리의 신앙고백은 스트라스부르, 콘스탄츠, 린다우 및 메밍겐 등의 도시들의 종교적 신념을 대변했다. 카를은 보름스 칙령을 강제하기 위한 새로운 시도를 하면서 모든 프로테스탄트 영토에 1531년 4월까지 전통적인 종교적 관행으로 복귀하라고 명령했다. 이는 정치적 실체에 부합되지 않는 희망 어린 생각이었다. 이즈음 종교개혁은 그와 같은 명령을 거부할 정도로 매우 확고하게 자리를 잡았다. 다수의 도시와 소도시들은 당시 전적으로, 압도적으로 프로테스탄트를 수용했다. 수백 명의 프로테스탄트 성직자들은 부인과 가족을 두었다. 수도원들은 해체되고 이들의 재산은 새로운 용도로 사용되었다. 당시 이 모든 것이 불과 한 해 만에

---

19 *WABr* 5, pp. 399~400.

반전된 것인가?

황제의 최후통첩만큼이나 프로테스탄트의 대응은 비타협적이었다. 1531년 2월 프로테스탄트들은 슈말칼덴 동맹이라는 새로운 방어 동맹을 결성했다. 선제후가 지배했던 브란덴부르크와 작센, 프러시아, 헤세, 만스펠트, 브뤈스빅, 안홀트 및 20개의 제국 도시를 포함한 다른 영토가 신속하게 이 동맹에 참여했다. 1520년대 후반 루터파 제후들은 이전의 가톨릭 주교들의 법률적 권한과 행정적 권한을 보유하게 되었으며, 루터는 이들 제후를 '비상 주교'라고 불렀다.[20] 그리고 제후들에 의해 선정된 대략 동등한 수의 법률가와 목사들로 구성된 교회 감독회 내지 통치위원회가 우후죽순처럼 등장하여 교회 개혁과 조직 재편을 주도했다. 작센 법률가들의 주도 아래 루터파 신학자들은 교황과 황제의 '폭정'에 대한 저항권을 변론했다. 이전에 루터는 자신의 추종자들에게 폭정을 수동적으로 참고 그리고 독일 제후들에게 상위자인 황제에게 순복하라고 권고했던 반면에, 아우크스부르크 제국의회 이후에는 자기방어 및 양심을 위해, 즉 적극적인 저항을 세속적 의무이자 종교적 의무라고 지지했다.[21]

설령 1531년 황제와 슈말칼덴 동맹 간의 전면전이 임박하였음에도 불구하고, 멀리서 들리던 북소리로 다시금 마지막 결전이 미루어졌다. 아우크스부르크 제국의회가 연기된 직후 동유럽에 대한 투르크족의 새로운 공격이 시작되었다. 이 새로운 위협으로 또 다른 협정이었던 뉘른베르크 평화 협정(1532년 7월)이 잠정적으로 체결될 수밖에 없었다. 이 협정에서 황제는 프로테스탄트들에 대한 조치를 또 다시 연기하기로 약속했으며, 교회 공의회를 현안으로 남겨 두었다.

---

20 이에 관해서는 Karl Holl, "Luther und das landeschrrliche Kirchenregiment," in *Gesammelte Aufsätze zur Kirchengeschichte*, vol 1, *Luther*(Tübingen, 1923), pp. 326~380; H.-W. Krmwiede, *Zur Entstehung des landesherrlichen Kirchenregiments in Kursachsen und Braunschweig-Wolfenbüttel*(Göttingen, 1967); Irmgard Höss, "The Lutheran Church of the Reformation: Problems of its Formation and Organization in the Middle and North German Territories," in *The Social History of the Reformation*, ed. L. P. Buck and J. W. Zophy (Columbus, 1973), pp. 317~339.

21 *Dr. M. Luther's Warnings to His Dear German People*(1531), *LW* 47, pp. 11~55 (= *WA* 30/3, pp. 276~320). 이 책의 374~375쪽을 참조하기 바란다.

〈황제 카를 5세〉(머리글자 M R). 1547년 연로하고 지친 모습의 카를 5세. 그 해에 카를의 군대는 작센과 헤세의 프로테스탄트 제후들을 격퇴했다.

황제가 머리에 썼던 제관은 너무 무거웠다. 1530년대 중반 군대를 재결집한 프랑스 군주는 캉브레 조약을 파기했으며, 밀라노에 대한 프랑스의 권리를 다시금 주장했다. 프랑스와의 평화가 자신의 손에서 멀어져가는 것을 카를 5세는 다시금 목격했다. 진노한 카를은 프랑스 군주에 대한 이전의 공개적인 도전을 새롭게 다졌다. 이는 중세 황제의 기질은 물론 좌절감도 보여주고 있으며, 이 같은 좌절감은 이해가 된다.

이번에 승리에 대한 프랑수아 1세의 결기가 대단했다. 그는 후일 앙리 2세가 될 자신의 아들과 교황의 조카 캐서린 메디치의 혼인을 중재함으로써 당시 카를의 강력한 동맹이었던 교황을 궁지로 몰아넣었다. 1536년 2월 '가장 그리스도교적인 군주'로 불렸던 프랑수아는 위대한 쉴레이만과의 동맹을 공식 체결했다. 이 그리스도교도 군주는 그리스도교도에 저항하던 투르크족에 합류했던 것이다. 프랑스와 오스만의 이 동맹은 카를과 두 번 전쟁을 치렀으며, 두 번 모두 제국군이 프랑스를 침공했다. 첫 번째 전쟁은 1538년 6월 교황에 의한 협상에 의해 교착 상태로 끝이 났으며, 두 번째 전쟁은 1544년 합스부르크 왕가의 일방적인 승리로 끝이 났다. 두 번째 전쟁의 결과 9월 19일 체결된 크레피 평화 협정에서 프랑수아가 투르크족과 프로테스탄트에 대항하여 제국 군대를 지원하기로 동의했던 반면에, 카를은 관대하게도 프랑수아의 둘째 아들과 합스부르크 왕가의 공주의 결혼 및 결혼 선물로 밀라노나 네덜란드를 약속했다. 이는 완벽한 승리자를 위한 기이한 양보였고, 그런 기이한 일이 실제로 일어났지만, 그와 같은 양보가 카를이 오랫동안 염원했던 평화를 가져다주었는지에 대해서는 회의적이다. 16세기에 손쉬운 성공이 정치적 욕구를 충족시키지는 못했기 때문이다. 1547년 3월 프랑수아가 사망한 이후 이 제안은 더 이상 그의 계승자에게 이어지지 못했으며, 따라서 결코 실현되지도 못했다.

프랑스는 합스부르크 왕조와 발루아 왕조 간의 오랜 경쟁에서 크게 패배했으며, 이 대결은 1559년 카토-캄브레시스 조약과 더불어 종말을 고했다. 그 이후 내전과 종교전쟁으로 프랑스는 스페인에 대한 또 다른 중요한 군사적 도전을 감행할 수 없을 정도로 내부적으로 크게 분열되었다. 스페인은 지중해와 네덜란드에 관심을 집중했으며, 영국은 유럽의 주도권을 둘러싼 경쟁에서 스페인의 새로운 적이 되었다.

프랑수아 1세가 사망한 해에 카를 5세는 슈말칼덴 동맹을 또한 진압했다. 1547년 4월 24일 알바공의 주도 아래 제국군은 뮐베르크에서 요한 프리드리히의 프로테스탄트 군을 격파했다. 요한 프리드리히와 필리프 헤세는 포로가 되었으며, 프로테스탄트 영토와 도시들은 함락되고 제국 지배자들의 확고한 통제 아래 놓이게 되었다.

심지어 절망적인 군사적 패배마저도 이 시기의 독일의 종교개혁을 멈추게 할 수는 없었다. 카를이 프로테스탄트에 대한 승리를 만끽하기도 전에, 형제 페르난도와 제위 계승을 둘러싸고서 균열이 발생했다. 카를은 일찍이 페르난도를 로마인들의 군주로 선출할 것을 획책했고, 이로 인해 페르난도는 제국의 공식적인 계승자가 되었다. 하지만 1551년 카를은 자신의 아들 펠리페 2세가 제위의 계승자가 되기를 원했으나, 페르난도는 카를의 구상에 동의하지 않았다. 이 갈등으로 제국 내에서 카를의 군사적 위상이 약화되었으며, 프로테스탄트들은 이를 신속하게 활용했다. 모리스 작센의 주도 아래 독일의 제후들은 프랑스의 앙리 2세와의 동맹을 맺었고, 1552년 인스부르크에서 카를의 군대를 격퇴했다. 1552년 8월 카를은 치욕적인 파사우 조약에 서명했으며, 이 조약으로 포로로 잡힌 프로테스탄트 제후들이 석방되었고, 루터파에게 제국의 간섭을 받지 않고 자신들의 양심의 명령에 따른 종교적 자유를 인정했다. 이 협정은 유럽의 종교적 통합을 회복하고자 했던 황제의 수십 년에 걸친 시도를 좌절시켰다.

1555년 9월 25일 아우크스부르크 화의는 사실상 오랫동안 존속했던 종교적 분열을 완전히 법제화했다. 설령 '그 지역의 제후가 그 지역의 종교를 결정한다'는 규정이 후대에까지 명확하게 확립되지는 않았다고 해도,[22] 이 원칙은 당시 제국 전역에서 지배적이었다. 즉 그 지역의 지배자가 루터파인 경우 그 지역은 루터파의 영토가 되었다. 그 지역의 지배자가 가톨릭 신자인 경우 그 지역은 가톨릭의 영토가 되었다. 황제와 가톨릭의 영토는 아우크스부르크 신앙고백에 의해 자신들의 종교적 삶을 영위하던 사람들을 존중하기로 약속했으며, 루터파 영토에서 가톨릭을 선택한 사람들을 존중하기로 했다. 가톨릭이 지배한 지역에 거주하던 프로테스탄트들에게는 자신이 선호하는 종교 의식을 집전하던 지역으로의 이주가 허락되었으며, 가톨릭교도에게도 이와 동일한 권리가 부여되었다. 이 협약에 첨부된 이른바 종교적 단서조항은 1552년 이후 새로운 신앙을 위해 구 신앙을 포기한 모든 대주교, 주교, 고위성직자 및 성직자에게 그 직책과 성직록 그리고 이로부터 나오는 모든 수입을 포기할 것을 요구했다.[23] 하지만 프로테스탄

22 이는 법제사가 요아힘 스테파니에 의해 1582년 최초로 사용되었다. Lewis W. Spitz, "Imperialism, Particularism and Toleration in the Holy Roman Empire."

트들은 대체로 이 단서조항을 무시했으며, 교회의 직책 및 수입의 찬탈은 17세기 전반기에 일어난 30년 전쟁의 주요 원인이었다.

제국 내에서 크게 패배하고 정신적으로도 낙담한 카를 5세는 1555년 10월과 11월에 자신의 여러 직책을 펠리페 2세와 페르난도에게 이양했으며, 조용히 수도원으로 은거했다. 마르틴 루터는 자신의 최초의 중요한 도전에서 그리고 어떤 의미에서 제국 내에서의 인과응보로 1540년 탁상담화에서 황제 카를 5세에 대해 다음과 같은 평가를 했다.

> 카를은 우울하면서도 열정적인 사람이지만, 영웅은 아니다. 그는 우리의 대의를, 심지어 누군가 우리의 책을 그에게 읽어줄 때조차도 그 대의를 이해하지 못했다. 만약 그가 스키피오, 알렉산드로스 내지 피루스였다면, 그는 교황청의 그물을 뚫고 나가 독일인들을 정복했을 것이다. 그는 많은 일을 시작했으나, 마무리한 것은 거의 없었다. 그는 튀니스를 정복하고는, 이를 방치했다. 그는 [파비아에서] 프랑스군을 정복했으나, 그 이후 이를 돌려주었다. [1527년] 로마를 정복하고서도, 그는 반복해서 이를 돌려주었다. 그는 그 무엇도 완수하지 못했다. 그는 협상에서 쉽게 양보했던 바, 그렇게 한 이유는 그가 관대한 인물이었기 때문이 아니다. 그러나 내가 말하고자 하는 바는 독일에는 머리가 없다는 것이다. 필리프 [멜란히톤]는 독일이 외눈박이 폴리페모스라고 주장했다. 그것은 지배자 없이 존재해야 하는 어떤 나라가 짊어져야 하는 가장 무거운 짐이다.[24]

2) 루터의 사회 철학

20세기 초 독일의 대표적인 역사가였던 빌헬름 딜타이(1833~1911)와 에른스

---

23 *Church and State Through the Centuries: A Collection of Historic Documents*, trans. and ed. S. Z. Ehler and J. B. Morall (New York, 1967), pp. 167~170.

24 *Luthers Werke in Auswahl, Tischreden*, ed. Otto Clemen (Berlin, 1950): 8, no. 5042, p. 206.

트 트뢸치(1865~1923)는 종교개혁이 중세적 가치를 지향했는가 아니면 근대 세계의 핵심 가치를 예견했는가라는 오랜 논쟁에 초점을 맞추었다. 지성사가이자 철학자였던 딜타이는, 부르크하르트가 르네상스를 묘사했듯이, 종교개혁을 르네상스의 종교적 산물이라고 이해했다. 루터의 신학을 완전한 자의식을 향한 인류의 거대한 진일보였다고 극찬한 헤겔에 동의한 딜타이는 종교개혁을 세속 문명의 발전에 대한 역행이자 전통적인 그리스도교의 '노예근성'으로의 퇴행이라고 비판한 프리드리히 니체와 같은 사상가들의 견해를 비판했다. 딜타이는 1520년에 루터가 집필한 종교개혁에 관한 저술들인 『독일 그리스도교 귀족에게 고함』과 『그리스도교도의 자유』에 기초하여 종교개혁이 세 가지 측면에서 '근대적'이었다고 주장했다. 첫째, 딜타이는 이신칭의 교리를 '신자의 절대적 자율성'에 대한 변론으로서 이해했다. 이는 근대의 개인의 자유 개념을 예견하는 것으로, 딜타이는 그것이 궁극적으로 루터 이전의 프란체스코의 경건함과 중세 말기의 신비주의에서 유래한다고 보았다. 두 번째, 딜타이는 루터가 대중을 어리석게 만드는 종교의 외형 내지 제도를 비판하고 종교의 내면적이고 개인적인 가치를 고양했다고 생각했다. 마지막으로 딜타이는 루터가 수도원주의를 결정적으로 극복했고, 세속 사회의 가치를 인정했다고 찬사를 보냈다. 딜타이는 종교개혁이 우선 그리스도교의 가치를 독일의 사회와 정치로 확산시켰을 뿐만 아니라 독일 문화도 변화시키게 되었다고 생각했다.[25]

딜타이와 동시대의 인물로 유명한 사회학자 막스 베버(1864~1920)의 『프로테스탄트 윤리와 자본주의 정신』은 1904~1905년에 간행되었다. 여기서 베버는 딜타이와 유사하게 후대의 칼뱅주의적이고 청교도적인 프로테스탄티즘에 대해 그리고 엄격한 사회경제적 관점에서 프로테스탄티즘을 긍정적으로 평가했다. 베버는 칼뱅주의자들이 자신들의 삶에 강제했던 철저한 종교적 규율('프로테스탄티

25 딜타이의 견해는 그의 "Auffasung und Analyse des Menschen im 15. und 16. Jahrhundert"(19891/92)에 요약되어 있다. 이는 Heinrich Bornkamm, *Luther im Spiegel der deutschen Geistesgeschichte*(Hidelberg, 1955), pp. 232~237을 발췌한 것이다. 딜타이의 유명한 저서에 대한 영어 발췌본은 Lewis W. Spitz, *The Reformation: Material or Spiritual*(Boston, 1962), pp. 8~16에 실려 있다.

즘 윤리')과 근대 자본주의 제도에 자양분을 제공한 실체를 합리적으로 인식하는 사람들의 새로운 능력('자본주의 정신')간의 '친화성'을 간파했다.[26] 베버는 주로 프로테스탄티즘의 초기 두 세대 동안 루터파 운동과 칼뱅파 운동이 여전히 중세 그리스도교의 금욕적인 분위기에 있었다고 생각했다. 하지만 베버는 이들 운동에서 근대적인 발전의 씨앗을 발견했다. 세속의 직업에 각별히 새로운 중요성을 부여했던 루터의 소명(Beruf) 개념이 여기에 해당되었으며, 칼뱅이 16세기 중엽의 경제적 실체를 수용하고, 특히 대부에 대한 이자의 용인이 그 대표적인 사례였다는 것이다.[27]

역사가이자 사회학자였던 에른스트 트뢸치는 딜타이의 논지에 비판적인 주요 논객으로서 종교개혁의 근대성에 관한 논쟁에 뛰어들었으며, 그의 저술에서 이 이슈가 계속해서 지배했다. 딜타이와 베버 논지를 인정한 트뢸치는 종교개혁, 특히 루터의 종교개혁의 지향점이 모든 척도에 비추어 볼 때, 근대적이었다기보다는 중세적이었다고 생각했다. 개인의 자유와 자율성의 주창과는 거리가 먼 루터의 종교개혁은 보수적인 '교회 유형'이 되었다는 것이다. 그것은 구원을 완결되고, 확실하며 그리고 분명한 무엇이라고 생각했고, 구원이라는 이 순수한 선물이 개인의 모든 노력과는 무관하며, 단지 단순하고 순박한 믿음에 의해서만 전용될 필요가 있다고 보았다.[28] 트뢸치는 근대인들과 루터파 및 칼뱅파를 비교하면서 이들 루터파와 칼뱅파가 기껏해야 중세 교회에 의해 지배된 문화를 단지 '수정하는 데' 불과했다고 이해했다.[29] 트뢸치는 근대인들이 성서의 계시나 외부

---

26 베버의 논지는 두 선집에서 논의되었다. *The Protestant Ethic and Modernization: A Comparative Views*, ed. S N. Eisendstadt (New York, 1968); *Protestantism, Capitalism, and Social Science: The Weber Thesis Controversy*, ed. R. W. Green (Lexington, Mass., 1973).

27 칼뱅이 '고리대금이 아닌' 생산적인 곳에 투자된 자본에 대한 이자를 비난하면서, 제네바에서 오랫동안 관행적으로 이루어졌고, 또한 가톨릭 당국자들에 의해 용인되었던 것을 인정한 것 그 이상이 아니었다. Herbert Lüthy, "Once Again: Calvinism and Capitalism," in *The Protestant Ethic and Modernization*, p. 106. 토니는 칼뱅 선언의 악의적인 면을 인정했다. R. W. Tawney, *Religion and the Rise of Capitalism* (Gloucester, Mass., 1962), pp. 94, 108, 113.

28 *The Social Teachings of the Christian Churches* (New York, 1960), 2, p. 481.

29 *Protestantism and Progress: A Historical Study of the Relation of Protestantism to the Modern World*, trans. W. Montgomery (Boston, 1958, first English trans., 1912), p. 48. 트뢸치의 논지에 대한 평가에 관해서는 F. W. Kantzenbach, "Die Protestantismusthese von Ernst Troellttsch,"

의 여하한 권위로부터의 독립을 최고의 이상으로 삼고 추진했다는 사실을 발견했다. 루터파와 칼뱅파는 가톨릭의 구원 교리를 개인주의적인 개념으로 대체했으나, 이들 역시 정치와 사회, 과학과 교육, 법률과 상업 등의 삶의 모든 영역을 초자연적 계시라는 규범에 의해 규제하고자 했다. 이들의 이상 사회는 성서에 기초한 사회, 즉 '성서 중심적인 지배체제'였다는 것이다.[30] 이들은 또한 전통적인 금욕주의를 자기부정이라는 내면적 태도, 수도원주의의 내세 지향 및 현실도피를 대체했던 소위 세속적 금욕주의로 변모시켰다. 하지만 여전히 이들의 사유를 지배한 것은 중세적 인식이었다는 것이다.[31] 트뢸치는 종교개혁을 평가하면서 그것의 전반적인 영향으로 뉴턴의 과학과 18세기의 철학이 진정한 근대적 이념과 가치의 승리를 담보하기 시작하기까지 두 세기 이상 동안 '중세적 정신'이 지속적이게 되었다고 지적했다.[32]

전반적으로 이 같은 부정적인 평가에도 불구하고, 트뢸치는 고전 프로테스탄티즘에서 네 가지 근대적인 요소를 인정했다. 첫 번째 요소가 수도원 및 독신과 순결이라는 전통적인 이상의 거부였다. 트뢸치가 생각하기에 이는 출산율을 증가시켰고, 새로운 유형의 가정생활을 제공했으며, 결혼을 보다 윤리적이고 개인적인 문제로 만들었고, 그리고 당사자인 남편과 아내의 이혼에 대한 권리를 확고히 했다. 하지만 프로테스탄트들은 가정에 관한 중세의 가부장적 모델을 대체했다. 사실상 이들 프로테스탄트는 아버지가 어머니와 자녀를 지배했던 가정이나 군주가 절대적 주권자였던 정치 모두의 영역에서 전통적인 가부장적 문화를 영속시킨 것으로 이해되었다.[33]

Zeitshrift für bayerische Kirchengeschichte 42(1973), pp. 242~259.

30 *Protestantism and Progress*, p. 70.

31 같은 책, p. 80.

32 같은 책, pp. 85~86. "[프로테스탄티즘이] 행한 모든 것은 [근대성의] 발전 과정을 선호하고, 강화하며, 다채롭게 하고, 수정했던 반면에, 일부의 경우 프로테스탄티즘은 중세 말기의 삶에 대한 인식으로부터 유래된 상반되는 영향력을 유지하고 그리고 심지어 다시 강화하기조차 했다. 근대 국가, 근대 국가의 자유 및 헌정 형태, 관료제와 군사제도, 근대 경제학 및 사회 계층화, 근대 과학과 예술은 도처에서 [종교개혁] 이전에 그리고 이와는 별도로 어느 정도 부상하고 있었다. 이것들은 중세 말에 그 기원을 두고 있다. 무엇보다 도시생활의 성장과 영토국가 …… 15세기로부터 17세기에 이르는 생산적인 세기들의 특징이었던 새로운 이념 및 세력의 형성에서" (같은 책, p. 172.).

트뢸치에 따르면 고전적 프로테스탄티즘의 두 번째 근대적 요소는 그것이 교회의 전통적인 법률 내지는 교회법에 대비되는 로마법과 자연법을 지지했다는 것이다. 이 프로테스탄트 운동은 근대 국가의 발전에 일조했다. 신성한 사회를 건설하려던 욕구는 또한 프로테스탄트들, 특히 칼뱅주의자들로 하여금 자신들이 선택한 종교의 자유를 부정한 폭군에 저항하도록 했다. 한편 트뢸치는 루터주의가 권위적인 프러시아 국가의 보루가 되었으며, 한 때 제네바에서 권력을 장악했던 칼뱅주의자들이 무관용적인 신정정치를 구현하려고 했다는 점을 인정했다.[34]

트뢸치는 경제 조직 분야에서 종교개혁의 세 번째 근대적 요소를 발견한 베버와 견해를 같이했다. 하지만 세 번째 요소는 실패했다는 것이다. 모든 직업의 종교적 동등함에 대한 프로테스탄트의 믿음은 평신도에 대한 성직자의 우위 및 평신도 전반의 노동에 대한 종교적인 선업의 우위라는 중세적 인식을 깨트리는 데 일조했다. 트뢸치는 칼뱅주의를 수용한 지역에서 이 같은 발전이 보다 가속화되었다는 베버의 견해에 동의했다. 트뢸치와 베버는 칼뱅주의가 전통적인 농업 사회의 가치를 고수하고 루터주의를 수용한 지역보다 근대의 경제제도에 보다 쉽게 적응했다고 생각했다.[35]

트뢸치는 종교개혁의 마지막 근대적 요소로서 인문주의자의 포괄적인 교육개혁을 지적했다. 이는 원래 프로테스탄트 학교들에서 비판적인 역사학과 일정 정도의 독립적인 판단을 고무했다. 하지만 이 같은 방향의 조치는 중단되었으며, 편협한 고해주의와 아리스토텔레스 철학에 대한 관심의 부활이 16세기 후반 다수의 프로테스탄트 대학을 지배했다는 것이다.[36]

트뢸치는 자신이 종교의 '종파적 유형'이라고 명명한 재세례파와 영성주의자들이 루터파와 칼뱅주의자들에 비해 가정과 정치 모두에서 훨씬 많은 진전을 이루었다고 생각했다. 이들 재세례파와 영성주의자는 가정에서 여성에게 보다 많

---

33 같은 책, pp. 93~96.
34 같은 책, pp. 102~109.
35 같은 책, pp. 129~130.
36 같은 책, pp. 146~147.

은 독립을 부여했으며, 자신들의 교회가 국가의 통제로부터 벗어나야 한다고 요구했다.[37] 근대의 마르크스 학자들과 마찬가지로 트뢸치는 루터와 칼뱅이 자신들의 개혁이 정치적인 인정을 받기 위하여 종교적인 기대치를 낮추었다고 이들을 비판했던 반면에, 재세례파와 영성주의자들이 단순한 정치적 성공을 뛰어넘어 고상하고 영적인 이상에 충실했다고 이해했다. 16세기 급진파들을 교회와 국가의 분리, 자유의지 및 평화주의의 때 이른 옹호자들이라고 평가함으로써 트뢸치는 근대 학자들 가운데서 자신을 존경하는 독자들을 다수 확보하게 되었다.

종교와 사회에 관한 루터의 견해에 대한 비판보다 고전적인 프로테스탄티즘에 대한 트뢸치의 비판이 설득력이 있는 것은 없었다. 자신이 세계의 종말에 살고 있다고 확신했으며, 자신의 추종자들에게 종교로 귀의하고 '세속 사회와 떨어져' 있으라고 촉구한 루터를 트뢸치는 매우 보수적인 인물로 묘사했다.[38] 트뢸치는 루터가 그리스도교도로서의 신자의 충성심과 행위 그리고 세속 사회의 구성원으로서의 충성심과 행위를 구분했다고 지적하면서 이 논지를 지지했다. 종교인으로서 인간은 사랑의 법률과 최고의 영적 이상에 복속하지만, 국가의 시민으로서 인간은 법률을 준수하고 이 같은 영적 이상과는 매우 거리가 먼 것처럼 보이는 관행을 따라야 한다고 루터는 주장했다. 트뢸치에 의하면, 그리하여 루터는 신자를 교회의 종교적 가르침에 구속시키는 것 못지않게 국가와 비그리스도교적 방식에 구속시켰다는 것이다. 그는 그리스도교도들이, "마치 [이들이] 해와 비, 폭풍우와 바람을 맞이하듯이", 창조된 질서와 신성한 법률의 표현으로서의 세속의 제도를 수용하기를 기대했다. 이 같은 신학은 정치적 지배 권위에 대한 의문의 여지가 없는 순종에 영향을 주었다. 이 문제와 관련하여 트뢸치의 견해를 추종했던 토니는 루터에 대해 다음과 같은 결론을 내렸다. "루터의 종교적 전제는 …… 프로테스탄티즘의 사회사상에 기초한 이원론을 확고히 했다. 이 이

37 같은 책, pp. 95~96, 135, 139, 174. 보다 근년의 연구는 재세례파가 여성에게 보다 많은 자율성을 부여했다는 논지에 도전하고 있다. Claus-Peter Clasen, *Anabaptism: A Social History, 1525-1618, Switzerland, Austria, Moravia, South and Central Germany*(Ithaca, 1972), pp. 207~209를 참조하기 바란다.

38 *The Social Teachings of the Christian Churches* 2, pp. 495~503, 523~544.

원론은, 그것의 함의가 진전됨에 따라, 종교로부터 그것의 사회적 내용을 그리고 사회로부터 그것의 영혼을 비우게 했다."[39] 오늘날 다수의 학자들은 루터가 프로테스탄트 개혁가들 가운데 사회에 관해 가장 보수적인 태도를 견지하고 있었다는 트뢸치와 토니의 견해에 동의하고 있다.[40]

이 주제와 관련하여 루터는 자기 시대의 역사 철학의 역사적인 맥락이 무시되었기 때문에, 완전히 공정한 대접을 받지 못했다. 신중함은 종교개혁 첫 십년 동안 일상의 명령이었으며, 그리고 프로테스탄트 지도자들이 인내심이 부족하고 주의를 덜 기울였다면, 이들의 개혁은 주요 지배자들의 지지를 신속하게 상실했을 것이다. 거의 예외 없이 이들 유력자는 처음부터 늘 그리고 매우 기꺼이 종교개혁을 지지했다. 대부분의 지도자들은 확실한 실패보다 점진적인 성공이 낫다고 생각했다. 동료 노동자 레오 주드에 대한 츠빙글리의 조언은 프로테스탄트의 일상적인 경험이 되었다. "그대가 가장 원하는 바를 얻기 위해서는 가장 원하지 않는 것도 때로는 해야 한다."[41] 프로테스탄트들은 종교개혁이 실제로 정착된 이후 법률과 질서의 이름으로 전통적인 종교적 관행이 지속되는 것을 오랫동안 용인했으며, 비성서적인 것으로 드러난 그와 같은 관행도 용인했다. 이를테면 비텐베르크와 취리히의 프로테스탄트들은, 종교개혁이 1522년 비텐베르크에서 그리고 1523년 취리히에서 성공했음에도 불구하고, 1525년에서야 미사를 공식적으로 폐지했다. 루터는 선제후 프리드리히 현명공의 요구에 따라 비텐베르크에서 종교개혁의 속도를 기꺼이 늦추었다. 프리드리히는 종교개혁이 다수의 지지와 더불어 진행되어야 하며, 이상적으로는 다수의 동의와 더불어 진행되어야 하고, 그리고 혼란의 징후가 없어야 한다고 주장했다.[42] 장 칼뱅은 다른 주요 개혁가들보다 느리지만 신중하게 진행된 종교개혁의 교훈을 배웠다. 제네바 시민들

---

39 *Religion and the Rise of Capitalism*, p. 101.

40 쾨니스베르거와 모세의 인기 있는 교과서에 의하면, 루터는 유력자가 부모를 대신할 뿐만 아니라 심지어 신을 대신한다는 것이었다. Helmut, Koenigsberger and George Mosse, *Europe in the Sixteenth Century*, p. 130. 한편, 쾨니스베르거와 모세는 종교개혁이 "세속 사회의 발전에서 새로운 단계를 개막했던" 방식을 평가했다(같은 책, p. 133.).

41 *Zwingli Werke*, 7, p. 220, Potter, *Zwingli*, p. 76, n. 3에서 인용.

42 Ozment, *The Reformation in the Cities*(New Haven, 1975), p. 138.

은 자신들을 신의 법률에 저돌적으로 일치시키고자 했던 칼뱅을 제네바로부터 거의 5년간 추방을 했던 것이다.[43]

종교인으로서의 신자의 책임과 세속 사회의 구성원으로서의 의무의 구분은 루터 신학만의 고유한 특징이 아니었다. 한편 이것은 사회란 통합된 그리스도교도 공동체라는 중세적 인식에 대한 프로테스탄트들의 공통적인 거부였다. 사회에 대한 프로테스탄트들의 인식은 교권과 속권의 중세적 구분에 대한 부정이었다. 1520년대와 1530년대에 혁명적인 농민과 재세례파는 여전히 이 같은 인식에 집착했으며, 종교의 이름으로 이 두 영역을 하나로 강제적으로 통합하려고 했다. 한편 신자의 이원적 성격은 지배자 앞에서 프로테스탄트의 시민적 책임을 명확히 하는 데 일조했다. 이들 지배자는 오직 믿음에 기초한 종교가 끝없는 사회적 혼란, 특히 1520년대의 급진적인 사회적 정치적 실험가들의 혼란의 징후가 되어서는 안 된다는 점을 다시금 분명히 할 필요가 있었다. '신정주의자'로 오해를 받았던 츠빙글리와 칼뱅은 루터처럼 속권과 교권의 권위를 주의 깊게 구분했다. 취리히에서 종교개혁이 시작되자 츠빙글리는 『신의 의와 인간의 의』(1523)라는 이 주제에 관한 중요한 저술을 집필했다. 여기서 츠빙글리는 오직 믿음에 의해서 나오는 내면적인 의와 지배자의 칼에 의해서 정제되는 외연적인 의를 날카롭게 구분하거나 밀접하게 결부시키기도 했다.[44] 제네바에서 교회법정(Consistory)[45]과 시위원회들 간의 긴밀한 협업은 속권과 교권의 법제적인 구분을 결코 제거하는 데까지는 이르지 못했고, 심지어 칼뱅에게 충직한 사람들이 교회법정과 시위원회들 모두를 지배했던 시기, 말하자면 칼뱅의 지배가 정점에 이르렀을 때조차도 그러했다.[46]

하지만 루터는 이 문제를 자신만의 고유한 화두로 삼았으며, 종교인으로서의

---

43 이 책의 497쪽을 참고하기 바란다.

44 *Zwingli: Hauptschriften*, ed. Fritz Blanke et al., vol. 7, *Zwingli, der Staatsmann*, ed. R. Pfister (Zurich, 1952), pp. 35~104. 필자의 *Reformation in the Cities*, pp. 133~134를 참조하기 바란다.

45 (옮긴이) Consistory에 대한 대역어로는 현재 당회, 치리회, 교회법정 등으로도 사용되고 있다. 종교적이고 윤리적인 문제를 심의 감찰하고 성찬식 금지와 파문 등의 조치를 내리는 기구를 의미하는 컨시스토리를 역자는 교회법정으로 번역했다.

46 이 책의 502~503, 510쪽을 참조하기 바란다.

한스 자흐의 팸플릿의 속표지(『이윤 추구와 다른 공적 침해와 관련하여 그리스도교 공동체를 비판하는 로마주의자의 논지에 관한 대화』, 뉘른베르크, 1524). 이 팸플릿은 뉘른베르크시의 복음 교리에 대한 가톨릭의 공격을 설명하고 있다. 이 속표지에는 가톨릭의 대변인 로마누스와 프로테스탄트를 대변하는 부유한 시민 레이쉔부르크가 묘사되어 있다. 로마누스는, 프로테스탄트의 정례적인 설교에도 불구하고, 뉘른베르크 시민들의 개혁되지 않은 도덕적 생활, 특히 지속적인 탐욕과 이윤 추구를 비판하고 있다. 레이쉔부르크와 같은 인물이 프로테스탄트들을 대변해야 한다는 사실은 종교개혁이 기존의 권력에 대한 적응 및 1520년대 중엽 초기의 고상한 사회적 이상에 대한 포기로 간주되었다. 하지만 이 팸플릿을 자세히 살펴보면, 레이쉔부르크는 인간과 사회에 관한 실재적인 그리스도교 도덕을 대변하고 있으며, 종교개혁이 이상으로부터 거리를 둔 것이 아니라, 종교개혁이 결코 공유하지 못했던 급진적인 평등주의적 정서와 거리를 두고 있다는 것을 시사하고 있다.

신자의 책임과 세속 사회의 구성원으로서의 의무의 구분은 그가 언급했던 모든 사회적 이슈에서 두드러졌다. 완전함을 추구한 수도원의 종교적 이념을 평신도에게 강제하는 것에 반대한 루터는 자신의 신학에서 일관되게 세속 사회를 이상적인 그리스도교 행위 규범에 복속시키는 것을 거부했다. 그리스도교도에게 이상적인 것이 반드시 사회 조직의 기초가 되는 것이 아니었다. 진정한 그리스도교도라면 자신의 능력에 따라 신약성서에서 가르친 바대로 원금 이외의 여하한 보상 기대도 없이 궁핍한 이웃에게 돈을 빌려주어야 한다는 야코프 슈트라우스와 같은 급진주의자들의 견해에 루터는 공감했지만, 대부에 대한 수수료와 이자가 죄악이라고 보지는 않았다. 루터는 로마 교황청과 교회 재단들의 고리대금 징수를 비난하고 지체된 판매(*Zinskauf*)라는 미명 아래 이자를 받는 행위처럼 광범위하게 확산된 세속적 관행을 고리대금이라고 비판했다. 그는 일부 대부에 대해 4~6%의 이자를 부과하는 것이 타당하다고 인정했으며, 자유롭게 계약한 고리대금 계약을 계약 당사자들이 함부로 무시하는 풍조에 대해서는 경고했다. 이 같은 경제적인 문제들은 복음의 엄중한 명령이라기보다는 개인의 양심의 문제로 점점 더 인식되었다.[47]

성직자와 지배자의 생계를 위해 납부하는 십일조의 경우에도 그러했다. 그리스도교도들은 신법이 아니라 세속법에 따라 이 같은 명목의 돈을 자유롭게 납부했다. 하지만 루터와 그의 추종자들은 이 같은 납부의 근거와 기대 모두에 대해 의문의 여지가 없었으며, 이는 농민 반란을 통해 이 같은 주장이 제기되기 훨씬 이전의 일이었다.[48]

---

47 LW 45, 233~243; Benjamin N. Nelson, *The Idea of Usury: From Tribal Brotherhood to Universal Otherhood*(Princeton, 1949); pp. 32~35, 41, 47~49; Jacob Strauss, *Haubtstuck und Artickel Christenlicher leer wider den unchristlichen wucher*(1523); *Das Wucher zu nemen und geben, unserm Christlichem glauben und brudericher lieb …… entgegen ist, unuberwintlich leer und geschrifft*(1524), 특히 C 2 a, C 4 a-b.

48 이를테면 Caspar Hedio, *Von dem Zehenden zwu träffliche Predig*(1525); Andreas Keler, *Von dem Zehenden, Was darvon usz der schrifft zu halten sey*(1525)를 참조하기 바란다. 이들은 정부가 요구하면 그리스도교도가 십일조를 자유롭게 납부하며 그리고 이와 같은 십일조가 명백히 "하나님과 하나님의의 말씀이 추구하는 구원을 위해, 올바른 사람의 구원을 위해 그리고 가난한 사람의 구원을 위해" 사용되어야 한다고 주장했다. [십일조는 분명하게] "하나님의 명예를 드높이고/ 하나님의 말씀을 드높

루터는 또한 빈민에게 자유롭게 그리고 무차별적으로 도움을 제공하는 그리스도교적 전통을 따르지 않고 빈민의 문제를 현실적으로 대처했다. 골칫거리였던 탁발 수사들에 대한 비판을 다수의 낯선 이들, 주로 떠돌이 빈민에까지 확대한 루터와 그의 추종자들은 빈민 구제를 요건에 맞는 그 지역의 가난한 사람으로 한정했다. 이들은 각각의 공동체가 자신들의 관할구역 내에서 도움이 필요한 사람들에 대한 전적인 책임을 지고, 그들에게 재활과 직업 훈련 프로그램을 제공할 것을 촉구했다.[49]

루터는, 마치 그것들이 서로 이질적인 몸처럼, 종교와 사회를 구분하기 위하여 그리스도교도와 시민을 이론적으로 구분하려고 하지 않았다. 그는 교회의 활동과 세속 지배자의 활동 간에 기본적으로 모순이 있다고 결코 생각하지 않았다. 그는 종교적 가치가 세속적인 삶에 영향을 미치고 지배자의 칼이 종교적 진리를 수호하기를 기대했다. 현세적 영역과 영적 영역은 분리되고 근본적으로 상이했고, 또한 양자는 독립적이었지만, 긴밀한 협업을 요구했다.

루터의 사회 철학 저변에는 개인의 종교적 책임과 사회적 책임에 대한 인식에서 일어날 수 있는 어떠한 갈등보다 더 혼란스러운 갈등이 놓여 있었다. 그는 이 갈등을 삶의 두 영역에 대한 통제를 둘러싼 '신의 왕국'과 '악마의 왕국' 간의 갈등이라고 묘사했다. 악마가 교황은 물론 군주가 되기를 원했고, 세계는 물론 교회가 불신, 증오 및 불순종으로 가득 차기를 원했기 때문에, 그리스도교도들은 교회 공동체의 고상한 종교적 이상은 물론 세속 사회에서 법률, 질서 및 정의라는 신성하게 재가된 목표도 지지해야 했다. 이 같은 인식은 사회로부터의 은둔이나 정치가들이 사회를 마음대로 지배하도록 방치하는 것을 의미하지 않았

이는 데에/ 정의로운 자를 구원하는 데에/ 가난한 사람들을 거주시키는 데에" [사용되어야 한다고 두 사람은 강조했다.] (Hedio, C 2 a-b). 모든 성스러운 책들 가운데 어떤 책도 우리에게 이처럼 게으르고 못된 무리들을 부양하는 데에 십일조를 사용해야 한다고 강요하지 않는다(Keller, C 1).

49 Carter Lindberg, "'그리스도교도들 가운데 구걸하는 사람이 없어야만 한다'; Karlstadt, Luther, and the Origins of Protestant Poor Relief," *Church History* 46 (1977), pp. 313~34; Wenceslaus Linck, *Von Arbeyt and Bettlen wie man solle der faulheyt vorkommen/und jederman zu Arbeyt ziehen* (Zwickau, 1523); 걸인들을 위한 뉘른베르크의 법령에 관해서는 *New Ordenung der betthler halben/ In der Stadt Nurmberg / hoch von notten beschehen* (Leipzig, 1522)를 참조하기 바란다. 이와 같은 팸플릿에 등장하는 프로테스탄트들의 사회적 정치적 태도에 관한 연구서가 곧 간행될 것이다.

다.[50] 설교자들과 지배자들이 근본적으로 상이한 역할을 수행하고 교회 회중과 통치 위원회가 근본적으로 상이한 공동체였다는 사실이 루터로 하여금 공동의 과제에 대한 양자의 협업과 상호 지지를 가로막지는 않았다.[51] 이에 대한 루터의 견해는 다음과 같다.

> 하나님은 두 정부를 규정했다. 말하자면 성령이 그리스도교도와 의로운 사람을 만드는 교회 정부와…… 비그리스도교도와 사악한 사람을 규제하는 세속 정부…… 이 두 정부, 즉 교회 정부에게는 사람을 의롭게 하고, 세속 정부에게는 외부적 평화를 보장하는 것이 용인되어야 한다. 이 두 정부 중 어느 하나가 없는 사회는 결코 충분하지가 않다.[52]

> 죄인을 성자로, 죽은 자를 살리고, 저주받은 자를 구원하고 그리고 악마의 자식을 하나님의 자식으로 만드는 것이 설교자의 역할이자 명예이듯이, 야수를 인간으로 만들고 인간이 야수가 되지 않도록 하는 것이 세속 정부의 기능이자 명예이다. …… 신학자와 법률가들이 존재하지 않으면, 나머지 모두가 파멸할 것이다. …… 신학자들이 사라지면, 하나님의 말씀이 사라지고 그리고 이교도만이, 아니면 악마만이 남는다면, 그리고 법률가들이 사라지면, 법률이 사라지고, 그리고 법률과 더불어 평화도 사라지면, 그렇게 되면 강도, 살인, 범죄 및 폭력만이 남게 되거나, 아니면 야수만이 남게 된다.[53]

---

50 루터를 재세례파의 분리주의에 결부시키려는 근년의 시도들은 설득력이 없다. 이를테면 스트레이어는 루터가 재세례파의 그것과 같은 분리주의적 사도적 행위와 츠빙글리와 같은 개혁가들의 현실 정치 사이에서 미적거린 '정치에 무관심한 온건론자'였다고 평가했다. James Strayer, *Anabaptists and the Sword*(Lawrence, Kan., 1972), pp. 33~44.

51 이는 특히 보른캄에 의해 강조되었다. Heinrich Bornkamm, *Luthers Lehre von den zwei Reichen im Zusammenhang seiner Theologie*(Gütersloh, 1960), p. 10. 히들리는 "정치와 종교에 관한 두 가지 이념과 더불어 루터가 표현하고자 했던 것은 삶의 서로 배타적인 두 영역이 아니라, 세계에서의 신의 두 가지 활동이었다"고 지적했다. John Haeadley, *Luther's View of Church History*(New Haven, 1963), p. 4.

52 *Temporal Authority: To What Extent it Should be Obeyed*(1523), *LW* 45, p. 91(= *WA* 11, pp. 245~80).

53 *Sermon on Keeping Children in School*(1530), *Works of Martin Luther*(Philadelphia, 1931),4, pp.

인간의 영혼에 대한 집착에도 불구하고, 설교자는 또한 '세계를 위해 위대하고 놀라운 일'을 행했다. 루터에 따르면, 설교자는

> 모든 계층의 사람들에게 자신들의 [삶의 지위]에서 외적으로 어떻게 행동해야 하는지를 알려주고 지침을 제공한다. 그렇게 함으로써 이들은 하나님 앞에서 옳은 것을 행할 수 있다. 설교자는 어려움을 당하고 있는 사람들을 위로하고 이들에게 자문을 제공하고, 어려움을 수습하고, 양심의 가책을 덜며, 평화를 유지하고 차별을 해소하는 데 일조하며, 그리고 이 같은 부류의 많은 일을 매일 행하고 있다. 설교자는 …… 통치와 세속의 평화를 …… 확고히 하고 강화하며 …… 설교자는 반역자를 규제하고, 복종, 도덕, 규율 및 명예를 가르친다. 설교자는 아버지, 부모, 자식 및 하인의 의무를 가르쳐준다. 말하자면 그는 세속의 모든 직책과 지위에 관한 스승이다.[54]

그리스도교도들에게 사회의 정의와 정부를 유지하기 위해 필요할 경우 사형 집행인이 되라고 루터는 어려움 없이 촉구했다.[55] 이는 그리스도교의 철저한 평화주의와 세속 사회의 강제적 책임으로부터의 탈피를 조언했던 재세례파와 분파주의자들과의 중요한 차이점이었다. 루터는 이 같은 분열주의자를 세속적인 직업보다 고상한 일에 종사한다는 명목하에 시민의 기본적인 의무 이행을 거부했던 중세의 수도사와 수녀에 비교했다. 루터는 1526년에 행한 한 설교에서 "군인 역시 구원받을 수 있는가"라는 질문에 대해 이웃의 생명과 재산을 보호하기 위해 사람을 죽이고 불구로 만드는 것은 신이 기뻐하는 사랑의 행위라고 답했다.[56]

루터는 속권에 대한 복종에 명백히 한계를 설정했다. 일찍이 1520년에 루터는 추종자들에게 자신들의 목자이자 교수형 집행인이라고 주장하는 여하한 군주, 말하자면 자신들의 양심에 대해 그 권위를 확대하려는 제후에게도 복종하지 말라고 가르쳤다.[57] 루터는 황제 앞에서 이 설교를 했다. 작센에서의 압력과 황

153, 173 (= *WA* 30/2, pp. 517~588).

54 같은 책, p. 148.

55 *On Temporal Authority*, p. 95.

56 *LW* 46, pp. 93~137 (= *WA* 19, pp. 632~662).

제의 적대적인 태도가 종교개혁을 위협했기 때문에, 루터는 속권에 대해 전통적인 한계를 다시금 강조했다. 1520년 루터는 『그리스도교 귀족에게 고함』에서 독일의 제후와 귀족들에게, 그리스도교 평신도가 교회 안녕에 책임이 있듯이, 교회를 강제로 개혁할 것을 촉구했으며, 자신의 종교적 이상에 도달하기 위해 명백히 그 같은 개혁을 기대했다. 하지만 작센의 게오르크 공 등의 지배자들이 루터파를 탄압하고 전통적인 가톨릭 신앙을 변론하자, 루터는 자신의 초기의 주장을 수정할 필요를 느끼게 되었다. 1523년 속권에 관한 책에서 루터는 "세속 정부의 법률은 생명과 재산 그리고 이 땅의 대외적인 일 그것 이상으로 확대되지 않으며, 하나님이 자신을 제외한 누구에게도 영혼에 대한 지배를 용인하지 않을 것이다"는 논지를 정교하게 했다.[58]

일세대의 모든 프로테스탄트 개혁가들과 마찬가지로 루터는 개인에게 폭정과 박해에 대한 단지 수동적인 저항만을 용인했다. 혁명과 군주 시해는 수용할 수 없는 처방이었다. 16세기 후반 프랑스와 네덜란드에서는 적극적인 저항이 종교개혁의 존속에 중요하게 될 것이었듯이, 종교개혁이 이 같은 급진적인 전략과의 결별은 1520년대 독일에서 종교개혁이 존속하는 데 중요했다. 루터는 반란이 단지 폭정을 사실상 폭정의 최악의 형태인 무정부와 폭도 정치(Herr Omnes)로 대체하는 것에 불과하다고 생각했다.[59] 1534년 선제후 요한 프리드리히를 위해 집필한 제후를 위한 지침서에서 루터는 "정부 …… 역시 어떤 루터 [즉 정부를 근본적으로 개혁할 누군가]를 필요로 하고 있다고 때로는 보였다. 그러나 나는 그들이 그 대신 [루터에게 파국을 초래한 혁명가였던] [토마스] 뮌처를 지도자로 삼을 수 있다는 점을 우려했다"[60]고 고백했다. 농민 반란이 일어나기 2년 전에 루터는 소요

57 "만약 어떤 군주가 전쟁을 벌이고자 했고 자신의 대의가 명백히 부당했다면, 우리는 그를 추종해서도 도와주어서도 안 된다. …… 이와 마찬가지로 만약 군주가 우리에게 거짓 증인이 되라고, 강탈하고, 거짓말을 하거나 속이거나 이와 유사한 것을 명령했다면, 이를 추종해서 안 된다. 여기서 오히려 우리는 하나님의 명령이 설수 있도록 재산, 명예, 신체 및 생명을 포기해야 한다." *Treatise on Good Works* [1520], *Works of Martin Luther*, 1, p. 271 (= WA 6, pp. 202~276).

58 *On Temporal Authority*, p. 105.

59 *A Sincere Admonition to All Christians to Guard Against Insurrection and Rebellion*(1522), *LW* 45, p. 63 (= *WA* 8, pp. 676~687).

60 *Exposition of Psalm* 101 (1534), *LW* 13, p. 271 (= *WA* 51, pp. 200~264).

가 불만을 시정하는 '적절한 방식이 아니다'라고 이를 매우 비난했다. "그것은 사람들이 바라던 불만의 개선을 결코 가져다주지 않으며, [그리고] 일반적으로 죄인보다 무고한 사람들에게 해를 가져다주기 때문이다. 그것이 추구하는 대의가 아무리 옳다고 해도 소요는 결코 정당하지 않다"는[61] 것이었다.

폭정에 대한 반란이 그리스도교도의 합법적인 대응이 아니라고 생각했던 루터는 추종자들에게 자신이 명명한 '짜깁기와 덧대기'에 의한 정치적 부패의 개혁을 조언했다. 질병을 치유하기 위해 몸을 죽이기보다는 "권력을 남용한 사람을 처벌하고 천연두에 붕대와 연고를 붙이는 것이" 낫다고 루터는 주장했다.[62] 1520년 루터는 "지배자는 칼에 의해, 나머지 우리들은 비난과 책망에 의해" 신의 명예와 명령을 보존하고 이웃에 대한 피해 및 불의의 방지에 관해 언급했다.[63] 설교자들은 "[불의한 지배자들을] 대담하고 공개적으로 비난하고 판단할" 의무가 있는 동시에 일반 대중에게 지배자의 의무와 권위의 한계에 관해 가르칠 책무도 동시에 가지고 있다는 것이었다.[64] 상위자는, 단지 자신을 위해서 존재하는 것이 아니라 다른 모든 사람을 위해 존재하는 '평범한 사람'이 되기 위해, 신에 의해 임명되었다는 것이다.[65] 이들 상위자는 자신의 신민을 돼지나 개처럼 취급하는 것이 아니라 양떼를 돌보는 목자처럼 이들을 보호하라는 명령을 부여받았다는 것이다.[66]

1530년 아우크스부르크 제국의회 이후 루터는, 우리가 앞서 살펴본 것처럼, 독일 제후들의 황제에 대한 적극적인 저항을 마지못해 지지했다. 잠재적으로 파괴적인 다른 저항들, 이를테면 성직자의 혼인에서처럼,[67] 루터는 작센 개혁가들 가운데서도 신중한 개혁가로 판명되었다. 의심의 여지없이 종교 지도자 루터는

61 *Sincere Admonition*, p. 63.
62 *Exposition of Psalm* 101, p. 217.
63 *Treatise on Good Works*(1520), p. 274.
64 *Exposition of Psalm* 82(1530): *Works of Martin Luther*, 4, p. 292(= WA 31/1, pp. 189~218); *Sincere Admonition*, p. 73.
65 *Whether Soldiers, Too, Can Be Saved*, p. 64.
66 *Exposition of Psalm* 82, p. 294.
67 제12장을 참고하기 바란다.

자신의 종교적 개혁으로부터 야기되는 여하한 사회적 혼란의 정치적 여파에 대해서도 매우 예민하게 반응했기 때문이다. 이미 1520년대 중반 작센의 법률가들은 황제라는 상위 권위자에 대한 저항을 지지하는 헌정적이고 사법적인 논지를 발전시켰다. 이 법률가들은 자신을 선출한 하위 지배자들에 대한 입헌적인 한계를 가진 군주로서의 황제의 책임을 특히 강조했다. 이들은 성서적 정당성에 입헌적 논지를 부가한 요하네스 부겐하겐, 필리프 멜란히톤, 마르틴 부처 및 안드레아스 오시안더 등의 루터파 신학자들의 신속한 지지를 얻었다. 설령 루터가 후대에 마지못해 이 같은 논지를 지지하게 되었다 하더라도, 두 왕국에 대한 그의 가르침과 신민에 대한 지배자의 책무는 사실상 두 왕국 이론의 핵심 토대를 형성했다. 루터보다 앞서 행동한 이들 동료는 자신들의 지도자의 가르침에 완전히 부합하는 결론을 도출했다고 생각했다.[68]

하지만 작센의 법률가들도 루터파 설교자들도, 하위 정무관들이 황제라는 상위 권위자와의 관계에서 그러했듯이, 법률에 있어서 '대중은' 하위 정무관들과 동일한 관계에 있다고 생각했다. 설령 제후들이 부당한 황제에 대해 적극 저항할 수 있는 반면에, 일반 대중이 자신들의 부당한 상위자에 대해 직접 저항할 수 없다는 논지에 모순이 있었다 하더라도, 16세기 전반기에 이 같은 논지의 모순에 주의를 기울였던 사람은 거의 없었다. 1525년 농민 반란 팸플릿 작가들은 성서의 가르침에 입각하여 자신들의 지배자들을 판단하는 권리 그리고 명백히 폭군적이고 비그리스도적인 지배자들을 폭력을 동원하여 타도할 수 있는 일반 대중의 권리를 옹호했다.[69] 하지만 이들은 단지 혁명적인 소수만을 대변했으며, 이

---

68 Cynthia G. Shoenberger, "The Development of the Lutheran Theory of Resistance 1523-1530," *Sixteenth Century Journal* 8 (1977), pp. 61~76의 논의를 참조하기 바란다. 또한 쉰베르그의 근년의 논문, "Luther on Resistance to Authority," *Journal of the History of Ideas* 40(1979), pp. 3~20 ; W. D. J. Cargill Thompson, "Luther and the Right of Resistance to the Emperor," in *Church, Society and the Politics*, ed. Derek Baker (Oxford, 1975)를 또한 참조하기 바란다. 샤이블에 의해 자료들이 수집되었다. Heinz Scheible, *Das Widerstandsrecht als Problem der deutschen Protestanten 1523-1546* (Gütersloh. 1969). 부처는 로마서 제13장의 단일한 권력이 아니라 '복수의 권력'을 언급하면서 하위 정무관들의 권리를 옹호했다. 그리고 오시안더는 거의 로크 식으로 "선출된 군주는 [황제가 그러했듯이] …… 특정 조건하에서 자신이 서약한 맹세의 이들 조항과 내용을 준수하는 한 지배자로 있어야 한다"고 기술했다. Shoenberge, "The Development of the Lutheran Theory of Resistance," pp. 69~70.

들의 대의는 철저하게 실패했다.

16세기 중엽 이후 민족과 종교 집단들의 정치적 운명의 변화로 폭정에 대한 대중의 저항 이념이 고려의 대상이 되었다. 1550년대 메리 튜더와 메리 로렌의 타도를 촉구한 글에서 존 녹스는 토마스 뮌처와 농민 팸플릿 작가들의 그것과 유사한 논지를 제시했다.[70] 심지어 16세기 후반의 절망적인 정치적 상황에서도 폭정에 대한 저항 이론은 여전히 1520년대에 루터파에 의해 정교하게 된 정무관 이론이었으나, '혁명적' 지도력을 기존의 하위 정치 권위에 한정했다. 이는 1550년대 초에 황제에게 저항했던 마그데부르크 루터파와 1560년대와 1570년대에 프랑스 군주들과 싸운 위그노 모두의 지지를 얻었다.

3) 대중 반란

모든 주요 프로테스탄트 개혁가들은 종교적 변화의 시간표에 따라 정무관 내지 제후들과 타협을 했으며, 이와 관련하여 루터가 작센 당국자들의 염원에 부응한 것은 그의 신중함에서 비롯되었다. 하지만 거의 동시에 일어난 농민 반란에 대한 루터의 강력한 비난은 또 다른 사안이었다. 그것은 루터의 사회 철학에 대한 심각한 비판을 초래했으며, 어떤 이들에게는 사회 철학의 결여를 의미했다. 종교개혁을 봉건적인 권위 구조를 비판한 '초기의 부르주아 혁명'의 하나로 해석한 마르크스주의 학자들은 이와 관련하여 아마도 루터에 대한 가장 신랄한 비판자가 되었을 것이다.[71] 루터가 영적 자유와 평등이라는 자신의 복음과 더불

---

69 *An die Versammulung Gemeiner Bauernschaft*(1525년 8월 이전)이라는 팸플릿과 이 책의 388쪽을 참조하기 바란다. 토마스 뮌처는 징거하우젠에서 탄압을 받던 사람들에게 살해를 추천했다. "회개할 줄 모르는 세계가 그 같은 무신앙 때문에 피 흘림을 당할 때가 왔습니다"(*Thomas Müntzer: Shriften und Briefe*, ed. Günther Franz[Gütersloh, 1968], p. 414. Lief Grane, "Thomas Müntzer und Martin Luther," in *Bauernkriegs-Studien*, ed. Bernd Moeller(Gütersloh, 1975), pp. 69~97).

70 본문의 575~576쪽을 참조하기 바란다.

71 Rainer Wohlfei, ed., *Reformation order frühbürgerliche Revolution*(Munich, 1972) and *Der Bauernkrieg 1524-1526: Bauernkrieg und Reformation*(Munich, 1975); Abraham Friesen, *Reformation and Utopia: The Marxist Interpretation of the Reformation and Its Antecedents*

어 농민들에게 반란의 영감을 제공했으나, 이들 농민이 개혁 과실에 대한 모든 몫을 요구하자 갑자기 이들로부터 등을 돌린 것으로 묘사되었다. 루터를 역사상 '절대 왕정의 엄청난 아첨꾼'의 하나로 분류한 프리드리히 엥겔스를 오늘날 추종하는 학자들이 거의 없으나, 다양한 이데올로기적 신념을 연구하는 역사가들은 1525년 농민에 대한 루터의 비판적인 입장이 종교개혁 초기의 사회적 약속을 항구적으로 협소하게 만들었다고 생각하고 있다.[72]

전통적인 영적 권위에 대한 프로테스탄트의 비판적인 설교는 1525년의 대 반란이 야기된 여러 요소들 중 단지 하나에 불과했다. 우리는 다른 요인들 가운데 인구 과잉과 과밀을 지적할 수 있으며, 이들 문제는 귀족의 공유지 수용에 의해 악화되었다. 1495년 막시밀리안 1세에 의해 시작된 제국의 과세라는 새로운 물결이 촌락을 강타했던 반면에, 영토 제후와 제국 도시는 신속하게 이에서 제외되었다. 1523년과 1524년에는 작황도 좋지 않았다. 마지막으로 제국의 황제가 오랫동안 부재했던 바, 이는 농민을 불안하게 만들었을 뿐만 아니라 대담하게 만들기도 했다.[73]

1525년 2월 슈바벤의 농민들은 자신들의 대의에 호의적이었던 메밍겐에 모여서 유명한 12개 조항의 불만사항을 요약했다. 이는 1525년에도 25판을 거듭하면서 폭넓게 확산되었으며, 초판이 간행되고 두 달도 안 되어서 그중 20개의 판본이 주요 도시에 등장했다.[74] 제국의 전역에 확산되었고, 농민 소요가 일어난

(Wiesbaden, 1974); Josef Forshepoth, *Reformation und Bauernkrieg im Geschichtsbild der DDR* (Berlin, 1976)을 참조하기 바란다.

72 Günter Vögler, *Die Gewalt soll gegeben werden dem gemeinen Volk: Der deutsche Bauernkrieg 1525*(Berlin, 1975)을 참조하기 바란다.

73 Volker Press, "Der deutsche Bauernkrieg als Systemkrise," *Giessener Universitätsbläter* 11(1978), pp. 114~135. 미델포르트는 농민 전쟁에 관한 근년의 연구를 개관했다. H. C. Erik Midelfort, "The Revolution of 1525? Recent Studies of the Peasants' War," *Central European History* 11(1978), pp. 189~206 및 Tom Scott, "The Peasants' War: A Historiograhphical Review: Part1, *The Historical Journal* 22 (1979), pp. 693~720.

74 12개 조항은 아우크스부르크, 츠비카우(2), 마그데부르크, 포르쉬하임, 슈파이어, 뷔르츠부르크, 콘스탄츠(2), 스트라스부르(3), 로틀링겐, 에르푸르트(4), 레겐스부르크(2), 브레슬라우, 보름스, 뉘른베르크(2), 취리히와 간행 장소가 알려지지 않은 하나의 판본으로 간행되었다. Helmut Claus, *Der deutsche Bauernkrieg im Druckschaffen der Jahre 1524-1526: Verzeichnis der Flugschriften und Dichtungen*(Gotha, 1975), pp. 24~29.

Der Bauwer.

Ich aber bin von art ein Bauwr/
Mein Arbeit wirt mir ſchwer vnd ſauwr
Ich muß Ackern/Seen vnd Egn/
Schneyden/Mehen / Heuwen dargegn/
Holtzen/vnd einführn Hew vnd Treyd/
Gült vñ Steuwr macht mir viel hertzleid
Trinck Waſſer vnd iß grobes Brot/
Wie denn der Herr Adam gebot.

〈농민〉(요스트 암만, 『직업에 관한 책』)

나는 농민
나의 일은 힘들고 고되다.
나는 쟁기를 갈고, 씨를 뿌리며 써레질을 해야 한다,
그리고 자르고, 수확하고, 타작해야 한다.
나무를 모으고 건초를 만들며 곡식을 재배한다.
지대와 세금은 나의 마음을 아프게 한다.
나는 소박한 빵과 물로 연명한다,
주님께서 아담에게 명령한 대로.

모든 지역에[75] 알려진 메밍겐 조항은 중세 말기의 농촌의 위기를 상징적으로 대변했다.[76]

이들 불만 조항은 세속 및 교회의 봉건 영주와 제후를 겨냥했다. 이들 영주와 제후는 지주이자 재판관으로서 새로운 권위주의적 방식으로 농노의 재산과 인신을 다루었다. 표출된 불만은 농민의 불만만은 아니었다. 분개한 많은 도시민들, 길드 구성원들 및 광산업자들이 또한 반란에 참여했다. 1525년의 혁명에 도시와 농촌의 '일반민'이 참여했으며, 억압적인 통치로 인해 최하층민이 온건한 전통적인 정치적 자유와 경제적 권리를 재천명했던 곳 어디에서나 그 추종자를 확보했다.[77]

12개 조항의 작성자는 메밍겐의 직인 모피가공업자 세바스찬 로처, 메밍겐의 루터파 목사 크리스토프 샤플러로, 이들은 농민운동에 대한 도시민의 참여를 보여주고 있다.[78] 이들은 불복종과 반역이 농민들에 의해 설교된 '새로운 복음의 결과'였다는 비난을 경멸했고, 평범한 사람이 신성하며, 양심상 성서의 말씀에 따르고 그리고 단지 합법적이고 인정적인 권리와 신성한 권리만을 원했다고 묘사했다. 이들 권리는 무엇이었던가?[79]

---

75 대중의 불만사항의 조항과 다른 언명은 Adolfe Laube and Hans W. Seiffert, ed., *Flugschriften der Bauernkriegszeit*(Berlin, 1975), pp. 26~79에 수록되었다. 또한 Gerald Strauss, *Manifestations of Discontent,* in *Germany on the Eve of the Reformation*(Bloomington, 1971), pp. 144~169의 선집, 번역 등을 참조하기 바란다.

76 Peter Blickle, *Die Revoulution von 1525*(Munich, 1975), pp. 22, 89.

77 필자는 여기서 브리클의 견해를 따랐다. 그는 다음과 같이 요약했다. 대중이란 농부, 지방도시의 주민, 제국의 관할에서 배제된 도시민 및 광부를 가리킨다. 대중이 자기 주인과 종속관계를 형성하는 한에서는 정치적인 혁명이라는 용어를 사용하는 것이 타당할 것이다. 1525년에 일어난 사태를 제대로 파악하기 위해서는 혁명의 사회적 구조와 관련해서 볼 때 농민 전쟁이라는 개념과는 작별하는 것이, 적어도 어느 정도 거리를 두는 것이 필요하다(같은 책, p. 179).

78 농민 반란에 대한 도시민의 참여와 리더십에 관해서는 Bernd Moeller, *Deutschland im Zeitalter der Reformation*(Göttingen, 1977), pp. 96~97; Blickle, *Die Revoulution von 1525*, pp. 1665~1675를 참조하기 바란다. 제국 도시의 지배자들은 주변 농촌의 농민을 지원하는 데 주도권을 결코 장악하지 못했다. 도시의 지원은 길드의 압력 내지 가난한 도시민 집단에 의해 이루어졌다. 이들 집단은 농민들이 그러했던 것과 매우 유사하게 고위 당국자들에 의해 자신들의 인신과 재산이 억압되는 것을 발견했다. 그리고 도시의 지원은 농민이 도시 공동체에 부과한 군사적인 위험 지역에 대한 신중한 대응으로서 이루어졌다(같은 책, p. 171). 농민이 다수의 도시지역의 지지를 얻는 데 실패한 것은 이들의 대의를 매우 절망적이게 만들었다.

79 Günther Franz, ed., *Quellen zur Geschichte des Bauernkrieges*(Darmstadt, 1963), pp. 175~179를

1. **모든 공동체는 목사를 선임하고 면직할 수 있는 권리를 가진다.** 이 같은 국지적 자율성은 종종 바라던 바였지만, 중세의 역사에서는 그 선례가 없었다. 루터는 이 같은 요구에 자신도 모르게 영감을 불어 넣었을 것이다. 1523년 그는 지역의 회중에게 성서에 의해 전통적인 종교적 가르침을 시험하라고 촉구하는 팸플릿을 간행했다. 그 팸플릿에는 '그리스도교 회중 내지 공동체가 모든 교리를 판단하는 권리, 교사 소환권, 교사 임명권 및 면직권을 가지고 있다는 사실의 성서에 의한 입증'이라는 제목이 붙어 있었다.[80]

2. **속인 및 교회 영주에게 바치는 가축 소십일조[81]의 폐지이다.** 이들 가축 소십일조가 부당하다고 거부한 농민들은 대십일조[82] 부여는 정당하다는 점에 대해서는 동의했다. 대십일조는 구약과 신약성서 모두에 근거한 조세였기 때문이다.

3. **농노 해방이다.** 팸플릿 작가들은 여기서 예수가 십자가에서의 희생을 통해 모든 사람의 죄 값을 치렀기 때문에 그 누구도 다른 사람의 종이 되어서는 안 된다고 주장했다. 이 조항은 사실상 봉건 영주권의 실제적인 박탈을 요구한 것으로 불만의 시정을 뛰어 넘는 것이었다. '그리스도교도의 자유'와 '만인 사제'와 같은 루터파의 슬로건은 명백히 이 조항에 영향을 주었다.

4. **낚시터와 사냥터에 대한 자유로운 접근이다.** 광범위하게 확산된 이 불만은 농민을 점점 더 토지로부터 배제함으로써 야기되었다. 영주와 제후들은 토지를 자신들의 사적인 사냥터로 삼았다. 이들 귀족이 사냥을 전투처럼 중요하게 여겼기 때문에, 적군을 사로잡듯이 농민을 밀렵꾼으로 간주하여 단호하면서도 신속하게 처벌했다.

참조하기 바란다. 영어 번역본은 *Works of Martin Luther*, 4, pp. 210~216에 있다. 또한 Blickle, *Die Revoulution von 1525*, pp. 21~24를 참조하기 바란다.

80 *Das eyn Christliche versamlung odder gemeyne: recht und macht habe: alle lere tzu urteylenn: und lerer zu beruffen, eyn und ab zu setzen. Grund und ursach auss der scrifft*(Zwickau, 1523). 평신도의 천부적인 설교권은 이 같은 방향으로 진전되었으나, 그와 같은 설교가들은 국지적 공동체의 산물이 아니었고, 교회의 계서제로부터도 독립적이지 않았다. 재세례파와 후대의 회중주의와 보다 유사한 교회 정부의 회중 원리는 메밍겐 조항에서 시사하는 것처럼 보인다. 물론 루터는 가톨릭 성직자들을 루터파 목사로 대체하는 것을 정당화하고 있었다.

81 (옮긴이) 수수, 완두, 비트, 양파, 과일 등의 부수적인 농산물이나 작은 가축에 부과된 십일조.

82 (옮긴이) 옥수수, 밀, 보리, 귀리 등의 주요 곡물에 부과된 십일조.

5. **필요한 땔감에 대한 자유로운 접근이다.** 15세기 말과 16세기에 많은 지역에서 목재 공급이 부족해지고, 영주와 제후들은 땔감 공급과 사냥터의 보존을 위해서 자신들의 토지에 대한 농민의 접근을 제한했다.

6. **과도한 토지 노역에 대한 조사이다.** 토지로부터의 수입을 극대화하기 위해 15세기 말과 16세기 초에 영주들은 심한 노역을 새롭게 부과했다. 이는 촌락 생활의 전통적인 관행을 깨트렸고 촌락 생활의 안전을 저해했다.

7. **영주들이 노역 제공자와 체결한 계약의 엄격한 준수이다.** 영주에 의해 계약서에 명기되지 않은 노역에 동원되는 것을 두려워한 농민은 안절부절했다. 이들 농민은 영주와 체결한 계약에 정확하게 명기된 부역과 부과조 이외의 추가적인 사적 강제 부역과 부과조의 종식을 분명하게 원했다.

8. **형평과 정의에 입각한 지대의 새로운 평가이다.** 지대의 자의적인 인상, 즉 영주의 토지에서 생활하는 차지인에게 요구하는 농산물의 양은 영주가 자신의 수입을 증대시키는 또 다른 방식이었다. 16세기 초엽에 가혹하고 새로운 요구가 일반민의 재산(지대와 부과조)과 인신(부역) 모두에 부과되었다.

9. **법률적 판단, 즉 처벌이 지속적으로 행해지는 자의적이고 새로운 법률보다 관습법에 기초해야 한다는 것이다.** 여기서 농민은 주로 로마의 법률 개념의 도움을 받아 영토 제후의 대리인에 의해 집행되던 국가의 상위 법률이라는 명목하에 국지적 법률이나 관습과 중첩되던 사법의 중앙집중화라는 장기적인 발전 과정에 저항했다.

10. **전용된 공유지의 반환이다.** 이는 전통적으로 모든 농민이 자유롭게 활용했으나, 사적인 이용을 위해 영주에 의해 점차 장악되고 강탈된 토지에 대한 또 다른 저항이었다.

11. **상속세의 폐지이다.** 상속세는 사망한 자의 최상의 말, 소 내지 옷의 영주에게로의 양도와 같은 것을 요구했다. 여기서 농민은 과부나 고아의 정당한 유산을 영주가 강탈한다고 비판했다.

12. 메밍겐의 마지막 조항은 위에 언급한 조항이 성서적 근거가 부족한 것으로 드러나면, 철회하라는 것이었다. 성서와 '신법'이 이들 요구를 정당화했다는

로저와 샤플러의 반복된 주장은 중세 말기 종교적 개혁의 사회경제적 저항을 반영했다. 이 같은 해석은 적어도 1381년에 일어난 영국의 농민 반란으로까지 거슬러 올라갔다. 이들 농민의 요구는 전통적으로 어려운 경제적·정치적 문제에 초점이 맞추어졌으며, 유서 깊은 법률이나 관습법 및 자연권에 기초하여 제기되었다. 1513년 이후 독일에서는 인정적 정의라는 문제가 '신적 정의'의 문제가 되었다.[83]

전통적인 농민 저항의 이 같은 확산은 농민봉기(Bundschuh)로부터 유래되었다. 농민 동맹은 성서의 평등주의적 이상에 의해 독일 사회의 변혁을 도모했다. 비록 이들 농민이 사회적 공학에서 주인공이 되는 것을 루터가 결코 원하지 않았다고 해도, 그리스도교 교도의 자유와 종교적 평등에 관한 그의 저술들은 농민의 전통적인 저항에서, 특히 다수의 수도원 지주들을 비판한 반성직주의라는 강력한 흐름을 강화했다. 1521년 가톨릭 팸플릿 작가였던 토마스 무르너가 루터의 새로운 신학이 손에 쇠스랑을 든 거친 농민 '한스 카르스트'를 고무시켰다고 비판하자, 루터파는 이 농민을 모든 계층의 그리스도교 평신도의 핵심 대리인이자 대변인으로 변모시켰다. 1525년 이전의 다수의 팸플릿에서는 '카르스트'가 두뇌 회전이 빠르고, 신을 두려워하며, 성서에 대한 지식을 겸비하고 모든 비판을 논박할 수 있는 종교개혁의 옹호자로서 등장했다. 루터는 개인적으로 농민의 삶을 존경했다. 그는 이마의 땀을 통해 누군가의 생계를 담당하는 농민의 노동을 신이 인간에게 가장 원하는 일이라고 찬사를 보냈다. 또한 신학적으로도 루터는 겸손한 사람을 신이 선호하는 역설에 매료되었으며, 농민의 삶을 신이 인간에게 원하는 종교적 태도의 상징이라고 생각했다. 루터파 변론가들에 의해 낭만적으로 묘사된 다수의 농민들이 종교개혁이 자신들의 종교적 복리는 물론 정치적 자유도 구현할 것이라고 생각하게 된 것은 이해될 법하다.[84] 루터 신학은

83 프란츠는 이 점을 특히 강조했다. Günther Franz, *Der deutsche Bauernkrieg*(Darmstadt, 1952). Kyle C. Sessions, ed., *Reformation and Authority: The Meaning of the Peasant's Revolt*(Boston, 1968), pp. 1~8에서 발췌했다.

84 Kurt Uhrig, "Der Bauer in der Publizistik der Reformation bis zum Ausgang des Bauernkrieges", *ARG* 33(1936), 특히 pp. 76, 95-106, 114~116; Paul Böckmann, "Der gemeine Mann in den Flugschriften der Reformation," *Deutsche Vierteljahrsschrift für Literaturwis-senschaft und Geistesgeschichte* 22(1944), 특히 pp. 194, 196, 200을 참조하기 바란다.

12개 조항의 작가들에게 직접 영향을 미쳤으며, 우리가 살펴본 바와 같이, 이전에 루터파였던 토마스 뮌처는 농민 반란의 신학자가 되었다.[85]

하지만 현저한 '영적 요소'에도 불구하고, 1524~1525년의 농민의 불만사항은 압도적으로 물질적이었고 매우 전통적이었다.[86] 영주들의 법률적 제재를 비판한 농민이 신법에 호소한 것은 상위 권위가 자신들의 불만사항을 합법화해 줄 것에 대한 절박함을 반영했다. 농민이 유서 깊은 법률과 관습에 스스로를 보호할 수 있었던 곳에서 그들은 그렇게 했다. 하지만 즉각 전통을 환기했던 영주들이 실정법과 관습법의 지원을 받은 곳에서 농민의 대변인들은 상위의 신법 및 윤리와 형평이라는 법정에 호소했다.[87] 이 같은 호소는 순수한 물질적 요구를 뛰어넘어 이데올로기적 변론을 야기했던 반면에, 정치적으로나 사회적으로 변화의 가능성에 대한 사회적 기대를 넘어서 완전히 비현실적인 기대를 낳기도 했다.

하지만 1525년에 일어난 농민 반란의 유토피아적 흐름은 대중의 합법적인 불

---

85 로처와 샤플러의 신학에 관해서는 Martin Brecht, "Der theologische Hintergrund der Zwölf Artikel der Bauernschaft in Schwaben von 1525: Chritoph Schappelers and Sebastian Lotzers Beitrag zum Bauernkrieg," in Heiko A. Oberman, ed., *Deutscher Bauernkrieg 1525, ZKG* 85 (1974), pp. 30~64; Barbara Bettina Gerber, "Sebastian Lotzer. Ein gelhrter Laie im Streit um das Göttliche Recht," in *Radikale Reformatoren*, ed. by Hans-Jürgen Goertz (Munich, 1978), pp. 60~64를 참조하기 바란다. S. Ozment, *Mysticism and Dissent*(New Haven, 1973), pp. 79~97; Abraham Friesen and H. J. Goertz, eds., *Thomas Müntzer*(Darmstadt, 1978)을 참조하기 바란다.

86 농민 불만의 물질적 측면과 영적 측면에 관해서는 H. J. Hillerbrand, "The German Reformation and the Peasants' War," in *The Social History of the Reformation*, ed. L. P. Buck and J. W. Zophy (Columbus, 1974), pp. 106~136; H. Boockmann, "Zu den geistigen und religiösen Voraussetzungen des Bauernkreiges," in Moeller, *Bauernkriegs-Studien*, pp. 9~27; Francis Rapp, "Die soziale und wirtschaftliche Vorgeschichte des Bauernkrieges in Unterelsass," in *ibid.*, pp. 29~45; Hubert Kirchner, "Der deutsche Bauernkrieg im Urteil der frühen reformatorischen Geschichtsschreibung," in Oberman, *Deutscher Bauernkrieg 1525*, pp. 95~125; H. A. Oberman, "Tumultus rusticorum: Vom 'Klosterkrieg zum Fürstensieg," in *ibid*, pp. 157~172. 힐러브란트와 오버만은 극단적인 해석의 대표적인 학자였다. 힐러브란트가 농민의 불만사항을 경제적 동기로 축소했던 반면에, 오버만은 농민 전쟁이 경제적·정치적 반란으로 진화한 진정한 '신앙 반란'이라고 주장했다.

87 브리클은 다음과 같이 지적했다. "양쪽 모두에게 합법화에 대한 강박이 있었다: 영주들은 '일반적인 제국법과 종교법'이라는 무기를 가지고 싸웠고, 농민은 낡은 관습법이라는 무디어진 무기를 가지고 자신을 방어했다. 이성이라는 범주와 윤리라는 범주가 대립했다. 농민은 관습과 공명정대함이라는 법률 이해에 매달려서 자신이 법률적인 근거를 댈 수 있는 것만을 요구했다. 농민에게는 '일반적인 제국법과 종교법'에 대응할 수 있는 상응하는 법률이 필요했다. 1525년 당시의 농민은 그것을 '신성한 법'에서 찾아야 했다." (*Die Revolution von 1525*, p. 134).

〈새로운 경구: 루터를 비판하는 성직자 및 몇몇 직업군들〉(세발트 베함 그림). 팸플릿과 삽화의 홍수 가운데 농민은 새로운 프로테스탄트 가르침의 핵심 수호자로 묘사되어 있다. 개혁가들은 도시는 물론 농촌에서의 일반민의 고통에도 공감했으며, 이들을 직접 지원하고자 했다. 이 인쇄물에서 손에 성서를 들고 있는 루터는 가톨릭의 대변자와 마주하고 있으며, 이들 각각은 자신들의 지지자들의 지원을 받고 있다. 루터 뒤에 있는 대중의 무리에서 낫을 든 저항하는 농민이 가장 현저하게 드러나 있다. 가톨릭의 대변인은 고위 성직자 및 명백히 전통적인 종교적 신념이나 관행과 이해관계를 가진 고위 성직자 그리고 전문직 종사자들의 지원을 받고 있다. 이들 전문직 종사자는 종 제조업자, 금세공사, 양초제조업자, 목각사 및 어부 등이다. 프로테스탄트 예술가들에 의한 농민에 대한 영웅적 묘사는 농민 반란 이후에 신속하게 중단되었다.

만으로부터 유래하지는 않았다. 농민의 탐욕과 어리석음이 아니라 영주권 행사의 변화가 메밍겐의 12개 조항 및 도시는 물론 농촌에서의 또 다른 저항을 초래했다.[88] 15세기 이전에 농노의 상태는 훨씬 탄력적이었으며, 일반민은 법률적 자유는 아니라고 해도, 사실상 자유의 중요한 수혜자였다. 이를테면 농민은 자신의 후원자를 선택할 수 있었고, 원한다면 자신이 속한 공동체 이외의 여성과 결혼도 할 수 있었다. 1400년 이후 영주들은 정치적·경제적 중앙집권화라는 15세기의 보다 폭넓은 추세를 반영한 새로운 규제와 통제를 가했다. 1400년 이전의 비교적 비공식적이고 탄력적인 통치구조는, 아마도 주로 14세기의 사회적 소요 이후 지배자의 무능으로, 15세기의 일반민에게 작지만 관료화되고 억압적인 지배가 되었다.[89]

농민들은 자신들의 조항을 성서에 부합하도록 설명할 수 있는 신학자들 가운데 루터를 으뜸가는 신학자로 꼽았다. 츠빙글리, 멜란히톤, 안드레아스 오시안더, 테오발드 빌리칸 및 마태 젤 또한 이 같은 신학자로 인용되었다. 루터는 『평화를 위한 권고』라는 책에서 12개 조항에 대해 공식적으로 답했다. 루터는 만약 양측 특히 제후와 영주들이 단지 총력을 다 해 협력한다면 반란을 피할 수 있다는 매우 진지한 믿음을 가지고 이 책을 집필했다. 처음부터 루터는 반란의 전 과정에 걸쳐 자신에게 지속되었고 그리고 반란이 진행되는 동안 명백히 자신의 행위에 영향을 미친 두려움을 표현했다.

> 하나님의 왕국과 현세의 왕국 모두에 관한 이 일은 중요하고 위험하다. 만약 반란[가담자]이 …… 우위를 점하게 되면, 두 왕국은 파괴될 것이고 그리고 세속 정부도 하나님의 말씀도 사라지게 될 것이다. 오히려 독일 전역에 항구적인 파괴를 야기하게 될 것이다. 그러므로 대담하게 말하는 것이 …… 필요하다.[90]

---

88 같은 책, p. 71.

89 같은 책, pp. 40~43, 71~75.

90 *Works of Martin Luther*, 4, p. 220 (= *WA* 18, pp. 291~334). 이 저서는 19판이나 간행되었으며, 그중 하나는 네덜란드어로도 출간되었다. Claus, *Die deutsche Bauernkreig im Druckschaffen*, pp. 44~59.

루터는 대담하게 말했으며, 입증되었듯이, 너무 대담하게 말했다. 그는 농민 불만의 정당성을 인정했지만, 제후와 영주들의 발밑에서 막 발생한 반란을 정면으로 비난했다.

> 우리는 이 잘못된 반란에 대해서 그대들, 영주와 제후를 제외하고, 특히 그대들의 맹목적인 주교들과 정신이 나간 성직자와 수도사들을 제외하고…… 이 땅의 그 누구에게도 감사해야 할 필요가 없다. …… 그대들의 정부에서 그대들은 화려하고 거만한 삶을 영위하기 위해, 가난한 일반 대중이 더 이상 참을 수 없을 때까지, 신민을 후려치고 강탈하는 것 이외 아무 것도 하지 않는다.[91]

설령 루터는 이 문제에 있어서 제후와 영주들이 조언을 수용할 수 있을 것인지에 대해 의구심을 가지고 있었기는 하지만, 이들에게 분노한 농민 앞에서 '합리적으로 행동할 것'과 평화에 대한 적은 대가로서 이들을 '친절하게 대할 것을' 촉구했다.[92] 루터는 또한 농민의 저급한 동기를 인정한 반면에, 애초의 판단, 즉 제후와 영주들이 대중의 반란에 영감을 불어넣었다는 자신의 생각을 결코 바꾸지 않았다.

루터는 농민들에게 이들의 대의가 무력 사용을 정당화하지 못한다고 주장했다. "지배자들의 사악함이나 불의가 혼란이나 반란의 사유가 되지 못한다. 사악한 자를 벌하는 것은 모든 사람의 권한이 아니라 칼을 보유한 세속 지배자의 권한이다." 루터가 로마서 13장 4절과 베드로 전서 2장 7절의 내용을 명확히 가르친 것으로 확인되고 있다. 루터는 여기서 유명한 농민의 팸플릿 〈평범한 농민 무리에게〉(1525)의 후속 논지, 즉 사악한 폭군에게 불복하고 저항하는 것이 그리스도교도의 의무라는 주장을 즉각 거부했다.[93] 그는 반란이란 "그리스도의 법률

91 *An Admonition to Peace*, p. 220.

92 같은 책, p. 223.

93 이 팸플릿은 자신들을 저주한 사람들을 비판한 반란에 참여한 농민을 옹호했다. 자신들을 비난한 사람들 가운데에는 루터뿐만 아니라 우르바누스 레기우스, 요하네스 브렌즈, 요한 라흐만 및 요하네스 즈비카우 등의 다른 프로테스탄트 개혁가들도 있었다. *An die Versammlung gemeiner Bauernschaft.*

과 복음에 반할 뿐만 아니라, 자연법과 모든 형평에도 반한다". 즉 성서와 양심 모두에 의해 비판을 받게 된다고 주장했다.[94] 농민들의 요구 가운데 '그리스도교도의 권리'에 관해서 루터는 자신이 이해했듯이 모든 세속의 정의와 물질적 이득으로부터 복음을 강하게 분리했다. 그렇게 함으로써 그는 자신을 줄곧 사회 반동가로 낙인찍은 언어를 사용했다.

> 고난, 고난, 십자가, 십자가! 이를 제외한 다른 어떤 것도 그리스도의 법률이 아니다. 하나님이 그대를 도와줄 것이다. ……… 그리고 하나님의 복음은 그대들 가운데 능력과 함께 일어날 것이며, 만약 그대가 먼저 끝까지 고난을 당하면, 이 일을 하나님에게 맡기고, 그리고 [그대를 탄압하는 사람들에 대한] 하나님의 분노를 기다리라. …… 그대가 아무리 옳다고 해도, 그리스도교도는 법률에 호소하거나 투쟁을 하지 않지만, 오히려 나쁜 일을 받아들이고 악을 참는다. 다른 대안이 없다. …… 그리스도교도들은 칼이나 총과 더불어서가 아니라 십자가 및 고난과 더불어 자신을 위해 싸운다. 마치 우리의 지도자인 그리스도가 칼을 들지 않고 십자가에 달렸듯이.[95]

여기서 루터는 농민을 산상수훈의 이상주의에 관한 설교에 복속시켰으며, 이후 재세례파를 비판하는 저술들에서 이를 부인했다. 이를테면 1526년 행한 설교인 "군인들 역시 구원을 받을 수 있는가"가 그것이다. 하지만 누구도 루터의 주장이 명백히 모순된다고 비난할 수는 없었다. 농민들이 그러했듯이, 누군가는 이 합법적 정부가 폭압적인 것을 발견했기 때문에, 합법적인 정부에 대한 반란과 1526년 루터가 찬사를 보낸 외부의 침략에 대항하는 정부를 수호하기 위한 무력 사용은 전혀 별개의 문제였다. 이와 관련하여 루터의 종래의 주장을 알고 있던 사람들에게 반란이라는 망령에 대한 그의 반응은 의심의 여지가 없었을 것이다. 이를테면 1522년 루터는 작센의 그리스도교도들에게 소요가 발생하지 않

Eine revolutionäre Flugschrift aus dem deutschen Bauernkrieg(1525), ed. S. Hoyer and B. Rüdiger(Leipzig, 1975), ch. 4, pp. 94~95, pp. 112~113.

94 *An Admonition to Peace*, p. 227.

95 같은 책, pp. 231~234.

도록 조언을 하면서 다음과 같이 대담하게 주장했다.

> 나는, 소요를 획책하는 사람들을 비판하는 사람들, 이들의 대의가 아무리 부당하다고 해도, 이들의 편에 있고 그리고 늘 이들의 편에 있을 것이다. 나는, 그 대의가 아무리 옳다고 해도, 반란에 가담하는 사람들을 비판한다.[96]

우리는 루터가 인정적 권리와 사회적 정의가 아니라 반란에 반대했다는 점을 염두에 두어야 한다. 그는, 농민들이 혁명적인 전술을 사용하지 않는다면, 그들이 '그리스도교도'의 깃발이 아닌 다른 깃발 아래 행진하는 한, 농민의 대의를 용인했다.

> 그대의 이름과 직책은 자연의 가르침에 따라 잘못이나 악을 참지 않을 것이고 참아서는 안 되기 때문에 투쟁하는 사람의 이름과 직책이 되어야 한다. 그대는 그 이름[인정적 권리와 본성적 권리를 요구하는 사람이라는 이름]을 가져야 하며, 그리스도의 이름만은 그대로 두어야 한다. 이는 그대가 행하고 있는 부류의 일이기 때문이다. …… 사냥, 새, 물고기, 나무, 숲, 노역, 십일조, 부과금, 훈련의 자유 및 상속세에 관한 조항에 [대하여], 나는 이것들을 법률가에게 일임한다. [이것들은] 이 땅에서 순교자인 그리스도교도의 관심사가 아니기 때문이다. 그러므로 농민은 마땅히 오직 그리스도교도라는 이름만은 그대로 두어야 하고, 그리스도교도의 권리를 추구하는 사람들이 아니라 인정적 권리와 본성적 권리를 원하는 사람들로서 다른 이름으로 행동하는 것이 당연하다.[97]

우리는 이 주장과 루터가 선업과 구원의 관계에 대해 일찍이 행한 주장 사이에 유사성을 발견할 수 있다. 1520년에 집필한 『그리스도교도의 자유에 관하여』에서 루터는 선업이 구원에 어떤 가치가 있다는 사실을 단정적으로 부정했지만, 신도들에게 매일 선한 일을 적극적으로 행해야 한다고 요구했다. 당시 자신들의

---

96 *A Sincere Admonition*, p. 63.

97 *An Admonition to Peace*, pp. 234, 241.

요구가 '그리스도교적'이라는 농민의 주장을 비판한 루터는 또한 인정적 권리와 그리스도교적 권리의 어떤 연관성을 부정했지만, 제후와 영주들에게 인간적으로 정당하고 공정해야 한다고 조언했다. 루터는 종교가 윤리나 사회 정의와 동일시되는 것을 용인하지 않았다. 종교는 윤리와 사회 정의를 초월할 뿐만 아니라 도덕적 선과 악을 초월하는 양심과 삶의 의미의 문제도 해결한다고 생각했다. 마치 이즈음 에라스무스와의 논쟁에서 그러했듯이,[98] 루터는 농민과의 논쟁에서 종교의 초월성을 대폭 축소하는 것에 명확하게 반대했다.

루터에게 인정적 권리와 그리스도교적 권리의 구분이 단순하고 명확했던 반면에, 그의 이 같은 주장은 결과적으로 농민들에게 매우 고통스러운 것으로 판명되었다. 메밍겐 조항들 하나하나에 대한 분석에서 그는 어떤 조항도 복음과 무관하다고 결론을 내렸다. 오히려 모든 조항이 '세속적인 문제'를 다루었으며, 모든 것이 "여러분의 육체와 재산을 자유롭게 하는" 하나의 목적을 지향하고 있었다는 것이다.[99] 루터는 소십일조 납부로부터의 해방 요구를 '도둑이자 노상강도'라고 비판했다. 그는 '그리스도의 이름으로' 농노제로부터의 해방 탄원이 '그리스도교도의 자유를 매우 육신적인 것으로 만든다'고 이를 거부했다. 그는 평등주의적 사회에 대한 꿈을 비판했다. "인간 [사회에] 불평등이 존재하지 않으면, 세속 왕국이 존립할 수 없다. 따라서 어떤 사람은 자유롭고, 다른 사람은 구속을 받으며, 어떤 이는 영주가 되며, 다른 이는 신민이 되는 것이다."[100]

『평화를 위한 권고』는 양 진영에 대한 경고와 더불어 끝나고 있다. 역사, 경험 및 성서는 제후와 영주들을 비판하고 있다. 이것들은 모든 폭군이 조만간 몰락할 것이라고 가르치기 때문이다. 그리고 이것들은 농민에 대해서도 비판적이다. 이것들은 혁명이 늘 혼란만을 초래할 뿐이라고 또한 가르치기 때문이다. 이들 양 진영에 저주를 내린 루터는 자신의 생각에 이들 각각의 의지를 뛰어넘어 존재하게 될 평화를 호소했다.

---

98 이 책의 414~415쪽을 참조하기 바란다.
99 *An Admonition to Peace*, p. 237.
100 같은 책, p. 240.

어느 진영에도 그리스도교적인 것이 없고 그리스도교적이지 않은 것이 여러분들 사이에 화제가 되고 있으며, 영주와 농민은 세속의 옳고 그름과 세속의 소유를 논하고 있다. 그리고 더욱이 양 진영이 하나님에 대항하여 행동하고 있으며, 하나님의 진노 아래 있기 때문에 …… 여러분들은 조언을 받아들이도록 하고 이들 문제에 무력이나 갈등에 의해서가 아니라 정의와 더불어 대처하고, 그리고 독일에서의 끝없는 유혈 사태를 시작도 하지 마라.[101]

이처럼 뒤늦은 시기에 타협이 양 진영에 실행 가능한 대안이 아니었기에, 제후와 농민들은 루터의 충고를 전적으로 감사하게 받아들였어야 했다. 4월에 대규모 농민 반란이 슈바벤, 프랑코니아 및 튀링겐에서 일어났다. 제후들이 농민을 진압할 준비를 하자, 매우 너그럽게 표현하자면 루터는 불필요한 저술에서, 농민에게 가능한 가장 강력한 어조로 촉구했다. 루터의 친구와 동료들을 충격에 빠뜨린 이 책의 제목은 『강도이자 살인자인 농민 비판』이었으며, 이 책은 21판이나 거듭되었다.[102] 부분적으로 이 책은 자칭 루터의 경쟁자이자 농민 반란의 지도자였던 토마스 뮌처에 대한 잔인하면서도 개인적인 공격이기도 했다. 루터는 이 책에서 뮌처를 '뮐하우젠의 악마의 괴수'라고 비판했다. 우리는 뮌처에 대한 루터의 끝없는 적대감이 이 책의 극단적 성격에서 일부 기인했다고 설명할 수 있다. 또한 이 책을 마무리하기 직전에 루터는 바인스부르크에 대한 사악한 농민의 공격 소식을 접했다. 이 도시를 공격하는 동안 농민은 대중에게 잔혹 행위를 했다. 루터의 보호자였던 프리드리히 현명공의 죽음은 농민 반란 혁명가들에 대한 그의 무자비한 비판의 또 다른 요인이 되었다. 초기에 자신의 충고를 농민이 무시한 것에 실망하고 그리고 독일의 사회 질서에 대한 위협이 고조되는 것에 분노한 루터는 심지어 농민 반란이 자신의 종교적 개혁을 무산시킬 수 있다고까지 인식했을 것이다.

루터는 농민들이 그리스도의 이름으로 봉기함으로써 '하나님과 인간에게 세

---

101 같은 책, pp. 241~242.

102 Claus, *Die deutsche Bauernkrieg im Druckschaffen*, pp. 44~59.

가지 끔직한 죄악'을 범했다고 비난했다. 즉 농민은 복종의 서약을 위반함으로써 위증죄를, 그리스도의 이름으로 봉기함으로써 신성모독죄를 그리고 누가복음 20장 25절(이르시되 그런즉 가이사의 것은 가이사에게, 하나님의 것은 하나님께 바치라 하시니), 로마서 13장(권력에 대한 복종을 강조) 및 베드로 전서 2장 13절(인간의 모든 제도를 주를 위하여 순종하되)의 가르침을 거슬리면서 행동함으로써 반란죄를 범했다고 비난했다. 광범위하게 확산된 반란의 실체를 고려한 루터는 오직 한 가지 대응밖에 없다고 생각했다.

> 모든 사람으로 하여금 은밀하게나 공개적으로 봉기한 [농민을] 공격하고, 살해하도록 하라, 찌를 수 있는 모든 사람으로 하여금 반역자보다 유해하고, 고통을 주거나 사악한 것이 없다는 것을 기억하게 하면서. 그것은 마치 누군가가 미친개를 살해해야 한다는 것과 같은 것이다. 만약 그대가 반역자를 타도하지 않으면, 반역자가 당신을 그리고 당신과 더불어 전 국가를 타격할 것이다.[103]

루터는 "만약 지배자가 그리스도교도이고 복음을 용인한다면", 우선 반란이 자신의 불의에 대한 정당한 심판임을 인정함으로써 농민을 고소할 것이고 하나님의 인도를 위해 기도할 것이라고 제안함으로써 이같이 가혹한 판단을 순화했다. 그리고 지배자는 "미친 농민들에게, 설령 이들이 그와 같은 자격이 없다고 해도, 타협할 수 있는 기회를" 제공할 것이다. 그리고 그 이후 타협이 실패하게 되면, 지배자는 "잽싸게 칼을 잡을" 것이다.[104] "제후가 유혈과 더불어 승리하는 이들 기이한 시간은 다른 사람들이 기도하는 시간보다 낫다"[105]고 루터는 철학적으로 묘사했다.

프로테스탄트이든 가톨릭교도이든, 제후와 영주들은 재빨리 칼을 잡았고, 농민 반란을 진압했다. 1525년 독일에서는 7만 명에서 10만 명의 농민이 살해된

103 *Against the Robbing and Murdering Peasants*, in *Works of Martin Luther*, 4, pp. 248~250 (= *WA* 19, pp. 357~361).

104 같은 책, p. 251.

105 같은 책, p. 253.

〈토마스 뮌처〉(크리스토펠 시쳄 1세). 그는 아마도 루터에 대한 가장 강력한 비판자이자 16세기 종교개혁에서 가장 영향력이 있던 반대자였으며, 특히 마르크스주의 역사학에서 그러했다. 자신의 급진적인 개혁에 대한 작센 제후들의 지지를 얻는 데 실패한 이후 뮌처는 징거하우젠에서 자신의 추종자들에게 다음과 같은 경고를 보냈다. "부끄러움도 모르고 믿음이 없는 이 세계가 피를 흘릴 시간이 왔다고 여러분에게 말하노라. …… 여러분 자신이 완전히 통제받도록 계속해서 내버려 두는 이유가 무엇인가? 우리는 지금 이들이 스스로 보여주고 있듯이, 영주들과 제후들이 그리스도교도가 아니라는 사실을 잘 알고 있고 성서와 더불어 이를 입증할 수 있다. 그대의 성직자와 수도사들은 악마의 먹이가 되고 있으며, 진정한 그리스도교도를 거의 찾아볼 수 없다. 그대의 모든 설교자들은 위선자이자 인간을 예배하는 자이다. 그대들은 왜 계속해서 이들에게 희망을 가지는가?" 농민 반란에서 행한 역할로 참수형을 당한 뮌처의 반란을 도모한 삶과 가르침은 루터의 교훈적인 저술의 주제가 되었다. 루터는 이로부터 배워야 할 교훈으로 "토마스 뮌처의 무시무시한 역사와 하나님의 심판"(비텐베르크, 1525)을 집필했다.

것으로 추정되고 있다. 후스파 농민을 제압하기 위한 군사작전으로부터 갓 도착한 필리프 헤세는 프랑켄하우젠이라는 작센의 도시에서 토마스 뮌처 추종자들에 대한 공격에서 작센 공 게오르크와 소영주들에 합류했다. 이 교전에서 주로 농기구로 무장한 9000명의 농민군은 정예 기병대 및 궁병대와 맞섰다. 보고에 따르면, 이 전투에서 5000명의 농민군이 사망한 반면에, 제후와 영주 군의 사상자는 단지 6명에 불과했다. 농민군의 기지였던 뮐하우젠은 게오르크 공의 봉토가 되었으며, 24년 이상 60만 달러에 상당하는 금액을 배상해야 했다. 반란군의 지도자였던 뮌처는 고문을 받고 교수형에 처해졌다.[106]

농민 반란이 진압된 후 루터는 농민을 비판한 자신의 '무자비한 책'에 대해 비판을 받았는데, 우선 반란에 영감을 제공했다고 날카로운 비판을 받게 되었다. 가장 날카로운 비판 중 하나는 요하네스 퓐들링의 그것으로서, 그는 가톨릭 변론가로서 1517년 루터가 95개조 반박문을 내걸었을 때 면벌부 총대리인이었다. 퓐들링의 대중적인 책의 제목은 『한 입으로 두말하는 루터 혹은 루터가 어떻게 농민을 잘못 인도했고, 어떻게 이들 농민을 저주했던가』였다. 퓐들링은 농민 반란을 1520년에 간행된 종교개혁에 관한 책에서 상위의 권위에 대한 루터의 도전을 추적해냈다.[107] 퓐들링은 농민에 대한 루터의 뒤늦은 비판을 비텐베르크의 성상 파괴(1521~1522)와 결별하려던 루터의 초기의 시도에 대비했다. 퓐들링에 의하면, 이 성상 파괴는 루터 자신의 가르침에서 유래했다.[108] 퓐들링은 이들 두 사례에서 루터의 행위가 정치적인 동기에서 시작되었다는 사실을 발견했다. 심지어 『평화를 위한 권고』가 영주와 제후들에 대한 날카로운 비판을 가하는 대신 농민들을 고무한 것으로까지 간주되었다.[109]

이 같은 비판은 루터와 그의 추종자들로부터 반발을 야기했다. 여전히 '도처에서 루터를 비판하는 달콤하지만 비관용적인 외침'을 잠재우기 위해 집필을 했

---

106 Erick Gritsch, *Reformer Without a Church: The Life and Thought of Thomas Müntzer 1488(?)-1525*(Philadelphia, 1967), pp. 149~152.

107 *Anzaigung zwayer falschen Zungen des Luthers wie er mit der ainen die paurn verfüret/mit der andern si verdammet hat*(1525). P. A 3 a. 이 작품은 최근에 라우베아 자이프페르트에서 간행되었다. 루터에 대한 다른 가톨릭 비판가들과 더불어서 제롬 엠제르와 요하네스 코클라우스에 의해 *Flugschriften der Bauernkriegszeit*로 간행되었다.

108 "그대는 소책자 마지막에서 미사를 거부해야 한다고 주장했고 비텐베르크에서 예배가 중단되고 종소리, 풍금소리, 제단, 찬송가, 강독이 폐지되어 사라지기를 원했다. 당시에 카를슈타트는 고매한 학자였으나 그대의 가르침을 실천하고 제단을 거부했다. 그러자 그대들 두 사람은 서로 적이 되었으니, 그대는 카를슈타트를 비판하는 글을 쓰고 저주하면서 그대 자신이 그것을 가르쳤다는 사실을 잊어버렸다. 그들은 그대로부터 정부에 대한 저항을 배웠던 것이다"(*Anzaigung zwayer falschen Sungen des Luthers*, p. B 3 b).

109 "그대는 악취를 풍기며 입안의 쓰레기처럼 말한다. 그대는 나라에 충성하라고 농민에게 지시하지만 함께 쏟아내는 정부에 대한 신랄한 비판은 그들에게 보다 많은 반감을 불러일으켜 그대가 글로써 표현한 지시에 따라 그들은 정부로부터 등을 돌리고 있다"(같은 책, p. A 4 a).

던 쾨니히스베르크의 목사 요하네스 폴리안더(그라만)은 루터의 비판자들 다수가 실망한 혁명의 지지자가 되었다고 비난했다. 폴리안더에 따르면, 루터는 모세와 같이 농민이 보다 나은 삶을 영위하도록 인도하려고 했으며, 농민 스스로가 무가치한 것으로 판명된 이후에서야 이들에 대한 처벌을 요구했다는 것이다.[110] 루터 자신은 결코 사과를 하지 않았다. 그는 농민에게 자비를 요구한 자신의 비판자들을 지나치게 동정심이 많은 위선자라고 일축했다.

> 내가 누군가의 집에 침입하여, 그 집의 부인과 딸을 겁탈하고, 그 집의 금고문을 열었으며, 가슴에 칼을 들이대고 다음과 같이 말했다고 가정해 보라. "만약 당신이 이것도 못 참으면, 나는 당신을 칼로 죽일 것이다. 당신이 사악한 악마이기 때문이다." 그리고, 만약 사람들이 모이고 이 짓을 한 나를 죽이려고 하거나 재판관이 나를 참수하라고 명령하면, 내가 다음과 같이 소리를 지를 것이라고 상상해 보라. "그러나 그리스도는 그대가 자비를 베풀어야 하고 나를 죽여서는 안 된다고 가르치고 있다." 그렇다면 사람들은 무슨 말을 할 것인가? 자, 나의 농민 및 농민의 변론가들이 지금 하고 있는 짓이 바로 이것이다.[111]

한 걸음 더 나아가 루터는 "이 현세의 왕국"에 대해 다음과 같이 설교를 했다.

> [이 현세의 왕국은] 사악한 자들에 대한 하나님의 진노의 종에 불과하며, 지옥과 영원한 죽음의 실제적인 선도자이다. 그것[현세의 왕국]의 일과 의무를 수행함에 있어서 자비를 베풀어서는 안 되고, 엄격하고, 철저하며, 격노해야 한다. 그것[현세의 왕국]의 도구는 장미 화환이나 사랑의 꽃이 아니라 빼든 칼이다. 그리고 칼은 분노, 가혹함 및 처벌의 상징이다.[112]

---

110 Ein Urtayl Joh. Polianders / uber das hart Büclein D. Martinus Luthers wider die aufffrum der Pawern / hievor aussgangen (1525), pp. A 1 b, B 1 a. 폴리안더의 책은 또한 Laube and Seiffert, eds., *Flugschriften der Bauernkeriegszeit*, pp. 430~440에서도 등장하고 있다.

111 *An Open Letter Concerning the Hard Book Against the Peasants*(July 1525), in *Works of Martin Luther*, 4, p. 264 (= *WA* 18, pp. 384~401).

반란에 참여한 농민을 비판한 자신의 '무자비한 책'에도 불구하고, 루터는 사로잡힌 농민들에게 자비를 권함으로써 자신의 비판자 대열에 합류했다. 루터는 또한 가능한 한 강력한 어조로 제후와 영주들을 비판했으며, 이들을 "분노하고, 미쳐 날뛰고, 지각이 없으며, 심지어 전투 이후에도 피가 부족하다고 하는 폭군으로 묘사했다. …… 악당이자 돼지로 자신들이 죄인이든 무고한 사람을 살해하든 하나님을 기쁘게 하든 악마를 기쁘게 하든 상관없다".[113] 한편 루터는 반란에 대해 관용을 베푸는 것이 단지 문명화된 사회의 종말을 재촉할 뿐이라는 자신의 애초의 신념을 고수했다. 그는 이 사건을 회고하면서 다음과 기술했다.

> 처음부터 나는 두 가지 두려움을 가지고 있었다. 만약 농민이 영주가 된다면, 악마가 수도원장이 된다면, 그리고 이들 폭군이 영주가 되고, 악마의 어미가 수녀원장이 된다는 두려움이었다. 그러므로 나는 두 가지 일을 하고자 한다. 즉 농민을 잠잠하게 하고 영주를 가르치는 것이 그것이다. 농민은 내 말을 알았고, 그리고 이제 이들은 그 보상을 받았다. 영주 역시 말을 듣지 않을 것이며, 이들 역시 보상을 받을 것이다.[114]

선택을 할 수밖에 없게 되자, 루터는 악마보다 악마의 어미, 말하자면 무질서보다 폭정을 명백히 선호했다. 폭군이 적어도 사회와 정부의 핵심 구조를 보존했으며, 그리하여 종국적으로 개혁, 그가 오랫동안 동의했던 '짜깁기와 덧대기'가 가능하게 되었다고 루터는 추론했다. 16세기의 다수의 여론에 비추어 볼 때, 이 같은 반응은 적절한 것이었다. 오늘날의 시각에서 볼 때, 그것은 매우 인정적인 반응으로 보일 수도 있다.

가톨릭 비판자들은 루터파 설교자들이 고의나 자신도 모르게 혁명을 촉발시키는데 어떤 역할을 했다고 생각했던 유일한 비판자가 아니다. 혁명이 진압된 이후 모든 신민에 대한 공식적인 가르침에서 브란덴부르크 당국자들은 혁명의

112 같은 책, p. 266.
113 같은 책, p. 280.
114 같은 책, pp. 280~281.

원인을 '무지하고, 투박하며 그리고 혁명적인 설교자들'에게까지 거슬러 올라갔다. 구원에 필수불가결한 것이 오직 신과 그리스도에 대한 믿음이라고 오랫동안 가르쳤던 이들 설교자는 '거칠고 단순한 사람들'에게 선한 행위가 불필요하다는 인상을 심어주었다.[115] 그 이후 단순한 사람들은 "자신들의 지배자 앞에서 현세적인 의"를 얻기 위한 자신들의 의무를 망각했다. 브란덴부르크의 제후와 영주들은 자신들의 영토 안에 있는 모든 설교자에게 구원을 얻는 믿음이 "단순하고, 거짓된 믿음 내지 죽은 믿음이 아니라" '참되고 살아 있으며 사랑으로 가득한 믿음이고, 늘 선한 일을 적극적으로 행한다'는 사실과 그리스도가 인간을 세속 지배자에 대한 복종으로부터가 아니라 양심의 죄와 죽음으로부터 자유롭게 했다는 점을 "멋진 독일어로" 분명히 가르치라고 명령했다.[116]

루터파 설교자들은 이 명령 및 이와 유사한 명령에 순응했다. 슈베비슈 할의 루터파 설교자였던 요하네스 브렌즈는 당시 일어난 사건들로 인해 "지배자에 대한 신민의 복종에 관해서"라는 설교를 할 수밖에 없었으며, 그리스도교도의 자유를 심지어 지배자의 명령이 부당하게 보이더라도 이를 감수할 준비가 된 '진정한 복종'이라고까지 묘사했다.[117]

설령 1525년의 사건들이 지배자의 권위를 강화했다고 해도, 학자들이 이전에 지적했듯이, 농민 반란의 결과 독일의 '절대주의 국가'가 실제적으로 태동했던

---

115 그 제목은 자초지종을 다음과 같이 언급하고 있다. *Der Durchleüchitgen Hochgeborenen Fürsten und Herren Casimirn und Herren Gerogen / als der eltesten Regirenden gebrüder / Margraven zu Brandenburg, etc, meiner gnedigen herrn / anzaigen / wie die gewesen / empörung und auffrürer / nit den wenigsten tayl / auss ungeschchkten predigen enstanden sindt. Und dz herwiderumb durch frumm geleert / geschickt / Christlich Prediger / vil auffrür für kummen werden mög. Auch ain kurtze Christenliche Underricht / wie hinfüro in jrer Fürstlichen gnaden Fürstenthummern / Landen und gebüten von rechtem warem Christlichem Galuben / und rechter warer Christlicher freyhait des gaists / geprediget werden soll / damit jrer Gnaden underthone nit durch falsch widerwertigpreigt / zu auffrur und verderbung jrer seelen / leyb / lebens / und guts verfürt werden* (1525), pp. A 1 b-A 2 a.

116 "그리스도의 자유는 정신적인 것이지 육체적인 것이 아니며, 내적인 것이지 외적인 것이 아니다. 또한 자유는 선을 행하는 것이지 악을 행하는 것이 아니다"(같은 책, p. A 2 b).

117 "행정 당국이 부당한 행위로 인해 신민으로부터 원성을 사게 된다고 해도 신민은 그것을 당연히 감내해야 한다. 신민에게 아무리 부당한 일이 일어나더라도, 신민은 그리스도처럼 존엄하게 행동해야 한다." (*Von Gehorsam der Underthon / gegen jrer oberkait* [1525]). 그리스도교도들은 악에 대해 악으로 갚지 않으며, 5리를 가자면 10리를 가야 한다라고 브렌츠는 결론을 내렸다.

것처럼 보이지는 않는다. 1525년 이후 많은 지역에서 농민의 삶도 개선되었다. 농민의 불만을 해소했던 1526년 슈파이어 제국의회의 권고안 가운데에는 성직 초임세 납부 및 속인의 교회 법정에로의 종속도 종식되었다. 지역 설교자의 자질 개선(설령 설교자의 임명과 해임에 대한 국지적 권한의 양보는 아니었다고 해도), 비전통적인 소십일조와 상속세 및 실제 계약 내용 이외의 노역도 폐지되었다. 하천, 숲, 초지 및 순전히 황무지를 보존하기 위해 전용되었던 경작지가 공동으로 사용되게 되었다. 마지막으로 농작물에 대한 울타리 설치권과 야생 동물로부터의 작물 피해를 최소하기 위한 경작지에서의 개의 활용 등이 농민에게 인정되었다.[118] 이들 조치는 온건한 개혁이었지만, 대중 및 대중의 기본 권리에 대한 새로운 인식을 또한 내포하고 있었다.

---

118 Blickle, *Die Revolution von 1525*, pp. 217~223, 242.

제8장

인문주의와 종교개혁

1) 에라스무스와 루터

1524~1525년에 종교개혁의 초기의 지지자들이었던 농민과 인문주의자들 다수가 종교개혁에 대한 지지를 철회했다. 이 기간에 루터와 에라스무스는 거의 십년에 걸친 신중한 탐색전을 마친 이후 구원에서 인간의 자유의지라는 문제를 둘러싸고서 공개적으로 충돌했다. 표면상 협소하고 잘 알려지지 않은 이들 간의 논쟁에는 사실상 인간의 본성과 운명에 관한 가장 핵심적인 논쟁이 포함되어 있다. 인문주의자들의 수장이었던 에라스무스는 기본적으로 인간이 도덕적으로 중립적인 주체라고 이해했다. 그는 인간이 악에 대해서 만큼이나 선에 대해서도 잠재력을 가지고 있고, 자신의 이웃에게 해를 끼치는 만큼이나 선도 행할 수 있으며, 그리고 신을 저주하는 만큼이나 신을 사랑할 수도 있으며, 이 모든 것에서 주권자 즉 자유로운 선택과 더불어서 도덕적으로 자율적인 주체라고 이해했다. 이에 비해 루터는 인간이 신을 믿거나 신을 증오하면서, 선이나 악 또는 자신의 동료를 위하거나 동료에 반해서든, 다른 인간들이 행한 방식대로 행하는 내면의 가장 깊은 성품, 즉 미리 정해진 본성과 습관을 가진 도덕적인 피조물이라고 생각했다.

에라스무스는 『자유의지에 관한 논고』에서 루터의 신학을 공격했다. 에라스무스는 1524년 2월 이 책의 원고를 완성했으며, 9월에 이 책을 간행했다. 스콜라 신학과 면벌부에 관한 자신의 논지가 간행되기 이전인 일찍이 1517년 3월 루터는 한 친구에게 에라스무스가 자신의 잠재적인 적이 될 것이라는 점에 대해 의구심을 드러내면서 다음과 같이 고백했다.

> 지금 나는 에라스무스의 저술을 읽고 있으며 그에 대한 호평이 매일 줄어들고 있다. 수도사와 성직자들에 대한 에라스무스의 무지를 드러내고 공격하는 것을 내가 즐겨하고 있지만, 에라스무스가 그리스도와 하나님의 은총을 충분히 고취하지 못하고 있다는 점에 대해서는 우려하고 있다. …… 에라스무스에게는 인간의 일이 하나

〈에라스무스 로테르담〉(알브레히트 뒤러). 그리스도교 인문주의자인 에라스무스가 1524년 루터와 공개적으로 결별하기는 했지만 그의 성서적 학문과 성직자에 대한 풍자는 루터파에 일조했다. 루터는 1516년 간행된 에라스무스의 그리스어판 신약 성서를 활용했다. 불가타 성서와는 특정 내용에서 많이 달랐던 새로운 라틴어 번역이 이 그리스어판 성서에 수록되었다. 중세 교회의 미신과 공허한 의식에 비판적이었던 에라스무스의 단순한 성서적 경건함(그는 이것을 '그리스도의 철학'이라 불렀다)의 지지 및 성직자의 혼인과 같은 개혁에 대한 그의 지지로 가톨릭과 프로테스탄트 양 진영의 지도자들은 에라스무스를 비밀 프로테스탄트로 간주했다. 가톨릭은 에라스무스가 적을 이롭게 한다고 비판했다. 프로테스탄트들은 자신의 신념에 대한 용기가 부족하다고 에라스무스를 비판했다. 학자들은 그의 노골적인 평화주의와 종교적 문제에 대한 도덕적 접근을 이른바 급진적 종교개혁에 결부시켰다.

님의 일보다 중요하다. 설령 내가 무거운 마음으로 에라스무스를 판단하고 있기는 하지만, 그대가 [에라스무스의 책으로부터] 읽은 모든 내용을 무비판적으로 수용하지 말 것을 경고하고자 한다. 우리가 살고 있는 이 시대는 위험한 시대이며, 이제 나는 모든 사람이 그리스도교도가 아니거나 진정으로 현명하지 않다는 것을 인식하게 된다. 에라스무스가 그리스어 저술과 히브리어 저술을 읽을 수 있기 때문이다. 설령 에라스무스가 이 문제를 달리 이해했다고 해도, 성 제롬은 5개 언어를 구사했지만, 제롬은 단지 하나의 언어만을 구사한 아우구스티누스에 필적하지 못했다. 그러나 [구원에 있어서] 무엇을 인간의 의지에 돌리는 사람의 판단과 오직 은총만을 고백하는 사람의 판단은 전혀 다른 것이다.[1]

그 이후 1534년 3월에 루터는 에라스무스의 그리스어 신약성서가 등장했던 일찍이 1516년에 에라스무스에 대해 가졌던 의구심을 다시 가지게 되었다. 루터에게는 『위안』이라는 제목으로 별도로 간행되었던 그리스어 신약성서의 서문에서 그리스도가 인류의 죄를 대신한 구속의 희생자라기보다는 윤리적으로 고상한 인물로 평가절하 되는 것처럼 보였기 때문이다. 에라스무스는 자신의 『위안』에 대한 루터의 비판이나 자신이 성 아우구스티누스의 저술들에 대한 독서를 통해 성서에 대한 이해를 제고해야 한다는 루터의 조언이 담긴 한 보고서에서 그에 관해 처음 듣게 되었다.[2] 이 보고서는 1516년 게오르크 슈팔라틴에 의해 에라스무스에게 전달되었다.

에라스무스는 루터가 수도사와 성직자들의 미신을 타파하는 인물이라는 사실을 발견하고서 기쁨을 또한 표시했고, 다수의 사람들은 에라스무스가 종교개혁 초창기에 '루터파 비밀요원'이 될 것이라고 생각했다. 하지만 루터를 지지하거나 비판하라는 압력을 받게 된 에라스무스는 루터에게 늘 장애가 되었다. 하지만 1518년 이후 심지어 루터를 지지하는 것으로 의심을 받는 것조차 위험하게 되었

1 To Johann Lang, *WABr* 1, p. 90.

2 *Inquisitio de Fide: A Colloquy by D. Erasmus Roterodamus 1524*, ed. Craig R. Thompson (New Haven 1950; 2nd ed., Hamden, 1975), pp. 6~8을 참조하기 바란다.

으며, 초기 종교개혁에 대한 에라스무스의 입장은 덜 모호해졌다. 한편 에라스무스는 프리드리히 현명공에게 루터를 적에게 넘기지 말 것과 독일을 혁명의 소용돌이 속으로 빠뜨리지 말라고 촉구했으며, 루터가 많은 사람들이 비판하는 것만큼 사악한 인물이 아니라는 견해를 피력했다. 한편 에라스무스는 루터가 "유익한 학문을 악의적으로 거추장스럽게 생각했기" 때문에 자유 학예를 위협한다고 우려했다. 에라스무스는 자신이 루터에 대해 호의적이라고 비판한 사람들에 대해 자신이 '루터의 저술들을 비난한 최초의 학자'라는 사실에 대해 자긍심을 가지고 있었다.[3]

1521년 루터가 유서 깊은 신앙 내에서의 점진적인 개혁을 추구하는 것이 아니라, 전통적인 교리와 관행의 근본적인 개조를 추구하고 있다는 사실이 에라스무스에게 명확해지게 되었다. 당시 에라스무스는 루터파가 교회의 권위에 불복하고 중세의 음흉한 논쟁과 편협한 신학적 이해관계를 재현하려는 일종의 신스콜라주의자라고 생각했다. 1522년 9월 에라스무스는 자신이 루터에 대해 비판적인 입장을 취할 것이라고 친구들에게 약속했다. 1523년 1월 네덜란드 출신의 교황 아드리아누스 6세는 종교개혁을 비판하는 글을 집필해 줄 것을 에라스무스에게 개인적으로 요청했다. 루터파의 성사론을 비판한 당시 가톨릭의 대변인이었던 영국의 헨리 8세는 에라스무스에게 대 독일 전쟁에 합류할 것을 또한 요청했다. 영국의 인문주의자들에 의해 커다란 착각으로 판명될 것이었지만, '에라스무스적인 평화의 지배자'로[4] 간주되었던 헨리 8세는 『자유의지에 관한 논고』의 원고를 사전에 받아본 극소수의 사람들 중 하나였다.

오직 이성과 성서만이 루터를 멈추게 할 수 있다고 오랫동안 주장했던 에라스무스는 루터가 로마 교황청에 저항했던 것처럼 그에게 대항하기로 결심했다. 즉

3 1520년 4월 14일과 12월 6일 사이에 작성된 서신들. in *Erasmus and His Age: Selected Letters of Desiderius Erasmus*, ed. H. J. Hildebrand, trans. M. A. Haworth, S. J.(New York, 1970), pp. 135~136, 148~149, 161.

4 G. R. Elton, *Reform and Reformation: England. 1500-1558*(Cambridge, Mass., 1977), p. 27. 맥코니카는 다음과 같이 지적했다. "헨리적인 해결 방식은 많은 사람들에게 단순한 타협이 아니었으나, 에라스무스적 개혁의 대의에 근거한 전통의 긍정적인 구현이었다." James K. McConica, *English Humanists and Reformation Politics Under Henry VIII and Edward VI*(Oxford, 1965), p. 199.

에라스무스는 "루터 신학을 비판하는 논쟁"을 하게 될 것이었다.

루터에 대한 공격을 책으로 간행하기 이전에 집필된 초고 형태의 글을 회람시킨 에라스무스는 1524년 3월에 『신앙의 시금석』이라는 작지만 매우 흥미로운 책을 간행했다. 이 대화집에는 두 명의 화자가 등장하고 있다. 에라스무스를 대변하는 아울루스와 루터를 대변하는 바르바티우스가 등장하며, 이들은 신앙의 성격에 관해 논쟁을 하게 된다. 바르바티우스가 이단으로 정죄되었다는 사실을 듣게 된 아울루스는 사도신경 다음으로 그의 신앙을 하나씩 검토하게 된다. 이 검증에 참여한 아울루스는 자신도 놀랄 정도로 바르바티우스가 완전한 정통론자임을 발견하게 된다.

> 아울루스: 당신은 [사도신경에 포함된] 이 모든 것들을 진심으로 믿습니까?
>
> 바르바티우스: 나는 그것들이 그렇다고 믿으며, 그 밖의 모든 것들에 대해서는 거의 모르고 있습니다.
>
> 아울루스: 로마에 있었을 때, 나는 모든 것이 신앙적으로 건전하지 않다는 것을 발견했습니다.[5]

루터의 신학을 공격한 에라스무스가 곧 간행될 책을 집필한 이후, 회유하는 것처럼 보이는 심지어는 그의 논지에 동의하는 것처럼 보이는 글을 작성한 이유는 무엇인가? 외견상과는 달리 에라스무스는 여기서 실제로 매우 논쟁적이었다. 사도신경에서 그 논쟁의 이슈, 즉 구원에서 의지의 자유 내지 예속에 관해 아무것도 언급하지 않고 있다. 에라스무스에게 이는 그리스도교 교리의 진정한 핵심 교리들, 즉 삼위일체, 성육신, 교회, 부활 및 최후의 심판을 다루고 있다. 이들 교리는 루터 또한 로마 교황청의 누구보다도 확고하게 신뢰한 그리스도교의 전반적인 기조였다.[6] 에라스무스는 『자유의지 논쟁』에서 의지가 죄에 예속된다는

5 *Inquisitio de fide*, p. 73.

6 플랑드르 출신의 가톨릭 인문주의자이자 에라스무스를 존경했으며, 프로테스탄트들의 친구였던 게오르크 카산데르(1512~1566)는 이후에 가톨릭과 프로테스탄트의 재통합을 제안했다. 그는 사도신경과 그가 "고대의 보편적인 합의'라고 부른 첫 5세기 동안의 교부들의 기본적인 가르침에 기초하여 이 같은

가르침이 '우리가 그것들 없이도 지낼 수 있는 무익한 교리들' 가운데 하나라고 주장했다. 그의 견해에 의하면, 이는 비핵심적이고, 심지어 유해한 가르침이기조차 했지만, 루터는 그 가르침으로 교회 전역에 걸쳐서 불화와 분열을 영속시킬 준비가 되어 있었다. 이 같은 인식에서 볼 때, 『신앙의 시금석』은 실제로 루터의 개혁의 특징과 개혁에 관한 인식에 대한 통렬한 비판이었다. 회유적인 성격의 책과는 거리가 먼 『신앙의 시금석』은 포격을 앞두고 이루어진 정교한 맹폭이었다.[7]

에라스무스는 루터가 행한 진술과 교황을 비판한 그의 가르침을 집중적으로 공격했다. 교황 레오 9세는 루터를 정죄한 교서(〈오 주여 일어나소서〉, 1520년, 6월 15일)에서 루터의 저술들로부터 41개 조항을 발췌했고, 그중 1518년의 하이델베르크 논쟁으로부터 추출한 36개 조항에는 "원죄 이후의 자유의지는 단지 명목에 불과하고, 자유의지가 그 안에 있는 것을 행할 때, 그것은 중대한 죄를 범한다"는[8] 언명이 포함되어 있다. 루터는 『레오 9세의 교서(1520)에 의해 부당하게 정죄를 받은 모든 조항의 변론 및 설명』에서 자신의 입장을 매우 단호하게 재확인하기 위하여 이 조항으로 되돌아갔다.

> 은총을 받기 이전의 의지가 단지 공허한 이름에 불과하다고 나는 이를 부적절하게 표현했다. 오히려 나는 자유의지가 …… 실체가 없는 진정한 허구에 불과하다고 솔직하게 표현해야 했었다. 그것은 여하한 악이나 선을 구상하는 인간의 능력이 아니기 때문이다. 콘스탄츠 공의회에서 정죄를 받은 위클리프의 그 조항이 정확하게 지적하고 있듯이, 모든 것은 절대적인 필연에 의해 일어난다.[9]

재통합을 제안했다.

7 *Inquisitio de fide*, p. 203을 참조하기 바란다.

8 *Luthers Wrke im Auswahl*, 5, p. 378.

9 이는 에라스무스에 의해 인용되었다. *A Diatribe or Sermon Concerning Free Will in Erasmus-Luther: Discourse on Free Will*, trans. and ed. E. F. Winter (New York, 1961), pp. 44~45. 이 논쟁에 대한 완역이 최근에 이루어졌다. *Luther and Erasmus: Free Will and Salvation: Erasmus: De Libero Arbitrio*, trans. and ed. E. Gordon Rupp and N. A. Marlow; *Luther: De Servo Arbitrio*, trans. and ed. Philip S. Watson and B. Drewery (Philadelphia, 1969).

이는 에라스무스가 맹렬히 비난한 진술이었다. 이는 원래 하이델베르크 논쟁의 13번째 조항으로서, 인간이 자신의 최선을 다함으로써 은총을 얻을 수 있는 능력을 가지고 있다는 오컴주의 이론을 비판한 것이었다. 당시 에라스무스는 루터가 1517년에 스콜라 신학자들을 비판하면서 제기했던 바로 그 논쟁을 1524년에 다시 제기했다. 이 같은 연관성이 중요했던 바, 이는 에라스무스에 대한 루터의 개인적인 공격과 원죄이전론자의 예정설에 대한 루터의 극단적인 변론 모두를 설명해 주었다. 이즈음 농민, 영주 및 분파주의자들에 의해 포위당했고, 1517년에 논박했던 루터가 인문주의자의 수장이었던 에라스무스와 대결을 했을 때, 루터는 긴 신학적 논지와 더불어 종교개혁에 대한 최종적인 모욕과 도전을 인지했음이 분명하다.

'신경 하나하나까지 섬세한 영혼'[10]의 소유자였던 에라스무스는 기질적으로 종교에 있어서 관용적이었고, 인간들 사이의 평온을 종교적 순응보다 훨씬 고귀하게 여겼던 지적인 정치가였다. 스스로 인정했듯이 에라스무스는 종교적 교리를 정확하게 정의한 사람보다 매우 형편없이 정의한 사람을 선호했다. 에라스무스는 루터와의 논쟁 및 종교에서의 모든 '주장'을 엄청나게 혐오했다고 고백했으며, 의심의 여지없이 교황의 교서에 대한 루터의 자기방어가 '주장'이라는 이름을 가지게 되었다고 회상했다. 에라스무스는 '나는 잘 알고 있다'는 경구에 대해서 다음과 지적했다.

> 나는 이 같은 경쟁에서 형편없는 적수이다. 나는 다른 사람들보다 경험이 부족하고 늘 싸움에 대해 깊은 증오심을 가지고 있다. 따라서 나는 폐쇄된 전장에서 호전적인 철갑보다는 뮤즈의 자유로운 경기장에서의 놀이를 선호한다. 또한 나는 주장을 매우 혐오하기 때문에, 성서의 권위와 교회의 결정이 용인되는 곳이 어디이든 회의론자의 견해를 선호한다. 나는 늘 나의 고유한 견해를 교회에 기꺼이 제출한다. … … 나는 어떤 견해와 다른 것이 무엇이든 이를 용납하지 않고 이를 맹목적으로 고수

10 John Huizinga, *Erasmus and the Age of Reformation*(New York, 1957), p. 118.

하는 몇몇 사람들의 성향보다 이 본성적 성향을 선호한다.[11]

루터와의 대결을 통해 에라스무스는 신학적으로 구원에서 신의 은총을 명백히 우선시했던 전통적인 아우구스티누스적 토마스주의에서 자유의지를 인간의 구원에 직접 적용한 중세 말기의 오컴주의라는 준펠라기우스주의로 이동했다.[12] 에라스무스는 "의지의 자유에 의해서 나는 …… 자유의지의 힘을 이해하고 있다. …… 그리하여 인간은 영원한 생명으로 인도하는 것에 스스로를 적용하거나 그것으로부터 방향을 돌릴 수 있다"고[13] 지적했다. 오컴주의자와 마찬가지로 에라스무스는 죄를 인간의 본성적 자유의 파괴가 아니라 단지 신에게 의존하려는 인간의 본성적 자유에 대한 장애로 정의했다. "설령 자유의지가 죄를 통해 상처를 입기는 했지만, 그것이 파괴된 것은 아니다. 설령 그것이 마비되고, 은총을 수용하기에 앞서 선보다는 악으로 즉각 향하는 성향이 인간에게 있기는 하지만, 자유의지가 파괴된 것은 아니었다."[14] 인간의 양도할 수 없는 선이라는 '양심(*synteresis*)'에 관한 스토아적 이론 및 교부의 이론을 암시한 에라스무스는 교부들의 권위에 호소했다. 이들 교부는 "윤리적 선에 대한 몇몇 개념이 본성적으로 인간 안에 존재하며, 설령 거친 성향이 또한 인간을 이와는 반대로 악한 방향으로 나가도록 조장한다고 하더라도, 따라서 인간이 윤리적 선을 인식하고 그리고 어떤 식으로든 이를 추구한다"고 가르쳤다.[15] 에라스무스는 "마치 빛에 대하여

---

11 *A Diatribe …… Concerning Free Will,* in *Erasmus-Luther*, p. 6.

12 John B. Payne, *Erasmus: His Theology of the Sacraments*(Richmond, 1970), pp. 74~84를 참조하기 바란다. 페인은 그와 같은 이동이 루터의 『자유의지의 예속』에 대한 대응에서 일어났다고 생각한 반면에, 필자는 『자유의지에 관한 논쟁 내지 설교』에서 페인이 '스코트주의-명목론자'라고 언급한 오컴주의 입장을 발견했다. 물론 오컴주의자들의 전문적이고 스콜라적인 용어는 이들의 후속 작품이 나오기까지 현저하지는 않았다. Charles Trinkaus, "Erasmus, Augustine, and the Nominalist," *ARG* 67(1976), pp. 5~32를 참조하기 바란다. 트린카우스는 에라스무스에게서 오컴주의자의 요소들을 인정했다. 그러나 그는 마니교주의(극단적인 아우구스티누스 가르침의 결과)와 펠라기우스주의(극단적인 오컴주의 가르침의 결과) 사이의 중도를 발견하려는 에라스무스의 노력에 공감했다.

13 *A Diatribe …… Concerning Free Will,* in *Erasmus-Luther*, p. 20.

14 같은 책, p. 26. 비엘에 관한 오버만의 글을 비교하기 바란다. Heiko A. Oberman, *The Harvest of Medieval Theology*(Cambridge, Mass., 1963), pp. 131~138.

15 *A Diatribe …… Concerning Free Will,* in *Erasmus-Luther*, p. 64. 비엘에 관한 오버만의 글을 비교하기 바란다. *Harvest of Medieval Theology*, pp. 65~66.

눈을 뜨거나 눈을 감는 것이 우리의 즐거움이듯이, 은총을 향하거나 은총에서 방향을 돌리는 것은 우리의 능력 안에 있다. 은총을 향한 모든 힘과 더불어 인간의 노력이 좌절되어야 한다는 사실은 하나님의 무한한 사랑과 양립할 수 없기 때문이다."[16]

에라스무스는 신이 자의적으로나 부당하게 인간을 대할 수 있다고는 상상할 수 없다고 생각했다. 만약 신이 인간의 기본적인 도덕적 인식을 잠식했다면, 그는 신이 될 수 없었다. 에라스무스에게 위클리프와 루터의 신은 사악했으며 사악함에 대한 본성적 성향을 고무했던 것이다.

> 위클리프가 가르쳤고 루터가 이를 확정한 가르침이 진실하다고 가정해 보자. 말하자면 우리가 행하는 모든 것이 우리의 자유의지 때문이 아니라 순수한 필연에서 일어난다는 가르침이 그것이다. 이 같은 역설을 세상에 알리는 것보다 무익한 것이 무엇인가? …… 하나님이 우리 안에서 선과 악 모두를 야기하고, 하나님이 우리 안에서 이루어진 하나님의 선한 일에 대해 우리에게 보상하고, 그리고 우리 안에서 이루어진 하나님의 악한 행위에 대해 우리를 벌한다는 것이 …… 사실이라고 하자. 이 같은 견해를 표명하는 것이 사악함에 대한 변명이 될 것이며 …… 그리하여 어떤 사악한 인간이 자신의 행위보다 더 선한 무엇을 행할 것인가?[17]

에라스무스는 구약 성서와 신약 성서 모두에서 자신의 견해에 대한 근거를 발견했다.

> 만약 공로가 전혀 없다면 인간은 왜 자주 보상에 관해 듣는가? 하나님의 명령을 따르고 복종하는 사람이 어떻게 칭찬을 받으며, 불복종하는 사람이 어떻게 저주를 받는가? 공로가 중요하지 않다면 …… 성령은 왜 그렇게 자주 심판을 언급하는가? 만약 우리가 아무 것도 할 수 없다면, 다수의 모든 권고, 명령, 위협, 훈계 및 불만 모

---

16 *A Diatribe …… Concerning Free Will,* in *Erasmus-Luther,* p. 29.

17 *A Diatribe …… Concerning Free Will,* in *Erasmus-Luther,* pp. 11~12.

두를 생각하는 것은 혼란스러울 따름이다.[18]

아마도 이 주제에 관한 에라스무스의 가장 설득력 있는 지적은 인간과 신의 관계를 토기장이의 손에 있는 흙에 비유한 예레미야 18장 6절의 "진흙이 토기장이의 손에 있음 같이 너희가 내 손에 있느니라"의 예정에 관한 성서의 대표적인 구절에 대한 반응에서 유래했다. 예레미야서에도 불구하고, 에라스무스는 인간이 흙덩어리가 아니라, 신의 형상으로 창조된 생각하고 의지를 가진 존재라고 주장했다. "하나님이 토기장이처럼 인간을 자신의 흙처럼 다루거나 바위처럼 다룬다면……인간이 무슨 소용이 있단 말인가?"[19]

설령 구원에 있어서 의지의 자유를 옹호하면서 저술을 했다고 해도, 에라스무스는 자신이 은총과 자유의지 사이의 중도 노선의 옹호자라고 생각했다. 말하자면 한편으로 '최근의 신학자들'인 '펠라기우스주의자들의 오류'와 다른 한편으로 루터와 같은 엄격한 아우구스티누스주의자라고 묘사한 '마니교주의자들의 오류'를 피할 수 있다고 그는 생각했다. 또한 그는 이들 마니교주의자가 창조 그 자체를 경멸하는 것처럼 인간을 낮게 평가했다고 생각했다.[20] "나는 자유의지에 약간의 원인을 돌리기는 하지만, 은총에 가장 커다란 원인을 돌리는 사람들의 정서를 좋아한다. 우리는 스킬라[21]의 분노를 피하려고 카리브디스[22]의 자포자기와 나태에 빠져서는 안 된다"[23]라고 주장했다. 자신의 기질을 잘 보여주는 흥미로운

---

18 같은 책, p. 81.

19 같은 책, p. 93. 흙과 토기장이의 관계에 대한 도미니크회의 수사로서 엄격한 예정론자였던 토머스 브래드워딘에 대한 오컴주의자 비판자였던 로버트 홀컷을 비교해 보라. "설령 신과 비교해 볼 때 우리가 흙과 같다고 할지라도, 누구도 어떠한 수단에 의해 이 유추를 모든 면에서 인간에게 적용할 수 없다. 유추는 결코 옳지가 않다. 왜냐하면 토기장이와 흙 사이에 계약(약속)이 없었기 때문이다. 그리고 심지어 그와 같은 계약이 있을 수 있다고 상정하면서, 토기장이가 계약의 법률을 침해하지 않고서 그것을 충분히 깨트릴 수 있다. 그러나 신은 계약이 파괴되지 않고서는 인간과의 계약을 깨트릴 수 없다. [인간처럼] 흙은 토기장이로부터 무엇을 일부나 전부 공로로 받을 자격이 없다". in *Lectures on the Wisdom of Solomon*, in Heko A. Oberman, *Forerunners of the Reformation*(New York, 1967), pp. 149~150.

20 Trinkaus, "Erasmus, Augustine, and the Nominalists," *ARG*(1976), pp. 26~28.

21 (옮긴이) 그리스 신화에 나오는 바다 괴물로, 상체는 처녀이지만 하체는 여섯 마리의 사나운 개가 3중의 이빨을 드러내고 짖어대는 모습을 하고 있다.

22 (옮긴이) 그리스 신화에 나오는 바다 괴물로, 하루에 세 번 바닷물을 들이마셨다가 토해 내는데 그 힘이 너무 강해 지나가는 배가 어김없이 난파당했다고 알려져 있다.

우화에서 에라스무스는 독자들에게 겨우 걸음마를 하는 아이 앞에 높인 사과를 상상해 보라고 했다. 이 아이는 있는 힘을 다해 사과를 잡으려고 하지만, 힘이 약해 매번 실패하고 만다는 것이다. 어린 자식의 모습을 안타깝게 여긴 아버지는 자식을 사과가 있는 곳으로 들고 간다. 어린 아기는 아버지의 도움으로 마침내 사과를 잡아, 먹게 된다는 것이다. 에라스무스는 이를 다음과 같이 요약했다.

> 아버지의 도움이 없었더라면, 어린 아이는 일어서지 못했을 것이다. 아버지가 보여주지 않았더라면, 아이는 사과를 보지 못했을 것이다. 아버지의 도움이 없었더라면, 아이는 앞으로 가지 못했을 것이다. 아버지가 손을 끌어주지 않았더라면, 아이는 사과를 만지지도 못했을 것이다. 아이가 스스로 무엇을 주장할 수 있는가? 하지만 그는, 설령 자신의 힘으로 이룬 것이 없다고 해도, 무엇인가를 했다. 이 과정에서 아이가 아버지에게 전적으로 도움을 받았기 때문이다. …… (구원을 위한) 우리의 노력이 아버지의 손에 이끌려 가는 아이보다 영원한 생명의 획득에 기여하는 것이 적다는 사실을 기꺼이 인정한다.[24]

에라스무스와 루터의 논쟁에서 이들의 기질이 다수 드러나게 되었다. 한 주제와 관련하여 진리는 하나의 견해보다 다수의 견해에 있다고 생각한 에라스무스는 우화와 은유라는 간접적이고 온건한 논쟁을 선호했다. 극히 자신만만한 루터는 독자들에게 직설적이고 비타협적인 언명을 권고했다. 에라스무스에 대한 답신이 늦어진 이유를 설명하면서 루터는 진리에 대해 모든 것을 확신하는 사람의 유머와 더불어 그를 경멸했다.

> 에라스무스, 그대에게 답신해야 할 내가 모든 의욕을 상실했다는 것을 그대는 알고 있습니다. 내가 분주해서도, 그대의 뛰어난 연설도, 그대에 대한 두려움 때문도 아니며, 단지 혐오, 분노 및 경멸 때문입니다. 만약 내가 그렇게 말할 수 있다면, 그

23 같은 책, pp. 92~93.
24 같은 책, pp. 86~87.

대의 『통렬한 비난』에 대한 나의 생각을 표현하는 것이 힘든 일이었기 때문입니다. …… 지금 내가 답을 하는 것은 신실한 형제가 나에게 그렇게 하라고 압력을 가하기 때문입니다. …… 그러나 하나님이 심지어 자신을 낮추어 부족하고 나약한 그릇인 나를 통해 존경하는 에라스무스 그대를 방문하는 것과 그리고 내가 (마음으로부터 내가 바라는 것 ……) 행복한 시간에 이 책을 통해 당신에게로 가며, 존경하는 형제를 얻을 수 있다는 사실을 누가 알겠습니까? 설령 그대가 자유의지에 관해 잘못된 주장을 한다고 해도, 나는 당신에게 매우 감사하고 있습니다. 그대는 나의 고유한 견해를 확증했기 때문입니다. 이같이 대단한 재능과 더불어 논의되었던 자유의지의 사례를 목격하는 것은, 이전의 논의보다 상황이 더 악화되었기에, 자유의지가 바로 거짓이라는 사실에 대한 명확한 증거입니다! 하지만 그것은 성서에 등장하는 한 여성과 유사합니다. 의사들이 그 여성을 치료하면 할수록, 그녀의 상태가 악화되고 있습니다. [누가복음 8장 43절, 마가복음 5장 26절].[25]

루터는 에라스무스가 평화를 위해 환상에 불과한 질문에 원칙을 희생한다고 비판했다.

그대의 말은 여기에까지 이르렀습니다. 즉 세계의 평화가 방해를 받지 않는 한 누군가가 어디에서 무엇을 믿든 그것은 그대와 거의 무관합니다. …… 그대는 그리스도교의 교리를 철학자와 사람들의 견해보다 낫지 않다고 경멸하는 것처럼 보입니다. …… 그대는 평화조정자로서 우리의 싸움을 종식시키기를 원합니다. …… 우리 각자가 자기주장을 내세우는 것을 용인하십시오. 그대는 먼저 가고, 회의론자들과 학자들을 선호합니다. 성령은 회의론자가 아니며, 그리고 성령이 우리의 마음에 기록된 것은 의심도 의견도 아니며, 모든 인간의 경험이나 삶보다는 확실하고 명확한 주장입니다.[26]

---

25 *The Bondage of the Will*, in *Erasmus-Luther*, p. 98.

26 같은 책, pp. 102~103.

루터에게 이슈가 된 쟁점보다 더 진지하거나 더 단호한 태도를 취할 필요가 있는 것은 없었다.

> 그대에게 말합니다. 그리고 …… 그것을 마음 깊숙이 새기십시오. 나는 진지하고 핵심적이며 영원한 진리에 관심을 가지고 있으며, 이같이 생명을 무릅쓰고서라도 보존되고 옹호되어야 할 근본적인 진리에 관심을 가지고 있습니다. 설령 전 세계가 혼란이나 싸움에 빠져들거나 무로 돌아간다고 해도.[27]

루터는 에라스무스의 타협적인 자세에 특히 유감을 표명했다. "그대의 신중함이 그대를 납득시킴으로써, 그리하여 그대는 어떤 정파도 지지하지 못하고, 스킬라와 카리비디스를 통해 안전하게 피하지도 못합니다"[28]고 루터는 지적했다. 16세기에 이 같은 생각은 에라스무스에 대한 다수의 가톨릭 비판자들에 의해 공유되었다. 16세기 중엽 가톨릭 당국자들은 에라스무스의 저술들을 인용하면서 종교개혁에 대한 영감을 불러일으킨다고 생각했으며, 1559년 교황 바울 4세는 이들 저술을 모두 금지시켰다. 트렌트 공의회(1562)가 휴회한 이후에 에라스무스의 저술 중 몇몇은 단지 내용이 일부 삭제된 채로 계속 유통되었다.[29] 오늘날의 가톨릭 학자들은 에라스무스가 신앙고백 사이에서 여전히 흔들리고 있다고 지적했다. 이를테면 요제프 로르츠에 따르면, "에라스무스는 교회 내에 있었다. 그러나 반쯤 가톨릭교도로 …… 중간에서 결정하지 못하고, 주저하며, 유예하고 있었다."[30]

---

27 같은 책, pp. 107~108.

28 같은 책, p. 105.

29 Marcella and Paul Grendler, "The Survival of Erasmus in Italy," *Erasmus in English* 8(1976), pp. 2~21.

30 *Die Reformation in Deutschland*(Freiburg, 1962), 1, p. 131. 또한 Harry J. McSorley, *Luther: Right of Wrong?*(New York, 1969)를 또한 참조하기 바란다. 종종 미온적이기는 했지만, 로마 교회에 대한 에라스무스의 기본적인 헌신에 대해 여하한 의구심도 있어서는 안 된다. 에라스무스를 비텐베르크와 로마 사이의 '제3의 교회'에 대한 대표적인 옹호자라는 아우구스틴 르노데의 지적에 대한 길모어의 반응을 참조하기 바란다. Myron Gilmore, "Italian Reactions to Erasmian Humanism," in *Itierarium Italicum*, ed. H. A. Oberman and Thomas A. Brady, Jr.(Leiden, 1975), pp. 114~115. 길모어가 분명

중요한 쟁점이 무엇이었던가? 신이 인간의 의지 및 염원과 무관하게 '절대적인 필연'에 의해 인간을 구원한다는 루터의 주장이 함의하는 바는 무엇이었던가? 루터는 에라스무스가 자신의 애초의 언명, 즉 인간의 구원이 신의 현존과 주도에 달려 있으며, 그리고 만약 신이 적극적으로 현존하지 않고, 인간과 더불어 일하지 않으면, 그렇다면 인간이 행한 그 무엇도 자신의 구원에 일조하지 못하거나 아무 것도 기여하지 못한다는 자신의 주장을 희화화했다고 비판했다. 신의 은총과는 별개로 타락한 인간 본성은 신이 원했던 바와는 '본성적으로' 반대로 행했다는 것이다. 그리하여 구원의 '필연'은 '불변의 필연'이었다. 말하자면 이 필연은 신의 의지의 일관성 및 타락한 인간 본성의 악한 성품 모두에서 기인했다. 루터는 이를 다음과 같이 요약하여 설명했다.

> 하나님의 영(성령)이 결여된 인간은, 설령 목덜미를 잡혀서나 강제로 그것을 행해야 한다고 해도, 자신의 의지에 반하여, 압력에 못 이겨, 악을 행하지는 않는다. … …그러나 그는 자발적으로 그리고 기꺼이 악을 행한다. 그리고 그는 악을 행하려는 이 자발성과 의지를, 자신의 힘에 의해 제거하고, 규제하거나 변화시키지는 못한다 [가능한 시도를 하고] 그는 여전히 악을 행하려고 갈망하거나 열망한다. 만약 외부적 압력에 의해 이와 반대로 외적으로 행해야 한다면, 여전히 인간의 내면의 의지는 그 같은 규제를 싫어하고 규제를 받는 것에 싫증을 낸다. 의지는 스스로를 변화시키지 못하고, 다른 성향을 제공하지도 않으며, …… 그것이 자유롭거나 자유의지를 가지고 있다면 그것은 그렇게 되지는 않을 것이다.[31]

에라스무스는 인간 본성의 어떤 도덕적 중립성을 주장했다. 즉 인간에게는 죄를 짓는 성향이 있을 수 있으나 선과 악은 인간의 의식적인 선택에 달려 있다는 것이다. 그 누구도 자신의 본성적 성향에 의해 자신의 행위에 앞서 필연적으로

하게 지적하고 있듯이, 에라스무스의 입장은 "로마 교황청에 대한 체념한 듯한 수용과 루터에 대한 부정"이었다.

31 The Bondage of the Will, in *Erasmus-Luther*, p. 111.

선하거나 악한 행위를 하지는 않는다는 것이다. 악은 악이 행해질 경우에만 단지 존재할 따름이라는 것이다. 행위는 행위자를 규정한다. 피코 미란돌라와 마찬가지로 에라스무스는 모든 인간이 자유롭게 자신의 고유한 도덕적 본성을 창출할 수 있다고 생각했다. 선을 행함으로써 선하게 되며, 악을 행함으로서 악하게 된다는 것이다.[32]

이에 비해 루터는 인간이 일련의 타락한 본성에 부합하는 의지에 복속한다고 보았다. 즉 악이 존재하기 때문에 악이 행해진다는 것이다. 행위자가 행위를 규정한다는 것이다. 이는 아리스토텔레스와 오컴주의자에 대한 그의 초기의 비판과 완전히 일치했다. 아리스토텔레스와 오컴주의자들은 도덕적 덕목이란 획득되며, 인간은 단지 옳은 일을 행함으로써만 의롭게 된다고 가르쳤다. 루터는 아리스토텔레스의 이 가르침이 인간이 최선을 다함으로써 은총을 얻을 수 있다는 오컴주의자 이론의 철학적인 뿌리가 되었다고 생각했다. 일찍이 1517년에 루터는 오컴주의자 이론과는 달리 은총에 의해 먼저 의롭게 된 사람만이 자신의 일을 선하다고 부를 수 있다는 논지를 제기했다. 즉 덕 있는 행동은 이에 선행하여 덕 있는 인간을 전제했던 것이다.[33]

루터는 일상생활에서의 선택의 자유를 결코 부정하지는 않았다. 루터는 도덕적 본성이나 종교적 본성과 무관한 문제에서 인간이 상당한 자유를 가지고 있다고 생각했다.

> 만약 가장 안전하고 가장 그리스도교적이게 될 이 용어[자유의지]를 우리가 결코 포기하지 않으려 한다면, 우리는 인간을 초월한 것과 관련해서가 아니라 인간 아래 있는 것과 관련하여 자유의지를 설명하기 위하여 좋은 믿음에서 여전히 이를 사용할

---

32 "덕은 노력을 필요로 하며 본성적 선물로 간주될 수 없다"는 것이 인문주의자의 공통된 신념이었다. 모든 인문주의자는 인간성을 고양하는 학문(*humanitas*)이 승리를 거두어야 한다고 믿었다. 무엇을 그리고 어떻게 얻을 것인가는 다른 질문이지만, 그 누구에게라도 인간성을 고양하는 학문은 단순하고 기정사실이기 때문이다. Sem Dresdem. "The Reception of the Italian Renaissance in France," in *Itinerarium Italicum*, p. 182.

33 이 책의 448쪽을 볼 것.

수도 있다. 말하자면 상품이나 소유물과 관련하여 자신의 의지에 따라 이것들을 이용하고, 만들거나 그대로 둘 권리가 인간에게 있음을 알아야 한다. …… 하지만 하나님과 관련하여 그리고 구원과 저주에 관한 모든 일과 관련하여 인간에게는 자유의지가 없지만, 인간은 하나님의 의지나 악마의 의지에 사로잡힌 자, 그와 같은 의지의 하인이거나 노예이다.[34]

루터에게 도덕과 종교에서 인간에게 완전한 자유의지를 부여하는 것은 참으로 신성한 권한을 인간에게 부여하는 것을 의미했다.[35]

인간으로 하여금 선을 행하고 악을 피하라고 하는 성서의 많은 명령은 고유한 도덕적 능력을 제시하지 않는가? 인간이 할 수 없다는 것을 사전에 알고 있음에도 신이 인간에게 그것을 요구할 수 있다는 바로 그와 같은 인식은 에라스무스에게 충격적이었다. 하지만 루터에게 이는 정확히 신의 의도였다. 성서의 많은 명령은 '인간의 무능이 아니라 인간의 의무를 선언하고 있다". 이들 명령은 "인간을 못살게 굴고 분발하게 함으로써 확실한 경험에 의해 인간이 이들 중 어느 것도 행할 수 없다는 것을 인식하도록 하고" 자신을 신의 자비와 은총에 맡기도록 하는 것이었다.[36]

루터는 또한 흙과 토기장이 비유를 옹호했으며, 이와 관련하여 에라스무스를 매우 강력하게 비판했다. 루터는 에라스무스와 자신과의 결정적인 차이를 아래와 같이 요약하고 있듯이

[흙과 토기장이의 관계와 같이 인간과 하나님의 관계] – 이것은 이성이 …… 감당할 수[들을 수] 있는 것이 아니다. 이는 탁월한 역량을 가지고 오랜 기간 인정을 받았

---

34 *The Bondage of the Will*, in *Erasmus-Luther*, p. 113.

35 "자유의지는 신성한 폐하에게만 단지 적용될 수 있는 용어이다. 왜냐하면 오직 신만이 …… '여호와께서 그가 기뻐하시는 모든 일을 천지와 바다와 모든 깊은 데서 다 행하셨도다'(시편 135편 6절) 이를 행할 수 있고, 행하기 때문이다. 만약 자유의지가 인간에게서 기인한다면, 그 속성이 신성 그 자체가 아닌 것에서 기인했다. *The Bondage of the Will*, in *Martin Luther on the Bondage of the Will*, trans. J. I. Packer and O. R. Johnston (Westwood, N. J., 1957), p. 105.

36 같은 책, pp. 153, 156.

던 많은 인간을 불쾌하게 만들었다. 이와 관련하여 이들은 의에 관한 인간의 개념에 따라 하나님이 행동해야 한다고 요구하고 그리고 이들에게 적절한 것처럼 보이는 것을 하나님이 행해야 한다거나 인간이 하나님이 되어서는 안 된다고 요구한다. "하나님의 위엄이라는 비밀은 하나님에게 득이 되지 않을 것이다"라고 이들은 주장한다. "하나님으로 하여금 왜 자신이 하나님인지 그 이유를 제시하거나 하나님이 자신 안에 외견상 정의가 아닌 것을 원하거나 행하려는 이유를 제시하도록 하라." 이는 구두수선공이나 허리띠 제조공에게 재판관의 자리에 앉으라고 요구하는 것과 같다. [육신적인 인간은] 유스티니아누스의 『로마법대전』의 정의나 아리스토텔레스의 『[니코마코스] 윤리학』 제5권을 뛰어넘거나 초월하여 말하고 행동할 때, 하나님이 정의롭고 선하다고 믿을 정도로 하나님에게 일부러 영광을 돌리려 하지는 않는다.[37]

루터에게 에라스무스의 신은 인간과 매우 유사하여 결코 신이 아니었던 것처럼 보였다.

돌이켜 보면, 『자유의지에 관한 논고』와 『의지의 노예』는 유럽 지성사와 종교사에서 이후의 발전을 예견했다고 말할 수 있다. 에라스무스는 인간의 자긍심에 도전했던 신이 가장 순진한 예배자들을 제외한 모든 이들에게 버림을 받게 될 것이라고 두려워했다.[38] 루터는 인간의 고유한 윤리적 감수성에 복속하는 어떤 신이 인간의 또 다른 자아에 지나지 않는 것으로 판명될 것이라는 점을 인식했다. 오늘날의 종교적 근본주의와 무신론이라는 관점에서 볼 때, 에라스무스와 루터의 논쟁은 이들 각자가 생각했던 것처럼 불길한 징후가 될 수도 있을 것이다.

---

37 같은 책, pp. 232~233.

38 토머스는 마법의 쇠락에도 존속한 영국의 종교에서 종교개혁의 종교가 아니라, '합리적인 종교'(이신론)를 목격했다. "악마가 지옥으로 추방되자, 신 자신은 자연적(본성적) 원인을 통해 일에 몰두했다. '특별한 섭리'와 사적 관계는 인간의 학습에 의해 접근 가능한 자연법을 따랐던 섭리라는 개념에 양보했다". Keith Thomas, *Religion and the Decline of Magic: Studies in Popular Belief in Sixteenth and Seventeenth Century England*(London, 1971), p. 639.

2) 프로테스탄트 종교개혁가들

성서적 인문주의자들인가 아니면 신스콜라주의자들인가?

1525년 루터와 에라스무스 간에 벌어진 간극은 인문주의자들과 프로테스탄트 개혁가들 간의 협업을 종식시키지는 못했고, 이 유명한 대결이 인문주의와 프로테스탄티즘 간의 엄청난 불협화음이나, 양자의 결별의 징후로도 간주되어서는 안 된다. 프로테스탄트 종교 개혁들은 16세기 거의 내내 프로테스탄트 도시들에서 이루어진 인문주의자의 교육 개혁과 더불어 지속되었다. 프로테스탄트 개혁가들은, 설령 교리 및 인간 본성에 관한 프로테스탄트의 견해가 인문주의자들의 교육 프로그램과는 상이한 프로그램을 제공하기는 했지만, 지혜, 연설 및 행위의 통합성에 대한 믿음을 인문주의자들과 계속해서 공유했다.[39] 프로테스탄트들에게 인간성을 고양하는 학문(*studia humanitatis*)은 도처에서 스콜라적 변증론에 비해 개혁을 위한 보다 적절한 도구였다. 인문주의자의 학문은 새로운 프로테스탄트 성직자들에게 성서의 원문을 권위 있게 다루는 데 필요한 언어들을 가르쳤으며, 이들 성직자가 프로테스탄트 교리를 효과적으로 전달하는 데 필요한 수사학적 기술을 획득하는 데 일조했다.

인문주의와 프로테스탄티즘 간에는 근본적인 친화성이 지속되었다. 이 양자는 중세 말기에 지배적이었던 스콜라적 전통에서 16세기의 변화된 사회에 적절하고 매력적인 모델의 인물이나 교육 프로그램 어느 것도 발견할 수 없었다. 중

---

39 슈트라우스에 따르면, "[루터의 종교개혁의] 학교에 관한 모든 조례는 선택을 최소화하고, 자기표현의 자유를 제한하며 그리고 개인적 판단을 약화시키려는 의도를 명백히 지닌 처방과 금지라는 무서운 목록을 양육(Zucht)이라는 명목 아래 제공했던 반면에, 동시에 화합, 존중 및 동의의 습성도 함양하고 있다"[Gerald Strauss, "Reformation and Pedagogy: Educational Thought and Practice in the Lutheran Reformation," in *The Pursuit of Holiness in Late Medieval and Renaissance Religion*, ed. Charles Trinkaus and Heiko A. Oberman (Leiden, 1974), p. 287]. 또한 슈트라우스의 *Luther's House of Learning: Indoctrination of the Young in the German Reformation* (Baltimore, 1978), pp. 136~145를 참조하기 바란다. 루터의 교육에 대한 보다 균형이 잡힌 설명은 스피츠에 의해 제공되었다(Lewis W. Spitz, "Further Lines of Inquiry for the Study of 'Reformation and Pedagogy," in *The Pursuit of Holiness in Late Medieval and Renaissance Religion*, pp. 295~306).

세의 기사적 전통과 성직자적 전통이 자신들의 문헌적 관심과 정치적 열망 모두에 부적절하다는 사실을 발견한 인문주의자들은 그 대신 고전 고대와 교부들에 관심을 기울였다. 중세 종교가 자신들의 종교적 문제를 해결할 수 없다는 사실을 발견한 프로테스탄트들은 성서와 교부들에게로 되돌아갔다. 이그나티우스 로욜라는 이 공통적인 특징을 인식했으며, 성서와 고전에 대한 직접적인 독서를 통해 교회의 전통을 평가 절하한 인문주의자와 프로테스탄트에 경고를 했다. 로욜라는 『영적 수련』에서 성서와 교부의 저술들이 근년의 '토마스 아퀴나스, 보나벤투라 및 명제집 교사 피터 롬바르드 등의 스콜라 박사들"의 지침 아래 읽혀져야 한다고 주장했다.[40]

콘라드 첼테스(1459~1508), 요하네스 트리테미우스(1462~1516), 빌리발트 피르크하이머(1470~1528), 콘라드 포이팅거(1465~1547), 요하네스 로이힐린(1455~1522) 및 코나드 무티아누스 루푸스(1471~1526) 등의 독일 인문주의자들은 오랫동안 자유학을 함양했고, 종교적 미신에 매우 반대했으며, 독일의 민족 문화를 변론했다. 영국에서와 마찬가지로 독일에서의 인문주의는 종교개혁을 선호한 '분위기의 사전 변화'를 가져다주었다고 말할 수 있다.[41] 1517년 루터가 95개조 반박문을 게재한 이후, 독일의 인문주의자들은 루터에 대한 최초의 명확한 지지자가 되었다. 이들은 루터의 종교개혁이 스콜라주의에 대한 자신들의 비판을 지속할 것이고 순수한 원천으로 되돌아갈 것이라고 생각했다. 결국 이는 루터의 의도에 대한 완전한 오해로 판명되었으나, 애초에는 스콜라주의 비판과 순수한 원천으로의 복귀 모두에 영감을 제공했다.[42]

소위 로이힐린 사건으로 불린 스콜라 신학자들과의 전투를 막 끝낸 독일의 인

40 "최근의 스콜라 박사들은 성서와 긍정적이고 신성한 박사들의 가르침을 명확하게 이해하고 있을 뿐만 아니라, 신성한 힘에 의해 계몽되고 영감을 받은 이들 박사는 공의회, 교회법 및 우리 성모 교회의 헌정에 의해 도움을 받고 있다". *The Spiritual Exercise*, trans. A. Nottola (Gardern City, N. Y., 1964), p. 140. 초기의 이 논쟁에 관해서는 Paul L. Nyhus, "Caspar Schtzgeyer and Conrad Pellican: The Trumph of Dissension in the Early Sixteenth Century," *ARG* 61(1970), p. 194.

41 A. G. Dicken, *The English Reformation* (London, 1964), p. 63.

42 중요한 논문인 Bernd Moeller, "Die deutschen Humanisten und die Anfänge der Reformation," *ZKG* 70(12959), pp. 46~61을 참고하기 바란다.

문주의자들은 루터에게 합류했다. 이 논쟁은 페페르코른이라는 개종한 유대인에 의해 촉발되었다. 페페르코른은 그리스도교의 대의를 확산시키고 유대인의 저술들을 탄압하기 위한 캠페인을 1506년 시작하여 거의 성공했다. 캠페인 도중에 페페르코른은 로이힐린을 강력하게 비난했다. 로이힐린은 히브리 학문에 관한 유럽의 가장 저명한 그리스도교도 권위자이자 카발라의 신비적인 학문에 대한 매우 맹목적인 추종자였다. 설령 페페르코른에 대한 쾰른의 스콜라주의자들의 공격의 주된 동기가 인문주의자들의 학문에 대한 적대감이라기보다는 반유대주의였던 것처럼 보이기는 하지만, 다수의 독일 인문주의자들은 로이힐린에 대한 비판을 '학문적 자유'에 대한 공격으로 이해했으며, 뜨거운 논쟁에 로이힐린도 가담시켰다. 울리히 후텐과 에르푸르트의 인문주의자 크로투스 루베아누스는 이 사건에서 가장 기억될 만한 작품이자 스콜라주의자들에 대한 엄청난 풍자 작품인 『알려지지 않은 사람들의 서신』이라는 책을 간행했다. 루터가 1517년 이후 가톨릭 신학자들의 공격을 받자, 로이힐린은 자신이 과거에 겪은 곤경과 젊은 신학자 루터가 당시 경험하고 있던 고충을 비교하기도 했다.[43]

하지만 인문주의와 종교개혁의 적극적인 협력, 특히 종교개혁 초기의 협력은, 당시의 인문주의자들 및 이들과 관심을 공유한 프로테스탄티즘 비판자들이 즉각 지적했듯이, 이야기의 일면에 불과하다. 우리가 살펴보았듯이, 에라스무스는 루터파를 자유학 및 좋은 학문에 대한 위협으로 간주하기에 이르렀다.[44] 제바스티안 프랑크(약 1499~1542)는 자신이 루터파라고 부른 '신스콜라주의자들'이 신학적 저술과 성서에 관한 주석의 간행에서 교황청을 능가할 것이라고 예견했다.[45] 세바스티앙 카스텔리오(1515~1563)가 제네바의 칼뱅주의자들이 '소르본 대

---

43 "신을 찬양하라. 이제 수도사들은 자신들에게 나[로이힐린]보다 더 많은 것을 제공할 다른 누군가를 발견했기에". Lewis W. Spitz, "The Course of German Humanism," in *Itinerarium Italicum*, p. 409에서 인용. 최근의 연구에서는 학자들이 인문주의자와 로이힐린과의 연관성을 과장했다고 주장했다. James Overfield, "A New Loot at the Reuchlin Affair," in *Studies in Medieval and Renaissance Thought* 8, ed. H. L. Adelson(lincoln, Neb., 1971), pp. 167~207.

44 Letter to Martin Bucher(2 March 1532), in *Erasmus and His Age: Selected Letters of Desiderius Erasmus*, pp. 259~260.

45 Horst Weigelt, *Sebastian Franck und die litherishe Reformation*(Gütersloh, 1972), p. 48.

학의 궤변'을 지속하고 있다고 비판했던 반면에, 루터파 영성주의자 발렌틴 바이겔(1533~1588)은 필리프 멜란히톤을 권위적인 루터파의 신조들의 배후에 있는 인물로 평범한 '그리스 문법학자이자 아리스토텔레스 철학자'[46]에 불과하다고 일축했다.

지성사의 시각에서 볼 때, 프로테스탄티즘은 인문주의와도 스콜라주의와도 전적으로 동일시되지 않는다.[47] 종교개혁가들은 성서적 인문주의자로 시작하여 단지 스콜라주의자로 생을 결코 마감하지는 않았다. 처음부터 이들은 인문주의와 스콜라주의 양자의 현저한 특징을 고유하게 결합했다. 설령 대학 커리큘럼을 개혁하면서 스콜라적 변증론을 인문주의의 수사학적 이상으로 대체했다고 해도, 이들 개혁가는 교회 교리의 정의 및 변론과 더불어 중세 신학자들의 관심사를 공유했다. 하지만 이는 이론적 지평보다는 설교적 지평에서 이루어졌다. 프로테스탄트들에게 교리에 관한 설교는 그것에 대한 성찰보다 더 중요했다. 프로테스탄트들은 자유학을 중세의 신학적 이상을 지속시키는 하녀로 만들었다. 이들은 인문주의자들의 교육 프로그램 그 자체를 수용하지 않았다. 그 프로그램의 잠재적이고 도덕적인 개연성이나 사회적 개연성 때문이 아니라, 언어나 연설술의 훈련이 대중에게 그리스도교 교리를 전달하고 그리스도교의 의를 심어주는 데 효과적인 방법이라고 이들이 생각했기 때문이다.[48]

르네상스 인문주의에 관해서는 적어도 4개의 학파가 있다.[49] 첫 번째 학파는

---

46 Catellio, *Contra libellum Calivinini in quo ostendere conatur Haereticos jure gladij coercendos ess*(n. p. 1562), P L. a: Weigel. *Dialogus de Christianismo*, ed. A. Ehrentreich in V*alentin Weigel: Sämtliche Schriften*(Stuttgart-Bad Cannstatt, 1967), 4 : 47.

47 크리스텔러는 '그리스도교적 인문주의'라는 용어가 '인문주의자의 고전 및 수사학 훈련과 더불어 자신들의 저술 모두나 일부에서 종교적인 문제나 신학적인 문제를 명백히 논의한 학자들'에 고유하게 적용될 수 있다고 생각했다. 이 같은 정의에서는 루터가 이 범주에서 배제되지만, 멜란히톤, 칼뱅, 에라스무스, 비베스, 뷔데, 모어, 후커 및 다수의 예수회 지도자들이 여기에 포함된다. Paul. O. Kristeller, *Renaissance Thought: The Classics, Scholastic, and Humanist Strains*(New York, 1961), pp. 86~87.

48 Alain Dufour, "Humanisme et Reformation: Etat de la question," in *XIIe Congrès Internationale des Sciences Historiques, Vienne, 29 Auot-5 Septembre 1965: Rapports*(Horn/Wien, 1965), 3, pp. 57~74를 참조하기 바란다.

49 필자는 이 부분을 작성하면서 와인스타인의 논문으로부터 도움을 받았다. Donald Weistein, "In whose Image ad Likeness? Interpretations of Renaissance Humanism," *JHI* 33(1972), pp. 165~176.

부르크하르트의 저술에 기초하고 있다. 부르크하르트는 르네상스를 근대적 의식의 출현으로 이해했고, 인문주의자들이 개인주의, 세속주의를 변론했을 뿐만 아니라 중세의 그리스도교적 문화를 비판하고 도덕적 자율성도 옹호했다고 이들에게 찬사를 보냈다. 두 번째 학파는 부르크하르트의 이론을 비판한 토파닌의 논지를 추종하고 있다. 토파닌은 이탈리아 인문주의를 중세 그리스도교 문화의 전형으로 그리고 인문주의자를 아베로이즘과 아리스토텔레스주의를 비판한 그리스도교적 신플라톤주의와 아우구스티누스주의의 변론가로 간주했다. 세 번째 학파는 크리스텔러의 논지를 추종하는 학자들이다. 크리스텔러는 인문주의를 수사학, 학문, 훌륭한 언어 및 문헌에 집중한 교육문화적 프로그램에 비교적 한정했다. 물론 이들 프로그램이 그리스도교적이든 이교적이든 형이상학과 도덕철학에 단지 부차적 관심만을 가지고 있었다. 마지막 네 번째 학파는 H. 바론의 논쟁적 저술과 결부되어 있다. 바론은 도시 엘리트에게 정치적 교훈과 도덕적 교훈을 제공하기 위해 고대의 역사 연구와 문헌 연구를 촉구한 피렌체의 인문주의자들을 공화정적 자유와 시민적 책임의 변론자라고 평가했다.[50]

인문주의와 스콜라주의는 단순하고 독단적인 정의를 거부했을 뿐만 아니라, 이들을 주요한 적으로 묘사하던 지배적인 학문적 조류도 거부했다. 이들 두 운동은 사실상 13세기 이탈리아에서 기원했으며, 르네상스기 내내 및 이탈리아를 뛰어넘어 나란히 발전했다. 페트라르카, 레오나르도 브루니 등의 인문주의자들의 아리스토텔레스주의에 대한 공격은 단지 '오랜 기간의 평화로운 공존 내에서의 막간에 불과했다.[51] 독일 인문주의에 관한 한 권위자는 에르푸르트 대학의 인문주의자 시인과 스콜라 신학자 간의 관계를 '평화로운 공존'이라고[52] 묘사했다.

그리고 융한스의 글도 참조했다. Helmar Junghans, "Der Einfluss des Humanismus auf Luthers Entwicklung bis 1518," *Luther-Jahrbuch 1970*, ed. Franz Lau (Hamburg, 190), pp. 45~51.

50 바론의 논지는 *The Crisis of the Early Italian Renaissance: Civic Humanism and Republican Liberty in an Age of Classicism and Tyranny*(Princeton, 1955)에서 제시되었다.

51 "Humanism and Scholasticism in the Italian Renaissance," in *Studies in Renaissance Thought and Letters*(Rome, 1956), pp. 576~577; "Florentine Platonism and Its Relations with Humanism and Scholasticism," *Church History* 8 (1939), p. 211. 또한 R. W. Southern, *Medieval Humanism*(New York, 1970), p. 49를 참조하기 바란다.

52 Junghans, "Der Einfluss des Humanismus auf Luthers Entwicklung," p. 65.

에르푸르트 대학은 독일 북부의 최초의 대학으로서, 15세기에 인문주의 학문을 도입했다. 하이델베르크 대학에서는 인문주의자들과 스콜라주의자들이 개혁의 공동 목표를 공유했다. 스콜라주의 신학자였던 요하네스 벤크는 편협하고 전통적인 커리큘럼을 확대하는 과정에서 성서학을 촉구했으며, 응용 지식(nützlich erkentnis)의 중요성을 강조했다.[53] 15세기의 많은 학자들이 자신들의 지적 기원과 대학 학문에 대한 접근에서 사실상 스콜라주의와 인문주의를 혼용했다는 주장이 제기되었다.[54] 이들의 인식은 '절반이 인문주의자이자 나머지 절반은 스콜라주의자'였다는 것이다. C. 트린카우스가 묘사한 '수사학적 신학', 즉 신학 이론과 실천적 설교의 통합은 스콜라주의에 대한 인문주의자 비평가들의 이상만큼이나 다수의 개혁 지향적인 스콜라주의자의 이상이기도 했다.[55]

스콜라적 학문의 모호성과 공담(空談)에 대한 인문주의자들의 공격은 스콜라주의자들 사이에서 그 선례가 없었던 것이 아니었을 뿐 아니라, 인문주의자들은 스콜라주의에 대한 자신들의 비판이 그리스도적 스콜라 학문의 핵심 내용에 대한 의문도 좀처럼 제기하지 않도록 했다. 스콜라적 형식과 방법론을 비판한 이들 인문주의자는 스콜라적 핵심 교리 앞에서는 고분했다. 이를테면 가장 비판적인 인문주의자의 한 사람이었던 로렌초 발라는 토마스 아퀴나스가 논리학과 형이상학에 집착했고, 야만스러운 라틴어 스타일을 사용했다고 비판했으며, 아퀴나스의 신학이 라틴 및 그리스 교부들의 신학보다 열등하다고 지적했다. 하지만 발라는 아퀴나스를 성인으로 수용했고, 그의 교리가 건전하다고 생각했다.[56] 에라스무스는 아퀴나스가 스콜라 신학을 잠식했다고 비판한 사람들에게 아퀴나스

53 Gerhard Ritter, *Die Heidelbege Universität*, vol. 1, *Das Mittelater(1386-1508)*(Heidelberg, 1936), pp. 421~431, 450.

54 Spitz, "The Course of German Humanism," pp. 375~376.

55 Charles Trinkaus, *In Our Image and Likeness: Humanity and Divinity in Italian Humanist Thought*(London, 1970), p. 2. 또한 이 책의 118쪽을 참조하기 바란다.

56 Hanna H. Gray, "Valla's Encomium of St. Thomas Aquinas and the Humanist Conception of Christian Antiquity," in *Essays in History and Literature Presented by the Fellows of the Newberry Library to Stanley Pargellis*, d. H. Bluhm(Chicago, 1965), pp. 37~51; 또한 Lewis W. Spitz, *The Religious Renaissance of the German Humanists*(Cambridge, Mass., 1963), pp. 8, 38, 206, 275; Trinkaus, *In Our Image and Likeness*, 2, p. 766을 참조하기 바란다.

가 실상 스콜라 신학의 친구였다고 응수했다. "나는 스콜라 신학을 폐기하려는 것이 아니라, 그것이 보다 정통적이고 진지해질 수 있기를 원했다. 이 점에서 내가 실수를 범하지 않는 한, 나는 스콜라 신학을 해치려는 것이 아니라 고무하고 있다."[57] 스콜라적 방법론을 비판했을 뿐만 아니라 스콜라적 교리를 폐기하려고 했던 사람들이 프로테스탄트가 되었던 것이다.

인문주의와 스콜라주의가 개념적으로나 역사적으로도 복잡함에도 불구하고, 설명이 가능한 고유의 특징을 가지고 있다. 가장 기본적인 특징은 교육의 고유한 방법론과 목표에 대한 견해차이다. 인문주의자들은 고전 작가들(연설가, 시인, 역사가 및 도덕 철학자)의 작품을 원어로 직접 읽고 이 같은 일차 자료에 대한 연구가 자유학 커리큘럼의 핵심이 되어야 한다고 촉구했다. 교육에 대한 이 같은 접근은 어떤 주제에 관한 기존의 해석 전통을 따르는 권위자보다 문헌 지향적인 개별 연구자를 양성하는 경향이 있었다.[58] 한편 스콜라주의자들은 기존에 인정된 전거들을 병존시킴으로써 성서나, 신학 또는 철학에서 자신의 주제에 접근했다. 스콜라주의자들에게 학자의 기본 임무는 원 자료라는 상위의 관점으로부터 전통을 판단하는 것이 아니라 주제에 대한 다양한 견해를 조화시키고, 여러 전거들을 거부하기보다는 드러내고 조정하는 것이었다. 순수한 인문학 연구의 지속적인 위협이 여기에 있었다. 인문주의자들이 수중에 있던 최상의 필사본에 입각하여 원 자료를 편집하는 데 매진한 반면에, 스콜라주의자들은 전통적인 가르침에 대한 요약 및 조화되지 않는 견해의 조화를 추구했다. 아우구스티누스주의자들이 자신들의 학파의 창설자였던 아우구스티누스의 저술들을 편집했듯이, 심지어 스콜라 신학자들도 텍스트를 편집할 때조차도, 교리적 통합과 역사적 해석의 연속성이라는 문제에 계속 사로 잡혀 있었다.

인문주의와 스콜라주의의 두 번째 차이는 직업과 교육 철학에서의 우선순위

---

57 Letter to Louis Ber (30 March 1529), in *Erasmus and His Age*, p. 224. 또한 Christian Doflen, *Die Stellimg des Erasmus von Rotterdam zur scholastischen Mehode* (Osnabrück, 1936), pp. 51, 82.

58 학문의 모든 분야에서 스콜라적 전통에 대한 인문주의자의 위협에 관해서는 Charles G. Nauert, Jr., "The Clash of Humanists and Scholastics: An Approach to Pre-Reformation Controversies," *Sixteenth Century Journal* 4 (1973), pp. 12~13을 참조하기 바란다.

가 달랐다는 점이다. 연설가이자 수사학자로서 인문주의자들이 올바른 삶과 선행, 즉 적극적이고 시민적인 삶을 올바른 생각과 올바른 고해보다 우선시했던 반면에, 교회 교리 및 전통의 수호자였던 스콜라 신학자들은 인문주의자와는 달리 올바른 생각과 올바른 고해를 중요시했다. 물론 인문주의자들은 자신들의 사유의 질, 주장의 진실성 내지 전통의 중요성에 대해서는 무관심했던[59] 것은 아니다. 이에 비해 스콜라주의자들은 참된 교리가 도덕적이고 책임을 지는 삶을 가져다준다고 확신했다. 그러나 인문주의자들은 스콜라 신학자들과는 달리 거대한 도덕적 목적에 의해 교리와 전통을 판단했다. 설령 1572년 이후의 많은 르네상스 사상가들이, 손쉬운 추상화 및 계서적 사유와 더불어, 구태의연한 지식인처럼 보였다고 하더라도 그리고 인간을 의지적 존재라기보다는 지적인 존재로 이해했다고 해도, 이는 초기 인문주의 운동의 특징도 본질도 아니었다. 초기 르네상스 사상가들은 이성, 의지, 감각적 욕구 순으로 된 기능과 더불어 고전적 인류학과 신학적 인류학의 추상화된 인간을 거부했다. 이들은 인간을 주로 정념과 의지에 의해 움직이는 복합적인 단일체로 이해했다. 즉 인간은 영원한 진리에 관한 은둔적인 관상에서가 아니라 적극적인 사회 참여에서 자아실현을 한다는 것이었다.[60] 이들에게 있어 이는, 이전에 스코터스주의자와 오컴주의자가 지성보다 의지를 중시했듯이, 인간에 대한 전통적인 계서적 인식에서 지성보다 의지를 우선시하는 것이 아니라, 전통적인 개념적 틀과의 완전한 결별을 의미했다. 15세기 말엽 '행위 지향적이고 대중 지향적인' 독일의 인문주의자들은 모든 추상적이고 단지 의고적인 추구를 거부했다.[61] 초기 인문주의 운동의 전반적인 특징은 스콜라주의자들이 '삶을 추상화한다'고 이들을 조롱한 것이었다. 이 같은 추상화를 비판한 페트라르카는 "진리를 아는 것보다 선을 행하는 것이 낫다"는[62]

---

59 드레스덴은 이를 다음과 같이 요약했다. "어떤 [인문주의자] 작가는 명상적 삶을 강조할 수도 있고, 다른 [인문주의] 작가는 '시민적 인문주의'를 강조할 수 도 있지만, 이들 모두는 명상적 삶과 시민적 삶 모두의 필요성과 가치를 인정했으며, 동시에 이들 모두의 삶에서 정의를 위해 노력했다". Sem Dresden, "The Profile of the Reception of the Italian Renaissance in France," in *Itierarium Italicum*, p. 184.

60 William Bausma, "Changing Assumptions in Later Renaissance Culture," *Viator* 7(1976), pp. 431~440.

61 Spitz, "The Course of German Humanism," pp. 390~397.

유명한 선언을 했다. 인문주의자들 가운데 어떤 핵심에서 벗어나 교리적 문제를 추구하고, 탐구를 위한 탐구를 하는 것에 대한 지속적인 반감이 있었다. 이 같은 특징은 특히 에라스무스에게서 현저했다. 에라스무스는 교회가 원래의 사명으로부터 이탈한 원인을 교부 시대의 논쟁적인 공의회들이 개최되는 동안에 이루어진 교리의 진전에서 발견했다.[63] 자유의지와 관련하여 에라스무스가 루터에게 도전하자, 설령 그것이 진실이라도 하더라도, 에라스무스가 그렇게 한 이유는 도덕적 삶에 유해한 죄를 범하는 의지의 예속에 관한 루터의 이론 때문이었다.[64] 이는 인문주의자들의 우선순위였다. 진실한 것이 필연적으로 유용한 것이 아니기 때문에, 어떤 이론의 효과가 또한 고려되어야 했다.

교회의 신학자들이었던 스콜라주의자들은 전통과 교회 교리에 대해 각별한 이해관계가 있었다. 이들의 소임은 이들로 하여금 진리의 추상적인 추구나 올바른 신앙고백에 대해 집착하게 했다. 중세 성기의 스콜라 신학은 중세의 '지성을 추구하는 신앙'의 가장 학문적인 형태였다. 신학적 교리의 윤리적 결과에 주목한 인문주의자들이 선한 행위가 신조적 진리에 대한 시금석이 또한 되어야 한다고 주장했던 반면에, 구속력이 있는 진리 체계의 필요성에 예민하게 반응한 스콜라주의자들은 참된 신조가 선한 행위의 원천이 되어야 한다고 주장했다. 스콜라적 훈련을 집중적으로 받았던 루터가 자신의 신학 박사 학위가 교리 문제에, 심지어 교황조차도 검증하는 데 충분한 권위가 된다고 생각했던 반면에, 에라스무스는 당시의 관행에 부합한 루터의 신학적 훈련을 '어리석은 프로젝트'라고 조롱했다.[65] 루터에게 만약 교리가 진실하다면, 어떤 어려움이 수반되고 어떤 비용이

---

62 Hanna H. Gray, "Renaissance Humanism: The Pursuit of Eloquence," in *Renaissance Essays,* ed. P. O. Kristeller and P. Weiner(New York, 1968), p. 203에서 인용.

63 Letter to John Carondelet(5 January 1522/23), in *Erasmus and His Age*, pp. 168~169.

64 *De libero arbitrio* I a 10, in Erasmus von Rotterdam: Ausgewählte Schriften(Darmstadt, 1969), 4, p. 18. 에라스무스 신학에서 교리, 언어 및 행위(경건함) 간의 긴밀한 관계에 관해서는 최근에 발표된 Marjorie O'Rourke Boyle, *Erasmus on Language and Method in Theology*(Toronto, 1977), pp. 43, 68, 73 이하를 참조하기 바란다.

65 Wilhelm Borth, *Die Luthersache(Causa Lutheri) 1517-24: Die Anfänge der Reformation als Frage von Politick und Recht*(Lübeck/Hamburg, 1970), p. 23; Huizinga, *Erasmus and the Age of Reformation*, p. 62.

들든, 삶이 그것에 적응될 필요가 있었다. 이데아에 관한 영원한 진리는 그것의 단명한 현세적 결과보다 중요했던 것이다.

3) 프로테스탄티즘과 인문주의자의 교육 개혁

프로테스탄트들은 스콜라적 교육 프로그램을 대신하여 인문주의자의 기본적인 교육 프로그램을 수용했다. 루터 자신은 에르푸르트 대학에서 자유학을 훈련받았던 1500년대 초에 인문주의자의 영향력 아래 있었다. 당시 에르푸르트 대학은 니콜라우스 마르샬크에 의해 이탈리아 인문주의가 도입된 덕택에 독일에서 인문주의자의 활동이 가장 활발한 대학이었다. 에르푸르트 대학의 인문주의자들은 1512년 이후 로이힐린 사건에서 또한 현저한 역할을 했다. 에르푸르트 대학에서 루터의 철학 스승이었던 요도쿠스 트루페터와 바르톨레메우스 우징겐은 훈련받은 스콜라주의자이기는 했지만, 이들은 또한 인문주의자의 개혁에 공감했다. 그리고 루터의 절친한 친구이자 동료 수도사였던 요하네스 랑은 히브리어와 그리스어 전문가였으며, 마침내 에르푸르트 아우구스티누스회의 수도원장이 되었다. 비텐베르크로 옮기기 이전에 루터는 고대 언어, 특히 그리스어 연구를 장려한 인문주의의 영향을 받았고, 성서와 교부들의 저서에 입각하여 스콜라 신학을 비판했다.[66]

당대인의 표현에 의하면 '문명의 끝자락에' 위치해 있던 비텐베르크 대학은 1502년 창설되었는데 이는 최근에 설립된 두 번째 대학이었다(1506년에 프랑크푸르트 오데르 대학이 설립됨).[67] 창설 이래 비텐베르크 대학은 고전적인 방식, 즉 던스 스코터스와 토마스 아퀴나스의 가르침에 입각한 교과과정을 선호했다. 하지만 에르푸르트 대학에서 루터에게 오컴주의 철학을 가르쳤던 트루페터는 1507

---

66 Junghans, "Der Einfluss des Humanismus auf Luthers Entwicklung bis 1518," pp. 64~76.

67 G. A. Benrath, "Die deutsche evangelische Universität der Reformationszeit," in H. Rössler nd G. Franz, *Universität und Gelehrtenstand, 1400-1800*(Limburg/Lahn, 1970), pp. 63~83.

년과 1510년 사이에 비텐베르크에서 가르쳤으며, 새로운 방식인 공개 토론회를 제공했다. 설령 대학 출범 이후 인문주의자들의 모임이 비텐베르크 대학에 있기는 했지만, 인문학부 내에서 지배적이었던 스콜라주의 박사들은 인문주의 교육을 경시했다. 1502년과 1514년 사이에 여전히 인문주의자의 개혁이 수차례 시도되었다. 새로운 라틴 문법은 알렉산더 빌라 데이의 전통적인 라틴 문법을 대신했다. 아리스토텔레스의 저술들에 대한 뛰어난 라틴어 번역물들이 등장했다. 그리스어는 간헐적으로 가르쳐졌고, 그리스어 문헌들은 간헐적으로 간행되었다. 지리와 민족학은 커리큘럼의 일부가 되었다. 그리고 수학이 각별히 강조되었다. 이 모든 조치는 1508년 루터와 멜란히톤에 의해 도입된 주요 개혁을 예견했다.[68]

심지어 『스콜라 신학 논박』(1517년 9월)에서 스콜라주의에 대한 유명한 공격을 하기 이전에 루터는 아리스토텔레스, 포르피리오스 그리고 롬바르드의 『명제집』에 대한 스콜라적 주석을 '희망이 없는 학문'이자 학교 내에서의 '폭군'이라고 지적했다. 1517년 5월 루터는 새로운 신학, 성 아우구스티누스가 비텐베르크 대학을 지배하는 것과 아리스토텔레스의 '마지막 운명'이 단지 시간문제라고 자랑스럽게 말했다.[69] 1518년 5월 9일 루터는 트루페터에게 보내는 유명한 서신을 작성했다. 이 서신에서 그는 신생 비텐베르크 대학의 새로운 신학을 옹호했고, 교회법, 교황령 및 스콜라 신학, 철학 그리고 논리학이 축출되고 새로운 학문이 그 자리를 대신하기 전까지 교회가 결코 개혁될 수 없을 것이라는 확신을 표명했다.[70]

---

68 Max Steinmetz, "Die Universität Wittenberg und der Humanismus(1502~1521)," in *450 Jahre Martin Luther Universität Halle-Wittenberg*(Halle, 1952), pp. 108~110. 112~116; E. G. Schwiebert, "New Groups and Ideas at the University of Wittenberg," *ARG* 49(1958), pp. 65, 67; Maria Grossmann, "Wittenberg Printing, Early Sixteenth Century," in *Sixteenth Century Essays and Studies*, ed. Carl S. Meyer(St. Louis, 1970), pp. 53~74. 멜란히톤이 합류하기 이전의 비텐베르크 대학의 보수적 성향은 핵심 인문주의자였던 오토 벡크만에 의해 잘 드러났다. 그는 스콜라주의에 대한 혐오에도 불구하고 커리큘럼의 전면적인 개편을 거부했다. 그는 1519년 종교개혁에 반대했다. Nikolaus Müller, *Die Wittenberg Bewegung*(Leipzig, 1911), p. 236을 참고하기 바란다.

69 To Lang(8 February 1517), *WABr*, p. 88(= *LW* 48, p. 37); (18 May 1517) *WABr* 1, p. 99(= *LW* 48, p. 41).

1518년과 1519년 사이에 루터는 비텐베르크 대학의 커리큘럼에서 전통적인 아리스토텔레스의 학문을 직접 제거하고자 노력했다. 그는 "학생들이 성서와 참된 신학에 보다 많은 시간을 투여할 수 있도록" 아리스토텔레스의 『니코마코스 윤리학』 강좌가 선택과목이 되어야 한다고 요구했다.[71] 그는 아리스토텔레스에 관한 전통적인 스콜라적 강의를 커리큘럼에서 제외하라고 몇 달 안에 세 차례나 요구했다. 선제후 프리드리히 현명공에게 보내는 서신을 직접 작성한 루터는 아리스토텔레스의 『물리학』에 관한 토마스주의자의 강의가 아리스토텔레스에 관한 단순한 역사적 연구로 대체되어야 한다고 요구했다. 또한 루터는 아리스토텔레스의 논리학 저술들에 관한 토마스주의자의 강의를 오비디우스의 『변신 이야기』에 관한 강의로 대체할 것을 요구했고, 아리스토텔레스의 논리학 저술에 관한 던스 스코터스주의자의 강의가 곧 폐강되기를 바란다는 희망을 피력하기도 했다.[72] 1519년 3월에 루터는 아리스토텔레스의 『물리학』, 『형이상학』 및 『영혼론』에 관한 강의가 비텐베르크 대학의 학생들에게는 쓸모가 없다고 슈팔라틴에게 항의했다.[73]

로이힐린의 조카 손자이자 '독일의 교사'라는 칭호를 얻은 필리프 멜란히톤은 비텐베르크 대학의 새로운 커리큘럼을 개발했다. 멜란히톤은 1518년 8월 25일 그리스어 교수로 비텐베르크 대학에 부임했으며, 부임한 지 며칠 안 되어 "젊은이들의 학문 개선에 관하여"라는 심금을 울리는 취임 강연을 했다. 그는 훌륭한 학문과 고전 학문이라는 이름으로 "참으로 야만스러운 학문을 배우는 …… 학교의 학생들을" 비판했으며, 이들을 토마스 아퀴나스, 던스 스코터스, 뒤랑두스 및 보나벤투라의 후학과 동일시했다. 그는 그리스어에 대한 경멸, 수학과 신성

70 To Jodocus Trutfetter (9 May 1518), *WABr* 1, p. 170.

71 To Spalatin (18 May 1518; 2 September 1518), *WABr* 1, pp. 174, 196 (= LW 48, pp 63, 82). 아리스토텔레스의 『니코마코스 윤리학』에 대한 프로테스탄트의 비판은 인문주의자들과는 물론 스콜라주의자들과 종교개혁가들의 차이를 잘 보여주고 있다.

72 To Spalatin (9 December 1518; 7 February 1519), *WABr* 1, pp. 262, 325. To Frederick the Wise (23 February 1519), *WABr*, pp. 349~350. Kalr Bauer, *Die Wittenberger Universitätscheolgie und die Anfänge der deutschen Reformation* (Tübingen, 1928), pp. 109~110.

73 To Spalatin (13 March 1519), *WABr* 1, p. 359 (= *LW* 48, p. 112).

한 학문의 경시 및 고전적 수사학과 변증론의 부패를 이들 스콜라주의자에게까지 거슬러 올라갔다. 더욱이 멜란히톤은 경건함이 와해된 원인을 훌륭한 학문의 상실 및 인문학과 신학 간의 연대의 와해에서 찾았다. 그는 커리큘럼 개혁이 경건함 부활의 관건이 될 것이라고 약속했다. 전통적인 스콜라주의자의 저술 대신에 고전 철학자, 수사학자 및 시인에 관한 연구, 특히 플라톤, 호메로스, 베르길리우스, 호라티우스 및 스콜라주의자의 아리스토텔레스 주석과는 구분되는 '역사상 진정한 학자였던 아리스토텔레스' 연구를 장려했다.[74]

1520년 커리큘럼이 재편되었다. 그리스어와 히브리어 교수직과 학생들이 고전 언어와 성서 관련 언어를 배우도록 새로운 언어 과정이 설치되었다. 롬바르드의 『명제집』 강의가 폐지되었고, 아리스토텔레스에 관한 종래의 스콜라주의자 강연이 당시 완료된 지 얼마 안 되는 번역물들에 관한 직접적이고 역사적인 연구로 대체되었다. 플리니우스, 퀸틸리아누스 및 프리스키아누스에 관한 인문주의자의 강의가 새롭게 개설되었다. 신학 학위 후보생들은 성서에 대한 자신만의 주석에 의해 교리를 옹호했으며, 전통적인 교회법 대신 작센의 교회법을 연구했다.[75] 설령 루터가 아리스토텔레스의 『논리학』, 『수사학』 및 『시학』 연구를 승인하기는 했지만, 아리스토텔레스의 물리학 관련 저술들인 『물리학』, 『니코마코스 윤리학』, 『형이상학』 및 『영혼론』에 대해서는 적대적이었다. 루터는 이들 저술이 스콜라 신학의 이론적 토대에 다수의 오류와 비그리스도교적 가르침을 제공했다고 생각했기 때문이다. 아리스토텔레스에 대한 자신의 견해를 완화한 멜란히톤은 세계의 영원성, 천구 운동의 불변성 및 영혼의 죽음과 같은 아리스토텔레스 이론이 신학에 유해하다고 강조했으며, 법률, 죄 및 은총과 관련하여 철학과 성서의 논지가 양립하지 않는다는 루터의 견해에 동의했다.[76] 하지

---

74 *Corpus Reformatorum*, 11, pp. 15, 17~18. 에라스무스가 『이성에 관한 연구 또는 진정한 신학을 획득하는 방법』(*Ratio Seu Methodus Compendio perveniendi ad veram theologiam*)이라는 책에서 제시된 그의 신학 교육 프로그램을 비교하기 바란다.

75 Steinmetz in *450 Jahre M. Luther Universität, p. 126; Schwiebert, ARG* 49(1958), pp. 71~72; Bauer, *Die Wittenberger Universitätstheolgie*, pp. 98~111.

76 아리스토텔레스의 가르침에 대한 프로테스탄트의 두려움은 13세기 가톨릭 당국자의 두려움과 유사했다. 이 책의 35쪽을 참조하기 바란다.

〈필리프 멜란히톤〉(알브레히트 뒤러). 멜란히톤은 교육 개혁가로서의 활동으로 '독일의 교사'라는 명성을 얻게 되었다. 루터에게 헌신적이었던 멜란히톤은 루터파의 주요 신앙고백의 저자가 되었다. 그는 루터파의 신앙을 최초로 체계적으로 요약한 『신학개론』(1521)을 집필했으며, 1530년 아우크스부르크 제국의회에서 프로테스탄트의 주요 협상가로 활약했다. 설령 자칭 '진정한 루터파들이' 1540년대와 1550년대의 신앙고백 갈등에서 루터의 가르침을 배반했다고 멜란히톤을 비판했지만, 다른 어느 개혁가보다 그는 신성한 학문과 인문주의 학문 간의 연대를 전형적으로 보여주었다.

만 16세기 후반에 프로테스탄트 대학들에서 아리스토텔레스의 새로운 인기를 먼저 인식했던 예언가로서 멜란히톤이 아마도 가장 두려워했던 것은 신학이 철학의 방법론과 전제에 또다시 희생양이 될 수 있고, 마치 아퀴나스, 던스 스코터스 및 오컴의 시대에서처럼 '비종교적이고 맹신적인 가르침'으로 후퇴할 수 있다는 것이었다.[77]

---

77 *Corpus Reformatorum*, 1, pp. 303~305, 307~309. 멜란히톤은 토마스 아퀴나스를 '불경한 이론의 주도자'라고 기술했다. 루터는 아퀴나스를 '아리스토텔레스의 저술에 관한 …… 저자이자, 경건한 교리의

멜란히톤은 중년에 인문학과 신성한 학문의 연대를 매우 훌륭하게 변론한 책을 집필했다. 자신의 주석을 중세 말기의 논쟁과의 직접적인 연속성 아래 방안을 채택한 멜란히톤은 1542년 헤르몰라오 바로바로라는 필명으로 피코 미란돌라의 유명한 스콜라주의 변론에 대해 응수했다.[78] 아마도 부당하게도 멜란히톤은 피코의 변론을 연설과 자유학에 대한 공격으로 해석했을 것이다. 피코가 고대인들의 이상이 지혜를 품위 있게 표현하고 이를 실천하는 것이라고 주장했다고 멜란히톤은 생각했다. "인류에 유익하고 유용한 많은 것들을 배우고 학교의 그림자로부터 지식을 습득하고 공공의 복리를 위해 이를 적용하며, 자연, 종교 내지 시민적 지배를 불문하고서 자신이 알고 있는 것을 대중에게 가르치는 사람을 철학자로 부른다"고 멜란히톤은 지적했다. 그는 "[스콜라 신학자들의] 말도 안 되는 서술과 모호한 연설이 사회에 무슨 도움이 되는가? 이들이 사람을 가르치려 하는 것인가? 그것들이 어떤 것을 결정하는 지침서인가? 그것들이 공적 생활과 사적 생활에서 어떤 지배적인 역할을 하는가?"[79] 자신이 구사하고 있는 말을 이해하지 못하고 자신이 기술하고 있는 것의 실천적 목표가 없는 사람은 모든 차이를 이해하지 못하고 터무니없는 말로 끝을 맺게 된다. 멜란히톤은 이것이 스콜라적 주석을 필요로 했던 첫 번째 의도와 두 번째 의도, 사례 및 다른 '터무니없는 주장'의 공통적인 특징, 본질, 차이, 용어에 대한 많은 질문에 의해 입증되었다는 사실을 발견했다. 사물의 본성에 대한 진정한 통찰력, 즉 피코에 의해 매우 높이 평가 받았던 철학자들의 지혜는 품격 있는 적용과 병행했다. 멜란히톤은 진정한 철학자들 그룹에서 인정적인 것과 신성한 것에 관해 품위 있게 말하는 현명한 사람을 발견한 것이 아니라 눌변의 사람을 발견했다.[80]

파괴자'라고 지적했다.

78 *Corpus Reformatorum*, 9, pp. 689~702. 피코와 바르바로에 관해서는 이 책의 123~124쪽을 참고하기 바란다. 멜란히톤의 서신의 연대에 관해서는 Wilhelm Mauer, *Der junge Melanchtoh zwschen Humanismus und Reformattion I*(Göttingen, 1967), p. 224, n. 13. 멜란히톤의 서신은 브린에 의해 번역되었다. Quirinus Breen, "Melanchton's Reply to Pico," *JHI* 13(1952), pp. 413~426. 서신 분석에 관해서는 Breen, "The Subordination of Philosophy to Rhetoric in Melanchton," *ARG* 43(1952), pp. 13~27을 참고하기 바란다.

79 *Corpus Reformatorum*, 9, p. 692.

80 같은 책, p. 701.

프로테스탄트의 다른 주요 교육 개혁가들은 인문학, 신성한 학문 및 진정한 경건함 간의 긴밀한 관계에 대한 멜란히톤의 신념을 공유했으며, 이 같은 이상은 종교개혁이 남긴 유산의 일부가 되었다. 취리히의 학생들은 성서를 이해하는 데 필요한 세 가지 언어(히브리어, 그리스어 및 라틴어)를 배웠으며, 이들의 신학 훈련은 공적 언변과 예언(Prophezei)으로 알려진 설교 훈련에 초점을 맞추었다.[81] 스트라스부르의 교육가였던 요하네스 슈투름은 교육의 목표를 '경건함과 종교'라고 지적했으며, 고전 철학자와 수사학자가 필수불가결한 조력자라고 이들에게 찬사를 보냈다.[82] 멜란히톤과 슈투름의 이상으로부터 강한 영향을 받은 프랑스의 인문주의자였던 클로드 바뒤엘은 1540년 님 칼리지 및 님 대학의 창설에서 다음과 같이 말했다. "학문 없이는, 좋은 정부도 공공의 질서도 없다. 그리고 학문 없이는 교회도 훌륭한 교리도 보존할 수 없고 이단에 맞서 교회를 보호할 수도 없다."[83] 테오도뤼스 베자는 1559년 제네바 아카데미를 창설하면서 의로 이끄는 지식의 이상을 포함했으며, "청중들에게 하나님의 영광을 드러내고 조국에 기여하며 여러분들에게 도움을 제공하기 위해 진정한 종교와 모든 훌륭한 기예에 관한 지식을 가득 채우라"고 촉구했다.[84]

우리는 이와 같은 자료로부터 윌리엄 바우스마의 논쟁적인 테제 즉 "초기 인문주의 문화의 심오한 전제가 신학적으로 프로테스탄트 종교개혁으로 표출되었으며, 프로테스탄트 종교개혁이 "심지어 [초기] 르네상스의 신학적 결실"이라는 그의 이론에 동의하라는 유혹을 받을 수도 있다.[85] 우리는 덕, 지혜 및 설득이라

81 우리는 멜란히톤이 두 달마다 행하는 연설에서 학생들에 요구한 것에 비교할 수 있다. W. Friedensburg, *Urkundenbuch der Universität Wittenberg*(Magdeburg, 1926), 1, p. 129를 참고하기 바란다. 신학 훈련에 대한 츠빙글리의 영향은 그의 인문주의적 훈련에 대해 의혹이 제기되듯이 혁신적이지는 않았다. 포터는 그의 유산을 '가장 비자유적이고' '신학의 과도한 전문화'라고 지적했다. G. R. Potter, *Zwingli* (Cambridge, 1976), pp. 219~220, 224.

82 *De literarum ludis recte aperiendis*(1538), in *Die evangelischen Schulordungen des 16. Jarhunderts*, ed. by R. Vormbaum(Güterlsoh, 1860), pp. 655, 673~674. 또한 Pierre Mesnard, "La pedagogie de Jean Strum et son inspiration évangelique(1507~1589)," *XXe Congrès Itl. des Sciences Historiques*, pp. 95~100을 참조하기 바란다.

83 In Robert M. Kingdon, ed., *Transition and Revolution: Problems and Issues of European Renaissance and Reformation History*(Minneapolis, 1974), p. 179.

84 같은 책, p. 181.

는 기술의 통합체로 주로 인식된 르네상스 수사학이 신의 말씀에 대한 종교개혁의 설교와 그것을 강조한 배후의 이상이었다고 생각했다.[86] 프로테스탄트들에 의해 적용된 이상이 이들의 교육 개혁에서 발견된다. 그러나 초기 인문주의자와 프로테스탄트의 인간 이해와 더불어 수사학 및 연설에 대한 인문주의자와 프로테스탄트의 관심의 유사성은 물질적이라기보다는 구조적이었다. 인문주의자와 프로테스탄트 모두는 인간을 의지와 정념에 의해 움직이는 복합적인 단일체로 이해했으나, 프로테스탄트는 인간의 이성적, 도덕적 및 종교적 능력에 대해서는 대부분의 인문주의자보다 훨씬 회의적이었다.[87] 개혁가들이 스콜라주의자의 커리큘럼을 인문주의자의 커리큘럼으로 대신했던 반면에, 교리는 늘 기수였으며, 인문학은 말이었다. 인문학과 프로테스탄트 신학자들과의 관계는 아리스토텔레스 철학과 중세 말기 신학자들과의 관계와 동일했다. 인문학은 신학이 선호하던 하녀였다. 수사학의 기술은 진정한 교리를 소통하는 보다 핵심적인 임무에 기여했다.

프로테스탄티즘 내에서 지속된 스콜라주의로부터 야기된 인문주의자와 프로테스탄트의 보다 커다란 차이는 자신들의 가르침을 도덕적 비판에 복속시키는 것에 대한 프로테스탄트의 거부감이었다. 종교개혁가들은 자신들의 교리의 진실성을 윤리학자들이 판단하도록 용인하지 않았다. 도덕적 결과를 교리적 진리의 시금석으로 삼고, 루터, 츠빙글리 및 칼뱅의 추종자들이 삶의 도덕적인 덕목

85 William Bausma, *Viator* 7(1976), p. 439; "Renaissance and Reformation: An Essay in Their Affinities and Connections," in *Luther and the Dawn of the Modern Era: Papers for the Fourth International Congress for Luther Research*, e. b. H A. Oberman (Leiden, 1974), p 129.

86 같은 책, p. 148. 바우스마는 프로테스탄트의 신 개념을 '연설가에 대한 르네상스의 이상에 대한 초월적 표현'이라고 이해했다(같은 책). 에라스무스는 그리스도를 신의 말씀이자 육화된 신성한 연설이라고 서술했다(Boyle, *Erasmus on Language*, pp. 26, 46). 종교개혁이 인문주의를 지원하거나 사주한 방식을 다루면서 스피츠는 다음과 같이 지적했다. '천사의 말로 이루어진' 것에 대한 루터의 강조와 신자의 귀 기울임에서 나오는 믿음을 고려해 볼 때, 수사학의 도구적 중요성은, 아리스토텔레스의 변증론이 부활했음에도 불구하고, 종교개혁기 동안에 새롭게 인정되었다"(Spitz, *The Course of German Humanism*, p. 419).

87 르네상스 인류학과 프로테스탄트 개혁가들의 인류학에 대한 비교를 통한 바우스마에 대한 헤글룬트의 비판을 참조하기 바란다. Bengt Hägglund "Renaissance and Reformation," in *Luther and the Dawn of the Modern Era*, pp. 150~157. 하지만 여기에는 헤글룬트가 인정하지 않고 있는 중요한 구조적 유사성이 있다.

을 제고하는데 실패했다는 비판은 종교개혁에 대한 재세례파, 영성주의자 및 합리적 비판자들의 특징이었다.[88] 이들의 거의 전부가 에라스무스로부터 영향을 받았다. 콘스탄츠 공의회가 위클리프와 후스의 가르침을 도나투스주의자 이단의 재현으로 경멸했던 것과 마찬가지로 프로테스탄트 개혁가들은 윤리적 고려사항을 교리의 규범으로 만들려던 종파주의자의 시도를 경멸했다. 에라스무스가 성숙한 종교개혁에서 인문학에 대한 위협을 발견했던 반면에, 루터는 에라스무스의 그리스도교 철학에서 진정한 교리의 쇠락을 목격했다. 루터는 교리의 우선과 신성함에 대해 다음과 같이 지적했다.

> 교리와 삶은 구분되어야 한다. 교황권주의자들의 삶처럼 우리의 삶도 악하다. 따라서 우리는 이들의 잘못된 삶 때문에 이들과 싸우거나 이들을 비난해서는 안 된다. 삶의 도덕성을 둘러싸고 싸웠던 위클리프와 후스는 이 점을 이해하지 못했다. 나는 내 자신이 경건하다고 생각하지는 않는다. 그러나 누군가가 하나님의 말씀을 정확하게 가르치는지 여부가 문제가 되면, 여기서 나는 소신을 가지고 싸울 것이다. 이것이 나의 소명이다. 교리에 대한 이의제기가 지금까지는 일어나지 않았다. 다른 사람들은 생명을 걸고 싸웠다. 그러나 교리를 담당하는 것, 즉 그것은 거위의 목을 잡는 것이다. 진정으로 교황권론자의 왕국과 직책은 사악하다. 일단 우리가 이를 입증하면 계속해서 앞으로 나가고 그리고 이들의 삶 또한 악하다는 것을 입증하는 것이 쉬워지게 된다. 그러나 하나님의 말씀이 순수하게 되면, 심지어 삶의 질이 떨어진다고 해도, 삶은 마땅히 그렇게 되어야 하기 마련이다. 이 같은 이유로 모든 것은 하나님의 말씀의 순수함에 전적으로 달려 있다. 내가 제대로 가르치기만 했다면 나는 성공한 것이다.[89]

생명은 교리를 열망해야 한다. 교리의 진리는 그것을 고백하는 사람들의 도덕적인 잘못에 의해 판단되지 않는다. 이는 프로테스탄트의 핵심 규범이 되었다.

---

88 필자의 *Mysticism and Dissent*(New Haven, 1973)를 참고하기 바란다.

89 *Luthers Weke in Auswahl, Tischreden*, ed. Otto Clemen (Berlin, 1950), 8, no. 624, p. 79.

한 때 루터는 심지어 로마 교황청의 은자들이었던 제롬, 아우구스티누스, 그레고리우스, 베르나르, 프란체스코 및 도미니크의 규율과 더불어 전통적인 종교를 주시했다고 하더라도, 로마 교황청의 잘못된 교리가 종교개혁을 불가피하게 했다고 주장했다.[90] 세바스티앙 카스텔리오는 1550년대에 칼뱅주의자들에 대해 "칼뱅주의자들은 사람들이 자신의 도덕적 토대에서가 아니라 자신의 믿음에 따라 판단되기를 원한다"[91]고 불만을 제기했다.

신학 운동으로서 프로테스탄티즘은 참된 교리를 확정짓는 스콜라적 시도를 지속했다. 그것은 인문학과 더불어 이 작업을 간소화했다는 점에서 독특했다. 개혁가들은 진정 신스콜라주의자였다. 이들이 인문주의라는 도구와 더불어 이 과업에 접근했을 뿐만 아니라 전통적인 스콜라적 교리의 다수가 비성서적이라고도 거부했기 때문이다. 후대에 부활한 아리스토텔레스주의를 존속시키고 인문학이 '신앙고백화 됨으로써', 즉 프로테스탄트의 새로운 교리를 만들고 그것을 신도들과 소통하는 중요한 과업에 인문학이 통합됨으로써 이들 운동이 독특하게 결합되었다.[92]

학자들은 인문주의가 없었더라면 종교개혁이 성공하지 못했을 것이라고 주장했으며, 언어에 관한 지식, 자료의 비판적 활용, 성직자와 스콜라주의자에 대한 풍자적인 공격 및 한 세대의 인문주의자들이 고취한 새로운 민족적 정서가 없었더라면 종교개혁을 상상하기란 확실히 어렵다.[93] 한편 장기적인 관점에서 볼 때 인문주의 운동의 성공은 또한 종교개혁에서 기인한 것이었다. 고전 문화는 프로테스탄트 학교와 대학에 항구적으로 자리를 잡게 되었다. 언어 및 역사를 강조한 인문주의자의 커리큘럼은 인문학 커리큘럼의 지속적인 모델이 되었다. 고전 수사는 또한 프로테스탄트 성직자 훈련에서 새로운 가치를 지니게 되었다.[94] 설

---

90 *Commentary on Galatians*(1545), WA 40, 687 (= *LW* 26, p, 459).

91 *Contra libellum Calvini*, p. E 8 b.

92 H. Liebing, "Die Ausgänge des europäischen Humanismus," in *Geist und Geschichte der Reformation: Festgabe Hanns Rückert*(Berlin, 1966), pp. 370~371.

93 Moeller, *ZKG* 70(1959), p. 59; Spitz, "The Course of German Humanism," p. 414.

94 Spitz, "The Course of German Humanism," p. 386; Robert D. Linder, "Calvinism and Humanism: the First Generation," *Church History* 44(1975), pp. 167~181.

령 후대의 종교개혁 및 프로테스탄트 신앙고백에서 약화된 인문주의자의 영향이, 인문주의 훈련을 거의 받지 않은 사람들이 핵심 지위를 차지함에 따라 지적으로 편협하게 되기는 했지만,[95] 신성한 학문과 인문주의 학문 간의 연대는 종교개혁이 남긴 유산의 일부가 되었다.

95 Brian G. Armstrong, *Calvinism and the Amyraut Heresy: Protestant Scholaticism and Humanism in 17th Century France*(Madison, 1969).

제9장

스위스의 종교개혁

1) 츠빙글리와 취리히

울리히 츠빙글리는 빌트하우스라는 촌락에서 농장의 소년으로 성장했으며, 그의 아버지의 직책은 16세기 카운티의 세리프와 대등한 것이었다. 바젤과 베른에서 초등 교육과 중등 교육을 받은 츠빙글리는 1498년 빈 대학에 입학했으며, 거기서 처음으로 중세의 철학과 신학 및 새로운 인문학을 자세하게 배우게 되었다. 1502년 18세에 그는 바젤 대학에 입학했고, 거기서 고전적 방식(*via antiqua*)을 배웠으며, 토마스 아퀴나스의 저술들을 읽고 던스 스코터스의 『명제집』에 주석을 달기도 했다. 1504년 9월 18일 그는 학사학위를 취득했고, 그로부터 2년 후 석사학위를 취득했다.

츠빙글리는 자신이 수학했던 곳마다 주요 인문주의자의 영향력 아래에 있었다. 즉 그는 베른에서는 하인리히 뵐플린, 빈에서는 이른바 독일의 대인문주의자 콘라드 첼테스 그리고 바젤에서는 토마스 비텐바흐에게서 교육을 받았다. 츠빙글리는 에라스무스와 더불어 비텐바흐를 자신을 개혁의 길로 인도한 인물로 지목했다. 바젤에서 츠빙글리는 유명한 인문주의자들과 자주 교류했다. 독일의 주요 인문주의자였던 베아투스 레나우스, 1512년 이후 계관시인이 된 글라레아누스(하인리히 로리티), 유명한 히브리 학자 콘라드 펠리칸, 후대의 콘스탄츠 종교개혁가였던 콘라드 츠비크 및 후일 스트라스부르의 프로테스탄트 개혁가가 될 카스파 헤디오 등이 츠빙글리가 교류한 대표적인 인문주의자였다.

츠빙글리가 에라스무스의 저술을 접하기 전에 그의 주요 스승은 비텐바흐(1472~1526)였다. 츠빙글리가 바젤에서 비텐바흐에게 배우고 있었던 즈음, 비텐바흐는 오컴주의에 대한 진솔한 비판자가 되었으며, 고전적 방식에 대한 자신의 선호를 츠빙글리와 공유하게 되었다는 인상을 남겼다. 루터가 오컴주의와 새로운 방식(*via moderna*)에 경도되자, 츠빙글리의 스콜라적 훈련은 초기의 스콜라주의자들과 비판적인 새로운 인문주의자의 교육을 통해 이루어지게 되었다. 루터와는 달리 츠빙글리는 스콜라 신학 박사학위를 취득하지 않았기 때문에 스콜라

〈울리히 츠빙글리〉(한스 아스페르, 1531).

신학에 빠지지 않았고, 수도원적 영성의 어려움을 직접 인식하지도 않았다.[1]

1506년 석사학위를 취득한 이후 츠빙글리는 글라루스주의 주요 도시였던 글라루스의 교구를 담당했다. 농촌 지역이었던 비센의 주임 사제였던 삼촌 바르톨로매의 영향력에 힘입어 그는 이 교구직을 차지하게 되었다. 이 직책은 초임 사제에게 매우 좋은 자리였다. 글라루스에서 츠빙글리는 일상적인 업무 이외에 고전과 교부들, 특히 성 아우구스티누스에 관한 연구를 했다. 그는 또한 좋아하던 취미생활, 여성 편력, 매우 성공적인 여가활동 등을 마음껏 누렸다. 그런데 이것이 후대의 중요한 시점에 그의 경력에 위협이 되었다.

이즈음 스위스의 용병 교역에 대한 비판은 츠빙글리의 삶에 일조했다. 다른 국가에 직업 군인을 제공하는 것은 오랫동안 스위스 연방의 돈벌이가 되는 사업이었다. 용병은 스위스의 '국제교역 균형'을 유지하는 교역 거래의 핵심이자 수출 품목이었다. 1513년 츠빙글리는 노바라에서 프랑스군에 맞서 교황의 군대로 전투에 참여한 글라루스군 분견대의 종군사제로 복무함으로써 용병 생활을 직접 이해하게 되었다. 이 전투는 이탈리아 영토를 둘러싸고서 프랑스, 스페인 및 교황 간의 일련의 장기전의 하나로서, 1494년 프랑스의 이탈리아 침공으로 시작되었다.

일찍이 1510년에 츠빙글리는 용병 교역을 비판했다. 그는 스위스로부터 병력을 공급받았던 프랑스, 교황 또는 황제에 의한 외부 세력의 정치적 지배 개연성이라는 망령을 제기했으며, 교전 중에 스위스군의 귀향이라는 내부의 도덕적 사회적 혼란에 대해서도 개탄했다. 라틴어로 된 시적 알레고리로 된 『황소 이야기』에서 그는 프랑스군과 교황이 스위스와의 우호 관계를 가장하고 있다고 기술했으며, 도덕적으로나 정치적으로도 유해한 행동을 함으로써 프랑스와 교황을 속이는 스위스를 평화로운 황소에 비유했다.[2] 1516년 츠빙글리는 또 다시 군부대

---

1 츠빙글리의 전기를 최근에 작성한 전기 작가는 그를 "개혁가들 가운데 가장 진보적이고 적응력이 뛰어난 인물"이며, 루터와 칼뱅보다 자신의 견해를 발전시키고 변화시킨 인물이라고 기술했다. G. H. Potter, *Zwingli*(Cambridge, 1976), p. 86. 하지만 이 같은 발전과 변화는 주로 다른 사람들의 발상에 대한 동화에서 비롯되었다. 츠빙글리 신학의 발전에 관해서는 뷔서의 탁월한 전기가 있다. Fritz Büsser, *Huldrych Zwingli: Reformation als prophetischer Aufrrag*(Zürich, 1973).

의 종군사제로서 마리나노에서 프랑스군이 스위스군을 대패시킨 전투를 목격하게 되었다. 여기서 약 만 명의 스위스 군인이 사망했다. 이 경험을 토대로 츠빙글리는 이에 관한 유명한 시 '미로'를 짓게 되었다.[3] 이 시는 국가의 존립을 심각하게 위협한 대외 동맹과 스위스의 국제 전쟁 참여를 암울하게 묘사했다.

일부 학자들은 용병 교역에 대한 츠빙글리의 비판 이면에서 에라스무스의 평화주의를 간파했다. 츠빙글리는 글라루스에서 사제로 있던 동안(1513년과 1516년 사이) 에라스무스의 저술들을 세밀하게 연구했다. 하지만 만약 에라스무스의 영향이 있었더라면, 그것은 매우 간접적이었을 것이다. 츠빙글리는 엄격한 평화주의를 결코 실행에 옮기지 않았고, 이와 관련하여 강력한 애국심과 스위스의 이해관계에 입각해서 행동을 했던 것처럼 보인다. 일정 정도의 역할을 했던 종교적이고 도덕적인 기조는 그의 성서 연구, 특히 구약성서 연구로부터 유래했다. 구약성서에 등장하는 신의 법률을 간과한 사람들에 대한 섭리에 의한 처벌이라는 다수의 사례는 츠빙글리에게 인상적이었다.[4] 이익을 위해 다른 민족의 적을 죽이는 것은 섭리의 명백한 유혹처럼 보였다. 용병을 곡물과 다른 핵심 수입품과의 공정한 교환이라고 보는 다른 주들과 불화를 겪는 등 여러 위험에도 불구하고, 취리히는 1521년 취리히의 목사였던 츠빙글리와 더불어 스위스 연방의 용병 교역을 일방적으로 중단했다.

츠빙글리는 글라루스에서 지위를 계속 유지하는 동안 약 24킬로미터 떨어진 소도시 아인지델른 교구로의 전직을 요청받고 이를 수락했다. 1516년 4월에 아인지델른으로 이주한 츠빙글리는 글라루스의 유력자들과 갈등을 빚게 되었다. 츠빙글리가 용병 교역을 솔직하게 비판하자 이들 유력자는 난감한 상황에 처하게 되었다. 아인지델른에서 대중의 사제로서 츠빙글리의 주요 임무는 영혼의 전통적인 치유였다. 하지만 그는 성서에 관한 설교와 연구에 점점 더 전념하게 되

---

2 H. Zwingli Sämtiche Werke ed. *Emil Egli, Georg Finsler*(Leipzig and Berlin, 1905-). 1, pp. 10~22.

3 같은 책, pp. 53~60. 용병에 의해 야기된 문제들에 관해서는 V. G. Kiernan, "Foreign Mercenaries and Absolute Monarch," in *Crisis in Europe 156-1600*, ed. Trevor Ashton(Garden City, N. J., 1967), pp. 129~149.

4 Robert Walton, *Zwingli's Theocracy*(Toronto, 1967), p. 36.

었다. 에라스무스적 토양의 개혁가였던 츠빙글리는 이즈음 알프스 산맥 이북의 여느 학자만큼 학식이 뛰어난 그리스어 학자가 되었으며,[5] 진지한 히브리어 학생이기도 했다. 1518년 츠빙글리가 프란체스코회의 면벌부 설교가였던 베른하르트 잔손을 비판함으로써 교회개혁에 대한 그의 의지가 명확해지게 되었다. 잔손의 거친 전략은 브란덴부르크의 도미니크회 면벌부 설교가였던 요한 테첼의 전략에 필적했다. 여기서 츠빙글리는 자신의 판단에 따라 행동했으며, 루터를 추종하지는 않았다. 츠빙글리만이 그렇게 행동한 것은 아니었다. 곧 스위스 종교개혁의 핵심 비판자가 될 콘스탄츠의 주교 또한 잔손을 비판했으며, 스위스 연방의 신분제 의회는 결국 스위스의 교회 수입에 대한 교황청의 침탈이라는 이 사악한 사례를 비난하기에 이르렀다.

1518년 당시 취리히의 그로스뮌스터의 대중을 위한 성직이 공석이었으며, 츠빙글리는 이 직책의 최종 후보자 중 하나가 되었다. 하지만 그의 심각한 도덕적 해이에 대한 비난이 제기되어 이 자리가 위협을 받게 되었다. 특히 비판자들은 츠빙글리가 아인지델른의 유력한 시민의 딸인 처녀를 유혹했다고 비난했다. 인사위원회에 제출한 자기 변론의 유명한 서신에서 츠빙글리는 유혹을 한 것은 **자신이** 아니라 그 처녀였다고 항의했다. 문제의 소녀는 '낮에는 처녀였지만 밤에는 여성'으로서, 사제의 보좌를 포함한 많은 남성들과 성관계를 맺은 것으로 알려졌다고 그는 항변했다. 만약 누군가가 이발사를 유력한 시민으로 간주한다면, 그녀는 '유력한 시민'의 딸이었다.[6]

이 시기 성직자의 비밀 결혼은 광범위하게 이루어졌으며, 츠빙글리의 행위는 동시대인들에게 거의 문제가 되지 않았다. 성직자의 합법적인 혼인권, 여성과 명예롭게 생활하는 권리 및 그리하여 이와 같은 불법적인 간음과 동거를 종식시킬 수 있는 권리는 스위스 종교개혁의 핵심 의제의 하나였다.[7] 그로스뮌스터의

---

5 이는 포터의 평가이다. Potter, *Zwingli*, p. 43.

6 Sämtlich Werke, 7, pp. 110~113. 영어로 된 설명은 힐러브랜드에 의해 제공되었다. Hans J. Hillerbrand, *The Reformation: A Narrative History Related by Contemporary Observers and Participants*(New York, 1964), p. 116.

7 이 책의 529~530쪽을 참조하기 바란다.

사제직에 대한 츠빙글리의 경쟁자는 로렌스 메어로, 그는 공개적으로 아내를 두었고, 자식을 6명이나 둔 아버지로서 이 같은 문제에서 츠빙글리보다 훨씬 비'도덕적'이었다. 1518년 12월 투표에서 17표 대 7표로 츠빙글리가 승리했으며, 1519년 1월 그는 그로스뮌스터의 사제직을 맡게 되었다. 당시 그의 나이는 35세였다.

츠빙글리가 언제 복음적인 설교가가 되었던가? 이후에 츠빙글리 자신의 증언에 따르면, 일찍이 1516년이었다는 것이다.[8] 츠빙글리는 1523년 『67개 논지』의 간행을 통해 루터주의를 비판하면서, 루터로부터의 자신의 독립을 항변했고, 자신이 루터에 관해 알기 오래 전에 글라루스와 아인지델른에서 성서에 입각하여 직접 주도적으로 설교했다고 주장했다.[9] 학자들은 츠빙글리가 제시한 복음적 설교가로서 활동을 시작한 연도인 1516년이 전통적인 설교와의 결정적인 결별에 대한 신뢰할 만한 증거라기보다는 루터와의 경쟁심의 표현이라고 간주하는 편이다. 츠빙글리는 루터와 신학적으로 중요한 차이가 있었으며, 루터와 츠빙글리가 프로테스탄트의 주도권을 둘러싸고서 많은 부분에서 경쟁을 했던 1520년대에 츠빙글리는 이 같은 차이를 반복적으로 강조했다. 스위스의 가톨릭 비판자들 또한 츠빙글리의 독자적인 개혁 주장에 영향을 미쳤다. 루터의 신학이 두 가지 핵심 교리, 즉 특히 성찬과 전례 관행에서 츠빙글리의 신학보다는 구신앙의 그것과 유사하다는 사실을 발견한 이들은 루터와 중요한 타협의 개연성이 있다고 생각했다. 이로 인해 루터는 스위스 연방 전역에 걸쳐서 츠빙글리가 고무한 보다 급진적인 개혁에 대한 심각한 장애물로 간주되었다. 설령 츠빙글리와 루터의 개혁이 매우 유사한 것으로 판명되기는 했지만, 츠빙글리가 루터와 단호하게 결

8 츠빙글리의 저술들에서 관련된 문구에 대해서는 *Sämtlich Werke*, 1, p. 256, n. 4를 볼 것. 또한 노저의 근년의 연구를 또한 참조하기 바란다. Wilhem H. Neuser, *Die reformatorische Wende bei Zwingli* (Neukirchen-Vluyn, 1976).

9 *Usslegen und gründ der schlussreden oder Articklen*, *Sämtlich Werke*, 2, pp. 144~150. "교황청은 나와 다른 이들에게 악한이라는 이름을 씌우고는 다음과 같이 말했다: 그대는 아마도 루터주의자일 것이다. 그대는 루터가 기술한 것처럼 설교한다. 나는 그들에게 다음과 같이 대답했다: 나는 바울이 기술한 것처럼 말한다. 왜 그대는 나를 바울주의자라고 하지 않는가? 그렇다. 나는 그리스도의 말씀을 설교한다. 왜 그대는 나를 그리스도교도라고 하지 않는가?" 같은 책, p. 147.

별한 데에는 정치적, 신학적 그리고 개인적인 이유가 있었다.

츠빙글리가 실제로 가지고 있지 않았던 전통적인 믿음을 고무했다고 우리가 의심하지 않는 한,[10] 그는 적어도 1518년에는 정통 가톨릭의 성직자였던 것처럼 보였다. 당시 로마 교황청은 그를 교황청의 사제로 임명했다. 아인지델른으로의 부임은 그의 종교적 사유의 중요한 재정립을 야기했을 수도 있었지만, 복음적 설교가로의 실제적인 개종은 일어나지 않았던 것처럼 보인다. 츠빙글리가 1520년 이전에 루터보다는 비텐바흐 및 에라스무스와 동일시했던 것은 여전히 사실이다. 심지어 설령 루터의 저술들이 1520년 이전에 쉽게 이용 가능 했다고 해도, 1520년 이전에 츠빙글리가 루터의 저술을 진지하게 읽었던 것 같지는 않다.[11]

따라서 1519년이 츠빙글리가 진정한 복음적 설교가로서의 생활을 시작한 것으로 간주할 수 있는 매우 신빙성 있는 해이다. 1519년 1월 취리히에 도착한 이후 그는 성서로부터 직접 설교를 했다. 츠빙글리의 전기 작가에 따르면 "그와 같은 설교를 취리히에서 전에는 들어보지 못했으며" 그리고 '판에 박힌' 공식적인 강론과 그가 이전에 추종했던 스콜라적 주석을 영원히 무시했다.[12] 1519년이라는 해는 또한 츠빙글리가 자신의 목표를 명확히 하고 의지를 다지도록 한 개인적인 위기가 있었던 해이기도 하다. 츠빙글리는 1519년 9월에 강타한 역병으로 거의 죽음 직전에 이르렀다. 1520년 성서에 입각한 그의 설교는 시정위원회가 취리히의 모든 성직자에게 이를 따르라고 요구한 모범이 되었다. 프로테스탄트 개혁이 남부로 확산됨에 따라 마찰을 피하기 위한 최상의 방법이라고 생각한 시위원회들은 취리히의 모든 설교가에게 자신의 설교에서 '새로운 것'을 피하고 성서의 단순한 가르침을 고수하라는 지침을 내렸다. 이즈음 로마 교황청이 여전히 취리히에 용병을 기대했기 때문에, 가톨릭 당국자들은 이 지침을 용인했다. 이 지침은 그 영감에서[13] 프로테스탄트적이라기보다는 사실상 보다 중세적이었고,

---

10 이 책의 489~490쪽의 니고데모에 관한 논의를 참조하기 바란다.

11 Potter, *Zwingli*, p. 71; J. F. Goeters, "Zwinglis Werdengang als Erasmianer," in *Reformation und Humanismus, Robert Stupperich zu seinem 60. Geburtstag*(Witten, 1969), pp. 255~271; Arthu Rich, *Die Anfäange der Theologie H. Zwinglis*(Zurich, 1949)를 참조하기 바란다.

12 Potter, *Zwingli*, p. 61.

곧 제국의 규범이 될 것이었다.

작센에서와 마찬가지로 취리히에서도 성서의 권위에 대한 대중의 존중 및 공식적인 존중은 종교개혁이 성공할 수 있었던 핵심적인 종교적 요소로 판명되었다.[14] 성서라는 시금석은 츠빙글리 개혁의 핵심 원리가 되었다. 그는 『시작과 끝』(*Apologeticus archeteles*)에서 이를 명확히 제시했다. 1522년 8월에 집필된 이 책은 츠빙글리가 최초로 신앙에 관한 핵심적인 내용을 천명한 것으로 취리히 개혁파를 비판한 주교에 대한 신학적 대응의 산물이었다. 여기서 그는 성서에 대한 자신의 신뢰 확대를, 루터가 신의 의의 함의를 발견하고서 기술한 대목을 연상시키듯이, 각별한 종교적 통찰이라고 서술했다.

> 나는 [성서로부터] 유래하는 말씀처럼 오랫동안 말씀에 대한 신뢰가 없었다. 그리고 비참한 인간들이 …… 자신의 일을 하나님의 일이라고 속이려할 때, 나는 인간의 일이나 하나님의 일 중 어느 것이 더 좋은지를 판단할 수 있는 수단을 인간이 발견하는지 여부를 알아보려고 했다. 특히 내가 단순한 심성을 가진 사람들이 자신의 견해를 심지어 그것이 하나님의 말씀과 상충되거나 직접 대립될 경우에 조차도 신성한 견해로 수용하려고 온갖 노력을 언제 기울이는지를 알아보려고 했다. 내가 살펴본 것처럼, "나는 세상의 빛이니".(요한복음 8장 12절) ……그리고 "영을 다 믿지 말고 오직 영들이 하나님께 속했나 분별하라"(요한 1서 4장 1절)라는 말씀에 비추어 볼 때 모든 것이 나에게 명확해졌다. 시금석을 찾고 있던 나는 방해의 돌, 문제의 돌[예수 그리스도, 베드로 전서 2장 7절]을 발견했다. …… 자신의 고유한 전통과 더불어 하나님의 말씀을 방해하고 있는 모든 사람이 이 돌에 깨어졌으며, …… 나는 이 시

---

13 Bernd Moeller, "Zwinglis Disputationen: Studien zu den Anfängen der Kirchenbildung und des Synodalwesens im Protestantismus," *Zeitschrift der Savigny-Stiftung für Rechtsgeschichte* 56 (1970), pp. 275~324, 특히 pp. 290~291을 참조하기 바란다.

14 월턴에 따르면 "[1520년 이래] 츠빙글리는 시위원들에게 성서가 어떤 변화를 요구하는지를 보여줄 수밖에 없었다. 그리고 교회 일에 대한 정부 감독의 유형과 보조를 맞추면서 시위원회들은 츠빙글리의 도움을 받아 변화의 시기와 방법을 모색했다. …… 정무관은 그리스도교도였고 성서를 취리히의 종교적 생활의 지침으로 수용했다"(Walton, *Zwingli's Theocracy*, p. 49). 정무관들은 사실상 성서에 의해 즉각 지침을 받는 동안, 왈튼이 여기서 묘사하고 있는 이들의 지지 획득은 쉽게 얻어진 것이 아니라 어려운 난제로 판명되었다.

금석에 의해 모든 교리를 시험하기 시작했다. …… 만약 가르침이 시험을 이길 수 있다는 사실을 내가 발견했다면, 나는 그것을 수용했을 것이다. 만약 그렇지 않다면, 나는 이를 거부했을 것이다. …… 나는 …… 교리에 실제로 추가된 것이 무엇인지 여부를 발견하기 시작했고 …… 그리고 나는 인간사에 가하려는 여하한 강제나 위협에 의해 …… 내몰릴 수가 없었다. …… 이는 신성한 일에서도 동일한 진리이다.[15]

츠빙글리의 개혁 원리는 전통적인 전례, 관행 및 가르침의 성서적 근거를 검증하고, 그것들이 신약의 핵심 메시지, 즉 예수 그리스도의 인류의 구원을 고취했는지 여부를 묻는 것이었다. 츠빙글리의 마음에 이 메시지를 모호하게 한 것은 더 이상 순종의 문제가 아니었다. 그와 같은 시금석은 다수의 전통적인 가르침과 관행에 문제를 제기했다. 즉 금식, 성인 숭배, 연옥에 대한 믿음, 십일조 납부, 성상 활용, 의상 그리고 교회 음악의 활용 등이 그것이었다.[16]

여기서 영국의 종교개혁과 스위스의 종교개혁에는 공통점이 있었다. 츠빙글리의 원리와 유사한 성서적 원리는, 루터의 성서 번역과 주석이 틴들의 사상에 지대한 영향을 미쳤다는 점을 인정한다고 하더라도, 루터의 이신칭의 교리보다 윌리엄 틴들에게 영감을 제공했다.[17] 런던의 부유한 상인들로부터 재정적 지원을 받은 틴들은 1524년 신약성서를 영어로 번역했으며, 교회의 신앙, 관행 및 제도를 결정하는 것은 오직 성서라고 확신했다.[18] 종교적으로 계몽된 사람들이 정

---

15 In *The Latin Works and the Correspondence of Huldreich Zwingli, 1510-1522*, ed. Samuel M. Jackson(New York, 1912), 1, pp. 204~205(= *Sämtlich Werke*, 1, pp. 256~327).

16 (1523년 1월) 제1차 취리히 논쟁을 준비하면서 츠빙글리가 집필한 『67개 논지』는 이와 같이 의구심이 가는 믿음과 관행에 대한 포괄적인 목록이었다. 『67개 논지』에 대한 영역본은 *Ulich Zwingli (1418-1531): Selected Works*, ed. Samuel M. Jackson, introduced Edward Peters(Philadelphia, 1972), pp. 111~117에 있다.

17 틴들이 이신칭의 대신에 법률에 대한 그리스도교도의 복종의 중요성을 점점 더 강조한 것처럼 보인다. William A. Clebsch, *England's Earliest Protestants 1520-1535*(New Haven, 1964)를 참고하기 바란다. 클렙슈는 영국의 종교개혁가 로버트 반스를 위해 이 논지를 주장했다. 하지만 루터와 츠빙글리 및 영국의 초기 종교개혁가들 간의 이와 같은 차이가 지나치게 강조되어서는 안 된다. 루터 또한 성서의 원리에 동의했고, 신도들을 법률의 요구에 복속시켰다. 그리고 루터는 이신칭의가 모순된다는 것을 결코 발견하지 못했다.

18 A. G. Dickens, *The English Reformation*(London,1964), p. 71.

치적으로도 애국자가 될 것이라고 생각한 토머스 크롬웰은 의회를 통해 자국어 성서를 영국의 모든 교회에서 이용할 수 있도록 했다.[19] 신앙의 시금석인 성서가 요구하는 것이 극단적인 교리적, 제식적 및 의식적 단순화라는 프로테스탄트들의 주장에 대한 군주의 저항이 성공적이었음에도 불구하고, 자국어로 된 성서는 영국 프로테스탄티즘의 가장 현저한 특징이었다.

걸음마 단계의 취리히의 개혁은 1522년 2월 인쇄업자 크리스토프 프로샤우어의 집에 모인 개혁적 성향의 구성원들이 부활절 금식을 깨뜨리면서 이 전통을 공개적으로 거부했다. 이들 중 5명은 콘라드 그레벨의 동료였다. 그레벨은 이후에 스위스 재세례파 운동의 지도자가 되었다. 일견 무해한 것처럼 보인 이 같은 행동은 오늘날 징병 통지서나 국기를 불태우는 행위와 같은 것이었으며, 개혁가들에게 최초의 심각한 위기를 예견했다. 우리는 이를 이 두 가지 운동의 차이에 대한 간접적인 주석으로 받아들일 수도 있다. 즉 루터의 개혁 운동이 좀 더 신학적이라면, 스위스의 개혁 운동은 좀 더 실천적이었다는 것이다. 독일의 종교개혁이 면벌부를 비판하던 스콜라적 논지의 제시와 더불어 진지하게 시작되었던 반면에, 스위스의 종교개혁은 사순절 기간 동안 소시지를 먹으면서 시작되었던 것이다. 설령 사순절 기간의 금식 전통이 깨어지게 되자 츠빙글리가 여기에 참여하기는 했지만, 그는 금식 전통을 직접 위반하지는 않았다. 츠빙글리가 원칙적으로 그것에 거의 반대할 수 없었다고 하더라도, 사실상 이 같은 행위는 그를 놀라게 했던 것처럼 보인다. 루터와 마찬가지로 츠빙글리는 자신의 공식적인 리더십에 민감했으며, 바라던 개혁이 성공하려면, 그의 추종자들 다수가 원했던 것보다 더욱 신중하게 개혁을 추진해야 한다는 점을 인식했다.

취리히의 지배자들은 소시지 사건이 보다 심각한 위반에 대한 전주라고 의구심을 가졌으며, 프로샤우어와 그의 동료들을 체포했다. 자신의 개혁에 대한 공식적인 지지의 상실을 두려워했고 친구들을 돕고자 했던 츠빙글리는 강단에서 '음식의 선택과 자유에 관하여'(1522년 3월 23일)라는 제목의 특별 설교를 통해 이

19 이 책의 284쪽을 참조하기 바란다.

문제에 대해 언급했다. 그는 자유롭게 금식을 선택하거나 선택하지 않는 그리스도교도들에게 사실상 관심의 대상이 아니었던 것을 다른 사람들에게 강요하지 않도록 하기 위해서 금식법을 적극적으로 무시하려던 사람들에게 주의를 주었다. 한편 츠빙글리는 또한 사순절 기간에 소시지를 먹어서는 안 된다는 구절이 성서에 없다는 점도 명확히 했다.[20]

우리는 츠빙글리의 설교와 연이어 행한 루터의 설교 8개를 대비할 수 있다. 루터는 바르트부르크 성으로부터 되돌아온 이후 비텐베르크 시민을 진정시키고 작센의 당국자들을 다시금 안심시키기 위해 1522년 3월에 신속하게 연이은 설교를 했다. 설령 작센의 직접적인 관심사가 사순절 기간의 음식의 자유라기보다는 미사의 철폐였기는 하지만, 이들 두 개혁가의 메시지는 동일했다. 루터 역시 개혁을 변론하면서 인내와 중용을 요구했다. "미사는 반드시 철폐되어야 하는 악습"이라고 선언했던 루터는 그럼에도 "우리는 먼저 사람들의 마음을 얻어야 하며 …… 그 누구에게도 강제로 강요해서는 안 된다"[21]고 주장했다.

취리히의 관리들은 금식을 파기한 사람들이 신의 법률을 위배하지 않았다는 츠빙글리의 견해에 동의했다. 이 결정은 개혁파의 정당성을 입증했다. 지배층 또한 종교적 개혁과 정치 권위가 스위스의 종교개혁에서 얼마나 긴밀하게 결부되어 있는가를 보여주었다.[22] 1522년 7월 2일 성공에 고무된 츠빙글리는 자신을 추종하던 9명의 설교자들이 주교에게 혼인을 허락해 줄을 것을 요청하면서 또 다른 전통을 깨뜨리게 되었다.[23]

당시 주교 휴고 콘스탄츠는 취리히의 개혁 운동을 직접 주시하게 되었다. 1522년 여름에 공식적인 조사가 끝난 후, 주교는 취리히 성직자관리국에 대해 69개 조항의 권고를 발표했다. "우리는 잠시 동안 …… 보고를 들었다"고 주교 휴고는 기록했다.

---

20 Walton, *Zwingli's Theocracy*, pp. 76~86을 참고하기 바란다.

21 *LW* 51, pp. 75~77 (= *WA* 10/3, pp. 14~20). 필자의 *Reformation in the Cities*(New Haven, 1975), pp. 144~145를 참조하기 바란다.

22 Walton, *Zwingli's Theocracy*, pp. 70~73을 참조하기 바란다.

23 이 책의 529~530쪽을 참고하기 바란다.

독일의 거의 전 지역에서 그리스도교도들이 …… 힘들고 부담스러운 규제, 준수 및 의식과 더불어 부당한 억압을 받고 있다고 밤낮으로 소리치는 사람들이 있다. 그리하여 이 사람들은 …… [그와 같은] 의식을 없애려고 …… 한다. 이들이 그렇게 부르고 있는 이 '황금기'에 …… 이들은 복음이 적어도 인류에게 빛을 비추기 시작하고 있다고 믿고 있으며, 자신들이 …… 복음의 자유를 사람들에게 되돌려주고 있는 것을 목격하고 있다. 그러나 우리는 이들이 주의 경작지로부터 잡초와 선옹초라 불리는 인정적 명령을 제거하면서, 밀 또한 뿌리 채 뽑고 있다는 사실을 목격하고 있다.[24]

확실히 사람들을 진정시키는 기술에 능하지 못한 주교 휴고는 세속적인 지혜가 담긴 권면과 더불어 열정적인 개혁가들을 위로하려고 했다.

[교회의] 모든 몸이 ……지금까지 유지되었던 전례 제도를 …… 확립함에 있어서 오류를 범했고 그리고 …… 인간의 무지와 연약함으로 인해, 다른 것들이 복음과 성서에 전혀 부합하지 않는 그리스도교라는 종교와 혼합되었다는 사실마저도 심지어 인정했다. …… 그리스도교적 경건함은…… 여전히 …… 모든 것을 소란이나 반란에 명백히 노출시키기보다는 …… 선한 의도에서 오류를 범하는 사람들을 우리가 고려할 여지가 있다고 요구한다. "보편적 오류는 의의 힘을 가지게 된다"는 경구는 의심의 여지없이 이 같은 의미에서 만들어진 것이다.[25]

주교의 이 같은 비난은 주교가 사람들로부터 인기가 없다는 사실과 취리히에서의 그의 정치적 취약성을 간파하고 있던 개혁파를 고무했다. 츠빙글리는 "하나님이 이들 의식에 의해 헛된 경배를 받았다고 선언하고 있으니, 의식이라는 모든 쓰레기 더미를 깨끗하게 치우는 것이, 무슨 해가 있겠는가?"[26]라고 장황하

---

24 In *The Latin Works …… of H. Zwingli*, 1, p. 208.

25 같은 책, 1, p. 215.

26 같은 책, 1, p. 219.

고 제멋대로인 답신을 했다.

1523년 1월 취리히에서 열린 논쟁에서 사건이 절정에 달했다. 1523년 두 차례 열린 회의의 첫 번째 회의는 스위스의 종교개혁을 확고히 하고 정의했다. 그 이후 종교 개혁에 대한 주도권을 점차 장악한 취리히 정부의 명령에 의해, 600명의 성직자와 평신도들이 종교적인 견해차를 라틴어가 아닌 독일어로 논쟁하기 위해 모였다. 이들 참석자 가운데 콘스탄츠 주교의 법률 대리인이자 주교 대표단의 단장이었던 요한 파버도 있었다. 하지만 초기의 유력자의 지배에 뒤이은 이 논쟁에서 오직 성서만이 논쟁의 전거로 활용되어야 했기 때문에, 파버는 이를 달갑게 생각하지 않았다. 1519년 라이프치히 논쟁에서 루터는 동일한 근거에 입각하여 요한 에크와 논쟁을 벌였고, 심지어 성서를 제외한 다른 근거로부터 유래하는 논지들마저 거부했다. 이 결정적이고 기본적인 원칙을 고려한 취리히 논쟁은 진정한 토론이었다기보다는 위장된 토론처럼 보였다. 논지를 성서로의 한정은, 논쟁에 관한 일련의 지침서로 작성된 츠빙글리의 『67개 논지』가 이미 보여주었듯이, 분열을 초래하는 다수의 문제를 사전에 해결했다. 하지만 이 같은 이점에도 불구하고, 논쟁 내내 숲에서 오직 새만을 보았던 개혁파를 여전히 진정시키지 못했다.

1월 논쟁은 츠빙글리의 승리로 끝이 났다.[27] 취리히의 성직자는 설교를 성서에 한정하라는 명령을 또 다시 받았다. 이는 취리히가 프로테스탄트 도시라는 것을 효율적이고 공개적으로 천명한 지배 방식이었다.[28] 프로테스탄트 역사가들은 이 날에 대해 찬사를 보냈다. 미코니우스에 따르면, 츠빙글리의 친구이자 편파적인 전기 작가였던 교황 아드리아누스 6세(1521~1523)는 츠빙글리의 활약에

27 Heiko A. Oberman, *Werden und Wertung der Reformation. Vom Wegestreit zum Glaubenskampf*(Tübingen, 1977), pp. 241~251을 참조하기 바란다. 오버만은 첫 번째 논쟁이 종교개혁을 사실상 '공식적으로' 취리히에 도입했다는 학자들이 남긴 인상을 교정했다. '공식적인' 선언의 부재에 대한 오버만의 집착은 하지만 이 논쟁이 사실상 취리히 종교개혁을 확고히 했다는 사실을 과소평가하게 했다. 세밀한 부분에 대한 서술은 성공적이었지만, 전반적인 이해에 있어서는 실패했던 것이다. 이 주제에 관해서는 Moeller, "Zwingli Disputationen," pp. 304, 311을 참고하기 바란다.

28 John T. McNeill, *The History and Character of Calvinism*(New York, 1957), p. 38; Potter, *Zwingli*, p. 104.

많은 인상을 받았으며, 그리하여 로마 교황청과의 동맹에 대한 대가로 '교황 직을 제외한 모든 것을' 그에게 주겠노라고 약속했다.[29]

1월 논쟁은 로마 교황청에 비판적인 프로테스탄트의 사례를 명확히 보여주었다. 설령 취리히 당국자들이 츠빙글리의 성서 원칙을 승인하기는 했지만, 전통적인 여러 종교적 관행을 즉각 폐지하라는 명령은 거부했다. 이 같은 연기로 개혁파에게 새로운 위기가 조성되었으며, 이들 과격파는 설교에 성서가 수반되어야 하지만, 미사 집전 및 교회에서 성상의 활용과 같은 성서적 근거가 명확하지 않은 관행들이 지속되는 것을 용인하라는 명령을 수용할 수 없었다. 급진 세력에 의해 고취된 성상 파괴는 1523년 10월의 두 번째 대규모 종교회의를 야기했다. 이 논쟁 역시 츠빙글리의 승리로 끝이 났다. 츠빙글리는 전통적인 종교적 관행을 점진적으로 종식시킨다는 정무관들의 정책을 충실히 따랐다. 두 번째 논쟁 이후 취리히는 성상과 미사의 폐지를 결정하되, 단 적절한 시점에 이를 시행하기로 했다. 그로부터 8개월 이후인 1524년 6월 15일 취리히 교회로부터 성상의 절제 있는 제거가 공식적으로 시작되었다. 1524년 12월 취리히는 도미니크회 및 아우구스티누스회 수도원을 몰수했고, 자발적으로 이들 수도원을 떠나지 않은 모든 수도사와 수녀들을 프란체스코회 수도원으로 강제로 이주시켰다. 1525년 4월 14일 미사 역시 폐지되었다. 하지만 그 사이 취리히의 개혁파는 회복할 수 없을 정도로 분열되었다.

2) 콘라드 그레벨과 스위스 재세례파

제2차 취리히 논쟁 이후 재세례파를 창설한 것으로 알려진 콘라드 그레벨은 츠빙글리에 비판적인 급진적인 세력을 규합했다. 1514~1515년에 바젤 대학에서 공부한 그레벨은 계관시인이었던 글라레아누스의 집에서 생활했다. 츠빙글

29 *The Latin Works …… of H. Zwingli*, 1, p. 13.

리 역시 일찍이 글라레아누스와 교분을 쌓았다. 그레벨 또한 1515~1518년 사이에 빈 대학에서 공부했으며, 거기서 계관시인 바디안과도 교분을 쌓았고, 이후 그의 누이와 결혼했다. 그레벨은 바젤에서 에라스무스의 인문주의를, 빈에서 콘라드 첼테스의 세속적인 인문주의 학문을 접하게 되었다. 학창 시절 그는 매독에 걸렸으며, 나머지 생애 동안 매독 합병증으로 고생했다.[30]

그레벨은 1518~1520년 파리 대학에서 수학했으며, 파리로 간 글라레아누스와 또 다시 같은 집에 기거했다. 이즈음 그는 개인적으로 심각한 위기를 경험한 것처럼 보였다. 1519년 2명의 프랑스 학생이 살해되는 소동에 휘말렸다. 급한 성격의 소유자로 알려진 그는 글라레아누스와의 우정도 금이 갔고, 부모 및 바디안과의 관계도 소원해지고 말았다. 1520년 취리히로 돌아온 그는 인문주의자에서 복음적 그리스도교도로 개종하여 츠빙글리 서클에 합류했다. 당시 츠빙글리는 그리스어와 히브리어를 정규적으로 공부하기 위한 모임을 조직했으며, 이들 언어와 종교 개혁에 헌신하고자 하는 사람이면 누구든 환영했다. 초기에 츠빙글리와 그레벨 사이에 유지되었던 상호 신뢰와 협력은 츠빙글리의 시작과 끝에 대해 그레벨이 헌정한 짧은 시에서 명확하게 드러난다. 이 시는 그레벨의 종교적 열정에 대한 주석이었다.

> 진노와 질투가 모든 주교에게서 분출되고 있다.
> 이들의 이름에도 불구하고, 게걸스러운 늑대들!
> 이제 다시 한 번, 예전에 그랬듯이, 찬란하게 빛나고
> 복음의 진리의 빛이 우리를 비추고 있다
> 그럼에도 세 개의 혀를 가진 용맹한 사탄,
> 그 빛을 끄기 위해 파견되었다. 왜냐하면 하나님이 주인이기 때문이다.
> 예 (그리고 예언자로서 내가 진정으로 진리를 말한다)

---

30 Harold Bender, *Conrad Grebel ca. 1498-1526: The Founder of the Swiss Brethren*(Goshen, Id., 1950), p. 25; 최근에 간행된 그레벨에 관한 뛰어난 전기가 있다. John L. Ruth, *Conrad Grebel: Son of Zurich*(Scottsdale, Penn., 1975).

이들의 권위, 폭군인 이들의 지배
성직 매매의 죄, 열쇠 및 인정적인 교회법들
사람들의 양심의 잔인한 살인자들
이들이 신성하다고 부른 물건을 훔치는 날강도 중 날강도
황소, 파문 및 어두운 미신 –
이것들, 모두가 정복되었다, 복음의 메시지가
인도한다, 그리고 줄곧 인도할 것이다, 힘겹게 얻은 승리에서.
그 이름에도 불구하고 이들은 게걸스러운 늑대,
진노와 질투가 모든 주교에게서 분출되고 있다.[31]

그레벨과 츠빙글리가 결별한 원인을 둘러싸고서 학자들은 수십 년간 논쟁을 했다. 오늘날의 논쟁은 초기의 스위스 개혁 운동의 성격에 관한 것이다. 그레벨에 호의적인 학자들은 츠빙글리가 입장을 바꾸어 제2차 공개토론 이후에 개혁파의 원래의 목적을 절충했다는 그레벨의 비난을 수용하고 있다. 이들은 츠빙글리의 십일조 납부(일찍이 그가 비난했던 관행), 이자 취득 및 미사의 지속을 기꺼이 용인한 사례로 인용하고 있다. 이 해석에 따르면, 츠빙글리가 자신의 신념에 대한 용기를 결여했던 반면에, 그레벨은 개혁파의 고유 원칙에 충실했다는 것이다.

그레벨에 호의적인 학자들은 츠빙글리가 갑자기 그리고 극적으로 자신의 입장을 바꾸지 않았지만, 두 가지[그의 원래 신학적 견해들] 중 하나만을 점차 선택하게 되었다고 주장했다. 말하자면 정무관과 성직자가 함께 교회를 지배하려는 신학적인 성향과 세속 사회와의 여하한 타협도 거부하는 참된 신자들로 구성된 제한적이고 자발적인 교회에 대한 인식 중 하나만을 츠빙글리가 선택했다는 것이다.[32] 그레벨과 그의 추종자들이 자발적인 교회를 고수한 데 비해, 츠빙글리는

31 In *The Latin Works ⋯⋯ of H. Zwingli*, 1, p. 292.

32 John Yoder, "The Turning Point in the Zwinglian Reformation," MQR 32(1958), pp. 128~140 및 "The Evolution of the Zwinglian Reformation," *MQR* 43(1969), pp. 95~122. 후자의 논문은 왈턴의 비판에 대한 반론으로 작성되었다. Robert Walton, "Was There a Turning Point of the Zwinglian

국가가 운영하는 교회를 지지했다는 것이다. 이에 대해 츠빙글리가 내세운 이유 몇 가지는 다음과 같았다. 즉 그는 교회가 고유의 목표를 성취하기 위해서는 국가의 지원을 활용해야 한다고 진지하게 생각했다. 그는 공식적인 지지를 곧 받게 될 영역, 이를테면 학교, 혼인 법정의 창설 및 프로테스탄트 주들에서의 새로운 정치권력 등에서의 개혁의 외형적인 진전에 의해 감명을 받았다. 그는 일단 성서로부터의 설교권이 보장되기만 하면 신의 말씀이 때가 되어 승리할 것이라고 확신했다. 그는 성급한 행동에 의해 야기되는 혼란이 개혁 전반에 대한 정치적 지지를 잠식할 수 있다고 이를 매우 두려워했다. 마지막으로 전례의 통일에 헌신한 츠빙글리는 종교적 다양성과 소수자의 종교적 견해를 수용할 수 없었다.[33] 그레벨을 연구하는 학자들은 츠빙글리의 태도가 민주적이고 회중적인 교회 지배에 대한 억압, 스위스 교회에 대한 국가의 통제 및 종교적 탄압에 대한 교회의 암묵적인 지지를 초래했다고 생각했다.

츠빙글리를 연구하는 학자들은 이에 대한 반박으로 그의 일관된 태도와 제2차 논쟁 오래 전에 이미 있었던 개혁파의 내부 분열을 강조했다. 츠빙글리가 1523년과 마찬가지로 1520년에도 타협을 통해 종교개혁의 성공을 공고히 할 준비를 했다고 이들 학자는 주장했다. 그는 참된 신자들로 구성된 자발적인 교회라는 재세례파의 인식을 결코 공유하지 않았으며, 통일된 종교적 신념과 관행을 요구한 전통적인 법인체적 종교적 이상을 고수했다는 것이다. 츠빙글리의 생각에 취리히 종교개혁의 실제적인 성취가 자신의 원래 목표에 매우 근접해 있었다는 것이다.[34]

츠빙글리와 취리히의 급진주의자들 간에는 기본적으로 많은 차이가 있었으

Reformation?," *MQR* 42(1968), pp. 45~56. 요더는 미국의 메노파 학자들이었던 호르쉬와 벤더의 논지를 계승했다. *Umstrittenes Taüfertum 1525-1965*, ed. H. J. Goertz(Göttingen, 1975); Arthur Rich, "Zwingli als socialpholitischer Denker," Swingianan 13(1976), pp. 19~22를 참고하기 바란다.

33 Yoder, "The Evolution of the Zwinglian Reformation," pp. 119~122.

34 Walton, "Was There a Turning Point to the Zwinglian Reformation?"은 월턴의 *Zwingli's Theocrcy*에서 정교하게 되었다. 근년의 하스의 논문을 참고하기 바란다. 하스는 스위스의 급진주의자들이 츠빙글리의 주도권을 대체하고 종교개혁의 반성직적 사회 운동을 전환하는데 실패한 이후에야 분파주의자와 종파주의자가 되었다고 주장했다. Martin Haas, "Der Weg der Taüfer in die Absonderung," in Goertz, *Umstrittenes Taüfertum*.

나, 유아 세례에 대해서 특히 심했다. 급진주의자들은 다른 어떤 것보다 분명하게 유아 세례 관행이 전통적인 종교의 오류와 추정에 노출되어 있다고 생각했다. 이 관행이 명백히 성서적인 근거가 없을 뿐만 아니라, 전적으로 비인격적이고 비자발적인 종교생활의 시작도 초래했다는 것이다. 급진주의자들은 사람들이 예수를 본받는 삶을 자유롭게 선택한 성숙하고 동의를 할 수 있는 성인으로서 세례를 받기를 원했다.

예정설이 칼뱅주의의 핵심 가르침이 아니었듯이, 유아 세례는 츠빙글리주의의 고유한 교리가 아니었다. 이 두 가지 교리는 상식적인 비판에 매우 취약했다. 급진주의자들은 이 같은 관행과 교리에서 개혁가들의 아킬레스건을 발견했으며, 이들의 모든 신학이 비성서적이고 매우 비도덕적인 것으로 낙인찍힐 수 있었다.

유아 세례는 16세기에 중요한 종교적이고 시민적인 의식이었다. 이는 새로운 생명에 대한 책임을 회중과 시민단 모두에게 전달하는 의식으로서, 이 회중과 시민단은 사랑과 신의 법률 및 인간의 법률에 순종하면서 아이를 양육하겠다고 함께 약속했다. 루터파가 선호한 기본적인 논지는 일반적으로 공동체 전체가 어린이를 위해 믿으며, 이 같은 의미에서 믿음은 유아 세례를 받기 위해 참으로 현존했다는 것이다. 심지어 루터는 누가복음 제1장에서 재세례파에 대한 반박 논지를 발견하기까지 했다. 누가복음 1장에 아직 태어나지 않은 세례 요한이 당시 예수를 임신한 마리아가 다가오자 어머니의 배 속에서 뛰었다고 기록되어 있다. 루터에게 이는 심지어 태어나지 않은 어린아이도 믿음을 가지고 있고 그리스도에게 반응을 보였다는 성서의 증거였다.[35]

1525~1527년 사이에 츠빙글리는 유아 세례라는 주제에 4권의 주요 책을 할애했다. 그는 구약성서의 어린이 할례를 신약성서가 계승한 것으로 이 전통적인 의식을 변론했다. 이는 그 자체로서 신이 인간에게 행한 약속의 지속을 상징했다. 루터나 츠빙글리 누구도 재세례파가 주장했듯이, 어린이의 철저한 수동성과

35 *Von der Wiedertaufe an zwei Pfaffhernn, WA* 26, p. 156.

종속에서 종교적 자유에 대한 모욕을 결코 발견하지 못했다. 오히려 어린이의 무능은 모든 인간이 신 앞에서 가져야 하는 겸손을 상징했다.

그레벨이 취리히에서 게오르그 블라우록에게 세례를 주었던 1525년 1월 21일에 성인에 대한 첫 번째 재세례가 있었다는 것은 분명하다. 당국자들에 의해 불경스럽고 선동적인 행위로 간주된 유아 세례의 부정과 성인 재세례에 대해 가혹한 처벌이 가해졌다. 성인 재세례는 취리히에서 1525년 3월 7일 중대한 범죄가 되었으며, 4명의 성인이 이 죄목으로 사형을 당했다. 자신들의 자녀에 대한 세례를 거부한 가족은 8일간 근신하고 그 법률에 따르거나 [그렇지 않으면] 도시에서 추방되어야 했다. 1529년 제2차 슈파이어 제국의회가 개최될 즈음 재세례에 대한 반대는 카를 5세가 재세례를 비판한 고대의 유스티니아누스 법률을 환기할 정도로 매우 광범위하고 신경질적이었다. 그리하여 재세례는 제국 전역에 걸쳐서 중요한 범죄가 되었다.[36] 학자들은 적어도 850명 내지 많게는 아마도 5000명의 재세례파가 1525년과 1618년 사이에 법에 따라 화형, 참수형 또는 익사형을 받은 것으로 추정하고 있다.[37]

유아 세례와 관련하여 그레벨이 츠빙글리에게 공개 토론을 제안하면서 도전한 것으로 알려져 있다. 그는 츠빙글리가 자신의 사례를 입증하면, 기꺼이 화형장으로 가겠노라고 맹세를 했던 반면에, 츠빙글리가 논쟁에서 이기면, 그의 목숨을 살려주겠다고 약속을 했다. 츠빙글리는 이 같은 논쟁에 참여할 필요가 없었고, 그 대신 그레벨과 그의 동료 펠릭스 만츠가 체포된 이후 그레벨에 대한 주요 비판자가 되었다. 반역죄라는 논쟁적인 죄목으로 그레벨의 투옥 및 거의 동시에 그의 아버지의 처형(1526년 10월)으로 스위스 개혁에 있어서 츠빙글리의 권위가 강화되었다.[38] 그레벨과 만츠는 탈옥에 성공함으로써 죽음을 면했다. 하지

---

36 Potter, *Zwingli*, pp. 242~243; Frank H. Littell, *Origins of Sectarian Protestantism*(New York, 1952), pp. 13~14; Horst W. Scharepler, *Die rechtliche Behandlung der Täufer in der deutschen Schweiz, Sudwestdeutschland und Hessen 1525-1618*(Tübingen, 1957), pp. 19~21.

37 피터 클라센의 논쟁적인 연구에서는 적은 수치가 제시되었다. Claus-Peter Clasen, *Anabaptism: A Social History* (Ithaca, 1972), pp. 370~373, 437. 가장 높은 수치는 슈래플러의 것이다. Schraepler, *Die rechtlich Behandung der Täufer*, pp. 47, 105.

38 Bender, *Conrad Grebel*, pp. 151~157; Potter, *Zwingli*, p. 243.

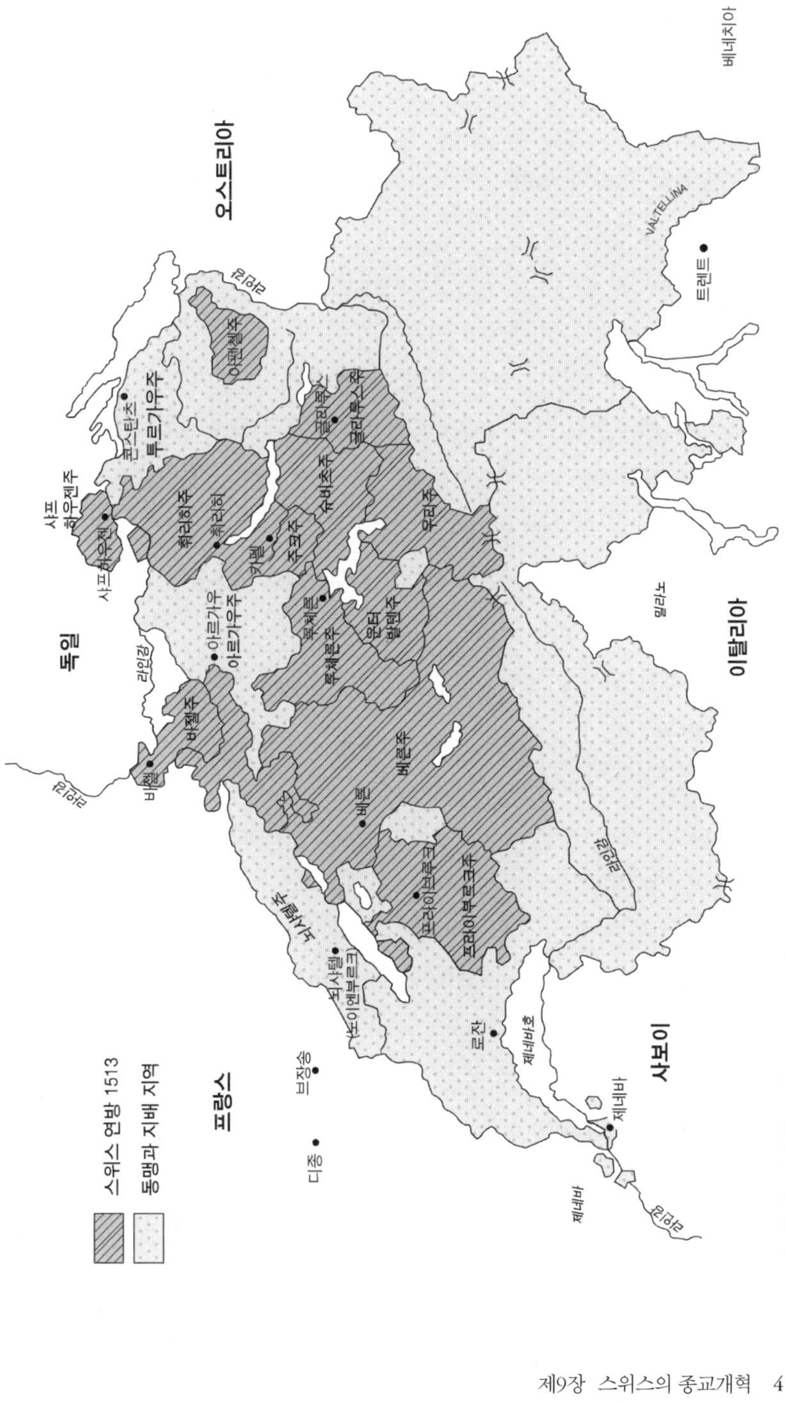

〈지도 2〉 츠빙글리 생전 스위스 연방

만 만츠는 다시 붙잡혔고, 1527년 1월에 리마트강에서 익사했으며, 그레벨은 도피 중에 사망했다.

3) 츠빙글리주의의 전개

1525년과 1530년 사이에 츠빙글리의 이념은 스위스와 독일 남부에서 신속하게 확산되고 실천되었으며, 울름, 스트라스부르, 아우크스부르크, 린다우, 메밍겐, 프랑크푸르트 및 콘스탄츠에서 신도를 확보했다. 츠빙글리의 프로테스탄티즘은 루터주의보다 여러 가지 면에서 중세 종교와 급격하게 결별했으며, 츠빙글리의 프로테스탄티즘을 수용한 도시들은 이 점을 인식했다. 루터파가 매우 전통적인 음악과 의례를 유지했던 반면에, 츠빙글리파는 교회에서 오르간을 제거할 정도로 제식과 예배를 단순화했다. 성사가 물리적으로 은총을 포함하고 이를 전파한다고 루터파가 계속해서 가르쳤던 반면에, 츠빙글리파는 성사를 징후이자 기념으로 해석했다. 또한 츠빙글리파는 루터파보다 성상 파괴운동을 보다 강력하게 추진했다.[39]

스위스 연방에서 가톨릭을 신봉하던 주들은 츠빙글리주의의 확산을 방지하기 위하여 1526년 가톨릭의 본산이었던 바덴에서 종교회의를 소집했다. 이 회의는 가톨릭의 제1차 취리히 논쟁이라 할 수 있었다. 그것은 프로테스탄트가 승리할 수 있는 개연성을 배제한 규칙을 사전에 확정했기 때문이다. 이를테면 매번 회의가 미사 집전과 더불어 시작되었던 반면에, 복음적 설교가 금지되었던 것이다. 속임수를 감지하고 생명에 위협을 느낀 츠빙글리는 이 회의 참석을 거부했고, 바젤 회의에 참석할 스위스 프로테스탄트의 대표직을 개혁가 요하네스 외콜람파디우스(1482~1531)에게 일임했다. 외콜람파디우스와 가톨릭 신학자 요한 에크, 요한 파버 및 프란체스코회 신학자이자 팸플릿작가였던 토마스 무르너와의

39 묄러는 츠빙글리파와 루터파의 상이한 인식에 관해 논했다. Bernd Moeller, *Reichsstadt und Reformation*(Gütersloh, 1962), pp. 57~59.

〈필리프 헤세〉(에르하르트 쇤). 16세기 전반기 독일 루터파의 정치적 지도자였던 필리프 헤세 백작. 1524년 멜란히톤에 의해 루터파로 개종한 그는 제국 내의 프로테스탄트들을 정치적으로 그리고 신학적으로도 통합하고자 노력했다. 그럼에도 불구하고 1540년 그는 프로테스탄트의 연대를 사실상 약화시키고 만다. 이전에 영국의 헨리 8세가 그러했듯이, 그는 양심에 따라 이혼을 통해 불행한 결혼을 끝내겠다는 주장이 불가능해지자 중혼 계약을 맺었는데, 이에 대해서 미심쩍은 정치적 신학적 이유로 루터와 멜란히톤이 이를 인정해 주었다. 필리프의 이 새로운 불법 행위는 그의 지배에 위협을 가했으며, 그는 신성로마제국의 황제와 불가침협정을 체결할 수밖에 없었다. 이는 슈말칼덴 동맹을 약화시키게 되었다.

논쟁 이후, 그 회의에서는 예상대로 가톨릭의 가르침이 압도적인 지지를 얻었다. 요한 에크와 요한 파버는 이전에 취리히에서 츠빙글리와 논쟁을 벌이기도 했다.

그로부터 1년 반 후인 1528년 1월 프로테스탄티즘을 신봉하던 주들은 베른에서 자신들만의 총회를 개최했다. 스위스와 독일 남부의 프로테스탄트의 세력을 과시하고자 개최한 이 회의에 저명한 프로테스탄트 학자들이 다수 참여했다. 외콜람파디우스, 취리히로부터 불링거, 스트라스부르로부터 부처와 카피토, 콘스탄츠로부터 블라러, 바젤로부터 펠리칸, 슈아프하우젠으로부터 호프마이스터 및 베른으로부터 할러 등이 참석했다. 1528년 베른의 프로테스탄티즘으로의 개종보다 스위스의 종교개혁을 공고히 한 사건은 결코 없었다. 프로테스탄트의 도시 베른은 스위스 연방 내에서 츠빙글리주의를 확립했으며, 사보이가로부터의 제네바의 정치적 반란과 이후의 제네바에서의 프로테스탄티즘의 발전도 베른에 의해 가능하게 되었다.[40]

필리프 헤세는 프로테스탄트 진영의 베른과 더불어 루터파와 츠빙글리파의 신앙고백 연대의 정치적 군사적 이점을 고려했다. 1523년 멜란히톤의 종교개혁에 의해 프로테스탄트로 개종한 필리프는 1528년 루터 및 츠빙글리와 교리를 논쟁할 정도로 종교개혁의 뛰어난 대변인이 되었다.[41] 정치적인 동기가 무엇이었든 그는 프로테스탄트가 된다는 것의 신학적인 의미도 알고 있었다. 보다 중요한 것은 그가 신학적 논쟁의 정치적 지평을 포착했고, 만약 루터와 츠빙글리가 신학적으로 동의하지 않는다면, 독일과 스위스의 프로테스탄트들이 군사적으로 쉽게 연합할 수 없을 것이라는 점도 인식했다. 그는 1529년 10월 1일과 4일 사이에 개최될 특별 종교 토론을 위해 프로테스탄트의 루터와 츠빙글리 이 두 지도자를 자신의 마르부르크성으로 초대했다.

이즈음 이들 프로테스탄트 지도자의 신앙고백은 현저하게 구분되었다. 1529년 6월 루터파는 프로테스탄트의 통합을 위한 신학적인 토대인 슈바바흐 신조를 간행했지만, 그리스도 최후의 만찬에 대한 반츠빙글리적 견해는 즉각 독일 남부 및 스위스 도시들을 소원하게 했다. 게다가 루터의 권위는 당시 인문주의자, 농민 및 심지어 자신의 동료들로부터도 도전을 받았으며, 그는 츠빙글리로부터 가르침을 받는 것에 대해 못마땅하게 생각했다. 루터는 츠빙글리를 칼슈타트와 뮌처로부터 영향을 받은 영성주의자로 간주했다. 츠빙글리는, 만약 자신이 요한 에크와 같은 가톨릭 변론가들에 의해 기본적으로 정통 교리로 인식된 그리스도 최후의 만찬에 관한 견해에 동의한다면, 그것이 스위스의 종교개혁의 정치

40 포터는 "어떤 식으로든 프랑스 위그노와, 독일 및 스코틀랜드 장로교파의 운명과 그리고 아마도 전 세계의 '자유 교회'는 1528년 베른에서 열린 토론회의 결과에 의존했다." Booms Potter, *Zwingli*, p. 257 및 262을 참조하기 바란다. 제네바의 정치적 독립과 종교 개혁에 있어서 베른의 역할에 관해서는 이 책의 491~492쪽을 참조하기 바란다.

41 René Hauswirth, *Landgraf Philipp von Hessen und Zwingli*(Tübingen, 1968).

적 재난이 될 것임을 예견했다. 요한 에크는 독일과 스위스의 프로테스탄트 간의 분열을 더욱 조장하려던 기대감에서 루터주의의 가톨릭적 요소를 교묘하게 강조했다. 츠빙글리와 루터는 둘 다 타협하지 않겠다는 결의로 마르부르크성으로 갔다.[42]

츠빙글리와 루터 간의 쟁점은 무엇이었던가? 화해할 수 없는 차이는 최후의 만찬에서 축성된 빵 및 포도주에 그리스도가 어떻게 현존하는가에 관한 것이었다. 츠빙글리는 '먹는 것'이 '믿는 것'과 동일하다고 생각했다. 성사에서 신자는 입으로 물리적인 빵과 포도주만을 먹지만, 믿음에 의해 그리스도의 참된 (영적) 몸과 피를 먹는다는 것이었다. 츠빙글리는 "이 [빵]은 나의 몸이다"라는 그리스도의 말씀이 "이 [빵]이 나의 몸을 상징한다"고 이해했다.[43] 그리스도의 실제적인 물리적인 몸이 천상에 존재하고, 사도신경에서처럼 '하나님 아버지의 오른편에' 앉아 있으며, 그리하여 가톨릭과 루터파의 가르침과는 달리, 성사적 요소에 진정으로 현존할 수 없다고 주장했다. 그리스도의 '실재적 현존'이 신자들의 마음에 존재한다는 것을 발견할 수 있다는 것이었다.

이에 비해 루터는 그리스도의 몸이 편재하고 전지전능하며, 이 같은 편재 내지 전지전능함으로 여러 공간에 그리스도의 몸이 동시에 현존할 수 있다고 주장했다. 루터는 신성과 인성의 공존(*communicatio idiomaum*)에 대한 고유한 믿음에 의해 이 같은 결론에 도달했다. 이는 루터 신학의 정수로서, 칼뱅주의자들은 오늘날에도 여전히 이 교리를 비판한다.[44] 이 교리에 따르면, 그리스도의 신성이라는 속성에는 편재성도 포함되며, 인성도 있고, 인성에는 신성도 포함되어 있다는 것이다. 그리하여 루터는 그리스도가 영적으로 어디에 현존하든, 육체적으로도 현존한다고 주장했다. 성채를 받는 사람은 십자가에 못 박혔으나 부활한

---

42 Potter, *Zwingli*, pp. 228, 322.

43 Letter to Matthew Alber(November 1524) in *Sämtliche Weke*, 3, p. 341, Potter, *Zwingli*, pp. 156~157에서 인용했다.

44 칼 바르트는 루트비히 포이어바흐의 인류학적 '신학'과 근대의 무신론을 그리스도교 신학에 있어서 인성의 신성한 특징을 루터에게까지 거슬러 올라갔다. Introduction to Ludwig Feuerbach, *The Essence of Christianity*, trans. Goeroge Eliot(New York, 1957), p. xxiii.

하나의 온전한 그리스도를 받는다는 것이었다.

한편 츠빙글리는 유형의 사물이 영적인 실체를 포함하지도 나누어주지도 않는다는 중세의 여하한 신비주의자와 동일한 믿음을 확고하게 가지고 있었다. 물리적인 실체는 영적인 실체에 자양분을 제공하지 못한다. 빵도, 포도주도, 물도 설교자의 말도 신의 은총을 포함하지도 전달하지도 않는다는 것이다. 따라서 믿음 없이 성체를 받는 사람은 단지 빵과 포도주만을 받을 뿐이라는 것이다. 이 점에서 츠빙글리는 루터에 비판적인 자신의 기본적인 입장에 동의하는 다른 사람들을 뛰어 넘었다. 마르틴 부처, 장 칼뱅 및 피에트로 베르미글리 또한 성채공존설을 배격했으나, 그리스도의 '능력과 영향'이 어떤 식으로든 성사적 요소를 통해 유래한다는 믿음을 여전히 가지고 있었다.[45]

오랜 기간 발전된 '영성적' 종교에 대한 루터의 반감은 확실히 그의 입장에 영향을 미쳤다. 스콜라 신학자들에 대한 그의 주요 불만의 하나는 이들이 십자가의 신학자라기보다는 '영광의 그리스도 신학자'였다는 것이며, 영원한 통치자 그리스도에 매료되어 그리스도의 성육신과 십자가형을 무시했다는 것이다. 칼슈타트와 뮌처는 '영적 그리스도'에 호소했으며, 루터가 성서와 역사의 죽은 자구를 뛰어넘어 바라보지 못한다고 비판했다. 성채에 대한 츠빙글리의 해석은 자신의 스콜라적 적과 프로테스탄트의 적들에 대한 견해와 마찬가지로 루터를 공격했으며, 1529년 이후 루터는 츠빙글리를 또 다른 '광신도'라고 조롱했다.[46]

마르부르크를 떠나기 전에 양측은 필리프 헤세의 압력에 굴복했으며, 루터와 츠빙글리가 신앙에 관한 14개 조항에 대해 동의했던 이른바 마르부르크 조항을 발표했다. 성채라는 핵심적 이슈에 관해 이들은 다음의 화해 방식에 대한 견해차를 드러내었다.

> 설령 우리가 이 순간에 그리스도의 진정한 몸이 빵과 포도주에 육체적으로 현존

---

45 David C. Steinmetz, *Reformers in the Wings*(Philadelphia, 1971), pp. 158~160. 마르부르크 토론에 관해서는 Walter Köhler, *Zwingli und Luther*, vol. 2(Gütersloh, 1953); Ernst Bizer, *Studien zur Geschichte der Abendmahlstreit im 16. Jahrhundert*(Darmstadt, 1962)를 참조하기 바란다.

46 Mark Edward, *Luther and the False Brethren*(Stanford, 1975), pp. 140~142.

하는가에 대해 의견의 일치를 보지 못했다고 해도, 그럼에도 한 진영은 각자의 양심이 허락하는 한 상대방에 대해 그리스도의 자비와 더불어 행동해야 하며, 그리고 양 진영은 전능한 하나님에게 그의 영(성령)에 의해 우리에게 진정한 이해를 가져다주기를 간절하게 기도해야 할 것이다.[47]

하지만 선의에는 강제가 거의 없으며, 각 진영은 자신의 고유한 신앙고백을 중심으로 결집했다. 슈바바흐 신조는 1530년 아우크스부르크 신앙고백이 루터파의 공식적인 신조가 될 때까지 루터파 신앙고백의 시금석이었으며, 이즈음 츠빙글리파는 4개 도시 신앙고백을 중심으로 결집했다. 이 신조는 주로 마르틴 부처에 의해 집필되고, 스트라스부르, 콘스탄츠, 메밍겐 및 린다우라는 4개 도시가 공동으로 공표한 신조였다.

그리하여 1530년에 루터파와 츠빙글리파는 신앙적으로나 정치적으로 각자의 길을 가게 되었다. 이후에 스트라스부르는 아우크스부르크 신앙고백을 수용했는데, 자신의 신학적 견해를 크게 수정한 것이 아니라 단지 생존을 위해 슈말칼덴 동맹의 군사적 지지가 필요했기 때문에 이를 수용했던 것이다. 스트라스부르의 신학적 입장은 16세기 후반 보수적인 루터파 신학자들이 이 도시에서 부상하게 되면서 변모하게 되었다.

스위스에서 가톨릭을 신봉하던 주와 츠빙글리주의를 신봉하던 주 사이의 경계선은 1529년 이후 확고해지게 되었다. 바젤, 베른, 샤프하우젠, 아펜첼 및 글라루스가 츠빙글리파를 신봉하던 취리히에 합류한 반면에, 우리, 슈비츠, 운터발덴, 추크, 루체른 및 프라이부르크 등은 가톨릭을 신봉하는 주가 되었으며, 졸로투른은 양 진영의 신앙고백과 더불어 협상을 했다. 프로테스탄트의 팽창 위협으로 가톨릭 주들은 1529년 페르난도 대공과 동맹을 맺었다. 하지만 스위스의 신생 동맹이 동부에서 새로이 투르크족의 공격을 받게 됨에 따라, 그 당시 군사조약의 의미는 매우 미약해졌다.

---

47 Potter, *Zwingli*, p. 330, n. 2에서 원래 인용했다.

가톨릭 진영이 야코프 카이저라 불리는 포로가 된 프로테스탄트 설교가를 처형한 이후 양 진영 간에 치열한 전투가 벌어지게 되었다. 이 전투는 이른바 위임 통치를 받던 영토에서 종교 정책을 둘러싼 오랜 논쟁에서 절정에 달했다. 이들 위임 통치 지역은 전통적으로 가톨릭을 신봉하던 지역으로 스위스 연방에 의해 공동 지배를 받았다. 1520년대 내내 양 진영은 각자의 고유한 종교적 정책을 결정함에 있어서 각 주의 권리를 존중했다. 이는 후대에 그 지역의 제후가 그 지역의 종교를 결정한다는 성문화된 원칙의 구전 판이었다. 프로테스탄트들이 이와 같은 종교 선택의 자유를 또한 위임 통치를 받던 영토로까지 확대하기를 원했던 반면에, 가톨릭을 신봉하던 주들은 이 같은 팽창이 프로테스탄트로의 개종에 대한 문호를 개방하는 것이라고 인식했다. 위임 통치를 받던 지역에서 프로테스탄트 교리를 설교하던 중 카이저는 슈비츠 당국자에 의해 체포되었으며, 이단의 죄목으로 화형을 당했다.

프로테스탄트 주들과 가톨릭 주들 간의 전투는 불과 16일 만에 끝이 났다. 취리히에서 프로테스탄트군이 행진을 통한 단순한 힘의 과시만으로 1529년 6월 24일 제1차 카펠 평화조약이라는 휴전을 강제하기에 충분했다. 당시 츠빙글리와 취리히는 모든 주가 프로테스탄트를 신봉하는 스위스 연방을 꿈꾸었다. 하지만 보다 온건한 베른은 그와 같은 희망이 비현실적이라고 생각했으며, 평화 조약은 양 진영의 권리를 인정한다고 선언했다. 가톨릭과 프로테스탄트 주들은 각자가 원하는 신앙의 선택권을 용인하고 각자가 선택하지 않은 신앙을 강제하지 못하도록 하는 데 동의했다. 양 진영은 또한 위임 통치 지역의 교구들이 이 같은 종교적 자유를 보유한 것으로 인정했다.

프로테스탄트 진영과 가톨릭 진영 간의 2차 전투는 1531년에 일어났다. 이 전투의 직접적인 원인은 취리히에 의해 영감을 받아 프로테스탄트 설교자들을 인정하지 않은 가톨릭 영토에 대한 프로테스탄트의 경제 봉쇄였다. 가톨릭 주들은 과도한 확신에 차 있었고 군사적으로 준비가 안 된 취리히를 공격하고 보복을 했다. 전투의 마지막에 희생당한 다수 가운데는 츠빙글리 자신도 포함되었다. 부상자들 가운데 발견된 츠빙글리는 살해되고, 시신이 4등분 되어 화형당했으며, 그의 재는 인분과 섞여 흩어지게 되었다. 그리하여 프로테스탄트들에게는 츠빙글리로부터 영감을 받거나 그를 위로할 유해마저 없었다.[48] 뒤이어 체결된 제2차 카펠 평화조약은 종교에서 주의 주권 원칙을 다시금 견고하게 확증했다.

한 때 권력을 공고히 했지만 완고하고 비타협적이었던 츠빙글리는 평생, 루터가 독일 프로테스탄트 내부의 통합에 장애물이었듯이, 스위스 프로테스탄트의 통합에 커다란 장애물이었다. 하지만 츠빙글리보다 온건한 그의 후계자 하인리히 불링거(1504~1575) 주도하에 취리히와 베른은 서로의 차이를 줄여나갔으며, 츠빙글리파와 스위스의 칼뱅파 프로테스탄트들은 통합을 위한 공동의 기반도 발견했다. 이들은 개혁된 프로테스탄트 전통을 함께 창출했던 것이다. 장 칼뱅과 불링거의 『성만찬 일치』(*Consensus Tigurinus*)는 논쟁이 된 교리에 대한 신학적인 합의를 확고히 했으며, 제2차 헬베시아 신조(1566)에서 양 진영의 보다 포괄적이고 명확한 통합의 길을 준비했던 것이다.

---

48 같은 책, p. 413.

제10장

종파주의

프로테스탄트 내부의 급진적 운동들

로마 교황청에 대해 불만을 가지고 있었던 모든 '프로테스탄트'가 루터, 츠빙글리 및 칼뱅에 의해 제공된 대안에 반색을 했던 것은 아니다. 개혁 운동에는 대개 온건론자와 극단론자, 즉 빵 반 조각에도 만족하는 사람들과 빵 전부에만 만족하는 사람들이 있으며, 종교개혁에도 예외가 아니었다. 초기의 동료 및 동력자들은 비판자가 되었고, 주요 개혁가들에 대한 반대자들은 거의 즉각적으로 비판 운동을 주도했다. 안드레아스 칼슈타트와 토마스 뮌처는 1520년대 초에 루터와 결별했다. 콘라드 그레벨과 스위스 형제단은 1523년 취리히의 츠빙글리와 결별했다. 그리고 칼뱅이 엄선한 교사였던 세바스티앙 카스텔리오는 1544년 제네바에서 해임된 이후 칼뱅주의에 대한 대표적인 지적 반대자가 되었다.

프로테스탄트 운동 내부의 비판자들이었던 이들 분리주의자는 전통적으로 종교개혁의 '좌파'를 형성했다. 이들을 그렇게 부른 사람들은 중세적이고 반동적인 극우 세력으로부터 자유주의적이고 근대적인 극좌 세력이라는 종교적 관행의 스펙트럼을 상정했다. 이 같은 접근은 중세의 종교 및 사회와의 결별 정도에 따라 16세기의 다양한 종교 집단을 유형화했다. 이 같은 척도에 의해 가톨릭은 가장 중세적이고 반동적이었으며, 루터파는 보수적이고 온건했고, 칼뱅파와 츠빙글리파는 온건하고 자유주의적이었고, 재세례파와 영성주의자는 급진적 개혁가들이었으며, 복음적 합리주의자는 자유주의적이고 근대적이었다.[1] 급진주의자들에 대한 이 같은 평가를 변론하며 베인턴은 다음과 같이 요약했다.

> 이들은 세 가지 원리를 천명하고 이를 실제로 보여줌으로써 다른 모든 종교 단체를 예견했다. 이들 원리는 북미 대륙에서 우리가 자명하다고 생각한 진리로서, 자발적인 교회, 교회와 국가의 분리 및 종교적 자유가 그것이다.[2]

---

1 Heinold Fast ed., *Der linke Flügel der Reformation*(Bremen, 1962)의 introduction을 참조하기 바란다. 또한 George H. Williams, "Studies in the Radical Reformation(1517-1618): A Bibliographical Survey of Research Since 1939," *Church History* 27(1958), pp. 46~69; 27/2(1958) 및 James M. Stayer et al., "From Monogenesis to Polyegensis: The Historical Discussion of Anabaptist Origins," *MQR*(1975), pp. 83~121 ; "The Swiss Brethren: An Exercise in Historical Definition," *Church History* 47(1978), pp. 174~195.

이 같은 평가에 가장 많은 영향을 끼친 근대의 학자는 에른스트 트뢸치이다. 19세기 말에 트뢸치는 재세례파와 '영성주의자'가 주요 프로테스탄트 개혁가들보다 훨씬 진보적이었으며, 르네상스 인문주의자와 거의 쌍벽을 이룰 정도였다고 지적했다. 트뢸치는 이들의 주류 프로테스탄티즘의 '가부장주의'와의 결별을 특히 높이 평가했다. 루터주의의 영토 교회 국가 및 칼뱅주의의 교회의 장로 지배 체제를 비판한 이들 재세례파와 영성주의자가 자발적인 신자들로 구성된 '근대적' 교회를 확립했으며, 이 교회는 외부의 모든 통제로부터 자유롭고, 개인의 기본 권리를 인정하는 평등한 사회의 재건에 헌신했다는 것이다.[3]

트뢸치의 저서가 간행되기 전의 급진적 프로테스탄티즘에 관한 연구는 16세기 루터파, 츠빙글리파 및 칼뱅파에 관한 저술들에서 묘사된 모습 그대로 부정적 내용이 지배적이었다. 재세례파와 영성주의자에 대한 루터의 영향력 있는 견해는 칼슈타트 및 뮌처와 루터의 개인적인 심한 불화에 기반한 것이었으며, 루터는 이 같은 불화를 결코 잊지 않았다. 성 아우구스티누스에 관한 훌륭한 학자이자 성 아우구스티누스에 관한 권위자였던 칼슈타트는 루터가 보름스 제국의회 이후 바르트부르크성으로 거처를 옮긴 다음에 비텐베르크에서의 주도권을 확고히 했다. 루터의 부재 시에 칼슈타트는 짧은 기간 동안 미사 폐지를 주도했으며, 자국어로 진행된 예배에서 빵과 포도주와 더불어 전통적인 전례 대신 비공식적인 성찬식을 채택했다. 또한 칼슈타트는 주요 신학자들 가운데 최초로 결혼한 프로테스탄트 신학자였고, 이즈음(1521) 다른 수도사와 수녀들에게 수도원을 떠나 결혼을 하라고 촉구해서 상당한 성과가 있었다. 그뿐만 아니라 그는 강력한 무장 전략과 비텐베르크 급진파의 성상 파괴를 용인했다. 이들 급진파가 광범위한 혼란을 야기할 수 있다고 우려한 프리드리히 선제후에게 이 같은 행위는 충격적이었다. 1522년 루터가 비텐베르크로 돌아오기 직전에 프리드리히는 1521년에 개혁을 성급하게 시도했다는 이유로 칼슈타트를 비텐베르크에서 해임

---

2 Roland H. Bainton, *Studies in Reformation*(Boston, 1963), 2, p. 199.

3 *Protestantism and Progress: A Historical Study of the Relation of Protestantism to the Modern World*, trans. W. Mongomery(Boston, 1958), pp. 48, 95~96, 104, 153, 174.

했다. 칼슈타트가 추진한 개혁은 7년 후에 루터에 의해 실제로 단행되었다. 1525년 비텐베르크에서 미사가 공식적으로 종식되었으며, 그 해에 루터는 결혼을 했다.

루터는 경쟁자였던 칼슈타트의 조급한 행동을 결코 용서하지 않은 것 같다.[4] 1525년 특별히 루터는 칼슈타트를 비판하는 소책자를 집필했다. 이 책에서 루터는 칼슈타트의 '영성주의'를 야기한 종교적 성상 파괴운동[5]을 그 해에 일어난 농민 반란이 초래한 무정부 상태에 비유했다. 루터가 보기에, 외부적인 사건들의 강타, 즉 사실상 이들 두 사건의 배후의 사장 중요한 종교적 가치는 물질적인 것이었다.[6] 루터는 여기에다 칼슈타트에 대한 또 다른 비판을 추가했다. 외견상의 차이에도 불구하고, 칼슈타트와 교황은 동전의 양면이었으며, 각각은 종교개혁의 대의에 동일하게 반대했던 것이다.

> 이 양자는 그리스도교도의 자유의 적이다. 교황은 명령을 통해, 칼슈타트 박사는 금지를 통해 이 자유를 파괴하고 있다. 교황은 행해야 할 것을 명령하고 있고, 칼슈타트 박사는 행해서는 안 될 것을 명령하고 있다. 이들을 통해 그리스도교도의 자유가 파괴되고 있다. …… 한편, 누군가가…… , 설령 하나님 [즉 성서적 근거를 결여한 교황의 새로운 전통]에 의해 그렇게 명령되어서는 안 됨에도 불구하고, 행해야 할 것을…… 명령하고, 그리고 다른 한편 누군가는.. 하나님 [즉 명백히 중립적인 종교적 관행에 대한 칼슈타트의 거부]에 의해 금지되지 않거나 금하지도 않은 것을 …… 금지하고 있다.[7]

---

4 특히 자신의 권위에 대한 칼슈타트의 매우 미미한 도전에 대해 루터가 보인 극단적인 예민함은 에드워드에 의해 논의되었다. Mark Edwards, *Luther and the False Brethren*(Stanford, 1975).

5 종교개혁에서의 칼슈타트의 역할에 대한 보다 공정한 평가를 위해서는 Ronald J. Sider, *Andreas Bodenstein von Karlstadt: Tje Development of His Thought, 1517-1525*(Leiden, 1974); Gordon Rupp, *Patterns of Reformation*(Philadelphia, 1969), pp. 47~153을 참조하기 바란다.

6 *Against the Heavenly Prophets in the Matter of Images and Sacrament, LW*, 40, p. 89.

7 같은 책, p. 128. 이후에 멜란히톤, 에라스무스, 칼슈타트 및 루터의 탁상 대화를 비교하면서 루터는 칼슈타트에 대한 분노를 지속적으로 표출했다. "필리프[멜란히톤]는 실체가 있는 연설을 한다. 에라스무스는 실체가 없는 연설을 한다. 루터에게는 연설이 없는 실체가 있다. 그리고 칼슈타트에게는 실체도 연설도 없다" *WATr* 3, no. 3619 [August, 1537], p. 460.

뮌처에 대한 루터의 적개심은 이보다 더 강했다. 루터의 강력한 비판자였던 뮌처는 작센의 종교개혁 지도자 루터를 대체하고자 했다. 1524년 작센 제후들을 접견하게 된 뮌처는 자신을 구약성서의 다니엘과 같은 진정한 영에 의해 지도를 받는 예언자로 소개했다. 이 예언자는 그가 '살찐 돼지'에 풍자한 루터보다 당시 역사의 진행 과정을 훨씬 잘 인식하고 있다는 것이었다.[8] 루터는 자신의 경쟁자의 죽음을 축하하면서 1525년 뮌처의 사형 집행을 그의 신학과 반란 모두에 대한 신의 당연한 심판이라고 생각했다.

이 같은 감정은 역사적 판단에도 영향을 미쳤다. 루터로부터 하인리히 불링거까지 16세기의 주요 프로테스탄트 개혁가들은 재세례파와 영성파를 위험한 환상가, 유토피아주의자 내지 혁명가라고 경멸했으며, 종교적 질서와 정치적 질서를 위해 이들을 탄압하라고 촉구했다.[9] 이 같은 인식은 1534년 재세례파가 네덜란드의 뮌스터에서 권력을 장악하고, 루터파 정부를 대신하여 일부다처제와 카리스마적인 예언자들로 가득 찬 억압적인 신정정치를 확립한 이후에 훨씬 더 강력해지게 되었다.[10] 그 이후 급진적 프로테스탄티즘에 대한 전반적인 스펙트럼은 뮌처의 반란과 뮌스터의 일부다처제라는 두 가지 키워드로 이해되었다.

대체로 16세기의 비타협주의자들은 직접 자신의 역사를 기술할 경우에만 우호적인 평가를 받았다. 재세례파 전통의 상속자인 근대의 메노파 학자들과 초기 프롤레타리아 반란의 선구자로서 뮌처에게까지 거슬러 올라가는 마르크스주의자들은 트뢸치의 선례를 따라서 이들을 복속시켰던 편견이 심한 루터파와 개혁적인 역사서술로부터 급진적 개혁가들을 구출하고자 했다.[11] 콘라드 그레벨의

---

8 George H. Williams, ed., *Spiritual and Anabaptist writers: Documents Illustrative of the Radical Reformation*(Philadelphia, 1957), pp. 54, 61.

9 전통적인 해석들은 리텔에 의해 정리되었다. H. Littell, *The Origins of Sectarian Protestantism*(New York, 1964), pp. 143~161. 루터파의 역사서술은 오이어에 의해 규명되었다. John S. Oyer, *Lutheran Reformers Against Anabaptists: Luther, Melanchthon and Menius and the Anabaptists of Central Germany*(The Hague, 1964).

10 특히 H. K. Kirchhoff, *Die Taüfer in Münster 1534/35: Unterschungen zum Umfang und zur Sozialstrucktur der Bewegung*(Münster I, W., 1973), pp. 6~89를 참조하기 바란다. 뮌스터에서 재세례파의 지배 기간을 서술한 관련 사료들과 참고문헌은 다음 책에 수록되어 있다. Richard van Dülmen ed., *Das Taüfer zu Münster 1534-1535: Berichte und Dokumente*(Munich, 1974).

전기 작가는 혁명적인 재세례파의 원형을 창시한 자들이 "진리의 적, 하나님의 적…… 현존하는 질서, 국가 및 그리스도교 왕국에 대한 가장 심각한 위협"[12]으로 간주한 모든 사람을 묘사하기 위해 '재세례파'라는 용어를 사용했다고 이들 창시자를 비난했다. 요컨대 이 같은 낙인은 16세기와 17세기의 '마녀'라는 용어와 매우 유사하게 희생양의 묘비로서, 급진파를 기소한 검사들에 의해 진지하게 받아들여지게 되었다는 것이다.[13]

오늘날의 역사가들은 재세례파 운동과 성인 세례에 대한 재세례파의 믿음도 재세례파의 평화주의도 공유하지 않은 토마스 뮌처를 대체로 분리하거나, 후대의 뮌처의 신정정치를 주류 재세례주의와는 매우 거리가 먼 일탈로 무시하는 경향이 있다. 급진파들에게 호의적인 역사가들은 1523년 츠빙글리와의 결별 이후 새로운 동맹 세력을 찾던 중 뮌처에게 보낸 그레벨의 서한을 재세례파의 독자적인 기원과 평화주의적 성격에 대한 증거로 인용하고 있다. 그레벨은 성인 세례에 대한 무관심, 중세 전례의 지속적인 활용, 자신의 교회에 십계명이 새겨진 비석 세우기 및 '무신론자들'에 대항하기 위해 자신의 추종자들의 무장권 옹호 등으로 뮌처를 주저하지 않고 비판했다.[14]

아마도 16세기의 급진적 운동들을 복원시키기 위해 가장 많은 노력을 기울인 20세기의 학자는 윌리엄스였다. 윌리엄스는 16세기 이단의 모든 스펙트럼을 기술하는 데 가장 적절한 '급진적 종교개혁'이라는 용어를 대중화했으며,[15] 교회와

---

11 시미린 등의 저술들을 참조하기 바란다. M. M. Simirin, *Die Volksreformation des Thomas Münzer und der grosse Bauernkrieg*(2nd ed., Berlin, 1956); Manfred Bensing, *Thomas Münzer unde der Thüringer Aufstand 1525*(Berlin, 1966); Gerhard Zschäbitz, *Zur mitteldeutschen wiedetäuferbewegund nach dem grossen Bauernkrieg*(Berlin, 1958); Max Steinmetz, ed., *Der deutsche Bauernkrieg und Thomas Münzer*(Berlin, 1976); Abraham Friesen, "Thomas Münzer in Marxist Thought," *MQR* 34(1965), pp. 306-327.

12 Harold S. Bender, "The Zwikau Prophets, Thomas Münzer and the Anabaptists," MQR 27(1953), pp. 3-16; Robert Friedmann, "Thomas Müntzer's Relation to Anabaptism," *MQR* 31(1957), pp. 75-87.

13 H. R. Trevor-Roper, "The European Witch-Craze of the Sixteenth and Seventeenth Centuries," in *The European Witch-Craze …… and Other Essays*(New York, 1969), pp. 90-192를 참조하기 바란다.

14 *Spiritual and Anabaptist Writers*, pp. 71~85.

15 윌리엄스의 유형은 *Spiritual and Anabaptist Writers*, pp. 19~35와 *The Radical Reformation*

국가라는 문제를 선호하고 매우 제한적이고 매우 편향된 개념인 '좌파'라는 용어를 거부했다. 16세기 가톨릭의 개혁을 기본적으로 프로테스탄트 종교개혁의 성공에 대한 반발로서의 반동 종교개혁(Counter-Reformation)으로 규정하는 것을 비판하는 근대의 가톨릭 학자들과 마찬가지로 윌리엄스는 급진주의자들을 단지 루터, 츠빙글리 및 칼뱅의 개혁, 즉 이들 개혁의 '좌파'에 대한 극단적인 변종으로 이해하는 것을 비판했다. 그는 급진주의자들을 오히려 그 기원에서 독립적이고 기본적으로 주요 종교개혁가들의 핵심 가르침과는 상이한 그들 나름의 고유하고 적극적인 운동으로 이해했다. 윌리엄스에게 루터, 츠빙글리 및 칼뱅이 로마 교황청과 단호하게 결별한 것처럼, 전통 종교와 마찬가지로 주류 프로테스탄티즘에서 매력을 발견하지 못하고, 비텐베르크, 취리히 및 제네바로부터 분리된 사람들이 루터주의, 칼뱅주의 및 영국 국교회주의처럼 고유하고 그리고 역사적으로도 중요한 자율적인 운동으로서 인정을 받을 가치가 있었다. 그리하여 우리는 이 운동을 4번째 유형의 프로테스탄트 공동체인 급진적 종교개혁이라고 부르고자 한다.

일찍이 재세례파와 영성주의자를 구분했던 트뢸치의 유형을[16] 확대했던 윌리엄스는 급진적 개혁가들을 기본적으로 세 그룹으로 분류했다. 첫째 재세례파이다. 이들의 근대 상속자는 메노파[17]와 아미시파[18]이다. 둘째, 영성주의자이다. 슈벵크펠더 교회에는 이들과 유사한 근대적인 신도들이 있었다. 슈벵크펠더 교회는 슐레지엔의 영성주의자였던 카스파 슈벵크펠트(1489~1561)에서 딴 이름이다. 셋째, 윌리엄스가 복음적 합리주의자와 삼위일체 반대론자들이라고 부른 집단이다. 이들은 근대의 유니테리언(Unitarians)[19]의 선조이다.

(London, 1952), introduction에 요약되어 있다.

16 *The Spiritual Teachings of the Christian Churches*(New York, 1960), 2, pp. 742~743.

17 (옮긴이) 네덜란드 재세례파의 지도자 메노 시몬스(Menno Simons, 1496~1561)의 가르침을 계승한 그리스도교의 한 종파. 『신약성서』의 철저한 평화주의를 제창하여 많은 신봉자를 획득했다. 또한 유럽 각지로 확산되었고, 특히 신대륙으로 이주한 메노파는 대부분 전통적 교리나 생활을 고수하면서 독자적인 교파를 형성하여 오늘날에 이르고 있다.

18 (옮긴이) 17세기 말엽 스위스에서 시작된 침례교 종파로, 이후 유럽과 미국으로 확산되었다. 주로 미국의 펜실베이니아·오하이오·인디애나주(州) 등에 집단적으로 거주하고 있으며, 전화·자동차 등 현대문명의 이기를 사용하지 않고 교회를 중심으로 가족 단위의 공동체를 형성하고 있다.

윌리엄스는 재세례파의 특징을 다음과 같이 명확하게 정의했다. 즉 원시주의 내지 단순하고 성서적인 삶을 복원하려는 욕구,[20] 성서적 자구주의 내지 성서 해석에 있어서 근본주의, 규율이 있는 공동생활 그리고 성인 세례와 루터파 및 가톨릭의 '국가 종교'를 대신하는 '자유로운 신앙'이었다. 윌리엄스는 이같이 보다 폭넓은 정의에서 재세례파를 기본적으로 세 가지 유형으로 구분했다. 첫째, 카리스마적인 예언자들의 주도 아래 구약 성서의 신정적 공동체를 잠시 건설했던 뮌스터의 혁명가 집단이다. 둘째, 한스 덴크(약 1500~1525) 등의 '관상적 재세례파'이다. 덴크는 독일 남부에서 재세례파의 지도자로서 모든 공식적인 결사를 거부했으며, 퀘이커 교도의 원형으로서, 종교적 개인주의와 그리스도에 의한 내면의 조용하고 신비로운 빛을 가르쳤다. 그리고 셋째, 다수의 '복음적 재세례파'이다. 이들은 세속 사회와 분리된 평화로운 공동체를 건설함으로써 신약의 사도적 모델을 추종했다. 윌리엄스에 의하면, 재세례파의 주류였던 스위스 형제단, 후터파 및 메노파가 이 집단에 속했다.

윌리엄스가 급진파의 두 번째 집단으로 분류한 영성주의자들은 기록문서의 권위와 전통적인 관행 및 제도를 거의 중시하지 않았다. 과거 삶의 이상과 유형의 복원에 관심이 없었던 이들은 현존하는 영의 계시에 관한 지침을 기대했다. 재세례파가 세 유형으로 구분되었듯이, 이들 영성주의자도 세 집단으로 분류되었다. 첫 번째 집단은 '혁명적 영성주의자들'이었다. 루터 부재 시 비텐베르크에 침입했던 츠비카우 예언자들, 중세의 신비주의자들로부터 영감을 도출하고 강제에 의한 사회의 성화를 추구했던 칼슈타트 및 뮌처가 이 집단에 속했다. 두 번째 집단이 '관상적 영성주의자들'이었다. 제바스티안 프랑크, 파라셀수스(약 1493~1541) 및 발렌틴 베이겔 등의 영성주의자들은 종교적 개인주의, 평화주의, 자유주의 및 보편주의를 가르쳤다. 그리고 다수의 '복음적 영성주의자들'로서, 이들

---

19 (옮긴이) 삼위일체론을 거부하고 신의 단일성을 주장함으로써 예수의 인성을 부정하는 종파를 가리킨다.

20 리텔은 정신의 '복고주의자' 유형에서 재세례파의 특징을 정의했으며, 이 복고주의자 유형을 주요 개혁가들 가운데 정신의 '개혁가' 유형에 비교했다. Littel, *Origins of Sectarian Protestantism*, pp. 47, 79. 하지만 이는 지나치게 단순하다. 루터, 츠빙글리 및 칼뱅은 중세 교회를 개혁하면서 성서적 삶의 규범을 회복할 것이라고 생각했던 것이다.

은 이 현세에서 성취할 수 있는 영적인 완전함을 믿는 신비로운 경건함을 변론했다. 이 마지막 영성주의의 다양성은 후대에 경건주의와 감리교에서 현저했다.

윌리엄스가 마지막으로 분류한 복음적 영성주의자들은 칼뱅주의에 대해 지적인 비판을 가했으며, 관용과 상식을 변론했다. 합리적인 그리스도교를 변론했던 이들은 스콜라적 사변 그리고 원죄, 의지의 예속 및 예정설과 같은 '비도덕적인' 교리가 없는 종교를 위해 싸웠다. 윌리엄스는 계몽주의의 선구자들과 에라스무스, 미카엘 세르베투스, 베르나르디노 오키노 및 프로테스탄트로 개종한 카푸친회의 지도자였던 카스텔리오, 렐리오(1525~1562) 그리고 소치니파[21]의 창설자 파우스토 소치니(1539~1604)와 같은 '근대의' 가장 급진적인 개혁가들을 이 집단으로 분류했다.

급진적 개혁가들의 여러 다양성에도 불구하고, 윌리엄스는 이 운동이 기본적으로 몇몇 공동의 관심사를 중심으로 통합되었다고 주장했다.[22] 이를테면 모든 급진파는 '영토적 프로테스탄티즘의 도덕적 양상'에 대해 실망을 표출했다는 것이다. 이들은 루터, 츠빙글리 및 칼뱅의 개혁이 사회를 도덕적으로 크게 개선하지 못했다고 보았다. 모든 급진파는 재세례파와 같이 성인 세례의 관행에 의해서이든 복음적인 합리주의자들과 같이 원죄와 예정설을 비판하든, 영성주의자와 같이 종교적 보편주의와 모든 영혼의 신에게로의 직접적인 접근을 변론하든, 종교에서의 자유의지를 변론했다. 윌리엄스는 '교회와 국가의 모든 연계'에 대한 저항이 이들의 가장 공통적인 특징이라고 생각했다. 이 모든 문제와 관련하여 그는 급진파들이 루터파, 츠빙글리파 및 칼뱅파보다는, '급진적'이라는 용어가 뿌리를 의미하는 라딕스(*radix*)에서 유래하듯이, 그리스도교의 성서적 뿌리에 더욱 충실했다고 생각했다. 그리하여 이들 급진파는 16세기의 다른 종교 운동보다 성서의 생활 방식을 철저히 고수했다는 의미에서 보다 '유서 깊고' 그리고 오늘날의 종교적 가치들을 예견했다는 의미에서 보다 '근대적'이었다고 묘사되었다.

---

21 (옮긴이) 16세기 이탈리아의 법률가 파우스트 소치니의 교리를 추구한 종파로, 그리스도교의 핵심 교리인 속죄와 삼위일체설을 부정했다. 후대에는 유니테리언파에 흡수되었다.

22 *Spiritual and Anabaptist Writers*, pp. 20~21을 참고하기 바란다. 그리고 "종파주의적 일치"에 관한 장은 "급진적 종교개혁 저변의 가톨릭적 성격"을 논하고 있다. *The Radical Reformation*, p. 815.

근년의 연구들은 종파주의적 역사 서술의 특징인 기원과 유형에 지속적으로 집착했다.[23] 제3 프란체스코회(재속 형제회)와 공동생활 형제단과 같은 집단에 의해 대변된 중세 말기의 금욕적 운동은 재세례파의 중요한 영감으로서 제시되었다.[24] 이 같은 연구는 또한 재세례파와 에라스무스 및 그리스도교 인문주의와의 오랜 학문적 제휴를 또한 부활시켰다.[25] 근년의 또 다른 연구 동향은 남부 독일의 재세례파의 지적 기원을 중세 말기의 신비주의적, 영성적 및 종말론적 운동으로까지 추적했고, 칼슈타트와 뮌처가 핵심 중재자가 될 것이라는 사실을 발견했다.[26] 칼슈타트와 뮌처는 루터에 대항하기 위한 동맹의 전통을 추적했다. 역사가들은 뮌처를 재세례파의 주류에서 벗어난 혁명가로 간주하는 메노니트 학자들의 견해를 여전히 따르고 있는 반면에, 뮌처를 재세례파 사상의 중요한 신학적 윤리학적 원천으로 또한 오늘날 인정하고 있다.

16세기 급진파들에 대한 전통적인 견해에 대한 수정주의적 해석이 근년의 연구에서 다시 수정되고 있다는 사실은 과도한 성공의 한 징후가 될 수 있다. 예를 들어 복음적 재세례파들이 모두 평화적이고 '사도적'이었다는 서술과 더불어 16

---

23 *The Origins and Characteristics of Anabaptism/Les Débuts et les caractérisques de l'Anabaptisme*, ed. Marc Lenhard(The Hague, 1977), pt. 1을 참조하기 바란다.

24 Kenneth Davis, *Anabaptism and Asceticism: A Study of Intellectual Origins*(Scottsdale, Pa., 1974), pp. 293~297. 또한 Werner Packell, "The Origins of Anabaptism: Ascetic and Chraismatic Elements Exemplifying Continuity and Discontinuity," in *The Origins and Characteristics of Anabaptism*, pp. 27~41을 또한 참조하기 바란다.

25 데이비스는 가장 극단적인 주장을 제기했으며, 1525년 이전의 에라스무스의 종교 저술들에 포함된 재세례파의 주요 핵심을 발견했다. 이 같은 핵심이 제3 프란체스코회와 공동생활 형제단이 표상했던 속인 지향적인 금욕적 개혁을 요약하고 있다고 데이비스는 이해했다. "재세례파는 …… 에라스무스가 핵심 중재자인 속인 지향적이고 금욕적인 종교개혁의 …… 급진화이자 프로테스탄트화로…… 이해하는 것이 최상일 수 있다"(*Anabaptism and Asceticism*, p. 192). 또한 데이비스의 논문, Davis, "Erasmus as a Progenitor or Anabaptist Theology and Piety," *MQR* 47(1973), pp. 163~178. 크레이더 역시 에라스무스와 재세례파의 관계에 대해 긍정적이다. Robert Kreider "Anabaptism and Humanism," *MQR* 26(1952), pp. 123~141. 이 주제에 관해서는 Delio Cantimori, *Eretici italiani del Cinquecento* (Florence, 1939), pp. 42~49, 196~201; John Huizinga, *Erasmus and the Age of Reformation*(New York, 1957), pp. 177~178; Williams, *The Radical Reformation*, pp. 8~26; Roland Bainton, *Erasmus of Christendom*(New York, 1969), p. 261을 또한 참조할 수 있다.

26 H. J. Goertz, *Innere und Aeussere Ordnung in der Theologie des Thomas Müntzer*(Leiden, 1967); Gottfried Seebass, *Müntzers Erbe: Werk, Leben und Theologie des Hans Hut*(Erlangen, 1972); Werner O. Packul, *Mysticism and the Early South German-Austrian Anabaptist Movement 1525-1531*(Scottdale, Pa., 1977); Ozment, *Mysticism and Dissent*(New Haven, 1973).

세기 급진파가 채택되었다. 어떤 연구는 정치권력에 대한 재세례파의 다양한 견해를 제시하고 있으며, 재세례파들 가운데서 '십자군'이자 '현실정치의 변론가' 모두를 발견했다. 설령 16세기 말엽 재세례파의 절대 다수가 강제력의 여하한 윤리적 활용 개연성도 부정하고 모든 종교적 강제를 비도덕적이며 비그리스도교적이라고 거부하는 '정치에 무관심한 분리주의자들'이 되었다고 해도, 이들이 이러한 '정통 교리'의 위상에 도달하기 이전에 다른 경로를 통해 진화했다는 점은 이제 명백하게 되었다. 복음적 재세례주의 모두가 평화적이었다는 주장은 모든 재세례파가 혁명주의자였다는 루터파의 평가만큼이나 역사적으로 부정확한 고정 관념인 것이다.[27]

또 다른 연구는 오늘날의 학자들이 16세기 종파주의 운동의 중요성을 지나치게 과장했다고 이들을 비판하고 있다. 1525년과 1618년 사이에 독일 남부와 독일 중부, 스위스 및 오스트리아의 재세례파의 실제 숫자가 3만 명이 넘지 않았을 것이라는 통계학적 근거에 입각하여 클라센은 재세례파 운동 전체를 '16세기 독일 사회사의 사소한 에피소드'에 불과하다고 결론지었다. 그는 순수한 계량적 관점에서 재세례파, 그 숫자가 매우 적었던 영성주의자 및 복음적 합리주의자들의 개혁 운동을 독립적인 '급진적 종교개혁'으로 간주할 근거가 없다고 주장했다.[28] 1525~1529년에 절정에 달했던 재세례파의 85%가 루터파와 츠빙글리파가 최초로 성공한 지역 출신이었다는 사실을 보여주는 진전된 연구는 재세례파가 그 자체의 고유하고 독립적인 개혁 운동이었다기보다는 주류 프로테스탄티즘의 '좌파'였을 것이라는 점을 시사해 주고 있다.[29]

하지만 우리는 숫자 그 자체만으로 사회적 영향 내지 중요성을 판단해서는 안된다.[30] 재세례파와 이들의 이념은, 알려진 재세례파의 숫자가 현저히 적었음에

---

27 Jaems M. Stayer, *Anabaptism and the Sword*(Lawrence, Kan., 1972),pp. 1~22, 329~337.

28 Clause-Peter Clasen, *Anabaptism: A Social History, 1526-1618*(Ithaca, 1972), pp.26~27, 29, 428. "재세례파의 영향을 받은 모든 도시와 촌락의 76%에서 10명 미만이 거의 한 세기 동안 새로운 교리를 수용했다!"(같은 책, p. 28).

29 같은 책, p. 299.

30 재세례파의 정확한 숫자를 파악하기란 어려우며, 클라센의 계산은 정확한 수치와는 거리가 크게 멀다. 기록물들이 파괴되어 정확한 계산이 불가능한 스트라스부르의 재세례파의 숫자를 계산하는 문제에 관

도 불구하고, 1520년대와 1530년대에 확산되었으며, 대중은 이들의 실제 숫자와 사회에 대한 잠재적인 위협에 부적절하고 지나친 두려움을 가지고 있었다. 이 같은 두려움은 주로 독일의 재세례파 지도자들과 토마스 뮌처의 제휴 및 뮌스터 신정정치의 단기간의 성공에서 주로 기인했던 것처럼 보인다. 하지만 주류 재세례파의 적극적인 평화주의 또한 이 같은 두려움을 고무했다. 재세례파의 군사적 의무의 거부와 시민으로서의 서약 거부는 16세기의 대다수 사람들에게 시민의 가장 기본적인 의무에 대한 비현실적이고 선동적인 도전으로서 충격을 주었던 것이다.[31]

재새례파에 대한 비현실적인 공포는 필리프 헤세에게 보낸 에버하르트 데어 탄의 보고서에서 드러나 있다. 여기서 탄은 중부 독일의 재세례파의 지도자로 사로잡힌 린크의 활동을 다음과 같이 기술하고 있다.

> 그[린크]는 사람들의 마음에 정부에 대한 증오심을 조장하기 시작했다. 그리고 증오심이 생겨나자, 그가 지적했듯이, 비그리스도교적이고 증오의 대상인 정부에 무력으로 저항하고 반대하며, 마침내 완전히 타도하고 일소할 것을 그는 촉구했다. 그리하여 여하한 정부도 없는 뮌처파 폭도가 이 정부를 대신할 것을 촉구했다. 그러나 정부가 없는 곳이나 정부가 존경을 받지 못하는 곳에서는, 평화도 없고 평화가 없으면 경작이나 수확도 불가능해진다. 범죄, 도둑, 노상강도, 괴롭힘, 부도덕한 행위 및 다른 잔학행위로부터의 어떠한 보호도 불가능하게 된다. 이 같은 상태에서는 어린이에게 하나님의 말씀을 가르치고, 하나님에 대한 외경심으로 이들을 양육하며, 이들을 훈육하는 시간이 거의 할애되지 않기 때문에, 세속 정부는 마침내 파멸되고 이 땅의 모든 것이 폭도의 지배에 굴복하게 된다.[32]

해서는 Jane Abray, "The Long Reformation: Magistrates, Clergy and People in Strasbourg 1520-1598" (Dissertation, Yale University, 1978), pp. 127~128.

31 이를테면 가톨릭 당국자들에게 행한 미카엘 새틀러의 고백을 참조하기 바란다. *Spiritual and Anabaptist Writers*, p. 141. 재세례파의 무정부주의적 성향에 관해서는 Clasen, *Anabaptism: A Social History*, pp. 179~183을 참조하기 바란다.

32 이 보고서는 1531년 11월과 1532년 3월 사이에 작성되었다. Paul Wappler, *Die Täuferbewegung in Thüringen von 1526-1584*(Jena, 1913), pp. 334~335.

프로테스탄트의 주요 개혁가들은 재세례파와 영성주의자들이 이 같은 공포를 야기한 책임을 공유했다. 재세례파와의 경쟁에서 자신들이 힘들어 얻은 정치적 지지가 위협을 받게 된다고 인식한 이들 개혁가 역시 종파주의자의 무차별적인 폭력과 무정부 상태의 망령을 제기했던 것이다.

마지막으로 우리는 급진파들을 어떻게 평가해야 하는가? 급진파에 대한 당대의 비판자들이 주장했듯이, 만약 이들 모두가 오늘날 이들에 대한 비판자들이 주장하듯이, 평화적이지도, 유토피아적이지도 그리고 혁명적이지도 않았다면, 이들은 시대를 앞선 운동을 주도했던가?[33]

교회와 국가의 분리는 이들 급진파의 가장 현저한 성취로 간주되고 있다. 하지만 스위스, 독일 남부 및 네덜란드에서의 급진적 지도자들은 명백히 자신들의 정무관을 흔쾌히 수용했을 것이다. 콘라드 그레벨에 호의적인 전기 작가는 그레벨이 츠빙글리와 기꺼이 자리를 바꿀 것이라고 하는 데 어떠한 의구심도 가지지 않았다.[34] 뮌처, 한스 후트, 발타사르 후브바이어 및 멜키오르 호프만은 자신의 추종자들에게 자신들의 종교적 이상을 공유하는 정무관을 선출하라고 촉구했으며, 뮌처와 호전적인 멜키오르파[35]는 추종자들에게 평화적으로 정치권력을 획득할 수 없고 유지할 수 없다고 판단될 경우에는 무력에 호소했다.

재세례파와 영성주의자들은 교회와 국가의 분리, 종교적 다원주의 및 관용을 기대했던 바, 이는 이들이 자신들의 종교적 프로그램에 대한 정치적 지지를 획득하려고 했으나 실패함으로써 얻게 된 간접적인 결과였다. 재세례파의 '정치적 무관심'이 "교회가 세속 사회와 영적으로 분리된다는 교회에 대한 믿음의 당연한 결과"이자 "[이들] 종파의 허망한 기대감에 대한 가장 의미 있는 반응"이기도 했

33 Roland J. Sider, *Karlstadt's Battle with Luther: Documents in a Liberal Radical Debate* (Philadelphia, 1978), pp. 139~159를 참조하기 바란다.

34 그레벨에 따르면, "교회의 개별 구성원은 정부가 하나님의 정의의 원칙을 추구하도록 '그리스도교적인' 지배자 내지 위원회의 선출권을 가지고 있다"[Harold S. Bender, *Conrad Grebel ca. 1498-1526: The Founder of the Swiss Brethren*(Goshen, Ind.), p. 205]. 이 점에 관해서 추가로 J. M. Stayer, "Die Anfänge des schweizerischen Täufertums im reformierten Kongresgationalismus" in *Umstrittenes Täufertum 1525-1975*, ed. H. -J. Goertz (Göttingen, 1975) 참조하라.

35 멜키오르파에 관해서는 Stayer, *Anabaptists and the Sword*, part. 4에서 매우 잘 논의되었다.

다고 지적되었다.[36] 여기서 이데올로기와 정치적 실체가 진정으로 교차되었다. 정치적으로 지배할 가능성이 없고 탄압 받는 소수자들의 무저항과 세속 사회로부터의 격리는 억압에 대한 매우 자연스러운 반응이었다.

루터파, 츠빙글리파 및 칼뱅파들은 정치적인 지지를 얻기 이전에는 이견을 가진 소수자였으며, 그리고 이와 같이 양심의 가르침에 따라 자신들의 종교를 설교하고 종교적 이념을 실천하는 자유를 품위 있게 주장했다. 한 세기 이후 종교적 소수자는 양심의 독립과 종교적 신념에 대한 관용을 환기함으로써 탄압에 대응했다. 이들 문제와 관련하여 16세기의 급진파들은 새로운 주장을 제기할 수가 없었다. 1553년 미카엘 세르베투스의 사형집행에 반발한 세바스티앙 카스텔리오는 관용에 대한 자신의 유명한 선집을 익명으로 집필하면서 성서는 물론 상식에 호소했을 뿐만 아니라 세르베투스를 비판했던 루터와 칼뱅의 초기의 저작들에도 호소했다.[37] 루터는 자신의 저서 『속권론』(1523)에서 "인간이 어떻게 믿든지 이는 개개인 각자의 양심의 문제이며, 그리고 이것이 속권으로부터 아무 것도 취하지 않기 때문에, [정부는] 그것의 고유한 업무의 수행에 만족해야 하고, 사람들이 할 수 있고 기꺼이 하려고 하기에 이들로 하여금 이것이나 저것을 믿도록 해야 하며, 누구에게도 강제해서는 안 된다"고 주장했다. 한 걸음 더 나아가 루터는 아우구스티누스의 저술에서 발견되는, "'그 누구도 믿음이 강제되거나 강제되어서는 안 된다'는 일반적인 경구"에 호소했다.[38]

종교개혁이 근대적 의미의 '대의제적' 운동이 설령 아니었다고 해도, 영토법이 이들을 강제했기 때문에, 많은 사람들이 프로테스탄트가 되었다. 이는 16세기의 잣대에 비추어 볼 때 '비민주적'이지도 않았다. 만약 루터파, 츠빙글리파 및 칼뱅파가 정무관의 무력의 도움 및 시위원회들의 입법과 더불어 종교개혁에 성공했다면, 많은 사람들이 정치 권위로부터 적극적인 반응을 도출하기 위해 아래로부

36 같은 책, pp. 102, 113.

37 *LW* 45, p. 108.

38 *On Heretics: Whether They Should be Punished by the Sword of the Magistrate*. Photoreprint of the Basel Latin original, ed. Sape van der Woude(Geneva, 1954); English translation Roland Bainton(New York, 1965).

터 무력을 행사했기 때문에 이들은 성공할 수 있었다. 반동적일 정도로 보수적이었던 16세기의 정부들은 종교적 변화 및 다른 사회적 변화가 단지 점진적으로 그리고 서서히 일어나는 것을 용인했으며, 그리고 이러한 변화에 호의적이었던 세력들이 오랫동안 진퇴양난에 빠진 이후에서야 이것들을 용인했다.[39] 재세례파와 같은 종교적 소수자에 대한 무관용은 통일된 종교적 관행을 선호하던 다수 사람들의 정서를 또한 반영했다. 이 같은 무관용으로 루터파나 다른 개혁 신앙들처럼 도시에서 광범위한 추종 세력과 더불어 시작되었던 재세례파는 1520년대 말 이후 농촌 지역으로 후퇴할 수밖에 없었다. 1520년대 말 재세례파에 비판적인 도시와 제국의 법률이 가혹해졌고, 사형집행도 일상적이 되었다.[40]

오늘날의 시각에서 볼 때, 사회가 종교적으로나 정치적으로 하나가 되어야 한다는 16세기의 전제에는 오류가 있었다. 종교적 충성심과 정치적 충성심의 결합은 편협함과 탄압을 야기하기 때문이다. 한편 분파주의적이고 근대적인 교회와 국가의 분리라는 시각에서 볼 때, 정치권력으로부터 종교적 가치의 제거가 사회에 순수한 축복이었던가에 대한 의문이 제기될 수도 있다. 정치에 무관심한 종교가 늘 사회에 도움이 되었던가? 신정정치의 망령을 제기하지 않고서도, 사회에 가장 심각한 위험이 무엇인가라는 문제가 제기될 수도 있다. 재세례파들이 두려워했듯이, 종교가 정치에 관여하게 되자 야기된 종교적 순수성의 상실이 심각한 위협이었던가 아니면 주류 프로테스탄트들이 두려워했듯이 종교가 정치적으로 수동적이게 되자, 유서 깊은 종교적 지혜에 의해 정치 제도를 판단하고 변혁할 수 있는 능력의 상실이 보다 심각한 위험이었던가?[41]

---

39 필자의 *Reformation in the Cities*(New Haven 1975), ch. 4; Franz Lau, "Der Bauernkrieg und das angeblishe Ende der Lutherischen Reformation als spontaner Volksbewegung," *Luther Jahrbuch* 26(1965), pp. 109~134; Bernd Moeller, *Reichsstadt und Reformation*(Gütersloh, 1962), p. 26; Gottfried Seebass, "The Reformation in Nürnber," in L. P. Buck and J. W. Zophy, eds., *The Social History of* the *Reformation*(Columbus, 1972), pp. 17~40을 참조하기 바란다.

40 Paul Peachey, "Social Background and Social Philosophy of the Swiss Anabaptists, 1525-1540," *MQR* 28(1954), pp. 102~127, 특히 pp. 105, 110, 115; Clasen, *Anabaptism: A Social History*, p. 22.

41 강압의 윤리는 루터파 역사가였던 홀에 의해 논의되었지만 여전히 유용한 주제이다. 그는 종파주의의 유산을 격렬하게 비판했지만, 다소 어울리지 않게 루터파의 국가 교회에 찬사를 보냈다. Karl Holl, "Die Kulturebedeutung der Reformation," in *Gesammelte Aufsätze zur Kirchengeschichte*

근년의 연구에 의하면 주류 재세례파가 무엇보다 '강제의 윤리'라는 문제에 의해 자극을 받았다는 것이다.[42] 종교적 신념과 관행이 사람들에게 강제될 수 없다는 입장을 취한 재세례파는 이를 실천하기 위해 사회로부터의 분리를 선택했다. 이 같은 선택을 통해 이들은 주요 개혁가들의 실용적인 타협을 거부했으며, '부패한 세계 및 이 부패한 세계의 보존을 위해 필수불가결한 강제로부터 철저히 분리된 소수자가' 되었다.[43]

또 다른 시각에서 볼 때, 16세기 재세례파와 영성파의 인식은 '전(前) 윤리적' 이었다고 말할 수 있다. 이들이 고민했던 문제가 강제의 윤리 내지 그리스도교적인 최상의 이상이 결여된 세속 사회를 수용할 수 없다는 것이었던가? 윤리적 인간은 자신이 알기 어렵고 인간의 완전한 구현을 뛰어넘는 가치와 이념을 구현하려고 한다. 누가 윤리적 인간이었던가? 사회의 변경에 살고 사회가 성취할 수 없는 이상의 이름으로 그것을 무시하거나 공격하는 새로운 예루살렘의 고상한 변론가였던가? 아니면 타협이나 패배의 위험을 감수하고서 이 같은 이상을 사회에 부분적으로나마 구현하려고 했던 사람인가? 16세기의 종파주의자들에게 가장 신선한 것처럼 보인 것은 교회와 국가의 분리가 아니라, 이들이 종교와 사회를 기꺼이 별개의 영역으로 분리했다는 데에 있다. 교회와 국가의 분리에 대한 인식은 서임권 투쟁 이래 계속 존재했다. 수도사와 수녀들은 중세 내내 세속 사회로부터 분리되어 있었으나, 세속 사회와 지속적으로 접촉하고 세속 사회의 변화를 위해 헌신했던 교회의 일부였다. 16세기 종파주의자들만이 진정한 종교를 위해서는 세속 사회로부터의 완전한 분리가 요구된다고 이론상 주장했다. 급진적 개혁가들이 남긴 유산은 고전적 종교적 가치가 사회나 문화에 침투하는 것을 더욱 어렵게 만들었다는 것이다.

(Tübingen, 1948), 1, pp. 468~543. 이 주제는 1911년에 처음 등장했으며 국가 사회주의가 대두하기 이전에 많이 논의되었다.

42 Stayer, *Anabaptists and the Sword*, p. 1.

43 같은 책, p. 330.

제11장

칼뱅과 칼뱅주의

1) 청년 칼뱅

1523년 장 칼뱅은 14세에 파리 대학의 마르슈 콜레주[1]에 입학했으며, 여기서 부친의 염원에 따라 신학자가 되기 위한 학업을 시작했다.[2] 아들 칼뱅을 소명에 따른 삶을 살도록 결심한 제라르 칼뱅은 피카르디의 누아용 주교의 존경받던 자문관으로서, 비록 종국적으로 칼뱅에 대한 그의 염원이 이루어지지 못했다고 해도, 루터의 부친에 충분히 필적하는 인물이었다. 제라르는 아들 장을 위해 누아용 주교좌성당과 퐁 레베크 촌락 교회에서 성직록을 얻었던 바, 이는 칼뱅 교육비의 많은 부분을 해결해 주었다.

칼뱅은 파리 대학의 마르슈 콜레주에서 근대 교육학의 창설자 중 한 사람으로 간주되는 라틴 고전 학자 마투렝 코르디에르로부터 교육을 받았다. 코르디에르는 칼뱅에게 인문주의의 학문 세계를 소개했으며, 그로부터 지속적인 지지를 받게 되었다. 이후 스승과 제자의 권위가 뒤바뀌게 된 1559년에 코르디에르는 제네바에 있던 칼뱅에게 합류했으며, 파리에서 젊은 칼뱅에게 그렇게 했듯이 거기서 그는 제네바의 젊은 학자들의 교육을 담당하게 되었다.

이러한 형성기에 칼뱅은 조국 프랑스의 개혁 운동을 또한 인식하게 되었다. 대표적인 복음적 인민주의자였던 자크 르페브르 데타플은 이 개혁 운동에 영감을 불어넣었고, 모의 주교 브리소네는 이 운동을 적극 주도했다.[3] 브리소네는 군

---

1 (옮긴이) 파리 대학의 유서 깊은 콜레주의 하나이자 교양학부 기숙학교로 몽 생 주느비에브에 있었다.

2 칼뱅의 전기에 관한 기본적인 자료는 칼뱅과 동시대의 인물이었던 테오도르 베자에 의해 작성되었으며, 여기에는 칼뱅에 대한 존경이 담겨져 있다. Theodore Beza, *The Life of John Calvin*, trans. Francis Gibson(Philadelphia, 1836). 칼뱅에 관한 근년의 전기들로서는 Alexander Canozy, *Le jeune Calvin: Genèse évolution de son vocation réformatrice*(Wiesbaden, 1966)가 있다.

3 헬러는 르페브르가 1525년에, 그에게 강한 영향을 미쳤던 프로테스탄트의 츠빙글리, 외콜람파디우스 및 파렐과 같이 급진적이지는 않았다고 해도, '이단'이자 '더 이상 전통적인 가톨릭의 틀 내에 있지 않는 인물이라'고 묘사했다. Henry Heller, "The Evangelicism of Lefèvre d'Etaples," *Studies in the Renaissance* 19(1972), pp. 75~76. 모 그룹에 관해서는 R. J. Lovy, *Les origines de la Réforme française: Meaux 1518-1546*(Paris, 1959); Christine Martineau et al., eds., *Guillaume Briçonnet, Marguerite d'Angouleme, Correspondence*(1521~1524), vol. 1, Annés 1521~1524(Geneva, 1975)를 참조하기 바란다.

주 프랑수아 1세의 큰 누이이자 후일에 나바르의 여왕(1527년 이후)이 될 마르그리트의 정신적 자문관이었으며, 프랑스 개혁파의 관대한 후원자이기도 했다. 마르그리트는 궁정에서 인문학을 장려했으며, 고대에 관한 자신의 독자적인 연구에 입각하여 당대의 종교 생활을 비판했다. 마르그리트는 그리스도교도적 명상록이자 회고적인 성격의 『죄를 범한 영혼의 거울』이라는 책을 집필했다. 한편 1532년 소르본 대학의 신학자들은 프로테스탄트적 성향을 이유로 이 책을 금지했다.

칼뱅은 엄격한 교육과 가톨릭의 정통 교리로 유명했던 파리 대학의 몽테귀 콜레주[4]에서 학업을 계속했다. 여기서 수학하는 동안 엄청난 고통을 받았다고 생각한 에라스무스와 라블레에 의해 이 콜레주는 조롱의 대상이 되기도 했다. 에라스무스에 따르면, 몽테귀 콜레주에서는 상한 음식이 학생들에게 제공되었고, 학생들이 구타를 당했으며, 학생들이 좁고 지저분한 방에서 잠을 잘 수밖에 없었다는 것이다. 신경이 예민했던 에라스무스에게 이 기간은 매우 끔직한 시련기였다.[5]

칼뱅은 몽테귀 콜레주에서 전통적인 스콜라 교육을 처음 받게 되었다. 칼뱅은 스코틀랜드 출신으로 1525년 이 대학의 교수가 되었고 오컴주의 전통에 공감했고 대표적인 갈리아주의자였던 존 메이저에게 철학을 공부했다. 이 대학은 매우 비판적이고 간결한 심성의 소유자였던 칼뱅에게 이를 나위 없이 좋은 학교였다. 칼뱅을 싫어했다고 고백한 그의 동료는 칼뱅이 동료 학생들 가운데 '기피' 학생이었다고 회고했다.[6]

1528년 칼뱅은 18세에 석사 학위를 취득했다. 그 이후 칼뱅은 파리를 떠나 오를레앙 대학의 법학부에서 배우기 시작했다. 그 해에 칼뱅의 부친은 법학 공부가 자식의 성공을 보장하는 확실한 길이라는 결정을 내리게 되었다. 만약 칼뱅이 이 같은 삶의 전환에 불만을 가졌더라면, 저항했을 터인데, 이에 대한 기록은

4 (옮긴이) 파리 대학의 신학부로 나르본느와 루앙의 대주교였던 질레스 아이슬렝 몽테귀에 의해 1341년 창설되었다. 15세기 후반에 몽테귀 콜레주는 파리의 대표적인 신학 대학의 하나였다.

5 John Huizinga, *Erasmus and the Age of Reformation*(New York, 1957). pp 22, 117.

6 John T. McNeill, *The History and Character of Calvinism*(New York, 1957), p. 99.

장 칼뱅 초상화

남아 있지 않다. 그는 본성적으로 자신이 처한 주변 여건에 늘 재빠르게 적응했고, 이를 지배한 것처럼 보인다. 오를레앙의 법률학자였던 피에르 레스투알은 경건함과 규율로 유명했으며, 젊은 칼뱅의 인간적인 모델이 되었다. 칼뱅은 오를레앙에서 독일의 고전 학자였던 멜키오르 볼마르의 친구가 되었다. 볼마르는 루터주의를 신봉한 인물로 그리스어의 기초를 칼뱅에게 가르쳐주었으며, 제네바에서 칼뱅을 뒤이은 테오도뤼스 베자의 개인 교사를 역임하기도 했다.

1532년 칼뱅은 22세에 시민법[로마법] 박사학위를 취득했다. 그 해 4월에 칼뱅은 세네카의 『관용론 주석』이라는 최초의 학술서적을 간행했다. 인문학 교육을 받았고 시민법학자이기도 했던 칼뱅은 이즈음 프랑스의 마르틴 루터가 아니라 프랑스 인문주의의 좌장이었던 기욤 뷔데와 같은 저명한 학자가 되기를 열망했다.[7] 세네카의 『관용론』에 관해 개혁 지향적인 인문주의 양식으로 집필된 그의 주석은 훌륭한 라틴어, 도덕 교육에 대한 믿음 및 고대에 대한 헌신을 보여주고 있다. 만약 칼뱅이 그 당시 교회 개혁에 전념했더라면, 교리적 논쟁이나 종교적 반란에 의해서가 아니라 엄밀히 말해 부드러운 설득에 의해 그렇게 되었을 것이다.

1532년 여름과 1534년 봄 사이에 칼뱅의 견해는 변했으며, 이 기간에 그는 프로테스탄트로 개종했다. 그는 이후 시편에 관한 주석(1557)에서 이 경험을 다음과 같이 기술했다.

> 교황청의 미신에 고집스럽게 탐닉한 나는 처음에 급작스러운 개종으로 깊은 수렁에서 벗어나는 것이 정말 어려웠다. 그러나 하나님은 이 같은 문제에 대해 매우 완고했던 그 나이의 나를 굴복시켰고 어루만져 주었다. 진정한 경건함에 대한 맛보기와 지식을 가지게 된 나는 그것에 의해 이득을 얻고자 하는 커다란 욕구에 불타올랐으며, 설령 내가 다른 학업을 포기하지 않았다고 해도, 나는 단지 이들 학문을 대충 공부했을 따름이었다. 그 해가 가기 전에, 참된 교리에 대한 배움의 욕구를 가진 모든 사람이, 비록 초심자에 불과했던 내 주위에 모여들자, 나는 깜짝 놀랐다.[8]

---

7 Quirinus Breen, *John Calvin: A Study in French Humanism*, 2nd ed. (Grand Rapids, 1968), p. 2.
8 François Wendel, *Calvin: The Origins and Development of His Religious Thought*, trans. P.

여기서 핵심적인 구절은 "하나님이 완고한 마음을 굴복시키고 어루만져 주셨다"는 것이다. 이후에 제네바의 종교개혁가가 된 칼뱅은 제멋대로이고 완고했던 자신의 목회를 순화시키고 어루만지는 지속적인 투쟁으로 이해하려는 성향이 강했다.

학자들은 칼뱅의 정확한 개종 시점을 둘러싸고서 논쟁을 벌였다. 일부 학자는 일찍이 칼뱅이 1527~1528년에 개종을 했다고 생각했고, 이 당시 루터의 저술들을 알고 있었으며, 독실한 루터파 교도였던 볼마르에 의해 그리스어를 배웠다는 사실을 그 근거로 제시했다. 칼뱅 역시 이 시기의 자신을 '교황청의 어둠'으로부터 벗어나 루터의 저술의 영향 아래 있었다고 기술했다.[9] 하지만 다른 학자들은 교황청에 대한 칼뱅의 초기의 비판 그리고 루터에 대한 고마움의 표현을 중요하게 생각하지 않았다. 이들은 그 같은 비판이 일상적이었으며, 루터의 저술은 1521년 이래 파리에서 유통되고 있었다고 주장했다. 루터는 1520년대에 프로테스탄트로 전향하지 않은 다수의 개혁 지향적인 프랑스인들에게 영향을 주었다. 하지만 칼뱅이 일찍이 개종했다는 주장에 대한 가장 강력한 비판은 세네카의 저술에 대한 그의 주석이다. 칼뱅이 개종하였다고 주장되는 해로부터 만 4년이 지난 후에 집필된 이 주석에는 현저한 프로테스탄트적 특징이 발견되지 않는다.[10]

오늘날 대다수 학자들이 칼뱅의 개종일로 추정하는 시점은 1534년 5월이다. 이 시기에 그는 자신의 고향 누아용으로 돌아왔으며, 12살 이래 보유했던 성직록을 포기했다. 이는 칼뱅의 심경과 정신의 변화를 분명하게 보여주는 공적 행위였다. 이 같은 결정이 1534~1534년의 겨울에 걸쳐 준비되었던 것은 의문의 여지가 없다. 프랑스의 자생적인 개혁 운동에 대해 칼뱅이 가장 불만족스럽게 생각한 것은 개혁 이념을 정착시키지 못하고 개혁을 실제로 추진하지도 못한다는 것이었다.[11] 내적 믿음과 외적 행위의 일치는 칼뱅주의의 특징이 될 것이었다.

Mairet (New York, 1963), pp. 37~38에서 인용.

9 *RGG* 1, p. 158; Wendel, *Calvin*, p. 39. 에밀 두메르그, 칼홀 및 피터 바스 등의 구세대 학자들이 이 시기를 옹호하는 경향이 있다.

10 McNeill, *History and Character of Calvinism*, p. 110을 참조하기 바란다.

11 Breen, *John Calvin*, p. 90을 참조하기 바란다.

칼뱅주의자들의 특징은 무엇보다 종교가 내면적 자아인식에 변화를 가져다 줄 뿐만 아니라 공적 생활이나 태도도 변화시킨다는 확고한 믿음이었다. 즉 안일한 자세로 있는 것은 믿음이 아니며, 믿음은 개인과 사회를 변화시켜야 한다는 것이었다. 칼뱅주의 역사에서 현저했던 것은 개인과 사회의 성화라는 고상한 가치의 실천이었다.

칼뱅은 사목활동 내내 '자유주의자'와 '니고데모파'라고 부르고 조롱한 이들 두 집단에 대해 매우 예민했다. 자유주의자는 삶의 기강이 느슨하고 신앙이 견고하지 못한 사람이었다. 거의 믿음이 없었던 이들 자유주의자는 무가치하게 표류했으며, 집착의 노예였다. 미카엘 발저가 청교도주의에 관한 연구에서 지적했듯이, 칼뱅주의자들이 참을 수 없었던 것은 '주인이 없는 인간'이었다.[12] 칼뱅은 자유주의자들을 "세상이 지금까지 경험한 가장 혐오스럽고 치명적인 종파"라고 비판했다.[13] 칼뱅은 제네바에서 이들 자유주의자를 권력을 가진 귀족 가문으로서 교회법정의 엄격한 법률을 대담하게 위반했던 파브르 가문과 동일시했다. 칼뱅은 이 가문의 좌장으로서 부도덕한 행위를 했던 프랑수아를 성사에서 한 번 배제했으며, 그의 부인도 결혼식에서 음탕한 춤을 추었다고 비난했다.

니고데모파는 참된 (복음적) 믿음을 거부하는 사람들이었지만, 참된 믿음에 입각한 어떠한 행동도 하지 않았다. 사실상 이들은 단지 참된 신앙을 가진 척 하는 사람들이었다. 니고데모파라는 이름은 성서에 등장하는 니고데모에서 유래했다. 니고데모는 예수의 가르침을 믿는다고 주장한 유대인이었지만, '다시 태어난다'는 예수의 가르침의 의미(요한복음 3장 1절)를 이해하지 못했다. 처음에 칼뱅은 프랑스의 인문주의자 개혁가들을 니고데모와 같은 인물로 상정했을 것이다. 이들 인문주의자는 우아한 연설로 개혁을 설교했지만, 개혁되지 않은 교회(가톨릭교회)와 공개적으로 관계를 맺고 있었다.[14] 종교개혁이 사회적 약속을 이행하

12 Michael Walzer, *The Revolution of the Saints: A Study in the Origins of Radical Politics*(New York, 1970), p. 313.

13 *Letters of John Calvin*, trans. Jules Bonnet(Philadelphia, 1858), 1, p. 455. Actes du Collooque Intl. de Sommiers, *Aspects du libertinisme au XVe siècle*(Paris, 1974); R. W. Collins, *Calvin and the Libertins of Geneva*(Toronto, 1968)를 참조하기 바란다.

는 데 실패한 이후에 영성주의에 헌신했지만 점점 더 비관용적이게 된 16세기에 정통 신앙의 소유자로 가장을 하는 것이 생존에 필수적이라고 생각한 영악한 프로테스탄트 지식인들이 니고데모파였다는 주장이 제기되었다.[15] 니고데모파가 이처럼 자의식이 강하고 조직화된 집단이었던가에 대해서는 의문의 여지가 있다.[16] 한편 믿음의 가장이라는 문제는 개혁가 칼뱅의 생애 내내 그를 곤혹스럽게 했다는 것은 의문의 여지가 없다.

자신의 성직록을 박탈당하기 전에 일어난 두 개의 사건이 칼뱅의 프로테스탄트로의 개종 결정에 크게 기여했다. 하나는 몽테귀 콜레주에서 친구였던 니콜라 콥이 파리 대학의 총장으로 선출된 사건이었다. 1533년 가을에 콥은 모든 성인 대축일에 행한 연설에서 소르본 대학의 신학자들을 신랄하게 공격했다. 콥은 이전에 마르그리트 나바라의 『죄를 범한 영혼의 거울』을 둘러싸고서 이들 신학자와 충돌했다. 설령 콥의 비판이 프랑스의 인문주의자 개혁파의 비판과 동일한 선상에 있었다고 해도, 반대자들이 루터파의 선전이라고까지 비난할 정도로 그의 연설은 개혁을 강하게 변호했다. 콥은 이 연설에서 루터의 설교를 하나 인용했으나, 그것은 사실상 에라스무스의 개혁 정서, 특히 『위안』(*Paraclesis*)의 정서였고, 지배적이었던 르페브르의 개혁 정서였다. 칼뱅과 콥의 긴밀한 관계는 이들이 공동 저자일 수 있다는 의혹을 낳았으며, 이 두 사람은 이단 재판의 당사자가 되었다. 콥은 바젤로 도주했고, 한편 칼뱅은 변장하여 고향 누아용으로 갔다.

1534년 봄 어느 날 자신의 성직록을 포기하기 직전에 도주하던 칼뱅은 프랑

14 베자는 니고데모파를 "처음에 탄압에 대한 두려움으로 프로테스탄트 종교를 부정했던 일부 프랑스인들"로서, "만약 이들이 마음에 진정한 종교를 받아들였더라면, 미사 집전 시에 자신의 몸과 더불어 현존하는 존재에 여하한 죄도 없다고 이후에 이들은 자랑스럽게 주장하기 시작했을 것이다"고 묘사했다.

15 긴츠부르그는 니고데모파로 유명한 창설자인 오토 브룬펠스, 볼프강 카피토, 바르톨로메우스 베스타이머, 제바스티안 프랑크, 요하네스 브렌츠, 클레멘트 치글러, 카밀리오 레나토 및 자크 르페브르를 지적했다. Carlo Ginzburg, *Il nicodemismo: Similazione e dissimulazione religiosa nell' Europe del' 500* (Turin, 1970)>

16 긴츠부르그의 저술에 대한 에이레의 비판을 참조하기 바란다. Carlos M. N. Eire, "Calvin and Nicodemism: A Reappraisal," *Sixteenth Century Journal* 10 (1979), pp. 45~69. 또한 에이르의 박사학위 논문을 참조하기 바란다. "Idolatry and the Reformation: A Study of the Protestant Attack on Catholic Worship in Germany, Switzerland, and France, 1500-1580" (Yale, 1979), ch. 5.

스의 개혁파 프로테스탄트에 대한 탄압이 본격적으로 시작되었던 당시에 무엇이 최선의 방안인지에 관해 조언을 듣기 위해 르페브르를 방문했다. 이들의 대화 내용이 기록으로 남아 있는 것은 없다. 미국의 칼뱅 전기 작가는 칼뱅이 노쇠한 르페브르와 마주 앉아서, 아마도 정말 생애 처음으로 구 교회에 대한 지속적인 복종이 개혁의 진정한 장애물이라고 인식함에 따라 조국의 개혁 운동의 무기력에 압도되었음에 틀림없다고 생각했다.[17] 만약 르페브르가 새로운 길을 가는 칼뱅을 되돌리려고 했다면, 이는 확실히 매우 설득력이 없었을 것이다. 르페브르를 방문한 직후 칼뱅은 자신의 성직록을 박탈당했고, 프로테스탄트 진영에 가담했다.

2) 제네바에서의 정치적 반란과 종교 개혁

1534년 여름과 1536년 봄 사이에 칼뱅은 프랑스와 이탈리아를 여행했으며, 이탈리아에서 루이 12세의 딸이었던 공작부인 르네 페라라를 방문했다. 인생의 새로운 혼란도 칼뱅의 학문 활동을 방해하지는 못했다. 칼뱅의 새로운 종교적 지향은 품격이 있는 변론서인 『기독교 강요』에 영감을 주었다. 1536년 3월 이 책의 초판본이 간행되자, 칼뱅은 곧 국제적인 명성을 얻게 되었다. 이 책은 출판을 거듭했으며, 1559년의 최종판에 의해 프로테스탄티즘 개혁 대전이 되었다.

당시 황제 카를 5세와의 3차 전쟁 직전으로 국가적 통합과 국경 방어를 위해 병력이 필요했던 프랑스의 군주 프랑수아 1세는 종교적인 이유로 추방을 당한 프랑스인들에 대한 대 사면령을 공포했으며, 그리하여 칼뱅은 1536년 여름 프랑스로 돌아오게 되었다. 칼뱅은 파리를 방문하여 그곳에서 가족의 일을 처리했으며, 학자로서의 여유로운 생활을 위해 프로테스탄트의 도시였던 스트라스부르로 향했다. 하지만 전쟁으로 그는 제네바로 우회할 수밖에 없었으며, 1536년 8

17 McNeil, *The History and Character of Calvinism*, pp. 114~115.

월 제네바에 도착했다.

1530년대에 프로테스탄트 개혁이 시작되기 이전인 1520년대에 제네바는 정치 혁명을 경험했다.[18] 루터파 지역이었던 작센에서 신학자들의 주도로 시작된 종교적 개혁이 황제에 대한 제후들의 정치적 반란을 야기했던 반면에, 제네바에서는 도시 정무관들에 의해 야기된 사보이가에 대한 정치적 반란은 프로테스탄트의 종교적 개혁의 길을 예비했다.

제네바는 전통적으로 그 지역에 거주하던 제후 주교에 의해 지배되었던 바, 이는 10세기로까지 거슬러 올라가는 봉건적 도시 정부의 역사를 반영했다. 제후 주교는 모든 민사 사건과 형사 사건에 대한 사법권을 보유하고 있었으며, 도시의 종교 생활도 규제했다. 주교는 자신이 직접 선택한 대리인에 의해 지배되는 특별 위원회를 통해 직무를 수행했으며, 주교의 빈번하면서도 오랜 부재 동안 주교 대리인은 도시를 대변했다. 제네바 제후 주교는 이론상의 자율성에도 불구하고, 제네바호의 남쪽 지역에 대한 정치 및 군사를 장악했던 사보이가의 정치적 이해관계를 오랫동안 대변했다. 제네바호의 북쪽 지역에는 1528년 프로테스탄트로 개종한 베른과 사보이에 대한 스위스의 강력한 대항 세력으로서 가톨릭을 신봉하던 프라이부르크가 있었다. 이들 두 지역은 16세기 초엽 남으로 활발하게 팽창을 하고 있었다. 베른은 특히 사보이가 지배한 페이 보드 지역을 주시했으며, 1536년과 1564년 사이에 제네바의 이들 내륙지역을 점차 완전히 장악하게 되었다. 베른과 프라이부르크는 제네바에 대한 영향력을 성공적으로 확대했을 뿐만 아니라, 도시의 정치적 지배 세력이었던 제네바 상인들은 스위스와의 동맹을 선호했다. 스위스와 독일의 정기시들은 제네바 경제의 핵심 축이 되었으며, 제네바 상인들은 북부 지역과 긴밀한 경제적 관계와 개인적인 유대관계도 맺고 있었다. 이 같은 중요한 정치적 발전에 힘입어 제네바는 1520년대에 제후 주교였던 피에르 봄에 도전할 기회를 포착했다.

---

18 이들 사건에 대한 필자의 재구성은 다음과 같은 저술들에 기초하고 있다. E. W. Monter, *Calvin's Geneva*(New York, 1967); Henri Naef, *Les origines de la réforme à Genève*(Geneva, 1968); Rudolf Pfister, *Kirchengeschichte der Schweiz* vol. 2(Zurich, 1974); John T. McNeil, *The History and Character of Calvinism.*

사보이인들은 제네바에 대한 영향력을 강화함으로써 스위스의 팽창에 대응했으며, 제네바는 사보이파와 스위스파로 분열되었다. 제후 주교 및 사보이 공에 대한 노골적인 반감은 일찍이 1517년 수면 위로 떠올랐으며, 1519년 1월 이후에 제네바의 역사가가 된 프랑수아 보니바르가 주도하던 86명으로 구성된 일군의 제네바인들은 프라이부르크로 이주하여 그곳 시민이 되었다. 설령 사보이인들이 제네바와 프라이부르크의 조약을 무효화시키기는 했지만, 그 조약의 단명은 곧 일어날 사건에 대한 불길한 징후였다.

마지막 결전이 1525년에 있었다. 그 해 사보이가 제네바를 통제했던 방식과 동일하게 사보이의 지배를 받았던 로잔은 베른과 동맹을 결성했다. 제네바 인들이 유사한 협정을 체결할지도 모른다는 의구심을 가진 사보이 공 카를 3세는 제네바 시민들에게 스위스에 저항하고 사보이 및 제후 주교와의 전통적인 동맹을 확고히 하라고 재차 명령했다. 제네바는 강압에 의해 동의했지만, 동시에 브장송 위그의 주도 아래 제네바로부터 추방당한 사람들은 제네바의 이름으로 프라이부르크 및 베른과 협상을 시작했다. '위그노'라는 용어는 브장송 위그로부터 유래했다. 1526년 2월 이후 제네바를 스위스의 정치적 진영 내에 확고하게 두기로 하는 공식적인 동맹이 체결되었다.

에드그노(Eidguenots)라 불리는 스위스 동맹의 지지자들은 당시 제후 주교에게 손쉽게 승리를 거두었다. 시민단은 브장송 위그에 의한 스위스와의 협상 및 협정을 인준했다. 그리하여 제네바 정부의 통치는 귀족적인 두 위원회로 넘어갔으며, 이들 위원회는 1527년 8월에 프라이부르크로 도주한 제후 주교의 전통적인 권력을 장악했다. 즉, 입법권과 사법권 모두를 보유한 핵심 지배기구였던 200인 위원회와 25명으로 구성된 집행기구인 소위원회가 시정을 장악했던 것이다. 소위원회의 위원 중 16명은 200인회에 의해 임명되었으며, 나머지 9명의 위원은 4명의 평의원, 도시 재무관 그리고 시민들에 의해 매년 선출된 소위원회들 중 전년도에 선출된 위원 4명으로 구성되었다.

제네바가 사보이로부터 독립할 수 있었던 근본적 원인은 두 가지이다. 첫째, 제네바는 베른과 탁월한 군사 동맹을 체결하고 있었으며, 브장송 위그 및 에드그노 운동을 주도한 상인들의 뛰어난 지도력 때문이었다. 둘째, 제후 주교와 사보이인들은 군사적으로는 우세했지만, 정치적으로 허를 찔렸기 때문이다. 제네바는 1528년 도시에 대한 성사 금지에도 버텼으며, 베른과 프라이부르크의 원조 덕분에 1530년 사보이인들의 봉쇄를 극복했다.

이 같은 정치적 혁명의 성공 와중인 제네바에 종교개혁이 도래했다. 제네바의 프로테스탄트 종교개혁은 그 자체의 혁명이 아니라 1520년대 정치혁명의 공고화의 일부였다.[19] 루터의 저술들이 이미 1524년부터 제네바에 유통되었음에도 프로테스탄트의 적극적인 활동은 가톨릭교회를 비판하는 팸플릿과 플래카드가 등장한 1532년 여름이 되어서야 시작되었다. 1533년 베른은 프로테스탄트 선교를 확고히 하기 위해 기욤 파렐, 안토닌 소니에 및 피에르 올리베탕 등으로 구성된 프로테스탄트 설교 팀을 제네바에 파견했다. 설교 팀의 지도자였던 파렐은 일찍이 프랑스 뇌사텔의 베른 대리인으로서 프로테스탄트 개혁을 주도했다. 베른이 제네바 정치 혁명에 결정적이었기 때문에, 당시 베른은 제네바의 종교적 개혁 또한 주도하게 되었다.

도시에서 '이단'의 부상은 제네바의 또 다른 스위스 동맹으로서 특히 가톨릭을 굳건하게 신봉하던 프라이부르크를 곤혹스럽게 했다. 특히 프라이부르크의 시민 베를리가 1533년 종교적 소요 중 살해된 이후 그러했다. 이 사건을 제네바의 종교 개혁의 흐름을 반전시킬 수 있는 기회로 포착한 프라이부르크는 살인 혐의자들을 재판한다는 명목으로 제네바에서 추방된 제후 주교를 프라이부르크의 꼭두각시로 파견했다. 스스로 무시당하고 있고 무력하다고 생각한 주교 봄은 겨우 2주간만 제네바에 머물렀다. 이후 제네바의 관리들이 주교의 사법적 권위가 아니라 시민적 권위에 입각하여 그리고 가톨릭 신앙의 부활의 징표로서가 아니라 법률과 질서의 이름으로 베를리의 살인자들을 체포하고 처형했다.

제네바와 프라이부르크의 관계는 이들 사건 이후 급속하게 와해되었다. 1534

---

19 Robert M. Kingdon, "Was the Protestant Reformation a Revolution? The Case of Geneva,' in Robert M. Kingdon, ed., *Transition and Revolution: Problems and Issues of European Renaissance and Reformation History*(Minneapolis, 1974), pp. 53~76을 참조하기 바란다.

년 1월 파렐과 도미니크회의 기 퀴르비티는 종교 문제에 관한 공개 토론을 개최했다. 토론이 진행되는 동안 퀴르비티는 제네바인들이 베른의 노리개로 전락했다고 다소 정확하게 비판했다. 이 논쟁은 소요 사태로 끝이 났다. 베른의 요구로 퀴르비티는 이후에 체포되고 처벌을 받았다. 프라이부르크의 계산된 정치적 음모라고 의심한 제네바의 지배자들은 프라이부르크와의 관계를 단절했고, 베른은 제네바의 유일한 스위스 동맹이 되었다. 설령 이 과정에서 정치가 종교보다 중요한 역할을 하기는 했지만, 제네바의 정치적 운명과 종교적 운명은 그 이후 밀접하게 결부되었다. 제네바에서는 퀴르비티 사건으로 베른과의 새로운 동맹이 결성된 것 이외에 프로테스탄트 교회가 또한 공식적으로 설립되었다.

제2차 종교 논쟁은 극도의 소요 사태 가운데 1535년 6월에 개최되었다. 성상 파괴를 둘러싼 소요가 있었고, 제네바의 참사위원이 파렐의 동료 피에르 비레를 독살하려는 시도도 있었다. 논쟁 이후 제네바의 위원회들은 시의 모든 교회에서의 미사를 잠정적으로 정지했다. 이는 다른 지역에서와 마찬가지로 제네바에서의 프로테스탄트 개혁의 성공에 대한 확실한 징후였다. 1535년 12월 제네바의 정무관들은 가톨릭 성직자들에게 새로운 복음적 신앙으로 개종을 하거나 시로부터의 추방 중 하나를 선택하라고 제안했다.

이와 동일한 시기에 사보이는 종래의 지위를 회복하기 위한 가톨릭의 필사적인 노력으로 제네바를 포위했다. 또 다시 베른의 도움을 받은 제네바는 정치적 독립을 보존했다. 하지만 16세기 정치에서 종종 그러했듯이, 당시 동맹국은 적이 되었다. 제네바를 성공적으로 해방시킨 베른 시민들은 자신들의 정치적 의지를 제네바에 강요하고 그리고 새로운 제후 주교로서 사실상 정치적 지위를 구현하고자 했다. 일찍이 비슷한 여건에 있던 로잔은 굴복했으며, 베른 시민들은 제네바인들이 별 저항을 하지 않을 것이라고 확신했다. 하지만 베른과 이후의 장 칼뱅이 아프게 깨달았듯이, 제네바에서 자유는 결코 소멸하지 않았다. 제네바의 정무관들은 자신의 동맹에 대해 주제넘게 다음과 같이 지적했다.

> 우리는 사보이 공과 주교 모두에 대항한 …… 전쟁을 …… 20년간 감내했다 …

… 우리는 이 도시를 [다른] 권력에 굴복시키고자 했기 때문이 아니었다. 그러나 전쟁을 치렀고 많은 고통을 겪었던 불쌍한 우리 시가 자유를 보존해야 한다고 우리는 염원했기 때문이다.[20]

1536년 8월 베른은 제네바의 주권을 공식적으로 인정했다. 설령 1560년대까지 이 지역의 군사적인 패권 국가였던 베른은 그럼에도 자신의 의지대로 제네바를 끝내 굴복시키지는 못했다.

1536년 5월 25일 제네바 시민들은 종교개혁을 수용했으며, "복음의 법과 하나님의 말씀에 따라 생활하고, 교황청의 모든 권한 남용을 폐지할" 것을 서약했다.[21] 파렐과 그의 동료들이 이 새로운 명령을 시행하기 시작하고 있었던 바로 그 때인, 그 해 여름에 칼뱅이 제네바에 도착했다. 칼뱅으로부터 배우고 있었고 그의 명성을 알고 있었던 파렐은 칼뱅에게 개혁의 과업에 동참해 주기를 간절하게 요청했다. 파렐의 간청 이후 '부끄러움과 불안감에 압도된' 칼뱅은 자신의 스트라스부르 구상을 포기하고 의무감에 제네바 개혁을 돕게 되었다고 이후에 회상했다.[22]

거의 하루 밤 사이에 칼뱅은 제네바 종교개혁을 주도하게 되었다. 세바스티앙 카스텔리오가 이후에 지적했듯이, 파렐의 단순한 복음 운동이 '칼뱅화'되었던 것이다.[23] 1537년 칼뱅은 제네바 시민들에게 신의 말씀에 따라 사는 삶이 무엇인지를 자세하게 설명했다. 그는 1537년 1월에 시의 지배자들의 동의를 얻기 위해 "교회 조직과 예배에 관한" 21개 조항의 교회 법령을 제안했다. 이들 조항은 제네바에서의 도덕적 생활 및 정치적 생활과 관련하여 교회에 관한 칼뱅의 인식을 보여주고 있다. 이즈음 그는 그리스도교도 각자의 책임을 규정한 『신앙 지침』이라는 새로운 교리문답을 또한 제공했다.

칼뱅이 제안한 법령과 교리문답은 제네바 시민들이 종교개혁을 지지하면서

20 Monter, *Calvin's Geneva*, p. 55에서 인용.
21 Kingdon, *Transition and Revolution*, pp. 96~97.
22 *Corpus Reformatorum* 59, pp. 23~26.
23 *Contra libellum Calvini* [n.p., 1562], no. 72, p. D 8 b.

협상했던 내용에 비해 종교생활에 대한 보다 많은 통제를 요구했다. 칼뱅은 자신이 명명한 '파문이라는 교정과 규율'을 목회자들이 행사하기를 원했다. 그의 구상에 의하면 '신도들 가운데 선한 삶을 살고 증인으로서 사는 사람들은' 위원회들에 의해 선정될 것이고, 이들에게는 [도덕적] 생활과 지배에 대한 감독권'이 부여될 것이었다. 이들이 발견한 과오는 시정을 위해 목회자들에게 보고될 것이었다. 한 걸음 더 나아가 칼뱅은 도시의 지배자들에게 모든 시민의 공개적인 종교적 서약을 위한 모범적이고 공개적인 신앙고백을 준비하고 이를 행하라고 촉구했다.[24] 설령 이 같은 서약식이 실제로 1537년 9월과 11월에 열리기는 했지만, 그것의 준수는 보편적인 것과는 거리가 멀었고, 도시의 지배층과 대중은 이 같은 요구 조건의 타당성을 둘러싸고서 양분되었다. 제네바 시민들의 생활에 대한 설교가의 권한이 너무 강력하다는 결론에 명백히 도달한 시위원회들은 선서를 하지 않은 사람들에 대한 처벌도 거부했다.

칼뱅과 파렐은 주교의 지배로부터 막 벗어난 제네바에 너무 많은 것을 요구했다. 프로테스탄트의 새로운 성직자들은 제후 주교가 되기를 열망하고 있었던가? 자신들을 '도시의 통치 기구에 혼합했다'고 비난을 받은 이들 개혁가는 당시 내부의 심각한 저항에 직면했다. 동시에 보다 온건한 프로테스탄트 개혁을 유지하라는 베른으로부터의 새로운 압력이 제네바에 가해졌다. 특히 베른은 칼뱅과 파렐이 모두 금지했던 세례수 통, 성찬식에서 이스트를 넣지 않은 빵의 사용, 성탄절, 신년, 성 수태고지 및 승천일 등의 전통적인 종교적 축일을 제네바 시민들이 복원하기를 희망했다.[25]

이 같은 내부로부터의 비판은 물론 외부로부터의 비판도 칼뱅과 파렐에게 과도한 것으로 판명되었다. 1538년 1월에 200인 위원회는 이들의 파문권을 부정했다. 그런데 칼뱅은 이 파문권을 개혁 성공의 필수불가결한 요소로 간주했던 것이다. 2월에 소위원회의 위원 선출로 개혁가들에게 비판적인 위원들이 권력을 장악하게 되었다. 개혁을 부정한 200인 위원회는 논쟁거리였던 교회의 전통

---

24 *Calvin: Theological Treatises*, trans. J. K. S. Reid(Philadelphia, 1954), pp. 47~55.

25 피스터는 이것들이 폐지된 연대를 정리했다. Pfister, *Kirchengeschichte der Schweiz*, 2, pp. 204~206.

적인 관행을 다시금 채택했다. 이들 조치에 저항한 개혁가들은 1538년 4월 제네바로부터 축출되었다.

3) 스트라스부르와 마르틴 부처

취리히와 바젤을 방문한 이후 칼뱅은 스위스의 교회 관련 토론회에 앞서 제네바로부터 자신의 축출에 관한 공청회를 개최하려던 시도가 수포로 돌아가자 우연히 우회했던 제네바 대신 원래의 목적지였던 스트라스부르에 정착했다. 스트라스부르에서 칼뱅은 스트라스부르 대학의 강사 및 프랑스 난민 교회의 목사로 활동했다. 스트라스부르에 3년간 체류하는 동안 칼뱅은 제네바로부터의 추방이라는 상처를 상당히 치유했을 뿐만 아니라, 탁월한 스승으로부터 종교개혁을 어떻게 추진할 것인지에 대해서도 배우게 되었다. 칼뱅의 스승은 스트라스부르 성직자들의 지도자이기도 했던 부처였다. 부처는 칼뱅이 프로테스탄트 개혁가로 성숙하는 데 많은 영향을 미쳤다. 그리하여 한 역사가는 "이른바 칼뱅주의 교회 내지 개혁 교회는 부처의 선물이자, 그의 [이념을] 강력하고 탁월하게 실행에 옮긴 칼뱅에 의해 세상에 제공된 것"이라고 기술했다.[26]

다른 주요 개혁가들과는 달리 부처의 부친은 통제조공이었고 모친은 조산사로서, 비교적 가난한 환경에서 성장했다. 스트라스부르에서 일하는 동안 그의 부모는 어린 부처를 슐레트슈타트에 있던 그의 할아버지에게 맡겼다. 그곳에서 부처는 라틴어 학교에 다녔고, 15세에 도미니크 수도회에 입회했다(1506). 도미니크회는 1516년 부처를 하이델베르크의 수도원으로 보냈다. 부처는 하이델베르크 대학에서 석사학위를 취득했고, 이후에 루터파 개혁가가 될 요하네스 브렌츠로부터 그리스어를 배웠다. 부처는 1518년에 열린 루터와 가톨릭 논객들 사이에 벌어진 하이델베르크 논쟁에 참석했으며, 루터 및 슈타우피츠와 식사를 한

---

26 Wilhelm Pauck, *The Heritage of the Reformation*(Glencoe, 1961), p. 91.

것으로 기록되어 있다. 수도사로서의 서약 철회를 요청하고 이를 허락받은 1521년 부처가 종교개혁의 영향을 받은 것은 분명하다. 프란츠 지킹겐 궁정의 부속 사제로 봉사했고, 환속한 수녀 엘리자베스 질베라이젠을 아내로 맞이한 이후, 1512년 5월 부처는 스트라스부르에 정착했으며, 그곳에서 프로테스탄트 개혁파에 합류했다.

칼뱅이 도착했을 당시 스트라스부르는, 개혁에 대한 시 정무관들의 지원이 불충분하다는 성직자의 불평이 과장되었음에도 불구하고, 오랫동안 교회 조직의 모델이 되었다.[27] 설교가, 장로, 집사 및 교사라는 교회의 4 직책은 종교생활을 시민생활에 통합시켰다. 당시 부처는 루터파와 츠빙글리파 간의 분열의 치유와 프로테스탄트와 가톨릭의 화해를 모색하는 등 교회일치 운동에 적극 가담했다. 스트라스부르가 루터의 아우크스부르크 신앙고백과 츠빙글리의 「4개 도시 신앙고백」에 서명한 것은 부처의 신학적 탄력성은 물론 시 정무관들의 정치적 명민함도 반영되어 있었다. 부처는 1540년대 초엽에 하게나우, 보름스 및 레겐스부르크에서 가톨릭과의 교회 일치 논의에서 프로테스탄트 진영을 주도했다. 이는 트렌트 공의회에서 그리스도교 공화국이 항구적으로 분열되기 이전의 교회 일치를 위한 마지막 시도였다. 부처에 대한 가톨릭 진영의 적수였던 요한 그로퍼는 타협적이었던 『라티스본의 책』(또한 『레겐스부르크의 책』으로 불렸다)을 저술했다. 많은 사람들은 이 책이 교회 통합을 위한 신앙고백적 기초가 될 것이라고 기대했다.[28]

부처를 통해서 칼뱅은 이 대화에서 보조적인 역할을 수행했으며, 이 사건에 관한 그의 서신들은 가장 훌륭한 역사적 자료이기도 하다. 칼뱅은 서신에서 프로테스탄트 교리를 타협시키려던 부처의 태도를 비판했고, 부처 및 프로테스탄트의 다른 핵심 협상가였던 멜란히톤 모두를 "아마도 이 보다 더 유해한 것이 없는 양심의 문제에서 모호한 태도를 두려워하지 않는다"고 비난했다.[29] 설령 칼뱅

27 Jane Abray, "The Long Reformation: Magistrates, Clergy, and People in Strasbourg 1520-1598" (Dissertation, Yale University, 1978); Miriam U. Chrisman, *Strasbourg and the Reform*(New Haven, 1967), p. 161을 참조하기 바란다.

28 이 책의 555쪽을 참조하기 바란다.

이 이 같은 '시대에 대한 순응'으로부터 결별하기는 했지만, 그는 부처와 멜란히톤에게 이들의 선의에 대해 찬사를 보냈고, 그 같은 경험으로부터 개인적으로 많은 것을 얻게 되었다.

부처는 개혁가들 가운데 교회일치를 위한 매우 열정적인 개혁가였고, '국제적인' 개혁가이기도 했다.[30] 종교개혁의 전반적인 역사는 부처를 중심으로 집필될 수도 있을 것이다. 루터에 의해 개종을 했지만, 신학에서는 츠빙글리적이었던 부처는 재세례파 지도자들과 논쟁을 벌였고, 에라스무스와 빈번히 서신을 교환했으며, 스트라스부르의 정무관들 및 독일의 영토 제후들과 힘의 정치를 했다. 그는 칼뱅의 스승이 되었고, 1530년대와 1540년대에 가톨릭과의 협상에서 프로테스탄트의 대표로서의 역할을 했으며, 생애 말년(1548~1551)에는 영국에서 영국의 종교개혁에서 토머스 크랜머를 지원했다. 그의 마지막 작품인 『그리스도 왕국론』은 영국의 군주 에드워드 6세에게 헌정되었다.

칼뱅은 스트라스부르에서 또한 인문주의자 요하네스 슈투름이 구상한 모범적인 교육 프로그램을 발견했으며, 부처의 교회 조직과 마찬가지로 제네바에서 이를 모방했다. 슈투름은 스트라스부르 학제를 6세 이하의 아동을 위한 유치원, 9년제 중등학교(김나지움) 및 5년제 고등학교라는 세 학제로 편성했다. 인문주의적 이상에 기초한 커리큘럼은 그리스어 및 라틴어 지식, 고전의 직접적인 강독 및 도덕적이고 종교적인 훈련으로 구성되었다.[31]

스트라스부르에 '유배'되어 있을 동안 칼뱅은 『기독교 강요』의 제2판을 완성했다. 그는 원래 6개의 장으로 구성된 이 책을 1539년판에서 17개의 장으로 확대했으며, 바울의 로마서에 대한 해설서이자 성서 주석도 최초로 집필했다. 또

---

29 *Letters of John of Calvin*, 2, p. 263.

30 어떤 역사가는 부처의 신학이 인문주의자, 플라톤주의자, 루터파, 재세례파, 영국 교회 및 가톨릭적 주제의 혼합물이 될 것이라고 지적했다. Heinrich Bornkamm, *Martin Bucers Bedeutung für die europäische Reformationsgeschichte*(Gütersloh, 1952).

31 Hattings Eells, *Martin Bucer*(New Haven, 1931), p. 228. 슈투름이 요구한 학업에 관한 참고문헌은 로트에 의해 작성되었다. Jean Rott, "Bibliographie des oeuvres imprimées du recteur Strasbourgeois Jean Sturm (1507-1589)," in *Actes du 95e congrès national des sociétés savantes* (Reims, 1970) (Paris, 1975), 1, p. 319~404.

한 진취적인 카르펜트라스의 주교 야코포 사돌레(1477~1547)에 대한 중요한 답신도 작성했다. 로마 가톨릭으로 되돌리기 위해 제네바인들을 초청하면서 사돌레는 칼뱅을 축출하고자 했다. 칼뱅의 개인적인 동기에 대해 의문을 제기하고, 프로테스탄트의 종교적 관행을 단호하게 비판한 장문의 서신에서 사돌레는 제네바인들에게 구원을 위해 1500년 이상 존속한 교회 제도를 신뢰하는 것이 좋을지 아니면 불과 25년 밖에 안 된 신생 교회 제도에 모든 것을 맡기는 것이 좋을지를 심사숙고하라고 촉구했다.[32] 파렐의 개혁에 공감했던 프로테스탄트 종파이자 (기욤 파렐의 이름에서 명명된) 기욤파로부터 권고를 받은 칼뱅은 격조 있는 개인적인 변론 및 새로운 프로테스탄트 신앙에 대한 명확한 천명과 더불어 1539년 8월 사돌레에게 답신을 했다.[33]

스트라스부르에 체류하는 동안 칼뱅은 아내를 맞이했다. 칼뱅은 자신에게 아내를 소개해 준 것처럼 보인 파렐과 부처의 청하지도 않은 조언을 받아들여 결혼을 했다. 하지만 칼뱅은 혼인에 대해 자신만의 분명한 생각을 가지고 있었으며, 이를 파렐과 공유했다. "내가 그녀에게서 발견하자고 하는 것을 명심하십시오"라고 그는 기술했다.

> 나는 멋있는 사람에게 첫 눈에 반해 사랑에 빠진 사람의 악덕까지 포용하는 정신 나간 사람이 아니다. 단지 나에게 매력적인 아름다움은 이것이다. 즉 만약 그녀가 정숙하다면, 너무 친절하지도 세심하지도 않다면, 절약을 하고, 인내심이 있다면, 나의 건강에 관심을 가질 것이라는 기대가 있다는 것이다.[34]

1540년 8월 칼뱅은 재세례파 출신의 미망인이었던 이델레트 뷔레와 결혼했으며, 그녀의 개종에 확실히 중요한 역할을 했다.

---

32 *John Calvin and Jacopo Sadoleto: A Reformation Debate*, ed. and trans. John C. Olin (New York, 1966), p. 40.

33 같은 책.

34 *Letters of John Calvin*, 1, p. 141.

4) 제네바에서의 칼뱅의 종교개혁, 1541~1564년

1538년 유배를 당한 칼뱅과 파렐은 새롭게 선출된 시 위원들과 제네바의 유력한 동맹 베른에 의해 비판을 받았다. 1539년의 선거로 중립적인 성향의 시 위원들이 권력을 장악했으며, 1540년 강력한 반베른 세력이 위원회를 지배했다. 그 이후 정치적 기류는 칼뱅의 복귀에 우호적이었다. 1540년 9월 제네바의 시 위원회들은 칼뱅이 이전의 직책을 수행하도록 그를 초정하는 결의안을 통과시켰다. 이 같은 과정을 알게 되었고, 뇌샤텔에 정착하여 편안하게 생활을 하던 파렐은 칼뱅의 복귀를 촉구하는 서신을 작성했으며, 하인리히 불링거는 종교개혁에서 제네바의 전략적 중요성을 강조하는 편지를 취리히로부터 작성했다. 칼뱅은 초청을 수락하기 이전에 일 년간 고뇌를 했다. 그는 한 친구에게 "내가 이보다 더 두려워하는 곳은 하늘 아래 없다"고 고백했으며, 자신의 제네바로의 귀환이 제네바 첫 방문과 마찬가지로 갈등이나 좋지 않은 결과가 초래될지도 모른다는 두려움도 인정했다.[35] 자존감이 강한 칼뱅에게 두 번씩이나 패배하는 것은 파멸을 의미했던 것이다.

1541년 9월 13일 칼뱅은 제네바에 도착했다. 도착한 지 6주도 안 되어서 그는 스트라스부르의 모델을 따라 새로운 교회 법령을 시의 정무관들에게 제출했다. 교회 규율은 1537년에 그러했듯이 1541년에도 중요했다. 시위원회들이 자신에 대한 추방령을 철회한 이후에 이들 위원회에 행한 언명에서 칼뱅은 다음과 같이 경고했다.

> 만약 여러분들이 저를 여러분의 목자로 삼기를 원한다면, 여러분의 무질서한 삶을 고치십시오. 만약 여러분이 추방당한 저를 진정으로 다시 불렀다면, 여러분 가운데 팽배한 죄악과 방탕한 생활을 몰아내십시오. 가장 고통스러운 불쾌감 없이는…

---

35 같은 책, 1, p. 231.

… 발밑에 짓밟힌 규율과 처벌도 받지 않고 행해진 죄악을 제가 바라볼 수가 없습니다. 저로서는 그토록 부도덕한 곳에 사는 것이 불가능합니다. …… 저는 복음의 주요 적이 누구인지, 교황청이나, 이단도, 유혹하는 사람도, 폭군도 아닌 사악한 그리스도교도라고 생각합니다. 저는 육체적인 탐욕, 술, 매춘 및 노름이라는 방탕한 생활을 두려워합니다. …… 선업이 없는 죽은 믿음이 무슨 소용이 있겠습니까? 사악한 생활이 거짓말을 낳고 행위가 실언이 되고 얼굴을 붉히게 하는 곳에서, 심지어 진리마저 뭐가 중요하겠습니까? 여러분의 도시를 두 번씩이나 포기하도록 제게 명령을 하거나, 저로 하여금 [이 도시를] 떠나가도록 하거나, 또 다시 추방함으로써 저의 쓰라린 고통을 완화하도록 하십시오. 그렇지 않으면 준엄한 법률이 교회에서 지배되도록 하십시오. 교회에 순수한 규율을 다시금 확립하십시오.[36]

칼뱅은 1537~1538년에 자신이 범한 오류를 1542년에도 똑같이 범하지는 않았다. 시 위원회들이 수정하지 않으면 승인하지 않겠다고 한 1537년에 제정된 교회조직 및 예배에 관한 조항은 칼뱅과 파렐이 '시정에 간섭'하고자 했다는 인상을 제공했다. 1541년의 교회 법령은 위원회들의 정치적 주권을 철저히 존중했으며, 성직자들이 최고 정무관(Lord Syndic)과 소위원회에 행하는 충성 서약을 철저하게 준수하도록 했다.[37] 당시 제네바에서의 성직자의 권한은 스트라스부르 교회의 관행을 따라 채택된 교회의 4 직책(목사, 장로, 집사 및 교사) 중 하나였던 장로의 직책 내에 있었다. 장로는 제네바 위원회들에 의해 그리고 이들 위원회로부터 선출되었다. 즉 소위원회로부터 2명, 60인 위원회로부터 4명 및 200인 위원회로부터 6명이 선출되었다. 이들 장로에게는 "모든 시민의 삶을 감독하고, 오류를 범하거나 잘못된 생활을 하는 사람들에게 따뜻하게 훈계하며, 그리고 필요할 경우 형제적 교정을 명할" 권리가 부여되었다.[38] 교회에 의해 운영되었고 도덕적·종교적 사법기구였던 교회법정은 목사와 장로로 구성되었다. 강력한 기

36 Beza, *Life of Calvin*, n. 1, pp. 25~26에서 인용.

37 "Draft Ecclesiastical Ordinances," in *Calvin: Theological Treatises*, pp. 71~72.

38 같은 책, pp. 63~64.

구였음에도 불구하고, 교회법정은 실제적인 강제권이 없었다. 칼뱅이 마침내 교회법정의 파문권을 획득한 1555년 이전에는, 단지 도시의 정무관들만이 도덕적으로 해이해진 사람들을 강제적으로 징계할 수 있었고, 성사에서 이들을 배제할 수 있었다.

제네바의 종교적 규율과 도덕적 규율이 이론이나 법제에서 결코 새로운 것이 아니었지만 다른 지역에 비해 제네바에서 성공적으로 집행되게 되었다. 이는 주로 칼뱅의 헌신에서 기인했다. 이에 대한 칼뱅의 관심은 새로운 교회 법령은 물론 1541년 11월에 간행된 『제네바의 교리문답』에서도 확인된다. 책의 형태를 띠었던 1537년의 『신앙 지침』과는 달리 새로운 교리문답은 준비된 질문과 답변으로 이루어져 있다. 1537년의 선례와는 달리, 이는 믿음, 즉 사도신경과 기본교리보다 법률, 즉 십계명을 다룬 루터의 관행을 더 이상 따르지 않았다.[39] 법률보다 신앙이 우선시 된 것은 계명이 기본적으로 인간으로 하여금 자기 경멸과, 루터파가 가르치고 있듯이, 믿음을 의도한 것이 아니라, 고백한 모든 그리스도교도에 의해 일상의 지침서로서 긍정적으로 기여할 것이라는 칼뱅의 신념을 반영한 것이었다. 이는 이른바 법률의 제3의 활용이었다. 신의 계명은 정치적 규율을 확립하고 사악한 사람과 교만한 사람의 양심에 가책을 주는 것 이외에 참된 신자에게 개인적 삶은 물론 사회적 삶에 명확한 지침도 제공했던 것이다.

칼뱅의 제네바는 존 녹스가 그렇게 될 것이라고 선포한 새로운 예루살렘도 그리고 대중 문학에서 표현된 강제 수용소도 아니었다.[40] 칼뱅에 의해 성취된 매우 철저한 도덕적 규율은 교리적 이단이라는 소수의 유명한 사례를 제외하면 엄격한 처벌은 아니었다. 당시의 가장 관용적인 프로테스탄트 도시에서 확실히 매우

---

39 Pfister, *Kirchengeschchte der Schweiz*, 2, p. 212. 이 교리문답의 이후의 판본은 *Calvin: Theological Treatises*, pp. 83~139을 참조하기 바란다.

40 킹던의 공감 어린 언급에 관해서는 R. M. Kingdon, "The Control of Morals in Calvin's Geneva," in *The Social History of the Reformation*, ed. L. P. Buck and J. W. Zophy (Columbus, 1972), pp. 3~16; E. W. Monter, "Crime and Punishment in Calvin's Geneva," *ARG* 64(1973), pp. 281~287를 참조하기 바란다. 제네바에 관한 여러 신화를 형성함에 있어서 종교적 난민의 중요성에 관해서는 Alain Dufour, "le Mythe de Genève au temps de Calvin," in *Histoire politique et psychologie historique suivie deux essais sur Humanism et Reformation et Le Mythe de Genève aux temps de Calvin* (Geneva, 1966)을 참조하기 바란다.

관용적인 개혁가였던 마르틴 부처가 스트라스부르에서 간통자들을 돌로 치려고 했으나 성공하지 못했던 반면에, 제네바에서 공개적인 간통에 대한 형벌은 9일간 빵과 물만 제공하는 구금이 최고의 형벌이었다.[41] 제네바 교회법정은 도덕적인 일탈 행위를 한 고위 관리들에 대한 소환권도 가지고 있었다. 제네바에는 근대적 의미의 '행정적 특권'이 존재하지 않았다. 일반 시민들에게 가해진 것과 똑같이 유력 시민들에 대한 칼뱅의 신속하고 철저한 처벌은 교회 정부와 세속 정부 간의 긴장을 고조시켰다. 칼뱅의 개혁에 헌신한 종교적 난민이 제네바 시민의 약 1/3에 이르게 되었고, 칼뱅에 대한 귀족의 저항을 주도한 아미 페렝이 권력을 상실한 1555년에 칼뱅은 자신의 권위와 위엄을 유지하기 위해 분투했다. 베자에 따르면, 이 힘겨운 시기에 제네바 인들은 심지어 자신의 개를 '칼뱅'이라고 불렀다.[42]

칼뱅이 신정적 폭군으로서의 대중적인 명성을 얻게 된 유명한 모든 대결은 그의 권위에 대한 도전에 결부되어 있었다. 이는 1세대 프로테스탄트 개혁가들에게 매우 예민한 문제였다. 가톨릭 비판자들의 가장 기본적이고 지속적인 비판은 개혁가들이 승인받지 않은 혁신가라는 것이었다. 사도레는 이에 근거하여 제네바 시민들에게 전통적인 가톨릭 신앙으로의 복귀를 촉구했다. 루터와 츠빙글리 못지않게 칼뱅은 자신이 종교적 관행을 개혁할 능력을 결여했다는 견해를 받아들일 수 없었다.[43] 이 문제에 관해 칼뱅은 철저하게 마키아벨리적 입장을 취했다. 칼뱅 개혁의 성공이 리더십과 권위에 대한 두려움 및 존경에 달려 있었기 때문이다.

칼뱅의 권위에 대한 초기의 유명한 도전에는 카드 제조업자 피에르 아모가 연루되어 있었다. 그는 간통한 부인과의 이혼을 교회법정에 청원했다. 자신의 요청 처리가 지체되는 것에 화가 난 아모는 신학자로서 칼뱅의 공정성과 능력에 공개

---

41 Bucer, Das ym selbs niemant, sonder andern leben sol, in *M. Bucers Deutsche Schriften* ed. Robert Stupperich(Gütersloh, 1960), 1, p. 57; "Ordinances for the Supervision of Churches in the Country"(1547), in *Calvin: Theological Treatise*, p. 82.

42 *Life of Calvin*, p. 44.

43 이 주제에 관해서는 Wendel, *Calvin*, p. 9를 참조하기 바란다.

적으로 의문을 제기했다. 중상 혐의로 감옥에 갇힌 아모에게는 칼뱅의 요청에 따라 공개적인 참회가 요구되었다. 참회의 셔츠를 입은 그는 도시를 돌아다녔으며, 사람들이 모이는 길모퉁이에서 멈춰서 신의 자비를 구했다. 이는 사실상 모든 사람이 들을 수 있도록 칼뱅의 권위를 선포하는 행위였다.

다른 두 가지 유명한 일화는 자크 그뤼에와 제롬 볼섹에 관한 사건이었다. 칼뱅이 자유주의자로 간주한 그뤼에는 교회법정을 비판하는 서신을 작성했고, 프랑스의 가톨릭 군주에게 제네바의 정치와 종교에 개입할 것을 간청했던 바, 이는 보다 심각한 문제였다. 칼뱅의 동의하에 그는 반역죄로 참수형에 처해졌다. 볼섹은 예정설에 관한 칼뱅의 교리에 공개적으로 도전했다. 많은 사람들과 볼섹에게 이 예정설은 도덕적으로 불쾌했다. 1551년 제네바에서 추방된 볼섹은 칼뱅의 탐욕, 재정의 부당한 사용 및 성적 일탈을 비난하는 전기를 1577년 간행함으로써 복수했다.[44]

1553년 스페인 출신의 의사이자 아마추어 신학자였던 미카엘 세르베투스의 체포와 사형집행에서 칼뱅이 수행한 역할 만큼 그에 대한 역사적 판단에 영향을 미친 사건은 없었다. 이 사건은 칼뱅이 성취한 다른 모든 것을 뒤덮었으며, 근대의 그의 추종자들을 계속해서 난감하게 하고 있다. 이를테면 1903년 세르베투스 사형집행 350주년에 즈음하여 에밀 두메르그는 당시 칼뱅 연구자들의 좌장으로서 일군의 칼뱅주의자들을 세르베투스가 처형된 곳으로 데리고 갔으며, 이들은 여기에 '칼뱅의 후손들'의 속죄 기념비를 세웠다.[45] 세르베투스의 처형은 이른바 16세기의 관용 논쟁에[46] 불을 붙였다. 이는 칼뱅주의 신학에 대해 상식과 그리스도교의 사랑이라는 이름으로 행해진 지속적인 공격이었다. 칼뱅주의 신학은 상식과 그리스도교의 사랑을 결코 회복하지 못했던 것이다. 이 같은 공격은 1541년과 1544년 사이에 제네바의 교사였던 세바스티앙 카스텔리오에 의해 시작되

---

44 *Histoire de la vie, moeurs, actes, doctrine, constance et mort de Jean Calvin*······ *pub: a Lyon en 1577*, ed. M. Louis-Francois Chastel(Lyon, 1875).

45 McNeil, *The History and Character of Calvinism*, p. 176.

46 특히 Joseph Lecler, *Toleration and the Reformation*, trans. T. L. Westow(New York, 1960), pp. 325~364를 참조하기 바란다.

었으며, 칼뱅은 신학적인 견해 차이로 카스텔리오를 제네바에서 축출할 수밖에 없었다.[47]

세르베투스는 혈액의 폐순환, 즉 혈액이 폐를 통해 산소를 운반하는 통로라는 사실을 발견한 유럽 최초의 의사라는 명예를 가지고 있다. 농민 반란과 루터주의와의 관계는 초기의 이 과학자의 처형과 칼뱅주의와의 관계와 같은 것이었다. 이는 종교개혁의 사회적 약속의 와해에 대한 징후였다. 많은 이들에게 세르베투스를 처형하는 과정에서 행한 칼뱅의 역할은, 후대의 갈릴레오에 대한 종교재판소의 역할이 가톨릭교회에 야기한 것과 같은, 프로테스탄티즘에 오명을 제공했다.

세르베투스는 20세에 유명인사가 되었다. 성서를 읽고 신학자들의 견해를 연구한 이후, 그는 삼위일체에 관한 교리가 터무니가 없다는 결론을 내렸으며, 1531년 『삼위일체의 오류에 관한 7권의 책』을 스트라스부르에서 간행했다. 에라스무스를 연상하게 하는 교회사에 대한 견해와 더불어 그는 니케아 공의회(325)에서 삼위일체 교리의 출현을 교회가 성서적 사명을 저버리고 궤변에 몰두한 징후라고 이해했다.[48] 설령 제바스티안 프랑크가 세르베투스와 친분이 있었고 이 책에 찬사를 보내기는 했지만,[49] 주요 프로테스탄트 신학자들은 가톨릭교회 당국자들과 함께 이 책을 비난했으며, 가톨릭 팸플릿 작가들이 이 책을 프로테스탄트의 작품이라고 낙인을 찍음에 따라 프로테스탄트 신학자들은 점점 더 예민한 반응을 보였다.

세르베투스는 두 번째 저서인 『삼위일체에 관한 두 가지 대화』(1532)에서 자

47 칼뱅과 카스텔리오는 아가서의 교회법적 지위를 둘러싸고서 충돌을 했다. 카스텔리오는 아가서를 성서에서 어떤 지위도 차지할 수 없는 음탕한 연가라고 간주했다. 또한 이들은 그리스도가 지옥으로 내려갔다는 사도신경의 내용을 둘러싸고서 충돌을 했다. 카스텔리오는 그것이 그리스도교의 신조에서 무가치하다고 생각했다. 필자의 *Mysticism and Dissent*(New Haven, 1973), p. 170을 참조하기 바란다.

48 세르베투스의 신학에 관해서는 Roland H. Bainton, *Hunted Heretic: The Life and Death of Michael Servetus 1511-1553*(Boston, 1960), pp. 46~48; Jerome Friedman, *Michael Servetus: A Case Study in Total Heresy*(Geneva, 1978)를 참조하기 바란다.

49 프랑크의 서신에 있는 언급을 참조하기 바란다. *Letter to John Campanus* in G. H. Williams, ed., *Spiritual and Anabaptist Writers: Documents Illustrative of the Radical Reformation* (Philadelphia, 1957), pp. 158~159.

신의 비판자들에 대해 응수했다. 그는 이 책에서 학자로서 자신의 미숙함을 인정했으나, 자신의 주장을 철회하지는 않았다. 그 이후 그는 신중하게 미셸 빌뇌브라는 가명을 사용했고, 공식적인 견해를 표명하지는 않았다. 그는 자신의 신분을 숨기고 리옹에서 번역자이자 편집자로서 활동했으며, 그의 업적 가운데에는 토마스 아퀴나스의 저술 중 일부를 스페인어로 번역한 것도 포함되었다. 또한 그는 의학을 공부했고 1540년대 비엔에서 개업의가 되었다. 설령 신분을 숨기고 새로운 직업에 종사했다고 해도, 세르베투스는 신학적 관심을 억누를 길이 없었다. 비엔에서 그는 자신을 유명한 반삼위일체론자로 인식한 칼뱅과는 샤를 데스빌이라는 가명으로 서신을 주고받기 시작했으며, 세르베투스가 반삼위일체론자라는 사실에 동의하는 척하면서, 칼뱅에게 답신을 했다. 제네바로의 이주도 생각하고 있었던 세르베투스는 준비 중이었던 새로운 저술 『그리스도교 복원』의 필사본을 칼뱅에게 보냈다. 세르베투스를 이단으로부터 구출하기 위해 칼뱅은 자신의 저서 『기독교 강요』 최신판과 더불어 답신을 했다. 세르베투스는 그 책의 여백에 모욕적인 주석을 달아 즉각 답신을 보냈다. 서신을 교환하는 동안 강한 적개심을 가지게 된 칼뱅은, 세르베투스의 간청에도 불구하고, 그의 유죄를 입증하는 여하한 자료의 반환도 거부했다. 칼뱅은 이 모의에 관한 보고서에서 파렐에게 만약 세르베투스가 제네바에 온다면, "나는 그의 목숨을 살려 보내지는 않을 것이다"라고 주장했다.[50]

세르베투스는 1533년 『기독교 복원』이라는 책을 간행함으로써 또 다시 표적의 대상인 이단이 되었다. 이 저술은 초기의 반삼위일체론적 저술의 개정판이었다. 이 책에 영적 재탄생, 삼위일체에 관한 세르베투스의 견해를 정죄한 필리프 멜란히톤을 비판하는 변론, 그리고 가명으로 서신을 주고받았던 칼뱅으로부터 받은 서신 등이 포함되어 있다. 이 책의 사본이 칼뱅의 비판자들 사이에서 제네바에서 유통되자, 칼뱅은 세르베투스의 편지와 『기독교 복원』의 원고 및 세르베투스가 주석을 한 『기독교 강요』의 사본을 리옹의 종교재판소와 접촉했던 비엔

50 Bainton, *Hunted Heretic*, p. 70.

의 한 친구에게 보냈다. 이 자료는 종교재판소가 입장을 정리하고 세르베투스를 체포하고 심문하는 데 명백히 일조했다.

1553년 8월 13일 세르베투스는 가톨릭교회의 체포의 손길을 벗어나 남쪽으로 도주했으며, 이탈리아에서 확실하고 안전한 거처를 발견했다. 하지만 호기심을 완전히 주체할 수 없었던 그는 제네바에 나타났다. 그곳에서 리옹의 칼뱅주의자들은 칼뱅이 집전한 예배에 참석한 세르베투스를 발견했다. 그는 즉시 체포되었다. 이후의 재판 도중에 세르베투스는 삼위일체론자를 무신론자와 동일시한 미묘한 논지에 대해 길게 설명할 기회를 가지게 되었다. 이것이 그가 제네바에서 하고자 했던 것인가, 즉 심지어 목숨을 걸고서라도 유명한 신학자 칼뱅과 학문적 논쟁을 하고자 했던가? 그는 충분히 효율적으로 논쟁을 했다. 기록에 의하면 세르베투스와 한 번 논쟁한 이후 당황한 칼뱅은 "어린 병아리들이 수만 번씩 ……그의 눈을 쪼게 하소서"라고 외쳤다는 것이다.[51]

유죄 선고를 받고 처형에 직면한 세르베투스는 칼뱅의 악행들을 작성했으며, 칼뱅이 악한 마법사이자, 처형을 받아도 마땅하다고 비판했다. 세르베투스의 비난 중에는 다음과 같은 질문도 있었다. "칼뱅이 엄청난 비난을 하고 누군가를 법에 따라 죽음에 이르도록 하는 것이 복음을 전하는 목자가 할 일이 아니라는 것을 정말 몰랐던가?"[52] 설령 세르베투스의 사형집행에서 칼뱅의 역할이 거의 드러나지 않기는 하지만, 칼뱅은 세르베투스를 화형에 처하기보다는 참수형에 처하려고 했다. 16세기의 기준에서 볼 때, 참수형이 보다 품위 있고 인간적인 처벌이었다. 하지만 칼뱅의 이 같은 노력은 성공하지 못했다. 1553년 10월 27일 한걸음 옮길 때마다 자신의 견해를 철회할 것을 촉구한 파렐에 의해 장작불 앞으로 끌려온 세르베투스는 "신성한 삼위일체, 성부, 유아 세례 및 그리스도교에 대한 신성모독죄"로 화형을 당했다.[53]

화형에 뒤이어 일어난 논쟁에서 카스텔리오는 당대의 많은 사람들에게 그 이

---

51 같은 책, p. 195.

52 같은 책, p. 200. 세르베투스에 대한 비판과 그의 답변은 *Corpus Reformatorum* 36, pp. 727~735에 실려 있다.

53 Bainton, *Hunted Heretic*, p. 208.

야기의 진실이 무엇인지를 기억하기 쉽게 다음과 같이 단순하게 요약했다. "사람을 죽이는 것은 교리를 변론하는 것이 아니라, 단지 사람을 죽이는 것에 불과하다."[54] 설령 이 같은 평가가 이 사건에 대한 역사가의 견해로 판명되기는 했지만, 종교전쟁의 세기를 경험한 이후에서야 이 원칙이 법률로 명확하게 확정되었다.

1553년 이후 프랑스, 영국 및 스코틀랜드로부터 제네바로 종교 난민의 대거 유입은 제네바에서 칼뱅의 영향력을 크게 확대하기 위한 내부의 정적의 정치적 실패와 결부되었다. 대략 5000명의 종교 난민이 유입된 제네바는 진정한 국제적인 도시이자 유럽인들의 이목이 가장 집중된 도시 중 하나였다. 1559년 칼뱅은 제네바 시민이 되었다. 제네바의 다른 성직자들이 시민권을 가지고 있었음에도 불구하고 칼뱅의 시민권 취득을, 교권과 속권의 상호 독립에 대한 상징적 제스처로서 양측에 의해 이전에 반발을 사기도 했다. 1559년 제네바 아카데미가 설립되었다. 이는 아마도 칼뱅의 가장 건설적이고 지속적인 업적이었을 것이다. 이 새로운 학제는 7년제의 핵심 학교로 구성되었다. 이는 제네바 젊은이들의 교육에 기여했으며, 고유의 이 아카데미는 국제적인 설교단 양성을 위한 신학적 훈련을 제공했다. 신학, 히브리어, 그리스어 및 철학 교수직이 설치되었으며, 칼뱅이 이들 교수를 직접 선발했다. 이들 중에는 그리스어 교수 테오도뤼스 베자도 있었다. 베자는 당시에 해체된 지 얼마 되지 않은 베른 아카데미 출신의 다른 탁월한 프랑스 학자들과 더불어 로잔 출신이었다. 베자는 아카데미의 학장직을 수행했으며, 칼뱅을 뒤이어 제네바 교회의 수장직도 맡게 되었다. 1562년 아카데미에는 162명의 학생이 등록했으며, 이들 중 단지 4명의 학생만이 제네바 출신이었다.[55] 불과 하루 밤 사이에 제네바 아카데미는 16세기 후반에 서유럽을 강타한 종교전쟁기에 프로테스탄트 지도자 양성을 위한 지적 훈련장이 되었던 것이다.

---

54 *Contra libellum Calvini,* no. 77, p. E 2 a.

55 Monter, *Calvin's Geneva,* p. 113.

5) 칼뱅주의자들은 진정한 프로테스탄트였던가?

설령 칼뱅이 주요 개혁가들 중 독창적인 개혁가가 아니었다고 해도, 『기독교 강요』에서 종교개혁에 관한 신학적인 견해를 가장 품격 있게 서술했으며, 제네바 교회에 가장 규율을 갖춘 제도를 제공했다. 설령 오늘날의 학자들이 칼뱅의 교조주의와 개인적인 복수심에 매우 비판적이라고 해도, 그가 루터보다 사회적으로나 정치적으로 진보적인 운동을 고무했다고 여전히 간주한다. 많은 학자들은 칼뱅주의에서 근대 초기의 경제와 정치 모두에서 새로운 발전에 부합하는 내용을 발견하고 있다. 이를테면 토니는 칼뱅주의 및 그것의 부산물이 "미래의 가장 현저한 특징이 될 [경제적] 행위를 지지하는 입장에 서 있었다"고 지적했다.[56] 오늘날 다른 학자들은 칼뱅의 정치사상을 폭정, 특히 부당한 상위 권력에 대한 인민을 대표하는 정무관들(*populares magistratus*)의 권리, 이른바 하위 정무관들의 저항권을 인정한 근대 저항권 이론의 맹아로 간주하고 있다.[57]

칼뱅과 그의 추종자들은 16세기의 새로운 경제 세력 및 정치 세력을 저해할 정도의 권력을 보유하지 못했기 때문에, 단지 마지못해서이기는 했지만 이들 세력에 적응했다. 칼뱅이 대출에 대한 5%의 이자를 포함한 제네바의 금융 관행을 인정하고, 그리고 후대의 칼뱅주의자들이 그리스도교도의 적극적인 정치적 저항권에 동의하게 된 주된 이유는 역사적 상황에 의해 다른 대안이 없었기 때문이다. 시간이 지나자 칼뱅주의자들도 그 시대의 새로운 세력을 자신들에게 유리하게 활용하는 법을 터득하게 되었다. 사회주의자였던 토니는 17세기 영국의 청교도들 가운데서 윤리적으로 저급한 자본주의에 [자신들의 윤리를] 판매하는 그리스도교의 비극을 사실상 인식했다.[58]

중세 말기의 현저한 특징은 신학과 종교가 거대한 역사적 상황과는 무관하게

56 R. W. Tawney, *Religion and the Rise of Capitalism*(Gloucester, Mass., 1962), pp. 108~109.

57 이 이론의 16세기 기원은 칼뱅주의적이라기보다는 사실상 루터적이었다. 이 책의 376쪽 및 572~573을 참조하기 바란다.

58 Tawney, *Religion and the Rise of Capitalism*, pp. 94, 105.

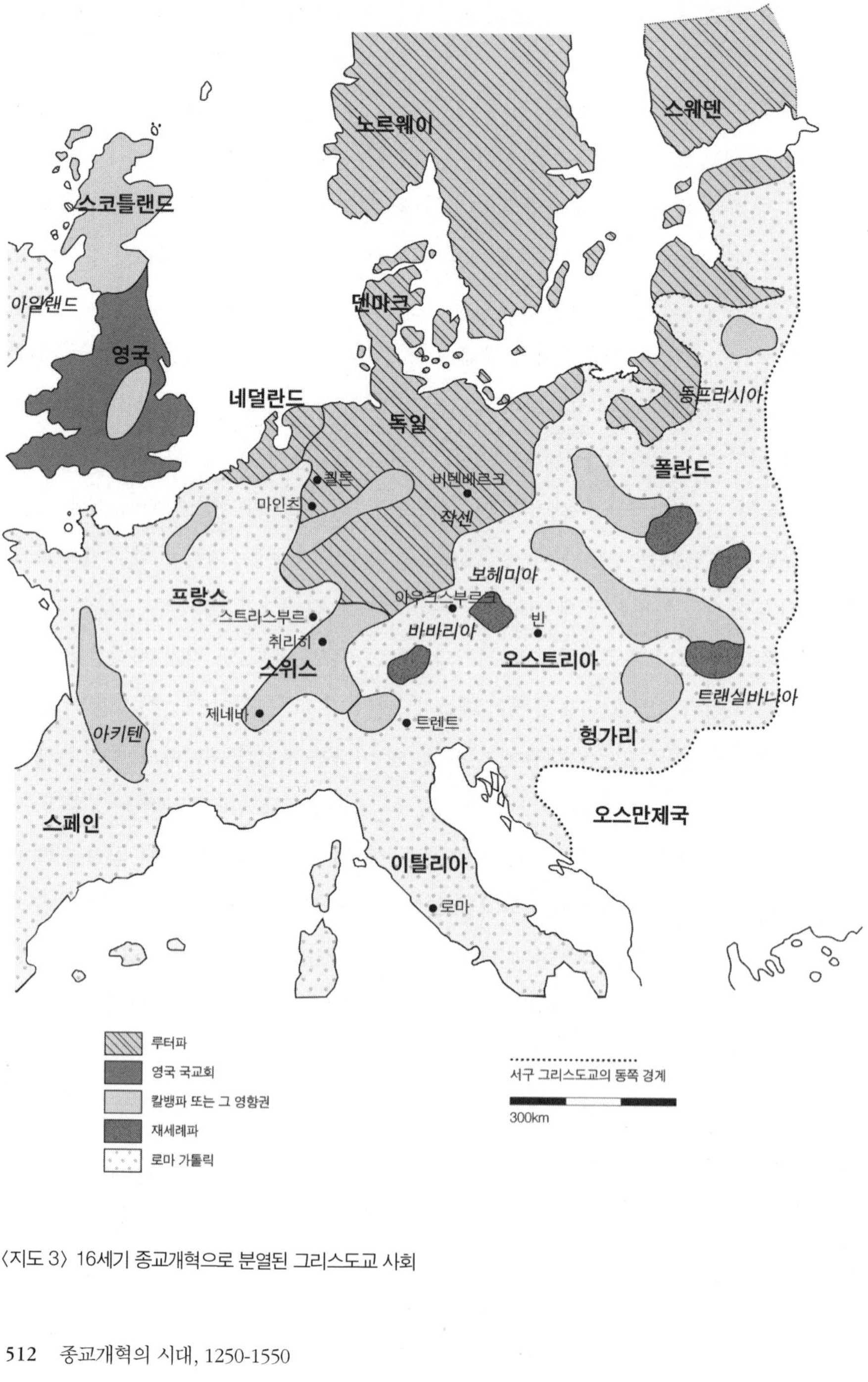

〈지도 3〉 16세기 종교개혁으로 분열된 그리스도교 사회

나름의 생명력을 지녔다는 점이다. 사람들은 신학적 추상화를 위해 자신의 최상의 물질적 이해관계와 무관하게 행동하거나 심지어 이에 반하여 행동하기도 했다. 우리는 사회와 정치에서의 칼뱅주의자의 행위주의의 원천을 규명하면서 종교적 동기는 물론 진취적인 칼뱅주의자 귀족과 도시민의 명백한 정치적·경제적 이해관계도 고려할 필요가 있다. 칼뱅주의의 윤리 이면에는 새로운 경제 세력과 정치 세력에 대한 적응은 물론 프로테스탄트의 원래의 가르침을 보다 전통적인 종교적 기대감으로의 회귀적인 조율도 있었다. 그리스도교적 생활에 대한 프로테스탄트적 인식의 이 같은 변화는, 주로 칼뱅 신학과 관련되어 있으며, 반드시 칼뱅주의자들로 하여금 다른 프로테스탄트보다 사회적으로 더 민감하게 반응하도록 하지는 않았다. 하지만 이는 루터주의에서 결코 발견할 수 없었던 사회적·정치적 행위주의에 칼뱅주의의 신학적 중요성을 부여했다. 이는 루터 신학에서의 심각한 그러나 의도하지 않은 부적응을 교정하기 위해 칼뱅 진영에 의해 시작되었으며, 가장 민감한 부분 즉 이신칭의 교리에서 프로테스탄트 신학의 재가톨릭화로 귀결되었다.

중세 신학자들에게 현재의 삶은 불안한 순례였다. 인간은 해소되지 않는 긴장감 속에 살았고, 저주를 두려워했으며, 구원에 대한 희망을 가지고 있었다. 또한 인간은 고해와 면벌부, 규율과 위로, 성인의 중보(仲保)기도 및 선업이라는 자조(自助)가 필요했다. 구원에 대한 이 현세에서의 확신보다 불가능한 것이 없는 것처럼 보였다. 이는 기껏해야 기만과 추정에 불과했으며, 최악의 경우 신의 교회에 대한 선동적인 거부였다. 구원의 믿음은 사랑과 자비의 지속적인 행위에 의해 형성된 믿음을 지속적으로 성장시켰다.

루터 신학의 가장 현저한 특징은 중세 그리스도교도의 순례자의 상태를 해결하려던 대담한 시도였다. 루터 신학의 혁명적인 성격이 바로 여기에 있었다. 이신칭의는 인간에게 이미 이 현세적 삶에서 구원의 확신을 제공했고, 이는 단지 믿기만 하면 제공되는 것이었다. 구원을 받는다는 것은 한 인간이 할 수 있는 모든 실제적이고 인식 가능한 선한 일을 초월한 믿음 그리고 그것과 무관한 그리스도의 의에 대한 믿음을 의미했다. 인간의 소명에서 이루어진 노동에서나 누군가의 이웃을 위해 행한 선한 행동에서 혹은 교회를 위해 행한 특별한 종교적인 선업 그 무엇도 누군가를 구원하지 못했다. [구원은] 오직 믿음으로 충분했으며, 전적으로 충분했다.

처음에는 심지어 어떤 사람의 마음에 종교적 무관심과 도덕 폐기론을 용인할 정도로까지, 인간을 자유롭게 했던 이신칭의 교리는 매우 독실한 신자들에게 전혀 예상치 못한 종교적 문제를 야기했다.[59] 사람들은 통상적으로 세속적인 삶의 과정에서 자신이 쏟은 노력과 행위의 관점에서 자신의 가치를 측정했다. 다른 사람의 시각에서 볼 때, 이들의 행위가 이들의 존재를 의미했다. 사람들은 자신의 삶을 종교적으로 평가하면서 모든 성취를 고려의 대상에서 제외할 것으로 실제로 기대되었던 선업에 의해 세속적인 삶을 평가하는 데 익숙했던가? 인간이 신 앞에 섰을 때 인간의 모든 노력이 무가치하다는 주장은 종교적으로 불가능한 이상인가? 따라서 이는 인간의 본성적인 사고방식과 일상적 경험에 반하는 것으로서 인간을 위로하기보다는 좌절시켰던가? 오직 믿음에 의한 구원은, 말하자면 그것이 대체하기로 했던 종교적 성찰과 선업보다 양심에 종국적으로 더 부담이 되었던가? 세속적인 경험에 비추어 볼 때, 선업을 구원에 일부 종속시킨 것은 루터가 제안한 구원이나 선업의 완전한 분리보다 인간의 능력에 더 부합하는 것으로 판명되었다.

루터는 1532년에 행한 설교에서 이 문제와 직접 씨름했다. 이 설교에서 루터는 오직 믿음에 의해서만 신 앞에서 살아가려는 자신의 노력이 성공적이지 못했다는 점을 분명히 했다. 아래의 인용구는 루터파의 새로운 '순례'의 고백이다.

> 심지어 [믿음에 의한 구원을] 가장 잘 이해하도록 가르침을 받을 때조차도, 선업의 교리에 매우 익숙하고 이에 관해 훈련을 받았으며, 단지 법률 및 우리 자신의 [잘

---

59 (1528년 11월-12월) 『교리문답에 관한 설교』에서 1528년의 감찰에 대한 루터의 반응에 관해서는 *LW*, 51, pp. 134~137(*WA* 30/1,, pp. 57~121); *Large Catechism*(1529), trans J. L. Lenker(Minneapolis, 1935), pp. 35~39, 49, 56(WA 20/1, pp. 129~133)을 참조하기 바란다. 슐레지엔의 영성주의자 카스파 슈벵크펠트는 비도덕성에 대한 변명으로서 믿음에 의한 의롭게 됨을 비판했다. *Corpus Schwenckfeldiorum*, 12, pp. 485~486.

못]을 지적하는 데 익숙하고 훈련받은 우리로서는 이를 충분히 이해하기가 매우 어렵다. 그리고 이것 이외에도 우리에게는 이 같은 방향으로 나가는 고유한 본성이 [있다]. 선업의 교리는 또한 습관에 뿌리를 내리고 있고, 그것에 의해 강화되었다. …… 그리하여 우리는 선업의 교리를 제거할 수 없고, 만약 내가 거룩한 삶을 살았고, 훌륭한 일을 많이 했더라면, 하나님이 나에게 은총을 베풀 것이라는 사실 이외에 그 무엇도 생각할 수가 없다. 따라서 우리는 우리의 본성과 강력한 습관 모두에 만족해야 한다. 그리고 우리가 믿음과 사랑의 [선업을] 명확히 구분하는 또 다른 사유의 습관을 가지기가 극히 어렵다. …… 설령 우리가 현재 믿음 안에 있다고 해도, …… 마음은 늘 하나님 앞에서 자랑하고 그리고 "어쨌든, 나는 매우 오랫동안 설교를 했고, 매우 잘 살았고, 많은 것을 행했기에, 확실히 하나님은 이를 고려할 것이다"라고 말할 준비가 되어 있기 때문이다. 우리는 심지어 우리의 삶을 고려하라고 하나님과 흥정을 벌이기조차 한다. …… 그러나 그럴 수는 없다. 그대는 사람들과 더불어 자랑을 할 수 있다. 나는 모든 사람에게 내가 할 수 있는 최선을 다했으며, 그리고 만약 무엇이 부족하다면 나는 이를 채우려고 할 것이다. 그러나 그대가 하나님 앞에 나오게 되면, 모든 자랑거리를 집에 두고, 정의가 아니라 은총에 호소해야 한다는 것을 기억하라. [그러나] 누구든지 이를 시도하도록 하고, 자신의 모든 삶이 자신의 일, 즉 의로움이라는 수렁에 빠진 사람이 수렁으로부터 자신을 이끌어내고 그리고 모든 마음을 다해 중재자에 대한 믿음을 통해 일어나기가 얼마나 힘들고 어려운 것인지를 그는 보고 경험하게 될 것이다. 나 자신은 지금 설교를 하고 있고, 거의 20년간 독서와 집필을 통해 설교의 능력을 함양하고, 여전히 내가 무엇인가를 기여할 수 있도록 하나님과 거래하고자 집착한 비열함을 오랫동안 느끼고 있다. 그리하여 하나님은 나의 거룩함에 대한 보답으로 나에게 은총을 제공해야만 할 것이다. 내 머리에 하나님의 은총을 집어넣을 수가 없기에 나는 순수한 은총에 완전히 복속해야 한다. 하지만 내가 이것을 해야만 하고 할 수 밖에 없다는 것을 [나는 알고 있다.][60]

60 *Sermon on the Sum of the Christian Life*, *LW*, 51, p. 284 (*WA* 36, pp. 352~375).

신실한 프로테스탄트에게 이신칭의가 제기한 위협은 종교적 무관심이나 도덕 폐기론이 아니라 자신의 종교 생활에 대한 급격한 한계의 설정이었다. 설령 루터의 신학이 그리스도교도로부터 지속적인 선업을 요구하기는 했지만, 그것은 선업과 구원 사이에 상정될 수 있는 모든 연관성을 또한 단절시켰다. 루터는 사람들이 단지 신의 보상에 대한 기대도 없이 신에 대한 감사나 이웃에 대한 사랑으로부터 선업을 행하기란 매우 부자연스럽다는 사실을 발견했다고 생각했다.

프로테스탄트 신학이 대개 비판을 받고 있는 편협한 한계 때문에 학자들은 이 같은 문제가 얼마나 만연되어 있었는지를 인식하지 못했다. 루터의 가르침은 전통적으로 '성화'보다 '칭의'를 선호한다고 비판을 받아 왔다. 이 같은 비판에 따르면, 루터는 개인의 죄책감과 신에게 받아들여 짐, 즉 칭의에 집착했다는 것이다. 츠빙글리, 부처 및 칼뱅과는 달리 루터는 그리스도교도의 삶에서 신의 법률과 수련의 긍정적 역할, 즉 성화를 인식하기란 어렵다는 사실을 발견했다는[61] 것이다. 하지만 이는 지나친 단순화이다. 모든 프로테스탄트 신학자는 중세의 펠라기우스적 계약 신학에 동시에 복속하지 않고서도 신자의 삶에서 선업이 건설적인 역할을 한다는 인식을 공유했다.[62] 프로테스탄트 신학은 펠라기우스적 계약 신학에 대한 비판을 통해 태동했다. 루터가 이 문제에 관해 비교적 신중한 태도를 견지했다고 우리는 말할 수 있다. 루터 역시 그리스도교도의 행위의 지침으로서 계명을 인정했으며, 다른 여하한 프로테스탄트 지도자보다[63] 이를 강조했

---

61 William A. Clesch, *England's Earliest Protestants 1520-1535*(New Haven, 1964; Wilhelm Pauck, "Luther and Butzer," in *The Heritage of the Reformation*(Glencoe, Ill., 1961), pp. 73~83; Arthur Rich, "Zwingli als sozial-politischer Denker," *Zwingliana* 13(1969), pp. 67~89; Wendel, *Calvin*, pp. 196~208. 슈트라우스는 루터파들이 대중에게 한편으로 은총이 구원에 충분하다고 그리고 인간의 모든 노력이 무익하다로 가르치지만, 다른 한편으로 이들이 그렇게 하려고 한다면 생활방식을 개선할 수 있다고 가르침으로써 이들을 혼란스럽게 만들었다고 근년에 주장했다. Gerald Strauss, *Luther's House of Learning: Indoctrination of the Young in the German Reformation*(Baltimore, 1978), pp. 216, 22~21. 필자는 슈트라우스가 주장한 것보다 은총과 선업의 관계가 훨씬 연관되어 있다고 생각한다. 보다 어려운 문제는 인간의 존재를 결정하는 인간의 일반적인 경험에서 자기 평가와 보상이 인간적 공로 내지 획득된 공로와는 무관한 새로운 신학의 자기 평가 사이에 있었다.

62 이 책의 322~333쪽을 참조하기 바란다.

63 『대 교리문답』에 있는 법률에 관한 논의는 다음의 언명과 더불어 끝을 맺고 있다.

모든 현자와 모든 성인이 앞에 나와 우리에게, 하나님이 매우 강하게 주장했고, 가장 무서운 분노와 처벌을 하겠다는 위협 아래 명했던 것의 구현에 입각하여, 이들 명령과 같이 여하한 선업도 행할 수 있는지를

던 반면에, 선업이 현존하는 곳에서 구원의 증거나 선업이 존재하지 않는 곳에서 저주의 징후를 발견하려던 시도에 누구보다 확고하게 반대했다. 루터는 놀라울 정도로 일관성을 유지하면서 믿음과 불신이 구원과 저주에 직접 연관되어 있다는 점에 대해서만 언급했다.

다른 개혁가들은 타협의 길로 나가게 되었다. 교회일치를 위한 레겐스부르크 대담에서 마르틴 부처와 가톨릭 진영의 맞수였던 요하네스 그로퍼는 믿음에 의한 의와 전통적인 종교적 관행의 윤리적 동기를 결합하려고 시도했다. 이들 개혁가의 해법은 '이중 칭의(*justificatio duplex*)'라는 교리였다. 그로퍼의 원래 구상에 따르면, 구원에는 '불경한 사람들의 칭의' 내지 '재탄생' 모두를 포함했다. 믿음이 그것을 받아들인 사람을 신의 신뢰할 만한 아들로 전환시킴에 따라, 믿음은 이 두 가지를 성취하며, 그리고 그저 주어진 이 믿음과 사랑에 기초하고 있고 이것을 완성하는 '선업의 칭의' 내지 '성화'를 완성했다.[64] 이 양자의 칭의는 신의 은총의 현존을 전제했다. 첫 번째는 배타적인 칭의, 둘째는 신자의 고유한 윤리적 행위의 토대로서의 칭의였다. 『레겐스부르크 신앙고백서』의 마지막 신조는 '의롭게 하는 믿음'에 대해 다음과 같이 기술했다.

> 살아 있는 믿음은 …… 그리스도 안에 있는 하나님의 자비를 이해하고, 그리스도의 의가 그저 주어진 것이며, 그리고 동시에 성령의 약속과 사랑을 받게 된다는 것을 믿는 것이다. 따라서 의롭게 하는 믿음은 사랑의 [선업]에서 효력을 발하는 믿음이다.

보여주기를 바란다. 물론 모든 선한 일의 표출에 대한 영예로운 약속, 그리고 우리가 하나님의 말씀을 따르면 모든 축복을 내려준다는 점을 덧붙이기는 했다. 그러므로 이것들은 다른 모든 것들 보다 우선해서 가르쳐져야 할 것이며, 하나님이 우리에게 부여한 가장 풍요로운 보고로서 칭찬을 받고 인정을 받아야 할 것이다(*Luther's Catechism*, pp. 110~111).

설령 루터가 그렇게 완벽하게 지킬 수 있는 사람을 믿지 않았지만, 루터는 모든 그리스도교도가 '성화' 이전에 그리고 '성화' 이후에 계명을 지키려 하고, 지킬 것을 기대했다.

64 "Der Originalentwurf zum Regensburge Buch," in *Briefweschsel Langraf Philipps des Grossmuthigen*, ed. Max Lenz (Leipzig, 1891), 3, p. 42. 또한 Robert Stupperich, "Der Ursprung des Regensburger Buches und seine Rechtfertigungslehre," *ARG* 36(1939), pp. 88~116; Walter Lipgens, *Kardinal Johannes Gropper(1503-1559) und die Anfänge der katholischen Reform in Deutschland*(Münster/Westphal, 1951)를 참조하기 바란다. 슈투페리히는 그로퍼의 *Enchiridion* (1538)을 광범위하게 인용하고 있다.

하지만 우리와 교통한 의의 위엄과 완전함 때문이 아니라 그리스도와 그의 공로로 인해 하나님이 우리에게 거저 제공한 자비와 의로움을 이 믿음이 포착하는 한, 하나님에 의해 받아들여지고, 하나님과 화해하게 된 믿음에 의해 우리는 의롭게 된다.[65]

레겐스부르크 신앙고백에서 전가된 의가 중요했음에도 불구하고, 루터와 다른 프로테스탄트 지도자들은 이 같은 정의와 중세의 주류적 견해와의 차이점을 거의 발견하지 못했다. 그리고 자비가 의롭게 하는 믿음에 직접 통합됨에도 불구하고, 교황청의 대변인들은 이 교리가 기본적으로 루터적이라고 생각했다.

레겐스부르크의 이중 칭의라는 교리는 그리스도교 공화국을 재통합하지도, 보다 좁게는 이신칭의가 제기한 딜레마에 대한 간단한 해답도 제시하지 못했다. 선업이 종교 생활에서 중요한 위상을 차지하지만, 구원을 가져다주지 못한다는 것이 실제로 가능했던가? 그리고 선업은 여전히 구원을 가져다주지 못했던가? 믿음에 대한 루터의 확신과 전통적인 가톨릭의 경건함의 윤리적 동기가 진정으로 공존할 수 있었던가? 루터와 레겐스부르크의 교회일치론자들의 시도가 실패한 것처럼 보인 반면에, 장 칼뱅은 성공했을 수도 있다. 칼뱅은 선업을 다음과 같이 다양하게 묘사했다. 즉 "[선업이란] 우리 안에 거하고 지배하는 하나님의 증언이다. …… 성인들의 재탄생의 결실이다. …… 성령이 거한다는 증거이자 자신들이 선택되었다는 것을 인식하는 [성인들의] 부름의 징후였다."[66]

선업에 대한 의존을 배제한다는 의미는 단지 그리스도교도의 심성이 구원에 도움이 되는 선업의 공로로 되돌아갈 수는 없지만, 거저 주어지는 의라는 약속을 전적으로 신뢰해야 한다는 것이다. 하지만 그리스도교도가 자신에 대한 하나님의 자비의 징후에 의해 이 믿음을 단단하게 하고 강화하는 것을 우리는 금하지 않는다.[67]

---

65 "Liber Ratisbonesis," in *Corpus reformatorum*, 4, pp. 199~200. 이 책의 555쪽을 참조하기 바란다.

66 *Institutes of the Christian Religion*, ed. John T. McNeil, trans. Ford L. Battles (Philadelphia, 1960), 3, ch. 14, sects. 18~20, pp. 785~786.

67 같은 책, 2, c. 14, sect. 18, p. 785.

신의 자비에 대한 이들 징후는 무엇인가? 신자 자신의 선업이다. 칼뱅주의자 성인은 신의 현존과 은총을 증언하고 있는 선업에 의해 견고하게 되고 강화된 믿음에 의해 구원을 받는다. 그는 자신이 이들 선업에 의해 구원을 받았다고 말하지 않을 것이지만, 그가 행하는 정례적인 선업은 현존하는 신의 은총의 명확한 징후이자 자신이 영광의 길로 가고 있다는 확신을 제공한다. 그리하여 종교적 확신은 신의 약속에 의해서뿐만 아니라 행위의 결실에 의해서도 '이루어진다'. 사실상 선업은 선을 행한 사람이 선민의 일원일 것이라는 추정의 증거이다.

루터 역시 참된 신자가 선업에 열중하기를 기대했지만, 선업의 현존은 인간의 구원에 대한 간접적인 주석이 아니었고 선업의 부재가 누군가의 영원한 저주를 시사하는 것도 아니었다. 루터에게 선업은 강한 믿음을 증언할 수는 있지만, 자신의 종국적 운명에 대한 인간의 불안을 해소하지는 못했다. 오직 신의 약속에 대한 믿음만이 이 같은 불안을 해소했다. 이신칭의는 각별히 선업으로부터 종교적인 마음의 평화를 도출할 수 없는 사람을 위해 구상된 해결책이었다.[68] 이신칭의의 강점과 약점 및 프로테스탄트 고유의 가르침의 특징 모두가 바로 여기에 있다.

칼뱅에게 선업은 중세 신학이 가르쳤던 구원과 직접적인 관련이 없었다. 선업은 신의 은총을 증언하며, 선민에 대한 추정 증거를 제공하지만, 인간이 구원을 기대할 만큼의 적절한 공로로서의 위상을 가지는 것은 아니었다. 한편 제네바 교회에서의 칼뱅의 행위와 마찬가지로 칼뱅의 가르침은 선업과 도덕적 행위를 또 다시 종교 생활의 중심으로 삼았으며, 이것들에 대한 종교적 불안을 다시금 도입했다. 칼뱅주의에서 선업의 현존과 부재는 인간의 영원한 운명에 대한 주석으로 수용되기에 이르렀다.

---

68 신으로부터 선업에 대한 믿음에 이르는 길은 양 방향이 아니었다. "선업은 그것을 행하는 사람을 결코 선업과 같이 만들지는 못하지만, 선업을 행하는 사람은 선업을 자신과 같이 만든다. …… 신자이든 비신자이든, 이 인간과 같이 그의 선업 또한 그렇다. 만약 선업이 믿음에서 이루어졌다면 선하고, 만약 그것이 믿음이 없이 이루어졌다면 악한 것이다. 선업이 인간을 신자로 만들지 못하듯이, 선업 또한 인간을 의롭게 만들지 못한다. 그러나 믿음이 인간을 신자로 만들고 의롭게 만들 듯이, 믿음은 선업을 행하게 한다." Luther, *Freedom of a Christian, in Three Treatises: Martin Luther*(Philadelphia, 1960), pp. 297~298.

막스 베버는 예정설을 둘러싼 우려가 칼뱅주의적 행위주의의 뿌리라고 주장했다. 엄격한 규율과 직업에서의 성공은 자신이 선민에 속하는지 아니면 저주를 받은 부류에 속하는지를 알지 못하는 데서 야기되는 불안을 완화했다.[69] 칼뱅주의는 심지어 이보다 복합적이다. 예정설에는 또 다른 측면이 있다. 아마도 이는 심지어 칼뱅주의적 행위주의에 보다 핵심적이다. 만약 신의 선택에 관한 우려가 칼뱅주의자 성인을 자신의 개인적 운명에 대해 의심하도록 했다면, 예정설은 모든 역사의 종국적 과정에 대해 이 성인이 절대적으로 확신하도록 했다. 이는 예정설에 관한 칼뱅의 가르침의 원래의 목적이 되었다. 설령 외견상 그렇지 않다고 해도, 모든 생명이 신의 손에 확실하게 달려 있다는 사실을 낙담한 신도들에게 확신시키는 것이었다.[70] 이 같은 확신은 또한 사회적 정치적 행위주의를 고무했다. 개인의 운명에 대한 불안은 의 및 신의 대의의 궁극적 승리에 대한 믿음에 의해 상쇄되었다. 개인적 운명에 관계없이 칼뱅주의자 성인은 의 및 신의 대의의 승리를 위해 확고하게 서 있었다. 확신을 하지만 불안정한, 역사의 거대한 과정과 더불어 하나가 되어 아마도 개인적으로 승리의 열매를 향유하지 못할 수도 있었다. 바로 이 같은 상태가 새로운 칼뱅주의 순례자의 모습이었던 것이다.[71]

---

69 Max Weber, *The Protestant Ethic and the Spirit of Capitalism*, trans. Talcott Parsons (New York, 1958), 특히 pp. 104~117. 보시(John Bossy)는 베버가 전적으로 칼뱅주의와 결부시켰던 윤리적 종교적 행위주의는 예수회와 트렌트 교회에서 현저했다고 지적하고 있다. H. O. Evennett, *The Spirit of the Counter-Reformation*(Cambridge, 1968), pp. 172~172에 있는 보시의 지적을 참조하기 바란다. 아마도 이는 부분적으로, 다른 방식으로, 선업을 인간의 구원에 관한 주석으로 만든 칼뱅주의와 종교적 행위주의 양자의 신학 때문이었을 것이다.

70 칼뱅은 예정에 관한 교리를 "확증과 확신에 대한 우리의 유일한 근거"(*Institutes*, 3, ch. 21. sec. 1, p. 922), 즉 "올바로 이해된, 믿음에 대한 흔들림이 없이, 오히려 그것을 가장 잘 확증하는'(같은 책, 3, ch. 14, sect. 9, pp. 975~976) 교리라고 묘사했다. 그는 신의 섭리에 관한 교리의 장점들을 열거했다. 이는 1559년 판 『기독교 강요』 이전에는 늘 예정설과 더불어 "미래에 관한 염려로부터의 믿을 수 없는 자유"라고 언급되었다. 같은 책, 1, ch. 17, sect. 7, p. 219.

71 베자는 칼뱅의 지속적인 두려움, 심지어 병이 위중하여 죽음이 임박한 그의 생애 마지막 날조차도 게으른 존재로 보이는 것에 대한 두려움을 기록했다. "적어도 몸이 아플 때에 받아쓰는 노동이나 적어도 글을 쓰는 노동을 하지 말라고 우리가 그에게 조언을 하고 간청할 때조차도, 그대는 주님이 오실 때 나의 게으른 모습을 보시게 하려는 것인가?"라고 그는 말했다. *Life of Calvin*, p. 79. 또한 이 책의 111쪽을 참조하기 바란다.

제12장

프로테스탄트 교회에서의 결혼과 사목

우리 주 하나님은 최후의 심판 이전에 세 가지 일, 즉 말씀, 지배 및 결혼이라는 사목이 올바로 이루어지기를 원했다고 루터는 1532년 식탁 대담에서 선언했다.[1] 프로테스탄트 성직자의 결혼보다 종교개혁에 의해 야기된 보다 가시적이고 제도적인 변화가 없었으며, 성직자의 결혼보다 개혁에 대한 중세 말기의 요구에 부응하고, 새로운 사회적 태도에 기여한 것도 없었다. 프로테스탄트 개혁 프로그램에서 성직자의 결혼보다 신학과 실천이 일치되면서 성공한 또 다른 사례가 없었다. 개혁가들은 성직자의 독신보다 결혼의 장점을 신학적으로 논증했으며, 자신의 삶을 통해 몸소 증명하고자 했다. 그렇게 함으로써 개혁가들은, 자신보다 앞서 찬사를 보낸 사람들이 거의 없었지만, 결혼과 가정생활의 장점에 찬사를 보냈다.

1525년 비텐베르크의 모든 개혁가는 혼인을 했다. 다른 프로테스탄트 지역에서의 관행과 마찬가지로, 심지어 1525년 6월 13일 카타리나 보라와 결혼하기 오래 전에 성직자의 결혼을 인정했던 루터는 성직자의 독신 전통을 공개적으로 깨트린 마지막 개혁가에 속했다. 1502년이라는 설립년도와 교수진에 비추어 볼 때, 비텐베르크 대학이 독일에서 두 번째 신생 대학이었다는 점은 의미가 있었다. 1521년 38세의 루터는 원로 교수에 속했다. 20대와 30대 초반의 동료 교수들은 독신이라는 이 문제에 곧바로 직면하게 되었다.[2] 설령 프로테스탄트들이 독신 생활을 고수하던 사람을 진정으로 인정하고 존경했다고 하더라도, 독신자의 숫자가 현저히 적다고 이들은 생각했다. 루터는 이 같은 종교적 삶을 영위한 사람이 천 명에 한 명에 불과하다고 생각했다. 개혁가들은 신이 바라는 그리스도교도의 완전한 상태는 독신과 수도원이 아니라 결혼과 가정생활이라고 결론

1 *Luthers Werke in Auswahl, Tischreden*, ed. Otto Clemen (Berin, 1950); 8, no. 433, p. 53.

2 August Franzen, *Zölibal und Priesterehe in der Auseinandersetzung der Reformationzeit und der katholischen Reform des 16. Jahrhunderts*(Münster, 1969), p. 30. 젊은이의 운동으로서 종교개혁과 관련하여 젊은 인문주의자와 연로한 인문주의자 간의 세대 갈등에 관해서는 Bernd Moeller, "Die deutschen Humanisten und die Anfänge der Reformation," *ZKG* 70(1959), pp. 46~61; Lewis W. Spitz, "The Third Generation of German Renaissance Humanists," in *Aspects of the Renaissance*, ed. Archibald R. Lewis (Austin, 1967), pp. 105~121을 참조하기 바란다.

성직자의 결혼을 옹호하는 요한 귄즈부르크의 팸플릿의 속표지.
"성직자가 아내 없이 생활하는 것은 극히 위험하다. 성직자로 하여금 결혼 상태에 있게 하는 것을 방해하는 사람들이야말로 얼마나 비그리도교적이고 공공질서를 파괴하는가"(1522).
플룻과 드럼이 울리자, 위와 아래의 재속 성직자 및 수도 성직자들은 거룩한 결혼에 합류했다.

지었다. 프로테스탄트들은 이전에 찬사를 보냈던 독신 생활 대신 가정에 찬사를 보냈다. 서약 아래 자신의 고유한 경험이 지닌 권위, 성령 및 전통의 권위를 다수 보유한 개혁가들은 전통적인 수도원적 이상을 대담하게 공격했다. 루터는 프로테스탄트 변론가 세대에게 다소 과장하여 결론적으로 다음과 같이 말했다.

우리에게는 성서, 교회 교부, 유서 깊은 교회의 법률 및 심지어 교황청의 선례마저 있다. 우리는 이를 고수할 것이다. 저들[독신 옹호자들]은 소수의 교회 교부, 최근의 교회법 및 자신들의 악행에 근거하여 우리와 반대되는 주장을 하고 있는 바, 이는 하나님의 여하한 말씀의 지지도 없다. 우리는 그들이 그렇게 하도록 내버려 둘 것이다.[3]

1520년 종교개혁에 관한 저술에서 루터는 "지금 부끄러움과 양심의 가책을 느끼는 가련한 다수의 성직자들에게" 결혼을 촉구했고, 세례가 그리스도교도의 모든 것을 충족시키는 유일한 서약이라고 선언했다.[4] 그러나 독신에 대해 최초로 예리한 비판적인 책을 집필한 저술가는 루터가 아니라 안드레아스 칼슈타트였다. 안드레아스의 『독신론, 수도사와 홀아비(*De coelibatu, monachatu et viduitate*)』는 1521년 6월 비텐베르크에 등장했다. 매우 편파적인 이 책은 비텐베르크에서 활동하던 루터가 속한 아우구스티누스 수도회에 즉각 수용되었으며, 독신에 대한 프로테스탄트의 기본적인 태도를 형성하게 되었다.

칼슈타트는 교회의 부를 증대시키고 성직자에 대한 통제를 강화하려던 교황 및 주교의 욕망이 독신의 근간을 이루게 되었다고 생각했다. 성적 도착과 범죄의 공공연한 온상인 독신 생활은 동성애, 가장 심각한 성적 일탈, 자위, 누군가의 씨를 몰록[5]에게 바치는 것을 조장하는 것으로 이해되었다.[6] 칼슈타트에게 이 같은 독신의 이상은 단지 간음과 죄를 조장할 뿐이며, 교회는 적절한 수수료와 함

---

3 Preface to Steffan Klingebeyl, *Von Priester Ehe*(Wittenberg, 1528), p. B 1 a(= WA 26, p. 533, 1. 26-31)

4 *An Open Letter to the Christian Nobility of the German Nation in Three Treatises: Martin Luther* (Philadelphia, 1960), pp. 67~68(= WA 6, pp. 440~43); *The Babylonian Captivity of the Church*, in ibid., pp. 198~99.(= WA 6, p. 538). 이미 루터의 *Dicta super Psalterium*(1513~1516) 및 *Lectures on Romans*(1515~1516)에서 자비가 아니라 믿음이 강한 욕정에 대한 해독제라고 묘사했으며, 평신도와 성직자를 포함한 그리스도교도 공동체의 이상이 수도원 생활의 '분리주의'와 비판적으로 병존시켰다. Bernhard Lohse, *Mönchtum und Reformation: Luthers Auseinandersetzung mit dem Mönchsideal des Mittelaters*(Göttingen, 1963), pp. 236~241, 269. 로제에 따르면, 독신 서약과의 최종적인 결별의 핵심은 세례 서약이 모든 그리스도교도에게 절대적으로 최종적인 서약이라는 확신이었다. 같은 책, pp. 278, 333, 31~52.

5 옮긴이 셈족이 섬기던 신으로 한 때 이스라엘 사람들도 신봉하기도 했다. 가나안에서는 태양과 하늘의 신으로 알려져 있었다.

6 P. A 4 b. 칼슈타트의 견해는 Herman Barge, *Andreas Bodenstein von Karlstadt*(Leipzig, 1905), p. 265에서 논의되었다. 자위행위의 해악에 관해서는 이 책의 306쪽을 참조하기 바란다.

께 이들 죄를 용서해 주었던 것이다.[7]

칼슈타트는 전통적인 관행을 비판하는 일곱 가지 결론을 도출했다. 첫째, 종교인의 근신 기간에는 성적 욕구와 성적 자극에 대한 근신도 모두 포함되어야 한다는 것이다. 오직 60세 성직자만이 독신 서약을 이행할 것이라는 합리적인 기대를 할 수 있었다. 그 때까지 수녀는 모성에 의해 '살아 있는 성전'이 되는 것이 좋은 대안이 될 수 있었다. "성소에서 혼자서 냉랭한 기도를 중얼거리기"보다는 가정을 꾸리고 가족에게 하나님의 말씀을 가르치는 것이 낫다. 가정생활과 세속 사회에서의 노동이 '신성하다'는[8] 것이었다. 둘째, 결혼을 했거나 했던 사람만이 성직을 보유할 수 있다고 칼슈타트는 생각했다. 이는 디모데전서 3장 2절에서 도출한 결론이다.[9] 셋째, 만약 수도원의 누군가가 욕정에 불탔다면, 그는 결혼할 수 있고, 그에게 결혼이 허용되어야 한다.[10] 넷째, 서약에 대한 동의가 있는 경우에만 서약이 유효하다(민수기 30장 12절). 독신 서약은 신이 그것에 동의했는지 여부가 밝혀질 때까지 유효하지 않고, 준수될 필요도 없다. 독신 서약에 대한 신의 동의의 징후는 대부분 60세 이후에 나타나게 된다고 칼슈타트는 주장했다.[11] 다섯째, 칼슈타트는 서약을 한 사람의 음란함이 아내에 대한 남편의 성적 욕구보다 훨씬 심각한 악이며, 그 결실을 통해 판단해 볼 때, 결혼은 독신보다 훨씬 더 유익한 선이라고 주장했다. "결혼을 통해 자녀가 출산되고, 자녀를 믿음에서 양육하며, 자녀를 성인으로 키우고, 땅을 경작하며, 순결한 상태로 깨어 있는 반면에, 독신은 매우 흔히 소년과 소녀를 파괴하고, 이 땅을 사막으로 만든다."[12] 여섯째, 성직자가 자신의 서약을 파기하고 결혼을 하는 것은 죄가 아니다.

---

7 *De Coelibatu, monachatu et viduitate*, p. A 3 a. 성직자의 사실혼 및 이에 수반되는 문제들에 대한 벌금 납부 일정이 길게 제시되어 있었다. 콘스탄츠 교구의 경우 주교의 재무관이 관구의 성직자의 자녀 약 1,500명에 대해 일인당 연 4굴덴을 징수했다. Oskar Vasella, *Reform und Reformation in der Schweiz*(Münster, 1975), pp. 28~34; Ozment, *The Reformation in the Cities*(New Haven, 1975), pp. 57~58을 참조하기 바란다.

8 *De Coelibatu, monachatu et viduitate*, B 3 b; C 2 a-C 4 a. 60세라는 연령은 디모데전서 5장 9절로부터 유래했다.

9 같은 책, C 4 a.

10 같은 책, D 2 a-b.

11 같은 책, D 3 a.

한스 브로사머. 마르틴 루터와 카타리나 보라

이는 인간 본성에 대한 잘못되고 비성서적인 이해에 기초하고 있기 때문이다.[13] 마지막으로 칼슈타트는 결혼이 간음에 대한 유일하고 효율적인 치유책으로 간주되는 한, 모든 주교가 자신이 관할하는 교구 사제에게 내연의 처와의 정식 결혼을 명령할 것을 희망했다.[14] 이 제안은 프로테스탄트들이 자신이 속한 지역의

12 같은 책, D 3 b.

13 같은 책, D. 4 a. 순결 서약이 성서와 인간 본성에 반한다는 것은 초기 프로테스탄트 변론가들에 의해 제기된 가장 일반적인 주장이었다. 무명의 작품들을 참조하기 바란다. *Ain schöne / gaistliche / und der hailigen schrifft gegründte underweysung von wegen der gelübten*(1523); *Ain christenliches lustige gesprech / das besser gotfeliger und des menschen selhaylsamer seye / auss den Klöstern zukommen und Eelich zuwerden / dann darinnen zubleiben und zuverharren / Wöllichs gesprech / nit menschen thandt oder der selbigen yrringen gesatzen / sondern allain inn der hayligen, göttlichen, Biblischen, und Ewangelischen geschrifft gegründt / gemacht und darauss gezogen ist* (1524). Thomas Stör, *Der Ehelich standt von Got mit gebenedeyung auffgesetzt / soll umb schwärhait wegen der seltzamen gaben der Junckfrawschaft yederman frey sein / und niemant mügen und sollen. Beschützred / des würdigen herren Bartholomei Bernhardi / Probsts zu Camberg / so von Bischoff von Meydburg gefordertt / antwurt zugeben / das er in priesterlichem standt / ain junckfraw zu der Eegenomen hat.* (1522); Johann Eberlin von Günzburg, *Wie gar gfarlich sey So ain Priester kain weib hat. Wie unchristlich und schedlich am gmainen nutz Die menschen seynd Welche hindern die pfaffen am Eelichen stand*(1522). 이들 모든 작품의 사본은 옥스퍼드 대학의 보들레이안 도서관에 소장된 루터의 저술들(Tractt. Luth)에 있다.

혼인에 관한 법령을 다시 제정하면서 법률이 되었다.

루터는 칼슈타트의 몇몇 성서 해석에 대해 혼란을 느꼈지만, "몽정과 불타는 욕정에 딱하고 가여운 남성, 소년 및 소녀들에 대해" 마음으로부터 공감을 했다.[15] 하지만 그 당시 루터는 칼슈타트처럼 주장할 수 없었으며, 수도사와 수녀들이 자유롭게 선택한 서약을 재속사제들에게 부과된 서약과 동일시할 수도 없었다.[16] "허식과 인정적인 견해라는 어떤 유령이 여기서 나를 괴롭히는지 모른다"고 주저하는 칼슈타트를 비판하고, 심지어 그 누구도 순결을 서약해서는 안 된다고 확신했지만,[17] 루터는 1521년 8월에 슈팔라틴에게 다음과 같은 사실을 여전히 확신시켰다. "선한 주군이시여! 비텐베르크 시민들이 심지어 수도사에게까지 아내를 줄 작정입니까? 이들 시민은 저에게 아내를 맞이하라고 강요하지 않겠지요?"[18]

루터는 재속사제의 혼인권을 『수도원 서약』(1521년 말)과 『결혼 생활』(1522)에서 인정했다. 『수도원 서약』에서는 성직자의 독신을 비판하는 프로테스탄트의 대표적인 사례가 제시되었다. 이 책에서 루터는 수도원 서약이 성서적 권위가 없고 신앙에 반하며, 복음적 자유, 자신의 이웃을 사랑하라는 계명, 상식 및 이성에 반한다고 주장했다. 성서에 의하면 예수는 독신 생활을 권장하기보다는 이를 말렸으며, 내시들에게 지나가는 말로 단지 이를 인정했을 따름이다. 그리고 성 바울은 직접적인 권유로서가 아니라 이를 단지 '공개적인 문제'로 논했을 뿐이다. 루터는 "순결 **서약**이 복음에 완전히 반한다고"[19] 결론을 내렸다.

세례식에서 모든 그리스도교도가 행하는 신에 대한 '서약'이 마지막 서약이었기 때문에 독신 서약은 신앙에 또한 반하는 것으로 인식되었다. 종교적 측면에서 독신 서약이 우월하다는 이 같은 가정은 루터로 하여금 마침내 수도사와 수녀들을 자신이 자유롭게 선택한 서약으로부터 해방시켜 주었다. "이들이 의와

---

14 *De Coelibatu, monachatu et viduitate*, D 4 b.

15 Letter to Melanchthon(1 August 1521), in *LW*, 48, p. 279(= *WABr* 2, p. 371).

16 같은 책, p. 277(= *WABr* 2, p. 370).

17 Letter to Melanchthon(3 August 1521), in *LW*, 48, pp. 285, 287(= *WABr* 2, pp. 374~75).

18 Letter to Spalatin(6 August 1521), in *LW*, 48, p. 290(= *WABr* 2, pp. 377).

19 *LW*, 44, p. 262(= *WA* 8, p. 584).

선업에 의한 구원을 가르치지만, 믿음으로부터 벗어나고 있다"고 루터는 불평을 했을 뿐만 아니라 "이들의 순복, 청빈 및 순결이 구원에 이르는 길이자 이들의 방식이 나머지 신도 집단의 그것보다 완벽하다고 생각한다"[20]고 주장했다.

루터는 서약이 세례에서 신이 그리스도교도들에게 행한 '자유의 약속'을 침해했기 때문에 이들의 자유에 반하는 것으로 이해했다. 이 약속에 따르면, 개인은 양심에 자유를 가져다줄 경우에만 단지 구속된다는 것이다.[21] 서약은 "…… 여하한 사람에 대한 봉사를 방해하고, 단지 동료 수도사에게만 봉사하는 …… 편협하고 인위적인 사랑을" 고무하기 때문에, 자신의 이웃을 사랑하라는 명령을 위배했다는 것이다.[22] 그리고 서약은 인간의 본성을 무시하기 때문에 상식과 이성에도 반한다는 것이었다. 칼슈타트의 주장에 공감한 루터는 독신 서약을 60세 내지 그 이상의 여성과 70세 혹은 80세의 남성에게만 한정하라고 주장했다.[23] 순결 서약의 파기를 아사에 직면한 사람이 남의 음식을 훔치고 싶은 '간절한' 마음을 가진 사람에 비교한 루터는 형평이라는 유서 깊은 법률 원리에 호소했다. 이 같은 비상 상황에서 법률의 정신은 법률의 자구보다 중요했던 것이다.[24]

루터의 저술은 엄청난 영향을 미쳤다. 수도사 출신의 주요 개혁가들은 종교개혁의 과업에 참여했으며, 혼인을 했다. 벤체슬라우스 린크(1483~1547), 요하네스 랑(약 1487~1548), 가브리엘 츠빌링(약 1487~1558)은 아우구스티누스회 수도사 출신이었다. 에벌린 긴츠부르크(약 145~1530), 콘라드 펠리칸(1478~1556), 프랑수아 아비뇽(1486~1530) 및 프리드리히 미코니우스(1490~1546)는 프란체스코회

---

20 같은 책, p. 285 (= *WA* 8, p. 589). 14세기 채찍질 고행자들은 자신의 처벌을 세례 성사보다 우월한 '제2의 세례'라고 기술했다. Gordon Leff, *Heresy in the Later Middle Ages*(Manchester, 1967), 2, p. 489를 참조하기 바란다.

21 같은 책, 44, p. 315 (= *WA* 8, p. 616).

22 같은 책, p. 335 (= *WA* 8, p. 628). 독일 남부와 스위스 도시들의 『신앙고백』(*Tetraploitana*)은 인간의 최초의 사회적 의무인 자신의 이웃에 대한 사랑과 봉사를 유예함으로써 수도원적 서약을 준수했다. Bernd Moeller, *Reichsstadt und Reformation*(Gütersloh, 1962), p. 46, n. 62. 묄러가 서약에 대한 루터의 '신학' 지향적인 비판과 부처의 '사회' 지향적인 비판을 다수 비교했다고 필자는 생각한다. 이 주제의 신학적 측면과 실천적 측면은 이들 양 개혁가에 의해 충분히 인식되었다.

23 *LW*, 44, pp. 360, 387, 398 (= *WA* 8, pp. 64, 661, 667).

24 같은 책, p. 391 (= *WA* 8, pp. 64, 661, 663).

수사 출신이었다. 마르틴 부처는 도미니크회 출신의 수사였고, 암브로시우스 블라러(1492~1564)는 베네딕트회 출신의 수도사였다. 요하네스 부겐하겐(1485~1558), 유스투스 요나스(1493~1555), 게오르크 슈팔라틴(1484~1545), 니콜라우스 암스도르프(1483~1565), 우르바누스 레기우스 (1489~1541) 및 요하네스 외콜람파디우스는 재속사제 출신의 대표적인 프로테스탄트 성직자였다.[25]

칼슈타트와 루터는 독신 서약을 비판하는 성서적이고 신학적인 논지를 강조하면서도 삶의 실제 여건도 고려하면서 저술을 했다. 이들의 경험에서 프로테스탄트 성직자는 독신생활이 감내하기 어려운 개인적인 어려움이자 성직자로서의 고충이라는 사실을 발견했다. 독신생활이 실천하기 매우 힘든 이상으로서, 요나스는 이를 '순수하지 못한 순결'이라고 표현했다.[26] 11명의 저명한 스위스 성직자들이 1522년 7월에 작성한 청원은 독신이 야기한 개인적인 차원의 문제를 가장 명확하게 보여주고 있다. 〈콘스탄츠의 주교이자 가장 존경하는 주군 휴고에게 드리는 스위스의 몇몇 설교자들의 청원. 이는 주교가 설득을 당하여 복음을 손상하는 여하한 선언도 하지 않도록 하고, 매춘이라는 불미스러운 일이 더 이상 지속되지 않도록 할 것이지만, 성직자들이 결혼을 할 수 있도록 하거나 적어도 이들의 결혼을 못 본 체하라는 청원이다〉. 당시 미망인 안나 라인하르트와 동거하고 있었고 츠빙글리의 지도를 받았던 한 성직자는 불법적으로 아내를 두고 있었던 많은 성직자의 존재가 사목에 심각한 장애가 된다고 묘사했다. 이 성직자들은 "이 단순하고 평범한 사람들이, 복음을 이들에게 설교할 때조차 음탕하고 부끄러움을 모르는 개처럼 생각되는 성직자의 말을 어떻게 믿을 것인가?"[27]라고 의문을 제기했다. 또한 이들 성직자는 순결을 유지하기 위한 노력을 하

---

25 Franzen, *Zölibat und Priesterehe*, p. 29.

26 *Adversus Iohannem Fabrum Constantienem Vicarium, scortationis patronum, pro coniugio sacerdotali, Iusti Ionae defensio*(Wittenberg, 1523), p. B 4 a.

27 *The Latin Works and Correspondence of Huldreich Zwingli, 1510-22*, ed. Samuel. M. Jackson (New York, 1912), 1, p. 155(= *Sämtiche Werke*, 1, pp. 197~209). 독일어판으로 된 이 청원이 스위스 연방 전역에서 광범위하게 유포되었다. 이들 불만에 관해서는 Gerald Strauss, *Manifestations of Discontent in Germany on the Eve of the Reformation*(Bloomington, Ind., 1971), p. 61. 이 시기 무명으로 작성된 팸플릿은 교회가 보기에도 죄악의 생활(간통, 오입 내지 남색)을 하는 것으로 생각되는 성직자들이 자유롭게 성사를 집전하도록 방치하는 것을 특히 비난했다. 이 같은 모순은 모든 평신도에

느라 거의 정신이 나갈 정도였다고 주장했다.

> 순결한 삶을 사는 사람에게 우리가 이 영광을 기꺼이 양보하는 반면에, 결혼이 우리에게 부정되었다는 것에 상심하고 있습니다. …… — 그렇게 말하는 것이 부끄럽기는 하지만—, 욕정에 열광함으로써 부적절한 행동을 많이 했던 우리는 지금부터 조심스러운 주제인 결혼이 금지된 사람들에게 이것이 어느 정도로 용인되어야 하는지 여부는, 오직 욕정이라는 불(그리고 빈번히 그리고 격렬하게 정신을 위협했던 욕정)이 결혼의 분명한 이유로 천명되기에 충분하다고 생각합니다.[28]

취리히의 이 청원은 성직자의 결혼이 하나의 구상에 불과하지만 그것을 시행할 때가 되었다는 주교에 대한 경고와 더불어 결론을 맺었다. "성직자의 다수가 이미 아내를 맞이했고, 우리 스위스의 성직자뿐만 아니라, 다른 모든 지역의 성직자도 그렇게 했다는 보고가 있으며, 그리고 결혼을 근절하는 것은 단지 주교님의 권한을 뛰어넘는 것만이 아니라, 만약 우리가 이렇게 말하는 것을 주교님이 용인한다면, 주교님은 물론 그보다 훨씬 강력한 힘을 가진 사람의 권한을 확실히 뛰어넘는 것이기도 할 것입니다."[29]

취리히에서 성직자 독신의 종말은 성직자 결혼의 도입이라기보다는 상당한 정도로 그것의 절정이었다. 오랜 세기에 걸친 성직자의 사실혼 관행은 법률적이고 존경할 만한 행위가 되었다. 에드워드 6세 시대에 영국에서 통과된 법률도 마찬가지였다. 한 역사가에 따르면, "동시대인들은 결혼을 개혁적 행위로 보기보다는 모호한 지위에 있던 여성에 대한 일종의 합법화로 간주했다".[30] 츠빙글리는 자녀가 태어나기 바로 직전인 1524년 4월에 공개적으로 결혼을 했다. 1525년 5

게 명확했다. *Ein Christliche frage Simonis Reuters vonn Schlaytz / an alle Bischoffe anndere geystliche / auch zum teyl weltliche regenten / warumb sy doch an Priestern und an andern geistlich geferbten leuten / den eelichen standt nicht mügenn leyden*(1523), p. A 2 a를 참조하기 바란다.

28 *The Latin Works …… of Huldreich Zwingli*, 1, p. 160.

29 같은 책, 1, p. 164.

30 James Gairdner, *Lollardy and the Reformation in England*(1908-13), 3, pp. 57~58, Philip Hughes, *The Reformation in England*(New York, 1963), 2, p. 115에서 인용.

월에 공포되고, 1526년 6월 주변 촌락들에 강제된 취리히의 새로운 혼인법은 불법적인 결혼을 했던 성직자에게 그 같은 관계를 단절할 것인지 아니면 공식적으로 결혼을 할 것인지 여부를 결정하는 데 2주의 숙고 기간을 주었다. 이 법령에 의해 설치된 혼인 법정은 2명의 성직자와 시정위원회 출신의 4명의 평신도 등 모두 6명의 재판관으로 구성되었으며, 일주일에 두 번 개회되었다. 종교개혁 이전의 관행에 비교해 볼 때, 프로테스탄트의 새로운 혼인 법정은 혼인의 지위와 갈등을 상당한 정도로 해결했다. 이를테면 혼인 법정은 이혼의 사유를 확대하고 정의했을 뿐만 아니라 간통, 불임, 극단적인 불화, 유기, 신체적 질병과 정신적 질병 및 사기 등도 이혼의 사유로 인정했다. 하지만 이 같은 이혼 사유의 명료화는 가정생활의 개선과 더불어 새로운 차원의 정부 간섭도 초래했다.[31]

성직자의 결혼은 프로테스탄트들이 지속적으로 주장한 이슈였다. 장 칼뱅은 1544년 슈파이어 제국의회를 대비하면서 카를 5세를 위해 준비한 특정 개혁에 관한 책에서 취리히 청원의 도덕적인 절박함에 공감했다.[32] 영국에서는 종교적 탄압이 이루어진 메리 여왕 치세기에 익명으로 집필된 『성직자의 혼인 변론』에서 성직자 독신의 '가장된 순결', 그리고 강제적인 순결 유지를 "말로 표현하기 민망한 매춘과 추악함에 이르는 지름길"이라고 비판했다.[33]

프로테스탄트 변론가에 따르면, 만약 독신이 사목에 짐이 되었다면, 결혼은 사목에 유익했다. 제레미 테일러(1613~1667)는 결혼에 대한 프로테스탄트의 한 세기에 걸친 찬사를 우아하게 다음과 같이 기술했다.

---

31 Oskar Farner, *Zwingli the Reformer: His Life and Work*, trans. D. G. Sear(1968), pp. 88~89; *Huldrych Zwingli: Seine Verkündigung und ihre ersten Früchte, 1520-1525*(Zurich, 1954), pp. 500~501; G. R. Potter, *Zwingli*(London, 1976), pp. 215~216; Walter Köhler, *Züricher Ehegericht und Genfer Konsistorium*, vol. 1(Leipzig, 1932).

32 *Calvin: Theological Treatise*, trans. J. K. S. Reid(Philadelphia, 1954), p. 215(= *Corpus Reformatorum*, 34, p. 498). 비오는 수도원주의에 대한 칼뱅의 비판을 추적했다. Francis Biot, *The Rise of Protestant Monasticism*(Baltimore, 1963), pp. 29~46.

33 *A Defense of Priestes Mariages, Stablysshed by the Imperial Lawes of the Realme of England, Against a Civilian Naming Himself Thomas Martin, Doctour of the Civile Laws*(London, 1567?), p. 2 b.

> 사과 가운데 있는 벌레처럼 독신자는 고독하게 지낸다. 그러나 유익한 벌처럼 결혼은 집을 짓게 하고, 모든 꽃으로부터 달콤한 꿀을 모으고, 노동하고, 모임을 형성하며, 주민을 보내며, 달콤한 꿀로 세상 사람을 먹이고, 지배자에게 복종하고, 질서를 유지하며, 많은 덕을 실천하고, 인류의 이해를 증진시키며, 하나님이 의도했던 세계의 현존하는 좋은 질서이다.[34]

변론가들은 결혼의 실제적인 두 가지 장점, 즉 목회자에게 교구의 기혼자와의 사적 접촉을 제공했으며, 순결을 유지하기 불가능한 대다수 성직자의 개인적인 삶을 안정적이게 했다는 사실을 반복해서 강조했다. 1522년 2월 비텐베르크의 소녀와 결혼을 한 요나스는 루터의 요청에 따라 결혼을 옹호하는 글을 작성했으며, "자신의 집에서 매일 만나는 사람보다 가족을 부양하면서 겪는 남성의 어려움이 어떤 것이며, 결혼이라는 신성한 십자가가 무엇인지를 누구도 잘 알지 못한다"고 주장했다. 결혼한 성직자에게 가정은 '사랑의 준비운동'으로서, 이는 다른 사람들에 대한 사랑을 보다 노련하게 활용하도록 해주었다.[35] 『성직자의 혼인 변론』의 작가는 다음과 같이 주장했다.

> 성직자들이 강제가 아니라 자신의 의지로 결혼을 했던 때보다 종교가 …… 명예로웠던 때가 있었던가? 설령 여러 사람들이 고독한 생활이라는 선물을 지속했다 하더라도, 다른 사람들을 경멸하지 않으면서, …… 이들이 하나님의 그릇을 명예롭고 거룩하게 지켰으며 …… 그리고 욕정을 억제할 수 없는 위험 때문에 결혼의 자유가 있었던 때보다 이들이 안전했던 때가 있었던가? 목회자가 자신의 집으로 향하도록 해주는 어떤 곳에 자신의 가정을 꾸렸던 때 보다 환대를 받았고 주거지가 잘 유지되었던 때가 있었던가? 목회자들이 거주할 때 보다 이들의 집이 제대로 수리되고 유지되었던 때가 있었던가? 목회자가 가정을 돌보았을 때보다 대중들이 크게 안도한 때가 있었던가?[36]

---

34 *The Marriage Ring: or, the Mysterious and Duties of Marriage*(Birmingham, 1809), p. 14.
35 Jonas, *Adversus Iohannem Fabrum*, p. D 2 b.

윌리엄 틴들은 매우 많은 찬사를 받았던 독신이 여성혐오와 오입질을 야기한다고 생각했다.

> 성 히에로니무스[제롬]나 사랑의 치유라는 천박한 책의 저자인 오비디우스의 설득과 함께 이루어진 거짓되고 가장된 순결을 지키지 못했다는 사실을 그대는 인식하라. 이 같은 상상을 통해 그대가 모든 여성을 격렬하게 경멸하고, 거부하며, 혐오할 때 그리고 그대가 하나님의 격렬한 진노를 통해 그와 같은 경우에 직면할 경우, 그대는 순결하게 살지도 못하거나 그대의 마음에서 결혼할 마음도 발견하지 못할 수도 있다.[37]

프로테스탄트들은 사목을 종교적 지위의 우월이 아니라 영적으로 동등한 사람들 가운데서 행하는 윤리적 봉사라고 이해했으며, 사목적 권위가 성사의 주입으로부터라기보다는 신자들의 공동체로부터 직접 유래한다고 생각했다.[38] 이 같은 인식으로 성직자와 교구민들의 일상생활과의 효율적인 접촉이 매우 중요하게 되었다. 종교개혁의 초기에 가정은 종종 예배를 드리는 필수불가결한 공간이 되었다. 1523년 프로테스탄트의 일상적인 경험에 공감한 루터는 1421년 이래 대주교직은 물론 사제 서품도 박탈당했던 보헤미아의 그리스도교 교도들에게 글을 쓰면서 그리스도교 신앙의 본질이 '평신도의 가정'에서 완전히 유지될 수 있다고 언급했다.[39]

성직자의 결혼의 두 번째 장점은 보다 개인적이고 심리적인 것이었다. 진정한 독신을 유지하는 성직자는 전적으로 자신의 사목에 집중할 수 있었으며, 루터는 이 같은 성직자가 '세속적인 의미에서', 즉 사목에 대한 순수한 시간 투여라는 측면에서 보다 좋은 방안이라고 인정했다.[40] 하지만 독신이 [성적 본능을] 억제할 수

---

36 *Defense of Priestes Mariages*, p. 30.

37 *Prologue to Numbers*, C. S. Lewis, *English Literature in the Sixteenth Century Excluding Drama* (Oxford, 1954), p. 191에서 인용.

38 루터의 *Concerning the Ministry*(1523), *LW*, 40, p. 35(= *WA* 12, p. 190).

39 같은 책, 40, pp. 9~10(= *WA* 12, p. 171).

있는 사람을 위한 제도였듯이, 결혼은 [성적 본능을] '억제할 수' 없는 사람을 위한 제도였다. 결혼은 성직 수행을 방해하는 성적 관심이나 성적 해소라는 문제를 제거했다. "결혼이 간통과 부정을 억제하고 제거한다는 사실이 중요하다"라고 루터는 자신이 결혼하기 3년 전에 지적했다.[41] 더욱이 루터는 '건강한 신체와 선한 양심을' 위해 혼인이 이루어지고, 자녀를 둔 여성이 "보다 건강하고, 보다 정숙하며, 보다 경건하다"는 사실을 발견했다.[42]

많은 프로테스탄트 저술가들은 수많은 남성과 여성에게 '인간 본성에 매우 반하는' 무엇을 잔인하게 강요하는 것을 비판하는 데 많은 지면을 할애했다. "그대가 남성이라면, 그대의 성을 바꾸지 않는 한 여성 없이 살 수가 없다. …… 이 본성적 욕구와 남녀가 서로 사랑하는 선천적인 애정은 우리의 통제력을 벗어나 있다. 하나님이 우리를 그렇게 창조하고 만들었던 것이다"[43]라고 요나스는 주장했다. 우스터의 부제였던 조지프 홀(1574~1656)은 메리 튜더기에 터득한 어려운 진리를 다음과 같이 지적했다.

> 존 헤이우드는 …… 메리 여왕에게 여왕의 사제가 외설적이라고…… 말했다. 만약 그들에게 부인이 없다면, 정부가 있을 것이다. 자제력이라는 신성한 선물이 없다면, 달리 어떻게 될 것인가? 물이 댐에 막혀 있고 시냇물은 계속 흘러 가득 차게 되면, 제방을 넘쳐흐르는 것 말고 달리 무슨 수가 있는가?[44]

홀의 이 책은 1620년에 집필되었으며, 성직자의 결혼에 대한 영국 국교회의 느린 수용에 대한 주석이기도 하다. 이 책의 저술 의도는 성직자의 결혼을 비판

---

40 *The Estate of Marriage*, *LW*, 45, p. 47 (= *WA* 12, p. 190).

41 같은 책, 45, p. 43 (= *WA* 10/2, p. 209). 성직자의 결혼을 변론한 푸흐는 간음과 자위 및 이에 수반되는 죄로부터의 자유를 강조했다. Jacob Fuch, *Ain schöner Sendbrieff an Bischof von Wirtzburg Darinn auss hayliger geschrifft Priester Ee beschirmbt und gerundt wirdt*(1523).

42 *The Estate of Marriage*, p. 46 (= *WA* 10/2, p. 301).

43 Jonas, *Adversus Iohannem Fabrim*, pp. C 1 b, D 1 b.

44 *The Honor of the Married Clergie Mainstayned Against the Marlicious Challengers of C.E.* (Cavillator Egregius) Masse-Priest(London, 1620), p. 288. 이 책은 코핀(E. Coffin)이라는 가톨릭 성직자를 비판하고자 집필되었다. 그리하여 이 책의 제목에 C.E.가 들어갔다.

한 당대인들에게 "질서정연한 결혼이 우리의 영혼을 죽이고, 우리의 손을 게으르게 하는 것과는 얼마나 무관한지"를 입증하는 것이었다. 그는 결혼이 성직자로 하여금 신의 일에 집중하는 것을 방해한다는 가톨릭의 상투적인 비판을 '결혼의 유익에 대한 시기'라고 일축했다.[45]

하지만 일부 프로테스탄트들은 성적 불만을 해소하기 위한 제도로서 결혼이 새로운 탐욕을 야기했다는 사실을 발견했다. 슈트라우스는 공개 설교에서 성직자의 결혼이 "육체에는 자유를 그리고 노년의 아담에게는 힘"을 제공했다고 생각하는 사람을 비판했다. 신은 허기를 가져다주기 위해서가 아니라 그것을 채우기 위해 먹을 것을 제공했듯이, '성적 문란'을 정당화하기 위해서가 아니라 부정이라는 불길을 끄기 위해 결혼을 명령했다는 것이다.[46]

프로테스탄트 변론가들은 이들 '진솔한 남편'과 '간통하는 수도사'를 비교함으로써 솔직한 남편에게 찬사를 보내는 한편,[47] 결혼이 단순한 성적 욕구에 대한 탈출구 그 이상이라고 여전히 간주했다. 결혼은 인간 공동체를 새롭게 성찰할 수 있는 여건을 제공했다. "남편은 결혼 첫 해에 이상한 생각이 든다"고 루터는 지적했다. "식탁에 앉으면 남편은 전에는 혼자였는데 이제는 둘이네 라고 생각하게 된다." 혹은 침대에서 일어나면서 남편은 이전에 보지 못했던 머리를 두 갈래로 딴 [아내가] 누워 있는 것을 발견하게 된다."[48] "결혼은 단지 여성과의 잠자

45 같은 책, pp. A 3 b-A 4 a, 164.

46 Jacob Strauss, Eyn Sermon in der deutlich angezeigt und geert ist die pffaffen Ee / inevangelischer leer nitt zu den freiheit des fleische / und zu berkreffitigen den allten Adam / wie ettich fleischlich Pfaffen das Eich (= Elich) wesen mit aller pomp / hoffart und ander teruffels werck anheben / gefundiert (Erfurt, 1923), p. B 4 a. 하지만 자신의 육체적 욕망을 단지 충족시키고자 했더라면, 자신의 부인과 결코 결혼하지 않았을 것이라는 부처의 주장을 비교하기 바란다. 여성과의 성관계는 결코 단지 모든 것을 소모하는 열정이 아니라고 부처는 주장했다. 사실상 그가 매일 아침 2~3명의 여성과 관계를 가지고 매주 이들을 교체할 수 있는 기회가 있었다고 하더라도, 그는 이에 관심을 가지지 않았을 것이다. "내가 만일 하나님을 두려워하지 않고 오직 육체의 욕망만을 추구했다면, 나는 결코 아내를 취하지 않았을 것이다. 정부를 취하는 데에 이 모든 것을 쏟아 부어야 할 만큼 그렇게 돈이 많이 들지 않는다면, 나는 아마도 정부를 둘이나 셋쯤 거느렸을 것이고 막강한 권력을 가진 교황이 그러했듯이 일주일마다 정부를 갈아치웠을 것이다." *Verantwortung M. Butzer n Martin Bucers Deutsche Schriften*, ed. Robert Stupperich (Gütersloh, 1960-62), 1, p. 175.

47 Hall, *The Honor of the Married Clergie*, p. 42를 비교하기 바란다.

48 Tabletalk no. 3178a (1532), *LW*, 54, p. 191.

리–그런 것은 누구든 할 수 있다–로만 이루어지는 것이 아니다. 가정을 돌보고 자녀를 양육하는 것이 결혼이다."[49] "생활방식이나 사고방식과 관련하여 조화가 있어야 한다. 결혼의 유대만으로는 그렇게 되지 않을 것이다."[50] 마치 오래된 중상모략을 폭로하듯이, 프로테스탄트 지도자들은 자신의 부인을 사목에서의 필수불가결한 동반자로 감동적으로 묘사했다. 루터는 "프랑스나 베네치아를 준다고 해도 나의 [아내] 카타리나를 포기하지 않을 것이다"라고 단순하지만 자랑스럽게 말했다.[51] 한 세기 이후의 청교도였던 리처드 매더(1596~1669)는 "가사를 담당하는 유일하고 신중한 여성인 그녀가 모든 세속적인 염려로부터 남편이 벗어나게 했으며, 그리하여 그는 전적으로 자신의 학업과 신성한 일에 전념했다"는 점에서 자신의 아내의 죽음을 크게 슬퍼했다.[52] 칼뱅은 아내의 죽음에 대해 친구에게 다음과 같이 매우 품위 있게 말했다.

> 나는 삶의 최고의 반려자와 사별했다. 만약 그녀가 그렇게 명령을 받았다면, 나의 곤궁을 기꺼이 나누었을 뿐만 아니라, 심지어 나의 죽음마저도 공유했을 것이다. 살아생전 그녀는 나의 사목의 충실한 조력자였다. 나는 그녀로부터 아주 사소한 방해도 받지 않았다.[53]

프로테스탄트 변론가들의 장밋빛 평가에도 불구하고, 결혼은 성직자에게 개인적으로나 사회적으로도 감당하기 쉽지 않은 변화를 야기했다. 비텐베르크와

---

49 Tabletalk no. 5513 (1542/43), *LW*, 54, p. 441.

50 Tabletalk no. 5524 (1542/43), *LW*, 54, p. 444.

51 Tabletalk no. 49 (1531), *LW*, 54, p. 8.

52 Edward S. Morgan, *The Puritan Family*(Boston, 1944)에서 인용. 더 많은 사례에 관해서는 Roland H. Bainton, "Marriage and Love in Christian History," *Religion in Life*(1948), pp. 9~13을 참조하기 바란다.

53 *Letters of Jon of Calvin*, ed. and trans. Jules Bonnet (Philadelphia, 1959), 2, p. 216. 데이비스는 칼뱅주의자들이 여성을 '정숙한 부인'으로 간주했다고 주장하면서 여성과 평등에 관한 근대 여성의 개념이 데이비스의 판단을 흐리게 할 수도 있었다. "결혼에 관한 개혁적 모델은 가톨릭적 모델이 확실히 그러했듯이 아내를 남편에 복속시켰다." Natalie Davis "City Women and Religious Change in Sixteenth Century France," in *A Sampler of Women's Studies, ed. Dorothy G. McGuigan*(Ann Arbor, 1973), pp. 31~36.

스트라스부르에서 결혼 생활이라는 새로운 영역을 검증하고자 했던 초기의 성직자들이 깨달았듯이, 처음에 결혼은 파문을 그리고 심지어는 투옥을 의미하기까지 했다.[54] 결혼 후에 대개 심각한 재정난이 뒤따랐으며, 특히 촌락의 성직자들에게 그러했다. 설령 16세기의 유럽이 주로 점진적인 인플레이션과 간헐적인 불황으로 어려움을 겪기는 했지만, 종교개혁은 결혼 생활에서 재정적인 어려움을 초래하는 경향이 있었다. 종교개혁은 중세 교회의 보다 대중적인 수입 징수 방안을 미신으로 간주하여 거부했다. 면벌부, 순례 및 탁발 수도회를 비판하던 프로테스탄트 논객들의 물결에서, 많은 사람이 성직자에 대한 여하한의 구호품의 제공도 종교적으로 적절한 행위인지 여부에 대해 의문을 제기했다. 귀족 가문 출신들은 프로테스탄트의 곤궁을 회피했다. 새로운 목회자들은 사회적으로 중하위 계층에 속했던 교사, 교회 관리인, 서기, 식자공, 인쇄업자 및 의류제조업자 출신이었다.[55] 신생 교회는 경제적 생존을 위해 현존하던 정치권력에 더욱 의존하게 되었다.[56] 1525년 10월 31일 루터는, 프리드리히 선제후에게 보낸 청원서의 맨 앞부분에, 만약 사회 질서가 지배하게 된다면 즉각적인 관심을 요하는 문제들을 기록했다.

> 도처에서 목사들이 가난에 내몰려 있습니다. 누구도 [돈을] 주거나 [돈을] 지불하지 않습니다. 자선과 십일조가 사라졌습니다. 수입이 존재하지 않거나 거의 없습니다. 일반인은 설교자도 목사도 존경하지 않습니다. 만약 그대의 은총으로 성직자에 대한 과감한 정치적인 지원이 이루어지지 않는다면, 단기간에 교구의 사택도, 학교도 학생도 소멸될 것이며, 하나님의 말씀도 예배도 사라지게 될 것입니다.[57]

---

54 Waldemar Kawerau, *Die Reformation und die Ehe*(1892), p. 15; Miriam Chrisman, *Strasbourg and the Reform*(New Haven, 1968), p. 131; Roland H. Bainton, "Katerine Zell," in *Medievalia et Humanistica N. S.*(1970), 1, pp. 3~28.

55 Paul Drews, *Der evangelische Geistliche in der deutschen Vergangenheit*(Jena, 1905), p. 16; Wilhelm Pauck, *The Heritage of the Reformation*(Glenco, Ill., 1961), p. 139.

56 Alfred Schultze, *Stadtgemeinde und Reformation*(Tübingen, 1918), pp. 50~51.

57 Drews, *Der evangelische Geistliche*, p. 27에서 인용.

수도원의 창고가 가득 했다면, 프로테스탄트 성직자의 사택 창고는 그러하지 않았다. 많은 성직자들이 생계를 위해 부업을 했으며, 다행히 이들은 대안으로 세속의 기술을 터득하게 되었다. 1531년 루터는 "설교자들이 [종교개혁] 이전보다 더 가난하며 아내와 자녀가 있는 설교자들의 처지는 거지나 진배가 없다"[58]라고 지적했다. 그는 수도원 서약에 대한 공격에 합류함으로써 자신이 판도라의 상자를 열었으며, 종교인의 대다수가, 설령 이 같은 부류의 사람이 결혼에 수반되는 책임을 지지는 아니했다고 하더라도, 결혼을 위해 수도원을 떠났다고 불평을 했는지에 대해 의구심을 가졌던 것처럼 보인다.[59] 1540년대에 이르러서야 성직자의 급여에 대한 일부 상향 조정과 표준화가 이루어졌다.[60]

일부 프로테스탄트 성직자는 재정적 어려움 이외에 수세기 동안 지속된 관행의 파괴라는 또 다른 어려움에 직면했다. 결혼과 유사한 관계로서 성직자의 사실혼에 대한 평신도의 관용은 15세기 말엽 증가했다.[61] 합법적으로 혼인한 성직자라는 개념은 모든 성직자와 평신도에게 여전히 쉽게 다가오지 않았다. 초기에 루터는 성직자의 혼인에 양심의 지속적인 가책이 필요하다는 사실을 발견했다.[62] 작센과 헤세의 수도원들이 해체되자, 설교 팀들은 지침 및 위로와 더불어 이에 대비했다. 그러나 루터는 생전에 심리적 전투에서 승리하지 못했다. 이를테면 1545년 8월 루터는 지기스문트 린드나우를 위해 결혼에 관한 설교를 했다. 지기스문트는 주교좌성당의 부제로서 7년간 사실혼 관계에 있었으나, 소환되기 이전에 용기를 내어 이를 공개했다. 루터는 남성과 여성이 결혼하도록 신이 창조했다는 사실의 중요성을 성찰했다. 인간이 이 같은 사실을 알고 믿게 되면, 그 이후 "행복하고 신뢰하며 그리고 …… 선한 양심 및 행복한 마음과 더불어 결혼

---

58 Pauck, *The Heritage of the Reformation*, pp. 140~141; Drews, *Der evangelische Geistliche*, p. 25.

59 Letter to Spalatin, *WABr* III, p. 109, 1. 12-15. D. B. Miller, *The Dissolution of the Religious Houses of Hesse During the Reformation*(Dissertation, Yale, 1971), p. 199에서 인용. Shcultz, *Stadtgemeinde und Reformation*, p. 44를 참조하기 바란다.

60 Drew, *Der evangelische Geistliche*, p. 28; Schultz, *Stadtgemeinde und Reformation*, pp. 45~46을 참조하기 바란다.

61 모엘러는 "이들 관계의 법제화와 도덕화가 이미 시작되었다"고 지적했다. Bernd Moeller, "Frömmigkeit im Deutschland um 1500," *ARG* 56(1965), p. 26.

62 *LW*, 51, p. 80(= *WA* 103, p. 23).

이라는 신성한 명령에 따라 생활할" 수 있다는 것이다. 그는 천사의 완전함에 대한 중세적 추구를 비난했다. "만약 우리가 천사의 순수함과 순결에 관해 논하고자 한다면, 그대는 결혼한 상태이든 결혼하지 않은 상태이든 어디에서도 이를 발견하지 못할 것이다. 그러한 순결은 존재하지 않는다."[63]

결혼에 대한 성직자의 혼란과 불안은 황제 카를 5세의 우유부단한 태도에 의해 고조되었다. 설령 아우크스부르크 제국의회(1530)의 최종 휴회 기간에 혼인한 성직자에게 아내를 멀리하고 심지어는 거부하라고 명하기는 했지만, 제국의 강제적 조치는 이후 교회 공의회가 개최될 때까지 연기되었다.[64] 만약 황제 카를 5세에게 독일에서의 교회의 반란보다 급한 프랑스와 투르크족의 위협이 없었더라면, 그리고 보호막으로서 슈말칼덴 동맹이 결성되지 않았더라면, 영국의 메리 튜더가 혼인한 성직자에게 강제했던 것과 동일한 고통스러운 결정을 대륙의 혼인한 성직자에게 제국이 강제했을 것이라고 우리는 생각할 수 있다. 논쟁적인 『성직자의 혼인 변론』에 의하면, 메리 튜더기에 "[성직자] 1만 6000명 중 1만 2000명이" 자신의 부인을 버리지 않아서 성직을 박탈당했다는 것이다.[65] 당시 황제 카를 5세는 프로테스탄트들에 반하는 결정적인 조치를 취했고, 성직자의 결혼은 항구적인 특징이 되었다. 카를은 1548년 아우크스부르크 잠정 협정에서 이를 승인했다.

평신도 또한 결혼한 성직자라는 환경에 적응하느라 어려움을 겪었다는 사실은 특히 영국의 종교개혁에서 뚜렷하게 나타난다. 설령 캔터베리 대주교 토머스 크랜머가 루터파 신학자였던 안드레아스 오시안더의 조카와 혼인을 하고, 토머스 크롬웰이 모든 성직자에 대한 독신 규율의 완화에 대해 호의적이기는 했지만, 헨리 8세는 성직자의 혼인을 엄격하게 금지했고, 서약을 준수하지 못한 성직

---

63 *LW*, 51, pp. 360, 365. 그리고 p. 262(= *WA* 49, pp. 799~780, 803)을 참조하기 바란다.

64 Henry C. Lea, *An Historical Sketch of Sacerdotal Celibacy in the Christian Church*(Philadelphia, 1867), p. 429; Franzen, *Zölibat und Priestereche*, p. 41.

65 *Defense of Priests Marriages*, p. 7 a. 레아는 이 추정치를 3000명으로 축소했다. 아마도 그 숫자는 이보다 적었을 것이다. Lea, *An Historical Sketch of Sacerdotal Celibacy*, p. 495. 혼인을 한 많은 성직자가 청문회나 다른 선택의 여지도 없이 메리 여왕에 의해 해임되었다.

자에 대한 터무니없는 처벌을 도입했다.[66] 에드워드 6세 치세기에 성직자는 결혼에 대한 합법적인 권리를 확보했지만, 평신도의 불만은 남아 있었다. 크랜머가 자신의 교구에 내린 조사 내용은 다음과 같은 것이었다. “누가 결혼한 성직자를 비난하고 있는지 여부, 그리고 성직자의 결혼 때문에 누가 이들 성직자가 집전한 성채성사와 다른 성사를 받지 않을 것인지”가 그것이었다. 1552년 2월 10일 혼인한 성직자의 자녀를 일반 대중의 정서에 부합하여 서자가 아니라 법률적 상속자로 인정하는 법안이 의회에서 통과되었다.[67] 메리는 대중의 상당한 공감 하에 혼인한 성직자를 성직에서 축출했다. 그리고 설령 엘리자베스는 성직자의 법률상의 혼인권을 다시 회복시키고, 심지어 혼인한 주교를 임명하기는 했지만, 부왕 헨리 8세에게 그러했듯이, 혼인한 성직자가 쓴 약이라는 사실을 발견했다. 엘리자베스가 대주교의 궁정을 방문한 이후 대주교 매슈 파커의 부인에게 감사를 표하면서, 대주교 부인에게 단지 “그리고 부인 나는 부인이라고 부를 수 없고, 부끄러워 당신을 정부라고도 부르지 못하며, 따라서 당신을 어떻게 호칭해야 할지 모르겠습니다. 그러나 여하튼 감사합니다”[68]라고 밖에 말할 수 없었다고 기록되어 있다. 많은 평신도에게 개혁 성직자와 혼인한 성직자는 전혀 별개의 문제였다.

프로테스탄트 교회에서 성직자 혼인의 장기적인 결과의 하나는 종교 그 자체의 순화였다. 전통적인 수도원주의와 내세 지향을 일축한 프로테스탄트들은 도처에서 신과 인간을 위한 최고의 모델로서 가정과 가족을 우선시했다. 가정에서의 경험은 신에 관한 심오한 미스터리를 이해하는 비유를 제공했다. 말하자면 종교가 지상으로 내려오게 되었던 것이다. 루터는 부모를 ‘사도, 주교 및 자녀들의 사제’라고 묘사했으며, 부모다움을 영적 권위와 세속적 권위가 결합하는 하나

---

66 H. Bettenosn ed., *Documents of the Christian Church*(New York, 1961), pp. 330~331에 있는 1539년의 6개 조항을 참고하기 바란다. 또한 Lea, *An Historical Sketch of Sacerdotal Celibacy*, pp. 477~479. 483~484를 참조하기 바란다.

67 같은 책, pp. 489, 491. Huges, *The Reformation in England*, 2, p. 115를 참조하기 바란다. 한편 대륙의 가톨릭 영토에서 트렌트 공의회의 개혁 조치를 강제하기 위해 1560년대에 시작된 조사에서는 신실한 평신도들이 혼인한 성직자들을 수용했다.

68 Lea, *An Historical Sketch of Sacerdotal Celibacy*, p. 504에서 인용.

의 소명이라고 찬사를 보냈다.[69] 이 같은 견해는 16세기의 프로테스탄트의 일련의 긴 『결혼 보감』에서 정교화되었다. 이들 보감 각각은 가정이 교회와 국가 모두를 위한 훈련 캠프라고 찬사를 보냈다. 유스투스 메니우스(1499~1558)는 결혼과 부모의 역할을 신의 모든 소명 가운데 가장 위대한 소명이라고 찬사를 보냈으며, 그리스도교도 부모의 자녀를 위대한 도시의 건설에 비유했다.[70] 에라스무스 알베루스(약 1500~1553)는 결혼이 현세는 물론 내세를 위해 기여할 선민을 위한 학교로 간주했다.[71] 수도원 생활을 위해 전통적으로 마련된 헌물은 혼인 생활로 전이되었다. "'순결이 천국을 이루는 반면에, 결혼이 현세를 이룬다'는 제롬의 적절치 못한 지적은 교정되어야 한다"고 알베루스는 불평을 토로했다. "오히려 우리는 '결혼이 천국을 가득 채우고 있다'고 말하자."[72] 테일러는 결혼을 "교회의 신학교이자 경건함의 좋은 무대"라고 찬사를 보냈다.[73] 매우 가정 지향적인 프로테스탄트였던 뉴잉글랜드의 청교도들이 또한 가장 계약 지향적이었고, 공정하고 합리적인 신에 대한 예배에 전념했다는 사실은 아마도 우연이 아닐 것이다. 이들에게 신은 "신뢰할 수 있는 신이자 함께 생활할 수 있는 신"이었던 것이다.[74]

---

69 *LW*, 45, p. 46 (= *WA* 10, p. 301).

70 *An die hochgeborne Fürstin / Farw Siblilla Herzogin zu Sachsen / Oeconomic Christina / d. I. / von Christlicher Haushatung*(Wittenberg, 1529), B 2 a. A 4 b를 참조하기 바란다.

71 Ein Predigt vom Ehestand (Wittenberg, 1536), C 1 b.

72 같은 책, C 3 b. 부겐하겐은 순결이 아니라 결혼이 천국에 가득하다고 주장함으로써 제롬의 유명한 경구를 일찍이 비판했다. Johannes Bugenhagen, *Von dem ehelichen stande der Bischoffe und Diaken an Herrn Wolffgang Reyssenbusch der Rechte Doctor und Preceptor zu Lichtemberg Sant Anthonius Ordens*(Wittenberg, 1525), D 1 a-D 3 b).

73 Jeremy Taylor, *The Marriage Ring*, pp. 12~14.

74 Perry Miller, *Errand into the Wilderness*(New York, 1964), p. 63.

제13장

가톨릭의 개혁과 가톨릭의 종교개혁

오늘날의 학자들은 16세기 가톨릭의 종교개혁을 프로테스탄티즘의 승리에 대한 대응이라기보다는 중세 교회를 개혁하려던 중세 말기의 노력의 연장으로 해석하고 있다. 이들 역사가는 종교개혁과 가톨릭의 종교개혁 모두를 중세 말기의 종교사와의 긴밀한 연속성에서 이해하고 있다. 에베넷은 "종교적 측면에서의 종교개혁과 가톨릭의 종교개혁이 15세기 말과 16세기 초 유럽에 지배적이었던 종교적 갱신을 향한 전반적으로 [동일한] 열망의 두 가지 상이한 결과로 간주되는 것이 합리적이다"[1]라고 지적했다. 이 같은 이유에서 에베넷은 '가톨릭의 종교개혁(Counter Reformation)'이라는 용어가 "본질적으로 '반동적'이고 과거회귀적인" 의미로 사용되는 것을 비판했다. 용어의 이 같은 사용은 16세기 가톨릭의 개혁을 [16세기의] 영적 질서와 물질적 질서 모두에서의 가톨릭이라는 종교와 가톨릭 교회의 새로운 세력들에 대한 점진적인 적응이라는 인식을 거부한다.[2] 프로테스탄트의 성공이 가톨릭의 개혁에 촉매제 역할을 했고, 가톨릭의 개혁이 다른 무엇보다 긴급하고 중대한 과제였다고 우리가 주장할 수 있는 반면에, 가톨릭의 종교개혁은 프로테스탄트의 도전에 대한 단순한 대응 그 이상으로 훨씬 복합적인 운동이었다는 것이다.[3]

오늘날의 학자들은 또한 가톨릭의 종교개혁을 14세기에 평신도의 신앙과 교회의 공식적인 종교 사이에서 야기되었던 균열을 치유하기 위한 지속적인 노력의 일부로 간주하고 있다. 이들 학자는 이 같은 균열이 오컴주의와 신비주의, 수도회의 [평신도에 대한] 무관심 및 교황권과 주교권의 [평신도와의] 거리감에서 기

1 *The Spirit of the Counter Reformation*, The Birkbeck Lectures in Ecclesiastical History, University of Cambridge, May 1951 (Cambridge, 1968), p. 9.

2 같은 책, p. 3. 가톨릭의 종교개혁은 "프로테스탄티즘에 놀란 [가톨릭의] 대응이" 아니었다. Marvin R. O'Connell, *The Counter Reformation 1559-1660*(New York, 1974), p. 29. 또한 Hubert Jedin, *Katholische Reformation order Gegenreformation? Ein Versuch zur Klärung der Begriffe* (Lucerne, 1946)을 참조하기 바란다. '가톨릭의 종교개혁'이라는 용어는 실제로 18세기에 만들어졌다. 당시의 사람들은 가톨릭 개혁에 관해 언급하기를 좋아했다. 또한 A. Elkan, "Entstehung und Entwicklung des Begriffs 'Gegenreformation,'" *Historische Zeitschrift* 112 (1914), pp. 473~493을 참고하기 바란다.

3 Evennett, *The Spirit of the Counter Reformation*, pp. 28~29.

인했다고 생각하고 있다. 이들 모든 요소는 일반 대중으로 하여금 성직자와 평신도 간의 차이를 최소화하고, 종교적 개인주의와 주관성을 고무한 신앙을 추구하도록 한 것으로 이해되고 있다.

중세 말기와 16세기 사이의 개혁 운동인 프로테스탄트와 가톨릭의 개혁 운동 모두의 연속성을 고려해 볼 때, 중세 교회를 개혁하려던 종교개혁 이전의 노력들이 처절하게 실패한 이유는 무엇인가? 영향력 있던 가톨릭의 평신도 영성이 16세기 중엽의 예수회의 결성과 트렌트 공의회의 개혁을 기다린 이유는 무엇인가?

1) 가톨릭의 개혁 추구: 콘스탄츠 공의회로부터 트렌트 공의회까지

1414년에 개최된 콘스탄츠 공의회는 세 가지 과제를 안고 있었다. 첫째, 교회 대분열의 종식이었다. 1409년 세 명의 교황이 난립했으며, 이들 교황은 각기 교황청과 정치적 동맹을 보유하고 있었다. 둘째, 분노한 후스파 이단의 규제였다. 보헤미아에서 군사력을 보유한 후스파 이단은 서유럽과 동유럽 모두를 위협했다. 그리고 마지막으로 교회의 수장과 그 구성원의 개혁이었다. 공의회는 교회 공의회가 이들 교황보다 우월하다는 교서 〈신성한 공의회〉를 공포함으로써 교회 대분열의 종식이라는 첫 번째 목표를 성취했다. 이 교서에 입각하여 공의회는 대립하던 교황들을 폐위하고 새로운 교황을 선출했다. 공의회는 얀 후스와 제롬 프라하를 사형에 처함으로써 두 번째 목표도 달성하고자 했다. 이 해결책은 단지 보헤미아의 이단과 호전성을 강화했을 뿐이었다. 마지막으로, 콘스탄츠 공의회의 지도자들은 〈공의회의 빈번한 개최〉라는 교서를 통해 교회 공의회의 정례적인 개최를 명문화함으로써 행정적 개혁과 도덕적 개혁을 철저히 단행하고 확고히 하는 조치를 취했다.[4]

4 이 책의 224~235, 245~246쪽을 참조하기 바란다.

1414~1440년 사이에 결정적인 권한을 보유했던 공의회 시기에도 주요한 행정적 개혁과 도덕적 개혁이 교회에서 이루어지지 않았다. 콘스탄츠 공의회는 교황을 판단했고 이단을 처형했지만, 중요한 종교개혁은 공의회의 능력 밖이었다. 이와 같이 개혁에 실패하게 된 주요한 이유는 공의회 운동에 대한 교황들의 지속적인 비판 때문이었다. 교회의 주권을 재장악하는 데 몰두했던 교황들은 교회 공의회에 마지못해 협조했으며, 공의회를 늘 무력화시키려고 시도했다. 공의회 무력화는 1460년에 공포된 교서 〈헝편없는 시도〉에 의해 대체로 실현되었다. 이 교서는 공의회의 주장보다 시기적으로 앞서는 교회에서의 베드로의 우위를 다시금 주장했다. 교회 통치에 관한 공의회의 이론은 15세기와 16세기에 자크 알맹이나 피사의 〈저잣거리 같은 공의회〉와 같은 지지 세력을 지속적으로 발견했다. 그러나 1460년 이후 이 이론은 교회 내에서 지배적이지 못했다. 이는 교황에 의해 다시금 통제를 받은 교회에서 실효성이 없는 이론이었으며, 당시 개혁은 교황의 선의에 달려 있었던 것이다.[5]

교황의 처분에 달린 교회 개혁은 명백한 약점을 지니고 있었다. 개혁 옹호자들은 교회 내에서의 갱신의 핵심이 주로 교황청, 추기경단 및 주교단의 개혁에 있다는 사실에 오랫동안 동의해 왔다. 하지만 개혁의 주체들은 개혁이 교회 계서제의 직접적인 이해관계를 위협했기 때문에 이를 반대했다. 이를테면 15세기 말엽과 16세기에 이탈리아 출신의 수가 늘어났던 추기경단은 로마에서 생활할 수 있었고, 이탈리아 내외부의 성직록으로 부를 축적할 수 있도록 보장해 주는 제도를 강력하게 지지했다. 1560년대에 이르러 70명의 이탈리아 주교들은 자신들의 주교 관구가 아니라 로마에 거주했다. 이 같은 주교의 부재는 이탈리아에만 국한된 현상이 아니었고, 주교 관구는 물론 교구의 교회 종교적·행정적 규율

5 Francis Oakely, "Conciliarism in the Sixteenth Century: Jacques Almain Again," *ARG* 68(1977), pp. 111~132를 참조하기 바란다. 설령 공의회주의 사상의 주류가 "종교개혁 직전에 여전히 강하게 흐르고 있었다"고 해도 공의회주의 이념이 교회 내에서 더 이상 지배적인 조류가 아니었다는 사실을 오클리가 이해하지 못한 것처럼 보인다. Daniel E. Zerfoss, "The Twilight of the Conciliar Era," in *Defensorium obedientiae apostolicae et alia documenta*, ed. and trans. H. A. Oberman, Daniel E. Zerfoss and W. J. Conrtenay(Cambridge, Mass., 1968), pp. 3~59을 참조하기 바란다.

도 위협했다.

심지어 개혁 지향적인 교황들조차도 행정적·도덕적 개혁이 교황의 특권과 안위를 위협한다는 사실을 발견했다. 교황들은 이 같은 딜레마를 공의회주의 운동의 유산으로 돌렸다. 그것의 성공을 위해서는 잠재적 경쟁 집단의 권한과 책임을 요구한 개혁에 대해 교황들은 저항했다. 하지만 주요 개혁은 엄밀히 말해서 교회 내부의 강력하고 독립적인 집단, 즉 전체 공의회나 추기경단 혹은 주교단의 결단을 촉구했다. 1460년 이후 이같이 독립적이고 개혁 지향적인 조직이 교회 내에 존재하지 않았던 것이다.[6]

교황 피우스 2세(1458~1464)와 율리우스 2세(1503~1513)의 재임기간 사이의 교서 〈형편없는 시도〉로부터 종교개혁 전야에 이르기까지 교황청으로부터 개혁이 거의 이루어지 않았다. 피우스 2세는 저명한 공의회주의자에서 교황 변론자로 전환한 니콜라스 쿠사의 제안을 포함한 잠재적으로 중요한 개혁안을 초안했다. 특히 이들 제안은 정례적으로 방문하는 위원회들에 교황청 내부의 규율을 강제하는 권한을 부여했으며, 개혁에 강제력을 제공할 것이었다.[7] 그러나 이들 개혁안은 성공하지 못했다. 유감스럽게도 교회란 베드로 권한의 전개[8]라는 입에 발린 쿠사의 개념이 그의 개혁 프로그램보다 복위 교황들에 훨씬 호소력을 지녔다. 피우스의 교서는 결코 교회법이 되지 못했다. 교황 알렉산더 6세(1492~1503)에 의해 초안되었던 또 다른 개혁안 〈사도의 거울〉은 예딘의 표현을 빌리면 "사안의 본질, 즉 교황 알렉산더의 개인의 개혁이라는 핵심 쟁점을 정확하게 비켜갔다".[9] 르네상스 전성기 교황들의 자리 보존에 대한 과도한 집착은 교황 레오 9세의 교서 〈영원한 목자〉에서 표출되었다. 이는 교회 공의회에 대한 교황의 우위를[10] 재천명한 것으로, 명백히 제5차 라테란 공의회(1512~1517)

6 Hubert Jedin, *A History of the Council of Trent*, trans. D. E. Graf(St. Louis, 1957-62), 1, pp. 118~121; Evenett, *The Spirit of the Counter Reformation*, pp. 108~112.

7 Erwin Iserloh, *Reform der Kirche bei NIkolaus von Kues*(Wiesbaden, 1965)를 참조하기 바란다. 쿠사의 '전반적인 개혁'은 *Historisches Jahrbuch* 32(1911), pp. 274~307에서 재간행되었다.

8 이 책의 254~255쪽을 참조하기 바란다.

9 Jedin, *A History of the Council of Trent*, 1, pp. 126~127.

10 "교황만이 모든 공의회의 권한을 초월하여 이들 공의회를 소집하고, 연기하며 및 해산하는 권한과 권리

참석자들에게 환기하기 위해 작성되었다. 레오는 프랑스 군주에 대한 베드로의 세속적 우위를 환기시킨 보니파키우스 8세의 〈하나의 거룩한 교회〉를 부활시켰으나, 무시되었다. 한편 프랑스 군대는 1494년 침략 이래 이탈리아 전역을 또한 유린했다.

제5차 라테란 공의회는 종교개혁이 발발하기 이전에 교회 개혁을 위한 마지막 공식적인 노력을 대변했다. 교황 율리우스 2세(1503~1513)는 전쟁을 치르고 있었던 프랑스의 군주 루이 12세에 의해 1511년 9월 피사에서 회동한 개성이 강한 교회 공의회에 대응하고자 1512년 로마에서 공의회를 개최했다. 공의회 이론을 옹호했으며, 교황에 비판적이었던 프랑스 및 이탈리아 북부의 다수의 주교들로 구성된 피사 공의회는 예상한 대로 교황을 난처하게 만들었다. 프랑스의 영향력 아래 있던 지역에서만 단지 인정을 받았던 피사 공의회는 그 성격에 있어서 유해했고 실제로는 유산된 것으로 판명되었다. 그것의 중요한 역사적 기여는 제5차 라테란 공의회의 개최였다. 교황에 호의적인 집단들에게 공의회는 피사의 '저잣거리(*conciliabulum*)' 공의회로 알려지게 되었다. 이는 시장 또는 매음굴을 지칭하는 용어로, 피사 공의회의 불법성을 부각시키고자 명명된 것이었다.

제5차 라테란 공의회 전야에 교황에게 제출된 실무 보고서 가운데에는 베네치아 출신의 수도사였던 토마소 주스티니아니와 빈첸초 퀴리니에 의해 초안된 '공의회시대 이래 가장 폭넓고 가장 대담한 개혁 프로그램'이자 야심 찬 개혁 프로그램이 포함되어 있었다.[11] 주스티니아니와 퀴리니는 세계 선교, 특히 새로 발견된 남북 아메리카 대륙에 대한 선교 및 동방의 그리스 정교와의 화해를 위한 새로운 노력을 요구했다. 하지만 이 개혁 프로그램의 핵심은 교회 내부의 유감스러운 상황에 관한 것으로 이들은 교황의 세속 정치에 대한 집착이 직접적인 원인이라고 비난했다. 교황의 관행을 정당화하고, 교황의 특권을 공고히 하는 교회법 대전의 철저한 수정을 이들은 개혁의 우선순위에 두었다.[12] 베네치아 출

그리고 완전한 권위를 가진다"(*Pastor aeternus*, in Denzinger, no. 1445, p. 355).

11 Jedin, *A History of the Council of Trent*, 1, p. 128.

12 이는 공의회 이론의 원천이기도 했다. 이 책의 230~231쪽을 참조하기 바란다.

신인 이 개혁가들은 의미 있는 제도적·도덕적 개혁이 추진되기 위해서는 근본적인 법률적·교리적 개혁이 필수적이라고 생각했다. 루터 역시 이 점을 인정해서 8년 후 자신을 파문한 교황의 교서를 불태우기 위해 준비된 모닥불에 교회법 대전을 집어 던지면서 더욱 격렬하게 이에 동의했다. 주스티니아니와 퀴리니는 지역의 전통적인 교회 당국과는 독립적으로 활동을 했고, 영혼의 치유에서 재속사제와 경쟁을 벌였던 탁발 수도회의 숫자를 축소할 것을 제안했다. 이 같은 조치는 많은 수도원들에서 이완된 기강을 회복하기 위한 것이기도 했다. 전례적 관행에서의 핵심적인 표준의 보편적인 준수를 확고히 하기 위한 전례의 통일 또한 개혁의 목표였다. 마지막으로 주스티니아니와 퀴리니는 수도회의 관리 위원회 및 모든 관구와 지방 시노드[13]의 빈번한 회동을 요구했다. 이들의 제안이 설령 공의회 우위론을 지지하지 않았다고 하더라도, 교회 공의회가 매 5년마다 개최되고 교회 생활 전반의 규율에 대한 권한을 보유해야 한다고 주장한 점에서 콘스탄츠 공의회에 반향을 불러일으켰다.[14]

제5차 라테란 공의회는 동유럽에서의 투르크족의 위협에 맞서 조치를 취했으며, 폼파나치와 같은 당대의 인문주의자가 표명한 의구심에 맞서 영혼의 불멸성에 관한 교회의 가르침을 재확인했다. 1514년 5월 5일에 열린 9번째 회기가 종료될 즈음에서 공의회는 개혁 교서를 공포했다. 설령 행정적 도덕적 개혁 조치를 포함하기는 했지만, 이들 개혁은 주스티니아니와 퀴리니의 제안에는 훨씬 못 미쳤으며, 단지 온건한 공식적인 지지만을 얻게 되었다. 종교개혁 이전 교회의 마지막 공의회에서 개혁의 열렬한 지지자들이 오랫동안 인식하고 있었던 바가 확인되었다. 즉 교회는 개혁을 적극적으로 추진하기보다는 이에 관해 공식적으로 논의하는 수준에 그쳤던 것이다.[15]

우리는 계서적 구조에 대한 통찰력을 자일스(에디기우스) 비테르보가 제5차

---

13 (옮긴이) 교회의 중요한 현안을 논의하거나 해결하기 위해 소집되는 교구 차원의 회의. 공의회가 교회의 주요 현안을 논의하고 의결하는 상급 회의라면, 시노드는 공의회의 결의를 실천하기 위해 주교 관구에서 이루어지던 하급 회의이다.

14 Jedin, *A History of the Council of Trent*, 1, pp. 129~130.

15 같은 책, 1, p. 132.

라테란 공의회에서 행한 기조 연설에서 확인할 수 있다. 자일스는 마르틴 루터가 수도사로 있었던 성 아우구스티누스회 은수자회 총회장이었다. 자일스는 공의회 지도자들 앞에서 매우 보수적인 입장을 취했다. 즉 "종교가 대중에 의해 변하는 것이 아니라 대중이 종교에 의해 변하는 것이 당연하다. 신성한 것이 우리를 모방하도록 하는 것이 아니라, 우리가 신성한 것을 모방해야 한다"고 주장했다.[16] 당시의 교황들과 마찬가지로 자일스 역시 '새로운 내용'의 모든 교리를 두려워했다.[17] 실질적인 측면에서 볼 때, 이것이 함의하는 바는 개혁이 엄밀히 말해서 기존의 가르침, 법률 및 제도의 토대에 대한 갱신이라는 것이다. 가르침, 법률 및 제도는 변화되는 것이 아니라 본래의 의도에 따라 그 기능을 수행하도록 용인되는 것이었다.

제5차 라테란 공의회가 연기된 지 6개월이 안 되어서 루터는 교회 신학자들의 가르침에 도전했고, 면벌부를 비판하는 논지를 발표했다. 루터는 제5차 라테란 공의회의 정신보다는 주스티니아니와 퀴리니의 정신에서 교회의 가르침, 교리 및 법률이 개혁의 진정한 걸림돌이라고 결론을 내렸다. 자일스 및 제5차 라테란 공의회와는 달리 프로테스탄트 개혁가들은 종교가 명백히 '올바른' 종교가 아닌 한 종교에 의해 대중이 개혁될 수 없다는 신념 아래 행동했다. 이들 개혁가의 우선 과제는 전통적인 종교를 변화시킴으로써 대중을 보다 좋은 방향으로 변화시키는 것이었다.

가톨릭 개혁가들의 과제는 종교개혁이 발발하기 이전에도 실현되기 매우 어려웠다. 종교개혁이 성공함에 따라 가톨릭 내부의 비판과 개혁이 이전보다 더욱 어렵게 되었다. 심지어 1517년 이후 매우 노골적이었던 교회의 권한 남용에 대한 비판은 루터에 공감하는 것으로 의심을 받게 되었다. 어떻게 하면 가톨릭 개혁가들이 면벌부의 남용을 매도하면서도 루터주의자가 아닌 것처럼 보일 수 있었겠는가? 프로테스탄트 인쇄업자들은 가톨릭의 자기비판을 주의 깊게 보고 종

---

16 John O'Malley, *Giles of Viterbo on Church and Reform*(Leiden, 1968), p. 140.

17 "진정한 개혁은 …… 유서 깊은 관습, 유서 깊은 법률, 유서 깊은 믿음 및 유서 깊은 전통의 놀라운 재확증에 …… 있다"(같은 책, pp. 161, 191.)

교개혁을 지지 하기 위해 이를 재출판했다. 대표적인 사례가 〈교회의 개혁에 관한 추기경 및 고위성직자 위원회의 제안〉이었다. 이는 1536년 교황 바울 3세(1534~1549)에 의해 임명된 교회 개혁 특별 위원회의 보고였다. 이들 위원 가운데 1535년에 임명된 진보적인 인사로 알려진 몇몇 추기경들이 있었다. 추기경 가스파로 콘타리니(1483~1542)는 주스티니아니와 퀴리니의 절친한 친구였다. 잔 피에트로 카라파는 후일 교황 바울 4세(1559~1565)가 되었다. 레지널드 폴(1500~1558)은 추방된 영국의 개혁가였다. 그리고 야코포 사돌레는 1538년 칼뱅이 제네바로부터 축출된 이후 제네바를 로마의 동맹으로 되돌리려고 시도했다. 1537년 3월 교황 바울 3세에게 제출된 이 보고서는 로마 교황청을 격렬하게 비판했으며, 후일 트렌트 공의회가 채택하는 행정 개혁, 특히 주교단의 강화를 예시했다. 이 보고서에서는 교회 직책에 대한 교황청의 후원과 일상적인 종교적 관행으로 이루어지던 다수의 시혜를 비난했는데, 그 같은 관행은 진정한 종교적 고려보다는 경제적 고려에 의한 것이었다. 이 보고서는 특히 무자격자나 종종 부재 성직자에게 여러 고위 성직의 보유를 용인하는 성직록을 문제 삼았다. 이 같은 비판은 프로테스탄트의 오랜 불만사항이기도 했으며, 루터는 조롱 어린 주석과 더불어 1538년 〈교회 개혁 제안〉을 간행했다.[18]

루터의 이 같은 직간접적인 갈채는 의심의 여지없이 〈교회의 개혁에 관한 추기경 및 고위성직자 위원회의 제안〉을 교황청이 수용하지 않도록 하는 데 일조했다. 이 개혁 프로그램의 실패는 또한 교회 계서제에서 공의회 진영의 몰락을 상징했다. 남성다운 노력에도 불구하고 자신의 목에서 루터주의라는 장애물을 완전히 제거하는 데 실패한 에라스무스와 마찬가지로 프로테스탄트와의 타협을 선호했던 콘타리니와 가톨릭의 다른 개혁가들은 비판자들이 보기에 '루터파와 내통하는 자들'이었다. 상당한 정도의 가톨릭의 자기비판과 교회 일치 시도는 점점 적을 이롭게 하고 방조하는 것으로 인식되었다.

후원권과 시혜권을 대대적으로 축소하는 행정 개혁에 의해 교황청이 잃을 것

18 Jedin, *A History of the Council of Trent*, 1, pp. 412~413, 426~431; A. G. Dickens, *The Counter Reformation*(New York, 1970), pp. 97~102.

이 많았다. 트렌트 공의회 이전의 교황들은, 자율적이고 개혁적인 교회 위원회를 경계했듯이, 개혁적이고 독립적인 주교단도 경계했다. 이 복합적인 문제의 또 다른 양상은 교황청의 문화가 주로 일반민 및 여성의 세계와는 동떨어진 엘리트주의적이고 인문주의적이었다는 것이다. 교황청에서 교황을 대상으로 한 설교의 반복된 주제가 인간의 영예였다.[19] 교구의 기강이 약화되고 교회에 맞선 평신도 운동이 조직화되는 동안, 호사를 누리던 교황들은 인간의 존엄에 대한 이상주의자의 설교를 들었다. 개혁을 진지하게 고려하게 된 교황들은 중세 초기의 교황령으로의 복귀를 구상했다. 이 교황령은 교황들이 자신들의 실제 권한을 축소하지 않고 지배 규범을 단순화하는 것이었다.[20]

교회를 개혁하려던 중세 말기의 시도가 처참하게 실패한 근본적인 이유는 개혁의 성공을 위해 주로 의존한 인물이 개혁 추진에 가장 미온적인 인물이기도 했다는 데 있다. 하지만 교황 리더십의 부재는 하위 성직자와 평신도에 의한 독자적인 시도를 막지 못했으며, 이들 성직자와 평신도는 법률의 정치적 목표와 질서가 규율이 잡힌 종교 생활에 의해 강화된다는 사실을 발견한 지역의 세속 지배자들의 지지를 종종 받기도 했다. 1517년 이전에 탁발 수사, 인문주의자, 대중 설교자 및 헌신적인 평신도는 교황과 주교의 리더십의 실패로 야기된 공백을 메웠다. 중세 말기에 교회일치를 추구한 영성적 저술가 집단은 예수회의 영성을 예견했으며, 필리포 네리(1515~1595), 테레사 아빌라(1515~1582), 십자가의 성 요한(1542~1591) 및 주교 찰스 보로메오(1538~1584)의 저술에 영감을 불어 넣었다. 이들 작가 중에는 도미니크회의 요하네스 타울러와 얀 반 뤼즈브룩(1293~1381), 프란체스코회의 다비드 아우크스부르크(약 1200~1272), 15세기 인물로는 카르투

19 John O'Malley, "Preaching for the Popes," in *The Pursuit Holiness in Late Medieval and Renaissance Religion*, ed. Charles Trinkaus and Heiko A. Oberman (Ledien, 1974), pp. 408~443을 참조하기 바란다.

20 예딘은 이들 교황의 인식을 다음과 같이 요약했다. "로마 교황청 조직의 기본 요소와 주장은 보존되어야 하며, 단지 명백한 권한 남용만 제거되어야 했다. 말하자면 이들에 의해 이해된 '낡은 법률'을 침해한 권한 남용만 제거되어야 했다. 이들은 새로운 법률의 공포에 반대했다. 낡은 법률을 제시하고 그것의 효력을 발하게 하거나 또는 현재의 필요에 맞게 합리적으로 이들 법률을 적용하는 것으로 충분했다"(Jedin, *A History of the Council of Trent*, 1, p. 142).

지아회의 데니스와 빈센트 악스바흐, 재속사제 출신의 피에르 다이이와 장 제르송 및 새로운 헌신주의자였던 플로런스 라데베인스(1350~1400), 게르라흐 피터스, 헤라르트 즛펀(1367~1398) 및 잔 몸바에르(마우부르누스)(1460~1501) 등이 있었다. 다른 저술가들은 인문주의자의 학문을 개혁의 대의로 전환시켰다. 이들 중 대표적인 인물은 스페인의 추기경 시메네스(1436~1519)였다. 그는 알칼라 대학을 설립했고, 그리스어, 라틴어 및 히브리어로 된 성서를 세로로 정렬하고 이용할 수 있도록 한 기념비적인 지적 프로젝트였던 다언어 성서의 편집자이기도 했다. 영국의 저술가로는 존 콜렛(약 1469~1519), 레지널드 폴, 순교자 토머스 모어(1477~1535) 및 존 피셔가 있었다. 그리고 프랑스의 저술가는 장 스탕동, 자크 르페브르였다. 1520년대 루터에 비판적이었던 독일의 대표적인 가톨릭 변론가는 에크, 토마스 무르너(1505년 계관시인), 예로메 엠저(1487~1527, 피코 저술의 편집자) 및 요한 코클레우스(1479~1552)로서, 이들은 인문주의 교육을 받았다.

오라토리오회로 알려진 특별 단체는 종교개혁 이전과 이후의 가톨릭 개혁의 또 다른 세력이었다. 성직자의 주도로 창설된 이들 단체에 성직자와 평신도 모두가 참여하게 되었으며, 어떤 점에서는 성직자 진영으로부터 새로운 헌신과 중세 말기의 평신도 형제단이 추구한 목표와 유사한 목표에 기여했다. 최상의 종교적 이상을 평신도의 영성에 심어주고자 했던 오라토리오회는 세속 사회에서 적극적으로 활동하던 프란체스코회 수도사제의 사례를 부활시켰다. 이들 오라토리오회는 단순한 종교적 예배를 집전했고, 직접적이고 윤리적인 경건함을 강조했다. 이들 가운데 가장 저명한 오라토리오회는 신성한 사랑의 오라토리오회로서, 이 오라토리오는 1517년 이후 로마에서 활동했고, 그 구성원들 중에는 후일 추기경이 되는 콘타리니와 조반니 모로네(1509~1580)도 있었다. 오라토리오회의 개혁적 정서는 새로운 수도회였던 테아티노 수도회(1524년 창설), 카푸친 수도회(1528년 창설), 바나바 수도회(1533년 창설), 우르술라 수녀회(1535년 창설) 등에도 영감을 제공했다.

가톨릭 내부의 비판과 마찬가지로 건설적인 개혁을 위한 이들 자생적인 시도는 프로테스탄트 대의에도 일조했다.[21] 타울러와 제르송 등의 영성적 저술가들은, 르페브르의 성서 주석이 그러했듯이, 루터에게 직접적인 영향을 주었다.[22] 카푸친회의 총원장 대리인이자 논쟁을 즐겼던 베르나르디노 오키노는 1540년대 초에 프로테스탄티즘으로 개종하면서 가벼운 스캔들을 야기했다. 가톨릭의 온건한 개혁가들이었던 콘타리니, 모로네, 지롤라모 세리판도(1492~1563)는 프로테스탄트의 주요 신학자들에게 영감을 제공했던 동일한 아우구스티누스 전통으로부터 신학을 도출했다. 예수회가 지배하던 트렌트 교회의 가톨릭 당국자들은 프로테스탄트에게 영향을 미친 아우구스티누스적 유산을 점차 비판하게 되었다.[23]

1530년대 말 양 진영은 항구적으로 분열된 그리스도교 공화국을 참으로 공포 속에 바라보았다. 트렌트 공의회의 교서에 의해 이 같은 분열이 실체화되기 이전에, 프로테스탄트와 가톨릭을 통합하려는 마지막 중요한 시도가 있었다. 이 시도는 카를 5세에 의해 주도된 일련의 교회 일치 논의에서 유래했다. 카를은 당시 투르크와 동맹을 맺었던 프랑스와의 전쟁을 수행하기 위해 독일의 통합을 다시금 요구했다.[24] 이러한 논의는 제국 내의 가톨릭 제후들과 프로테스탄트 제후들로부터 또한 지지를 얻었다. 종교적 갈등으로 인한 정치적 분열의 악화가 황제로부터의 독립을 유지하고자 했던 이들 제후에게는 위협으로 인식되었다.

1540년 6월 하게나우 회의 참석자 수가 줄어든 후, 1541년 1월 보름스에서 가톨릭 진영과 프로테스탄트 진영을 각기 대변하던 요한 에크와 필리프 멜란히톤 간의 진지한 대화가 시작되었다. 이보다 더 적절한 장소를 선택할 수는 없었을 것이다. 보름스에서 행한 루터의 유명한 선언이 종교적 분열과 갈등을 촉발했다. 대화의 주제는 루터파의 아우크스부르크 신앙고백이었다. 하지만 4일간의 사전 토론 후, 이 같은 방식은 적절하지 않은 것으로 판명되었다. 처음부터 프로

---

21 같은 책, 1, pp. 152~153, 164~165; Heiko A. Oberman, *Forerunners of the Reformation: The Shape of Late Medieval Thought*(New York, 1966), pp. 3~43.

22 1520년대에 노엘 베다가 주도한 르페브르의 적들은 전혀 변명의 여지도 없이 루터주의자라고 그를 비판했다. Richard M. Cameron, "The Charges of Lutheranism Brought Against Jacques Lefèvre D'Etaples," *HThR* 63(1970), pp. 119~149.

23 Dickens, *The Counter of Reformation*, pp. 132, 182, 194을 참조하기 바란다.

24 이 책의 359쪽을 참조하기 바란다.

테스탄트들에게 성직자의 결혼 및 성만찬에서의 빵과 포도주를 기꺼이 양보하고자 했던 황제는 당시 제국 회의가 개회 중이었던 레겐스부르크로 회의 장소를 변경할 것을 명령했다. 황제의 상서 니콜라스 페레노 그랑벨은 보다 건설적인 논의를 위해 사전 조치를 취했다. 그것이 『레겐스부르크의 책』이었다. 이는 양 진영 모두의 매우 온건한 대변인이었던 요하네스 그로퍼와 마르틴 부처에 의해 은밀하게 초안된 작품이었다. 그로퍼는 이 책의 주 저자였으며, 부처는 그로퍼의 초안에 '프로테스탄트의' 수정안을 제시했다. 그리하여 이 책은 중요한 교리적 쟁점에 관한 23개 조항으로 구성되었다.

그로퍼, 율리우스 필루크(1499~1564) 및 요한 에크는 가톨릭 진영을 대표했고, 부처, 멜란히톤 및 요하네스 피스토리우스(1583년 사망)는 프로테스탄트 진영을 대표했다. 양 진영 간의 진지한 논의가 1541년 4월 레겐스부르크에서 시작되었다. 수주 내에 참석자들은 『레겐스부르크의 책』의 첫 5개 조항에 대해 합의했다. 이들 조항은 원죄 이전의 인간 본성에 관한 것이었다. 아담의 자유의지의 상실, 예수 그리스도를 통한 자유의지의 회복, 죄의 의지적 성격, 나약하게 하는 원죄의 결과 및 교회통합에 가장 중요한 요소였던 '이중 칭의'로 알려진 구원의 성격에 관한 타협안 등이었다.

이중 칭의 교리에 따르면, 루터파들이 주장했듯이, 인간은 이질적이고 귀속된 의 및 중세 교회가 전통적으로 가르쳤듯이, 부분적으로 그 자신이 만든 내재된 의라는 양자에 의해 신 앞에서 의롭게 되었다.[25] 1541년의 교리를 변론하는 저술을 집필한 추기경 콘타리니는, 장 칼뱅이 먼저 그러했듯이, 이중 칭의를 중요한 돌파구로 간주했다.[26] 하지만 양 진영의 최고 지도자들은 기껏해야 그 이론이 인위적이고 그리고 고위층이 '반대'했다는 사실을 발견했다. 설령 루터와 교황이 이중 칭의를 강력하게 비난했지만, 이 교리는 그 옹호자를 지속적으로 발견했다. 의심의 여지없이 많은 사람들이 아마도 순진한 사람들이, 그것을 당시 신학

25 이 책의 517~518쪽을 참조하기 바란다.

26 Peter Matheson, *Cardinal Contrarini at Regensburg*(Oxford, 1972), pp. 105~113. 뤼케르트는 콘타리니의 신학을 해석했다. Hanns Rückert, *Die theologische Entwicklung Gasparo Contarinis*(Bonn, 1926); Hubert Jedin, *Kardinal Contarini als Kontroverstheologe*(Münster, 1 W., 1949).

의 핵심적 이슈로 간주했기 때문이다. 콘타리니와 세리판도는 트렌트 공의회에서 이 교리를 부활시켰다. 트렌트 공의회에서 예수회의 디에고 라이네즈(1512~1565)는 전통적인 교리와 성사적 관행에 대한 그것의 함의를 노련하게 설명했다. 결코 인간 자신의 공로라고 할 수 없는 구원의 의는, 오히려 무가치한 것으로 환원되며, 교회가 신도들에게 매일 요구하는 선한 일을 행하라는 내재적 의를 보완하지 못한다고 라이네즈는 주장했다. 구원에 관해 종국적으로 그것은 오히려 공로와 연옥이라는 개념을 무용지물로 만들고, 종교 생활에서의 진전과 완전함을 제거하며, 도덕적인 의와 불의를 동일한 차원으로 간주했던 것처럼 보였다.[27]

1540년대 초엽 교회일치 운동이 실패하게 된 것은, 비록 가톨릭과 프로테스탄트가 상대를 비난하기는 했지만, 어느 한 진영의 잘못이 아니었다. 예딘이 지적했듯이, 이 운동의 와해는 오히려 '비인간적인 요소 즉 모순되고 화해될 수 없는 교리의 대립'에서 기인했다.[28] 트렌트 공의회에 의해 프로테스탄티즘과 가톨리시즘의 교리적 불일치는 그것을 목격한 모든 사람에게 매우 명백해지게 되었다. 콘트라리니와 세리판도와 같은 공의회주의자들이 발언권을 가지고 있기는 했지만, 공의회의 주도권은 교황과 신생 단체였던 예수회에 있었다. 트렌트 공의회를 지배한 사람들은 프로테스탄트와의 교회 재통합에 대한 낭만적인 환상을 가지고 있지 않았고, 타협할 의향도 없었다. 우선, 이들의 주된 관심사는 루터, 츠빙글리 및 칼뱅의 혁명이 교회에서 결코 일어나지 않도록 종교생활에 대한 엄격한 통제력을 보유한 교회 제도의 확립이었다. 또한 전통적인 종교에서 프로테스탄티즘으로 전향한 사람들을 포함한 많은 평신도에게 보다 호소력이 있는 종교가 되도록 새로운 방법론을 모색하는 것도 이들의 주된 관심사였다. 트렌트 공의회는 거의 20년이 넘도록 3번의 독립적인 회기로 개최되었다. 15세

27 Hanns Rückert, *Die Rechtfertigungslehre auf dem tridentinischen Konzil*(Berlin, 1925), pp. 245~252.

28 Jedin, *A History of the Council of Trent*, 1, p. 391. 또한 예딘의 "An welchen Gegensätzen sind die vortridentinischen Religionsgenspräche zwischen Katholiken und Protestanten gescheitert?" *Theologie und Glaube* 48(1958), pp. 50~55.

기의 대표적인 콘스탄츠 공의회와 바젤 공의회와는 달리, 트렌트 공의회는 주교, 교회 수도회의 총원장 및 수도원의 주요 대표자들에게만 투표권을 한정했다.[29] 이 같은 방식은 이탈리아 대표단 및 교황에게 공의회 과정에 대한 확고한 통제를 부여했다. 첫 번째 회기는 1545년 3월부터 1547년 겨울까지 이어졌다. 그 해 겨울 역병으로 대표들의 다수가 볼로냐로 이동했으며, 거기에서 1549년 10월까지 심의회가 지속되었다. 1551년 5월에 시작된 두 번째 회기는 합스부르크 왕조와 발루아 왕조 간의 전쟁으로 정확히 1년후 산회되었다. 마지막 회기는 첫 번째 프랑스의 종교전쟁까지 즉 1561년 4월부터 1563년 12월까지 지속되었다.

트렌트 공의회는 모든 중요한 교리적 쟁점에서 종교개혁의 교리를 거부했다. 이신칭의를 비판한 공의회는 사랑의 행위에 의해 형성된 믿음이 인간을 구원한다는 전통적인 견해를 다시금 확고히 했다. 이는 전가되고 이질적인 의가 아니라 획득되고 내재적인 의에 기초하여 인간이 구원을 얻게 된다는 것이었다. 양심에 부담이 되고 가책이 된다고 프로테스탄트들이 비판한 고해성사는 전통적인 방식으로 지속되었다. 성서가 믿음의 유일한 준거라는 프로테스탄트의 교리를 비판한 트렌트 공의회는 신앙의 두 가지 전거로 성서와 교회의 전통, 즉 교황과 공의회의 지배를 주장했다. 공의회는 7 성사를 두 가지로 축소한 프로테스탄트를 비판하면서 7 성사를 재확인했다. 공의회는 미사가 그리스도의 희생을 반복하며, 성채성사에서 축성된 빵과 포도주가 그리스도의 몸과 피의 실체라는 전통적인 믿음을 강조했다. 후스파와 프로테스탄트의 관행을 거부한 트렌트 공의회는 성채성사에서 평신도에게 오직 빵만 나누어 주는 것을 인정했다. 이는 평신도와 성직자 간의 전통적인 구분을 반영했다. 프로테스탄트 성직자가 자유롭게 결혼을 하는 반면에, 트렌트 공의회는 성직자의 결혼을 엄격하게 금지했으며, 성직자의 불법 결혼이라는 대리적 지위를 종식시키기 위한 조치를 취했다. 공의회는 연옥, 면벌부, 성인 숭배, 성지와 성상 숭배를 새롭게 인정했으나, 그것의 과도한 남용을 종식시키고자 했다. 성직자의 전통적인 스콜라적 교육에 인문주

---

29 이 책의 253쪽을 참조하기 바란다.

의 학습 프로그램을 보완하려던 시도는 실패했다. 새로운 가르침과 접근법에 매우 폐쇄적이었던 공의회는 논쟁적인 교리적 쟁점들이 중세 말기의 토마스주의자들, 스코터스주의자들 및 오컴주의자들에 의해 제시된 대안의 관점에서 논의되었음을 입증했다.[30] 공의회 두 번째 회기에 프로테스탄트 대표들이 잠시 참석하기는 했지만, 프로테스탄트들은 자신들의 개혁이 트렌트 공의회에서 공감이나 호의를 받지 못한다는 사실을 곧바로 인식했다. 트렌트 공의회에 대한 프로테스탄트들의 반응은 하나같이 부정적이었고 우려스러운 것이었다.[31]

트렌트 공의회는 중세 말기에 제기된 비판 및 프로테스탄트의 비판에 부응하고자 중요한 행정 개혁을 단행했다. 이들 개혁 중 핵심은 주교권의 부활이었다.[32] 성직록의 선정에 대한 교황의 통제 및 죄악이나 범죄에 대한 여러 사면권의 보유는 중세 말기의 교구 규율에서 참상을 빚었다. 이 같은 교황권은 주교의 부재와 겸임 주교를 조장했고 자신의 주교 관구와 교회 전반에 걸쳐서 거주 주교의 권한을 약화시켰다. 주교가 신으로부터 부여받은 권한이 어느 정도이고, 자신의 관구에서 최고의 관리자로서 행사하는 권한이 어느 정도이며, 그리고 이 같은 권한이 교황으로부터 어느 정도 유래하며, 교황에 의해 어느 정도 규제를 받는지가 주교권 부활의 쟁점이 되었다. 교황들은 주교보다 우월한 교황의 전통적인 권한을 약화시킬 의향이 거의 없었고, 주교들은 유럽의 국민국가들 가운데 교회의 이해관계를 대변할 '최고의 수장'을 인정하게 되었다. 한편 주교 관구 내에서의 자율성에 대한 고려 없이는 주교가 영적 생활과 도덕적 생활을 효과적으로 감독할 수가 없었다. 트렌트 공의회는 교황이 교회에서의 최고의 상위 법정을 보유하지만, 주교의 결정을 뛰어넘는 항소를 조장하지 않음으로써 주교의 사

---

30 Hanns Rückert, *Die Rechtfertigungslehre auf dem tridentinischen Konzil*; Gordon Spykman, *Attrition and Contribution at the Council of Trent*(Kampen, 1955); Heiko A. Oberman, "Das tridentinische Rechtfertingungsdekret im Lichte spätmittelaterlicher Theologie," *ZThK* 61(1964), pp. 251~282.

31 Robert M. Kington, "Some French Reactions to the Council of Trent," *Church History* 33(1964), pp. 149~155; Theodore Casteel, "Calvin and Trent," *HThR* 63(1970), pp. 91~117.

32 에베넷은 이 같은 권한의 회복을 "개혁의 모든 양상의 분기점이자 …… 가톨릭 종교개혁 교회의 초석이다"(*The Spirit of the Counter Reformation*, p. 97)라고 지적했다.

법권에 대한 간섭을 자발적으로 제한하는 타협안을 제안했다. 로마 교황과의 '특별한 관계'는 주교의 감독 조치를 더 이상 방해하지 않았다.[33] 교회 내에서의 행정적 탈중앙집중화는 교회에 대한 교황의 강력한 통제와 더불어 공존하게 되었다. 교회 권력이 분산되었으나, 분할되지는 않았던 것이다.

트렌트 공의회는 주교들이 새로 부여된 권한을 가능한 한 책임 있게 활용하도록 하는 새로운 규범을 통과시켰다. 주교는 교황의 특별 허락 없이는 자신의 교구를 오랫동안 비워둘 수 없었다. 주교에게는 정례적인 설교, 연례적인 방문, 시노드의 연례적 개최 및 삼년마다 지역 시노드 개최가 요구되었다. 주교에게는 새로운 신학교의 설립, 오직 교육과 훈련을 받고, 철저하게 검증된 성직자의 서임이 장려되었다. 주교는 교구 병원 및 자선단체 감독권, 교구 사제 임명권, 교구 내의 설교 허가권, 수도원 내부의 생활 감독권, 수입 및 성직록의 재분배권, 교황청으로부터 유래하는 새로운 개혁과 법률의 시행권을 가지고 있었다. 마지막으로 주교는 교구 내의 성직자의 내연 관계를 포함한 도덕적 비행이나 행정적 남용에 대한 책임을 졌고, 교구 내의 모든 공적 생활에서 모범이 되어야 했다.[34]

2) 예수회

로마에서 많은 수의 추기경과 주교들이 분산된 덕분에, 트렌트 교회는 교구에 대한 영적 규율을 다시금 확립하기 시작했다. 이는 트렌트 공의회의 주요 목표였다. 즉 대중적 종교의 다양한 물결을 하나로 통합하고, 장기간 부재했던 교구에서 종교적 통일성을 재확립하는 것이 주된 목표였던 것이다.[35] 트렌트 공의회는 또한 전통적인 종교를 평신도에게 본능적으로 보다 매력적인 종교로 만들려

---

33 Pierre Janelle, *The Catholic Reformation*(Milwaukee, 1949), pp. 86~94.

34 Evernnett, *The Spirit of the Counter Reformation*, p. 99 Hubert Jedin, *L'évéque dans la tradition pastorlae du XVIe siècle*, trans. Paul Brountin (Bruges, 1953).

35 John Bossy, "The Counter-Reformation and the People of Catholic Europe," *Past and Present* 47(1970), pp. 52, 60.

고 했으며, 이를 위해 고매한 인품을 소유한 한 활동가의 영성을 고무했다.[36] 이러한 과제를 수행한 특별한 주역은 새롭게 형성된 예수회였다.[37] 트렌트 공의회와 교회의 교리 및 교회 제도의 갱신 및 규율의 관계는 예수회와 영성의 부활 및 규율의 관계와 같은 것이었다.

예수회의 지침은 창설자 이그나티우스 로욜라의 놀라운 개인적 경험에 의해 형성되었던 것과 같은 전통적인 영성으로부터 도출되었다. 13명의 형제 가운데 막내로 태어난 이그나티우스는 궁정의 신하이자 중세 기사제의 낭만적 이상에 사로잡힌 기사로 성장했다. 1507년부터 1517년까지 10년간 그는 스페인 왕실 재무관의 가정에서 생활했으며, 그 이후 적극적으로 군복무를 했다. 프랑수아 1세와 카를 5세 사이의 최초의 전쟁이 일어났던 1521년 5월 프랑스군은 나바르를 침공했으며, 지속된 전투에서 이그나티우스는 양 쪽 다리에 심각한 부상을 당했다. 참전한 외과의사가 이그나티우스의 양 다리를 치료했으나, 초보적인 치료에 불과했고, 다리 하나는 제대로 맞추지도 못했다. 사고를 당하기 전의 건장한 모습을 되찾기로 결심한 이그나티우스는 부상당한 다리를 다시 맞추었으며, 튀어나온 뼈 조각 및 다리를 원래의 길이로 되돌리고자 만든 받침대를 제거하기 위한 수술도 받았다.[38] 로욜라에서 오랫동안 요양을 하는 동안 그는 두 권의 종교고전에 흠뻑 빠지게 되었다. 즉 루돌푸스 작센의 『그리스도의 생애』와 성인 전집인 『황금의 전설』이라는 책이었다. 이후 토마스 켐피스의 『그리스도를 본받

---

36 에베넷은 이를 "16세기인의 부산함, 에너지 및 결의를 반영했던 …… 영성이라고 표현했다. 16세기인은 신의 위대한 영광과 교회의 부활을 위해 마침내 자신이 스스로에 대해서 그리고 가톨릭 종교개혁에서 적용되었던 것들에 대한 힘을 갖고 있다고 마침내 [생각했던] 사람이다. Evenett, *The Spirit of the Counter Reformation*, p. 32.

37 에베넷은 새로이 설립된 예수회의 영성의 기본 특징을 다음과 같이 지적했다.
모든 활동에 대한 지속적인 강조. 즉 명상적 조류에 대한 반대에서처럼, 모든 힘과 더불어 기도에 있어서 그리고 생생한 명상에 있어서 정신과 지성의 적극적인 활용, 불가피한 반격이라는 그것의 당연한 결과와 더불어 유혹에 대한 순전히 수동적인 저항에 관한 교리의 불충분성, 인정적인 지침과 이에 수반되는 지침에서의 결의론의 발전, 모든 개인과 개인의 '특별한 사례'에 대한 존중, 스스로에 대해서나 참회자에 대한 과도한 육체적 고행의 비판, 자아를 비판하는 적극적인 투쟁, 타자를 위한 행위, 성사에 대한 빈번한 의지, 세속으로부터의 은자적 은거보다는 세속에서의 선업과 활동에서 발견되는 기도 등이 그것이다. 같은 책, pp. 43~44.

38 *Autobiography of St. Ignatius Loyola*, ed. J. C. Olin, trans., J. F. O'Callhan (New York, 1974), pp. 21~23.

〈이그나티우스 로욜라〉(페테르 파울 루벤스의 그림을 모방한 네덜란드 조각사 볼스바르트의 판화)

아』는 그의 애독서가 되었다. 이는 중세 말기의 영성과 가톨릭 종교개혁 영성의 연속성에 대한 또 다른 표식이었다. 성 도미니크와 성 프란체스코의 전설적인 행위는 이그나티우스의 마음을 사로잡았다. 칼과 무구도 없던 이들 성인이 말을 탄 여하한 기사보다 훨씬 위대한 업적을 이룩했다고 그는 확신했다. 이그나티우스는 자신의 자서전 작가에게 도미니크와 프란체스코의 행적을 읽고서 무엇이든 하지 않을 수 없었다고 실토했다.[39] 이처럼 왕의 군인은 점차 예수의 병사로 변모해 갔다.[40]

건강을 회복한 이그나티우스는 전설상의 성배의 산이자 성모 마리아의 유해가 있는 몬세라트로 순례를 했다. 1522년 3월 그가 젊은 시절 책에서 읽은 기사를 모방하여 몬세라트의 성모 마리아 제단에서 영적 기사라는 새롭게 선택한 소명에 헌신했다.[41] 이후에 그는 만레사를 여행했으며, 거기서 그리스도가 광야에서 40일간 행한 기도를 본받아 탁발을 하고, 일주일간 금식을 했으며, 하루에 7시간 기도를 했다. 그는 젊은이의 온갖 혈기와 쾌락을 멀리했으며, 엄격한 자기부정에 의해 자신의 낡은 가치와 습관을 체계적으로 파괴했다. 만레사 시기는 강제적인 영성적 전환기, 즉 신중한 자아 재생기였다. 성직자와 평신도를 위한 가톨릭의 종교개혁의 자기규율 지침서인 『영적 훈련』의 초고는 1548년 최초로 개념적인 형태를 띠기 이전에 이그나티우스의 오랜 경험을 기초로 작성되었다.[42] 이그나티우스는 정신적인 분노를 어떻게 통제할 것인가를 자신의 신체적 고통이라는 투쟁을 통해 습득했다. 기본적으로 신체적인 반응에 대한 숙달을 통해 그는 보다 복합적인 심리적 반응에 대한 통찰력을 얻게 되었다. 『영적 훈련』

---

39 같은 책, p. 23.

40 오늘날의 역사가들은 이그나티우스가 영적 사명을 추구하기로 한 결심의 불가피성을 지적했다. 절름발이가 될지도 모른다고 생각한 젊은 운동선수와 같은 예견된 반발이었다는 것이다. 하지만 '천상의 왕과 왕비를' 위해 싸우겠다는 결심은, 기쁨에 의해서든 고통에 의해서든 천상의 군주와 왕비를 위해 싸우겠다는 결심이다. 오늘날의 독자는 그것이 심리적으로도 해석될 수 있다는 이유로 그 결정이 종교적 지평에서 인정을 받지 못하도록 해서는 안 된다.

41 *Autobiography*, p. 31. 밀레에 의하면, 그 의식은 『갈리아의 아마디스』에 나오는 일화에서 묘사된 기사로서의 헌신 예배에 뒤이어 정확히 일어났다. Rene Fulöp-Miller, *The Jesuits: A History of the Society of Jesus*(New York, 1963), p. 42.

42 *The Spiritual Experience of St. Ignatius*, trans. A. Mottola(Garden City, 1964), pp. 59, 62.

은 인식론적으로 정서, 신앙 및 행위의 상관관계에 주로 기초하고 있었다. 이신칭의가 고뇌에 찬 프로테스탄트 성인(루터)을 위한 것이었다면, 이그나티우스의 규율이 있는 훈련은 고통을 받은 가톨릭의 성인을 위한 것이었다. 이 책에서 처방한 통상적인 방법은 두려움과 사랑이라는 기본적인 정서를 직접 활용함으로써 낡은 습관을 극복하고, 인간에게 새로운 정신 상태를 준비하도록 했다. 이를테면 특정 죄는 오감 모두와 더불어 이들 죄 각각을 공격함으로써 그리고 매일 정기적인 정신의 상상력에 의해 제거되었다.

만레사에서 10개월 간 체류하는 동안 이그나티우스는 종교적 주제를 생동감 있게 하고 명확하게 하는 특별한 깨우침을 얻게 되었다.[43] 이곳에서의 은거를 통해 그는 새로운 자기 규율은 물론 그것을 바람직하게 만드는 신비적 영감도 얻게 되었다. 이그나티우스가 만레사를 떠날 즈음, 세속의 군인이자 기사적 로망스에 빠져 있던 그는 전기 작가가 명명한 '[종교적] 애정의 냉정한 조련사'로 변모했다.[44] 루터의 전기와 이그나티우스의 전기를 비교하는 것은 주목할 만하다. 프로테스탄티즘을 독창적으로 창설한 루터와 가톨릭의 종교개혁의 창시자인 이그나티우스가 현저하게 대비되고 있다. 루터가 자기 개혁과 구원을 위한 계산된 노력을 경멸했고, 아무리 정교하게 실천한다고 하더라도, 순화도 억압도 마음의 평화를 결코 가져다주지 못한다고 결론을 내렸던 반면에, 이그나티우스는 스스로를 세심하게 점검했으며, 의지적으로 죄를 짓거나 죄를 짓지 않을 수 있는 최초의 인간과 같은 자아 통제를 발견했다. 종교개혁은 물론 전통적인 영성에도 비판적인 새로운 유형의 종교적 자기 확신이 여기에 있었다.

1523년 9월에 이그나티우스는 고독한 설교자이자 십자군으로서 예루살렘에 도착했다. 프란체스코회 소속 식민 거주자의 도움을 거부했고, 지역 당국자들에게 대중 선동가라는 혐의를 받았던 그는 오랫동안 잊힌 존재였다. 스페인으로 되돌아온 그는 그 동안 등한시한 학업을 시작했으며, 알칼라와 살라망카로 가기 전에 바르셀로나에서 어린 학생들과 함께 라틴어 기초를 배웠다. 1528년 2월 37

43 *Autobiography*, pp. 39~40.
44 Fulöp-Miller, *The Jesuits*, p. 47.

세에 그는 파리 대학의 몽테귀 콜레주의 학생이 되었으며, 그 해에 칼뱅은 이 대학을 떠났다. 1534년 파리에서 석사 학위를 취득한 이그나티우스는 자신의 공식적인 교육을 마무리했다.

파리에서 수학하는 동안 이그나티우스는 최초의 협력자이자 몽테귀 콜레주의 룸메이트였던 피에르 파브르(1506~1546)와 프란체스코 하비에르(1506~1552) 등을 규합했다. 이후에 트렌트 공의회에서 중요한 역할을 하게 될 디에고 라이네즈와 알폰소 살메론(1515~1585)이 이들에 합류했다. 1534년 이 집단의 수가 10명으로 늘어났다. 1534년 8월 이들은 청빈과 순결이라는 사적 서약을 했고, 성지 예루살렘에서의 설교 선교를 할 수 있게 교황청의 허가를 요청했으며, 이를 허락받았다. 하지만 전쟁으로 인해 이들은 구상을 실행에 옮기지 못했으며, 그 대신 로마와 그 주변 지역에서 설교자, 교육자 및 병원 사제로서 활동했다. 이들은 소중한 친구 콘타리니를 얻게 되었으며, 콘타리니는 교회 개혁을 위한 중요한 세력을 이들에게서 발견하게 되었다. 콘타리니는 1540년 9월에 이들 집단이 교회의 새로운 교단으로서 확증을 받는 데 일조했다. 이그나티우스가 작성한 원래의 헌장에 따르면, 이 단체의 정원은 각자가 서원한 60명으로 한정되었다. 이그나티우스가 작성한 청원서는 다음과 같다.

> [우리는] 자신의 모든 의지를 포기하고, 우리 자신이 현 교황과 그 계승자에게 행한 특별한 서약에 의해 구속된다고 생각하며, 이들 교황이 우리를 파견하는 여하한 나라, 그것이 투르크족의 지역이든 다른 이교도들의 지역이든, 인도나 그 밖의 지역에서, 여하한 이단이나 분열주의자는 물론 신도 집단에게로 기꺼이 가며, 오직 교황과 교단의 총원장의 의지에만 복속하기로 [서약한다][45]

1556년 이그나티우스가 세상을 떠날 때 예수회의 회원은 1000명 이상으로 크게 증가했고, 예수회는 자체 고아원, 매춘부의 안식처, 구호소, 피정처, 혁신적인

---

45 B. J. Kidd, *The Counter Reformation 1550-1600*(London, 1933), p. 28에서 인용함. 교황에 대한 예수회의 복종은 예수회의 '4번째 서약'으로 특징지워졌다.

중등학교 교육으로 폭넓은 존경을 받았다.

수도회로서 예수회는 혁명적일 정도로 '실험적'이었다. 예수회는 은거라는 전통적인 종교적 생활 대신에 적극적이고 지속적인 영성을 선호했다. 예수회는 종교 생활의 대표적인 습관이었던 정시과[46]의 합창 암송을 포기했고, 일상적인 의식을 규정했으며, 강제적인 금욕적 훈련을 거부했다. 이들은 유서 깊은 종교 공동체에서 관행적이었던 경건함 보다 개인적이고 개별적인 경건함을 고무했다. 그리고 예수회는 교육 철학에 있어서 매우 전통적이었던 반면에, 교육에 새로운 중요성을 부여했으며, 예수회에 입회하기 위해서는 규정된 학업 프로그램의 이수가 요구되었다.[47]

계서적 질서 및 권위에 대한 헌신이라는 예수회의 보다 현저한 특징은 이 같은 내면적 탄력성과 병존했다. 일부 비판가들은 예수회의 편협한 전사적 심성을 비판했다.[48] 예수회에 매우 우호적인 역사가들 중 한 학자는 예수회라는 환경에서 "르네상스 군주에 대한 복속, 총사령관에 대한 사병의 복속이라는 태도를 발견할 수 있다"는 점을 인정했다.[49] 하지만 우리는 이 같은 비교를 과도하게 받아들여서는 안 된다. 이 같은 대비는 계서적 질서 및 권위에 대한 예수회의 존경의 일부만을 해명해 주기 때문이다. 새로운 규율과 권위에 대한 존경은 예수회의 핵심 목표였고, 처음부터 예수회의 조직과 관행 모두에서 현저했다. 이는 당시의 고조되던 절대주의보다는 예수회의 개혁 프로그램의 본질을 반영했다. 요컨대 루터가 범한 두 가지 죄는 불복종과 혁신이었다. 자신의 주관적 경험과 성서에 대한 해석에 기초하여 루터는 교황의 권위를 정의했고, 교회의 전통과는 공

---

46 (옮긴이) 독서 기도, 아침 기도, 저녁 기도, 마무리 기도 등의 하루 7번의 기도 시간을 말한다.

47 Evnett, *The Spirit of the Counter Reformation*, p. 79. 에베넷은 예수회의 훈련을 창설자인 이그나티우스의 생활에 비교했다. "예수회의 영성에로의 입회와 더불어 첫 2년간의 수습, 『훈련』 수행, 및 6개의 특정 시험은 헌정(규범)에서 신입자들에게 강조했으며, 몬세라트, 만레사 및 예루살렘으로의 열렬한 순례를 반영했다. …… 이들의 명확한 '이완' 말하자면 영적 긴장에 있어서의 이완과 더불어, 그리고 나서 스콜라적 방법으로 긴 학습기간이 있었다. 이는 신중함, 인내, 자기 통제 및 삶의 단조로움의 관용, 성 이그나티우스가 오랫동안의 학습기간 중 파리에서 정제되고 훈련받았던 것처럼"(같은 책, p. 77).

48 에베넷은 그 당시(절대주의)의 정치사와의 비표가 이 같은 특성을 보다 잘 드러낸다고 생각했다. 같은 책, p. 83.

49 같은 책, p. 82.

개적으로 결별했으며, 그리고 사실상 자신의 고유한 종교를 만들었다. 이 같은 불복종과 혁신은, 특히 예수회가 가톨릭의 종교개혁을 이루었듯이, 가톨릭 종교개혁의 각별한 공격 대상이 되었다.

이그나티우스는 1553년 3월 26일 포르투갈의 예수회 회원들에게 보낸 놀라운 '복종의 서신'에서 이 주제에 관한 자신의 견해를 충실히 요약했다. 포르투갈 예수회 회원들은 대중의 지도자였던 시몬 로드리게스에게 과도하게 의존하고 있었다. 로드리게스는 1534년 8월 몽마르트에서 이그나티우스와 더불어 사적으로 서약을 했던 예수회 창설 멤버 9인 중 하나였다. 로드리게스가 은퇴함에 따라 포르투갈 예수회는 그가 개인적으로 인정한 인물 이외의 다른 후계자에게 복종하기를 거부했다. 그리하여 포르투갈 지회에서 반란이 일어날 것처럼 보였다. 이는 이그나티우스가 편지에서 소개한 상황이었다. 그는 절대적 순복이 예수회의 특징이 되어야 한다고 지적했다.

> 설령 여러분 모두가 모든 미덕과 영적 선물에 있어서 완전함을 원하기는 하지만, 여러분이 다른 무엇보다 뛰어나기를 바라는 덕이 순복이다. ……… 그리고 성 그레고리우스가 지적했듯이, 순복이 다른 모든 덕목을 기르는 덕이기 때문에 …… 우리는 금식, 밤샘기도 및 다른 금욕적 행위에서 다른 수도회가 우리 예수회보다 우월한 것을 용인할 수 있다. …… 그러나 순수하고 완전한 순복, 우리 의지의 진정한 포기와 우리 자신의 판단의 거부에 있어서, 내가 간절히 바라는 것은…… 이 예수회가 탁월하고, 그렇게 함으로써 이 덕목에 의해 예수회의 진정한 아들들이 자신들이 순복하는 사람을 인간이 아니라, 이들이 순복하는 그리스도를 위해, 자신들이 순복하는 사람을 우리 주 그리스도로 간주하는 사람들로 인식되는 것이다. 여러분의 상위자는 신중하거나 선하거나 하나님의 다른 선물에 의해 자격을 갖추었기 때문이 아니라, "그대의 음성을 듣는 사람은 나의 말을 들으며, 그대를 경멸하는 사람은 나를 경멸하는 자이다"라고 진리[그리스도]가 말씀했듯이, 하나님의 위상과 권위를 가지고 있기 때문에 존경을 받아야 한다.[50]

이그나티우스에 따르면, 상위자의 직책은 하위자에 대해 자신의 말을 신의 말씀으로 효율적이게 만드는 명령의 계서제적 연쇄에 있었던 것이다. 하지만 여기서 요구되는 순복은 궁극적으로 신적인 것으로 상정되는 명령의 맹목적인 시행을 심지어 초월하기까지 했다.

> 순복의 첫 번째 단계는 매우 낮은 단계이며, 명령의 [기본적인] 시행으로 이루어져 있다. 두 번째 단계로 올라가지 않으면, 순복이라는 이름도 그 덕목의 가치도 얻지 못하게 된다. 명령의 효율적인 집행은 물론 하위자의 순응, 즉 [명령]을 행하려는 내면의 바람이 있을 정도로 상위자의 의지를 자신의 의지로 만들어야 한다.[51]

우리는 의문의 여지없이 상위자에게 복종을 한다는 것이다. 우리는 자신의 상위자의 말에 순복하기 위해 복종하기를 원한다. "순복이라는 덕목을 얻고자 하는 사람은 명령을 초월하거나 넘어서 상위자의 의지를 자신의 의지로 만드는 두 번째 단계로 나아가야 한다. 자신의 의지를 벗어버린 우리는 상위자에 의해 해석된 하나님의 의지를 우리 자신에게 입힌다."[52] 이그나티우스에게 이것 역시 단지 최고의 단계 아래의 순복에 불과했다.

> 자신의 의지에 덧붙여 자신을 전적으로 완벽하게 봉헌하고자 하는 사람은 순복의 최고의 단계인 이해를 가져야 한다. 독실한 신자가 이 같은 이해에 고개를 숙이는 한 그는 상위자와 똑같은 의지와 생각을 가져야 하고, 자신의 판단을 상위자에게 맡겨야 한다.[53]

---

50 *Letters of St. Ignatius of Loyala*, ed. and trans. William J. Young, S. J. (Chicago, 1959), pp. 287~288. 일찍이 이그나티우스는 자신의 『자서전』에서 상위자를 그리스도의 자리에 서 있는 사람이라고 언급했다. 파리 대학에서의 학업을 위해 스승을 찾으려던 당시를 회상하면서, "그는 그리스도가 스승이 될 것이며, 그의 제자 중 하나가 성 베드로와 성 요한일 것이며, 그리고 이들 사도의 각자와 더불어 제자가 될 것이라고 상상을 했다. 스승이 나에게 명령을 하면, 나는 그리스도가 나에게 명령한다고 생각할 것이다. 누군가가 나에게 명령을 내리면, 나는 성 베드로가 나에게 명령을 하는 것이라고 생각할 것이다." *Autobiography*, p. 74.

51 *Letters*, p. 289.

52 같은 책, p. 290.

이 같은 논리는 『영적 훈련』에서 '교회와 더불어 사유'를 위한 13세기의 유명한 규범을 야기했다. 즉 "매사에 있어서 옳은 것을 우리가 확고히 하고자 한다면, 우리는 이 원리를 늘 수용할 채비를 해야 한다. 만약 계서제적 교회가 그렇게 정의한다면, 내가 본 것이 희다고 해도 나는 검다고 생각할 것이다".[54]

이그나티우스는 완벽한 순복을 성취하기 위한 세 가지 도움을 제시하면서 포르투갈 예수회에 보낸 편지에서 다음과 같이 결론지었다. 즉 첫째, 우리는 상위자라는 인물에게서 오류를 범하고 불행을 자초하는 인간이 아니라 "지고의 지혜, 측량할 수 없는 선, 무한한 자비와 기만당할 수도 없고 기만하려고도 기만하지 않는 예수를 발견하게 된다." 둘째, 우리는 상위자의 지혜로운 명령에 의문을 제기하기보다는 이를 변론하는 이유를 항상 추구하게 된다. 그리고 마지막으로 우리는 이삭을 바치라는 신의 명령을 듣고 이를 이해하지도 못했고 이에 동의하지도 않았으나, 그럼에도 그것에 순종한 아브라함을 마음에 새겨야 한다.[55] 그리하여 이그나티우스는 천상의 위계가 하위자의 상위자에로의 완벽한 복속으로 정리되듯이, 이 땅에서는 개인으로부터 자신의 상위자, 주임신부, 관구장, 수도회 총원장 및 마지막으로 신의 현세적 대리자인 교황에게로까지의 완벽한 순복이 지배하게 될 것이라고 생각했다.[56]

이 같은 인식은 공식적인 차원에서의 가톨릭의 종교개혁에 영감을 제공했고, 1560년과 1648년 사이에 유럽을 휩쓴 신앙고백의 전쟁에서 예수회로 하여금 루터파와 칼뱅파에 충실히 대응하도록 해주었다. 17세기 말엽에 가톨릭 진영은 신성로마제국 내에서 일찍이 프로테스탄트에게로 넘어간 영토의 1/3을 결의에 찬 지배자들의 지원과 더불어, 특히 합스부르크 왕조 오스트리아, 바바리아 및 라인 강변의 주요 주교 관구를 되찾았다.

행정, 새로운 교육 프로그램 및 진정한 교회 개혁에서의 중요한 성취에도 불

---

53 같은 책.

54 *The Spiritual Exercise*, pp. 140~141.

55 *Letters*, pp. 293~294. 이 주제에 관한 보다 많은 서신에 대해서는 같은 책, pp. 159, 164, 225를 참조하기 바란다.

56 같은 책, p. 295.

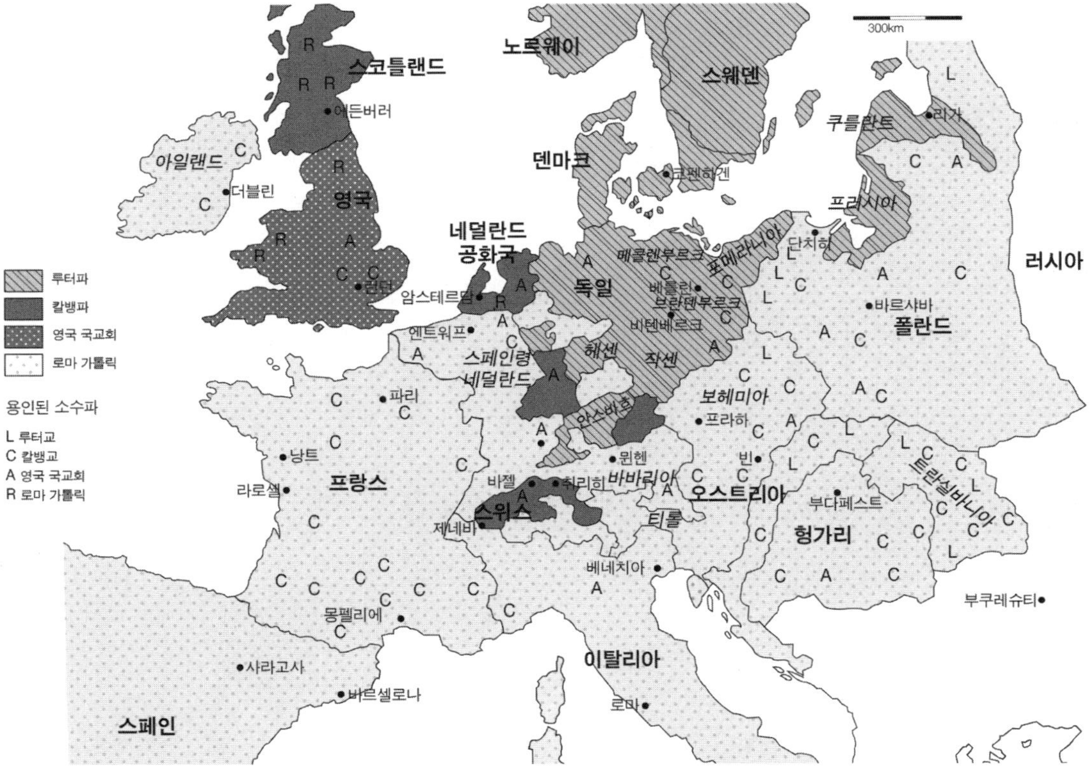

〈지도 4〉 1600년대의 유럽 종교지도. 카톨릭의 종교개혁이 성공했음이 드러나게 되었다.

구하고, 가톨릭의 종교개혁은 종교적 신앙과 관행에 있어서 매우 보수적이었다. 트렌트 공의회는 모든 교리적 논쟁에 있어서 프로테스탄트에 반하는 노선을 취했으며, 새로운 영성적 저술가들과 교리문답 작성자들은 평신도를 위한 전통적인 금욕적 영성이라는 주류적 견해를 부활시켰다. 하지만 가톨릭의 종교개혁이 성공할 수 있었던 가장 중요한 요소는 어느 한 진영의 개혁가와 정치가들의 노력이라기보다는 적어도 다수의 대중들 가운데 자리를 잡고 있었던 관성이라는 인간 본성이었다. 만약 가톨릭의 종교개혁이 전통적인 종교를 유지하고자 결의에 찬 지배자들에 의해 그리고 국가적 통합을 위해 프로테스탄트의 해법에 타협하고자 했던 정치가들에 의해 도움을 받았다면, 그것은 폭넓게 확산된 대중의 종교적 보수주의의 도움을 받았다. 가톨릭교회 교구의 다수의 평신도들은 프로테스탄트들에 의해서도 트렌트 교회에 의해서도 개혁되지 않은 자신의 선조의 신앙을 보다 순박하게 고수함으로써 프로테스탄트의 서곡에 대응했던 것이다.[57]

---

57 A. N. Galpern, *The Religions of the People in Sixteenth Century Champagne*(Cambridge, Mass., 1976), pp. 157~160; Bossy, "The Counter-Reformation and the People of Catholic Europe," pp. 62~63, 68; Werner Zeissner, *Altkirchliche Kräfte in Bamberg unter Bischof Weigand von Redwitz (1522-1556)*(Bamberg, 1975), pp. 219~201 ; Gerald Strauss, *Luther's World of Learning: Indoctrination of the Young in the German Reformation*(Baltimore, 1978), pp. 266, 276을 참조하기 바란다.

제14장

존 녹스

폭정에 대한 프로테스탄트의 저항

16세기 전반기에 종교와 사회, 교회와 국가의 관계에 대한 재세례파, 루터파, 츠빙글리파 및 칼뱅파 등의 프로테스탄트 간의 상이한 인식에도 불구하고, 합법적인 통치자가 아무리 폭압적이고 이단적이라고 하더라도, 이들 프로테스탄트는 이 같은 통치자에 대한 저항권이 사인(私人)으로서 개인에게 있지 않다는 사실에 동의했다. 이들 프로테스탄트는 통치자를 신성하게 세워진 지배자로 그리고 폭군을 신민의 죄악에 대한 신의 정당한 심판으로 이해했다. 폭정에 대해 개인이 취할 수 있는 단 하나의 합법적인 수단은 수동적인 저항뿐이라는 것이었다. 이 같은 저항 행위가 종국적으로 추방 내지 사형을 의미한다는 점을 인식한 개인은 양심이 감내할 수 없는 것을 요구하는 사람들에게 자발적으로 불복종했다. 통치자로부터 기대하는 바가 거의 없었고, 종교적인 고통과 순교를 기꺼이 감내한 재세례파는 루터파, 츠빙글리파 및 칼뱅파보다 이 같은 환경에 쉽게 적응했다. 재세례파를 제외한 이들 프로테스탄트의 정치적 경험은 보다 성공적이었고, 속권의 현실 정치를 고무했다. 프로테스탄트의 주요 개혁가들은 상위 권위의 폭정에 대항하기 위해 하위 정무관들, 즉 독일의 제후들, 취리히와 제네바의 시위원회들, 삼부회와 지역 대의기구에서의 프랑스 귀족을 고려했다. 합법적인 정치 질서의 일부였던 이들 하위 정무관은 신성한 명령을 공유하는 것으로 이해되었다. 이들은 정의의 대리인으로서 정부 내에서 신민의 권리를 대변했다.

1520년대 루터파 법률가들과 신학자들은 헌정적, 사법적 및 신학적 근거에 입각하여 황제를 선출하는 선제후들에게 신민의 종교적 신념을 부당하게 강요하는 것에 대한 저항권과 이에 저항할 의무가 또한 있다고 주장했다.[1] 이 같은 이론은 16세기 전반기에, 특히 1547년 황제가 작센 및 헤세의 제후들에게 승리를 거둔 이후 루터주의를 정치적 패배로부터 보호하는 데 일조했다. 마티아스 플라키우스 일리리쿠스(1520~1575)가 주도한 루터파 보수주의자들은 1550~1551년의 마그데부르크 신앙고백에서 하위 정무관들의 정치적 저항권을 신성한 권리

1 이 책의 375쪽을 참조하기 바란다.

이자 자연권으로 변론했다.[2] 마그데부르크 신앙고백은 후대의 프랑수아 호트망(1524~1590), 테오도뤼스 베자(1519~1605) 및 필리프 모르네이(1549~1623) 등의 위그노들의 저항권에 관한 저술에도 영향을 주었다. 베자와 모르네이의 저술들은 프랑스의 프로테스탄트를 대량학살한 성 바르톨로메오 축일 학살의 결과로 간행되었으나, 호트망의 견해는 이 보다 훨씬 이전에 형성되었다.[3] 베자는 16세기 중엽 마그데부르크에서 루터파의 정치적 저술인 『정무관들의 권리』라는 책을 익명으로 간행했다.

자신들이 선택한 대리자를 통한 폭군에 대한 인민의 저항권을 주장한 위그노 팸플릿 작가들은 저항의 정당성을 다수 인용했다. 이들은 고대의 역사적 선례, 삼부회 및 의회가 오랫동안 군주와 권력을 공유한 프랑스와 영국의 역사적 사례를 언급했다.[4] 이들은 봉건적 계약의 법률적 선례와 교회법의 법인체 이론을 인용했다. 이 법인체 이론으로부터 "모든 사람에게 관련되는 것은 모든 사람의 동의를 얻어야 한다"는 유명한 경구가 유래했다.[5] 폭군에게 저항한 하위 정무관들의 성서적 사례와 고전적 사례 또한 인용되었다. 베자는 로마의 집정관, 법무관, 시장 및 지사, 이스라엘의 12부족의 지도자, 성서에 등장하는 천부장, 백부장, 오십부장 및 인민의 장로들을 당시 프랑스의 공작, 후작, 백작, 자작, 남작 및 성주에 상응하는 고대의 지배자로 이해했다. 이는 칼뱅주의자 귀족의 서열이기도 했다.[6] 신법이란 군주와 신민 모두가 엄숙하게 준수해야 하고 이들을 구속하는 약속이라는 성서적 개념은 모르네이로 하여금 로마서 13장 1절을 "우리[인민]는

---

2 O. K. Olson, "Theology of Revolution: Magdeburg, 1550-51," *Sixteenth Century Journal* 3(1972), pp. 56~79에서 요약된 내용을 참조하기 바란다.

3 성 바르톨로메오 학살이 유럽 전역에 미친 영향에 관해서는 Afred Soman, ed., *The Massacre of St. Bartholomew: Reappraisals and Documents*(The Hague, 1974)을 참조하기 바란다. 또한 Gordon Griffiths, "Saint Bartholomew Reappraised," *Journal of Modern History*(1976), pp. 494~505.

4 이는 호트만의 저술의 소재가 되었다. Hotman, *Fancogallia*(1573), in *Constitutionalism and Resistance in the 16th Century: Three Treatises by Hotman, Beza, and Mornay*, ed. and trans. J. H. Framklin(New York, 1969), pp. 93~96. 또한 당시의 영국, 스웨덴, 덴마크 및 프랑스의 사례에 대한 모르네이의 지적을 참조하기 바란다. Mornay, *Vinciciae contra tyranos*(1579), 같은 책, p. 184.

5 *Francogallia*, in *Constitutionalism and Resistance*, pp. 67, 91.

6 *Right of Magistrate*, in *Constitutionalism and Resistance*, pp. 110~118.

군주 앞에서 하나님에게 복종해야 한다. 우리는 하나님 때문에 그리고 확실히 하나님을 거스르지 않기 때문에 군주에게 복종한다"라고 해석할 수 있게 했다.[7] '형평과 자연법이' 군주를 세운 사람들에게 군주를 폐위할 수 있는 권한을 또한 부여했다고 베자는 생각했다.[8] 그리고 인민이 군주보다, 왕국이 군주보다 그리고 주권이 주권자보다 사실상 우선한다는 사실에 기초한 논쟁이 유래되었다. 하위 정무관은 핵심 권위를 대변하는 것으로 인식되었다. 부당한 통치자와 이들의 아첨꾼은 단지 권위만을 도출했다.[9] 이 같은 논의는 신의 영에 의해 명백히 계도되는 교회 공의회가 교황 및 교회 법학자보다 상위의 권위를 가진다고 주장한 교회 공의회의 통치론에서 또한 기인했다. 베자와 모르네이 모두 교회 일치를 추구한 공의회 사례에 직접 호소했다.[10]

하지만 프로테스탄트의 주요 저술가는 하위 정무관으로부터의 리더십이 마련되지 않았을 경우에는 대중의 정치적 저항을 고려하지 않았다. 루터, 츠빙글리 및 칼뱅이 그러했듯이, 이는 신민의 헌정적 권리를 변론한 위그노들의 경우에서도 마찬가지였다. 하위 지배자들은 폭압적인 상위 권력을 타도할 수 있으며, 심지어 개별적으로도 그렇게 할 수 있으나, 일반 대중은 집단적으로나 사적으로도, 상위 지배자이든 하위 지배자이든, 폭압적인 지배자를 타도할 수 있는 권리를 가지고 있지 않았다.[11] 프로테스탄트 개혁가들은 무정부 상태가 폭정의 응보이며 신이 철면피의 폭군에 대한 대중의 반란에 영감을 불어넣을 시기를 예견했다. 그러나 이들 모두는 사적 시민에게 이 같은 통치자에 대한 음모나 타도에 의

---

7 *Vindiciae contra tyrannos*, in *Constitutionalism and Resistance*, pp. 143~147.

8 *Right of Magistrate*, in *Constitutionalism and Resistance*, p. 124.

9 *Francogallia*, in *Constitutionalism and Resistance*, p. 79; *Right of Magistrate*, in *Constitutionalism and Resistance*, pp. 111~112; *Vindiciae contra tyrannos*, in *Constitutionalism and Resistance*, p. 164.

10 *Right of Magistrate*, in *Constitutionalism and Resistance*, p. 129; *Vindiciae contra tyrannos*, in *Constitutionalism and Resistance*, pp. 150, 193. 공의회 이론에 관해서는 이 책의 225~226쪽을 참조하기 바란다.

11 *Constitutionalism and Resistance*에 있는 프랭클린의 서론적 견해를 참조하기 바란다. pp. 42~43, 그리고 *Jean Bodin and the Rise of Absolutist Theory*(Cambridge, 1973), pp. 46~47을 참조하기 바란다.

식적으로 참여하는 것을 금했다. 이같이 현저한 비일관성의 이면에는 그리스도교의 비폭력성에 대한 믿음 및 만약 대중이 인지한 폭정을 자의적으로 시정할 수 있다고 확신했다면 '뮌스터 반란 가담자들'이 야기한 무정부 상태에 대한 두려움이 있었다. 하지만 신학이나 사회적 혼란에 대한 두려움만큼이나 역사적 상황은 이 같은 견해에 기여했다. 실제로 프로테스탄트의 모든 저항에서 상위 권위에 대해 저항하기로 준비하고, 설령 프로테스탄트의 종교적 자유를 진심으로 변론하지 않았다고 해도, 자신들의 정치적 이익을 위해 심지어 상위 권위에 맹렬히 저항한 지배자들조차 발견되었다.

사적 개인의 무저항이라는 일반적인 규범에서 예외적이었던 주요 프로테스탄트의 사상가 2명은 혁명적인 영성주의자 토마스 뮌처와 메리 여왕 치세기에 추방당한 대표적인 인물인 존 녹스였다.[12] 이들은 참된 종교를 유지하는 일차적 책임이 정부에 있으며, 그리스도교 신민이 참된 종교를 신봉하지 않은 통치자를 타도할 수 있는 핵심 권리를 보유하고 있다고 생각했다. 이들 각각은 가능한 하위 정무관에 의한 무력 사용, 필요할 경우 사적 개인에 의한 무력 사용, 그러나 이상적으로는 이 양자가 함께 사용하는 각별히 그리스도교도적인 무력의 사용을 재가했다. 그리고 뮌처는 작센의 루터파 제후들의 합법적인 정부에 대한 폭력적인 타도를 주장했으며,[13] 녹스는 가톨릭을 신봉한 메리 튜더와 메리 로렌의

12 녹스의 견해는 영국에서 그의 동료로서 1551년 이후 윈체스터의 주교였던 존 포넷과 크리스토퍼 굿맨에 의해 공유되었다. 굿맨의 저술 『상위 권력에 어떻게 복종해야 하는가』(*How Superior Powers Ought to be Obeyed*)는 1558년 제네바에서 출간되었다. 이 책은 녹스의 『괴물과 같은 여성의 지배를 비판하는 첫 번째 트럼펫 소리』(*First Blast of the Trumped Against the Monstrous Regiment of Women*, 1558)이 간행되기 몇 달 전에 간행되었으며, 굿맨은 1559년 9월에 스코틀랜드에서 녹스에 합류했다. 폭군을 타도할 수 있는 신민의 권리에 관해 녹스보다 일관되었던 굿맨은 이후(1558년 4월)에 자신의 견해를 철회했으며, 여성이 왕국을 합법적으로 지배할 수 있다는 자신의 신념을 어쩔 수 없이 고백했다. Dan G. Danner, "Christhoper Goodman and the English Protestant Tradition of Civil Disobeidence," *Sixteenth Century Journal* 8(1977), pp. 61~73을 참조하기 바란다. 호트만은 굿맨과 포넷을 스트라스부르에서 만났으며, 호트만의 자서전 작가에 따르면, 폭군에 대한 저항에 관한 이들의 견해로부터 '확실히' 영향을 받았다는 것이다. Donald R. Kelley, *François Hotman: A Revolutionary's Ordeal*(Princeton, 1973), p. 93. 호트만이 '인민의 권리'가 군주권의 기저를 이루며, '인민'에게 군주 폐위권을 부여한다고 생각했던 반면에, '인민'이 삼부회의 일부, 즉 자신의 의지대로 집단적으로 행동하는 개별자가 아니라가 삼부회에서 자신의 견해를 표출하는 지배자라고 이해했다.

13 이 책의 377, 471쪽을 참조하기 바란다.

지배체제를 타도의 대상으로 삼았다.

존 녹스가 출생한 1513년은 스코틀랜드 역사에서 중요한 해였다. 그 해에 영국 군대는 플로덴 전투에서 군주 제임스 4세 및 거대한 유럽 공동체에서 강대국의 지위를 보유하고 있다는 스코틀랜드의 허세를 영원히 종식시키고, 스코틀랜드 침략군을 궤멸시켰다. 그 이후 스코틀랜드의 정치사와 종교사는 남부의 강력한 인접 국가의 운명에 보다 긴밀하게 결부되었다. 전통적인 적이었던 스코틀랜드와 영국은 상대를 야만족이라고 경멸했으며, 1530년대 헨리 8세의 로마 교황청과의 결별로 스코틀랜드의 애국심은 가톨리시즘에 더욱 밀착되었으며, 스코틀랜드와 가톨릭 국가였던 프랑스의 동맹도 강화되었다.

루터의 저술들과 틴들의 영어 성서가 1520년대와 1530년대에 스코틀랜드에서 유통되었다. 하지만 스코틀랜드의 프로테스탄티즘은 1542년 군주 제임스 5세가 사망한 이후에서야 뿌리를 내리게 되었다. 1542년 스코틀랜드의 권력은 후일 스코틀랜드의 여왕이 될 어린 메리 스튜어트(1542~1587)의 섭정이었던 애런 백작에게 있었다. 스코틀랜드에서 프랑스와 교황청의 영향력을 최소화하기 위해 온갖 기회를 적극 활용하고자 했던 헨리 8세는 애런에게 접근했다. 메리와 헨리의 어린 아들 에드워드 사이에 결혼 계약이 성사되었으며, 프로테스탄트 설교가 스코틀랜드 궁정에서 이루어지게 되었다. 녹스는 애런의 궁정 목사였던 토머스 길리엄의 프로테스탄트 설교를 통해 처음으로 프로테스탄티즘에 호의적이게 되었다.

이러한 시도에도 불구하고, 반 영국 정서와 반 프로테스탄트 정서가 1540년대 스코틀랜드에서 지속적으로 고조되었다. 스코틀랜드의 상서에 의해 촉구되었고, 루터파를 탄압했던 추기경 데이비드 비턴 그리고 태후이자 프랑스의 기스 가문의 일원이었던 메리 로렌에 의해 성사되었던 영국과의 화해를 애런은 포기했다. 애런은 메리와 에드워드의 결혼 계약을 무효화시켰고, 스코틀랜드를 휩쓴 프로테스탄트에 대한 새로운 탄압을 용인했다. 헨리 8세는 계산된 테러리즘 정책과 더불어 보복을 가했고, 기습조를 스코틀랜드에 파견했으며, 이들 기습조 가운데 하나는 에든버러의 여러 지역을 잿더미로 만들었다. 영국의 새로운 공세

존 녹스 초상화(밴순의 목판화).

로 스코틀랜드 정부는 매우 의기소침했고, 프로테스탄트들에 대한 공격으로부터 관심을 다른 곳으로 돌렸으며, 스코틀랜드에 종교개혁이 뿌리를 깊이 내리는 데 많은 시간이 소요되게 되었다.

이 당시 녹스는 인기 있던 프로테스탄트 설교가 조지 위샤트(약 1513~1546)와 제휴했다. 위샤트는 루터와 츠빙글리 신학 모두를 이해했고, 독일과 스위스를 방문하기도 했다. 녹스는 우회해서 프로테스탄트 진영에 가담했다. 1520년대 초에 녹스는 세인트앤드루스 대학에서 공부했으며, 아마도 후일 파리의 몽테귀 콜레주에서 칼뱅에게 스콜라 철학을 가르쳤던 존 메이저에게서 배웠을 것이다. 1535년 22세에 녹스는 사제로서 완전히 서품을 받았다. 하지만 당시 수동적이고 쇠락하던 전통적인 교회에 성직자들이 너무 많이 있었으며, 녹스는 성직록도 직업도 없는 자신을 발견했다. 이 같은 환경으로 인해 녹스는 위샤트의 반성직적 신학에 예민하게 반응했다. 진취적이었던 녹스는 해딩턴에서 보잘 것 없는 공증인으로서 일하게 되었으며, 이는 그의 정치적 본능에 자양분이 되었다.

1540년 중엽 정부는 프로테스탄트들에 대해 단호한 조취를 취했다. 위샤트는 체포되었고, 1546년 처형되었다. 1547년 여름 프로테스탄트들은 추기경 비턴을 살해하고 그의 시신을 훼손하여 성벽 위의 줄에 매달아 보복했다. 의회에 의해 반역죄를 선고받은 이들 혁명적이고 도발적인 프로테스탄트는 세인트앤드루스 성채를 점령했다. 당시 녹스는 이 성에 머물고 있었으며, 프로테스탄트 귀족 자제에게 프랑스어 및 라틴어를 가르치는 가정교사로 있었다. 이미 스코틀랜드의 프로테스탄트 진영과 깊이 연관되어 있던 녹스는 세인트앤드류 성채에서 혁명가들에게 합류했다. 이들 '성안 사람'은 영국으로부터 도움을 기대했으나, 프랑스로부터 포격을 받았다. 스코틀랜드 프로테스탄티즘의 급진적 지도자들로서 생존한 120명은 갤리선의 노예가 되었다. 녹스는 쇠고랑을 찬 채 19개월간 프랑스 선박의 노를 저었다. 33살의 건장한 체구를 가진 녹스의 건강도 1548년 여름에 마침내 탈이 나고 말았다. 녹스를 억류했던 사람들은 1549년 봄 녹스가 영국에 정착하는 것을 허락했다.

이즈음 영국의 종교개혁은 중대한 기로에 서 있었다. 프로테스탄트의 주요 개혁의 사려 깊은 벗이자 영어 성서의 정착에 크게 기여한 토머스 크롬웰(약 1485~1540)을 처형한 이후 종교적 교리에서 극단적인 보수주의자가 된 헨리 8세는 영국의 프로테스탄트들을 탄압하기로 했다. 이로 인해 다수의 2세대 프로테스탄트들이 대륙의 스트라스부르와 취리히에 정착하게 되었다. 1540년대 초반 보수적인 반동은 신앙 철회를 강요했고, 몇몇 프로테스탄트들을 이단으로 화형에 처했다. 〈참된 종교령〉은 틴들의 신약 성서의 사용을 금지했다. 자국어로 된 성서를 읽을 수 있는 (허가)권을 귀족, 젠트리, 성직자 및 부유한 상인이라는 상위 계층으로 한정했으며, 여성 및 다수의 일반 대중을 철저하게 제외했다. 새로운 종교의 지침서인 『국왕 교리서』(1543)는 6개 조항의 정통 가톨릭 교리를 강제하고자 했다. 하지만 니컬러스 리들리(약 1500~1555), 토머스 레버, 휴 라티머(약1485~1555) 및 로버트 크롤리(1518~1588) 등의 종교적 개혁 변론가 및 사회적 개혁 변론가와 영국에서 늘 강력했던 에라스무스적 개혁 정서는 헨리의 6번째 부인이자 마지막 부인이었던 캐서린 파 왕비로부터 강력한 후원을 받게 되었다. 왕비 파는 이전에 두 명의 남편과 사별했고, 헨리와도 사별한 이후 4번째 남편을 맞이했다. 토머스 스미스 경과 같은 크롬웰의 후계자들인 '정치체의 속인 학생'이라는 적극적인 집단이 있었다. 이 집단은 인문주의자의 교육 개혁과 프로테스탄트의 종교 개혁을 뛰어넘어 중요한 경제적 문제와 정치적 병폐를 치유했다.[14]

1547년 1월 28일 헨리 8세가 사망한 이후 하트포드의 백작 에드워드 시모어(약 1506~1552)는 서머싯 공작이 되었으며, 10살에 불과했던 에드워드 6세의 섭정으로 통치했다. 서머싯과 그의 후임자인 노섬벌랜드의 공작 존 더들리(1502~1553)는 왕권의 우위에 충실했으며, 헨리 8세 및 크롬웰과 마찬가지로 종교를 지배했다. 그러나 서머싯과 노섬벌랜드는 공화국의 종교적 개혁을 강렬하게 열망했으며, 특히 노섬벌랜드의 종교적 헌신은 그 열정과 소박함에 있어서 에드워드의 그것에 필적했다.[15] 이들이 섭정을 하는 동안 중요한 변화가 일어났다. 대륙의 개혁가들이 탄압을 피해 런던과 옥스퍼드로 왔으며, 이들 가운데 마르틴 부처, 존 라스코(1499~1560), 피에트로 베르미글리 Pietro Vermigli(1500~1562) 및 베르나르디노 오키노도 있었다. 의회는 1549년 6개 조항을 폐지했고, 1551년 프로테스탄트의 종교적 통합을 요구하는 법령을 통과시켰다. 토머스 크랜머의 『일반 기도서』(1549, 1552)의 두 가지 판본은 성서 중심적인 새로운 예배를 강제했다. 프로테스탄트 설교는 모든 주일 예배의 핵심으로 자리를 잡게 되었고, 전통적인 미사를 대체했다. 그리고 리들리, 존 포넷, 마일스 커버데일(1488~1568), 존 스코리(1585 사망) 및 존 후퍼(약 1495~1555) 등의 진솔한 프로테스탄트들은 주교가 되었다.[16]

---

14 Elton, *Reform and Reformation: England, 1509-1558*(Cambridge, Mass., 1977), pp. 321~323; J. J. Scarisbrick, *Henry VIII*(Berkeley, 1968), p. 523.

15 앨턴은 에드워드의 프로테스탄티즘이 '새로 개종한 청소년 같은 비타협적이고 편견이 심한 특징'을 지니고 있다고 지적했다. *Reform and Reformation*, p. 354.

녹스는 에드워드 교회의 형성에 중요한 역할을 수행했으며, 신속하게 '노련한 정치인'이 되었다.[17] 존 후퍼가 주도한 영국의 급진적인 프로테스탄트들과 동일시된 녹스는 성찬식에서 무릎을 꿇는 행위에 성공적으로 도전을 함으로써 주목을 받았다. 녹스와 다른 개혁가들은 이 같은 행위를 신성모독적이고 맹신적인 행위로 간주했다. 녹스의 주장은 이른바 검은 전례(Black Rubric)라는 기도서에 잠시 포함되기도 했다. 이 노트의 설명에 의하면, 성사에서 축성된 빵과 포도주가 그리스도의 실제 몸과 피가 아니며, 경건함의 표시로 무릎을 꿇는 행위는 그와 같은 함의를 지니고 있지 않다는 것이었다.[18] 1549년 말에 권력을 찬탈한 노섬벌랜드는 정치적이고 종교적인 이유로 후퍼 및 녹스와의 관계를 돈독히 했고, 녹스에게 로체스터의 주교직을 제안하기까지 했다. 국가라는 거대한 톱니바퀴에서 톱니 하나에 불과한 자신을 회유하려는 시도로 의심한 녹스는 이를 단호하게 거절했다. 위기에서 빛난 개혁가 녹스였지만, 그는 외교술에 능하지 못했으며, 꼭두각시의 역할은 더더욱 하지 못했다.

에드워드 6세의 건강은 결코 좋지 않았으며, 궁정의 내부자들은 그의 때 이른 죽음으로 이복누이 메리가 권좌에 오를 것임을 알고 있었다. 이들 내부자는 가톨릭 교도였던 메리가 일단 권력을 장악하게 되면 부왕 헨리 8세 지배 아래 존재했던 종교를 적어도 회복시킬 것이라는 점도 알고 있었다. 에드워드의 종교개혁 내내 메리에게 사적 미사를 집전하고 가톨릭 자문관을 두는 것이 용인되었던 바, 이는 녹스가 공개적으로 도전한 공식적인 정책의 비일관성을 보여주었다. 사순절 설교를 위해 궁정에 초청된 녹스는 기회를 활용하여 프로테스탄티즘의 안전을 확보하기 위해 행동을 하지 않는 귀족을 비난했다.[19]

에드워드 6세는 1553년 7월 6일 폐결핵으로 사망했다. 세상을 떠나기 이전에

---

16 같은 책, p. 343.

17 Jasper Ridley, *John Knox*(New York, 1968), p. 90. 필자는 녹스의 전기를 재구성함에 있어서 리들리로부터 많은 도움을 받았다. 녹스의 사목 활동 및 신학을 이해하는 데 도움이 되는 근년에 간행된 다른 연구로는 W. Stanford Reid, *Trumpeter of God: A Bibliography of John Knox*(New York, 1974); *John Knox: A Quartercentenary Reappraisal*, ed. Duncan Shaw(Edinburgh, 1975) 등이 있다.

18 Ridley, *John Knox*, p. 109.

19 같은 책, pp. 120~124.

에드워드와 노섬벌랜드는 메리가 캐서린 아라곤의 사생아 딸이라는 사실을 문제 삼아 후계 논의에서 배제하고자 했다. 의회는 헨리 8세와 캐서린의 혼인이 무효라고 선언했다. 헨리 8세의 조카딸 겸 메리의 대리인이자 프로테스탄트로서 노섬벌랜드의 며느리였던 제인 그레이(1537~1554)가 에드워드의 후계자로 지명되었다. 하지만 대중의 애국심과 세습적인 왕위 계승에 대한 거의 신비한 믿음은 이 같은 구상을 좌절시켰다. 많은 사람들은 노섬벌랜드의 가혹한 통치와 메리의 순리적인 계승의 부정이 신의 섭리에 반한다고 불만을 표출했다. 심지어 제인 그레이보다 훨씬 순위가 높은 왕위 계승자였던 엘리자베스 튜더마저 이 같은 이유로 노섬벌랜드가 꾸민 음모에 가담하기를 거부했다. 후일 왕위에 오른 엘리자베스 여왕은, 스코틀랜드에서 프로테스탄티즘이 승리했음에도 불구하고, 메리를 가톨릭교도 여왕이자 스코틀랜드 여왕으로 인정했다.

제인 그레이가 지배한 9일 동안 녹스는 그녀를 위해 설교를 했고, 가톨릭교도들에게 경고했으며, 스페인이 영국을 지배하게 되면 메리가 왕위에 오를 수밖에 없다고 경고했다. 하지만 1553년 7월 19일 런던 시민이 메리에 대한 지지를 선언한 이후 메리를 제압할 수 없는 것으로 판명되었고, 메리는 쉽게 왕위에 올랐다. 8월에 메리는 모든 설교자에게 군주의 특별 허가를 얻어야 한다고 요구함으로써 프로테스탄트를 평정했다. 9월 말 경 메리는 에드워드 개혁의 지도자들이었던 후퍼, 카버데일, 라티머, 그랜머 및 리들리를 반역죄로 런던탑에 감금했다. 이들보다 앞서 토머스 모어처럼 이들 프로테스탄트 지도자는 부당한 지배에 대한 최후의 저항으로서 순교를 받아들였다. 11월 추기경 폴은 영국과 교황청을 화해시키고자 로마로부터 왔다. 12월에 의회는 통일령을 철회했으며, 영국은 또 다시 가톨릭 국가가 되었다. 1555년 약 800명의 영국 프로테스탄트들은 유럽 대륙으로 이주했으며, 프랑크푸르트, 취리히 및 제네바에는 영국 이주민의 숫자가 증가했다.[20] 엘리자베스 시대의 가장 신뢰할 만한 자문관이 되는 벌리 경처럼 이후에 다른 사람들은 윌리엄 세실(1520~1598) 경과 같이 도마의 고통을 받기보다는 미사를 수용했다.

---

20 Elton, *Reform and Reformation*, p. 382.

외국인 프로테스탄트들에게 처형보다는 추방령이 내려졌기 때문에, 녹스 또한 목숨을 건질 수 있었다. 순교에 대한 낭만적인 환상을 전혀 가지고 있지 않았던 녹스는 1554년 1월 말에 영국을 떠났으며, 기꺼이 도주하여 후일을 다시 기약했다.

유럽 대륙에서 망명 생활을 하던 중 녹스는 사악한 통치자를 타도할 수 있는 일반 신민의 권리에 관한 혁명적인 견해를 발전시켰다. 그는 인민 전체에 의한 진정한 혁명, 즉 대중 반란과 정무관의 반란 모두에 의한 혁명을 꿈꾸었다. 하지만 이 같은 행위를 변론하면서 그는 이전의 모든 주요 프로테스탄트 개혁가의 가르침과 사례에 반하게 되었다. 늘 직설적인 사상가였던 녹스는 단호하게 이 문제로 옮겨갔다. 망명을 준비했던 1553년 12월에 작성된 영국의 교구 신도들에게 보낸 서신에서 녹스는 "군주이거나 여왕인" 이교도에 대한 순복이 이교도와의 공모이며, 신이 그것에 대해 응징할 것이라고 주장했다. 1554년 1월 말 제네바에 도착한 녹스는 칼뱅에게 다음과 같은 불길한 질문을 했다.

> 여성이 신법에 의해 지배하고 통치할 수 있습니까? …… 이교 숭배를 강요하고 참된 종교를 비판하는 정무관에 대한 복종이 필요합니까? 성과 도시를 보유한 사람들이 이 사악한 폭력에 무력으로 대항하여 자신과 자신의 추종자들을 보호할 수 있는 권한이 있습니까?[21]

1554년 7월에 녹스는 에드워드 치세기에 메리 튜더를 지옥에 보내는 것이 얼마나 지혜로운 것인지를 인쇄물을 통해 주장했고, 황제 카를 5세가 네로보다 사악한 폭군이라고 선언했다.[22] 이는 프랑크푸르트에서 영국 난민들의 목사로 봉사했던 녹스가 추방당하는 요인이 되었다.

칼뱅은 신민이 사악한 통치자에 맞서 무기를 들 수 있는 권리를 가지고 있다는 녹스의 주장을 단호하게 배격했다. 하지만 츠빙글리의 후계자였던 불링거는

---

21 Ridley, *John Knox*, pp. 178~179.

22 *Faithful Admonition unto the Professors of God's Truth in England*, discussed by Ridley, John Knox, pp. 184~186, 209.

이같이 사악한 통치자에게 복종할 필요가 없다는 사실에 동의했다.[23] 이후에 칼뱅은 앙리 2세(1547~1559)에 반발한 프랑스 프로테스탄트의 반란에 대한 재가를 거부했다. 1561년 콜리뉘에게 보낸 서신에서 앙부아즈의 음모와는 무관하다고 생각한 칼뱅은 종교의 이름으로 이루어지는 무장 반란이 종교개혁이 아니라고 지적했다.[24] 칼뱅파 귀족들에 의해 꾸며진 이 음모는 기즈 공의 자문관들로부터 젊은 군주 앙리 2세(1559~1560)을 제거하기 위한 것이었다. 심지어 칼뱅이 폭군을 교정하기 위한 하위 정무관들의 권리를 인정함으로써 녹스와 베자의 견해에 그 토대를 제공했음에도 불구하고, 스코틀랜드인들과 프랑스 위그노의 저항 그 어느 것도 칼뱅의 지지를 얻지 못했다.[25]

녹스가 유럽 대륙에 체류하는 동안, 메리 로렌은 프로테스탄티즘을 비공식적으로 용인함으로써 앞으로 스코틀랜드의 여왕이 될 자신의 딸과 장차 프랑스 왕이 될 프랑수아 2세의 결혼에 대해 스코틀랜드 프로테스탄트 귀족의 강력한 지지를 구했다. 이 같은 정책으로 녹스는 1555년 9월 스코틀랜드로 돌아오게 되었다. 녹스가 귀국할 즈음 프로테스탄트들은 교구 교회를 거부하고, 개인의 집에서 함께 예배를 드리기로 했다. 이 같은 모임은 대륙의 프로테스탄트들을 위한 일시적인 국면의 일부가 되었으며, 스코틀랜드에서 프로테스탄트들은 정치적·종교적 정파를 전국적으로 결성하게 되었다. 프로테스탄트의 세력 강화에 직면한 스코틀랜드의 가톨릭 지배자들은 우유부단하게 대응했다. 이들 지배자는 1556년 봄 녹스에 대한 이단 재판을 시도했으나, 무위로 돌아갔다. 가톨릭 지배자들이 망설이는 동안에 프로테스탄트는 1557년 가을 전국적인 서약을 통해 대담하게 하나로 결속했던 것이다.

이 같은 성공으로 녹스의 정치적 이념들은 혁명적인 결론에 이르게 되었다. 1558년 녹스는 자신의 악명 높은 『괴물 같은 여성의 지배를 비판하는 첫 번째

---

23 같은 책, pp. 179~180.

24 April 16, 1561 in *Ioannis Calvinni Opera …… omnia*, ed. G. Baum et al.(Brunsvigae, 1878), 18, pp. 426~431.

25 *Institutes of the Christian Religion*(McNeill/Battles), IV, ch xx, sects. 30-32, pp. 1517~1521; John T. McNeil ed., *Calvin: On God and Political Duty*(New York, 1956), pp. xvii~xix.

트럼펫 소리』를 간행했다. 이 저술에서 녹스는 신법과 자연법이 남성에 대한 여성의 지배를 금지했다는 폭넓게 인정된 신념을 변론하기 위해 성서, 고대의 철학, 이교도가 저술한 고전 및 교부들의 저술에서 거의 여성 혐오 정서라는 고갈되지 않는 원천에 표면상 의존했다. 녹스는 여성 통치자의 명령에 머리를 조아리는 영국인과 스코틀랜드인을 다음과 같이 비판했다.

> 영국과 스코틀랜드의 귀족이 잔인한 야수보다 못하다고 나는 알고 있다. 이들은 일반적인 동물들 가운데 수컷이 암컷에게 하지 않는 행동, 즉 이들 수컷은 암컷을 존중하며, 암컷 앞에서 떨기 때문이다. 이들이 여성의 명령에 따르고 있는데, 이는 하나님에 반하는 것이다. 이들이 단지 여성의 신민이 아니라, 사탄의 노예이자 불의의 종이라고 나는 생각한다.[26]

녹스는 여성을 증오하는 사람은 아니었으며, 여성을 존중하여 결혼을 했지만, 정치적 목적을 위해 여성 비판적인 정서를 활용하는 데에는 주저하지 않았다. 이와 관련하여 [여성 혐오] 정서가 매우 강하게 작용했으며, 12세기 마틸다 여왕(1141~1147)의 불행한 지배에 대한 기억이 생생하게 남아 있었던 영국에서 특히 그러했다. 헨리 8세가 남자 상속자를 두지 못함으로써 야기된 정치적인 공황상태는 로마 교황청과의 최초의 결별을 가져다주었던 바, 이는 일련의 불행한 결혼에서 시작되었다. 16세기는 영국, 스코틀랜드 및 프랑스(캐서린 메디치)에서 매우 인기 없는 여성 통치자의 시대였다.[27] 이는 녹스의 주장에 범상치 않은 힘과 그의 독자들 사이에서 존경을 가져다주었다. 하지만 여성 혐오는 『트럼펫 소리』의 메시지가 아니라 단지 수단으로서만 기여했다. 16세기에 여성 혐오는 훨씬 심각한 문제로서, 대중적인 토대 내지 아마도 불화를 요구했을 것이다. 녹스가 영국인들과 스코틀랜드인들에게 무력에 의한 합법적인 통치자의 타도를 요구했기 때문이다.

---

26 *First Blast of the Trumpet Against the Monstrous Regiment of Women*, in *Works of John of Knox*, ed. David Laing (Edinburgh, 1855), 4, p. 396.

27 호트만은 캐서린 메디치의 사례에서 여성 지배의 폐해를 논의했다. Hotman, *Francogallia*, in *Constitutionalism and Resistance*, pp. 87~88.

매우 선동적이었던 녹스는 법률, 관습, 이전에 행한 서약도 이교도 폭군 통치자에 대한 인민의 충성을 강요할 수 없다는 견해를 가지고 있었다. 녹스의 이 같은 주장은 정부의 권위와 효율성이 주권자에 의해 고백된 종교적 신념에 직결되는 일종의 정치적 도나투스주의였다.

> 만약 누군가가 왕국과 의회가 자신들의 동의를 여성에게 제공하기 때문에 그리고 여성 통치자를 세웠고, 통치자의 권위를 확립했으며, 그러므로 하나님 앞에서 적법하고 수용될 수 있다고 생각한다면 …… 자신의 말과 명령에 반하는 무엇을 결론짓는 여하한 다수의 행위도 동의도 …… 하나님이 인정하지 않으리라는 점을 또한 기억하도록 하자. 그러므로 이들은 맹목적인 다수의 찬성이나 동의보다 하나님의 분노에 대하여 보다 확실하게 방어를 해야 하거나 타오르는 불길을 이들이 견딜 수 없기에 …… 즉 이들은 여성의 지배가 하나님 앞에서 가장 혐오스러운 것이라는 점을 인식해야 한다. 이들은 여성 통치자의 관리가 되기를 거부해야 한다. 여성 통치자는 하나님을 거슬리는 반역자이자 모반자이기 때문이다. 그리고 마지막으로 이들은 전력을 다해 여성 통치자의 부적절한 오만과 폭정을 진압하려고 궁리해야 한다.[28]

『트럼펫 소리』는 저자의 이름이나 인쇄업자, 출판지 그리고 칼뱅의 사전인지나 동의도 없이 제네바에서 간행되었다. 이 책이 제네바에서 간행되었다는 사실이 알려지게 되자, 칼뱅과 제네바 시민들이 난처하게 되었다. 칼뱅은 오랫동안 녹스의 후원자였고, 제네바 시민들은 칼뱅을 얼마 전에 시민으로 삼았던 것이다. 16세기의 다른 사람들과 마찬가지로 칼뱅은 기본적으로 여성이 열등하며, 여성의 통치가 부적절하다는 녹스의 믿음을 공유했다. 하지만 많은 사람들처럼 칼뱅은 신이 종종 남성을 지배하기 위해 여성을 통치자로 세우고, 남성에 대한 이 같은 여성의 통치가 신법과 자연법에서 예외적인 신의 섭리로, 전적으로 합법적이라고도 생각했다. 녹스는 영국과 스코틀랜드에서의 가톨릭교도의 지배에

---

28 *First Blast of the Trumpet*, p. 415. 이들 견해는1558년 스코틀랜드의 귀족과 일반민을 위해 집필한 다른 저술들에서 보다 정교하게 되었다. Ridley, *John Knox*, pp. 278~280.

마지못해 동의했다. 칼뱅은 『트럼펫 소리』가 제네바에서 간행된 것에 대해 윌리엄 세실에게 다시 한 번 사과를 했다.

> 2년 전에 존 녹스는 사적 대화에서 여성의 통치에 대해 어떻게 생각하는지를 저에게 물었습니다. 저는 그것이 자연의 원초적이고 고유한 질서에서 이탈한 것으로, 인간의 타락에 대한 처벌 가운데 노예제 못지않은 것이라고 솔직하게 말했습니다. 그러나 간혹 자격을 갖춘 여성들이 있으며, 이들 여성이 보여준 유일하고 훌륭한 자질은 이들이 신성한 권위에 의해 세워졌다는 것입니다. 하나님이 남성의 소극적 활동을 저주한 사례로 의도했던 혹은 자신의 영예를 보다 잘 드러내기 위해서이든. 저는 구약성서의 훌다와 드보라를 제시했습니다. …… 저는 이 같은 결론에 도달했습니다. …… 관습, 대중의 동의 및 오랜 관행에 의해 왕국이나 공국의 여성에게로의 세습 개연성이 확립되었기에, 그 같은 질문을 제기하는 것이 필요한 것처럼 보이지는 않았습니다. 그것은 부당할 뿐만 아니라, 제 생각에 하나님의 고유한 섭리에 의해 설립된 정부를 흔드는 것은 적법하지도 않을 것이기 때문입니다.[29]

이와 마찬가지로 망명객이자 이탈리아의 개혁가였던 피에트로 베르미글리는 왕위 계승에 즈음하여 엘리자베스에게 다음과 같은 권고를 했다.

> 앞으로 나가십시오. …… 오 우리 시대의 거룩한 드보라여…… 우리는 그대가 살인자와 하나님의 백성의 피를 갈구하던 하만을 목매단 에스더와 같은 인물이 될 것이라는 큰 기대를 가지고 있습니다. 이들 거룩한 여성으로 하여금 그대의 위엄에 격려가 되게 하며, 그대가 남성이 아니라 여성으로 태어났다는 이유로 그대가 기죽지 않도록 하소서.[30]

---

29 *Works of John Knox*, 4, p. 357에서 인용.

30 마터의 *Common Places* by Marvin W. Anderson in *Peter Martyr: A Reformer in Exile (1542-1562): A Chronology of Biblical Writings in England and Europe*(Nieukoop, 1975), pp. 284~285에서 인용.

녹스의 『트럼펫 소리』는 칼뱅을 난처하게 했을 뿐만 아니라, 녹스에게도 지속적으로 정치적 부담이 되었다. 그 책이 간행되지 마자 영국의 메리가 사망했고, 프로테스탄트에 호의적인 여성 통치자 엘리자베스(1558~1603)가 왕위에 올랐으며, 그 이후 영국 및 스코틀랜드 종교개혁의 핵심적인 인물이 되었다. 엘리자베스는 존 녹스의 『트럼펫 소리』를 결코 용서하지 않았으며, 엘리자베스 시대 동안 녹스는 영국에서 환영을 받지 못했다. 스코틀랜드의 종교개혁을 위해서는 다행스럽게도 엘리자베스와 그녀의 핵심 자문관이었던 세실은 녹스에 대한 반감보다는 프랑스와 스페인을 훨씬 두려워했다. 스코틀랜드의 종교개혁은 영국이라는 섬나라로부터 외세의 영향을 축출하는 하나의 방안이었으며, 스코틀랜드를 영국의 위성국으로 삼고자 했다. 하지만 이는 신중하게 추진되었다. 스코틀랜드의 프로테스탄트들은 '처음에는 약속, 그다음에 돈, 마지막으로 무기와 더불어'[31] 지원을 받게 되었다. 눈에 거슬리던 의기양양한 녹스는 엘리자베스에게 스코틀랜드 프로테스탄트들에 대한 영국의 지원을 전임 군주들의 사악한 지배에 대한 용서의 일환으로 간주하라고 촉구했다.[32]

스코틀랜드에서 스페인의 군사적 지원을 얻으려던 프랑스의 노력은 프랑스에 대한 펠리페 2세의 고조된 의구심과 네덜란드 및 지중해에서의 군사적 원정에 대한 집착으로 실패했다. 1559년 7월 6일 에든버러 조약에 의해 스코틀랜드에서 모든 프랑스군이 철수했다. 8월에 스코틀랜드 의회는 가톨리시즘을 폐지하고 스코틀랜드를 공식적으로 프로테스탄트 국가로 삼는 법률을 통과시켰다. 스코틀랜드 귀족들이 정치적 주도권을 장악함에 따라 이들 사건의 배후로 밀려났던 녹스는 1559년 10월 시작한 대작 『스코틀랜드 종교개혁사』를 집필함으로써 다시 열렬히 참여하게 되었다.

녹스는 위대한 역사적 드라마가 전개되는 동안 옆에서 수동적으로 바라보는 인물이 아니었다. 그는 자신만이 할 수 있는 역할을 곧 발견했다. 스코틀랜드의 귀족들은 엘리자베스가 애런 백작과 결혼하고 스코틀랜드의 여왕으로서 애런과 함께

---

31 Ridley, *John Knox*, p. 337에서 인용.

32 같은 책, p. 341.

지배할 것이라고 기대했다. 엘리자베스는 이 같은 선택을 결코 하지 않았다. 엘리자베스는 정당한 상속자를 스코틀랜드 왕으로 내쫓거나 하찮은 스코틀랜드를 위해 자신의 결혼을 중요한 외교적 수단으로 허비하려고 하지 않았다. 그리하여 엘리자베스는 18세였던 메리 스튜어트의 프랑스로부터 스코틀랜드로의 귀환을 확고하게 지지했다. 메리는 스코틀랜드의 여왕이자 철저한 프로테스탄트 국가의 매력적인 가톨릭 여왕으로서 지배하게 되었다. 심지어 의회가 모든 스코틀랜드인에게 미사 집전이 중대한 범죄라고 했음에도, 프로테스탄트 귀족들은 메리 여왕이 사적으로 미사를 집전하고 가톨릭 자문관을 두는 것을 용인했다. 하지만 녹스는, 엘리자베스와 세실은 그가 그렇게 할 것이라고 알고 있었듯이, 가톨릭 여왕의 매력에 철저히 둔감했고, 심지어 스코틀랜드에서의 단 한 번의 미사 집전에도 분노를 표출하기까지 했다. 녹스는 강단에서 새로운 여왕을 정례적으로 비난했으며, 메리를 거의 히스테리 지경으로 내몰았던 이들 간의 사적 대립은 전설이 되었다. 이는 종교개혁의 성공에 대한 주석이었다. 면벌부를 비판하는 학술적인 논제를 게재한 무명의 대학교수 루터와 더불어 1517년에 미미하게 시작된 종교개혁은 1560년대에 국제적인 명성을 얻은 개혁가 녹스가 유럽에서 가장 강력한 두 나라 가운데 한 나라의 동의와 더불어 메리 여왕으로 하여금 눈물을 흘리도록 하는 장관을 연출했던 것이다.

메리 스튜어트는 헨리 8세의 누이 마가렛의 증손녀였으며, 스코틀랜드와 영국의 메리 지지자들은 엘리자베스가 자녀도 없이 일찍이 사망하고, 메리가 영국의 여왕으로 즉위함으로써 영국이 무혈로 가톨릭 국가로 복귀할 것이라는 기대를 하고 있었다. 이들의 희망은 메리가 권력을 이양하고 공개적인 추문 이후에 1568년 영국으로 도주한 이후 엘리자베스에 대한 직접적인 음모에 영감을 불어넣었다. 메리의 남편이었던 단리 경은 질투심에 궁정의 총신을 살해했으며, 녹스를 포함한 프로테스탄트들과 더불어 스코틀랜드의 통치자 메리를 교체하기 위한 음모를 꾸몄다. 보스웰의 백작 제임스 헵번은 메리 여왕을 보호하기 위해 1567년 2월에 단리를 암살했다. 당시 소문처럼 헵번과 메리가 실제 연인이었든 아니든 그리고 단리를 제거하기 위해 함께 모의를 했든 아니든, 단리가 죽은 지 3개월 만에 이루어진 이들의 결혼으로 많은 의혹과 도덕적 분노가 촉발되자, 스코틀랜드 귀족들은 메리 여왕을 폐위하고 메리의 아들이자 장차 영국의 군주 제임스 1세(1603~1625)가 될 제임스 6세(1567~1625)를 군주로 옹립했다.

1587년 2월 18일 메리를 대역죄로 처형함으로써 영국이 가톨릭 국가가 될 것이라는 모든 희망이 사라지게 되었다. 엘리자베스의 사려 깊은 국무 장관이었던 프랜시스 월싱엄 경은 영국 여왕에 대한 스페인의 반란으로 추방된 스코틀랜드 여왕을 사로잡았다. 이는 결코 용서받을 수 없는 심각한 행위였다. 메리의 처형은 오래 전에 정착되었던 스코틀랜드의 종교개혁에 영향을 미치지 못했으나, 스페인의 무력함대를 영국 해협으로 유인했고, 영국과 스페인 간의 불안한 평화도 종식시켰다.

엘리자베스 치세기 동안 로버트 파슨스(1546~1610)와 추기경 윌리엄 앨런(1532~1594)을 주축으로 한 영국의 가톨릭 망명객들은 메리 튜더 시기의 녹스와 같은 처지에 놓이게 되었다. 하지만 가톨릭 변론가들은 고상한 약속도 프로테스탄트 통치자에 대한 저항을 변론하기 위해 하위 정무관들의 신성한 권리에도 호소하지 않았다.[33] 더 이상 교황이라는 상위 권위가 존재하지 않았기 때문에 프로테스탄트들은 정치적 탄압기에 이 같은 대안적인 권위에 의존했다. 신의 명령과 하위 정무관들의 의무가 프로테스탄트 신민을 위한 것이었듯이, 교황의 파문은 지속적으로 가톨릭 신민을 위한 것이었다. 이는 '폭군' 통치자와 '이교도' 통치자에 대한 충성 서약을 파괴하는 종교적 근거가 되었다. 1570년 2월 25일 교황 피우스 5세는 〈높은 곳에서의 통치〉라는 교서에서 엘리자베스를 파문했고, 신민들이 엘리자베스에게 행한 '복종으로부터 영원히 해방된다'고 선언했다. 그리고 '엘리자베스의 군주권'을 명백히 박탈했고, 신민들에게 '엘리자베스의 명령과 법률에 따르지 말 것'을 명령했다.[34] 이는 프로테스탄트 여성 통치자의 끔찍한 지

---

33 하지만 앨런은 필리프 2세에게 메리가 1586년 반역죄로 투옥된 이후 영국을 침략하라고 촉구했다. 엘리자베스 시대의 영국의 가톨릭 공동체에 대한 프리처드의 명쾌하고 논쟁적인 설명을 참조하기 바란다. Pritchard, *Catholic Loyalism in Elizabethan England*(Chapel Hill, 1979). 또한 J. W. Allen, *A History of Political Thought in the Sixteenth Century*(London, 1967), pp. 202~206을 참조하기 바란다. 16세기 후반 프랑스에서 가톨릭 평신도 사이에 있었던 정치적 평등 운동에 관해서는 Robert Harding, "The Mobilization of Confraternities Against the Reformation in France," *Sixteenth Century Journal*, 11(1980), pp. 85~107을 참조하기 바란다.

배를 비판하는 가톨릭 진영의 '트럼펫'이었다.

프로테스탄트 및 가톨릭의 저항은 심지어 폭군 살해로 이어질 정도로 군주권에 대한 새로운 옹호를 필수불가결하게 했다. 16세기에 가장 유명한 이론은 장 보댕의 『국가론』(1576)으로, 이는 1570년대의 위그노의 저술에 대한 직접적인 대응의 산물이었다. 보댕은 정치적 저항의 변론가들을 "줄곧 존재하던 가장 심각한 폭정보다 사악하고 방종한 무정부 상태"의 대변인이라고 비판했으며, 위그노 변론가들이 "짐에서 벗어나게 하고 인민의 자유를 위한다는 미명하에 문명의 토대를" 위협한다고 [이들을] 비난했다.[35] 보댕은 하위 정무관들에 의한 정치적 저항'권'과 전 인민의 정치적 주권이 기본적으로 배치된다고 생각했다. 정의에 의하면 주권자는 절대적으로 지배한다는 것이다. 주권자가 대관식에서 자신의 신민에게 행하는 서약은 주권자에게 제약을 가하지 않는다는 것이었다. 신의 말씀과 명령을 위배한 주권자에게 행했던 충성 서약을 신민이 파기할 수 있다고 녹스가 주장한 반면에, 보댕은 역사적 상황에 의해 주권자의 행위가 이같이 정당화된다면, 주권자가 신민에게 행한 서약을 자유롭게 파기할 수 있다고 주장했다. 저항권 이론가들이 주장했듯이, 신민에 대한 회피할 수 없는 의무를 지는 대신에 보댕의 정의에 의하면 통치자는 신민에 대한 절대적 권한을 보유했다. 이 같은 주장은 스코틀랜드 출신의 제임스 6세의 『자유로운 군주정의 참된 법률』(1598)과 군주의 신성한 권리에 대한 고전적 변론서인 주교 보쉬에의 『성서의 말씀에서 도출된 정치』(1681)에서 새로운 형태로 등장했다. 이들 저술은 토머스 홉스의 『리바이어던』(1651)의 계약 절대주의에서 또한 현저했다. 종교적 전쟁과 내전의 한 세기는 많은 사람들에게 폭정보다 무정부 상태가 정치적으로 훨씬 더 심각한 문제라는 것을 각인시켰던 것이다.

---

34 Marvin O C'onnell, *The Counter Reformation 1559-1610*(New York, 1974), p. 167에서 인용.

35 Franklin, *Jean Bodin and the Rise of Absolutist Theory*, pp. 51, 54~55에서 인용.

제15장

종교개혁의 유산

종교개혁은 교회 전체를 개혁하지 못했고, 더욱이 유럽의 사회도 개혁하지 못했으며, 16세기 중엽이 되기도 전에 스스로의 개혁이 요구되었다. 정치가들은 종교개혁을 성공적으로 조종했으며, 애초에 정치적 양심에 관한 조언으로 이루어진 신학적 권고를 독자적인 정치적 행위를 위한 변론으로 변모시켰다.[1] 16세기 후반에 새로운 프로테스탄트 스콜라주의가 종교개혁을 집어 삼켰듯이, 교리 논쟁은 종교개혁을 내부적으로 분열시켰다. 마르틴 루터는 심지어 세상을 떠나기 직전에 많은 동료들로부터 가망이 없는 반동가로 간주되기조차 했다. 프로테스탄트 진영과 가톨릭 진영 간에 전개된 유혈의 내전과 혁명은 1555년 아우크스부르크 화의 이후의 유럽을 수백 년간 암울하게 만들었다. 종교개혁이 '실패'[2]했다고 선언된 것은 거의 놀라운 일이 아니다.

하지만 구현되지 못한 희망 내지 일탈에 입각하여 역사적인 운동을 평가하는 것은 결코 공정하지도 적절하지도 않다. 모호한 신학적 논쟁, 가부장적인 문화, 교리문답식의 신앙 주입, 사회적 불의, 반유대주의 및 국가에 의해 운영되는 교회는 종교개혁의 현저한 특징이었다. 그러나 이들 특징은 지배적인 양상이 아니었으며, 동시대인들에게 이는 현대인들이 이해하는 바와 같은 무엇도 결코 아니었다. 오늘날의 학자들에게 모호하게 보이는 신학적 논쟁은 16세기 평신도들에게 사실상 종종 유익한 진리가 되곤 했다. 프로테스탄트 신조를 가진 성직자와 평신도는 오늘날의 학자들이 일축하고 있는 억압적이고 가부장적인 문화가 동료 및 공동체들에서 새로운 경험이 될 것이라고 이해했다. 오늘날의 학자들을 움츠리게 만드는 죄와 믿음에 대한 교리적 가르침은 성직자에게 자식을 맡겼던

---

1 양심적인 충고는 점차 양심의 [가책으로부터의] 면제, 즉 "그 밖의 것에 있어서는 자율적이며 흔히 이미 먼저 내려진 정치가의 결정에 대한 종교적인 재가, 즉 종교적인 보호막"이 되었다(Eike Wolgast, *Die Wittenberger Theologie und die Politik der evangelischen Stände: Studien zu Luthers Gutachten in politischen Fragen* [Gütersloh, 199], p. 298).

2 Gerald Strauss, *Luther's House of Learning: Introduction of the Young in the German Reformation*(Baltimore, 1978), 특히 pp. 229, 307. 이 같은 판단은 종교개혁의 교육적 목표와 성취에 대한 평가에서 이루어진 것이다. 슈트라우스에게 있어서 이는 종교개혁의 성격에 대한 종교개혁가 자신의 인식을 가장 잘 구체화시킨 것이었다.

많은 부모들에게 부담스러웠던 미신에 맞설 수 있는 변론이 되었다. 저항하는 빈민을 다루면서 오늘날의 학자들이 단지 사리사욕과 잔혹성만을 발견했던 반면에, 스스로 양심이 없지 않았던 당시의 사람들은 취약한 사회적 질서에 대한 심각한 위협을 감지했다. 유대인을 이들의 고향으로 추방하고자 했던 노년의 루터의 반유대주의에 대한 오늘날의 학자의 비난이 정당할 수도 있지만, 루터는 유대인들의 개종을 몹시 열망했던 한 사람으로서 이해되는 것도 당연하다. 그리고 당시의 사람들은 오늘날의 학자로부터 비난받는 정부에 의해 통제되던 종교를 강압적인 영성적 판단의 강제에 대한 평신도의 자기방어이자 사회의 기존 제도들에 도덕적 종교적 가치를 부여하려던 교회에 기회가 되었다고 평가하기도 했다.

역사적인 운동이 최상의 고상한 이념들에 의해 미래 세대를 육성하지 못했다고 비판하는 것은 공정하지 못할 수도 있다. 역사적 운동은 그것이 통제할 수 있었던 것을 어떻게 관리했던가에 의해서, 즉 그것이 당면한 역사에 의해 평가되어야 한다. 우리는 그 운동이 당대의 법률이나 제도에 야기했던 변화 및 그와 같은 변화에 의해 그것을 포착할 수 있었거나 포착했던 사람들에게 제공했던 새로운 기회에 각별히 주목해야 한다. 요컨대 우리는 종교개혁을 20세기와의 연속성이나 비연속성이 아니라, 중세와의 연속성이나 비연속성에 의해 판단해야 한다.

이들 시각에서 바라보자면, 종교개혁은 종교가 일상생활의 거의 모든 부분에 영향을 미친 시대에 전례가 없던 종교 혁명이었다. 평생 사회적 지위와 경제적 여건이 극적으로 개선되지 않았던 절대 다수의 사람들에게 종교개혁은, 독실한 그리스도교도였던 혹은 종교개혁 운동에 참여했든 신도이든, 이들이 알고 있던 세계의 격변이었다. 16세기 전반기에 도시와 영토 국가들은 대중의 일상생활에 직접 영향을 주었던 다수의 전통적인 믿음, 관행 및 제도를 서서히 종식시키거나 심각하게 제약하는 법률과 조례를 제정했다. 이들 관행과 제도는 금식 의무, 은밀한 고해, 성인, 유물 및 성상의 숭배, 면벌부의 구매와 판매, 성지순례 및 유물함, 죽은 자와 임종 직전의 사람을 위한 밤샘기도와 행렬, 죽은 자를 기념하는 기부 미사, 연옥에 관한 교리, 라틴어 미사와 전례, 전통적인 의식, 축제와 축일, 수도원, 수녀원과 탁발 수도회, 혼인, 종부, 견진, 성직 서품과 고해의 성사적 지위, 성직자의 독신, 세속의 조세와 세속의 사법권으로부터의 성직자의 면제, 비거주 성직자를 위한 성직록, 교황의 파문과 성직 금지, 교회법, 교황청의 영토 및 주교 영토의 관리, 성직자의 전통적인 학교 교육[3] 등이었다. 오늘날의 학자들은 공식적인 구조에서의 종교의 이 같은 변화가 개인의 신념이나 습관에 실제로 어떤 의미 있는 변화를 가져다주었던가에 대해 논쟁을 제기할 수도 있다.[4] 하지만 16세기 프로테스탄트 개혁의 법률 및 제도로의 통합과 더불어 이와 유사한 변화를 개인이 다수 경험했다는 점에 대해서는 거의 의문이 여지가 없을 것이다. 역사가들이 종교개혁의 사회사를 기술함에 따라, 필자는 이 같은 종교적 풍경의 변화가, 설령 종종 간접적이기는 하지만, 심오한 문화적 영향을 주었다는 사실을 이들 역사가가 발견할 것인지에 대해서는 회의적이다.

종교개혁은 국지적으로나 국제적으로 정치권력의 균형에 영향을 미치기는 했지만, 종교개혁이라는 기존의 용어가 함의하는 정치 혁명은 아니었다. 전통적인 사회 집단이나 정치 집단의 중요한 재편이 일어나지 않았기 때문이다.[5] 물론 전통적인 적들이 종종 상이한 종교 진영에 가담하거나 고위 성직자들이 정치적 엘리트로 대체되기는 했다. 종교개혁의 보다 광범위한 사회적 영향력은 오히려 일상생활과 관련이 있었고, 1000년 중 대부분의 기간 동안 일상생활에 안전이나 의미를 부여했던 매우 다양한 신념, 관행 및 제도를 효율적으로 재편한 데 있었다. 이 점에서 종교 개혁가들은 종교 생활을 단순화하고 세속적 삶의 가치를 제고하려던 중세 말기의 노력들을 지속했다. 만약 종교개혁기 영국의 대중 종교를 연구하는 학자들의 주장이 옳다면, 중세 종교를 비판하면서 프로테스탄트가 거둔 성공은 새롭고 보다 무서운 미신을 사실상 표면화시켰다. 종교개혁은 일상의

---

3 필자는 *Reformation in the Cities*(New Haven, 1975)에서 이를 자세하게 논의했다.

4 G. R. Elton, *Reform and Reformation: England 1509-1558*(Cambridge, Mass., 1977), pp. 366~369; Strauss, *Luther's House of Learning*, p. 307을 참조하기 바란다.

5 도시 반란과 농민 반란에도 불구하고, 14세기에 군주들과 제후들에 의해 시작된 대다수의 정치적 중앙집권화 과정은 16세기에 빠르게 확산되었으며, 길드와 귀족제적 정부 간의 관행적인 사회적 긴장 그리고 심지어 길드 내부에서의 장인과 주인 간의 갈등은 일부 길드의 도시 시정에서 중요한 역할 수행에도 불구하고, 대도시와 소도시에서 지속되었다. 그리고 취리히, 뉘른베르크 및 스트라스부르의 사례가 보여주듯이, 도시의 가톨릭교도 귀족들은 종교개혁이 거스를 수 없게 되었을 때에 권력에서 축출되지 않았으며, 개종한 프로테스탄트 내지 명목상의 프로테스탄트로서 전통적인 역할을 계속해서 수행했다.

불운과 염려에 대처하기 위한 전통적인 전례 구조를 파괴함으로써 이 같은 전례가 제공하는 메시지에서 위안을 발견하지 못한 사람들에게 이전보다 많은 불안을[6] 야기했고, 그리고 많은 불안이 존재했다. 그리고 특히 종교개혁의 지도자들이 발견한 것을 강압적으로 추구한 이후, 이들이 발견한 것은 설득에 의해서만 성취될 수는 없었다. 세계에 대한 프로테스탄트의 이 같은 '각성'은 마법과 비의에 대한 새로운 관심을 진작시켰고, 종교인들의 마음과 심성처럼, 전통적인 성사적 마법과 순례자적 경건함에서의 배출구를 부정했으며, 종교개혁에 의해 밀려났던 종교적 관행보다 심지어 사회적으로 훨씬 혼란스러운 미신을 포괄함으로써 프로테스탄트의 새로운 근엄함과 단순성을 보상했다.[7]

에너지와 마찬가지로 이념은 변형되지만, 파괴되지는 않는다. 우리는 종교개혁을 평가하면서 그것의 애초의 목표가 새로운 형태나 새로운 권위의 후원 아래 어떻게 존속하게 되었는지를 또한 평가해야 한다. 종교개혁은 원래의 가르침과 모범을 통해 무엇보다 대중들로 하여금 '종교적 폭정'에 저항하도록 고무했다. 많은 학자들은, 적어도 1525년 농민 반란이 그것의 사회적 약속을 제약하기 이전까지의 종교개혁을 정치적 개혁과 사회적 정의를 위한 중요한 힘으로 또한 간주하고 있다.[8] 종교개혁은 이 같은 저항으로부터 태동했으며, 그리하여 이 저항은 종교개혁의 핵심 유산이 되었다. 일례로 비타협은 그것의 고유한 편협함보다 오래 존속했으며, 그와 같은 고유한 편견이 옳으니 그르니 판단하기에 이르렀다. 만약 프로테스탄티즘의 규율을 강조하고 체제 순응주의의 영향력이 공식적으로 지배하게 되었다면, 그것의 애초의 이념들은 프로테스탄트 진영 내부는 물론 외부 모두의 평신도들 사이에서도 밝게 빛나고 있었다. 이들 평신도는 무관심이나 직접적 공격에 의해 양심의 가책에 대한 종교개혁의 저항을 지속했던 것이다.

---

6 A. D. J. MacFarlane, *Witchcraft in Tudor and Stuart England*(New York, 1970), p. 195.

7 Keith Thomas, *Religion and the Decline of Magic*(London, 1971), pp. 69, 76, 493~495, 497~499, 561.

8 Strauss, *Luther's House of Learning*, p. 7; Benjamin N. Nelson, *The Idea of Usury: From Trial Brotherhood to Universal Otherhood*(Princeton, 1949), p. 35. 이 논지에 대한 마르크스주의자의 견해 및 다른 견해에 관해서는 바로 앞의 책, pp. 272~273을 참조하기 바란다.

종교개혁의 커다란 약점은, 설득이든 강제이든, 다수 대중이 급격한 종교적인 각성이나 도덕적 변화를 추진할 능력을 가지고 있다는 순박한 기대감이었다. 이 같은 기대는 종교개혁의 심오한 일부의 신념이나 루터의 애초의 가르침과 직접 상충되었다. 중세 교회의 공공연한 비자연적이고 비성서적인 가르침에 대한 저항으로부터 시작하여, 강제 대신에 자유를 촉구했던 종교 개혁가들이 성서에 대한 단순한 믿음에 의해 그리고 이웃에 대한 윤리적 봉사에 의해 죄와 죽음 및 악마라는 엄청난 문제를 해결할 수 있다고 가르치게 되자, 이들 개혁가는 추종자들의 양심에 낯설고 새로운 짐을 부과하게 되었다. "그 누구에게도 종속되지 않지만, [그러나] 모든 사람에게 복속된다"는 루터의 유명한 신조에[9] 대한 프로테스탄트 믿음을 가진 영리하고 새로운 인물이 불안감과 더불어 자신의 유한성과 죄악을 해결하고, 은혜를 통한 구원의 지식을 확고히 하며, 그리고 인간, 신 내지 악마도 두려워하지 않게 될 것이라고 기대되었던 것이다. 하지만 얼마나 많은 대중이 이와 같은 자기 인식을 하고 있었던가?

N. 콘은 중세 말기과 근대 초기 유럽의 마녀사냥에 관한 최근의 연구에서 "매우 엄격한 종교로서의 그리스도교 및 매우 완고한 주인으로서의 그리스도에 대한 **무의식적인** 적대감"이 종교재판과 희생 모두의 동기가 되었다고 주장했다. 말하자면 그리스도의 적대자로서 사탄에 대한 가상의 에로틱한 환영은 대중의 능력을 뛰어넘는 자기 부정과 규율을 다수 요구했던 종교에 대한 억압된 적대감을 표출했다는 것이다.[10] 이 같은 논지가 중세 말엽과 근대 초기 유럽의 마녀 재판을 설명하든 그렇지 못하든, 이는 우리에게 1250년으로부터 1550년에 이르는 개혁의 시대에 일어났던 억압적인 그리스도교에 대한 의식적이고 건설적인 반란을 분명히 환기시켜주고 있다. 중세 말기의 개혁가 및 프로테스탄트 개혁가들은 신의 명령은 물론 인간의 본성에 보다 부합하는 종교를 만들고자 했다. 종교개혁이 실패한 원인은 그것이 고유하고 억압적인 조치들을 취했기 때문이 아니었다. 종교개혁이 실패하게 된 요인은 오히려 대중의 능력 이상으로 이들을 고

9 *De liberate Christiana, WA* 7, pp. 272~273.

10 *Europe's Inner Demons: An Inspired by the Great Witch-Hunt*(London, 1975), p. 262.

결한 존재로 만들고자 했던 애초의 시도였다. 중세의 신학자와 르네상스기의 철학자들과는 달리 종교개혁가들은 대중에게 성인과 천사를 본받으라고 촉구한 것이 아니라, 단순하고 근엄하게 살되, 근거가 없는 추정, 미신 내지 면벌부의 희생양이 되어서는 안 되고, 단지 인간으로서의 삶을 영위할 것을 이들에게 요구했다. 이는 실로 성취 불가능한 이념으로 판명되었다. 종교개혁은 인간의 끊임없는 경신성에 기초하고 있었던 것이다.

약어 목록

AHR	*American Historical Review* (New York. 1895~)
ARG	*Archiv für Reformationsgeschichte* (Gütersloh, 1903~)
Denzinger	Heinrich Denzinger, ed., *Enchiridion symbolorum definitionum et declarationum de rebus fidei et morum*, 34th ed. (Barcelona, 1967)
HThR	*Harvard Theological Review* (Cambridge, Mass., 1908~)
JHI	*Journal of the History of Ideas* (Lancaster, Pa., 1940~)
LW	*Luther's Works*, ed. J. Pelican and H. Lehman (St. Louis, 1957~)
MQR	*Mennonite Quarterly Review* (Goshen, Ind., 1927~)
PL	*Patrologia Latina*, ed. J. P. Migne (Paris, 1844~1890)
RGG	*Die Religion in Geschichte und gegenwart*, 6 vols(Tübingen, 1957~1967)
WA	*D. Martin Luthers Werke: Kritische Gesamtausgage* (Weimar, 1883~)
WABr	*D. Martin Luthers Werke: Briefwechsel* (Weimar, 1930~1948)
WATr	*D. Martin Luthers Werke: Tischreden* (Weimar, 1912~)
ZKG	*Zeitschrift für Kirchengeschchte* (Gotha, 1877~)
ZthK	*Zeitschrift für Theologie und Kirche* (Tübingen, 1891~)

찾아보기

찾아보기 항목

ㅅ

ㅇ

ㅈ

ㅊ

ㅋ

ㅎ

기타

찾아보기 인명

ㄱ

ㄴ

ㅂ

ㅅ

ㅇ

ㅈ

ㅎ

지은이

S. 오즈맹 Steven Ozment

예일대학교 사학과 교수 및 하버드대학교 사학과 교수를 역임하였고, 현재 하버드대학교 사학과 명예교수이다. 사회사적 접근과 분석을 통해 종교개혁은 물론 종교개혁기의 사회와 문화에 관한 탁월한 학문적 성과를 이룩한 세계적인 석학이다. *The Age of Reform 1250-1550* (1980)으로 필립 샤프(Phillip Shaff) 학술상을 수상하였다.
대표적인 저술로는 *Mysticism and Dissent: Religious Ideology and Social Protest in the Sixteenth Century* (1973), *Reformation in the Cities: the appeal of Protestantism to sixteenth-century: Germany and Switzerland* (1975), *When Fathers Rules: Family Life in Reformation Europe* (1983), *Protestantism: the Birth of a Revolution* (1992, 『프로테스탄티즘: 혁명의 태동』), *A Mighty Fortress: A New History of German People* (2004) 등 다수가 있다.

옮긴이

이희만

숭실대학교 사학과 및 동대학원을 졸업하고(문학박사), 미국 하버드대학교 대학원에서 수학하였다. 미국 애리조나 주립대학교 겸임교수를 역임하였고, 현재 국사편찬위원회 연구위원이다.
저서로는 『알자스 문화예술』(공저)이 있고, 역서로는 『12세기 르네상스』(학술원 우수도서), 『중세 유럽의 정치사상』 등이 있다.

한울아카데미 2122

종교개혁의 시대, 1250~1550

중세 후기로부터 종교개혁기에 이르는 유럽 지성사와 종교사

지은이 **스티븐 오즈맹**

옮긴이 **이희만**

펴낸이 **김종수**

펴낸곳 **한울엠플러스(주)**

편집 **조수임 · 전성준**

초판 1쇄 인쇄 **2019년 12월 20일**

초판 1쇄 발행 **2020년 1월 10일**

주소 **10881 경기도 파주시 광인사길 153 한울시소빌딩 3층**

전화 **031-955-0655** | 팩스 **031-955-0656**

홈페이지 **www.hanulmplus.kr**

등록번호 **제406-2015-000143호**

Printed in Korea.

ISBN: 978-89-460-7122-3 93920(양장)

978-89-460-6835-3 93920(무선)

* 책값은 겉표지에 표시되어 있습니다.

* 이 책은 강의를 위한 학생용 교재를 따로 준비했습니다.

강의 교재로 사용하실 때는 본사로 연락해 주시기 바랍니다.